中共中央政治局常委、国务院副总理李岚清同志在863展览会北京展团汉王科技展台前亲自操作计算机手写输入。

全国政协副主席、全国工商联主席经叔平同志参观北京展团。

国务委员王兆国同志兴致勃勃来到863展览会北京展团参观指导，并提词“祝北京科技腾飞”。

全国政协副主席胡启立同志参观863展览会北京展团。

科技部副部长马颂德同志在863展览会北京展台签字留念。

2001年11月26日，荷兰副首相尤里茨玛女士与国家科技部徐冠华部长在北京签署中荷两国关于车用LPG(液化石油气）科技合作项目，林文漪副市长出席签字仪式。

荷兰政府向北京市赠送80套用于电喷型出租车的LPG改装件，10套用于公共汽车的LPD改装件，3座LPG加气站的主要设备。

荷兰和中国两国政府代表亲切交谈。

2001年1月16日，科技外交官新春茶话会在北京饭店举行，北京市副市长林文漪同志出席茶话会。

林文漪副市长亲切会见参加新春茶话会的各国科技外交官。

北京市科委主任范伯元同志在科技外交官新春茶话会上发表热情洋溢的讲话。

2001年2月27日，市科委与市农委联合召开北京市农村科技工作会议，林文漪副市长在会上发表讲话。

国家科技部李学勇副部长在北京市农村科技工作会议上发表讲话。

北京市农村科技工作会议会场。

2001 年 2 月 27 日，刘淇市长、林文漪副市长、岳福洪副市长与首都农业科技先进工作者合影。

北京市科委与农委联合表彰了陈殿奎等 35 名农业科技工作者。

2001年2月13日，北京科技工作会召开。范伯元主任作题为《加强技术创新，深化体制改革，全面提升世纪之初的北京科技工作》的工作报告。

2001年3月22日，北京市软科学研究工作指导委员会成立，为北京市软科学研究工作提供咨询和指导。

2001年5月16日，北京科技周开幕，市科委主任范伯元主持开幕式。

北京科技周开幕式主会场。

林文漪副市长参观国际周展览，市科委副主任刘振刚陪同参观。

为迎接加入WTO的挑战，北京市科委组织专题报告会。

北京市科学技术研究院与北京工业大学开展产学研合作，图为合作协议签字仪式会场。

北京北方车辆新技术孵化器有限公司成立，为北京创业孵化体系增添了生力军。

由北京市科委支持、清华大学和北京绿能研究所联合承担的质子交换膜燃料电池项目取得阶段性成果，图为使用该燃料电池的试验电动汽车。

北京科技进步奖评审办法实施了重大改革，科技进步奖评审更加科学化、规范化。

直径2150毫米土压平衡顶管机使用中继间实现长距离接力顶管施工。

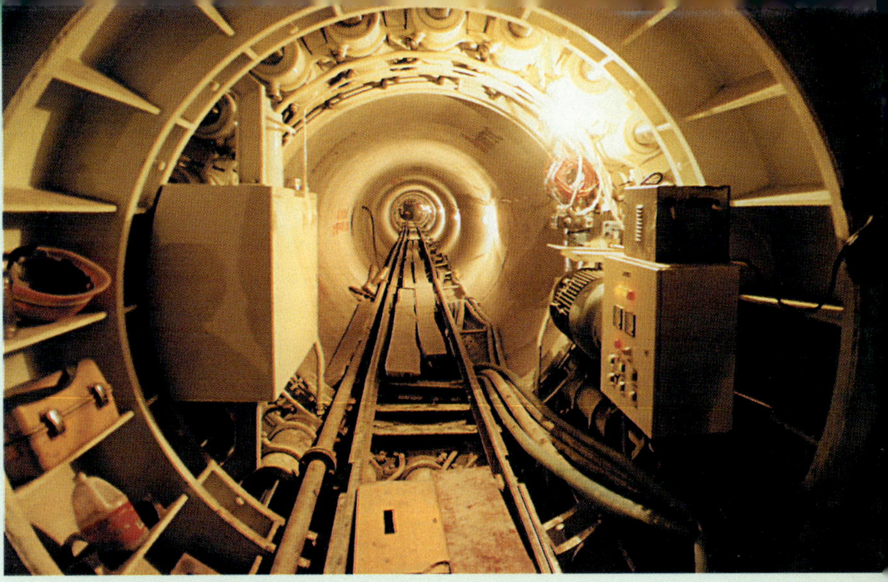

顶管机的工作由自控系统操纵，既可以加快顶进速度，防止地面沉降，又可以减轻施工人员的劳动强度。

北京市科委副主任刘振刚同志参观“高顶一号”演示现场。

2001年12月12日，北京市科委机关档案工作接受市档案局考评组的现场检查。

市档案局王芸局长向北京市科委颁发晋级证书。

市科委机关档案工作成功晋升市一级。

北京科技年鉴

（2001年度）

北京市科学技术委员会　编

北京科学技术出版社

图书在版编目(CIP)数据

北京科技年鉴.2001年度/北京市科学技术委员会编.－北京:北京科学技术出版社,2002.11
ISBN 7－5304－2708－3

Ⅰ.北…　Ⅱ.北…　Ⅲ.科学研究事业－北京市－2001－年鉴
Ⅳ.G322.71－54

中国版本图书馆CIP数据核字(2002)第092829号

北京科技年鉴(2001年度)

作　　者: 北京市科学技术委员会
责任编辑: 曾庆宇
责任校对: 黄立辉
责任印制: 张继茂
封面设计: 李　辉
图文制作: 樊润琴
出 版 人: 张敬德
出版发行: 北京科学技术出版社
社　　址: 北京西直门南大街16号
邮政编码: 100035
电话传真: 0086-10-66161951(总编室)
0086-10-66113227　0086-10-66161952(发行部)
电子信箱: bkjpress@95777.com
经　　销: 新华书店
印　　刷: 北京市飞龙印刷厂印刷
开　　本: 787mm×1092mm　1/16
字　　数: 694千
印　　张: 26
插　　页: 6
版　　次: 2002年11月第一版
印　　次: 2002年11月第一次印刷
印　　数: 1—600册
ISBN 7-5304-2708-3/N·104

定　价: 90.00元

目　　录

第一章　2001年度北京市科学技术工作概况

范伯元

2001年是“十五”计划实施的第一年，在市委、市政府的正确领导下，我市科技事业在各个重要领域取得进展：高新技术产业继续保持强劲发展势头，中关村科技园区建设取得成效，“首都二四八重大创新工程”顺利实施，科技体制改革进一步深化，科技力量和科技资源的结构布局和运作方式发生了根本性的转变。2001年，全市高新技术产业总产值达到1221.5亿元，同比增长17.6%；高新技术产业增加值达263.6亿元，同比增长17.6%；实现利税109.4亿元，同比增长3.8%，大部分经济指标仍然保持两位数的增长比率。我们已经完成了“十五”计划开局之年的任务，开始向新的战略目标前进。

一、高新技术产业迅速发展，科技工作全面展开

2001年，主要在如下几个方面开展了科技工作：

（一）实施《北京市“十五”时期科技发展规划》，做好新世纪初期北京市科技工作部署

在充分征求各方面专家和有关部门意见的基础上，围绕北京市的总体目标，适应新形势，针对新问题，把握创新、突出创新，我们制订了《北京市“十五”时期科技发展规划》。《规划》重点进行两个层面的工作部署：一是发挥科技创新的动力作用，促进首都经济、社会全面发展；二是抓好首都区域创新体系的建设，为增强科技创新动力提供支撑和保障。《规划》提出了实施一流创新战略、集成发展战略、人才激励战略和国际化战略，为“十五”时期的科技工作指明了方向、确立了重大任务。按照市政府的统一部署，我们发布了《北京市“十五”时期科技发展规划》，《规划》落实工作正在积极进行，确定了2001年和2002年实施的93个重大科技项目，其中近60个项目已经启动。与此相衔接，我们还配合有关委办编制了《北京市“十五”期间高技术产业发展规划》和《中关村科技园区“十五”期间科技发展规划》，形成完整的规划体系。

2001年北京申奥成功后，如何成功举办2008年北京奥运会就成为一个崭新的、重大的课题。北京市科委于2001年7月15日开始与科技部联系，推动奥运科技相关工作。由科技部牵头组织，会同教育部、国防科工委、国家体育总局、中国科学院、中国工程院、中国科协、国家自然科学基金委等部门与北京市政府共同组成了“北京奥运（2008）科技行动计划领导小组”，联合推出了“奥运科技（2008）行动计划”纲要、实施方案和首批奥运科技项目，在全国引起强烈反响。随着“奥运科技（2008）行动计划”的启动，市科委按照市委、市政府的统一部署，开始组织《奥运科技建设规划》的编制工作。《规划》确定在交通、洁净能源、环境保护、奥运场馆、信息通信、奥运安全、运动科技、奥运会开（闭）幕式、科学普及、中关村科技园区等十个与奥运相关

的方面重点安排工作任务，充分利用国家科技资源推进奥运科技工作的组织和落实。

（二）首都区域创新体系初具规模，“首都二四八重大创新工程”取得进展

构建首都区域创新体系与实施“首都二四八重大创新工程”是市委八届四次会议提出的“十五”时期的战略任务，二者紧密联系，互为依托。经过几年的建设与发展，北京地区创新资源更加丰富，据最新统计，北京的R&D(研究开发)支出占全市国内生产总值的6.3%，远远高于上海的比例(1.6%)。在工作中我们非常重视北京地区各种创新要素的组合，通过出台系列政策和专项规划，结合中关村科技园区建设，吸引以中央在京单位为主体的科技力量投入到“二四八工程”当中去，既发挥科技资源的优势，促进了首都现代化建设，又服务于国家科技事业的发展，巩固了北京作为全国科技创新中心的地位。北京市与科技部、中科院、国防科工委、北京大学、清华大学的合作协议得到全面落实，在2001、2002年启动的重大项目中，仅清华大学参与合作的项目就有31项，项目涉及的领域包括信息、生物新医药、光机电、新材料、环保等北京市重点发展的各个领域。

北京市科委把为中央在京科研机构提供优质服务作为建设首都区域创新体系的重要任务，起草了《北京市关于进一步加强为在京科研机构服务的若干意见》。2001年除了开展合作项目、共建合作机构外，还启动了“首科花园”建设，主要受益群体是中央在京科研机构，建成后可解决约2000户科技人员的住房困难问题，这一举措已在许多科研单位引起强烈反响。

经过两年的建设，“首都二四八重大创新工程”初步形成了上有市级决策协调，中有各领导小组和相关委办局组织推动，下有研发机构和企业承担落实的网络化、层次化的组织管理模式。市科委会同相关委局办，积极推进“二四八工程”。在我委2001年60个重大科技项目中，安排“二四八工程”项目44项，占项目总量的73%；“二四八工程”项目经费5.1亿元，占市科委全年可动用资金的72.8%。目前，有关规划或纲要都已颁布落实，重点项目全面启动，一些工程取得重要进展，一批项目取得阶段性成果。

在两大体系建设方面，首都创业孵化体系初步形成，截至目前，全市创建孵化器47家，数量超过全国总数的15%，共有孵化面积46万平方米，在孵企业及项目1110家，实现销售收入25亿元，毕业企业200家；创建大学科技园10家，其中北大科技园和清华科技园被批准为国家级大学科技园。孵化器形式多样化，包括综合性孵化器、专业技术孵化器、海外留学生创业园、国企孵化器、国际企业孵化器等形式。政府通过少量投资，引导包括国有企业、民营企业、金融机构、外资机构资金在内的大量社会资金投入孵化器建设，截止到目前，孵化器总投资9.78亿元，其中市政府的相关部门投资仅4000万元，我们用4%的投资，带动了全市孵化器的高速发展，推进了投资主体的多元化。孵化器的内涵愈加丰富，可以提供物业、管理咨询、融资、国际合作等多领域、多层次的服务，管理水平不断提高。孵化体系已经成为向社会输送成功企业和项目的重要源泉。如2000年2月入驻海淀创业园、由留学生创办的神州泰岳科技公司，发展迅速，2001年预计销售收入达到2亿元。

在创新服务体系建设方面，市科委着力于促进服务机构服务能力和水平的提高，组织实施了科研条件服务示范工程、中关村科技园区创新服务示范工程等6项示范工程。2001年，技术创新与生产力促进中心被国家科技部认定为国家级生产力促进中心，科学仪器装备协作服务中心成为国家“十五”攻关计划“科学仪器研制与开发”重大专项的常设办事机构。随着政策环境和创新环境的逐步改善，北京成为创新创业活动最活跃的地区之一，技术市场交易额继续上升，2001年，北京地区登记合同数23921项，同比增长12.5%，成交总金额191亿元，同比增长 36.2%。2001 年,北京地区专利申请量达到 12159 件,同比增长 17.6%,专利授权量达到 6244 件,同比增长 5.7%。

软件、北方微电子、生物医药和新材料等四大基地的建设,努力做到与中关村科技园区紧密结合,充分发挥政策和环境优势,吸引了一大批技术水平高、投资规模大的项目,实现了中央资源与地方资源的有效对接,积极培育新的经济增长点,已涌现了"星光一号"专用芯片、拥有自主知识产权的网络计算机的 CPU、铋系高温超导导线等若干具有广阔市场前景的重大成果。数字北京、水资源可持续利用、绿色食品和良种工程等八项产业化示范工程也都在顺利推进,一批成果已为城市现代化建设和首都经济发展提供了有力的科技支撑。

(三) 进一步增强软件和生物工程等高新技术产业对首都经济发展的带头作用

通过"二四八工程"的实施以及整体政策环境的建设,北京市软件和生物工程与新医药产业取得长足发展,加上电子信息产业和新材料产业,构成高新技术产业的核心产业群,对首都经济发展的带头作用日益显著。

在市有关部门及软件产业工作协调会议领导下,软件产业的发展继续走在全国前列。软件产业基地初具规模,中关村软件园、昌平中软软件园、北工大软件园已开工建设,北京 863 软件孵化器被国家科技部批准成为国家级项目,现有入孵企业 16 家。支持软件产业发展的政策得到积极落实,截至目前,北京地区认定软件企业 693 家,占全国的 40%;累计登记软件产品 2305 个,占全国软件产品登记总数的 63%;全年软件产品增值税退税 10 亿元。一批知名软件骨干企业迅速发展,年销售收入超过 1000 万元的企业有 107 家,比上年增加了 53 家,其中年销售收入超过亿元的有 11 家,比上年增加了 5 家。

软件骨干企业得到较大发展,知名软件产品不断涌现,软件企业国际化能力进一步提高。联想、用友等 5 家企业通过 CMM2 级以上认证,组建了中软等 10 家企业加盟的"北京软件出口联盟"。软件人才培养体系初步建立,6 所大学被列为教育部兴办软件学院的试点院校(占全国总数的 1/5),其中北工大软件工程学院已招收信息安全、软件工程等专业的 60 名工程硕士,在社会上引起强烈反响;培训软件技术工人的试点工作也已展开,连邦软件培训基地和一轻、机械等两个技校开始首批招收软件蓝领学生 500 人。软件产业投资活跃,国际 10 大软件公司中,微软、IBM、CA、SUN 等四家国际软件公司已经在北京建立了研发和生产机构,国际著名软件公司 ORICLE 以及国内大型软件企业如东方软件、亿阳、浪潮等也已经或正在北京建立研发中心和商务基地。

生物工程和新医药产业是国际上发展最快的产业之一,国内外竞争非常激烈,市委、市政府一贯重视生物工程和新医药产业的发展。市科委作为市生物工程和新医药产业领导小组的办事机构,2001 年积极落实发展规划,加强体系建设,推动中央在京单位与北京市的多层次合作,培育了一批有创新引导作用、瞄准国际科技前沿的新型研发机构。生物医药基地建设全面展开,中关村生命科技园、北京经济技术开发区"中国药谷"、京西生物医药和医疗装备创新带、北大生物城等区域形成了新型研发产业群,各项建设进展顺利,一批国家项目落户北京。其中,在生物芯片北京国家工程技术研究中心建设方面,借鉴国际惯例组建了博奥生物芯片有限责任公司,形成跨地区多个优势单位的战略组合,完成国家计委 2 亿元和国际风险投资 1.5 亿元的增资工作,成为中关村生命科技园的首家开工项目。在党中央、国务院领导的高度重视和国家科技部、市委、市政府的大力支持下,6 名海外华人科学家在京创建北京基础生命科学研究所的工作取得较大进展,主体工程年底将开工建设。重大成果产业化工作有了新突破,人血液代用品(08项目)的研究开发完成临床前的实验研究,开始进入中试放大阶段;国家西药一类新药盐酸埃他卡林完成临床前的研究,作为拥有自主知识产权的一类新药,有望成为"重磅产品",国家、北京市共同支持开发的抗病毒西药双环醇获得一类新药证书。

(四)认真调研,抓好协调,深化科技体制改革

按照中央精神,结合北京市的实际情况,市属科研院所在体制和运行机制上进行了一系列改革。66个技术开发型院所实行企业化转制。这项工作在市领导的重视和有关委办的密切配合下,积极稳妥地展开。社会公益型科研机构的分类改革工作取得进展,在深入调研的基础上我们研究提出了进一步深化改革的具体意见和实施方案,试点工作已经启动,预计完成改革方案后,将精简一半机构,保留30%左右的人员,政府的支持强度将进一步增强。科委直属事业单位的改制工作也已启动,委办经济实体和直属企业与科委脱钩的任务全面完成。

转制院所离退休职工享受事业单位调资待遇问题,关系到退休人员的切身利益,也是当前群众反映较为强烈的问题。2001年,市科委会同有关委办组成工作班子,深入调研,广泛听取意见,进行认真测算后提出了解决办法,已经市领导同意,即将出台。在全国尚未解决这一问题的情况下,我市在政策上先行突破,体现了市委、市政府对科技人员的关怀和照顾。这一突破对推动院所转制,实现事业与企业体制在离退休人员待遇上的平稳衔接有重要作用。加入养老保险统筹方面的政策也有所突破,不但解决了市属院所养老保险问题,而且政策范围展宽到中央在京转制院所,也解除了中央转制院所的后顾之忧。

(五)加强科普宣传,搞好农村和社会发展科技工作

2001年,市科委依托市科普工作联席会议成员单位,按照"创新、互动、以人为本"的指导思想,认真研究、组织全年的科普工作。北京科技周的举办取得重大突破,第一次设置了主会场大型活动项目,在展示方式上突破了以往"摆摊设点",展品只能看不能动的科普宣传模式;在运作方式上首次尝试面向国际的"招商办展"方式,吸引了法、英、日、美等国的科普文化机构及国内科技教育企业参展;在票务上,采用市场售票的方式,扩大了科技周的受众群体。科技周得到北京市民及其他省市群众的热烈欢迎,不仅有16万人参观主会场,而且引起媒体的广泛关注,媒体宣传"炒作"科普,是北京科普史上前所未有的,也使科技周更加深入人心。2001年启动"科普图书精品"工程和"科普互动展示精品"工程、"社区科普示范工程",大力推进了行业科普,使得全市科普工作能力建设有了很大提高,"劳动安全宣传周"、"生物多样性保护宣传月"、"卫生健康科普宣传"等活动高潮迭起,有声有色。市新闻出版局组织出版的《漫话金头脑》获"五个一"工程奖;天文馆、丰台科技馆、麋鹿苑等单位开发研制了系列科普互动展品,为2002年科技周做了很好的准备。

农业科技创新体系得到进一步加强,"九五"期间部署的重点农业科技攻关项目取得显著成效。如工厂化农业示范工程的系列成果已在全市范围推广,初步形成了蔬菜种子种苗和现代温室设施等两大产业;开始实施蔬菜良种产业化和家畜良种胚胎工程,制定了北京市绿色食品质量标准体系,建立了面积达25万亩的农作物制种基地。2001年还启动部署了农业节水示范工程、防沙治沙示范工程、精准农业示范工程等一批科技攻关项目。

社会发展科技工作针对城市发展的热点、难点和重点问题全面展开,在水资源可持续利用、生态环保、能源结构调整、公共安全和信息化建设等方面组织重大项目,取得一批重要成果。如直径3.63米的加泥式土压平衡盾构机"京盾一号"、日处理生活垃圾300吨的成套装置、银行金库远程电视监控报警管理系统等项目先后研制成功,为城市建设和管理的现代化提供了重要技术装备；官厅水库水质改善总体技术方案、能源结构调整多种技术方案分析等课题为市领导提供了重要的决策依据；全国首家成立的城市气象工程技术研究中心，把气象科学与城市建设服务结合起来，城市气象科研攻关所取得的进展获专家高度评价；清洁汽车行动在全国重点城市实施以来，北京市走在前列，利用 LPG 和 CNG 的车辆数占全国第一，电动公交车已在线路上试验运行；数字北京工程为提高北京市信息化水平提供了有力的技术支撑。电子政务工程、电子商务工程和信息化社区等重大信息化工程顺利推进。

可持续发展实验区是由科技部、国家计委等 28 个部委及团体在全国范围内组织和推动的一项工作。目前，北京市拥有属特大城市中心区的西城区和郊区怀柔县两个国家级实验区，和属于较典型的城乡结合部类型的丰台榆树庄村市级实验区，正在申报成为市级实验区的有丰台王佐乡、海淀四季青乡、平谷东鹿角村，北京市初步形成了各具典型特点的实验区体系。市科委确定了一批起点高、影响大的实验示范项目，通过示范工程的推进，加快地区经济发展，促进社会事业的全面进步。其中一些示范项目，如西城区的社区卫生与健康促进示范工程、社区全民健身试点工程、教育社会化研究和示范工程、节能节水新技术推广应用工程等，取得明显成效，有的在北京乃至全国产生较好影响。

二、提高依法行政意识，推进行政审批制度改革

按照市委、市政府的统一部署，市科委 2001 年加强了依法行政工作和行政审批制度改革工作的力度。

（一）进一步加强依法行政工作，努力为首都创新创业营造良好的法制环境

1．加强立法和行政规章建设，促进政府职能转变

2001 年初市科委制订了《关于 2001 年度政策法规建设的工作意见》，明确重点任务和计划项目，修订、制订并出台了一批规章。主要工作包括：修订《北京市技术市场管理条例》和《北京市科学技术奖励办法》，制订《关于贯彻国务院鼓励软件产业和集成电路产业发展若干政策的实施意见》及两个配套办法，制订《关于进一步促进高新技术产业发展的若干意见》及《北京市高新技术成果转化认定办法》、《北京市中介机构享受专项财政资金支持确认方法》等两个配套文件。

在法规制订工作中，重视改革和创新，在一些方面取得了突破。例如，《市科委、市财政局关于软件企业财政专项补贴实施办法》提出对软件企业高级人才重大消费和投资行为给予专项奖励。这一优惠政策在全国尚属首创，体现了对科技人员知识价值的承认和对创新活动的鼓励与支持，得到软件企业的热烈响应。截至目前，共有 498 位高级人才得到财政专项奖励，奖励金额逾 1300 万元。

2．认真开展对科技政策法规的清理

为适应 WTO 规则，根据市委、市政府要求，市科委对地方法规、政府规章和政策性措施以及市科委发布的规范性文件进行了全面清理，对 103 项科技地方法规、政府规章、政策性措施提出清理意见，清理意见已上报有关部门。

3．采取有力措施，建立健全依法决策制度

2001 年市科委努力推进依法决策制度的落实，做到了在政策文件、重大项目等重大决策出台前，通过座谈会、专家论证会、组织专项调研等形式，广泛征求群众意见，在充分研讨和论

证的基础上再行决策，以此来确保重大决策的科学性和客观性。通过网络、刊物和新闻发布会等多种形式为社会提供政务信息和相关资料服务，采取各种有效措施加大政务公开的工作力度，公示制度在逐步完善。加强了科技性文件的规范和依法行文工作。对报送和发布的文件，按照行政审批制度改革的要求进行审查，严格其法律性和规范性，保证制定的规范性文件合法有效，使依法行政的要求落实到工作程序和细节中去。

4. 逐步完善执法责任制

在制定"北京市科学技术委员会执法责任制"的基础上，结合本市科技执法的任务和要求，依据《中华人民共和国行政处罚法》，按照《北京市实验动物管理条例》、《北京市技术市场条例》，分别建立和完善了专项条例的执法责任制，进一步规范了执法行为，对执法人员加强法律培训并组织考核，以提高执法水平。

5. 全面落实政务公开工作

对机关工作人员加强了服务意识、大局意识和接受人民群众监督意识的教育；印发了《北京市科委行政审批事项办事指南》、《"首都二四八重大创新工程"实施纲要》、《技术创新法规政策文件汇编》、《北京科技统计数据》等系列便民手册，设置了政务公开资料栏，并在北京科教信息网等网站及时发布有关法规、政策和政务信息；全年共组织大型新闻发布会12次，通过媒体将市科委的主要工作部署向社会公开；继续实施科技项目的网上征集、远程申报工作和软件企业、产品认定工作网上办公等项措施；在科技成果奖励工作中，继续推行对初评结果执行3个月的异议公告期制度。通过这些措施，科委工作的公开性和透明度有所提高，工作作风有所改进，便利了人民群众和社会各界的监督，取得了较好的效果。

(二) 减少行政审批事项，深化行政审批制度改革

市科委按照市政府有关通知精神，对现行的22项审批事项逐项研究，认真分析，研究制定进一步深化科技行政审批制度改革的措施。经过调整和减缩后，市科委保留审批事项共15项，即在2000年减少40%的基础上将现行审批事项又精简了30%。对于确需保留的审批事项，本着审批条件、范围、程序公开，权责对等的原则，建立相应的监督制度和责任追究制度以及推进政务公开的公示制度。

三、改变工作作风，推行体制创新

随着体制改革的深入进行和政府职能的转变，市科委工作人员的思想意识和工作作风都发生了重大变化，工作效能有了明显提高。

(一) 观念创新：树立和强化服务意识

通过教育使科委广大工作人员认识到，服务是现代管理思想的核心，是政府工作的出发点和立足点，必须以服务为主线改变工作内容和方式，积极建立和完善创新服务体系，为科研机构、科技企业提供信息、咨询、融资、法律和知识产权保护等多领域服务。在这一思想的指导下，市科委积极为上级主管部门和相关委办局服务，在高新技术产业国际周组织、中关村科技园区建设、微电子产业发展等方面努力做好配合工作，形成了委办局通力合作，推进科技进步的生动局面，科委工作作风发生了明显转变。

(二) 决策机制创新：努力实现决策的科学化和民主化

对于重大项目，科委实行了科学化、民主化的决策程序。首先由领域技术专家对重大项目进行论证，从技术方向上评价和把握重大项目；然后由科委主任办公会进行论证，办公会从政府目标及技术、经济可行性上评价和把握重大项目；最后，由科委党组集体讨论决策，确立重大项目。2001 年以来，科委专门召开 10 次委主任扩大办公会，考察和论证了 54 个重大项目。

（三）管理体制创新：按领域设置计划，围绕重点任务，安排重大项目，以计划指导预算

1．按照北京市科技发展规划和“首都二四八重大创新工程”的整体部署，按照高新技术重点领域设置科技计划。

2．根据各重点领域的发展规划，紧密结合首都经济社会发展和现代化国际大都市建设的需要，组织实施重大项目，集中有限力量，重点支持。在 2000—2001 年科技经费项目费中，突出了对“二四八工程”的投入，每年集中了 70％的资金用于“二四八工程”。资金的强化投入，保证了重点项目的研发水平，并为项目的产业化开辟了广阔的前景。

3．集成北京地区最优科技资源，强化科技项目向北京地区的全面开放，充分考虑与国家计划项目、成果的衔接与配套，使项目达到国内领先、国际先进水平。

4．按照“顶层设计、分层管理、滚动实施”的工作原则组织管理重大项目。在立项上突出顶层设计，突出项目的战略性、系统性和连续性；将项目分解为课题，项目设依托单位或牵头单位，课题设承担单位，实行项目、课题分级管理；项目的实施按照滚动的方式进行，根据实际情况及时调整项目方向，不断补充新课题。

5．建立计划指导预算的预算编制体系。改变过去按处室、按领域划块式预算方式，实行按项目“零基预算”的方式，组合使用科技三项费和科学事业费，统筹安排计划项目，形成以重大项目为核心的预算体系，提高了经费使用效率和项目的支持强度。

回顾 2001 年的工作，我们取得了一些成绩，但是应该看到，我们工作中还存在着一些问题和不足，主要有下面三个方面：①解决北京经济社会发展热点、难点问题的技术支持能力还不强；②科技投入，尤其是区县和企业的科技投入仍然不足，不能适应科技事业迅速发展的需要；③政府引导和市场主导的相互作用关系还未完全理顺。这些问题和不足需要我们在今后的工作中加以解决。

四、迎接新的挑战，做好 2002 年科技工作

为了更好地应对入世和申奥成功后新的国内外形势，继续把北京科技事业推向前进，2002 年我们着重强调：要深入调查研究，强化服务意识，改变工作作风，探索科学的工作模式，努力迎接新的机遇和挑战。

2002 年北京科技工作总的要求是：以邓小平理论和“三个代表”重要思想为指导，贯彻落实江总书记“七一”重要讲话、党的十五届五中、六中全会以及全国科技工作会议和北京市委全会精神，面对加入世贸组织所带来的机遇和挑战，审视北京市科技工作的战略定位，形成适应新形势的工作模式，把工作重心转移到以创新和服务为主的基点上来，以奥运建设为契机，以“十五”科技发展规划为指导，以实施“首都二四八重大创新工程”为重点，加快中关村科技园区建设，推进高新技术产业发展，促进传统产业结构调整和升级，提高科技工作的开放度和国际化水平，为首都经济社会发展做出新的贡献。

2002 年主要应抓好以下几个方面的工作：

1．抓好“十五”科技发展规划落实，继续实施“首都二四八重大创新工程”

"十五"科技发展规划已由市政府颁布。对于"十五"科技发展规划所规定的六个目标、四个战略、五个重点、四项保障等,要认真分析排序,分解任务,逐项予以落实。要继续抓好"首都二四八重大创新工程"的组织实施。

2. 启动首批"奥运科技十大专项"

"科技奥运行动计划"已编制完成,首批"奥运科技十大专项"包括智能交通、电动汽车、清洁能源示范、数字奥运、安全科技等,对于这些项目要精心规划,认真组织,抓好落实。对于一些工期长、难度大的项目要及早启动。

3. 大力加强科技中介服务体系建设

加强科技中介服务体系建设,出台有利于科技中介机构发展的政策措施。引导中介组织大胆创新,深化改革,逐步形成以行业协会为主体的管理构架。争取尽快发布《关于进一步加强为在京科研机构服务的若干意见》,为在京科研机构提供更加宽松的政策环境与相应的配套服务。

4. 加快软件产业发展

抓好软件园和软件孵化器建设,吸引国内外知名软件企业集团来京建立研发机构,建立高水平的软件研发队伍,扶持拥有自主知识产权的重点软件企业,促进骨干企业建立出口联盟,使北京软件研发水平和产业化水平有一个大的提高。

5. 用高科技改造传统产业

继续运用高新技术、先进适用技术、先进管理技术,尤其是光机电一体化技术改造传统产业,实现以信息化带动工业化,促进传统产业的结构调整和技术升级。要组织力量,积极解决工业升级所面临的重大共性和关键技术难题。

6. 继续促进社会可持续发展

围绕环境保护、交通管理、社会安全和减灾防灾等重点领域开展社会发展科技工作。坚持以人为本、全面发展的原则,逐步把北京建设成为"天蓝、地绿、水清、路畅、民安、人和"的具有中国特色的现代化国际大都市,实现人民生活品质显著提高和社会全面进步。

7. 大力发展现代农业技术

围绕调整农业结构和改善农村生态环境,大力发展现代农业技术,加快农业现代化、农村信息化进程。加强农业科技成果推广示范,为建设结构优化、布局合理的现代农业产业化示范基地提供有力的技术支撑。

8. 深化院所改革

深化市属科研机构企业化转制和分类改革工作。引导转制院所进行股份制改造,通过控股、购并、参股等方式进行资产重组;转制院所要按照建立现代企业制度的要求,建立法人治理结构,推进产权制度改革,切实转换运行机制,增强在市场环境下生存和发展的能力;进一步加快社会公益型科研机构的分类改革步伐,向非营利科研机构管理体制过渡。

第二章　特　　载

在试验区高新技术企业协会第三届代表大会上的讲话

北京市科委主任　范伯元

2001 年 1 月 8 日

尊敬的理事长、副理事长、代表们、同志们：

很高兴能来参加北京新技术产业开发试验区高新技术企业协会第三届代表大会。首先，我代表北京市科委，对试验区高新技术企业协会第三届代表大会的成功召开表示热烈的祝贺，对担任理事长、副理事长、理事的单位和个人表示热烈的祝贺，对企业家俱乐部的成立和协会助新网的开通表示热烈祝贺。

应该说，本次代表大会选择的时机是很好的，我们告别了旧的世纪，迎来了新的世纪，在这个时候总结工作，谋划未来，这预示着，我们的事业在新的世纪里会有更大的发展。

试验区高新技术企业协会自成立以来，本着“发挥桥梁作用，促进企业发展”的宗旨，在推进创新创业、为高新技术企业服务以及集成社会资源、协调各种关系、完善行业规范方面做了大量的工作，取得了显著的工作业绩。希望进入新世纪以后，高新技术企业协会能够在已有工作的基础上，进一步明确服务方向，开拓工作领域，成为北京高新技术产业发展和中关村科技园区建设的一支生力军。

下面，我就北京科技事业发展以及高新技术企业协会的工作讲几点意见。

（一）发展高新技术产业，促进经济结构的全面调整

2000 年，对我国科技事业和高新技术产业发展而言，是十分重要的一年。党中央召开了党的十五届五中全会，对新世纪的发展作了规划和部署。科技部召开了全国科技工作会议，对新世纪的科技工作进行了部署和安排。认真学习和理解这两个会议的文件，对我们理清今后工作的思路是十分有益的。

十五届五中全会提出：“把发展作为主题，把结构调整作为主线，把改革开放和科技进步作为动力，把提高人民生活水平作为根本出发点，全面推进经济发展和社会进步。”这几句话清晰的勾画出新世纪之初我国现代化建设的发展目标、战略布局和主要任务，是推进社会主义建设事业的指导方针，也是推进北京科技事业发展的指导方针。

下面，我想着重谈谈这条主线，就是关于结构调整的问题。把结构调整作为国民经济发展的主线，这种提法本身就意味着，结构调整工作是十分重要的。为什么这样提呢。以我个人的理解，我认为主要是出于三点考虑。

第一，是时代发展的需要。世纪之交，时代的特征发生了本质的变化，由工业经济时代转变成为知识经济时代，生产过程的主要投入要素，由资金、资源，转变为知识、科技、智力。在新经济时代，在数字化、网络化时代，如果我们的经济结构和产业结构，还是以传统产业为主的结构，我们就摆脱不了发展缓慢的被动局面，就不可能迎来中华民族经济的振兴和腾飞。

第二，是持续发展的需要。我们知道，经济结构调整的层次越高，生产对资源和环境的依赖就越少，减少环境污染、保持生态平衡的目标就越可能实现，才可以真正摒弃那种以牺牲资源和环境为代价的生产模式。因此从持续发展的角度考虑，也需要进行经济结构的全面调整。

第三，是解决一些深层次问题的需要。我们知道，科技创新和结构调整之间存在着互动的关系，哪些国家和地区的科技创新能力强，其经济结构调整的动力就足，升级的层次就高。美国经济出现持续近10年高增长、低膨胀、低失业率的奇迹，芬兰跃居为世界一流的信息产业强国，爱尔兰在欧洲经济不景气的环境下创造了高技术产业高速发展的奇迹，成为继美国之后的最大的软件出口国，都是因为他们的经济结构已经调整到以科技创新为内核的新经济上来了。因此要解决通货膨胀、失业等深层次的问题，也需要调整产业结构。

在新的世纪，北京面临着调整经济结构和产业结构的艰巨工作。北京的产业结构调整必须完成两项任务，一项任务是，在经济总量中高新技术产业所占份额要逐渐超过传统产业所占份额；第二项任务是，产业结构中的支柱产业要完成战略性替代，就是由传统产业作为支柱产业，逐步转变为由高新技术作为支柱产业。

我认为，在结构调整中，北京的高新技术企业肩负着重要的职责，只有高新技术企业继续保持高速增长，只有高新技术企业继续保持持续创新能力和市场活力，只有高新技术企业强化向传统产业的辐射和渗透，北京的结构调整才有希望和可能。我希望在新世纪里，北京高新技术企业团结奋战，开拓进取，为北京产业结构的全面调整做出新的贡献。

（二）打下坚实基础，参与国际分工与竞争

在新世纪之初，中国就可能实现加入世贸组织的夙愿。加入WTO后，中国将直面日趋激烈的国际竞争，我们的所有高新技术企业也将直面日趋激烈的国际竞争，我们会在不出国门的情况下，就感受发达国家由于在经济科技上占有优势而形成的压力。对于这种世界形势变化所带来的机遇和挑战，我们要有清醒的认识，要增强紧迫感、危机感和忧患意识。

北京的高新技术企业，包括民营科技企业，已经经历了两次创业。第一次创业是在20世纪80年代初期，北京率先建立了民营科技机构，提出了“两不”、“六自”的发展原则，民营科技企业在有关部门的热情扶持下，显示出强大的生命力。第一次创业可以说是，以机制创新为核心的求生存创业阶段。第二次创业发生在20世纪90年代初期，民营科技企业家在发展实践中，经过认真的思考，提出了以“六化”为代表的“二次创业”的战略口号，民营科技企业的总体实力迅速壮大，成为北京国民经济体系中不可忽视的组成部分。二次创业可以说是，以制度创新为核心的实现高新技术产业化的发展新阶段。我认为，在新的世纪里，高新技术企业很有可能面临第三次发展机遇，有可能实现第三次创业，就是融入世界经济大潮，利用国际资源和资本，参与国际分工与竞争，进入国际化的创新创业新阶段，而最终实现自立于世界经济、科技强国之林的愿望。国内外的形势要求我们，必须坚定不移地贯彻党的十五大精神，不能因循守旧，不能丧失发展机遇，而要振奋精神，积极进取，勇于创新，从国际化的高度和视角来规划我们的未来，我们就一定会在国际高新技术舞台占有一席之地。

（三）立良性互动关系，共同推进“首都二四八重大创新工程”

2000年，北京市政府完成了机构调整，除了精简机构，缩减编制以外，政府的职能和工作作风都发生了重要改变。一方面,政府的管理层次和决策层次有所提高,另一方面,政府的工作重点发生转变,政府与企业的关系也变成了一种良性的互动关系,政府不再参与企业行为,而把主要的精力放在搭建平台和改善环境上,让研究机构、大专院校、企事业单位在政府搭建的平台上从事多姿多彩的创新创业活动。

2001 年北京市科技工作的思路已经确定,这就是,"高举邓小平理论伟大旗帜,坚持科教兴国和可持续发展两大战略,以建设中关村科技园区为龙头,以构建首都区域创新体系为主线,以提高科技持续创新能力为重点,以实施'首都二四八重大创新工程'为突破口,推进高新技术产业化和经济社会信息化,为首都经济发展做出新贡献。"这个思路体现的主要思想就是,有所为,有所不为,总体跟进,重点突破,提高科技持续创新能力,实现技术跨越式发展,为经济结构战略性调整和首都现代化建设提供强大的技术支持。

在这里我要重点讲一下"首都二四八重大创新工程"。

"首都二四八重大创新工程"包括建立首都创业孵化体系和首都经济创新服务体系两大体系,建设北京软件产业基地、北京北方微电子基地、北京生物医药基地和北京新材料基地四个基地,实施数字北京工程、高清晰度数字电视产业化工程、大直径半导体硅晶片及大规模集成电路产业化工程等八大科技示范工程。

"首都二四八重大创新工程"是带有战略性、综合性、示范性的科技核心工程,对于推进北京科技事业的发展,强化科技与经济的结合有重要作用。2000 年在社会各界力量的推动下,"二四八工程"有了很大进展。

在首都创业孵化体系建设方面。在已建 16 家孵化器的基础上,去年又新建 6 家孵化器,其中三家是国企孵化器,包括以北京化工厂为母体的崇熙科技孵化器、以首钢集团为母体的北京首特科技孵化器、以航天部二院为母体的长峰科技孵化器,与此同时,成立了由近 40 家会员单位组成的创业孵育协会,在行业协调、企业孵化、信息服务、国际交流与合作等方面积极开展工作。创业孵育协会的成立,标志着首都创业孵化体系的基本框架已经形成。

建立首都经济创新服务体系,就是要整合和重组社会创新服务资源,形成一个能够提供高效服务的有机整体。2000 年,在这方面作了一系列的尝试。5 月成立中关村技术交易中心,7 月成立北京科技条件市场,以后,又相继成立了北京软件产业促进中心、北京新材料发展中心、北京市可持续发展科技促进中心,并对原建立的北京生物技术和新医药产业促进中心等进行了调整,这样就为建立社会化、市场化和服务化的首都经济创新服务体系奠定了坚实的基础。

在基地建设方面也取得明显进展。在建设北京北方微电子产业基地方面,支持清华大学微电子学研究所与北京中星微电子有限公司组建了清华中星集成电路设计研发中心,其中清华大学微电子研究所是专门从事集成电路设计开发的研究教育机构,具有大量的技术储备和丰富的人才资源,北京中星微电子有限公司则拥有多名留美博士及从硅谷携回的集成电路最新技术,此次强强联合,对于发展拥有我国自主知识产权的集成电路产业具有重要作用,与此同时,选址在顺义林河工业开发区、北京经济技术开发区和八大处高科技园建立了微电子生产基地,形成研发和产业化并举的发展格局。在建设软件产业基地方面,选址于中关村核心区建设北京 863 软件产业孵化基地,该基地不但为软件研发提供国家级高起点综合服务,而且将发展成为软件投资、委托研发、成果与股份转让的大型交易平台;在建设北京生物医药基地方面,已完成中关村生命科学园选址,北大生物城一期建设工程也进展顺利,已完成七通一平和两万平方米绿化。在建设新材料基地方面,中关村新材料基地北新园已经挂牌,北京新材料孵化器建设工程项目已完成立项，并已启动了纳米材料、稀土永磁等四个重点创新平台建设。

八大创新示范工程的实施也取得了一些重要成果。在推进"数字北京工程"方面，启动了电子政务工程和电子商务工程，已有122个政务部门在"首都之窗"上建立了自己的主页。"数字中关村"项目已完成立项，海淀数字园区、数字图书馆等正在建设之中，并开始推进远程教育和远程医疗。"数字绿化带工程"已经完成，首都电子商城已经开通。在推进"高清晰度数字电视产业化工程"方面，已完成北京建立数字高清晰度电视地面广播实验区工程的立项，该项目已列入国家高技术产业化工程计划；已开发出一批有针对性的产品，如牡丹电子集团开发出模拟/数字兼容电视机，北京广播器材厂积极开发大功率发射机等。在推进"保护臭氧层工程"方面，已试制成功半导体制冷的冷柜，以及可以部分替代哈龙的高效水剂灭火剂。"二四八工程"的推进将全面提升北京的区域创新能力和地区综合实力。

我们的高新技术企业，经过几年或十几年的努力，已经具备了较好的经济基础和科技实力，高新技术企业参与到"二四八工程"中来，承接"二四八工程"项目，对"二四八工程"会产生重要的推动作用。我希望在新的世纪里，高新技术企业关心"二四八工程"，参与"二四八工程"，推进科技与经济的结合，同时也与政府建立良性的互动关系。

我们已经跨入新的世纪，新世纪是机遇与挑战并存的世纪，也是创新和发展的世纪，我们愿意和大家一起，同心同德，群策群力，为推进首都经济发展和社会全面进步而共同努力。

新北京，新科技

范伯元主任在2001年1月16日
驻华科技外交官新春招待会上的讲话

尊敬的各位来宾、各位朋友，女士们、先生们：

晚上好！

我感到非常荣幸，能够就北京市科技事业发展的现状与展望的有关情况向大家做一简要介绍。

当今世界，科学技术发展突飞猛进，对人类的文明进步带来深刻的影响。中国政府非常重视科技进步工作，提出实施科教兴国战略是本届政府最大的任务。按照这一基本原则，北京市政府审时度势，提出要大力发展"首都经济"，其基本内涵是以知识经济为方向，以高新技术为核心，整合首都地区的各种资源，突出抓好以发展信息技术产业为主导的科技型经济。

北京有着雄厚的科技、智力资源。1999年全市拥有各类专业技术人员近140万人，约占全国的7%，科技经费总额占全国的10%。北京地区每年开展科研课题3万多项，完成科技成果1万多项，获国家级奖项约占全国的1/3，2000年技术合同成交总金额达140亿元，成为全国技术交易最活跃的地区之一、技术商品与技术信息集散中心。

首都的科技优势正不断转化为经济优势，北京高新技术产业得到迅速发展。2000年，北京市高新技术产业实现增加值205亿元，占工业增加值28%，对工业增长的贡献率超过60%。

围绕高新技术产业发展，北京重点建设了中关村科技园区。中关村科技园区是1988年5月经国务院批准建立的第一个国家级高新技术产业开发区，1999年6月，国务院做了加快建设中关村科技园区的批复，这是国务院继在20世纪80年代批准设立深圳经济特区、90年代决策开发浦东之后，在21世纪即将来临之际，为迎接新世纪知识经济挑战作出的又一重大战略决策。中关村科技园区将大量吸纳国内外知识、技术、资本等战略性资源，引导经济结构调整与提升，加快首都经济与国际经济的融合与接轨。中关村科技园区分为中心区和辐射区。中心区覆盖了北京市科技、智力、人才和信息资源最密集的100平方千米区域，包括海淀园、丰台园、昌平园、北京电子城和北京经济技术开发区。5个科技园共同构成了沿京城四环路布局的颇具特色和充满活力的高科技产业带。中关村科技园区一直保持着持续、快速、健康的发展势头。2000年实现技工贸总收入1430亿元，比去年增长36.4%；工业产值867亿元，比去年增长33.1%。

在大力发展高新技术产业的同时，北京也致力于用现代科技改造传统产业（工业、商业、农业），采取了推动产学研联合，建立信息技术应用示范工程，现代化农业示范基地等系列政策措施，促进经济结构的调整与升级，取得较大成效。

科技进步在推动医疗卫生、环境保护、城市交通、市政建设、城市管理等社会发展领域都发挥着日益显著的作用。

为了推动科技与经济的密切结合，保证北京持续创新能力的提高，北京市从1998年底推出了“首都二四八重大创新工程”，重点建设首都创业孵化体系和首都经济创新服务体系，建设北京软件产业基地、北京北方微电子基地、北京生物医药基地和北京新材料基地，实施数字北京工程、高清晰度数字电视产业化工程、大直径半导体硅晶片及大规模集成电路产业化工程、能源结构调整及清洁燃烧技术产业化工程、现代医药生物技术产品产业化工程、绿色食品及良种工程、水资源可持续利用工程和北京保护臭氧层工程等8个高新技术产业化示范项目。

我们高兴地看到，最近一段时期北京与其他国家和地区建立了日益密切的经贸和科技合作关系，在共建研究机构，开展合作项目，加强国际间交流等方面开展了卓有成效的工作。

我们真诚地希望在新的世纪里，在互惠互利、共同发展的原则下，北京与世界其他国家、地区能够开展更加广泛、深刻的科技合作。希望各位科技外交官为之做出更大的贡献！

谢谢大家！

在北京市政府与美国犹他州政府签署合作协议仪式上的讲话

北京市科委主任　范伯元

2001年1月19日

尊敬的教育部、信息产业部、科技部、北京市政府的各位领导：

在新世纪充满欢乐的气氛里，在中国的传统节日——春节来临之际，美国犹他州的朋友们，中国政府和企业的各位同仁们在这里欢聚一堂，举行隆重的国际性会议，作为活动的主办单位，我们十分高兴而且深受鼓舞。在这里，请允许我代表北京市政府，向各位嘉宾的到来表示衷心的感谢和热烈的欢迎。

今天，在这辞旧迎新的节日气氛里，我们可以和各位嘉宾一起共同分享北京建设取得重大成就的欢欣。在过去的一年里，北京和全国一样，经济呈现出全面增长、协调发展的良好局面。全年国内生产总值增长达到11%，投资、消费和出口三大需求全面回升，经济结构的优化对经济增长的拉动效应日益突出。经济效益明显提高，市场繁荣，购销两旺，城乡居民的生活品质又有明显改善。

2000年一年，北京科技界也捷报频传，高新技术产业继续迅猛发展，已经完成了从无到有，从小到大，从平淡到辉煌的艰辛创业历程。一批大型高新技术企业集团脱颖而出，一批具有自主知识产权的高科技产品畅销国内外市场。科技企业所创立的市场化的灵活运作机制，所集聚起来的高素质的创新和经营人才，为北京市的经济注入了强大的生机和活力。人们的市场意识和创新意识不断强化，尊重知识，尊重人才的社会氛围逐渐形成，要使创新真正成为我们发展的灵魂和不竭动力。

2000年北京的对外开放也有了进一步的发展。北京已经和世界上的许多城市建立了友好城市关系，和世界各国的专家学者以及科研机构开展的多个领域的学术交流和合作。我们希望北京市政府和犹他州政府的这次合作，能够加深我们彼此间的相互信任和了解，使我们的合作渠道更加宽阔，使我们的友谊更加牢固。

我们已进入新的世纪，这是一个充满机遇和挑战的全新的时代。在新世纪里，北京要继续发展高新技术产业，促进产业结构的全面调整，这是时代赋予我们的历史重任。在新世纪里，时代的特征发生了本质的变化，由工业经济时代转变成为知识经济时代，生产过程的主要投入要素，由资金、资源，转变为知识、科技、智力。在新经济时代，在数字化、网络化时代，如果我们的经济结构和产业结构，还是以传统产业为主的结构，我们就摆脱不了发展缓慢的被动局面，就不可能迎来北京经济的振兴和腾飞。

在经济结构和产业结构调整的过程中，传统的支柱型产业要退出历史舞台，代之以新兴的支柱产业，而软件产业就是新兴的支柱产业的首选。因此，北京市政府和美国犹他州政府在软件领域签署全面合作协议，不但引起各级政府的关注，也引起广大市民的密切关注。我们知道，犹他州的软件产业在世界上是享有盛誉的，犹他州的第二大城市有“世界软件工业谷”之称。能与犹他州确定合作伙伴关系，我们是十分高兴的。

北京市政府与美国犹他州政府的这次合作，将在三个层次上展开，即政府层次、机构层次和企业层次。双方将共同推进六大合作项目，第一，共建中国（北京）国际软件学院；第二，在北京共建软件孵化器和孵化体系；第三，在美国犹他州建立北京软件出口、软件外包基地；第四，支持北京申奥的信息化工作；第五，支持建设北京软件产业知识产权法律保护和市场体系；第六，共同支持中国大西北开发战略，建立大西北合作关系。我们希望在这次合作中，能从犹他州的专家学者身上，学到软件方面的深厚的理论根底和技术根底，学到软件企业运营的先进的管理经验和灵活的运行机制，学到专家在软件研发领域的战略敏感性和学术远见。我们希望这次合作是一次双赢的合作，能够得到共同的发展与进步。

新世纪的到来，为我们开辟了良好的发展前景，我们希望，双方在这条道路上携手并肩，共创美好的未来。

加强技术创新，深化体制改革，全面提升世纪之初的北京科技工作

范伯元主任在2001年2月13日北京市科技工作会议上的报告

同志们：

这次科技工作会议是进入新世纪北京市召开的第一次科技工作会议。这次会议的主要任务是，全面贯彻落实党的十五届五中全会、全国科技工作会议和市委八届七次全会精神，认清当前形势，理清发展思路，部署今年的科技工作，进一步实施科教兴国和可持续发展两大战略，加强技术创新，深化体制改革，为提高我市国民经济的整体素质和地区综合实力，推动首都经济快速发展和社会全面进步而作出努力。

下面，我就2000年的工作和2001年北京市科技工作的形势和任务作一报告。

（一）2000年科技工作回顾

2000年是世纪交替之年，也是首都跨世纪发展具有特殊意义的一年。在市委、市政府的正确领导下，在改革开放的伟大实践中，我市的科技事业取得了长足的进步。高新技术产业继续保持强劲发展势头，对提高首都经济的质量与效益产生了决定性的作用；中关村科技园区建设掀起新一轮高潮，基础设施建设和环境整治全面启动；"二四八重大创新工程"有序推进，在一些关键技术领域取得突破性进展；科技体制改革进一步深化，科技力量和科技人员的结构与布局发生了根本性的改变；科研开发能力有所增强，科技成果大量涌现，科技队伍建设日益完善。我们已经完成了"九五"计划任务，开始向"新三步走"的战略目标迈进。2000年北京市科技工作显示了如下特点：

1．科技战略地位继续提升，科技发展思路逐步形成

新、旧世纪交替的时期，正是世界经济社会形势发生重要变化的时期，科学技术日新月异，已经成为推动生产力发展最有决定意义的因素。以江泽民同志为核心的党中央，把握时代特征，总揽世纪形势，提出了我国"十五"时期国民经济建设的新目标、新任务和新举措，即"把发展作为主题，把结构调整作为主线，把改革开放和科技进步作为动力，把提高人民生活水平作为根本出发点，全面推进经济发展和社会进步。"在十五届五中全会上，科教兴国战略的内涵得到了扩展和延伸，科学技术被确定为增强国家综合实力的决定性因素，促进经济发展的战略推动力和调整产业结构的主要依托手段。这表明科学技术的战略地位得到了进一步提升。

北京市委、市政府一向坚决贯彻落实党中央、国务院关于加快首都现代化建设的各项指示和历次中央全会的精神。经过几年的努力，特别是在这次中央全会精神的指导下，北京市逐步形成了以高新技术产业为旗帜，以科学技术为主导推动力的首都经济发展战略。首都经济发展战略是在市委、市政府的正确领导下，广大人民群众和科技工作者将马克思主义的基本原理和北京改革开放的伟大实践相结合，大胆探索，勇敢创新的产物。这一发展战略将在今后很长一段时期内指导北京经济社会发展的工作与实践。

在首都经济的框架下，北京广大科技工作者勇于创新，善于思索，逐步理清了新时期北京科技工作发展的思路。在北京科技发展"十五"规划中，这一发展思路被表述为：高举邓小平理

论伟大旗帜，坚持科教兴国和可持续发展两大战略，以建设中关村科技园区为龙头，以构建首都区域创新体系为主线，以提高科技持续创新能力为重点，以实施“首都二四八重大创新工程”为突破口，推进高新技术产业化和经济社会信息化，为首都经济发展做出贡献。这一思路的形成表明，首都科技工作者已经完成了形势所要求的观念更新和思想飞跃，这就为2000年科技工作所取得的进步和新世纪北京科技事业的发展奠定了理念和思维方面的基础。

2. 高新技术迅猛发展，经济结构进一步优化

在首都经济发展战略的指引下，我市高新技术产业继续保持强劲发展势头。2000年，全市高新技术产业总产值达到867亿元，同比增长41.5%；高新技术产业增加值213.5亿元，同比增长29%；实现利税81.3亿元，同比增长59.6%。2000年，中关村科技园区实现技工贸总收入1540亿元，同比增长46.9%；实现增加值326亿元，同比增长44.2%；工业总产值(现价)915.4亿元，同比增长40.4%；上缴税费61.7亿元，同比增长51.2%；出口创汇19.4亿美元，同比增长100%。主要经济指标仍然保持两位数的增长比率。技术市场交易额逐年上升，2000年，北京地区登记合同数21270项，同比增长2.7%，成交总金额140.3亿元，同比增长52.2%，其中技术交易额首次突破100亿元，达到126.3亿元，同比增长42.8%。2000年，北京地区专利申请量突破1万件，达到10336件，同比增长34%，专利授权5905件，同比增长1.3%。

高新技术的发展以及服务业的发展，使北京的产业结构发生了重要改变。在1997年实现三、二、一的产业发展序列的基础上，2000年三次产业在国民经济中的比例更趋合理，分别达到了第三产业58.3%，第二产业38.1%，第三产业3.6%。高新技术产业的增加值占工业增加值的比重达到28.9%，高新技术产业增加值在国内生产总值中所占比重达到8.7%。高新技术产业对全市工业增长的贡献率达到60%以上。这些变化表明，北京的经济结构和产业结构发生了良性变化，北京的经济社会发展正在逐步转移到依靠科技进步和提高劳动者素质的轨道上来。

3. 中央资源与地方资源实现对接，首都区域创新体系建设取得进展

首都区域创新体系是由创新资源、创新机构、创新机制、创新环境等所组成的区域性创新体系，建设首都区域创新体系是集成首都科技资源，增强地区持续创新能力的关键举措。近年来，在社会各界的共同努力下，首都区域创新体系建设取得重要进展。

首先，在整合北京地区科技资源方面，国家知识创新系统的建立为北京市提供了有益的借鉴和启迪，北京市建立了一系列联合研发组织，包括与清华大学共建北京清华工业开发研究院，与北京大学共建首都发展研究院，与中国科学院、军事医学科学院、国防科工委等签署了全面合作协议。国家高技术发展研究计划的一批重大成果已嫁接到北京市实现产业化。通过联合研发组织的融会和接引，实现了中央资源与地方资源的对接，逐步形成了一支具有国家水平的研发队伍，并构成了以国家知识创新系统为主体和依托的首都知识创新系统。

其次，在重组和强化创新机构方面，采取了两条腿走路的方式。一方面，积极鼓励企业建立技术中心，使企业的创新创业活动日益活跃；另一方面，全面推进市属科研院所的企业化转制。实施转制方案后，市属107家院所，有4家进入企业，63家转为科技型企业，23家实行“一所两制”，17家转为非营利机构。通过实行企业化转制，我市科技力量的结构和布局发生了重大的调整，企业拥有的科技人员数量从以往的少数变为多数，企业拥有的研发机构大幅度增加，彻底改变了大部分科技人员游离于企业之外的格局，从体制上打破科技与经济之间的壁

垒，实现研究开发与生产营销的一体化链接，增强了企业活力，培育了创新主体，为技术创新系统的建立奠定了基础。经过社会各界的努力，按照“不求所有，但求所在”的建设思路，首都区域创新体系已经初具规模，正在首都经济社会发展中起着日益重要的作用。

4.“二四八工程”有序推进，产生明显经济社会效应

“首都二四八重大创新工程”是带有战略性、综合性、示范性的科技核心工程，对于推进北京科技事业的发展，强化科技与经济的结合，提高地区持续创新能力有重要作用。2000年在社会各界力量的推动下，“二四八工程”有了很大进展。

在首都创业孵化体系建设方面。在已建15家孵化器的基础上，2000年又新建10家孵化器，使孵化器的总数达到25家，孵化面积达22万平方米，在孵企业及项目500余个，提供就业机会近5000个。孵化体系已经成为向社会输送成功企业和项目的主要源泉。

在建立首都经济创新服务体系方面，2000年以构建体系基本框架为重点，先后成立了中关村技术交易中心、北京科技条件市场，北京软件产业促进中心等，并对人才、技术、信息、资金、咨询和中介等方面的创新服务资源进行了整合集成，为建立市场化、产业化、网络化和法制化的创新服务体系奠定了基础。

在基地建设方面也取得明显进展。支持构建北京硅普芯片企业孵化器，支持清华大学微电子研究所与北京中星微电子有限公司组建清华中星集成电路设计研发中心，并于顺义林河工业开发区、北京经济技术开发区和八大处高科技园建立了微电子生产基地，形成研发和产业化并举的发展格局。选址于中关村核心区建设北京863软件产业孵化基地，使该基地有可能为软件研发提供国家级高起点综合服务。在建设北京生物医药基地、北京新材料基地以及实施数字北京工程、高清晰度数字电视产业化工程等八大创新示范工程方面也取得了一些重要成果。

“二四八工程”的实施，产生了明显的波及效应，伴随着高清晰度数字电视产业化工程的实施，北京牡丹电子集团开发出模拟/数字兼容电视机，北京广播器材厂开发出多种制式和功能的机顶盒；为推进大直径半导体硅片及大规模集成电路产业化工程，已新建一条年生产能力达120万片8英寸抛光片的硅单晶抛光生产线；为实施保护臭氧层工程，已开发出半导体制冷冷柜以及可以部分替代哈龙的高效水剂灭火剂。“二四八工程”的实施，带动了一批新兴企业和产品的迅速崛起，取得了广泛的经济社会效应。

5.高新技术辐射能力增强，向众多发展领域广泛渗透

随着高新技术产业的迅猛发展，高新技术向工业、农业和社会发展领域渗透的力度不断加大。在工业科技领域，紧紧抓住联合攻关和成果转化两个环节，促进企业内部生产资源和社会科技成果的对接，引导企业以提升生产层次为目标，在嫁接新技术、开拓新市场的同时，将企业的产品开发、技术改造和机制转换结合起来，发展特色经济和产品，实现技术结构的高级化和现代化。

在农业科技方面，2000年提出的工作要求是加强技术创新，促进农业产业结构战略性调整，使京郊农业生产从粗放型转变为集约型，促进北京农业和农村率先基本实现现代化。一批重点科技攻关项目，包括工厂化农业示范工程、智能化农业示范工程、欧洲鲟鱼引种及人工孵化技术示范工程等取得突破性进展；全面实施绿色食品及良种产业化工程，确立了绿色食品质量标准及生产规程；启动了十大农业科技产业化工程。截至目前，已在京郊农村建立了25个农业示范基地，80家科技先导型示范企业，20个星火计划密集区和8个国家级区域支柱产业，

有力地推进了京郊农村经济的发展。

社会发展科技工作紧紧围绕环境整治、交通疏导和水资源持续利用等方面展开。清洁燃料汽车工程进展顺利,“北京市燃气汽车总体发展规划和实施方案”已通过国家专家组考核,北京市被批准为国家首批发展燃气汽车示范城市。一批重点软科学研究项目,包括“规划建设和气象条件与环境污染关系研究”、“官厅水库水体污染治理总体技术方案研究”等取得阶段性成果,为制定北京市环境综合整治方案提供了科学依据。一座日处理300吨垃圾的现代化焚烧炉已点火试车成功,“京盾一号”3.6米直径盾构机研制完成,表明我市为城市建设提供大型技术装备的能力有所提高。可持续发展实验区工作又有进展,继西城区、怀柔县被批准成为国家级可持续发展实验区后,2000年又批准丰台区花乡榆树庄村为市级可持续发展实验区。

6. 重视人才的社会氛围初步形成,吸引高层人才力度加大

人才是最宝贵的资源,当今和未来的国内外竞争,说到底是人才的竞争。2000年北京市各科技园区、科研开发机构、科技型企业和科技企业孵化器都加大了吸引人才的力度,形成了人才争相流动和集聚的生动局面。例如,海淀留学人员创业园吸引留学归国人员113人,留学生企业已达93家,2000年实现技工贸总收入超过3亿元。

2000年12月,北京市成立了第八届市政府专家顾问团,这是在17年发展历程中已经形成一支高素质咨询队伍基础上的又一次人才大集聚。为了适应知识经济发展和科技产业化的需要,重点选聘了从事前沿科技领域研究开发的专家,拥有国外交流渠道和背景的专家以及一些具有优秀企业家素质和思维的公司总裁和经理。目前,第八届市政府专家顾问团已经拥有14个顾问单位,46个顾问组和333名专家顾问,他们将为首都现代化建设和高新技术产业的发展贡献自己的知识和智慧。

2000年还成立了“北京市海外留学专家咨询团”。咨询团首批30名成员,是从我国驻外使领馆以及相关科技部门推荐的130名专家、学者中遴选出来的优秀人才,他们全部拥有博士以上学位,大多数仍在美、英、法、日、德等西方发达国家工作,其中也有数位已回国创业。咨询团成员将对北京的社会发展、经济建设、城市建设、国际融资以及高新技术产业发展等提出咨询意见。“北京市海外留学专家咨询团”的成立,标志着我市吸引留学人员的工作跨上了一个新的台阶。

7. 对外开放规模加大,参与西部开发取得成效

2000年5月成功举办了第三届中国北京高新技术产业国际周。联合国、欧盟等国际组织及50多个国家和地区的61个政府与企业代表团以及国内31个省市代表团参展参会。2万多平方米的展会设展位900多个,汇集展示了高新技术七大领域的国内外最新科技成果,16个专题的55场高层科技论坛邀请190多位包括部长级权威人士在内的世界知名专家、学者、企业家到会演讲,给与会者留下十分深刻的印象。国际周期间签署各类协议、意向总计60.23亿美元。国际周的成功举办,表明北京高科技国际化的步伐加快。

“北京科技周”已经成为每年5月北京重大科技系列活动之一。“2000年北京科技周”的主题是“学习与创新——迎接科技新时代”。据不完全统计,科技周期间,共组织全市性重点活动50余项、基层活动1100多项,科技周活动已成为北京市最集中、最广泛、规模最大的群众性、社会性科普活动。

为实施西部大开发战略,北京科技代表团积极参与了在西安举行的“2000年中国东西部合作与投资贸易洽谈会”。北京科技代表团携带的200多个高科技交易项目以及拥有9000多

个项目资源的网上项目库,引起与会代表的极大兴趣。通过洽谈,北京市与西部省份增进了相互了解,达成了多个合作意向。

8. 园区条例出台,政策法规环境改善

改革开放以来,国家、北京市已制定和发布的政策、法规、制度和管理办法有40多个,基本上形成了支持高新技术产业和中小型科技企业发展的政策体系。2000年北京市在政策法规方面所做的一项重要工作就是制定和出台了《中关村科技园区条例》。《条例》在众多的条款上实现了政策突破。例如,在十二条中规定,"中关村科技园区的企业和其他市场主体,可以实行股份期权、利润分享、年薪制和技术、管理以及其他智力要素参与收益分配的制度,经批准的上市公司,可以实行股票期权。"这就不但肯定了资金、技术、管理等要素可以参与分配,而且妥善解决了有关未来利益的分配问题,这是我市高新技术企业分配制度改革的一项重要突破。《中关村科技园区条例》的发布,对于完善我市政策体系,深化园区各项改革有十分重要的意义。

2000年北京市科技工作不但取得了长足的进步,而且为首都经济发展做出了重要贡献。北京市科委被市政府评为"政绩突出单位"。北京市科技工作取得的新进展,是在市委、市政府的正确领导下,在中央各有关部门的大力支持、指导下,全市各系统、各部门、各区县的各级领导干部和广大科技知识分子与群众共同努力的结果,在此,我仅代表市科委表示衷心感谢!

应该看到,我们的科技工作还存在着一些困难和问题,主要有:①解决北京经济社会发展热点、难点问题的技术支持能力还不强;②科技投入,尤其是区县和企业的科技投入仍然不足,不能适应科技事业迅速发展的需要;③企业"长不大"的问题还没有很好解决,科技企业规模过小,在国内外竞争中处于不利的地位;④产业结构和产业发展模式还不完全符合加入WTO以后经济发展形势的需要。这些问题需要我们在今后的工作中加以解决。

(二) 关于2001年科技工作的思路和初步安排

我们已经进入新的世纪。新世纪的最初几年,是承前启后,继往开来的年代,也是充满了机遇与挑战的年代。从国际上看,随着世界经济一体化和信息化发展,我们既具有采用新技术,加快产业结构优化升级和经济发展的历史性机遇,又面临着加入WTO以后,在科技和经济上占优势的西方发达国家的强大压力,以及国际激烈竞争的严峻挑战。从国内看,首都现代化建设正处于一个重要的历史时刻,改革进入攻坚阶段,发展处在关键时期,一些深层次的问题更为严峻地摆在我们面前。在这种情况下,首都经济的发展要更加倚重于科学技术,倚重于广大科技工作者、科技企业家、科技管理工作者群体的智慧和努力。

根据国内外发展形势,2001年被确定为"新世纪创新年"。在"新世纪创新年"做好北京市科技工作,要注意处理好三个关系。第一个关系是中央资源与地方资源的关系。北京是科技资源十分丰厚的城市,但大部分科技资源都蕴含在中央在京的科研开发机构,因此北京市各级科技领导和管理部门都要高度重视开发和利用这个资源。要继续采取多种方式与中央单位合作,继续向中央在京单位开放北京市的科技计划和科技项目,要实施捆绑战略,加速资源对接,只要我们善于站在巨人的肩膀上强化自己,北京市科技发展的目标就不难实现。第二个关系是高新技术与传统产业的关系。高新技术及其产业是先进生产力的代表,而传统产业量大、面广,又是国民经济体系的基础性部分,任何忽视制造业和传统产业的观点都是不正确的。要认真研究高新技术改造传统产业的问题,除了用新技术、新工艺、新产品改造传统产业外,还要下力气研究用新理念,新运作模式,新产权形式,新营销方式改造传统产业的问题。高新技术真正渗透到传统产业中去,传统产业就有了生机和希望。第三个关系是技术创新和体制创新的关系。技术创新与体制、制度创新是相辅相成、不可分割的。相当多的科技创新、创业活动只有在新的体制和制度环境下，才能高效运营和保持活力。我们在深化科技体制改革方面取得了很大的成绩，但是还没有真正形成符合市场经济要求和科技发展规律的完善的新机制。因此在加强技术创新的同时，在体制创新和制度创新方面的努力也是丝毫不可以放松的。

2001年北京市科技工作总的要求是，高举邓小平理论伟大旗帜，坚持科教兴国和可持续发展两大战略，全面贯彻落实党的十五届五中全会和市委八届七次会议精神，紧紧围绕北京经济社会发展的热点、难点和重点问题，按照“创新、产业化”和“总体跟进，重点突破”的方针，动员全社会的科技力量，以建设中关村科技园区为龙头，以构建首都区域创新体系为主线，以提高科技持续创新能力为重点，以实施“首都二四八重大创新工程”为突破口，推进高新技术产业化和经济社会信息化，实现技术跨越式发展，为经济结构战略性调整和首都现代化建设不断提供强大的技术支持。

2001年，主要抓好以下几方面的工作。

1. 贯彻“创新、产业化”的指导方针，实施“十五”科技发展规划

北京市“十五”科技发展规划已经编制完成。规划突现了“创新、产业化”的科技工作指导方针，确定了“十五”期间北京科技事业发展的指导思想、发展目标、重点任务、政策措施和保障条件。要组织科技界全面实施“十五”科技发展规划，努力把北京建设成为以知识创新为先导的全国技术跨越的创新源，以高度信息化为特色的全国创新创业最具活力的地区以及全国知识经济发展基地。“十五”期间，全社会科技投入要显著增长，科技人才潜能和作用要得到充分发挥，研发能力和科技实力继续保持国内领先。高新技术保持年均15%的增长速度，到2005年，高新技术产业增加值达到380亿元左右，占北京国内生产总值10%以上，服务业、工业、农业主要领域技术水平要达到发达国家20世纪90年代后期水平。要加强产学研结合，组织社会各界力量，共同实施“十五”北京市科技发展规划。

2. 加快科技园区建设，完善首都区域创新体系

要按照中央批复的“科学规划，精心建设”的精神和“一年一个样，三年大变样”的要求，加快中关村地区的发展与建设。要把握两条技术路线，一是注重引进大型科技制造业，有选择地吸引国内外高技术大公司进驻园区；二是注重科技成果的转化，努力实现知识创新、技术研发、产品中试、企业生产以及市场营销的产业化全过程。围绕这两条技术路线，要进一步加快重点项目和产业基地的建设进度。

要高度重视中关村地区信息化建设，提高计算机和网络的普及应用程度，发展和完善高速宽带传输网络，加快用户接入网建设，扩大利用互联网，促进电信、电视、计算机三网融合。要抓好数字中关村、海淀数字园区、数字图书馆、信息化社区等示范工程项目，争取尽快取得成效。

积极推动科技研发机构和高新技术企业结构和布局的调整，逐步形成以科技园区为核心，向郊区县辐射的梯度式发展格局，逐步完成知识创新基地、开发设计基地、成果转化基地和生产制造基地在发展空间上的合理布局和配置，促进科技园区与区县高新技术产业链的形成和协调发展，为北京高新技术产业的快速发展创造条件。

要继续发挥首都科技优势，着力推进首都区域创新体系的建设和不断完善。要通过整合科技力量，挖掘现有潜力，出台相应政策法规，形成企业、高等院校、科研院所、金融机构、市场中介组织、各级政府之间，以创新为总体目标的协同互动和交流渗透的网络。要做好中央资源

与地方资源的衔接，上游技术与下游产品的衔接，本土资源与国际资源的衔接。在2001年适当时候，北京市政府要与中国工程院签署全面合作协议。

3. 大力发展高新技术产业，推进“首都二四八重大创新工程”

2001年要继续把高新技术产业放在优先发展的战略地位，集中力量在信息技术、生物技术、新材料技术、先进制造技术等关键领域取得突破。要在一些重大技术领域，包括超大规模集成电路、生物芯片、基因组工程、纳米材料等，提高自主创新和持续创新能力。要高度重视软件产业的发展，制定软件产业发展规划和软件产业基地建设规划，建好863软件产业孵化基地、软件园和软件学院，培育软件产业链和软件产业市场体系，尽快颁布有关鼓励软件产业和集成电路产业发展的若干政策，实行软件的政府采购，重点支持一批已形成规模的软件产业集团，使软件产业逐步成为北京高新技术产业的龙头和支柱。

继续实施“首都二四八重大创新工程”，加强体系和基地建设，推进八大产业化示范项目。通过工程的实施，为中关村园区建设和北京科技事业的发展提供攻关成果和技术支撑。要加大对重点科技领域产业化工作的支持力度，把支持重点放在大型骨干企业和机制灵活、创新能力强的民营高科技企业上，放在对产业结构优化升级有重要带动和支撑作用的技术和产品开发上，放在由“二四八工程”带动的新兴行业和新兴企业上，逐步形成一批拥有自主知识产权、符合首都特点、具有竞争优势的大型高新技术骨干企业群体。

4. 加快高新技术向传统产业的渗透，促进农业产业结构调整

继续运用高新技术、先进适用技术、先进管理技术和科学生产组织模式改造现有工业，尤其要把信息技术作为传统工业结构升级的强大驱动力，实现以信息化带动工业化，重点推进生产企业的系统集成化、生产线自动化、产品智能化和生产技术网络化。要组织力量，积极解决工业升级所面临的重大共性和关键技术难题。

继续鼓励国有大中型企业建立技术中心，加强技术开发和科技成果转化，有重点地培育一批具有市场竞争能力和自主开发能力的骨干企业，作为技术创新的主导力量。大力支持科技型中小企业发展，为民营科技企业发展创造公平竞争的环境，使企业成为北京技术创新的主体。

要积极贯彻实施科教兴农战略和全国农业科技大会精神，围绕调整农业结构和改善农村生态环境，加快农业现代化、农村信息化进程。部署与实施农业科技创新工程，加强农业科技成果推广示范，推进农业高新技术产业化，为建设结构优化、布局合理的现代农业产业化示范基地提供有力的技术支撑。

继续用先进、适用技术武装京郊农村。重点推广节水农业配套技术、绿色食品工程技术、防沙技术、现代设施农业配套生产技术、规模化畜禽养殖高效饲养及环境工程配套技术等农业科技成果，改变北京农业的种养结构、粮经作物结构，实现农业结构优化升级，并不断促进首都生态环境的进一步改善。区县科委要进一步加强自身建设，提高服务意识，以发展地区经济和富裕农民为目标，努力做好科技宣传、科技成果推广和科技服务工作。

5. 推进社会发展科技工作，营造清洁优美的城市环境

2001年的社会发展科技工作，要围绕环境保护、交通管理、社会安全和减灾防灾等重点领域展开。要坚持以人为本，全面发展的原则，逐步把北京建设成为“天蓝、地绿、水清、路畅、民安、人和”的具有中国特色的现代化国际大都市，实现人民生活品质显著提高和社会全面进步。要结合政府和人民普遍关心的问题，确定一批重点项目，找准切入点，逐步实施。对于一些选

题好，应用前景广阔的项目，要帮助实施单位寻求政府支持和国际合作。

城市环境保护工作要以申办奥运为契机，大力宣传“新北京，新奥运”、“人文奥运，绿色奥运，科技奥运”的申办理念，努力营造清洁优美的城市环境。重点要抓好环境监测、污水处理和机动车尾气污染控制技术与装备的研究和推广应用，尤其是要抓好汽车尾气净化技术及代用燃料汽车的攻关与示范，搞好城市环境的综合治理，同时进一步加强城市智能交通系统的研究。广大科技工作者，要以“科技奥运”为己任，放眼全球，扎实工作，不但要阐明科技奥运的概念和理论，而且要做好充分的准备，为申奥工作提供信息、装备、组织等方面的技术支撑。

6．扩大对外开放，深化院所改革，改善政策法规环境

2001年的国际合作工作要与“入世”紧密结合起来。加入WTO后，北京将直面日趋激烈的国际竞争，高新技术企业会在不出国门的情况下，就感受发达国家由于在经济科技上占有优势而形成的压力。对于这种世界形势变化所带来的机遇和挑战，我们要有清醒的认识，要增强紧迫感、危机感和忧患意识。要加紧研究资本、技术、人才在国际间流动的规律，扩大对外开放，实施“走出去”战略；要密切关注国际科技发展的动向，大力推进国际科技领域的有效合作，勇于和善于利用国际资本及各种要素发展我们的科技事业；要继续吸引海外学有所成的留学人员回国创办高新技术企业，充分发挥“海外留学专家咨询团”的作用，为北京各项事业的发展提供高水平的咨询建议。

要进一步深化院所改革，对转制的院所要进行跟踪研究，细致切实地解决他们在转制过程中所遇到的困难和问题，包括工商登记、医疗保险、进入社保体系以及资金、税收方面的问题。转制院所要按照建立现代企业制度的要求，建立法人治理结构，推进产权制度改革，切实转换运行机制，增强在市场环境下生存和发展的能力。

要全面实施《中关村科技园区发展条例》，积极制定相关的实施细则和管理办法。尽快制定出台有关鼓励软件产业和集成电路产业发展的若干政策。要不断深化各个相关领域的体制改革，强化科技与经济的结合，促进体制创新和机制创新。积极筹建北京市技术创新创业资金，充分发挥政府资金的引导作用，逐步建立社会化、多元化的投融资体系，为高新技术产业的发展创造良好的政策环境和体制环境。

7．加强精神文明建设，搞好科技知识的普及与宣传

宣传科学思想，弘扬科学精神，传播科学知识，增强创新意识是建设精神文明的重要内容，科技界理应成为社会主义精神文明建设的一支骨干力量。在当前形势下，科技知识分子一定要积极主动投身于社会主义精神文明建设，加强自身修养，保持清醒头脑，和全市人民一道深入开展与“法轮功”的斗争，揭露“法轮功”反人类、反社会、反科学的反动本质，为维护首都的政治稳定做出新的贡献。

要重视科普工作，大力宣传、组织实施《北京市科学技术普及条例》，把《科普条例》的各项要求落到实处。去年我市通过了市人大常委会对《科普条例》的执法检查，今年要继续按照法制化和规范化的要求开展科普工作。要抓好天文馆、自然博物馆的改造工程，组织多样化的科普教育和环境意识教育，办好2001年5月的北京科技周活动，使首都的科普活动更加丰富多彩。

8．转变政府职能，加强管理创新

2000年北京市政府顺利地完成了机构改革任务，各级政府部门以崭新的面貌投入到新的工作之中。但是转变政府职能的工作却远远没有结束。北京市科委作为政府科技工作的主管

部门，要坚持政企分开，依法行政，在管理方面有所创新。要树立服务意识，提高管理层次，与企业建立良性互动关系，政府主管部门不再参与企业行为，而把主要的精力放在搭建基础平台和改善政策环境上，让研究机构、大专院校、企事业单位在政府搭建的平台上从事多姿多彩的创新创业活动。

在计划管理方面，要把分段式计划改为领域式计划，使项目从研究开发、中间试验、生产营销到市场运作贯穿一气，加速产业化进程。要加强计划和规划的衔接，加强计划与各类实施方案的衔接，使规划、计划和实施方案在总体目标下成为一个有机的整体。

在课题管理方面要实行课题制，建立课题首席专家或课题组长责任制；积极推行科技项目招标和评估制度；严格项目的经费预算，实行全额预算、过程控制和全成本核算管理；课题成果与信息资源向社会开放。通过管理创新，不断提高工作人员的自身素质和管理水平。

同志们，我们已经跨入新的世纪，这是一个充满变革和挑战的时代，它也必将带给我们更多的发展机遇。我们坚信，只要紧紧团结在以江泽民同志为核心的党中央周围，在市委、市政府的正确领导下，充分调动社会各界的力量，发挥广大科技工作者的积极性和创造性，团结协作，锐意进取，善于思考，勇于实践，我们就一定能够把世纪之初的北京科技工作推向一个新的发展阶段。

在软科学指导委员会成立会上的讲话

北京市科委副主任　俞慈声

2001年2月22日

首先，对各位专家表示欢迎，对各位专家担任北京软科学指导委员会委员表示感谢。我们相信，北京市软科学的工作，在各位专家的指导下，一定会有一个大的提高。为了便于软指委今后开展工作，下面，我向大家通报一些情况。

（一）北京市软科学的总体形势

北京市软科学的总体形势是好的，主要表现在三个方面：

1. 软科学受到各级领导的高度重视

20世纪80年代初，人们还不知道软科学是什么，不知道软科学是研究什么的，不知道软科学和硬科学有什么区别和联系，对于软科学的一些基本理论，如系统论、控制论、信息论等，更是听也没有听说过。

20世纪90年代以后，人们渐渐了解了软科学，知道它是一种边缘学科，知道它是用自然科学和社会科学相结合的方法研究决策和管理的科学。到了现在，软科学的概念不但为人们所熟悉，而且受到了各级领导的重视。

例如，1995年，尉健行同志在北京担任市委书记时，就下达过一个课题，即北京经济发展战略研究，这个研究又分为A本和B本，就是政府版本和专家版本，其中政府版本北京市所有的委办局都参与研究。这项研究较好地解决了首都功能和发展经济的关系，提出要发展适合首都特点的经济。发展适合首都特点的经济这一思想，后来经过延伸，就凝练为发展首都经济的战略思想。这以后经过研究，又确定了首都经济的本质是知识经济，首都经济的核心是高新技术产业。首都经济现在已经成为北京发展思路的核心部分，而这个核心部分，正是来自于这个软科学研究。

现在领导对软科学十分重视，在遇到一些重大的、全局性的、高难的决策问题时，领导常常不急于决策，而是下达软科学项目予以先行研究。如贾庆林书记布置过关于北京西郊绿化带和数字绿化带的软科学课题；刘淇市长布置过关于鼓励高新技术产业发展的政策研究的课题；林文漪副市长布置过关于中介机构调研的课题；由市科委和相关单位做的关于中关村发展规划研究的课题也是林副市长亲自布置的。

现在市领导对一些重大的有关城市建设和管理的问题，也表现出审慎决策的风格，组织专家进行研究，然后在研究的基础上再行决策。所以可以说软科学研究已经很广泛地进入了决策领域和决策程序。

2．软科学的实力有了很大的增强

这些年来，市科委软科学处的工作方向是，大力支持重点的软科学研究机构、重点的软科学项目、重点的软科学专家。现在基本上形成了三个层次的研究力量，一个层次是中央在京的研究力量，包括国务院发展中心、中科院政策所、科技部研究中心、北大、清华、北工大、北京科技大学等。第二个层次是一些民营的研究机构，如长城所、智密所、科环公司等。第三个层次是北京市的软科学研究机构，北京科技情报所、北京城市系统工程研究中心、北京科学学研究中心等。这三种力量在实践过程中又是相互结合、相互渗透的，所以实现了中央资源和北京资源的对接，北京市软科学研究的整体实力有了很大的提高。

与此同时软科学经费有了很大的增长，20 世纪 90 年代初的时候，北京市科委的软科学研究经费只有 30 万元左右，而现在有了很大的增长，这样不但可以开展多种领域和方向的研究，而且可以加大每个课题的投入力度。而且现在由于计算机、网络、电子邮件等的使用，使软科学的研究手段有了很大改善。这也是软科学研究实力增长的一个方面。

3．涌现了一批优秀的软科学成果

软科学不像硬科学那样有实物产品。软科学的成果是一种理念，一种意识，或者一种谋划，它通过改变人们的思维，既而改变人们的行为，从而引起社会的深刻变革。软科学由于能够对决策产生影响，所以软科学研究能够对经济社会发展产生重大的推动作用，有时甚至等同或超过硬科学产生的效果和影响。改革开放以来，软科学研究逐渐活跃，并产生了一批重要的成果。如 20 世纪 80 年代初期，开展的中关村地区能否建立科学城的研究，导致了中关村科学园区建立，围绕中关村建设开展的一系列研究，对中关村的健康发展产生了积极的作用。20 世纪 90 年代以后开展的关于鼓励高新技术产业发展的若干政策研究，最后研究成果转化为政府政策，即 18 条，发布以后，对高新技术产业的发展产生了重要的推动作用。关于首都经济发展战略研究，形成了首都经济发展的宏观思路。大部分软科学研究项目和课题，都在不同的领域和不同的层次上起着重要作用。近年来，软科学每年都要获得国家、北京市科技进步奖几十项，表明软科学已经成为北京科技事业中重要的组成部分。

（二）有关软科学研究工作指导委员会组成和职能

为了提高北京市软科学研究和管理水平，近年来，北京市在软科学管理方面实施了一系列改革。其中一项重要措施就是成立软科学指导委员会。我们在这次组织软科学指导委员会时，确定了这样的标准：①要求委员是软科学界资深专家，不但要有较高的研究和管理水平，而且要求在软科学界有较高的声望和影响，这样便于软指委组织和集成资源；②这次聘请的大部分是中央部门的软科学专家，也有一部分北京的软科学专家，主要体现了我们充分发挥首都科技优势，利用中央在京的软科学资源，实现中央资源和北京市资源对接的思想，其中有几位是国家软指委成员，便于和国家软指委沟通；③要求热心于北京软科学事业。

现在初步确定了软科学指导委员会有如下职能：对北京市软科学研究工作的组织与管理提供咨询意见，即就北京软科学研究的方向和领域，软科学研究的组织方式和管理模式等提出咨询意见；参加软科学研究项目的评估和立项咨询；由软指委推荐单位和专家来承担北京市软科学的重点研究项目；由软指委帮助、指导以致最终提高北京市软科学机构的研究水平；对如何使北京市软科学研究成果更好地得到应用提供咨询意见。

北京市软科学立项每年大致要分为两次，一次是上半年，一次是下半年，这两次可能要组织软指委的集体活动。由于专家们都很忙，所以平时就不组织软指委的全体活动，但是要经常性地组织部分软指委的活动。

（三）软科学的立项程序

按照一些专家的建议，北京市软科学研究将采取如下的立项程序，征集课题，这要在立项的前一年进行，可以采取几种征集办法，一是开会，二是交流和交谈，三是网上征集，四是自由申请等；编制软科学研究项目清单，这是根据征集课题整理而成，这个工作由软科学处来做；召开软指委会议评审课题，以帮助最终确定立项项目清单；然后开始组织软科学的立项研究。我们希望经过这样的程序后，软科学立项就可以更加科学化、合理化。

（四）嫁接课题

嫁接课题的思路，和实现中央资源与地方资源对接的思路，其本质是一样的，就是要开拓中央与地方沟通的渠道，实现一种联合或捆绑。国家级的软科学研究机构每年都要对一些重大课题进行研究，这些课题是有关国家大政方针的研究，有些则是研究国家发展中面临的一些急需解决的问题，我们对这些课题十分关注，凡是与北京有关的课题，我们都愿意把它们嫁接到北京来。我们认为这样做至少有两点好处，一是可以引导北京市软科学研究的方向，国家机构研究的一般都是重大问题，或是重要领域的问题，有些是关系到方向性或战略性的问题，对国家课题的跟踪和嫁接，有利于把北京软科学研究引向一个正确的方向。二是可以有效利用和节约资源。国家级机构对一些重大课题进行研究时，一般要对与这一课题相关的基础理论方法进行研究，把这些课题嫁接到北京来，有关基础理论与方法的研究就可以共享，不用单搞一套，只要加进一些北京的具体情况，再延伸进行研究，就可以得出重要结论，因此其投入也就不用像初始课题那样大，这样就可以得到少花钱多办事的效果。当然在选择嫁接课题时，一定要与北京的实践相结合，一定要选择与北京相关的课题。嫁接课题的事我们每年都要做。

（五）课题管理方面的一些改革

课题管理方面的改革，主要想从两个方面着手：

一方面是实施课题制。课题制我们认为主要包括这样几方面的内容，第一是课题组长或首席专家负责制，第二是课题的全额预算和全成本核算管理，第三是可以对课题组成员支付劳动报酬，第四是资源共享和成果共享。我们在实施课题制管理时，希望得到专家的帮助。

第二方面的改革是评标和招标。我们想首先把北京市的软课题分成等级，第一级是重大课题，第二级是重点课题，第三级是一般课题。对于重大课题，我们可能要拿出一部分来进行课题招投标,因为没有这方面的经验,所以我们实施时,也希望得到专家的帮助。

(六)软科学规划和指南

为了对全市的软科学进行整体的引导和管理,我们准备制定北京软科学研究的规划和指南,规划指五年规划,指南则是每年都要发布。国家科技部政策体改司软科学处在这方面已经做了多年的工作,我们希望得到科技部政策体改司软科学处的指导。

软科学"十五"规划主要包括,"十五"期间,北京软科学工作的指导思想,发展目标,重点研究领域,重点任务,组织方式,保障条件,政策措施等。这个文件是对今后五年工作进行指导的。另一个就是指南,指南主要指出每一年的主要研究方向,研究领域,研究重点,研究课题。指南应在研究的前一年发布,主要指导第二年的研究工作。我们在制定软科学规划和软科学指南方面都没有经验,希望得到软指委的指导。

(七)软科学管理办法

软科学管理办法,我们准备建立两个软科学管理办法,一是科委内部的管理办法,一是科委外部,指导各个承担单位的软科学项目管理办法。因为科委各个处实际上都在进行软科学研究,包括电子信息、生物工程和新医药、社会发展、农村科技等,现在存在着重复立项和各自为政的问题,这个问题如何解决,希望通过一个管理办法加以解决。这个管理办法包括软科学研究项目的立项标准和原则,选题程序,立项管理,过程监管,成果应用,预算管理等。这个问题是个老问题了,如何妥善地解决这个问题希望听听专家的意见。

另一个管理办法,就是承担软课题单位的软课题的管理办法,主要是如何实施课题制,这个管理办法我们以前也没有制定过,在制定过程中希望专家们多多参与。

(八)进一步增强软科学的研究力量

我们已经和三个层次的软科学研究机构建立了联系,应该说软科学研究的力量已很强大,但是对于今后北京的发展也还是不够的。我们还要继续扩大这支队伍。关于哪些单位能够参加北京市软科学的研究工作,希望软指委提供线索。

应该说2000年,软科学队伍又壮大了。就是成立了第八届市政府专家顾问团,我们许多软指委就是双重身份,又是软指委成员,又是专家顾问。去年成立的第八届专家顾问团,为了适应新形势的需要,在专家遴选上采用了新的标准,为了适应新经济和知识经济发展的需要,重点选聘了一些从事前沿科技领域研究的专家;为了适应加入WTO和国际化发展的需要,重点选聘了一些有国外交流渠道和背景的专家以及留学归国人员;为适应决策科学化、民主化的需要,重点选聘了一些宏观决策咨询型专家;为适应高科技产业化的需要,还选聘了一些具有优秀企业家素质和思维的公司经理和总裁。现在顾问团有14个顾问单位,46个顾问组,335名专家顾问,是一支不小的力量。为了发挥顾问团在软科学研究方面的作用,设立了顾问软科学经费。希望顾问在软科学研究的基础上,提出更具创见和针对性的意见。关于大规模组织专家进行软科学研究,我们也没有经验,希望得到软指委的指导。

(九)关于软科学研究成果的应用

软科学成果的应用一直是一个有难度的问题。虽然有些成果确实得到了应用并取得了很大的效果。但是一部分软科学成果没有得到应用也是事实。在最近几年,我们在软科学的应用上也下了一些功夫。一是在网上发布软科学研究成果,并准备与硅网联手建立软科学研究成果的市场化运作体系。二是与一些媒体联系,开辟专栏,专门刊载软科学研究成果。我们去年联系的北京科技报,开辟了软科学处的专栏,连载了中关村科技园区发展规划研究的课题成果。又如,北京市公务员科学素养调查课题成果,在多家报纸上刊载,产生了一定的社会影响。但是还有一些成果自从课题完成以后,至今一直是默默无闻的。如何使研究成果得到宣传,并促使人们了解它和应用它,仍然是今后要解决的一个重要问题。

如何提高软科学成果的应用率,如何在立项的时候就考虑课题成果的应用问题,这些问题还有待于软指委帮我们出谋划策。

总之,软指委的成立对北京市软科学来说是一件大事,也是一件好事,我们相信,有了软指委给我们提供咨询和帮助,有了软指委给我们保驾护航,北京市软科学的研究水平和管理水平就一定会有一个大幅度的提高。

在北京软件产业市长协调会上的讲话

北京市科委副主任　俞慈声

2001年2月23日

软件产业是高新技术产业发展的基础和国民经济发展的倍增器,是适合于在北京优先发展的战略性产业。作为全国起步最早的软件产业基地,北京一直是全国软件产业发展的龙头区域,并正在向国际化的方向迈进。为推动在新世纪北京软件产业的跨越式发展,特制订2001—2002年北京软件产业发展工作方案。

(一)工作目标

北京软件产业发展的总体目标是:创国际一流环境,集成国内外软件产业的战略资源,建成全国最大的集研发、孵化、培训、生产、贸易、服务为一体的综合性软件产业基地;逐步提高对国际战略资源的配置能力,使软件产业成为首都经济的支柱产业,整体竞争实力居全国首位,并带动中国软件产业的腾飞。

2001—2002年是"十五"计划的起步阶段,也是北京软件产业发展的关键时期。本方案的工作目标是:进一步加强对北京地区软件产业发展的总体规划,完善软件产业发展环境,健全软件产业服务体系;产业化基地建设初具规模,增强软件企业在国际市场的竞争能力,逐步提升北京软件在全球软件产业价值链中的地位。

具体目标是:

速度与规模——软件及相关服务业主要经济发展指标年均增长率达到35%以上,到2002年,总产值达到350亿元,出口创汇总额2亿美元。

政策及服务——贯彻落实好国务院《关于鼓励软件及集成电路产业发展的若干政策》及我市相应的《实施意见》,形成在政策环境、市场服务、人才资源、国际竞争等方面的优势。

国际化——开辟国际合作渠道,建立支撑服务体系,吸引国际软件产业资源。启动"海外拓展"计划:通过政府间、机构间和企业间三个层次的合作,整体提高软件企业的国际竞争实力。

人才资源——建立2—4所不同模式、不同层次的软件人才培训学院。每年培养系统分析师、软件设计师层次的软件人才1000名；培养跨专业复合型开发工程师1000名；对软件企业的中高级管理人员进行至少一轮高级培训。

发展空间——大力推进以中关村软件园为核心的3—4个综合性软件园建设。建设3—4个软件企业孵化器，总体孵化面积超过4万平方米，企业超过200家。在拓展发展空间的同时，更注重专业化服务体系的建设，注重管理体制和运行机制的创新。

企业实力——培育一批在产值规模、市场竞争、技术创新等具有一定优势的骨干软件企业；积极推进软件企业上市，提高在国内外资本市场的资本运作能力。

（二）方案要点

1．以中关村国家级软件园为核心，构造多层次软件园

北京软件产业的发展缺少适合软件产业特点的发展空间，小企业孵化场所不足，实体化基地建设刚刚起步，既无法适应目前产业快速发展的需要，也难以体现政府支持的力度。软件园的建设对于进入产业快速扩张期的北京软件产业具有重要意义，是实现"十五"北京软件产业跨越式发展的关键工程。

目前已经初步完成了中关村软件园、北工大软件园和昌平中软软件园等三个软件园的建设方案，确定了启动期重点项目。2001—2002年要加快建设进度，落实好建设方案。

中关村软件园是软件园群体的核心，定位为综合性、高层次的软件园，主要面向国际、国内知名大公司，代表我国软件产业的最高水平。中关村软件园作为市政府集中支持软件产业发展的战略性举措，要做到建设周期短，入园成本低，以专业化的技术支撑体系为核心，辐射全市产业发展。

2001—2002年中关村软件园要高起点起步，完成部分园区建设，初步聚集一批软件企业。2001年重点完成3万平方米的园区孵化器和公用技术支撑体系基本建设（一期）。建议将该项目定位为政府主导、非营利性的软件产业重点基础设施项目，功能是体现政策导向，扶植创业企业，汇集软件园人气，为全市软件产业提供技术支撑。建议有关方面对项目建设给予资金支持和政策支持，充分发挥出该项目的示范效应和支撑作用。

北工大软件园由北京工业大学、亦庄科技园和社会资金共同投资建设，目前已经初步确定了公司组建方案。北工大软件园定位为中型专业软件园，结合北工大软件产业和软件教育资源现状，重点发展出口型软件和行业应用类软件。软件园计划选址亦庄。

昌平中软软件园位于中关村科技园区昌平园，由中软总公司、中电集团、中科院等单位参与投资建设，2001年8月将完成中软的软件研发综合楼工程。中软软件园定位为大型软件企业园，是一个企业投资和管理的，集软件研发、培训、生产于一体的综合性软件产业化基地。

2．推进863软件孵化基地建设，形成良好的创业孵化环境

在现代软件产业体系中，新兴小型企业在推动新技术成果的发明和应用方面扮演着重要的角色。软件孵化器为软件企业提供物业管理、技术支持、资本融通、商务服务、政策扶植等，是北京软件产业形成长远竞争优势的关键。

目前已经完成了北京863软件产业孵化基地启动期的建设、组建了IC设计专业孵化器。

北京863软件产业孵化基地的启动项目，位于北京青云航空仪器公司内，是国防科工委和北京市合作的项目之一，是全国首家863专业孵化器。基地现使用建筑面积3400平方米，投资4250万元，创造了政府投资引导、软件企业参与、风险投资为主的投资模式和集技术支持、风险投资、孵化服务为一体的孵化经营模式，得到科技部的肯定和大力支持。

北京微电子设计及测试专业孵化器，集成了北京自测所和微电子所两方面的优势，形成了政府资金引导支持、军民科技资源互补、投资机构参与共建的格局，采用一个公司、两个基地的商业模式运行，每年将通过空间孵化和虚拟孵化相结合的方式向20—30家微电子企业提供企业创办、产品开发、技术支持及服务等方面的创业孵育服务。

下一步的工作重点是：

编制863软件孵化基地二期建设规划。作为全国首家863软件孵化器，科技部建议将该项目作为“十五”863计划的重点，要进一步用好863资源和概念，按照“国内最大、国际一流”的原则扩大863孵化基地，形成863成果研发孵化区、国际企业孵化区、国内企业孵化区等三个功能性区域，低成本或免费吸收大批863信息领域成果，建立开放实验室，形成拥有大批专家的研发环境，吸引国内外软件企业和投资商在周边发展。

利用北京科教网的宽带网资源，建设软件孵化基地公共技术支撑体系，内容包括基于宽带网的“三库四平台五中心”。“三库”（软件构件库、开放源码库、软件保险库）提供了资源管理服务；“四平台”（公共软件开发平台、软件测试与评测平台、软件服务支撑平台、市场管理支撑平台）是技术支撑体系的主体；“五中心”（软件产业服务中心、软件企业评估与认证中心、知识产权登记认证中心、软件产品质量评测中心、软件工程监理咨询中心）提供多方面的专业化服务。

3. 启动软件工程师学院，初步形成软件人才培训体系

软件产业作为高度智力密集型产业，对专用人才需求是长期和强烈的。软件人才培训体系的构建，对于北京软件产业可持续发展意义重大，该体系包括高级人才培训、中层开发骨干培训、软件技术工人培训和国际化培训等四个层次，要按照管理企业化、资金社会化、办学专家化、教材国际化、后勤社会化的原则，优化现有教育资源，建立不同层次的人才培训和再教育基地。

目前已经初步确定了软件再教育体系的主要组成学院，正在进行高层次人才培训的基础设施建设，2001—2002年的工作重点包括四方面：

着手启动“高级人才培训计划”。市信息办和市科委共同建设了面积1000平方米的中关村高级人才培训基地，要以此基地为依托，引进先进教育产品，同国际国内的软件教育知名机构合作，对软件企业的高级管理和开发人员进行再教育。

加快建设北大青鸟信息技术学院。北大青鸟信息技术学院由杨芙清院士任院长，是一个综合性软件教育基地，重点开展软件工程、软硬件协同设计、信息安全、IC设计等专业的工程硕士教育、国际化人才培训和软件职业教育。市经贸委计划将联合国贸发会议亚太电子商务培训中心也建在该院。2001年要解决校址问题，完成办学审批程序，力争年内开学招生。

北工大软件工程师学院实现正常运转。北工大软件工程师学院是培养软件开发工程师的基地，作为北工大的二级学院，采取社会投资、专业化管理的模式办学。重点开展电子商务、信息安全、数据分析、系统设计等专业的工程硕士和跨专业双学士，计划于2001年招生。希望政府协调解决校舍问题，目前计划利用朝阳商委的闲置建筑近两万平方米，希望能得到优惠价格。

继续规划落实新的软件教育机构。“中国国际软件技术学院”是正在落实的我国教育部和美国犹他州政府中美教育合作项目。该学院计划引进美国的课程设计、原版教材、师资和教学管理模式等，按照与国际市场接轨的标准培养各类软件专业人才。目前市科委已与美方共同制定了初步方案，拟将国际软件学院项目率先在北京实施。美方已将该方案的主要内容呈报至我国教育部。

软件职业教育机构是我国软件教育的空白点，主要培养大批软件企业急需的低成本程序员，形成技术工人队伍。计划整合现有区、县及市属大专、中专教育资源，选择1—2所学校进行软件技术工人培训试点，特别要注意与软件企业的市场需求结合，在软件产业密集的区县，如密云、昌平、丰台等地进行招生。

4．加强服务和政策落实工作，营造优先发展软件产业的氛围

切实落实市领导关于靠环境和服务吸引软件人才和软件企业的指导思想，加强行业服务和政策落实工作，重点是对中小型企业创新创业提供优质服务，系统宣传北京市的政策、措施、规划，宣传北京优秀软件企业和软件产品，形成“搞软件，到北京”的创业热潮和发展氛围。工作重点是：

细化规范双软认证程序，理顺组织管理体制，高效率开展双软认定，为各软件企业享受国家政策创造良好条件。

制定软件产业创新创业资金使用管理办法，支持有自主创新能力的中小型企业。制定软件产业发展专项资金管理办法，明确资金额度。对软件企业得到国家科技经费支持的项目给予资金匹配。

制定落实软件“双高”人员（高级管理人员、高级技术人员）重大投资和消费活动资助政策的实施细则。

建设北京软件产业基地的窗口网站——“北京软件”，开通政府热线电子邮箱，建立一条政企双向沟通的渠道，集中收集软件企业反映的各层面问题，反馈给相关部门和领导。改善和加强行业管理和服务。

研究梳理我市软件产业的政策，跟踪国内外政策动态，提出有针对性的政策建议，提交软件产业协调会议研究讨论（重点是对软件园和孵化器的政策支持、产权激励政策等）。

加强服务和协调，创造条件支持3—5家有规模的软件企业年内上市。政府相关部门要注意摸清希望上市软件企业情况，进行有针对性的前期辅导，为企业早日进入主承销商的上市辅导程序创造条件。

5．国际化迈出实质性步伐，拓宽软件出口渠道

软件国际化是软件产业发展的必然指向，提升企业资质和拓宽出口渠道是国际化的关键。2001—2002年的重点工作是：探索拓展海外市场渠道，为软件企业大力发展产品出口和分包出口创造良好条件；鼓励知名软件企业在京设立大型产业实体；实施骨干企业CMM认证计划，全面提升我市出口型软件企业的资质。

CMM认证计划是整体推进我市软件企业的资质水平，提高国际竞争能力的重要措施。要按照“政府引导、市场选择”的原则，达到壮大一批企业，建立自身专家队伍，发展自主工具软件的三重目的。2001—2002年的工作由北京软件产业中心组织实施，具体方案是：

成立专家咨询委员会，集成北京地区的智力资源。对认证中介机构实行举荐制度。推荐一批在CMM认证方面有良好业绩和技术基础的中介机构，向企业进行推介，引入竞争机制；鼓励受推荐的中介机构进行CMM认证的培训教育活动，支持和联合中介机构开展广泛的CMM知识的普及教育，提高软件企业资质。

对认证重点企业实行分阶段补贴制度。支持出口前景好、技术实力强、软件工程化水平高的一批重点企业于2000年和2001年启动CMM二级认证，2001年内完成CMM二级认证4—5家，启动2家三级认证。2002年后重点支持通过二级认证的企业进行三级以上认证。为

鼓励企业积极参加 CMM 认证工作，尽快形成我市软件出口的集团实力，对企业通过 CMM 认证的费用，科技经费予以一定的补贴，并积极争取国家外贸基金补贴我市 CMM 认证企业。

鼓励和支持中介机构开发和推广 CMM 认证中能够实用化的自主工具软件，支持评估机构派员参加美国 SEI 的评估师课程培训。

CMM 认证推进计划拟实施 5 年，2002 年底完成预定初步目标。建议中关村科技园区、外贸发展基金统一按照该实施方案予以同步支持。

建立三个层次的国际合作渠道：

政府间层次——即建立跨国的区域间政府合作，通过召开有一定影响的国际知名软件公司参与的大型会议，有针对性地加强对北京软件投资环境的推介。计划与美国、爱尔兰、韩国、印度等国政府的相关部门建立合作关系，增强各国政府间的互动。

机构间层次——即以北京软件产业促进中心、北京软件行业协会等机构与我国台湾省的资策会、美国犹他州中国贸易与事务总代表处、韩国软件振兴院 IT 北京代表处（软件孵化器）等机构的良好合作基础，促进操作层次务实性的合作，如：组织软件企业家和高级技术人才赴软件先进国家进行中短期培训、合作开发和考察；拓展我市软件产业同我国台湾省及日本、韩国、美国、印度、爱尔兰等国合作领域；落实 2—3 家国内外知名大型软件公司的产业项目落户北京。

企业间层次——即软件企业通过海外设点、代理等方式，共同开辟海外市场渠道。鼓励企业与海外公司或跨国公司总部建立出口产品代理和分包关系，共建数据加工基地、研究中心等各种合作伙伴关系。

向中国进出口银行和国家出口信用保险机构推介软件出口型企业和出口产品，为软件企业享受优惠利率的信贷支持、获取出口信用保险提供便捷的服务。

6．以首都信息化应用为龙头，支持关键技术群和软件产业链

北京软件产业的优势是综合性优势，在未来的发展中要将综合性同重点性有机结合起来。根据国家软件产业发展的总体战略部署，建立在国民经济和社会发展信息化基础上的应用软件产业化是软件产业的突破口。要以首都信息化为契机，树立“应用为本”的战略思想，调研提出北京地区软件重点产业链的选择、主导产品和上下游依托企业，提出北京软件产业链政府支持重点指南，向社会公布，并在安排 2002 年财政投资项目时落实。

当前已经结合软件产业发展规划，初步完成了部分关键技术和主导产业链的选择，并整合了中央和地方的相关资源，初步建立了一批软件研发中心和产业链。2001—2002 年的重点工作是：以首都信息化和产业结构调整为龙头，将构造软件产业链的思路具体化到行业和产品，在安排市财政投资时，选择重点加以支持。

近年重点构造嵌入式系统、电子政务、互联网应用、数字社区系统等 3—5 条产业链，关联 30—50 家重点企业，形成若干小行业的整体实力。

围绕实用化的软件工程技术、互联网核心技术、国民经济和社会发展信息化所需关键技术等，构建结构合理、面向需求、前瞻性强的关键技术群，支持和引导北京地区的骨干企业和科研单位开发重大共性软件、基础软件和大型应用软件，以提高北京软件产业可持续发展能力。2001—2002 年，要建立 5 个左右面向全市的共性技术开放式研发中心。

7．制订并实施北京地区体现产业政策导向的政府采购政策

对软件产品实行政府采购政策，提出推荐进行政府采购的产品目录，在电子政务、社保系

统、一卡通、三网合一等重大工程中率先实现政府采购。

8．建设和规范软件市场，打击盗版，净化市场环境

结合中关村地区的改造，规划建设1—2个有规模的软件产品交易市场，大力打击盗版市场。结合现有几个集中交易区的规范，形成繁荣有序的市场体系，维持中关村软件交易中心的人气，创造“买软件，到北京”的环境。

各级财政安排专项资金，专款用于政府机构和预算拨款的事业单位购买正版办公软件，当年不购买正版软件的，予以调减相应预算，并将该项工作制度化。

制订我市查处打击制售、使用盗版软件的具体办法，提出鼓励著作权登记的有关措施。

在中关村科技园区内开展若干次大规模打击游商小贩的专项整治，使公开贩卖盗版软件的现象大量减少。

9．开展全市软件产业情况的全面统计调查

2001年完成软件行业一次性调查统计，2002年争取将软件产业统计纳入常规的统计制度。

（三）组织实施

1．发挥软件产业协调会议制度的作用，加强方案中重点项目的协调和监督

确定全市重点工作，制订折子工程，落实本方案中各项具体工作的承担单位和负责人，定期召集软件产业协调会议，检查项目进展情况，协调出现问题，必要时报请市长专题会协调。

2．加强北京软件产业促进中心和北京软件行业协会的建设

北京软件产业促进中心（以下简称“中心”）是市政府发展软件产业的重要支撑、协调和服务机构，建议明确中心定位为类似“台湾资讯工业策进会”式的非营利、专业性、权威性机构，加强对中心的支持，提升中心的能力。中心作为政府职能的延伸，不得牟取私利，要强化自我约束和服务意识。政府相关部门要同时建立起监督机制，以充分发挥出其特有的产业促进和辅助决策作用。

大力加强软件行业协会等相关协会作为行业自律中介组织和企业群体代表的作用。要引导协会加强运作的规范性和自律观念，形成良性运作模式；要注重民主，重视广大会员的参与，加强服务意识，赢得广大会员的信赖和支持。

3．积极依靠区县政府和社会力量发展软件产业

海淀、昌平、丰台、朝阳、石景山等城区是发展软件产业研发、生产的适宜地区，其他远郊区县可以发展培训、数据加工、相关硬件等延伸产业。软件产业的发展，对于区域整体经济的带动贡献远远大于产业自身的贡献程度。要充分利用这种机制，依靠区县和社会力量解决软件产业发展的空间问题。

4．落实政府有关部门对软件产业的投资支持

软件产业长期没有得到政府投资，相关配套条件和基础设施水平远远不能适应产业发展的需要，也同该产业对首都经济的贡献不相称。建议市政府各有关部门积极落实对软件产业的投入支持，在2—3年内，集中建设几项对行业发展有长远效益的项目，如软件技术学院、软件园、软件共用平台、软件评测中心、软件孵化器等。

加快科技创新，推进首都新的农业科技革命

林文漪副市长在2001年2月27日
北京市农村科技工作会议上的报告

（根据录音整理　未经本人审阅）

同志们：早上好！

在2001年初，国务院召开了全国农业科学技术大会，这是我国农业科技界的一次极为重要的会议。会议期间，江泽民总书记、朱镕基总理等党和国家领导同志接见了与会代表；李岚清副总理在会上作了题为“大力推进新的农业科技革命，为新阶段农业和农村经济发展提供有力支撑”的报告；温家宝副总理作了会议总结讲话，对今后全国农业科技工作做了全面部署。全国农业科技大会的召开，充分体现了党和国家对农业科技事业的高度重视，明确提出了我国农业科技发展在今后五到十年的基本方针和任务，即推进新的农业科技革命，实现技术跨越，促进农业增长方式由主要追求数量向注重质量效益的根本转变，加速实现农业现代化；重点任务是为调整农业和农村经济结构、提高农业效益、改善生态环境、增强农业国际竞争力提供技术支撑。我想大家已学习了有关文件。

今天由市科委与市农委联合召开的这次全市农村科技工作会议，目的是全面贯彻和落实全国农业科技大会精神，加强科技创新，推进新的农业科技革命，促进我市农业和农村经济结构调整与产业升级。下面，我代表北京市人民政府就“加快科技创新、推进首都新的农业科技革命”做一讲话。

（一）“九五”北京市农村科技工作回顾

“九五”是我市经济和社会发展实现第二步发展战略的重要时期，在市委、市政府正确领导下，在国家科技部的支持指导下，北京市农村科技工作取得了显著成绩，为首都国民经济发展和农业总体水平的提高做出了积极贡献。主要表现在几个方面：

1．农业科技创新体系初步形成

首先是农业科技体制改革进一步深化。根据国务院《关于“九五”期间深化科技体制改革的决定》精神，按照首都经济建设与农业现代化发展要求，积极进行农业科技系统结构调整、人员分流、机制转变和体制创新，着力解决我市农业科技资源的整合与优化配置问题。经过一个阶段的努力，农业科技体制改革已按预期目标基本到位。以公益型为主的市农科院、市水科所实行了“一院两制和一所两制”的模式；具有技术开发能力的市农机所、市水产所等单位进入了企业。农业科研存在的机构臃肿、力量分散、重复设置及效率不高的问题得到比较有效的解决，从体制上打破了科技与经济相脱节的问题，培育了技术创新的主体。

同时，区域性农业科技创新体系初步形成。农业科技创新基地建设步伐加快，农业示范体系基本建立，对产业发展的辐射带动能力不断增强。这里有几个数字：“九五”期间，新建了4个农业高新技术研究中心和1个国家工程技术研究中心，它们是北京生物技术研究中心、农业信息技术研究中心、北京蔬菜种质改良中心、北京玉米研究中心和北方淡水鱼工程技术研究中心；建立了包括名特优蔬菜品种、新型肥料、优质林果苗木、生物防治和菜篮子工程设施在内的

5个农业科研中试基地；同时建立了25个农业高效示范园区，培育出一批农业高科技企业，如北京淡水渔业高科技园、北京锦绣大地股份公司、小汤山现代农业园区、顺义“三高”区，还有昌平的中日友好观光果园等。这些创新基地的建设为农业产业化发展做出了积极贡献，它们星罗棋布在北京的远近郊区，与研究中心、中试基地等形成了以科研院所为依托、以企业投入为主体、科研开发示范一体化的农业科技创新体系。

农业科技推广服务体系正向队伍多元化、形式多样化、运行市场化的格局发展。过去仅以政府推广机构为主体，现在集体、民营科技服务组织都在积极参与，使农业科技推广服务体系进一步发展，势头方兴未艾。到2000年底全市共有市、县、乡三级农业科技推广机构1200多个，各类农业专业技术协会1400个，共有3万多名农业技术人员活跃在基层，从事农业产前、产中、产后技术服务。

还有一方面是：人才结构不断优化、科研实力进一步增强。通过组织实施科技攻关计划、科技新星计划和人才引进计划等，培养了一批学术带头人和学术骨干。到“九五”末，市属农业科研院所中，大学以上学历人数占科技人员比例达到80.9%，其中博士将近60名，科技新星41人，基本实现了农业科技队伍的新老交替，人才结构趋于合理，科研实力不断增强。在农业部组织的全国农业科研机构综合能力评估中，北京市的7个研究所进入全国百强之列。

2. 科技攻关与产业化取得显著成效

第一，农业科研攻关硕果累累。“九五”期间，面对郊区农业增长方式的转变和结构调整，依靠首都科技优势，以项目为切入点，北京地方与中央在京科研单位密切合作，开展创一流水平、创一流效益的科技攻关。五年来累计完成农业科研项目1000余项，其中承担国家“863计划”、“973计划”、“自然科学基金”等国家级项目200多项。经过科技人员奋力攀登，已取得400多项科技成果，包括工厂化农业示范工程，蛋鸡规模化养殖及产业化技术开发，智能化农业信息系统开发与应用，人造卵繁殖赤眼蜂技术，欧洲鲟鱼人工孵化技术，3S技术在农业中的应用，农业节水示范工程，新型缓释肥研制，优质蔬菜、果树、玉米、小麦新品种选育，蛋鸡新品种选育，转基因羊开发，奶牛胚胎移植等一大批科技成果。这些成果的开发与推广有力地促进了首都农业经济的发展，提高了农业生产的科技含量。如工厂化农业示范工程实施以来，共引进蔬菜新品种及种质资源95份，选育出设施栽培专用蔬菜品种4个，形成了黄瓜亩产1.6万千克、番茄亩产2万千克的具有国内领先水平的高产栽培技术体系，开发出适合北方地区的节能型日光温室及现代化连栋温室，累计推广面积达76万平方米，初步形成了蔬菜种子种苗及现代温室设施两大产业，有力地促进了北京现代农业的发展。到2000年底全市科技对农业增长贡献率达到54.7%，比1995年提高7.1个百分点，高出全国平均水平13个百分点，在国内居领先水平。

第二，绿色食品及良种工程全面实施。“九五”期间，全市共选育、引进、推广农业动植物新品种1000多个，各类设施农业技术推广面积达到30多万亩，到2000年全市籽种农业产值达到34.6亿元。种养业生产基本实现了良种化，郊区主要农作物良种覆盖率达到95%以上；猪、鸡、奶牛良种覆盖率达100%。“绿色食品及良种工程”的实施领域进一步拓展，已由粮食、果树、蔬菜等领域扩大到生猪、奶牛、畜禽等领域。绿色食品的生产体系、示范基地已基本建立。到2000年底，绿色食品示范基地面积已达5万余亩；流通体系与安全检测体系正开始建设；全市已有98家单位生产的产品被认定为优质安全食品，7万多亩菜田取得出口蔬菜生产基地资格。

第三，科技示范与产业化工程促进了农业结构调整和农民致富。在强化科研攻关的同时，突出强调了“面向”，加速了科技成果向农村转移。“九五”实施的10项“百万推广工程”已按计划全面完成，取得了显著的社会经济效益。如年推广平衡施肥技术170万亩，使化肥利用率平均提高9个百分点。全市建立的25个高效农业示范园带动了全市高效农业发展。如中日友好观光果园“一园带十园”工程，2000年共带动19个果园发展，深受农民欢迎；小汤山现代农业园区建设进展迅速，到2000年底，已基本完成园区展示中心及北京第一个农业科技孵化器硬件建设，市农科院“精准农业示范基地”、市水产所“汇瀛水产基地”和市农业技术推广站“特菜基地”建设已初步完成。平谷华山大桃、顺义沿河特菜、大兴长子营蔬菜科技园等，都以高产、优质、高效带动了周边地区现代农业发展，促进了农民致富；与此同时，为推动农业产业结构调整，2000年市农科院编写完成了500项农业实用技术丛书和百项重点技术多媒体光盘，发放到有关部门和农民手中。

“九五”期间，我市农业结构调整取得显著成效。到2000年底，养殖业产值占农业总产值的比重已达到50.6%，比“八五”末的1995年提高5个百分点。种植业和养殖业内部的品种结构得到初步优化。以精品农业、观光农业、设施农业、籽种农业、创汇农业、加工农业为主的六种农业快速发展，加快了农业内部结构调整步伐，成为新的农业经济增长点。农业结构调整促进了农民增收，这点是非常重要的，2000年全市农民人均收入达到4630元，比1995年增长43.6%。但应该说这个数字比起城镇职工的人均收入还不到一半，因此，我们后面的工作还很多。

3．农业高新技术研究与应用更加广泛

市委、市政府提出发展首都经济的新概念，其核心是大力发展高新技术产业。与工业相比，农业高科技发展相对滞后。根据江总书记关于开展新的农业科技革命的指示精神，为适应首都经济发展需求，“九五”以来，农业科技战线奋起直追，按照“有所为，有所不为”的方针，首先集中力量选择农业信息技术、生物技术和设施农业技术3个重点领域，开展了多项农业高新技术研究攻关，已建成10个创新基地，并对所取得的成果进行产业化开发。

北京农业信息技术研究中心承担的国家“863”重点攻关项目“智能化农业信息技术”系列成果，已在郊区10个区县大面积示范推广，1998—2000年累计推广面积达到400多万亩，累计增产粮食8700万千克；目前该项成果已推广到全国16个省市，推广面积达3000万亩；结合硬件技术，开发出便携式“农务通”掌上电脑，包含了小麦、玉米、果树、蔬菜、草坪、花卉、规模化养猪、水产养殖等15个领域的农业专家系统，使生产者一机在手，科学运筹不发愁。

用于赤眼蜂人工繁殖的人造卵及其生产工艺流程的研制成功与产业化，彻底改变了依靠天然寄生卵繁殖赤眼蜂的局限性；鲟鱼人工孵化技术的研究成功，使我们在鲟鱼养殖上结束了依赖国外进口种苗的状况；组织培养技术在蔬菜、果树苗木繁育中的应用已进入产业化阶段；生物工程疫苗开发、具有特定功能的转基因羊开发、抗病和耐储运转基因西红柿品种、优质抗病转基因小麦、转基因玉米新品种的成功培育，为生物技术的产业化展示出良好前景。工厂化农业生产技术及新型系列日光温室研制的成功和推广，为北京现代农业发展提供了强有力的技术支撑。

上面列举了很多例子，实际上我们进行的项目还很多，不胜枚举，目的是使同志们有更好的交流基础，增进了解。

4. 星火计划实施取得了显著成效

——北京市星火计划经过连续三个五年计划的滚动实施，取得了显著的经济效益。到2000年末，我市星火计划项目已覆盖了全市95%以上的乡镇，累计组织实施星火计划项目2400多项，完成产值163.8亿元，利税31.7亿元，节创汇2.346亿元；开发新产品200多类，2100多种。

——推动了乡镇企业的科技进步。通过组织科技、管理、金融等专业领域的专家，对实施星火计划的乡镇企业人员素质、管理水平、技术创新能力及企业经济效益等方面进行科学评定，确定了80家星火科技先导型示范企业。经有关经济部门监测表明："九五"期间，科技先导型示范企业发展速度比全市乡镇企业平均发展速度高9个百分点，有力地推动了乡镇企业的科技进步。

——促进了区域经济发展。到"九五"末，全市已建立起30个星火技术密集区、10个山区优势产业基地和8个产值超亿元、利税超千万元的星火产业集团，有力地促进了支柱产业的发展。

——推进了农村产业结构调整和高新技术产业化进程。星火计划项目从机械加工、建材、化工等传统产业向生物工程、信息工程、IT产业、新材料和新医药等高新技术产业领域延伸，有助于郊区产业结构调整，也促进了乡镇企业与民营科技企业的嫁接和整合。从1998年起，星火计划在落实市政府关于扶植民营科技企业政策的行动中，选择了111项民营科技企业的开发项目列入市星火计划，协调落实科技开发贷款4.9亿元，实现产值40.1亿元，利税11.6亿元。例如：大兴区在全市率先通过星火计划的实施，吸引了一大批民营科技企业带着项目、技术、产品到大兴区安家落户，使大兴县在土地、市政、通讯、交通等方面的投资获得良好的回报，实现了民营科技企业的高速发展，2000年全区民营科技企业技工贸总收入占全区工业总产值的28%。

5. 科技培训及科普工作深入开展，农村信息化步伐加快

"九五"期间全市共开展各类农民技术培训100多万人次，自1989年开展农民绿色证书培训以来，到2000年底累计获证农民已达14.7万人次，占全市务农劳动力的21%。科普工作进一步得到加强，各区县都已建立了科普工作联席会议制度，设立了科普画廊，开通了科普热线，建立了一批科普活动基地，使科普工作在广大郊区得到蓬勃开展，提高了干部群众的科技意识。随着农村信息基础设施建设的加快，农业信息传递系统及远程教育系统的建设也在逐步扩展。在部分区县，有些农民已能够快捷、准确地获得技术、市场、商务、政策等信息服务，在某些地方通过远程教育，使农业科技的新知识、新技术得到快速普及。

6. 首都科技优势得到进一步发挥

"九五"期间，在发挥首都大科技、形成大合力、发展大产业方面取得了显著进展。1998年由市政府出面与中国农业大学签订了全面合作协议，与中国农科院合作建立科研基地，使北京市农业科技优势得到进一步发挥。"九五"取得的几项重大科技成果，如蛋鸡新品种选育、奶牛胚胎移植、转基因羊及转基因西红柿、智能化农业信息技术应用与精准农业示范等，都是与在京中央科研单位合作取得的。而且一些区县、乡村等也纷纷与中央和地方所属的科研单位攀"高亲"、请"才神"，开展横向联合，建立示范基地。如顺义、平谷等区、县政府聘请专家顾问团，解决本地区农村经济发展问题。实践证明，与京区内中央和地方科研机构密切合作，充分发挥首都科技优势，实现科技资源优化配置是发展经济的一条非常有效的途径。

7. 国际科技合作和引智工作成果显著

“九五”期间，相继开展的“华北乡村水环境研究与示范”(中英合作)、“农作物秸秆利用设备引进与国产化”(中芬合作)、“基因技术在作物育种及种子纯度检测上的应用”(中法合作)、“果树新品种引进及高效栽培技术示范”(中日合作)、“欧洲鲟鱼人工孵化技术”(中德合作)等一批国际科技合作项目均取得良好成效；成功地引进了包括系列特菜新品种，冷水鱼系列品种，优质苹果、梨、树莓、花卉等一批优良品种或种质资源；建立了包括昌平中日友好观光果园在内的4个引智示范基地。这都是我们在引智和国际合作方面取得的成效。

总而言之，从以上七个方面来说。回顾过去，“九五”期间我市农村科技工作取得了显著的成就，为推动农业发展，振兴农村经济做出了很大的贡献。在此，我代表市政府向今天受到表彰的首都农业科技先进工作者和长期奋战在首都农业战线上的广大科技人员表示衷心的感谢。

在肯定成绩的同时，我们也应该清醒地认识到，从总体上来说，科技进步对本市农业和农村经济发展的支撑还不够全面，支撑力度也尚未满足需求。农业科研总体水平有待提高，在品质育种、生物技术应用等领域内具有突破性的成果不多，科研基础亟待更新。农口各单位、各区县在科技投入、开展国际科技合作与引进国外智力及民营科技企业发展等方面还很不平衡。应该说为了农村经济的发展，为了农业结构的调整，为了农民的增收，我们还要很好地使用科技进步这个杠杆，要用这个第一生产力对经济发展做出贡献，为此我们还要很好地挖掘自己的潜力，做好工作。

(二)“十五”农村科技工作的基本思路

随着世界经济一体化和全球化及我国加入世贸组织步伐不断加快，我国所面临的国际竞争将日趋激烈，而国际农业竞争的实质也是科技实力的竞争。一场世界性新的农业科技革命正在形成。我手头有一份资料，是科学技术部编写的“科技决策参考”资料，有一篇文章叫“世界性的农业科技革命特点、热点与方向”，在这篇文章中，列举了全球性的农业革命如何推动世界农业产业的革命，它提出农业产业出现新的发展态势，主要有五大特征：第一大特征是农业技术的高新化，高新技术在农业中的应用越来越广泛。超级水稻、超级猪、克隆牛、克隆羊的培育成功，将会出现一些新的农业生物品种，仅美国投入田间释放的转基因植物已达2700多个。此外，动物、植物生产激素，生物肥料，生物农药的研究与应用，将加速农业技术高新化；第二个特征是农业的领域不断拓宽。从传统的种养业，向微生物产业、食品制造产业，乃至新生物制剂产业拓展，几个产业之间的界限不那么明显了，三大产业之间互相渗透，从食物生产向营养保健品、药品生产拓展；第三个特征是农场数量不断减少，农场规模不断扩大。美国农场已达100—300公顷，欧洲农场已由30公顷增加到70—80公顷。农场、农业企业数量减少、质量提高、农业生产规模化；第四个特征是农业管理信息化。信息技术在农业决策、生产和流通中广泛应用，农业生产的成功与否，在很大程度上取决于对信息的占有与运用程度，农业管理信息化；第五个特征是农业竞争国际化。跨国农业企业和企业集团迅速发展，国际农产品市场在不断完善，农业竞争国际化。北京市的情况不一定完全一样，我们是要放开眼界看看世界总体情况。处在领先水平的各发达国家进一步加快了现代农业技术开发和应用的步伐，例如：美国孟山都公司投资1.65亿美元兴建了生命科学研究中心，装备了全套分子生物学研究的最新仪器和设备，建成了人工控制环境条件的生长室和大型试验温室，可以周年24小时的开展分子生物学及其产业化研究。英国投巨资建立了植物研究中心，重点开展基因标记和基因克隆技术研究。此外在一些发展中国家，如新加坡、韩国、印度、菲律宾等国家也都投入巨资兴建这类研究设施，竞相开展技术研究工作。资料里谈到了一些研究热点，比如农业专家系统，美国目前正在使用或正准备使用的农业专家系统有1000多个，日本有400多个。还有网络及其应用，国外计算机及信息技术在农业上的应用发展，到20世纪90年代，主要是应用网络技术，开展农业信息服务网络的研究与开发。国际上，发达国家通过计算机网络、遥感技术和GIS技术来获取、处理和传递各类农业信息的应用技术已进入实用化阶段。又如精确农业、肥料高效利用技术、高效节水灌溉技术以及农产品加工技术，都有许多新的技术热点和共性，在农业科技方面我们要做的还很多。

当前，我国农业和农村经济发展已进入一个新的历史时期，农业发展由过去受资源约束，转变为现在受资源和市场双重约束。在这种双重约束下，农业面临着许多新情况、新问题。一是农业和农村经济结构不合理，农产品质量水平较低。目前，农业生产中出现了主要农产品的相对过剩，农产品品种单一、农产品品质低劣的问题比较严重，加入WTO后这一问题将会变得很尖锐，我们将失去应占领的市场；二是传统的农产品销售不畅，农民收入增长缓慢，大大低于城市居民收入的增长速度。刚才我已说过，北京2000年城镇人均收入已达到1万元，而农民才4600多元，还不到一半，考虑到农村人口占北京市人口的1/3，山区面积占62%，要提高北京市人民生活水平，农业、农村是非常重要的；三是农产品加工转化率低，农业综合效益不高；四是农民就业领域窄，农村剩余劳动力多；五是农业资源匮乏，生态环境脆弱。因此，调整农业结构、提高农业效益、增加农民收入、改善生态环境、提高农业在国际市场上的竞争力，加速农业由数量型增长向质量效益型增长的转变，实现农业和农村经济可持续发展，必然要推进新的农业科技革命。这是摆在我们面前的重要任务。

新的农业科技革命的主要特点和内容是：世界农业科技创新的速度加快，以基因资源利用、植物基因工程、动物良种基因工程、动物生物反应器、动物胚胎与细胞克隆技术、农业生物制剂等生物技术将取得重大突破，并逐步产业化；以农业专家系统、网络技术开发、虚拟农业、精准农业为主的信息技术将得到越来越广泛的应用，未来农业发展很大程度上将取决于信息技术的拥有和应用程度；以优质农作物良种、肥料高效利用技术、高效节水技术、农产品深加工技术、设施农业技术、环境保护技术为内容的持续高效农业技术日益受到关注。

面对新形势，我们拿出什么对策？党的十五届五中全会和国家“十五”计划建议，明确提出了我国现阶段发展的战略目标和任务。在刚刚闭幕的全国农业科技工作大会上，也提出了把科技进步和创新作为增强综合国力的决定性因素，推动农业科技创新，实现技术跨越，力争10—15年内，大幅度解决优化农业结构、提高农业效益、改善农村生态环境等方面的技术问题。

发展首都经济的关键是发展知识经济。农村经济是首都经济的重要组成部分，是北京能否实现小康的关键所在。进入新世纪后，北京农业将面临来自国际、国内两个市场的巨大压力，同时由于北京具有区位、科技两大优势，通过农业结构调整和发展现代高科技农业，也必将面临历史性的发展机遇。如加入WTO后，北京在具有相对优势的籽种产业、绿色食品产业、观光农业、园艺作物及主要畜禽产品（鸡除外）方面具有国际竞争优势。因此挑战与机遇并存是北京农业面临的形势，发展高新技术型现代农业是新时期北京农业的主要任务。

根据市委八届二次全会精神，市委、市政府制定了《北京市2010年率先基本实现农业和农村现代化发展纲要》。在最近制定的一系列北京市“十五”发展专项规划中都对我市农业科技发展提出了具体要求。其核心是：按照国家“创新、产业化”的科技工作指导方针，积极推进科技体制改革,以提高农业科技持续创新能力为重点,以实施“首都二四八重大创新工程”为突破口,推进高新技术产业化和经济、社会信息化,为促进农业经济结构调整,推动农村经济发展提供强大动力和技术支撑,建立起具有首都特色的技术创新体系,使首都成为现代农业技术创新源和辐射源,实现农民增收和农村生态环境的可持续发展。根据国家和北京市“十五”发展的战略部署,确立我市“十五”农村科技工作的基本思路为:坚持一个主题、实现四个调整、强调五个结合、实施八项农业科技工程。

1. 坚持一个主题

坚持一个主题——加强科技创新,推进首都新的农业科技革命。

农业发展进入新阶段后,结构调整与产业优化升级成为主要任务,而完成这一任务的关键是依靠科技进步。因此,从技术研究与开发、成果转化与产业化、科技体制改革及保障条件等各个方面,需要积极探索,以技术创新和体制创新为动力,全面推进新的农业科技革命。

2. 实现四个调整

第一,调整技术攻关目标,由注重农业数量增长向以优质高效为目标的方向转变。农业科技发展要适应农业产业升级,提高国际竞争力的需求,更加注重农产品的优质化、专用化,提高产品质量和效益,以发展绿色食品和良种工程为重点,促进结构战略性调整和提高农民收入。

第二,调整技术发展方向,要把发展以信息技术、生物技术和设施农业技术作为农业技术发展方向。建立持续高产、优质、高效的农业技术体系,不断提高常规农业技术的内涵和组装配套程度;合理开发和保护农业资源,建立首都生态体系。郊区是首都生态的重要屏障,建立良性循环的生态环境对首都发展非常重要,而且对农业的可持续发展也很重要。近年,首都治理环境的速度非常快,标准越来越高。任何农业技术在发展之初就必须考虑到环境与生态,否则生命就不能长久。科委和有关部门要加强这方面的研究和示范。举个例子,在会议前夕,中国农大的两位专家给我写了一封信,建议市政府有关部门对本市农业结构调整中因加快发展畜牧业,特别是发展养殖小区所带来的环境污染问题给予高度重视,加强这方面的研究与示范,做到经济发展与保护生态环境相统一。这个建议非常好,我已批示科委和农委提出具体落实措施。希望研究人员今后要更加重视这点。

第三,调整农业科技服务内容和服务范围,由以农业产中服务为主向产前、产中、产后全程服务转变,由面向本市市场服务向面向国内外市场服务转变。通过持续提高本市农业科技实力,保持和提高在国内外农业中的竞争力,不断拓宽技术服务的范围和领域。

第四,调整技术创新主体,由单纯以科研机构为主向企业参与转变,尤其要促进民营科技企业的发展。随着科技体制改革的不断深入,企业作为技术创新主体的作用将日趋突出。因此,要鼓励企业加大研究与开发的投入,增强其技术创新能力。尤其要重视民营科技企业的发展,各部门、各区县要把民营科技企业作为重点扶持对象,积极引导和强化服务,促进其快速、健康发展。

3. 实现五个结合

第一,农村科技工作与推进结构调整和致富农民相结合。农村科技工作的根本任务是为农业生产与农村经济发展提供技术支撑,今后我市农业与农村工作相当长一个时期的主要任务就是积极进行结构调整和提高农民收入。因此,农业科技创新与技术突破必须要以推进结构调整和致富农民为根本出发点。毫无疑问,如不能达到这个目的,我们的创新和技术突破不可能得到应用,也没有生命力。

第二，自主开发与积极引进相结合。自主开发与创新，是奠定农业科技创新体系的基石，尤其在农业生产与发展的关键技术上，一定要加强攻关，开发出更多有自主知识产权的科技成果。但同时也要认识到技术引进的重要性，通过引进技术的消化吸收和集成创新，可以在一定程度上快速提高农业生产技术水平，并且能够节约技术开发成本和增强农业科技储备能力。所以，要客观地看待技术自主开发与技术引进的关系，尤其今后要强调一点，要注意自主知识产权的保护。我们的自主开发要注意专利申请和产权保护，引进技术要保护别人的知识产权。

第三，高新技术与传统产业相结合。农业和农村经济要实现新的飞跃，根本出路在于新的农业科技革命，而农业生物技术、信息技术等高新技术领域的突破是其基础和依托。要加强高新技术向农业领域的全面渗透，改造传统产业，通过农业技术的跨越式发展，提高农业科技整体水平，带动农业生产力水平的全面提高。

第四，地方与中央在京科研力量相结合。要充分发挥首都整体科技优势，建立开放的农业科技体系。市委市政府提出，首都区域创新体系，这就是一个开放的整体的科技创新体系，要把在首都地区各单位的创新能力、创新资源都结合起来，在最富有希望的地方进行突破，农业这个科技体系也应是开放的首都区域创新体系的一部分。中央在京的涉农科研院所有11个，拥有科技人员2万人左右，其中有院士23人，另外还有3所教学、科研兼顾的高等农业院校。要利用好这一得天独厚的科技优势，来发展我市农业和农村经济。

第五，体制创新与技术创新相结合。体制创新是科技进步的保证，是增强农业科技创新能力的有效途径。要充分考虑到农业科技的自身特点和深化科技体制改革的总体要求，加速农业科技体制改革，将改革与发展相结合，特别要重视以人为本，激活广大农业科技人员和积极性，切实增强农业科技创新能力。

4. 实施八项农业科技工程

以当前这八项工程作为一个重点和示范，作为一个切入点，来推动整个农业科技工作的开展。

第一，应用基础研究开发。优先支持农业和农村经济发展中急需解决或有明显应用前景的基础性研究，以及高新技术在农业中应用基础与机制的研究；有选择、有重点地对国内外农业科学前沿问题进行跟踪，加强在农业应用基础研究方面的国际合作，为重大技术突破提供技术储备。

第二，重大技术攻关。紧紧围绕新阶段北京农业与农村经济发展中急需解决的重大科技问题，五年内选择5个重点领域、20项重大科技攻关项目，开展协作攻关，力争取得突破性进展。既包括对单项关键技术的突破，也包括对已有先进技术的组装配套和集成。

第三，科技成果推广与示范。以服务于农业结构调整与产业升级，促进农业科技产业化和“六种农业”发展为目标，积极组织25项具有辐射面广、带动力大，并能产生重大经济效益和社会效益的成熟技术成果进行有组织、有计划地示范推广。

第四，农业高新技术产业化。遵循“发展高科技、实现产业化”的战略思想，重点支持和培育一批具有知识产权的农业高新技术，选择一批市场前景好、技术成熟、科技含量高的农业高新技术成果，实施产业化开发工程，力争在生物技术、信息技术、设施农业技术等领域有显著发展。

第五，农业科技创新基地建设。以改善农业科研开发条件、加强创新基础为出发点，完善和建立一批高水平的高新技术创新基地和农业工程技术研究中心，包括：北京种质资源中心、海南良种繁育中心、牧草与环境研究中心、农业信息工程中心、农业设施工程中心及生物工程中心等，使其成为具有国际水准的科技创新基地。

第六，农业技术市场建设。北京的技术市场非常繁荣，多年来在全国技术市场中营业额占第一，占很大比重，在去年北京市技术市场额已突破140亿。而农业技术市场份额还不大。在市场经济条件下，技术市场是现代农业技术传播与成果转化的重要环节。通过建立市县两级农业技术市场和网上农业技术产品交易市场，为农业科研机构、大专院校及民营科技企业的成果转化与市场化提供便利条件和保障，同时对发展民营农业科技服务组织与科技中介服务机构起到推动作用。在建设这样一个技术市场时，我们要充分考虑对全国的辐射，对全国的成果交易。

第七，农业高新技术企业孵化器建设。孵化器建设就是力求通过局部环境的优化，为科技人员创业营造一个适宜的体制、机制和环境，以此促进高新技术产业的形成和发展。"十五"期间将建立若干个基于农业科研单位和农业高科技企业两类孵化器。首都创业孵化体系非常有名，已有30多个，科委认证的有25家，享受着北京市的优惠政策，多数是高新技术，特别是IT方面的，各种专业孵化器，各种留学人员创业园，甚至包括在国有企业中建立的孵化器，也有农业高新技术孵化器，但是不多。今后要重视这两类孵化器的建设，建在农业科研单位，建在农业高科技企业。

第八，深入实施星火计划。重点支持民营科技企业发展，培育科技先导型示范企业和区域支柱产业，紧密结合"科技致富"行动，为远郊山区农民的脱贫致富做出贡献。

（三）2001年工作重点

1. 加快首都农业科技创新体系建设，加强科技攻关

根据"十五"农村科技工作的基本思路，市科委已完成了"十五"农业科技发展规划的制定工作。2001年将在完善已有的10个高新技术研究中心和中试基地的同时，创建北京果树蔬菜种质资源中心、设施农业工程中心、农业信息技术工程中心、奶牛胚胎移植工程技术中心和牧草与环境研究中心，并使之成为本市农业高新技术创新与产业化的基地。

为了更有效地促进北京农业结构调整和进一步增强北京农产品在国际国内市场中的竞争力，2001年科技攻关将在动植物新品种选育、生物技术在农业中的应用、农业信息技术开发、工厂化农业技术、绿色食品生产技术、农业节水技术、农副产品加工技术及农业生态技术等十二个领域展开。

2. 深入实施绿色食品及良种工程

绿色食品及良种工程是市委、市政府提出的"首都二四八重大创新工程"之一，也是"十五"期间农业科技发展重点。该项工程的基本目标是以无污染、优质农产品和籽种产业的发展，带动北京市农业产业结构调整。2001年绿色食品工程的重点是选择有比较优势和科技含量高的领域，在蔬菜、鲜果、肉、蛋、奶、水产等品种上建立生产示范基地及生产体系，逐步规范流通体系和检测体系，大力发展农产品深加工；同时，开展与绿色食品工程相配套的生物技术、新型肥料、检疫和检测等技术研究开发。良种工程重点是从市场需求和国内外种业发展趋势出发，加速培育优质、专用、高产、多抗动植物良种，建立粮、菜、果核心种质资源中心和良种繁育体系，向专业化、规模化、市场化和育、繁、销一体化发展，形成有区域优势和特色的籽种产业。

3. 加快农业技术示范推广与产业化，为农业结构调整提供技术支持

2001年要继续实施农业科技重点推广工程，选择一批针对性强、辐射面广、带动力大，并能产生重大经济效益和社会效益的技术成果推广示范；结合25个高效农业示范园区建设，做好高效园区的辐射推广工作，并在园区内进行产业化发展和现代企业制度试点；同时重点培育设施农业产业、牧草产业、胚胎产业、疫苗产业及加工产业，以此为龙头，带动区、县、乡农业产

业化发展，更加有效地服务于农业结构调整，促进农民增收。

4．大力发展民营科技企业，促进高新技术产业化

要建立有利于民营科技企业发展的政策、资金环境，加强服务意识，提高市县两级科技担保资金的使用效率，积极培育新的经济增长点；以中关村科技园区建设带动区县科技园区建设，利用高新技术改造传统产业，促进高新技术产业化，形成以中关村为研发基地、以区县为示范基地和产业基地的高新技术产业梯次布局。

5．加快信息技术研究与开发，推进首都郊区信息化进程

美国《未来学家》杂志发表了题为“未来的十大新兴技术”的文章，其中第三项就提到了以农业信息技术为基础的精确农业。农业放在新兴技术的重要地位。继续保持我市在农业信息技术研究开发领域的领先优势，推广智能化农业专家系统在种植业、养殖业生产管理中的应用，并进一步向农产品加工业、生态环境建设及农业决策等领域渗透，大幅度提高农业信息技术应用的整体水平。在加强信息化基础设施建设的基础上，启动区县信息化示范工程，优先在高效农业示范园区、规模化农场、示范农户、科技先导型示范企业和科技示范乡镇展开，积极争取北京成为国家农业信息化试点城市，尽快建成覆盖市、县、乡、村，具有较强功能的农口信息服务网。这个任务的完成不是孤立的，要和首都信息化的进程相结合，要依托整个首都发展规划来建设，以免造成资源浪费。今年已推动了首都电子政务工程，两年之内市区两级政府初步实现网上办公。

6．加强生态环境技术开发，实施生态环境科技示范工程

2001年要结合全市生态环境建设，加强生态环境技术开发，重点实施水土流失治理、规模化畜禽场废弃物治理、水资源涵养与保护、防沙治沙等科技示范工程，为改善首都生态环境和“申奥”做贡献。

7．优化资源配置，加强国际科技合作与交流

要发挥首都科技整体优势，吸引在京中央研究机构参与我市农业科技发展，鼓励市属科研单位、生产部门和各区县与国家科研单位合作。通过优化科技资源配置，一方面可以解决我市在某些农业技术领域水平不高、技术手段不够的问题；另一方面，通过合作研究与开发，为地方培养一批高水平的农业科技人才，为形成和发展首都区域创新体系做出贡献。

加入WTO在即，应积极开展对外科技交流和技术引进，加强国际科技合作。重点引进对我市农业结构调整和高新技术发展有推动作用的技术、人才和管理经验，加强与发达国家在科技前沿领域的合作研究。在2000年建立的4个智力引进示范基地的基础上，2001年新建2—3个示范基地。

8．调整星火计划的方向、目标，促进乡镇企业的二次创业

2001年将对星火计划做必要的调整，重点支持科技先导型示范企业发展，培育区域支柱产业，推进乡镇企业依靠科技实现二次创业；继续实施星火密集区计划，促进区域经济发展；实施以发展规模化优势产业为重点的山区科技致富计划，建立山区科技示范基地；支持农业产业化项目，培育农业产业化龙头企业。

9．加强领导，强化管理，建立开放、流动、竞争、协作的运行机制和高效率的科技保障体系

科技管理要适应农业发展新阶段的要求，建立项目的评估招标机制，实行公开、公正、公平的竞争和“公开招标，择优委托”的项目管理方法，对重大农业科技项目实行课题制和首席专家负责制，推进科技决策民主化。

各级政府和农业主管部门要加强对农村科技工作的领导，把农村科技工作作为农村工作的重点，始终把推进农业科技进步放在新阶段农业和农村经济发展的优先地位。“科教兴农”不能停留在口头上，各郊区县要从组织机构、人员队伍、政策环境的营造上切实加强对科技工作的领导和支持力度，把“科教兴农”真正落到实处。实践已经证明，哪个地区不重视科技工作，不重视科技资源的配置，哪个地区就会严重制约经济发展和社会稳定。因此，我们要把科技工作纳入郊区各级政府领导的考核内容。

加大投入是农业科技健康快速发展的前提，要改变长期以来单一依靠政府投入的情况，应形成以政府投入为主导、全社会广泛参与的多元化的农业科技投入格局。各级政府对农业科技投入的增长速度应高于其财政增长速度。加入“世贸”组织后，应利用其“绿箱”政策，调整支农资金投入结构。鼓励和吸引企业等社会力量增加农业科技投入，加强金融、税收、保险对农业科技的支持，北京市科技风险资金要向农业科技领域延伸，并加大支持力度。

10．加强精神文明建设，搞好科技知识的普及

提倡科学思想、弘扬科学精神、传播科技知识、增强创新意识是精神文明建设的重要内容，科技人员应该成为当前农村精神文明建设的骨干力量。在当前形势下广大农业科技人员应向广大农民积极传授先进适用的技术，引导农民走科技致富之路。同时科技人员也要加强自身修养，以江泽民同志倡导的“三个代表”的思想武装头脑，和广大农民一道深入开展对封建迷信和反科学、反社会的“法轮功”的斗争，为首都郊区的政治稳定和经济繁荣做出新的贡献。

自从建立科普联席制度以来，我们坚决执行科普条例，规定每年每区县科普投入指标为人均5角钱，实行了很多年，但是，去年有两个区县没有达到5角钱，这非常不妥当，我希望科普经费随着经济的发展和农民收入的增加要略有增长。今天在科普上多花一点儿钱，明天在反法轮功这类事上少花很多钱。另外，有些区县的科普场馆没有真正用于科普，用的还不到50%，很多还在挪作他用。这样对推进科普很不利。现在科普工作很受欢迎，要抓住时机。农民很相信科技和推广人员，因为你们的技术曾给农民带来了高的产量和收入，也希望你们今后在精神文明方面尽到一个科技人员的应尽的天职。

同志们，我们已经跨入一个新的世纪，这是一个充满变革、挑战和机遇的时代。让我们以全国农业科技大会为动力，在市委、市政府的正确领导下，在国家科技部的支持指导下，以饱满的热情、科学的态度、严谨的作风全面开创新世纪农村科技工作的新局面。

依靠科技进步，加快首都农业现代化建设

岳福洪副市长在2001年2月27日北京市农村科技工作会议上的讲话

（根据录音整理　未经本人审阅）

同志们：

今天市科委、市农委在这里联合召开全市农村科技工作会议，充分体现了市委、市政府对

农村科技工作的高度重视。昨天，林副市长做了工作报告，对“九五”期间全市农村科技工作进行了全面系统的总结，分析了我市“十五”农村经济和农村科技工作面临的形势和任务，并对“十五”及2001年农村科技工作进行了部署。会上还对35名为本市农村经济发展做出突出贡献的农业科技工作者进行了表彰，在此，我代表市政府向受表彰的农业科技工作者再一次表示祝贺和感谢。下面我就全市农村经济发展及农村科技工作谈几点意见。

（一）2001年农村工作面临的形势与任务

“九五”期间，北京市农村工作在市委、市政府的正确领导下，认真贯彻党的十五大精神，结合北京农村经济发展的具体情况，进一步明确了北京农村工作的基本思路和指导思想，使全市农村经济形势发生了可喜的变化，具体表现在：

1. 确立了将经济结构调整和农民增收作为北京农村工作的主线。将富裕农民作为实现农业现代化的最终目标，抓住了北京农村工作的主要矛盾和问题，理顺了农村工作的基本思路，端正了农业现代化的基本方向，从而保证了北京农村经济的健康发展。

2. 确立了北京郊区农民的主体经营地位。通过加大了产权制度改革力度，使农民与生产资料结合起来，充分发挥了生产主体的积极性，保证了生产总量的持续上升，促进了农民致富。

3. 初步形成了以农业新技术为依托、以六种农业为基础的现代农业格局，明确了农业结构调整的方向。六种农业涵盖了农业产业结构调整的全部内容，高效农业企业不断涌现，农业产业化迅速发展。

4. 乡镇企业二次创业步伐加快。通过提高乡镇企业的科技含量和加强乡镇企业与高新技术产业的结合，特别是以产权制度为主要内容的乡镇企业的重组转制，使农村经济结构发生很大的变化，促进了乡镇企业二次创业和区域经济的发展。

在过去的一年里，按照市委、市政府的总体部署，郊区上下围绕农村经济结构战略性调整这一中心任务，为实现结构优化、产业升级和农民增收的目标，做出了积极的努力，取得了显著成效。2000年郊区经济发展速度明显加快，达到了“九五”期间的最高增速。其中一产增长4%，打破了“八五”以来长期低速徘徊的局面；二产增长11.2%；三产增长12.1%，保持了良好的态势；远郊区县财政收入增长29.1%；农民人均收入达到4637元，比上年增长7.3%，为“九五”期间增速最高的年份。

农业结构调整取得突破性进展。首先种植业结构调整步伐加快，粮经比例由上年的64:36调整为55:45，牧草种植面积迅速扩大，粮经饲三元结构初见雏形。其次，养殖业迅速发展，养殖结构发生根本变化。一是畜禽养殖品种、产量全面快速增长；二是养殖方式和养殖技术发生了重大转变，以集约化舍饲为主的养殖小区迅速发展；三是养殖业的生产技术水平和经济效益大幅度提高。农业结构调整促进了六种农业的快速发展，提高了北京农业的产业层次、技术水平和市场竞争力，全年六种农业增加值突破30亿元，比上年增长50%。

2001年是跨入新世纪和实施“十五”计划的第一年，也是实现首都经济社会发展第三步战略目标的开局之年。今年农村工作的总体要求是：以邓小平理论和江泽民同志“三个代表”的重要思想为指导，认真贯彻党的十五届五中全会、中央经济工作会议、中央农村工作会议和市委八届六次会议精神，以发展为主题，以结构调整为主线，以改革开放和科技进步为动力，以富裕农民为根本出发点，深化改革，扩大开放，发挥优势，重点突破，加快农业结构调整、乡镇企业二次创业和小城镇建设步伐，实现郊区经济的跨越式发展，大力推进社会进步，加速实现农业、农村现代化。

（二）认真贯彻全国农业科技大会精神，推进首都农业现代化建设

要实现今年农村工作的各项任务目标，一靠政策，二靠科技，三靠投入。国家和北京市历来对农村科技工作高度重视。2001 年 1 月 15—17 日国务院召开了全国农业科技大会，江泽民总书记和朱镕基总理等党和国家领导同志接见了与会代表，李岚清和温家宝副总理分别对新时期全国农业科技工作做了重要指示。明确提出了今后五到十年我国农业科技发展的基本方针和任务，即推进新的农业科技革命，实现技术跨越，加速实现农业现代化，为调整农业结构和农村经济结构、提高农业效益、改善生态环境、增强农业国际竞争力提供技术支撑。我认为，这次农村科技会议的首要任务是贯彻和落实全国农业科技大会精神，加强技术创新和科技体制创新，为首都现代农业发展提供技术支持。

1. 首先要加快科技体制改革，加强郊区农业科技队伍建设

要根据农业生产和市场经济发展的需要，逐步建立起适应市场经济和科技自身发展规律的农业科技体系。形成科研、开发、生产、市场紧密结合的机制，建立起以企业为主体，产、学、研相结合的技术开发体系和以科研机构、高等院校为主体的科学研究体系及以社会化农业技术咨询组织为主体、条块结合的农业技术推广体系。按区域经济发展的要求改革农业技术推广机构，引入民营企业的有效机制，支持有实力的企业、团体、个人投资参与科研开发和技术推广，通过股份合作、成果共享，会员制等多种形式建立科研开发联合体。要进一步优化科研机构配制，按国家科技部统一要求，深化科技体制改革，最大限度地避免机构重复设置和人才资源的浪费。

2. 加强技术创新和技术推广工作，促进农业结构战略性调整

要围绕北京农业生产和农业结构调整中的热点、难点方面的关键性技术问题开展农业科技攻关，力争在“十五”期间开发更换一代畜禽、农作物新品种；开发满足绿色食品生产要求的新一代高效肥料、农药、饲料和添加剂；开发新一代的农业生产设施和配套农业机械，全面提高农业生产水平和效益。要大力鼓励社会各方面、各阶层科技人员直接进入生产第一线，加快科技成果的转化和技术培训。今年市农委、市科委将联合组织推广一批重点农业科技成果。可同时以实施“首都二四八重大创新工程”之一的绿色食品及良种工程为龙头，积极发展具有科技优势和区位优势的种禽、种畜、动物疫苗、农作物良种等农业科技产业，促进绿色食品产业及六种农业的高速发展。发挥已建立的农业高效园区的辐射带动作用，支持和培育一批像绿健、金鑫那样的农业产业化龙头企业，带动周边地区经济发展和农民致富。

3. 发挥首都科技优势，坚持大科技支持大农业的发展战略

北京是全国科研机构最集中，知识信息和人才最密集的城市之一。要把北京有效的面积和雄厚的科技优势、市场优势结合起来，把科技优势转化为经济优势，为农村经济发展创造良好的社会环境。去年市农委、市人事局联合发布了“北京市鼓励和吸引科技人才从事农业开发和服务的若干规定”，今年农口各有关部门要认真执行文件精神，切实做好此项工作。要使北京成为中央在京科研单位科技成果转化的孵化器和示范窗口；要进一步打破部门壁垒和条块分割，运用市场经济手段，盘活科技资产，实现科技资源的优化配置和高效利用；要以服务首都、发展经济、富裕农民为宗旨，向中央单位开放市场、开放计划，支持他们通过平等竞争承接地方重大科技项目；要建立生产促进机构，组织国有大中型企业、中央单位、科研机构与乡镇企业开展联合与合作，促进企业共同发展。

4．切实加强对农村科技工作的领导

各级党委和政府领导要充分认识科技工作的地位和作用，要加强对农村科技工作的领导和组织协调，加强部门间及人、财、物等方面的集成，形成合力。今天市科委与市农委已经给大家带了一个好头。科技管理部门要加强管理、转变职能，做好服务，把农村科技工作放在突出位置，在项目、经费、人才等方面予以保障，共同促进本地区经济发展。

同志们，我们已经跨入一个崭新的世纪，首都农业和农村率先基本实现现代化的序幕已经拉开，让我们在市委、市政府的领导下，振奋精神、团结奋战、开拓进取，为实现2001年农村工作和各项任务、目标而努力奋斗。

发挥首都农业科技优势，加快产业化进程

国家科技部李学勇副部长在2001年2月27日北京市农村科技工作会议上的讲话

（根据录音整理　未经本人审阅）

今天能够参加北京市的农业科技大会感到非常高兴。今天上午，贾庆林书记、刘淇市长接见了受表彰人员、会议代表，说明北京市委、市政府对农业科技工作，对于农村和农民问题的高度重视，这也是贯彻全国农业科技大会的一个具体的、重大的措施和行动。今天岳福洪副市长亲自主持会议，刚才林文漪副市长做了一个非常好的报告，我完全赞同。在此，我代表科技部对北京市农业科技工作大会的召开，对在北京农业科技工作中做出重要成绩的农业科技工作者表示崇高的敬意和亲切的问候。

林副市长已经讲得非常全面了，传达了全国农业科技大会的精神，回顾了北京农业科技工作取得的成就，重点是“九五”，对新世纪初，特别是“十五”北京市农业科技工作的基本思路也做了很好的阐述，同时对今年北京市在农业科技工作中要重点抓的十项工作提出了很好的要求，我都非常赞成。我想概要的讲三个问题。

第一，就是谈一谈对全国农业科技大会的主要精神的一些理解，因为贯彻和落实首先要学习和理解，我给它取了个题目，叫做新世纪、新阶段对于农业科技工作的新要求。

我想这次召开的全国农业科技大会要追溯起来，实际上全国是第二次。第一次是1963年，我们经过了三年自然灾害，经过了很大调整以后，党中央和国务院召开了一次全国农业科技大会。这次是以国务院的名义召开，江泽民总书记亲自接见了会议代表，江泽民总书记、朱镕基总理、李岚清副总理做了工作报告。会议重点讨论了农业科技发展纲要。这次会议是在新世纪到来的时候，应该说是新世纪开门的时候召开的一次会议，所以它对于规划我们国家新世纪农业科技的发展具有重要的指导意义。会议所讨论的文件，中央领导和国务院领导同志的讲话，都是非常重要的，我相信这次我们北京市的农业科技工作会议也会进一步的学习和领会。

这次会议的主题，刚才林副市长已经讲了，就是大力推进新的农业科技革命，实现技术发

展的跨越，在保持总量平衡的前提下要促进农业，从主要追求数量向更加注重质量效益转变，为新阶段我国农业和农村经济的发展提供动力和支撑。因为“十五”计划建议中说到了以改革开放和科技进步为动力，新世纪农业要发展必须要以科技进步和创新为动力，所以这次会议的意义是非常重要的。

从新世纪开始，我们国家就进入了全面建设小康和加快推进现代化的阶段。在这个阶段中，有一个问题是中央和国务院领导同志反复强调的，也是中央的文件中反复强调的，这就是农业的基础地位不可动摇。农业的问题是国民经济的首要问题，摆在首要的地位，农业、农村和农民的问题是全局性的问题。新世纪我们国家发展的宏伟目标能不能实现，我们的改革能不能有效地推进，我们的国家能不能保持政治的稳定，农业起牵动全局的作用。在这样新的历史条件下，我们必须充分认识、高度重视农业的基础地位，因而我们农业科技工作者的责任就非常重大了。

要谈农业科技的问题，确实要认识我们农业发展的新阶段，刚才林副市长已经做了很好的阐述了，我完全同意。应当说我们国家的农业确实进入了一个新的发展阶段了，为什么说新阶段呢？就是有变化，有哪些变化呢？我们可以从四个方面看看变化。第一，农产品的供求关系发生了变化，过去是供不应求，现在是基本能够保持总量平衡，丰年有余，低水平的还有些过剩，当然是相对的过剩；第二，从体制环境上看我们的变化，就是市场化的程度大大增强，市场在配置资源方面的基础作用大大增强了；第三，就是从人民生活水平看，人民生活水平、城乡的人民生活水平有了很大的提高，那就是说从总体上来讲，解决了温饱，总体上进入了小康，我们的国家也进入全面建设小康阶段；第四，就是跟国际经济的联系，农业在我们整个经济全局中的作用。表面看第一产业的产值，种植业的产值，养殖业的产值可能是下降了，但是如果延伸到产前——农业生产资料，延伸到产后——农产品的深加工，和整个农业生产的流程环节所创造的效益和利润，整个农业在我们国民经济中比重是加大的，和国际的经济联系更加紧密了，在世界进出口中我们农业的比重不断地增加，所以实际上是份额加大。讲到新阶段，我们觉得确实有很大的变化，但是核心的标志、最重要的标志还是供求关系的变化，就是说，过去是供不应求，没的吃，或者吃不饱，吃不好，现在我们确实东西多了，在总量上有一个比较稳定的局面。当然不能忽视保持平衡的问题，因为中国是个大国，从长期看，我们的人口增加、土地减少、环境恶化，所以要重视粮食安全的问题。更应该看到我们这个阶段的特征，数量问题跟过去比确实是有了质的解决，同时在追求质量和效益方面，提高农业整体效益方面提出了更高的要求。

我们要很好地认识农业新阶段。在这样一个阶段，就必然给农业科技工作提出了新的任务，这就是中央一再强调要进行农业和农村经济结构的调整，要促进农民的增收，这是两个非常重要的内容。但当前我们面临的主要问题是什么呢？大家是搞农业的，大家谈的问题比较多的是什么呢？看来一个是农民增收的问题，一个是进入 WTO 以后面临的挑战问题。

关于农民增收的问题是非常严峻的，我这有一个数据，全国农民纯收入增长的幅度连续 4 年下降。1997 年是 4.6%，1998 年是 4.3%，1999 年是 3.8%，2000 年下降到 2% 左右，也就是说增收的幅度在减少。农民的收入能不能增加，这不仅关系到我们国家能不能全面建设小康，也关系到我们整个经济的发展，因为农村是个很大的市场，所以你要激活的是农民的购买力，包括购买生产资料，包括购买消费品，包括拓展其他的需求，这是非常大的。我们不是常说 12 亿人口 9 亿在农村，所以牵动整个经济的发展，农民增收的问题是个非常重要的问题，中央也非常重视。

第二,就是进入WTO,我们预计是比较快的,中央有预测,今天就不讲了。进入WTO以后,对中国来说有利有弊,我们认为是利大于弊,所以我们要加入WTO。这个弊的问题,我觉得要有清醒的认识。为什么WTO谈判现在还进不去呢?最后的谈判究竟卡在哪儿呢?还是农产品的价格问题,农产品的一些价格和政策问题,最后是归到农业方面问题。因为我们国家农业的发展阶段,我们农业生产力的水平,我们农业科技的状况,我们农业的重要程度所决定,这一步,我们不能让得太多,这个门槛不能太低,实际上现在谈判的关键还是卡在这。一方面我们要坚持这道线,同时我想也对我们农业科技工作者提出要求、提出责任,你不加快农业科技进步和创新,不依靠科技,可能我们这道线也不能维持多久。所以还要进一步在政策上、在体制上、在科技上下功夫,只不过就是我们要争取比较大的空间和时间来一个调整期。所以对农业的问题,我觉得是非常重要的。如果进入WTO,对我们的粮食主产区,对水稻、玉米、小麦、大豆、棉花的影响是非常大的。因为这些大宗农产品,别的不说,我们的价格现在已经高于国际市场价格20%—70%,这是很严峻的问题。为什么价格高呢,可能跟我们农业的发展阶段,跟我们农业的种植规模,跟我们农业生产力的水平有关系,这个不是一步就能跨过去的。农业要参与国际循环,成本是个很重要的问题,非常严峻 。但是我们也有优势,比如经济作物,如蔬菜、花卉、水产品、畜产品,这些劳动密集型的我们还是有优势,我想北京还是有优势的。

第三个问题可以稍微谈一谈。那就是你的品质、你的加工水平问题,另外发达国家还给你设置重重壁垒,这样我们要真正进入国际市场也不容乐观。当然我们现在没有检测出疯牛病来,这是我们的一大优势,所以吃中国的牛肉还是放心的。但是也不能老靠这个呀!我们还有很多的科技问题需要解决,增收和进入WTO面临的挑战,这两个问题是非常突出的问题。中央提出来了,要对农业和农村经济结构进行调整,要促进农民增收,要迎接进入WTO的挑战。抓住这样的机遇,促进我们农业的发展,我觉得这是一个非常重要的问题。明确了这些任务和问题,明确了新阶段的特点,那我们农业科技工作自然就面临着一些新的要求。新的要求是什么呢?国务院领导同志,李岚清副总理和温家宝副总理的讲话中都有很多很好的论述。我把这个念一念可能就清楚了:"农业新阶段的中心任务是对农业和农村结构进行战略性调整,基本目标是增加农民收入。农业科技是农业的第一生产力,是农业和农村经济发展中最为重要的因素之一,必须为推进农业和农村经济结构调整,战略性调整,以及增加农民收入做出应有的贡献。一是适应农业和农村经济结构战略性调整的要求。依靠科技进步实现农业资源优化配置,使各种农业资源都能得到合理高效的利用和保护;二是适应提高农产品质量和效益的要求。依靠科技进步,实现农产品品种品质优化和产业升级,使农民收入有较快增长;三是应提高农业劳动生产适应提高农业劳动生产力的要求。依靠科技进步大力发展二、三产业,开辟农村经济的新领域,增加农民的就业机会;四是适应农民科技文化素质的提高、农民科技文化素质的需要。大力推广农业科学技术。"这个还包括普及科学知识,刚才林副市长也讲了。"加快现代科技向农业的全面渗透,使农业发展真正转移到依靠科技进步和提高劳动者素质的轨道上来。总之,只有大力发展农业科技,不断提高我国农业的整体水平,才能在新阶段农业发展中争取主动,提高我国农业的国际竞争力。为此,我们必须认真落实科教兴国的战略方针,把农业科技工作放在更加突出的位置,使农业科技跃居国际先进行列,实现我国农业由传统农业向现代农业的根本转变。"当然这不是整个精神,我想强调这些要点以后,可能对全国农业科技大会的精神,它的主要要求,是不是会进一步加深一些理解。

科技部贯彻农业科技大会精神，贯彻中央的要求，我们在思路和部署上有些什么想法，在这也概要的说一说，因为是农业科技大会。刚才林副市长的报告很好，坚持一个根本，实现四个调整，推进五个结合，实施八个工程，你这一具体，科技部的这个要求都变成纲要性的东西了，都变成原则性的东西了，实际上这些要求都体现了中央的要求。我想讲一点，就是这次会议重点讨论了"农业科技发展纲要"，这个纲要是根据中央和国务院领导同志的要求，由科技部、农业部牵头，一共是28个部委联合做的，大概做了将近有2年的时间了，五中全会以后又根据五中全会的要求进行了讨论和修改，并且向国家科技领导小组作了汇报。这次全国农业科技大会重点就是讨论纲要，而且根据代表的意见又进行了修改，现在纲要的修改和审定到了最后阶段，很快纲要就会发布。所以科技部的总的思路和想法就是要按照十五届五中全会的精神，要认真落实全国农业科技大会的要求，要深入贯彻和落实这个纲要，这个纲要应该是新时期、新阶段我们农业科技发展的一个带有很重要指导意义的文件。林副市长的报告中很好地体现了中央的要求，体现了纲要的要求，我想强调三点：一个就是对农业科技工作的方向和重点进行调整的问题，是一个很重要的问题，是我们面临着一个需要调整的问题。那么怎么进行调整？就是要从以数量增长为主，向更加注重质量和整体效益的提高方面为主，在提高农业综合生产能力的基础上，推进农业结构调整，实现农业增长方式由粗放经营向集约经营的转变方面下功夫。刚才林副市长说了，我们过去对数量的问题是非常重视的，可以看我们"九五"攻关立题，最近我们正在验收，立题的时候我们立了一个叫做"五大作物大面积高产的攻关和示范"。我们当时立了这么一个题目，提的是高产。为什么在1995、1996年立这个题目，因为1993年、1994年我们国家粮食生产发生了大的徘徊，1994年的时候我们粮食减产133亿千克，而粮食的需求增加了113亿千克，需求增长得很旺盛，粮价1991年到1994年平均增长36%，这是很大的。所以在那个时候中央开了十四届五中全会，就提出了农业要持续发展，要保护农业的生产能力，要保证主要农产品的有效供给，所以在这个时候我们突出抓了量的问题，包括畜产品。这些题目取得了很大的进展，有很大的突破，是成果、成效双丰收。有一大批科技成果，同时在增产、增收或者经济社会效益方面都取得很大成果，确实为保证粮食的有效供应，为数量的增长起了很大作用。但是到了新的阶段，那么"十五"我们立题的时候立了什么呢？是主要农作物的优质高产这样的攻关和示范问题，这就体现了转变。不是不重视数量，数量的问题没有解决完，对中国来说，不能说解决完，谁也不敢说，将来16亿人口吃饭的问题不靠我们靠谁，世界粮食市场哪有这么大的供给量，所以还得靠自己。

另外就是从为农业生产服务为主，要转为为生产、生活和生态服务为主，加快乡镇企业的科技进步，促进小城镇建设，改善生态环境，拓宽农村劳动力转换的途径，增加农民收入。农民要增收，深加工的潜力巨大。说一个例子，我们觉得很有意思。这次"十五"攻关立项的时候，我们请了各方面的专家，然后征求省市，也包括北京市的意见和各个部门的意见，还有专家建议，对"十五"的一些重大题目选出重中之重的项目，叫重大专项。我们感到在选择重大专项的时候，一个是农业项目的比重比较大。第二是所有项目中排在第一的都是农产品的深加工。这说明我们现在的专家都是战略性的专家，都知道国家经济发展要强调什么问题，是农业增收的问题。我觉得这是非常好的，科技在整个环节中都可以发挥作用；第三要从以资源开发技术为主转向资源开发技术与市场开拓相结合。提高资源的有效利用率，提高农业市场的开拓能力，这是一个很重要的方面；第四要从面向国内市场提供技术服务转向面向国内、国际两个市场提供技术保障。特别要面对加入世界贸易组织后的国际竞争，有针对性地开展重点研究，提高我国农业的国际竞争力。我觉得总体上要强调这四个转向，当然部署上还要提出一些具体的要求。

关于改革问题。北京市在深化改革，建立推进创新体系建设、特别是在推进农业科技体制改革方面取得了很大的成效。我想农业科技体制改革确实有些问题需要解决。一个就是科研和生产脱节的问题，虽然有了一定程度的解决，但并不是根本性的解决，所以农业科研还要跟生产紧密地结合；第二个问题就是怎么发挥市场机制的作用，要通过改革来解决。比如龙头企业、农户，我们不是讲从粗放到集约吗？从粗放到集约实际上是一个劳动的集约和资本的集约的过程，劳动集约还是初步阶段，到了资本集约才是高级阶段。讲到资本集约我们举个例子，像“宁广夏”，这个宁夏的企业投资治沙产业最后带动了整个产业的发展。他就是通过资本，他是搞金融的，是深圳回来的一个企业家，拿钱投向了农业，投向沙漠治理。现在是经济、社会效益双收，在大会上作了典型交流。所以龙头企业作用很重要。第三就是要推进农业科研机构的改革。我们现在已经改了，北京市我看还是走的步子比较快的，力度比较大。当然在全国来说，从整体来说，农业科研机构的改革现在还在试点阶段，国家也是这么部署的。因为应用开发类的改革，特别是工业领域的改革，我们推进了242个所的改革很成功。农业和公益类科研机构的改革在试点阶段，但是要抓住时机，加大力度，不是说不考虑农业的特点，不是说不积极而求稳妥，但是这个时机很重要，力度很重要。总体还是一个分类改革的思想。按照文件的要求，我现在把我记的讲一下。一个就是有面向市场能力的还要自己转变成企业，或者进入企业；还有一类就是要转化成中介服务机构。科技咨询、信息、中介机构，属于基础，属于公益类的机构，国家地方政府还是要给予支持。

现在改革中也有些活思想，这次我们到山东去调研，就碰到一些活思想，概括起来就是一提改革就是“三减”，改革就是减机构、减经费、减人员。改革是在机制上创新，在增加活力上能够看得到。吉林农科院和广东农科院做了很好的工作，北京可能也有这样的例子，率先改革北京可能有很多例子。

我们怎么来理解改革，看改革焕发出来的活力，看改革对积极性的调动，看改革对农业基础地位的稳定，看改革对于体制和机制的创新，我觉得这些中央文件都有很好的阐述，不是单纯的“三减”，不是不要，实际上是一种加强，所以大家要很好地理解这种改革。当然，要触动一部分人的利益了，不适合做科研的，或者不适合做基础研究的，可以做推广、搞开发。有人说了，我为国家干到50多岁了，到现在你不要我了。不是这样，为什么242个所改革成功呢？就是因为有相应的配套政策，社会保障也好，科研机构改革变成企业，牌子还留下，国家该拨的还拨给你，还要支持你申请国家重大的项目。这242个所改革以后，我们统计了一下，它们承担国家重大科技项目是增加了，而不是减少了，为什么呢？因为机制活了，人的积极性调动了，然后人员也流动了，优势集成，各方面合作，拿到的项目就多了。所以对改革、特别是对公益类的深化改革要正面理解。

有的科技人员，或者是一些院所长，一提我是农业院所，我是公益类，我就要保。我觉得这个还要分析一下。确实在农业科研院所中有不少是具备面向市场能力的，比如说农科院最早的蔬菜花卉研究所，走的路子也是很大的。搞农机的，搞化肥的，搞农药的，搞其他经济作物的，还有搞种子的，都有面向市场能力的，怎么去改革，这个我觉得还要研究；还有就是我是做研究的，我不能去搞推广。还有重复投入也是一个问题。我们曾到过一个省，省里主管科技的领导对我们说，正安排攻关解决某个问题，与我们同去的专家说这个题目已经解决了，有成熟的技术，而且是可以转让的。那你投了200万，这不就是重复投入吗？当然你要接受成果要花成果转让费，这个是必要的；还有就是人力的投入，一些人他们所做的工作，在局部看可能是基础，但是全局看可能这些工作是重复性的劳动。我想这不是说北京市，这是对科技部提出的要求，就是怎么能够把这些成果的信息在全国范围内大范围的交流，这些信息系统能够更完善，能够有更有利的制度和机制，这是一个很重要的问题。什么样的是基础公益的研究？我觉得还是需要很好地去研究。我想这种改革，最终还是要依靠我们农业科技战线广大科技工作者的努力，依靠我们各级领导的努力。当然，国家有政策上的引导，有政策上的支持，谁改革就支持谁，就是最有优势的就支持。包括这个税费改革，可能岳副市长知道，国家就是这样，各个省我也不督着你改，我现在拿出200亿来，反正你先改资金先到位，先改就是早得利。所以对改革我们要抓住时机，加大力度，要有紧迫感。我想北京市在改革的问题上也应该进一步加大力度，按照刚才林副市长报告的精神来推进。所以体制创新和科技创新是不可分的两部分。

关于投入的问题，这个要特别讲一讲。农业问题很重要的问题是个投入的问题，农业科技问题很重要的问题也是投入的问题。当然非常核心的问题是人才问题，这个问题林副市长讲了，我就不讲了。投入的问题，科技部“十五”计划安排，从今年开始，有了大幅度的增加，具体数就不说了。原来的科技攻关加大了力度，“863”计划，原来有生物领域，没有农业，现在是生物技术和现代农业这样一个领域，加了一个现代农业主题。那么基础研究，农业占的比重较大，同时我们还要更加重视农业的推广，加强一线的科技力量，我们还要大力推进“星火计划”的实施。对于农业科技成果的转化，这次我们通过跟财政部协调，最后国务院领导同志拍板，在中小企业创新基金中，国家有4个亿是给农业科技成果转化的基金。这是希望对那些科技型的，或者是龙头企业的项目给予示范和支持。所以这个基金的设立也是一个很重要的突破。同时我们今年还要推进农业科技园区的建设，北京市搞园区还是搞得很好的，让它在促进农业科技的进步和创新、推动农业改革、形成新的机制、促进农业成果的转化方面发挥更好的示范作用。北京，我想应该有一个国家级的农业科技园区，这个大都市，你们好好地选择一下，大家也争争先，在政策上我们还要加大支持，否则光讲地位高，没钱办不了事。我想还是要进一步加大对科技的投入，加大对农业科技的投入，刚才有很多很好的措施，还可以进一步加大力度。

最后，对北京市的农业科技还得讲几点意见，谈谈感想。我因为在西安工作过，西安我不管农业，但是西安当时是搞城郊型农业，搞科技兴农，也有一套想法。但作为北京来讲，城郊型还是不够的，因为北京是国际性的大都市，这次奥林匹克检查团来，对这一点都是毋庸置疑的。所以北京在发展都市农业上怎么做，还可以研究。

北京人总是要关注北京报纸，我现在管农业半年多了，我也关注北京农业，北京提得比较多的就是精品农业、观光农业、籽种农业、绿色农业，我觉得都很好。都市农业是有定位的，北京这么大的都市，就是把你所有的田都种成麦子，种成主要农作物也是自给不了的，成本很高，也不应该提这个目标。为什么不能让黑龙江那么大面积的主产区供应北京呢？但是北京又离不开农业，刚才林副市长在讲话中讲了北京农业人口占1/3。一个城市农业的地位是非常重要的，所以重视农业，对北京市这个大都市还是非常重要的，但是观念要转换一下。过去我认为这个农业就是给城市服务的，我这个农民就是给工人服务的，是给城市居民服务的，我这个农村就是给你们种瓜果、种蔬菜的，可能还不是这样。现在是城里人往外跑，城外的人到城里打工，这也有围城现象。实际上国际性的都市是一种城乡结合的，是融为一体的，是相互依托，谁也离不开谁。所以在这样的一个都市中定位，那么农业就会走出他的新天地。比如你们的精品,你们的观光,观光旅游度假,现在你看看,城里的人一到了休假的时候,不是到北京的近郊,也不是到北京有一片平原的地区,而是跑到了北京的边缘,甚至出了边儿,到了河北了。

对北京来说,北京的农业怎么发展,农村怎么建设,农民怎么致富,我觉得在都市上是可以作大文章的。这一点就是对北京农业的地位要有新的认识。确实我觉得农业的工业化,农民的转变,这是一个非常重要的要求,也就给我们农业科技工作者提出了非常重要的任务。我想它应该是高新技术型的,应该是增收型的,就是我北京的农民应该是富的,不富没有道理。还有应该是外向型的,应该创汇。荷兰1400万人,4万平方千米,出口创汇是392亿美元,我们国家农产品出口创汇是130亿美元。荷兰这么一个小国,它是世界第二大农产品进出口国。我们国家在农业的外向型上,进入WTO纵然有巨大的挑战,但是潜力太大了,所以我觉得机遇还是大于挑战。转回来说北京,我刚才问了问林副市长,是1200万人,1.68万平方千米,我们比荷兰人少一点,土地面积要比他小不少,但是北京在外向型农业上还是大有作为的,特别是进入WTO,虽然粮食主要作物受到冲击,但是经济作物,我们的精品,我们的畜产品,我们的花卉,我们的蔬菜,我们的瓜果,北京大兴的西瓜,平谷的桃,房山的猕猴桃,实际上是非常有特色的。不应该只有外地的进北京,应该有北京的走向全国、走向世界。当然这里头的问题多了,不单是政治环节,整个保鲜、储运、销售都有很大的问题,所以我觉得这是一个很重要的问题,值得研究。总之,我的一个想法就是市委、市政府确定的,刚才岳副市长在主持的时候、林副市长在报告的时候都提的一个观点,我都很同意,就是北京要率先基本实现现代化。我觉得北京确实应该在率先实现农业现代化上在全国做出示范;要在发展大都市农业上在全国做出示范;在应用高新技术、发展高新技术型农业上在全国做出示范。科技部将一如既往给北京市的农业科技工作以支持,我们还要注意学习北京的经验,总结起来向全国去推广。

在贯彻国务院18号文件新闻发布会上的讲话

北京市副市长　林文漪

(2001年2月28日)

同志们、朋友们:

大家好!欢迎大家参加这次新闻发布会。2000年6月,国务院发布了《鼓励软件产业和集成电路产业发展的若干政策》,在软件和集成电路投融资、税收、产业技术、出口、收入分配等方面制定了一系列鼓励政策,对加快我国软件和集成电路产业的发展具有重要的战略意义。北京市政府十分重视贯彻国务院18号文件,在深入调查、反复听取和征求企业与专家意见的基础上,制定了北京市《关于贯彻国务院鼓励软件产业和集成电路产业发展若干政策的实施意见》。《实施意见》全面贯彻了国务院文件的精神,并且结合北京市的实际,在某些方面又有新的措施。关于集成电路产业的情况和《实施意见》的具体内容,等一会儿刘海燕副市长还要讲话,市科委、市经委的负责同志将加以说明,这里我主要就北京市发展软件产业的情况谈一些自己的看法。

今天的新闻发布会主要是要向社会发布这样一个信息，就是在今后一个时期，北京将把发展软件产业和集成电路产业放在首都经济发展重中之重的位置上。这是根据国内外形势发展趋势所做出的战略选择。经有关专家研究认为，在本世纪初叶，数字化将成为信息技术发展的新动力，集成电路将进入集成系统发展的新阶段，而软件作为信息产业的核心产品将大规模地向经济社会发展的各个领域渗透，使人们的生产、学习和生活方式发生深刻的变化。在这种形势下，发展软件产业和集成电路产业就成为我们必然的选择。

从目前情况看，北京软件产业发展的形势是很好的，表现出了很强的增长势头，使我们今天具备了在高起点、高层次上讲一步推进软件产业发展的条件。应该看到，无论是从北京城市的性质和功能看，还是从北京所具有的科技优势和比较优势看，北京都十分适合发展软件产业。因此，要紧紧抓住这一契机，全力推进软件产业的发展，最终要使软件产业成为北京高新技术产业中的主导产业，成为首都经济的龙头和支柱产业，建成全国最大的集研发、孵化、培训、生产、贸易、服务为一体的综合性软件产业基地。

软件产业是智力高度密集的、典型的知识型产业。它的发展有其特殊的需求和规律，例如要有适宜的研发环境，有大批高素质、多层次的软件人才，有较高强度的资金投入等等。这次发布的《实施意见》涉及了多方面的内容，包括软件园和软件孵化基地的建设、软件企业和软件产品的认定、行业协会的建立和完善、软件知识产权保护、软件人才培养等。所有这些政策规定都是在充分考虑了软件产业特殊的发展规律和需求的基础上制定的，因此有较强的针对性和可操作性。同时，这次发布的《实施意见》也反映了政府部门的一种新的工作模式，就是树立服务意识，转变职能，提高管理水平，与企业建立良性互动关系，政府主管部门不再直接参与企业行为，而把主要精力放在搭建基础平台和改善政策环境上，让从事软件研究开发的机构、院校、企业和公司在这个平台上从事多姿多彩的创新创业活动，通过这种方式把社会资源集成起来，就一定能够推进北京市软件产业的快速发展。我们衷心希望新闻界的朋友们和新闻媒体加强宣传，围绕“搞软件，在北京；买软件，到北京”这一主题，系统地宣传北京市软件产业发展的政策、措施、规划，宣传北京优秀软件企业和产品，树立北京软件品牌，使国内外都知道北京的软件优势，形成北京软件产业的良好发展氛围和竞争力优势。

这次发布的《实施意见》涉及了软件产业的国际化问题，因为我们即将加入世贸组织，国际化的问题非常重要。加入世贸组织后，我们会更加切实地感受到国际市场的激烈竞争，同时我们也有了走向国际市场的机遇。所以，我们一方面要保持清醒的头脑，增强紧迫感、危机感和忧患意识，另一方面，又要进一步解放思想，拓宽眼界，从“引进来”和“走出去”两个角度考虑软件产业国际化的问题。要建立“三个层次”的国际合作渠道，即政府层次、机构层次和企业层次。这些规定，实际上贯穿了扩大对外开放，实施“走出去”战略，敢于和善于利用国际资本和生产要素来发展我们软件产业的思想。采用这种联合式或捆绑式的发展模式，就可以比较快地提升北京软件产业的发展水平和层次。

可以说，《实施意见》的颁布，进一步完善了北京市鼓励高新技术产业发展的政策体系，在政策和实施力度上的突破，将有利于北京软件产业和集成电路产业的发展。当前的工作，一是抓好北京市《实施意见》的宣传工作，让国内外了解北京的这一政策，让更多的企业来北京投资建厂；二是制定相应的细则和管理办法，使《实施意见》真正能得到落实。希望大家在宣传报道《实施意见》过程中，把听到外界反映的各种问题和要求反馈给我们，我们可以组织对《实施意见》的进一步修改和完善。

我坚信，在社会各界的支持下，通过坚持不懈的努力和持之以恒的工作，北京市软件产业和集成电路产业的发展一定能够取得新的、更大的成就。

北京 2001 年软件产业工作会议工作报告

北京市科委副主任　俞慈声

(2001 年 3 月 2 日)

同志们：

2001 年是“十五”计划的开局之年，是北京软件产业发展的关键时期，今天在此召开北京 2001 年软件产业工作会议具有重要意义。本次会议的主题是：贯彻国家和市政府关于加快发展软件产业的政策精神，总结 2000 年的工作，沟通业内发展情况，明确当前的形势和任务，部署 2001 年的重点工作，推动北京软件产业在 2001 年有新的飞跃。

（一）2000 年北京软件产业发展回顾

2000 年，北京软件产业承继“九五”前四年的良好发展态势，在国家出台《鼓励软件产业和集成电路产业发展的若干政策》的影响下，开始驶入快车道。预计“九五”期间，北京软件及相关服务业的年增长率约为 25% 以上。到 2000 年底，经市科委认定的软件企业 389 家，比 1999 年底增加了 251 家，相当于一天半新成立一家软件企业；经认定的软件产品 1178 个，比 1999 年增加了 724 个；认定企业实现销售收入约 160 亿元。

2000 年北京软件产业主要在以下 5 个方面取得了较大的进展：

1. 市政府明确了软件产业是北京高新技术产业发展的重中之重

信息技术与信息产业的发展水平，已成为衡量一个地区现代化水平和综合实力的重要标志。软件产业是信息产业的核心，是实现科技创新，加速高新技术产业发展和增强综合实力的基础性产业。

市政府非常重视北京软件产业的发展，最近一段时期，刘淇市长三次召集会议，研究北京软件产业的发展思路和规划问题。目前全市上下已经就大力发展软件产业形成共识：将软件产业定位为北京高新技术产业的重中之重，作为北京面向新世纪的战略产业，要用十年左右的时间，将软件产业逐步发展为首都经济的支柱产业。

2. 进一步梳理和完善了促进软件产业发展的政策体系

2000 年 6 月 24 日，国务院发布了《鼓励软件产业和集成电路产业发展的若干政策》，标志着我国软件产业进入了新的发展阶段。以此为契机，市政府通过广泛征求意见，深入调查研究，进一步梳理和完善了北京软件产业的发展政策，并于 2001 年 2 月，正式颁布了北京市《关于贯彻国务院鼓励软件产业和集成电路产业发展若干政策的实施意见》。《实施意见》中有关软件产业发展的意见有 24 条。主导思想是：“通过在政策、资金上予以特别支持，推动本市软件产业的跨越式发展。”《实施意见》侧重于原则的制定和国家政策的贯彻。市政府各相关部门还将分别制定有关税收优惠、双软认证、国际合作及出口、创新创业资金、双高人才奖励、政府采购、知识产权保护等各项内容的细则。

2001年1月1日,《中关村科技园区条例》正式实施,园区内的软件企业在企业注册、风险投资、股份期权、人才引进、商业秘密保护及竞业限制等方面还可得到更为优惠的政策。其中的一些政策有重大的突破。总体上看,北京在对软件产业发展的政策创新上,目前优于国内其他的地区。

3. 北京软件产业基地建设取得重大进展

结合软件产业自身的发展规律和北京当前的实际情况,北京市确定了以软件园和孵化器为主要载体推动软件产业快速发展的战略。2000年在园区和孵化器建设方面我们突破了多年停滞不前的局面,取得了很大的进展。2000年8月和12月,昌平中软软件园和中关村软件园分别开工建设。昌平中软软件园位于中关村科技园区昌平园内,由中软总公司、中电集团为主建设,占地约24公顷。中关村软件园位于上地信息产业基地西侧,占地142公顷,建筑面积46万平方米,将建成为我国水平最高、规模最大的软件园。

在孵化器建设方面,2000年我们启动了北京863软件产业孵化器和集成电路设计专业孵化器两个重点项目。863软件孵化器是全国首家863专业孵化器,由国家科技部、市科委和863智能机专家组(306主题)倡议发起,中软总公司、北大青鸟集团、大用软件公司等知名软件企业和风险投资公司共同投资4250万元,一期建筑面积3400平方米,现已入驻企业20余家,创造了政府投资引导、软件企业参与、风险投资为主的投资模式,和集技术支持、风险投资、孵化服务于一体的经营模式。

北京硅普集成电路设计孵化器是我市第一家集成电路设计专业孵化器,它的组建发挥了北京自测所和航天九院微电子研究所的设计和测试优势,通过政府资金引导支持、军民科技资源互补、投资机构参与共建的格局,采用一个公司、两个基地的商业模式运行,每年将通过空间孵化和虚拟孵化相结合的方式向20—30家微电子企业提供企业创办、产品开发、技术支持及服务等方面的创业孵育服务。

4. 新兴起一批软件骨干企业,整体实力进一步增强

北京软件产业基地原拥有骨干企业16家,分别为:联想集团、清华同方、清华紫光、四通集团、北大方正集团、中软总公司、科利华公司、希望电脑公司、南天集团系统集成与软件开发中心、用友公司、中科软公司、北大青鸟、长城计算机集团、大恒公司、太极计算机公司等。2000年这些企业取得了不同程度的发展。清华同方成立了独立的软件公司,用友大举进入ASP领域,联想在2000年四季度启动了CMM评估,于2001年1月20日正式通过二级。

除原有骨干企业外,2000年一大批新兴企业迅猛发展,如金山软件、大用软件、汉王科技集团、和利时系统公司、天融信、东方通科技、中科红旗、易宝北信、人大金仓、哈德威四方公司等,这些企业构成了我市软件骨干企业队伍中新的生力军。

根据统计,2000年底我市软件产业销售收入超过1000万元的企业有53家,拥有从业人员1.4万人,对于促进全国软件产业的大发展起到了重要的作用。

在积极支持骨干企业发展的同时,市政府加强了对中小创新企业的支持,2000年市科委对软件产业基地的创新型企业投入近3000万元的科技经费支持,扶植了人大金仓数据库产业化中心、北京软件复用中心、东方龙马社保系统、安博公司等一批软件创新型中小企业。通过国家计委高技术产业发展计划、国家科技部火炬中心"科技兴贸计划"和中小企业创新基金,也支持了包括同方软件、金洪恩、金山等企业在内的一批创新项目,提高了我市软件产业的整体

竞争力。

5. 完善了促进软件产业发展三个层面的组织体系

2000年9月,市政府成立了由林文漪副市长负责的软件产业协调会议。该会议由市主要部门的领导参加,定期对产业发展的全局性问题进行研究、协调,并监督检查各部门所分工负责的工作。

2000年10月市政府批准正式组建了北京软件产业促进中心。中心是市政府为推动软件产业发展创立的一个创新服务平台和重要支撑机构,既为政府服务,又为软件企业服务,发挥着产业促进、项目策划、辅助决策、政策协调等重要作用。中心成立短短几个月,就对北京软件产业的发展思路、政策和措施提出了大量建议,得到市领导的肯定和支持。中心广泛联系软件企业和各种中介机构,并受政府委托,组织策划了北京863软件孵化器、密云软件开发基地、中关村软件园孵化器、北京软件产业公共技术支撑体系、组织CMM推进计划等重大工程,参与了产业规划、重大研发项目的前期调研等,在北京软件业界内产生了广泛的影响。

2000年在国家有关部门和市政府的支持下,北京软件行业协会、北京通信信息协会等相关协会的建设取得了很大的发展。软件协会拥有会员336家,是目前国内最大的软件行业协会。2000年协会受理初评软件产品认证405个,软件企业认证123家,组织了全国首次CMM与中国软件产业国际化论坛,取得了显著的工作成绩,对北京软件产业的发展发挥了积极作用。北京通信信息协会拥有企业会员80余家,院士和高层次的专家会员40余名,协会积极参与了《北京软件产业发展规划》中网络支撑软件部分的编写工作,并就软件的网络化、国际化提出了许多有价值的建议。

北京发展软件产业,就是要将各方面的资源汇成合力,创造出"搞软件,在北京"的发展氛围,让成千上万的软件企业在北京这片沃土上成长壮大。

当前,北京软件产业发展存在的主要问题是:

1. 空间不足。北京尚未建成以综合技术支撑和市场专业化服务为主要内容的规模化软件园区,小企业孵化场所不足,既无法适应目前产业快速发展的需要,也难以体现政府支持的力度。

2. 资金短缺。最大障碍在于资本市场不健全,软件企业和风险投资机构之间缺乏沟通和理解,融资方信用体系没有建立,这对于创业期的中小企业尤其困难。

3. 人才结构不合理。北京目前拥有软件人才约6万,但是仍然难以满足软件企业的要求。在人才结构上,高级开发人才、通金融懂管理人才、软件工程化人才和软件技术工人均严重不足,已经成为制约产业发展的重要因素。

4. 产业发展成本较高。北京地区特有的区位特点,导致软件产业发展的成本较高,尤其是物业成本和人力成本偏高,提高了创业门槛,限制了大批软件企业快速扩张的步伐。

5. 产业化程度低,国际竞争力较弱。跨国公司的技术垄断和市场中介环节的薄弱,使我市在重大信息化工程和主导产品产业链中难觅民族软件的位置,传统软件企业市场空间十分狭窄。软件产业的国际化程度较低,市场通道少,在国际软件产业的研发生产分工中,参与的主要是分包和数据加工,处于产业低层甚至是底层,国际竞争力弱。

(二) 2001年北京软件产业的重点工作

2001年工作目标是:进一步加强对北京地区软件产业发展的总体规划,优化软件产业发展环境,完善软件产业服务体系;产业化基地建设初具规模,国际化取得新突破,增强软件企业在国际市场的竞争能力，提升北京软件在全球软件产业价值链中的地位。

2001年北京软件产业工作重点是：

1. 以中关村国家级软件园为核心，构造多层次软件园，推动软件园建设取得阶段性进展

软件园的建设对于进入产业快速扩张期的北京软件产业具有重要意义，是实现“十五”北京软件产业跨越式发展的关键工程。目前已经初步完成了中关村软件园、北工大软件园和昌平中软软件园等的建设方案，将以此为核心，形成北京的多层次软件园群体。

中关村软件园是软件园群体的核心，定位为综合性、高层次的软件园，主要面向国际、国内知名大公司，代表我国软件产业的最高水平。北工大软件园定位为中型专业软件园，重点发展出口型和行业应用类软件。昌平中软软件园定位为大型软件企业园，是一个企业投资和管理的，集软件研发、培训、生产于一体的综合性软件产业化基地。

2001年要在2000年启动软件园项目的基础上，全面推进中关村、北工大、昌平中软等3个软件园的建设，年内使软件园建设有明显的阶段性进展，在国内外形成影响，初步解决发展空间不足的问题。

2001年中关村软件园要争取批准成为国家级软件园。起步区将完成建筑面积3万平方米的园区孵化器。北京工业大学和亦庄科技园共同建设的北工大软件园要落实选址，完成软件园公司的组建，力争年内开工。昌平中软软件园将按照计划于8月完成中软的软件研发综合楼工程，并投入使用。

2. 推进863软件孵化基地建设，形成良好的创业孵化环境

在现代软件产业体系中，新兴小型企业在推动新技术成果的发明和应用方面扮演着重要的角色。软件孵化器为软件企业提供物业管理、技术支持、资本融通、商务服务、政策扶植等，是北京软件产业形成长远竞争优势的关键。

目前我们正在编制863软件孵化器二期建设规划，拟以目前的863软件孵化器为核心，按照“国内最大、国际一流”的原则建成北京863软件孵化基地，形成863成果研发孵化区、国际企业孵化区、国内企业孵化区等三个功能性区域，形成国内最佳的孵化环境。2001年要完成基地的选址，力争能够开工建设。

在孵化基地建设方面，公共技术支撑体系将是重点工作之一。该体系包括基于宽带网的“三库四平台五中心”。“三库”（软件构件库、开放源码库、软件保险库）提供了资源管理服务；“四平台”（公共软件开发平台、软件测试与评测平台、软件服务支撑平台、市场管理支撑平台）是技术支撑体系的主体；“五中心”（软件产业服务中心、软件企业评估与认证中心、知识产权登记认证中心、软件产品质量评测中心、软件工程监理咨询中心）提供多方面的专业化服务。我们计划利用北京科教网的宽带网资源，将该体系建成国内一流的、开放的、软件专业平台。2001年将完成方案的论证，启动体系建设，争取部分投入运行。

3. 组建软件工程师学院，初步形成软件人才教育培训体系

软件人才教育培训体系的构建，对于北京软件产业可持续发展意义重大。该体系包括高级人才培训、中层开发骨干培训、低层软件技术工人培训等三个层次，要按照管理企业化、资金社会化、办学专家化、教材国际化、后勤社会化的原则，优化现有教育资源，建立不同层次的人才培训和教育基地。

目前已经初步确定了软件教育培训体系的主要组成机构，重点包括：北大青鸟投资组建的北京软件工程学院、北工大组建的北工大软件工程师学院、拟与国外合建的“中国国际软件技

术学院”等。2001年的工作计划是，北京软件工程学院和北工大软件工程师学院完成组建，能够对外招生，重点开展软件工程、软硬件协同设计、信息安全、电子商务、数据分析、IC设计、系统设计等专业的工程硕士和跨专业双学士的教育，并有针对性地开展认证培训和国际化培训。“中国国际软件技术学院”将尽快完成方案制订，争取得到国家支持。

此外，2001年将选择1—2所学校开始软件技术工人培训试点，以培养大批软件企业急需的低成本程序员，形成技术工人队伍。主要依托现有区、县及市属大专、中专教育资源，注重培训与软件企业的市场需求结合，在软件产业密集的区县，如密云、昌平、丰台等地进行招生，开展培训。

4．加强服务和政策落实工作，营造优先发展软件产业的氛围

市领导提出，北京发展软件主要靠良好环境和优良服务吸引软件人才和软件企业，形成“搞软件，在北京，买软件，到北京”的发展氛围。为此，我们要加强行业服务和政策落实工作，重点是对中小型企业创新创业提供优质服务，系统宣传北京市的政策、措施、规划，宣传北京优秀软件企业和软件产品，进一步研究梳理我市软件产业的政策，跟踪国内外政策动态，提出有针对性的政策措施来。

今年我们将根据北京市贯彻国务院18号文件的实施意见，抓好政策落实，陆续出台与之配套的各项实施细则和办法。在改善服务方面，我们将建设北京软件产业基地的窗口网站——“北京软件”，开通政府热线电子邮箱，继续利用已取得良好成效的“IT青年企业家论坛（沙龙）”、《北京软件快讯》等渠道，加强政府与企业的双向交流。

另外，2001年政府有关部门——计委、体改办、证管办、科委、中关村管委会等将加大对软件企业上市工作的协调力度，通过加强服务，创造条件支持几家有规模的软件企业年内上市，并摸清希望上市软件企业情况，进行有针对性的前期辅导，为企业早日进入主承销商的上市辅导程序创造条件。

5．国际化迈出实质性步伐，拓宽软件出口渠道

软件国际化是软件产业发展的必然指向，提升企业资质和拓宽出口渠道是国际化的关键。2001年将重点实施骨干企业CMM认证计划，建立三个层次的软件国际合作渠道。

骨干企业CMM认证计划将按照“政府引导、市场选择”的原则，达到壮大一批企业，建立自身专家队伍，发展自主工具软件的三重目的。该项工作由北京软件产业中心组织实施，具体方案是：成立专家咨询委员会，对CMM评估中介机构实行举荐制度，向北京软件企业推荐一批从事CMM评估咨询的中介机构，企业根据实际情况，择优合作。对认证重点企业实施分阶段补贴制度，2001年内计划完成CMM二级认证4—5家，启动2家三级认证。对企业通过CMM认证的费用，科技经费予以一定的补贴，并积极争取国家外贸基金补贴我市CMM认证企业。鼓励和支持中介机构及软件企业开发和推广CMM认证中能够实用化的自主工具软件，支持评估机构派员参加美国SEI的评估师课程培训。

在拓宽软件产业国际合作方面，将积极建立三个层次的国际合作渠道：政府间层次——即建立跨国的区域间政府合作，通过召开有一定影响的国际知名软件公司参与的大型会议，有针对性地加强对北京软件投资环境的推介。计划与美国、爱尔兰、韩国、印度等国政府的相关部门建立合作关系，增强各国政府间的互动。

机构间层次——即以北京软件产业促进中心、北京软件行业协会等机构与我国台湾省的资策会、美国犹他州中国贸易与事务总代表处、韩国软件振兴院IT北京代表处（软件孵化器）

等机构的良好合作基础，促进操作层次务实性的合作，如：组织软件企业家和高级技术人才赴软件先进国家进行中短期培训、合作开发和考察；拓展我市软件产业同我国台湾省及日本、韩国、美国、印度、爱尔兰等国合作领域。

企业间层次——即软件企业通过海外设点、代理等方式，共同开辟海外市场渠道。鼓励企业与海外公司或跨国公司总部建立出口产品代理和分包关系，共建数据加工基地、研究中心等各种合作伙伴关系。在促进企业合作方面，市政府高度重视我市软件企业与国际知名大公司的合作。市政府决定，对于同世界级 IT 企业合资建立大型软件研发生产公司的，市政府可以给予同发展大规模集成电路产业相同的特殊政策。

6. 实施体现产业导向的政府采购政策，支持形成软件产业链

根据国家软件产业发展的总体战略部署，建立在国民经济和社会发展信息化基础上的应用软件产业化将是软件产业大发展的突破口。市政府要求各部门以"首都信息化"建设和经济结构调整为契机，树立"应用为本"的指导思想，通过调研，形成从硬件制造和系统应用为龙头，牵引应用软件、平台软件和系统软件的发展，形成北京地区软件产业链。今年将重点围绕首都"市民卡"工程和校园网建设，带动一批相关软件企业的发展。我们希望软件企业的产品开发，积极地同我市的信息化建设和经济结构调整相结合，发展有市场需求、前瞻性强的技术和软件产品。

随着北京的电子政务工程实施和数字北京建设等工程的全面推进，政府将加强对软件产品实行政府采购政策，我们计划今年将提出推荐政府采购的软件产品目录。今后在电子政务、社保系统、一卡通、三网合一等重大工程中都要积极推广实行政府采购，作为我们支持软件产业链建设的重要手段之一。

在产业链的构造中，形成我市软件产业的关键技术群是重要保障。我们要围绕实用化的软件工程技术、互联网核心技术、国民经济和社会发展信息化所需关键技术等，构建共性软件、基础软件和大型应用软件等关键技术群，以提高北京软件产业可持续发展能力。为此，今年我们计划建立 3—5 个共性技术开放式研发中心。

7. 建设和规范软件市场，成为全国最好的软件交易中心

正版软件的有形市场建设对于保持中关村地区全国软件交易中心的地位十分重要，市政府决定结合中关村地区的改造，规划建设有规模的软件产品交易市场，使之成为有名气、有影响的软件产品集散地。结合现有几个电子产品交易中心的规范化，形成繁荣有序的市场体系，创造"买软件，到北京"的环境。

在打击盗版软件方面，政府将进一步加大打击力度，开展对于游商小贩的专项整治，遏制公开贩卖盗版软件的现象。政府要求各部门和预算拨款事业单位不得使用盗版软件，并将进行严格检查，要通过各项宣传活动，使北京使用正版软件蔚然成风。

8. 开展全市软件产业情况的全面调查

为了摸清北京软件产业发展的情况，2001 年市政府将组织有关单位开展对软件行业的统计调查；同时，也将组织队伍，加强对企业的调研，了解掌握我市软件企业的技术动态、产品动态和企业动态，更好地为软件产业服务。希望在座的企业家积极支持我们开展这些基础性工作，也希望积极向开通的政府热线电子邮箱投稿，提出希望建议或者批评投诉。

（三）北京软件产业"十五"发展规划基本思路

大家知道，北京市国民经济和社会发展"十五"计划已经市人大批准，软件产业发展的专项

规划正在编制，下面我从五个方面简要介绍一下规划的基本思路：

1. 北京软件产业发展的总体目标

创国际一流环境，集成国内外软件产业的战略资源，建成全国最大的集研发、孵化、培训、生产、贸易、服务为一体的综合性软件产业基地；逐步提高对国际战略资源的配置能力，使软件产业成为首都经济的支柱产业，整体竞争实力居全国首位，并带动中国软件产业的腾飞。

创国际一流环境：创造具有国际一流水平的政策环境、智力环境、市场环境和开发生产环境。

居全国首位规模：到2005年，保持开发水平、规范化水平和经济规模居全国第一，拳头产品数量和知名度居全国第一，大中型骨干企业的数量居全国第一。

初步完成基地建设：建成全国最大的集研发、生产、贸易、服务为一体的综合性软件产业基地，实现“首都二四八重大创新工程”提出的建设目标。

2. 软件产业的空间布局

我们提出，要形成中关村科技园为核心，四大功能性区域为主干的产业格局。

在中关村北部，以软件园区为载体形成骨干企业研发生产集聚区；以中关村科技园核心地段为主，以国内外大公司的专业软件研发机构和孵化器为主要载体，构建位于成府路西段、学院路中段、中关村南路和北工大——亦庄开发区四条创新孵化带；在中关村西区及周边地段建设软件产品商贸中心；利用远郊区县地理、成本等有利条件，发展软件产业延伸辐射区。

3. 两大产业支撑体系

要建设软件产业服务支撑体系和共性技术支撑体系，两大体系构成北京软件产业软环境的主体。

软件专业服务支撑体系主要包括：软件出口服务体系，软件人才培训体系、软件企业工程管理咨询认证体系、软件产品测试认证体系、软件应用推广体系和软件产业公用平台。

软件共性技术支撑体系主要针对实用化的软件工程技术、互联网核心技术、国民经济和社会发展信息化所需关键技术建立，该体系计划包括10个左右关键技术重点研发中心和10个左右的产业化示范中心。

4. 产业发展重点

“十五”期间，要把握国际软件产业新趋势，提高重点领域的发展水平。形成以应用软件产业化为重点，系统软件有突破，支撑软件和工具软件成规模，IC设计上水平、出口创汇大增长的局面。

5. 措施保障

“十五”期间，我们提出的发展措施是，以产业基地建设为龙头，积极探索在政府宏观引导机制、产业资本运作机制、社会中介服务机制、人才培养激励机制等方面的机制创新，完善区域性政策法规、加快相关的基础设施建设，保证规划目标的实现。

我们希望软件企业家和关心北京软件产业发展的各位朋友们，积极为北京软件发展规划的编制献计献策，使北京软件产业有一个鼓舞人心、切实可行的发展蓝图。

同志们，在新的一年里，北京的软件产业任重而道远，我们要深刻认识肩负的历史重任，增强做好工作的急迫感和使命感，在国家各有关部门的指导下，在市委市政府的领导下，坚定信心，扎实工作，埋头苦干，开拓进取，努力完成今年的各项任务，为实施“十五”计划开好头、起好步，为实现“十五”期间北京软件产业的跨越式发展奠定坚实的基础。

依靠科技进步，促进北京市清洁汽车的可持续发展

范伯元主任在2001年4月17日第三届北京国际EV、AFV大会上的讲话

女士们、先生们：

改革开放以来，特别是最近10年间，随着北京市各项事业的快速发展，城市机动车保有量持续大幅度增长，由20世纪90年代初的40多万辆增加到目前的约160万辆。机动车总量的增加在促进首都社会经济发展的同时，也带来了严重的尾气和噪声污染，成为北京大气环境污染的主要来源之一。下大力治理北京的交通环境，直接关系到北京的可持续发展，具有十分重要的意义。

党和国家领导人非常关心北京市的环境污染治理，先后作过多项重要批示，北京市委、市政府也高度重视环境保护工作，先后分三阶段采取多项措施实施环境治理工程，并已取得了明显的阶段性成果。其中，在科技部等中央部委的指导和支持下，北京市发挥科技的先导作用，积极推动清洁汽车的开发和推广应用，目前已初见成效。

在1999年中央有关部委联合启动实施的“空气净化工程——清洁汽车行动”中，北京市被确定为国家首批清洁汽车示范城市，市科委积极组织和协调，以科技研发和软科学研发为重点，致力于燃气汽车的技术攻关和示范应用，并为市政府的决策提供参考和依据，经过近两年时间的努力，北京市燃气汽车及其配套设施建设发展迅速。截止到2000年10月底，北京市已改造在用公交车4773辆，出租车10000辆，新购置燃气汽车7300辆，同时配套建设加气站65座。按照北京市燃气汽车发展规划的要求，预计到2002年燃气汽车的保有量将达到11.8万辆，约占全市机动车保有量的8%左右，建设加气站267座。燃气汽车的推广使用将为使全市空气质量达到国家二级标准做出积极的贡献，从而产生巨大的社会和环境效益。此外，在过去的两年中，北京市科委在科技部的支持下组织有关单位承担了中荷LPG示范加气站与改装示范车队建设的国际合作项目及其他一些清洁汽车行动国家重点科技攻关项目。北京市科委也先后安排了多项科技研究开发项目。这些项目的实施，较好地发挥了科技的带动和示范作用，也为北京市燃气汽车的顺利发展提供了有利的科技支撑和保障。

在大力推广应用燃气汽车的同时，着眼于能源结构调整与实现清洁汽车的持续发展，北京市科委近年来先后组织开展了电动大客车开发项目、燃料电池与燃料电池中巴车研制等重大科技开发项目，这些项目目前进展顺利，预计今年年中可以完成样车试制任务。混合动力大巴车的开发研制也已列入今年的科技计划，将在近期启动。这些项目的组织实施将遵循科技创新与管理、体制创新相结合、技术开发与应用示范相结合的原则，在积累先进技术汽车开发经验的同时，努力探索新型的项目成果转化和产业化的运行机制，为培育北京汽车工业新的增长点做出贡献。

清洁汽车项目是一项十分复杂的系统工程项目。北京市清洁汽车科技发展的总体思路是

以技术创新为龙头，自主开发与国际合作相结合，在高技术起点上通过运行示范带动推广应用，逐步建立发展清洁汽车的政策支撑体系和市场化的运作模式。同时通过体制创新加快科技成果产业化的发展步伐。

进入21世纪的北京正向国际化大都市的建设目标迈进，实现首都的可持续发展是北京的既定战略和选择。申办奥运等重大国际性活动的举办也使北京更加为全世界所瞩目。进一步加强环境保护工作的意义重大，任重而道远。科技进步的地位和作用也更加重大。北京市科委将以更大的支持和投入，推动清洁汽车的开发、应用与产业化的发展。同时也真诚地希望和欢迎国内外的朋友们与我们共同致力于北京拥有更加蔚蓝的天空。

在北京市大学科技园授牌仪式上的讲话

北京市副市长　林文漪

（2001年4月20日）

各位领导、各位嘉宾、同志们：

今天，北京市大学科技园授牌仪式在这里隆重举行。在已有两家国家大学科技园的基础上，北京市又认定了六家北京市大学科技园，我代表北京市政府对大学科技园表示热烈的祝贺，对一直关心和支持大学科技园建设事业的科技部、教育部领导表示衷心的感谢。

大学科技园依托高等院校的智力资源、信息资源和研究开发条件，利用良好的软、硬环境，促进高校的研究成果商品化，成为促进高校研究成果转化和创业企业孵化的一种有效方式，是高新技术产业和高等院校、研究机构创新改革的结合点。

我认为，大学科技园的作用主要体现在以下几个方面：

1．建设大学科技园有利于培育创新型企业。科技型中小企业是大学科技园区中最具有活力和最具有成长性的一部分。大学科技园可以发挥接近创新源头的优势，创造有利条件，扶持科技创新与创业；通过孵化培育，吸引包括在职教师、研究生和归国留学人员在内的各类创业者创办科技企业，为他们提供企业管理、投融资和企业发展必需的各种创业服务，提高创业成功率，孵化出一批新的高技术企业。

2．建设大学科技园有利于大学自身的发展。大学作为技术创新与技术人才的源泉，有其独特的优势。大学建立科技园，可以结合社会上的有利资源，为高新技术企业输送各类创业人才、科技企业家及其他复合型管理人才，充分发挥大学的国际影响力，品牌优势，使大学的各种资源在应用中增值，使这个技术和人才的源头活力常驻。

3．建设大学科技园有利于科技成果的转化。大学科技园可以通过支持和促进校内有开发价值的高科技项目转化，以及利用大学的雄厚技术实力协助园区高新技术企业完成技术成果的转化，建立产、学、研紧密结合的有效机制，为北京市经济发展创造新的增长点，使之成为大学面向地方经济的窗口，成为高新技术企业成长、发展的孵化基地。

大学科技园的建设，要抓好两个方面的工作。一方面是，大学科技园的硬件建设和软件环境建设。大学科技园作为高等院所和高科技企业的结合点、纽带，就必须做好成果转化的过渡期任务，在某种程度上扮演着中试基地的角色，需要足够的空间；大学科技园的基础服务也要跟上。例如通信网络、各种成果转化平台等等，要为入园企业提供良好的后勤保障。另一方面，大学科技园要加强自身能力建设。大学科技园要有创新的运行机制，采取开放式经营，吸引社会力量参与大学科技园的发展；加强对人才特别是青年人才的培养，造就一支专业知识强、懂经营、善管理、熟悉经济的人才队伍；大学科技园还要注重构建中介服务体系，努力提供良好的环境。我们要把大学科技园建设成高新技术产业的技术研发中心、企业孵化中心、人才培训中心、信息集散中心。

大学科技园是首都创业孵化体系的重要组成部分，今年初市政府颁布了“关于加快科技企业孵化器发展的若干规定”，制定了相应的优惠政策。大学科技园同样享受这些政策。

同志们，建设大学科技园是首都发展高新技术产业的一大举措，对于发展首都经济和促进高校科技成果的转化具有重要意义。希望广大从事大学科技园建设的工作人员，在良好的政策环境下，兢兢业业、再接再厉，努力创造更加优异的成绩，使今天授牌的六家大学科技园早日进入国家大学科技园的行列。

在国际科学园协会(ISAP)北京办事处成立新闻发布会上的讲话

北京市副市长　林文漪

(2001年4月20日)

各位来宾、女士们、先生们：

下午好！

首先，请允许我代表北京市人民政府，对“国际科学园协会(ISAP)北京办事处”的成立表示热烈的祝贺！对在北京办事处成立过程中，国际科学园协会总部、国家科技部、北京市科委等各方面人士所做的工作和努力表示诚挚的感谢！

以“知识经济”和“技术创新”为特征的21世纪，发展高新技术及其产业已经成为提高综合国力的支柱力量，成为国际经济竞争的制高点和合作的立足点。创建高新技术科学园区和企业孵化器，是推动高新技术商品化、产业化、国际化的重要途径，也是各国适应竞争的一种战略手段。

各位来宾，我们都记得小平同志的一句话，那就是“科技是第一生产力”！而这句话，在科学园区得到了最集中的反映。中国的科学园在吸引科技人才进入经济建设领域，实现科技与经济结合，促进科技成果商品化、产业化和国际化，推动传统产业改造，带动地区经济发展等方面取得了显著成绩，对国民经济发展产生了积极和重要的影响。国家主席江泽民在1996年11月亚太经合组织第四次领导人非正式会议上指出，本世纪在科技产业化方面最重要的创举是兴办科技工业园区。这种产业发展与科技活动的结合，解决了科技与经济脱离的难题，使人类的发现或发明能够畅通地转移到产业领域，实现其经济和社会效益。

众所周知，在中国，北京的科学园区——中关村科技园区——建设的非常成功！北京市人民政府确立了发展以高新技术产业为核心的“首都经济”的战略目标，这是北京经济跨世纪发展的正确的战略选择。1999年6月，国务院正式批复了北京市人民政府和科学技术部《关于实施科教兴国战略加快建设中关村科技园区的请示》，这是继20世纪80年代设立深圳等经济特区、90年代开发开放浦东之后，国家跨世纪发展的又一重大战略举措。中关村科技园区将充分发挥其人才、科技和知识优势，力争用十年左右时间，把中关村科技园区建设成为环境优美、设施完善、交通便捷、信息通畅的世界一流科技园区。

各位来宾，国际科学园协会的使命是建立科学技术园区的全球网络，促进会员的发展，使其实现国际化和高效益。目前，ISAP已有来自53个国家和地区的200多个成员单位，且会员数量还在不断增加和扩大。中国北京、西安和深圳等10个科学园区和孵化器是该组织的正式会员。

国际科学园协会北京办事处的成立，将有利于中国各地的科学园和孵化器利用国际科学园协会已建立的网络，加强中国科学园区的国际交流与合作，支持中国技术创新与科技创业活动的开展，推动中国高科技产业园区的健康发展。

我衷心地祝愿，以中关村科技园区为代表的中国科学园区健康地、快速地、持续地发展！我衷心地祝愿，国际科学园协会在中国的事业得到蓬勃发展！我也预祝，国际科学园协会北京办事处的工作顺利！

在2001北京科技周开幕式上的致辞

北京市副市长　林文漪

(2001年5月16日)

(根据录音整理　未经本人审阅)

尊敬的各位来宾、女士们、先生们：

在新世纪的开元之年，北京市人民政府主办的第七届北京科技周今天在具有特殊意义的中华世纪坛隆重开幕了。在此我代表北京市人民政府向参加科技周活动的外国客人表示热烈的欢迎，向出席开幕式的科技部、中国科协、中国科学院、中国工程院等中央领导及科学家、科技工作者、来宾以及积极参与和支持本届科技周的企业界代表表示真诚的感谢。

本届北京科技周，既是北京高新技术产业国际周的延续，也与刚刚拉开序幕的国家首届“科技活动周”相互呼应、互为补充。为贯彻落实2001年5月4日江泽民总书记在科技部关于在全国开展群众性的“科技活动周”的情况报告上的重要批示精神，以及按照李岚清副总理关于“把‘科技活动周’办成普及科学知识、弘扬科学精神的阵地”的要求，本届科技周重在突出创新、互动、以人为本、紧贴时代和科技发展方向，并采取“顶层设计、分层实施、锻造精品、集中展示”的方法，以充分体现“政府推进、专家指导、社会兴办、公众参与”的指导思想。与此同时，在总结吸收历届科技周活动的基础上，首次设置了中华世纪坛主会场，举办“科技与奥运”大型科技互动展览(目前已售出门票5万张),引入了法国等4个国家(法、美、英、日)的科普型文化产业机构的展览进入主会场,使展览引人入胜,开拓了科普工作的新思路,启迪大众,感悟科技就在我身边。

2001年的北京科技周,以“科学·文明·申奥”为主题,旨在配合北京申奥,宣传科技奥运、绿色奥运、人文奥运的理念,在全社会形成和发扬爱科学、讲科学、学科学、用科学的浓厚风气,使实施科教兴国战略真正成为全体市民的自觉行动。科学是战胜愚昧迷信的有力武器。崇尚科学、破除迷信,是社会主义精神文明建设的重要内容。在全社会加大科学普及的力度,弘扬科学精神,是一项紧迫而艰巨的任务。文明是人民群众的精神文化需求,也是人民群众身心健康的保障。申办2008年奥运会,是中国人民、北京市人民的共同期盼。北京代表中国申办奥运会,能够更全面地反映我国政治、经济、科技、文化各方面的发展水平,更充分地向世界展示我国的成就,树立科学、文明、开放、发展的现代化国际大都市形象。崇尚科学,文明生活,是奥运精神的体现,也是广大人民群众参与申办奥运的实际行动。

2001年科技周期间,全市还将安排中山公园科普游会等十几项大型重点活动,18个区县及部分委办局、市属学(协)会组织的一系列基层活动。通过报告、讲座、知识竞赛、展览、影视放映、科普画廊、科技咨询及新闻媒体和网络宣传等丰富多彩的活动形式,向全体市民普及科学知识、弘扬科学精神,提倡科学、文明、健康的生活方式,同时,掀起群众性支持北京申奥的热潮。

我相信,随着一系列活动的深入开展,首都人民必将会以崭新的精神风貌和更高的科学文化素质,在新的世纪创造新的辉煌。

最后,我衷心祝愿2001北京科技周取得圆满成功!

在市政协常务委员会第二十六次会议上的讲话

北京市副市长　林文漪

(2001年5月30日)

主席、各位副主席、秘书长、各位委员:

今天,市政协召开常委会审议《北京科技中介服务体系调查报告》。我很高兴能够出席这次会议,并和委员们一起共同探讨北京市科技中介服务体系建设与发展的问题。北京市政府一直十分关注中介服务体系建设的问题,社会各界也十分关注这个问题,这个问题能否妥善地解决,不仅关系到首都区域创新体系能否最终建立和完善,也关系到首都经济能否持续快速发展,首都区域创新能力和科技竞争力能否有效提高,因此这是一个关系全局和长远的重大课题。

刚才,市政协的同志介绍了调查报告的主要内容、结论和一些相关的情况,委员们作了很好的发言。可以说,这份调查报告和同志们的发言给我留下了十分深刻的印象,给我们以诸多的警示和启迪。正是由于市政协的各位委员,以敏锐的眼光,选择了关键性的问题,在大量、扎实调查的基础上，作了深刻的分析和阐述，才使我们在这个问题的认识和实践上能够大大地前进一步。市政协为北京市做了一件很好的事情，同时市政协参政议政的职能又一次得到了很好的体现。这份成功的软科学研究成果，将会对市政府今后的工作产生十分重要的指导作用。我谨代表市政府对委员们付出的辛勤劳动和取得的可喜成果表示衷心地感谢和祝贺。

下面，我想从两个方面讲几点意见。一是想讲讲对调查报告的一些看法和体会，二是想讲一讲今后如何进一步搞好中介服务体系建设的问题。

（一）关于《调查报告》的一些看法和体会

我对《调查报告》接触得不是很早，了解的情况也不是很多，但仅从我掌握的信息来看，这份调查报告至少具备这样几个特点。

1. 对发展现状作了完整、客观的描述

我的第一个印象是，《调查报告》对北京科技中介服务体系的发展现状作了完整、客观的描述。随着改革开放的不断深化，科技中介服务业有了很大的发展，形成了一定的总量规模。但是，北京的科技中介机构到底有多少，他们分布在哪些领域，他们的运营状况如何，他们对首都经济社会发展到底有什么作用？在此之前，没有一项研究报告能够给人以满意的回答。而这次市政协组织的调查研究，在这一点上取得了突破，《调查报告》不但给了我们大量的总量指标，而且给了相当多的结构指标和动态发展指标，使我们对北京科技中介服务体系的状况有了一个总体的、概要的了解。我们常说“千里之行，始于足下”，我们的一切工作都要从现实出发，但是如果我们对现实没有一个完整、客观的了解，我们的决策就很可能带有一定的盲目性和草率性。这次市政协的调研为我们提供了一个清晰的现实的平台，因此，可以说这次的调研是带有基础性和开拓性的。

2. 描述了发展的轨迹

调查报告以市场为导向，以改革开放为大背景，描述了科技中介服务体系发展的历程。我们知道，科技中介服务体系发展到今天这种规模，绝不是一朝一夕的功夫，它是集成服务资源，经过社会各界的努力才发展起来的。那么他们是如何走过这条从无到有，从小到大，从无序到有序的创业之路的呢，调查报告有十分生动的描述。调查报告把这段历程分为初创阶段、突破阶段、加速发展阶段、体系形成阶段，而且按照技术中介与技术市场、人才中介与人才市场、咨询中介与咨询市场、研发条件中介与科技条件市场以及融资中介与创业资本市场等5个领域进行了重点阐述，整个阐述是合理的、适宜的、清晰的。从这里我们可以看出，中介服务体系是市场经济的产物，它是在市场环境中成长和壮大起来的，它是连接社会创新主体的纽带和桥梁。中介服务体系除了要为创新创业活动提供全方位服务外，还要从市场中吸引能量和养分，以滋润和强化自己，因此一定要建立起取之于市场，服务于社会的良性循环机制，按照市场化的方式去运作中介服务体系，只有这样中介服务机构才可能持续发展。这一结论的得出对今后服务体系的建设有重要的指导意义。

3. 对现代服务业进行了阐释

调查报告通篇都在强调，所研究的中介服务体系或中介服务业是一种现代服务业，而不是传统服务业，而现代服务业又是服务业发展的方向。调查报告通过大量的实例，对现代服务业和传统服务业的区别进行了阐释，使我们加深了对现代服务业理论和内涵的理解。就我个人的理解，我认为，现代服务业和传统服务业有三点区别。第一，现代服务业是高科技智力含量的服务业，这就拓宽了中介服务业的涵盖领域。传统的服务业包括传统餐饮业、修理业等，他们的科技含量并不高。而现代服务业的领域则更为宽广，包括了咨询业、金融业、信息服务业、技术中介、产权交易、国际合作与交流等等，这都是科技含量非常高的产业，因此为了发展现代服务业，就一定要有好的完备的城市基础设施和高素质的人才队伍；第二，现代服务业是使用现代手段进行服务的行业，这些现代手段包括计算机、网络以及各种现代化的信息技术手段。调查报告在这方面进行了大量的阐述。例如在讲到技术交易的时候，就提到1998年建立了中国技术交易网，目前已有注册会员1万多户，动态汇聚技术项目1万多项，汇集了4000多名各行业的专家学者，网站日点击次数达8万人次，正形成一个在线技术市场的雏形。可以说中国技术交易网既是现代服务业的标识，也是代表了现代服务业发展的方向；第三，现代服务业是服务资本、产业资本、金融资本融合的产业。对传统服务业而言，这几种资本是相互分离的，而对于现代服务业而言，这几种资本一定是融合的，只有实现了这种融合，服务业才能做好做大，才能做到国际上去。总之，调查报告对现代服务业的阐释，对我们提高认识，开拓思路，有很大的启示。

4. 对组织网络和行业协会的阐述是到位的

科技中介服务体系特殊的行业性质、目标和职能，决定了它的管理模式也具有特殊性，既不是行政隶属关系式的管理，也不是简单的企业式的管理。它应该是一种由不同层次的行业协会组成的，市场化、网络化的管理模式。在这方面，调查报告对行业协会的阐述是到位的。报告阐述了，行业协会这个“中介的中介”的两方面的职能，一方面，行业协会可以吸引、团结、组织众多中介机构，参与到中介服务体系和中介服务活动中去；另一方面，行业协会可以成为中介机构与政府沟通、联系的桥梁。

政府机构改革以来，政府一直十分强调转变政府职能，就是要树立服务意识，提高管理层次，与企业建立良性互动关系，政府主管部门不再参与企业行为，而把主要的精力放在搭建基础平台和改善政策环境上。在看完调查报告对行业协会的论述后，我们更加深了对这方面的理解，就是政府与中介服务机构也要建立良性互动关系，就是政府不要干预行业协会和中介服务机构的具体行为，而同样把主要精力放在搭建平台和改善政策环境上，让各类创新主体和中介服务机构在这个平台上从事多姿多彩的创新创业活动。

由于时间关系，我就不再一一阐述调查报告的特点和创新点了。总之，这是一篇成功的软件科学研究成果。需要强调的是，调查报告对问题和建议的论述也是中肯的、有针对性的。

（二）关于如何进一步抓好首都经济创新服务体系建设的问题

市政协这次组织的关于科技中介服务体系的调查，取得了丰硕的成果，提供了有较高水平的调查报告，这项调查也就告一段落。但是关于服务体系建设的任务还远远没有完成，今后的路还很长，还需要我们做出踏踏实实的努力。那么，如何把这一份好的研究成果应用到实践中，如何在市政协调查研究的基础上，进一步抓好服务体系的建设呢，我认为主要要抓好以下几项工作。

1. 要抓好首都经济创新服务体系建设

1999年12月，北京市召开了党的八届四次全会，发布了《中共北京市委关于加强技术创新，发展高科技，实现产业化的意见》，《意见》指出：“从首都经济社会发展急需和关键问题出发，确定一批技术先进、有较大市场潜力的科技攻关与产业化示范项目，重点是实施‘首都二四八重大创新工程’”。

实施“二四八工程”，是北京市委、市政府面对世纪之初新经济的挑战，借鉴国内外发展高科技的成功经验，并结合北京的城市特点和比较优势而做出的重要战略决策。实施“二四八工程”是北京发展高科技、实现产业化的一个着力点，是创建首都区域创新体系的重大举措，是推进首都经济发展的根本性手段。“二四八工程”的实施，将形成对北京高新技术产业和中关村科技园区的全面技术支撑，并对北京产业结构调整和持续创新能力的提高产生重要而深远的影响。

“二四八工程”包括建立首都创业孵化体系和首都经济创新服务体系两大体系，建设北京软件产业基地、北京北方微电子基地、北京生物医药基地和北京新材料基地四个基地，实施数字北京工程、高清晰度数字电视产业化工程、大直径半导体硅晶片及大规模集成电路产业化工程等八大示范工程。

“二四八工程”自身是一个有机的整体，其中建立两个体系有利于逐步形成市场化、社会化的创新机制和环境；建设四个基地旨在建立基础设施良好、资源人才密集的创新平台；实施八大工程则为创新成果的产业化提供了示范模式和有效途径。

从这里可以看出，科技中介服务体系，是首都经济创新服务体系的主体和核心部分，科技中介服务体系的发展，为首都经济创新服务体系的建设与完善奠定了坚实的基础。

2. 首都经济创新服务体系的整体构架

那么首都经济创新服务体系到底是一个什么样的体系呢，通过对政协研究成果的吸纳和对以往工作的一些总结，我们逐渐在头脑中形成了首都经济创新服务体系的整体框架。

首都经济创新服务体系是由行业协会、专业服务中心、科技中介机构等组成，其目的是通过提供各种专业化服务，建设信息与交流平台，促进不同创新组织之间的联系与互动，形成法制化、市场化、网络化、产业化的创新服务网络。

创新服务体系由人力资源服务、融资服务、技术服务、信息服务、咨询服务、其他中介服务和交流服务等七个系统组成，各系统之间相互联系、相互支撑，构成不可分割的有机整体。可以看出，这个分类与政协调查报告中的分类基本上是一致的。

在人力资源服务方面：将要建立专业齐全、手段先进、水平一流、与国际接轨的创新人才培训基地；建立统一开放的各类人才市场，提高人才市场社会化的服务水平，完善高级人才流动推荐体系；办好留学归国人员创业园，完善留学归国人员综合服务体系。

在融资服务方面：通过政府的资金引导，激励与提高企业和社会力量进入风险投资业，形成多元化的投资主体；拓宽融资渠道，扩大融资规模，建立适应市场发展的融资担保机制。

在技术服务方面：将完善技术交易手段，加快建立技术中介经营体系，推动创新成果进入技术交易市场。把中关村技术交易中心建成项目丰富、中介活跃、交易手段先进的技术产权与创业资本互通互惠的平台；建立为中小企业提供全方位实验服务、网络化的科技条件市场。

在信息服务方面：要提高信息服务业中网上信息服务比例，建成覆盖面广、容量大、信息快、针对性强的专业化创新服务信息网络，实现网上服务。

在咨询服务方面：增强咨询服务业的竞争力，树立良好的品牌形象，与国际规范接轨，促进咨询服务向产业化方向发展。

在中介服务方面：加强知识产权服务机构的市场化建设以及规范化管理，建成全国最大的知识产权服务体系，以适应加入 WTO 后社会对知识产权服务的需求；规范与扩大现有会计、律师、评估、保险等科技中介机构，提高综合服务水平。

在交流服务方面：举办各种类型的创新服务交流活动，支持创新交流和组建俱乐部，资助研究开发以及成果转化的国际学术交流活动。提供充分的交流渠道与平台,形成国内最大的、运行效率最高的、支持创新交流活动的服务系统。

3. 各项保证措施

创新服务体系采取以市场运营为主、政府引导为辅的运行机制。它的主要功能是对各种分散、封闭与低效利用的创新服务资源进行集成整合,以使集聚效益和集聚能量最大限度地释放;它的基本功能是提供人力资源、融资、技术、信息、咨询、中介等各种专业化服务,加强各系统之间的联系与配合,形成较强的合力;它的相关功能是提供创新主体之间交流、互动的机会和场所,培育创新文化,优化创新环境,拓展服务空间。为了保证这些功能的实现,必须采取如下的保证措施:

(1) 推动相关行业协会深化改革

正如前面所说,创新服务体系的管理,既不是行政隶属式的管理,也不是简单企业式的管理,而是以多层次行业协会为主体的管理模式。因此,行业协会在创新服务体系建设中起着十分重要的作用。经过几年的发展,北京目前有各类行业组织近百家。但是应该看到,这些行业协会在组织和活动方面都还存在着明显的缺陷。如一些行业协会从业人员结构不合理、对政府依附性还比较强、管理不到位、缺乏活力等,这样的行业协会还难以发挥对全行业应有的规范、协调与引导作用。因此,必须尽快对与创新服务相关的行业协会进行改革,加强对行业协会的跟踪、监测,规范行业行为,进一步增强行业协会在创新服务中的管理与协调作用,建成一批在社会上有影响的行业组织。为使协会健康有序地发展,在近期颁布的《中关村科技园区条例》的配套文件中专门出台了《中关村科技园区社会团体管理办法》和《中关村科技园区协会组织活动经费资助办法》,以规范行业行为,鼓励行业协会开展交流活动。由15家协会与首创集团共同发起成立的中关村科技园区翠宫俱乐部,作为银行界、科技界、企业界的交流沟通场所,目前已开展了多次交流活动,收到了良好的效果。

(2) 实施创新服务示范工程、开展信誉机构认定

为了解决北京地区创新服务领域整体水平不高、服务质量差等问题、创新服务与创新需求不一致等问题,目前已经开始实施创新服务示范工程。通过服务示范工程的实施,将重点扶持一批创新服务能力强、方式新、效率高、信誉好、特点突出的创新服务机构,以带动整体服务水平的提高。首批已经启动了科研条件服务、高级人才开发培训、朝阳中央商务区创新服务等六项示范工程。有些示范工程的实施已经开始显现成效,例如政协调查报告中提到的北京科技条件市场就是一个比较典型的例子。目前北京科技条件市场,已经形成了集科学仪器设备、化学试剂展示、协作共用、调剂租赁、技术服务、配送服务、网络信息为一体的科技条件平台,市场面积5000平方米,已有数十家国外著名高新技术公司和最有代表性的国内精品仪器厂加入,摆放样机上百台。市场开业至今,已举办了33场技术交流会和专题展览会,培训中小企业科技人员500多人,签订技术服务合同十余项,为企业设计了约3000万元的实验室投资方案。中关村技术交易中心自运行以来,挂牌交易项目106项,其中成交16项,交易金额3.2亿元,已基本实现了网络化服务。

此外,通过在创新服务机构中评选、认定创新服务信誉机构,树立创新服务行业的品牌形象,促进创新服务机构向规范、优质、高效服务的方向发展,也是一个有效的提高服务质量和水平的方法。目前,首批认证工作正在进行当中。政协调查报告中提到,一些科技中介服务机构已经开展了信誉机构的认定工作。例如,北京科技咨询业协会,根据市科委批准制定的《北京

科技咨询企业(机构)信誉评审暂行办法》和《实施细则》以及《北京科技咨询业协会注册咨询师认证及管理暂行办法》和《实施细则》,已分别评审认定了 67 家咨询信誉单位和 548 名注册咨询师,成为北京科技咨询业的骨干力量。他们的一些成功做法,将在创新服务体系信誉机构认定中得到应用。

(3) 加强专业服务中心建设

各类专业服务中心是首都经济创新服务体系的一支重要力量,他们的建立和发展对实现全方位、多层次、高水平创新服务关系重大。因此,政府部门不仅要鼓励扶持各类专业服务中心的建设,同时还要积极引导社会力量创办技术创新亟须的各类专业服务中心,增强其服务能力,逐步形成多层次、多渠道、多元化的专业化服务队伍。对已有的分属各领域、各部门的专业服务中心要进一步加强其自身建设,使其在各自行业发展中发挥更大作用。

4. 营造创新服务发展的良好制度环境

创新服务体系建设离不开良好的外部环境,其中政府营造的政策环境非常重要,包括用于规范市场行为的各类法律法规,以及鼓励其发展的各项优惠政策。目前,有关创新服务的各种规章制度还很不完善,许多还尚待进一步建立、健全。因此,正如政协调查报告中所说,相关的研究亟待开展,相应的政策亟待出台,法律法规亟待颁布。近期,市政府即将制定并出台《首都经济创新服务体系建设纲要》、《北京市技术市场管理条例(修订版)》。

在培育创新服务市场方面:要进一步转变政府职能,为创新服务机构拓展市场空间;要先行试点,总结经验,最终确立科技中介服务业准入政策;建立及规范政府辅助决策及服务系统,通过决策咨询、政策评估、政府采购等方式,使政府成为创新服务市场的重要客户;制定、修改创新服务相关行业市场管理条例,培育创新服务需求市场,营造规范有序的市场环境;鼓励创新服务机构进入国际市场,支持与国外服务机构合作开展业务。

在鼓励创新服务机构发展方面:对智力密集型创新服务类机构,可采用按劳取酬和按智取酬相结合的分配制度,可试行智力资本入股;创新服务信誉机构在政府实施的工程项目招标、咨询项目招标、评估(认定)项目招标中享有优先权。

在创新服务机构管理机制与运行模式方面:政府将通过行业组织对服务机构和经纪人实行管理;创新服务机构逐步过渡到股份制和合伙人制;现有依附于政府机关、企事业单位的创新服务机构,将促进它们脱离母体,成为独立法人。

总之,政协这次组织的调研活动,为我们提供了大量的信息和成果,我们将认真消化和吸纳这些成果,以改进我们的工作。如果有可能的话,我们希望政协的这份调查报告能够发到政府的各个委办局,以便对委办局的工作产生更大的促进作用。最后,我再一次感谢各位委员的辛勤劳动和积极参政议政的精神,并希望在以后的各项活动、包括调研活动中再一次与大家合作。

关于“首都二四八重大创新工程”实施和进展情况的报告

范伯元主任在2001年6月19日市十一届人大常委会第二十七次会议上的报告

主任、各位副主任、秘书长、各位委员：

我受市政府委托，向市人大常委会报告本市“首都二四八重大创新工程”(以下简称“二四八工程”)实施和进展的情况，请予审议。

“二四八工程”实施以来，我们曾几次向市人大教科委和部分人大代表汇报了“二四八工程”的进展情况，代表们提出了许多中肯的、建设性的意见。我们采纳了这些意见，使各项工作有了很大改进。下面分五个部分进行汇报：

(一)“二四八工程”的背景和内涵

1999年12月，北京市召开了党的八届四次全会，做出《中共北京市委关于加强技术创新，发展高科技，实现产业化的意见》的决议，《意见》指出：“从首都经济社会发展急需和关键问题出发，确定一批技术先进、有较大市场潜力的科技攻关与产业化示范项目，重点是实施‘首都二四八重大创新工程’”。

实施“二四八工程”，是北京市委、市政府面对世纪之初新经济的挑战，借鉴国内外发展高科技的成功经验，并结合北京的城市特点和优势而做出的重要战略决策。实施“二四八工程”是北京发展高科技、实现产业化的一个着力点，也是创建首都区域创新体系和推进首都经济发展的重大举措。它将形成对北京高新技术产业和中关村科技园区的全面技术支撑，对北京产业结构调整和持续创新能力的提高产生重要而深远的影响。

“二四八工程”包括建立首都创业孵化体系和首都经济创新服务体系两大体系，建设北京软件产业基地、北京北方微电子基地、北京生物医药基地和北京新材料基地四个基地，实施数字北京工程、高清晰度数字电视产业化工程、大直径半导体硅晶片及大规模集成电路产业化工程、能源结构调整及清洁燃烧技术产业化工程、现代生物技术产品产业化工程、绿色食品及良种工程、水资源可持续利用工程和北京保护臭氧层工程等八大示范工程。

“二四八工程”自身是一个有机的整体，其中建立两个体系有利于逐步形成市场化、社会化的创新机制和环境；建设四个基地旨在建立基础设施良好、资源人才密集的创新平台；实施八大工程则为创新成果的产业化提供了示范模式和有效途径。

(二)实施“二四八工程”的措施和相关政策

1. 发布《实施纲要》，全面部署“二四八工程”

2000年6月市政府办公厅发布了《“首都二四八重大创新工程”实施纲要》(以下简称《实施纲要》)。《实施纲要》提出了“二四八工程”的总体目标，即“加快中关村科技园区建设，构建首都区域创新体系，初步实现全市产业结构调整和优化升级，建立和完善企业技术创新机制，提高企业技术创新活动能力和水平，增强综合经济实力和市场竞争能力，提高国民经济整体水平，努力吸纳、利用创新资源”；《实施纲要》阐明了工程的内容和任务，确定了工程组织实施的方法与手段，成为指导“二四八工程”实施的重要文件。

2. 建立新型的组织管理体系

“二四八工程”是一项规模庞大的创新工程，参与单位众多，而且又分属于各不相同的行政体系，如何将这支力量进行集成、协调和配置，使其成为目标一致、行动高效的统一整体，是首先要解决的问题。

为适应市场经济发展的需要，“二四八工程”采用了新型的组织管理体系，积极组织研发机构、科技企业承担和落实“二四八工程”项目。在行业层次建立协调机制，先后建立了北京信息化工作领导小组、北京生物工程和新医药产业领导小组等；建立了北京微电子基地建设协调会议制度、北京软件产业基地建设协调会议制度等；在此基础上又充分运用了市级协调机制，通过市长办公会、市长专题会、市级协调会等，研究制定“二四八工程”的总体工作计划和政策措施，协调解决有关重大问题。一年来已经初步形成和完善了上有市级领导决策、协调，中有各领导小组和相关委办局组织推动，下有研发机构和企业承担落实的网络化、层次化的组织管理模式，为“二四八工程”的顺利实施提供了组织体系保障。

3. 加强地区科技资源的集成和转化

“二四八工程”是一项跨领域、跨学科、跨行业的综合性工程，涉及范围广，实施难度大，要高质量地保证“二四八工程”的顺利实施，必须加强地区资源的集成和运用，形成开放、高效的工作体系。为此，北京市做了大量的地区资源集成和整合工作。如通过宣传，转变观念，树立“不求所有，但求所用”新的发展观，并向中央单位全面开放工程计划和项目；组织落实北京市与清华大学、北京大学、中国科学院、国防科工委、中国农业大学等单位签署的科技合作协议；推进原中央与地方所属科研院所改革，鼓励他们与国有企业、民营企业、三资企业加强联合，引导他们在“二四八工程”中找准定位和切入点；积极参与国家863计划、国家科技攻关计划项目的后期管理，争取更多的国家级科技成果和技术能够直接用于“二四八工程”建设。

4. 积极改善政策环境

为了配合“二四八工程”的实施，北京市发布了一系列的地方性法规和相关政策。继发布《“首都二四八重大创新工程”实施纲要》后，又发布了《关于加快科技企业孵化器发展若干规定》和《首都经济创新服务体系建设纲要》，以指导两个体系的建设。在此期间，市政府发布的相关政策规定还包括《关于贯彻国务院鼓励软件产业和集成电路产业发展若干政策的实施意见》、《北京市软件开发生产企业和软件产品认证及管理办法》、《北京市政务与公共服务信息化工程建设管理办法》等，这些政策和法规的颁布为“二四八工程”的顺利实施营造了良好的政策环境。

（三）“二四八工程”进展情况

一年多来，在社会各界的密切关注和广泛参与下，逐步形成了“举全市之力，推进二四八工程”的生动局面。关于体系、基地建设和项目实施都制定了详细的规划或纲要，重点项目已全面启动，一些工程取得重要进展和一批阶段性成果，主要是：

1. 建好两个体系，完善首都区域创新体系结构框架

首都区域创新体系是由创新资源、创新机构、创新机制、创新环境等所组成的区域性创新体系，建设首都区域创新体系是集成首都资源，增强地区持续创新能力的关键举措。为了建立和完善首都区域创新体系的结构框架，针对北京市的现状，首先要重点建设首都创业孵化体系

和首都经济创新服务体系。

建设首都创业孵化体系的总体思路是:结合北京市"十五"期间产业结构调整的任务,在政府的引导和支持下,运用市场经济规律,集成资源,把孵化服务机构、创业资本市场、中介服务机构以及其他资源有机组合成完整的体系,为首都区域创新提供一个良好的发展环境。

经过近年来的大力推进,首都创业孵化体系框架已初步形成。已建孵化器包括综合性孵化器、专业性孵化器、海外留学生创业园、国企孵化器、国际企业孵化器等,2000 年 9 月又成立了北京创业孵育协会。除提供物业服务外,孵化器还可提供投融资、专业技术指导、市场开拓、国际合作等多方位、多层次的服务。目前,经认定的孵化器总数已达 25 家,孵化面积达 32 万平方米,在孵企业及项目 640 余个,提供就业机会 8300 多个。孵化体系已经成为向社会输送成功企业和项目的重要源泉。

在建设首都经济创新服务体系时,提出了"市场化、产业化、信息化、规范化"的建设原则,主要思路是:充分利用和组织社会服务资源,进行市场化运作,建立取之于市场,服务于社会的良性循环机制。据统计,本市拥有创新服务机构 2500 家,主营业务收入 122.3 亿元,行业组织 145 家,涉及信息、咨询、人才、融资和知识产权等 20 多个服务领域。对于如此丰富的创新服务资源,需要做大量的组织和协调的工作。一年来,本市先后建立了北京科技条件市场、中关村技术交易中心等机构;组织实施了科研条件服务示范工程、中关村科技园区创新服务示范工程等 6 项示范工程;组织研究制定行业标准和相关法规;推动行业协会深化改革,并积极准备开展信誉机构的认定工作。经过努力,首都经济创新服务体系的基本框架已经形成,服务机构的服务能力和水平也有所提高,为建立首都区域创新体系奠定了坚实的基础。

2. 加快基地建设,推进重点科技产业化工程

(1) 软件产业基地建设和软件产业化

软件基地建设的总体目标是"创国际一流,保国内第一,成为全国最大的综合性软件产业基地"。在地域布局上,将形成以中关村科技园区为核心的骨干企业研发生产聚集区、创新孵化带、国际化软件产品商贸中心和产业延伸辐射区等 4 个功能性区域。目前开展的工作主要包括:制定扶植政策,改善研发支撑条件,开拓发展空间,建好软件孵化器和对软件产品实行政府采购。

经过多年的努力和一年多的大力推进,北京软件产业基地已初具规模。目前,软件基地拥有软件企业 1340 多家,认定和登记的软件产品 1178 个;初步形成了以联想集团、清华同方、北大青鸟、清华鼎新、用友公司、摩托罗拉中国公司等为代表的骨干企业群,其中 3 家企业通过了 CMM 评估;推出了一批软件知名品牌,如联想幸福之家、红旗 Linux、凯思 HOPEN、用友财务和 ASP、汉王手写等;截至 2000 年底,基地软件产品销售额达 190 亿元,占全国软件产品销售总额的 1/3。

(2) 北方微电子基地和大规模生产线建设

北京北方微电子基地建设的总体目标是,通过整合北京地区微电子研发和生产制造领域的多种资源优势,建成中国北方以工艺研发、芯片设计、性能测试、设备生产及材料研制为核心的研发与生产基地。

在大型集成电路生产线建设方面,已建成首钢 NEC 公司 6 英寸 0.35 微米、月投 1.5 万片的生产线和三菱四通公司月封装 2000 万片的封装测试线;正在开工建设首钢两条 8 英寸 0.25 微米、月投片 2 万—2.5 万片的委托加工线,北京电子控股有限责任公司一条 6 英寸

0.35—0.6 微米、月投 3 万片的委托加工线。这些生产线的开工建设，将大大提高我市微电子产品的生产能力。

在大直径半导体硅晶片产业化方面，目前已由北京有色金属研究总院设计出年产 8 英寸硅单晶抛光片 6000 万平方英寸大型生产线，可满足 0.25—0.5 微米集成电路的技术要求。该项目目前已正式签字，落户顺义区林河开发区，投资 20 亿元。该生产线的开工建设，标志着我国深亚微米硅单晶抛光片的生产将达到世界先进水平。

在研发设计中心建设方面，目前已建立了“北京硅普芯片企业孵化器有限公司”、“北京清华中星集成电路设计研发中心”等机构。“北京清华中星集成电路设计研发中心”是由北京清华工业研究院、清华大学微电子所与北京中星微电子公司共建的。其中清华大学微电子所是专门从事集成电路设计开发的研究教育机构，具有大量的技术储备和丰富的人才资源，北京中星微电子有限公司则拥有多名留美博士及从硅谷携回的集成电路最新技术，此次强强联合，对于发展拥有我国自主知识产权的集成电路产业具有重要作用，同时也为此类研发机构建设树立了典范。

(3) 北京生物医药基地建设和现代医药生物技术产品产业化

北京生物医药基地主要由北大生物城、中关村生命科学园、亦庄“药谷”、京西生物医药及医疗装备创新带，即“一城、一园、一谷、一带”组成，其建设目标是形成集研发、中试、生产、检测、评价、企业孵化为一体的国际一流水平的生物医药基地。

中关村生命科技园园区建设全面启动，市政基础、主体景观、园区绿化等项工作已相继铺开，将于年内全面完工。由于建设前景看好，目前已有 8 家企业决定携项目进驻科技园。与此同时，正在积极筹划生命科技园孵化器、作物分子中心和新加坡留学生基础生命科学研究所等三个主要附属工程的建设，其工程设计即将完成。京西生物医药和医疗装备创新带和亦庄“药谷”建设也进展顺利。

生物技术产品产业化工作也取得进展。人血液代用品研制获得成果，目前中试水平达到 12 升，生产工艺指标稳定，现正摸索 75 升工艺指标，预计 2001 年底完成临床前全部实验工作。人脐带血造血干细胞库建设方面，已分离、冻存人脐带血造血干细胞 5000 份，并已实施 10 案例移植。计划收集、冻存 50000 份，建成亚洲最大的人脐带血造血干细胞库。

(4) 北京新材料基地建设和新材料产业化

北京新材料基地建设在空间布局上包括三个层次：建设以中关村为中心、由近及远辐射的海淀中关村新材料科技创新区；沿四环及中关村北延线，建设若干有特色的技术创新基地；在西、南方向的远郊区县，建设若干新材料制造基地。

2000 年 12 月“中关村科技园区西三旗新材料基地北新园”正式挂牌运作，其功能定位为新材料创新基地，将主要从事新材料研发、技术转化和企业孵化等工作。目前园区已吸引了多家企业入驻，研发活动主要涉及纳米材料、人工晶体、生态建材等新材料领域。

新材料基地的建设，有力地促进了我市新材料研发水平的提高，较具代表性的是由清华大学和北京英纳超导技术公司承担的“铋系高温超导导线的研制与产业化技术攻关”项目。该项目于 2001 年 4 月取得重大突破，研制成功了 340 米铋系高温超导导线，创中国目前高温超导长导线的最新记录，标志着中国已掌握了世界先进水平的超导线材产业化技术。

3. 打好基础，改善环境，加快现代化国际大都市建设

“二四八工程”在城市基础设施和环境方面安排的项目，为加快北京现代化国际大都市建

设提供了强有力的技术支撑。

(1) 数字北京工程与城市信息化

推进数字北京工程是为了迅速提高本市的信息化水平，与国际信息化发展的潮流相适应。数字北京工程的具体内容是，通过建设宽带多媒体信息网络、地理信息系统等基础设施平台，整合首都信息资源，建立电子政务、电子商务、社会保障等信息系统及信息化社区，逐步实现全市国民经济和社会信息化。

数字北京工作从两个方面着手，一方面，积极建设首都公用信息平台，并与中国电信公用计算机互联网等国内四大互联网以及中央部委交换网、银行专网、全国有线电视网等重要网络实现互联互通。另一方面，积极推进重大信息化应用工程实施，包括电子政务工程、电子商务工程、信息化社区工程等。目前正在推进电子政务工程，已有123个政务部门在“首都之窗”上建立了自己的网站。全市政务电视会议系统已经连接了18个区县政府和市政府各委办局共36个会场，基本形成了覆盖全市的电视电话会议网络。

高清晰度电视作为信息化的重要媒介，其发展受到世界各国的密切关注。我市高清晰度电视产业化工程目前的主要工作是完成地面广播实验和开发相关产品。到2000年底，已搭建完成北京数字高清晰度电视联调平台，并与相关企业联手，完成了多项测试。相关产品研制也取得进展，如北京广播器材厂已研制出1kW、2kW全固态HDTV发射机，北京牡丹电子集团已研制出GRT式数字高清晰度电视接收机等等。

(2) 环境保护与资源利用

保持良好的城市环境，是建设现代化国际大都市的必要条件。在这方面安排了能源结构调整和水资源可持续利用工程。

在能源结构调整方面，组织专家开展了“北京市能源结构调整不同技术方案研究”，研究成果将为新的能源政策的制定提供决策依据；重点开发了液化天然气成套运输技术，增加天然气供应量和使用量，截至2000年底，本市天然气供应能力超过10亿立方米，热力供热面积增加到5000万平方米。组织实施清洁燃气汽车示范推广工程，截至2000年底，本市已建成液化石油气加气站和压缩天然气加气站65座，改造各类清洁燃料出租车26000余辆、清洁燃料公交车5900余辆。在保护臭氧层方面，制定并开始实施ODS(消耗臭氧层物质)淘汰行动计划的框架方案。这些工程的实施使北京的环境有了很大的改善。

在水资源可持续利用方面，开展了多项专题研究，包括“官厅水库流域水质改善总体方案研究”、“城市污水回灌于地下水的示范工程研究”、“北京城区雨洪控制与利用技术研究与示范”等。这些研究为制定水资源可持续利用总体方案，提供了科学依据。

(3) 绿色食品与城市居民健康

不断提高城市居民生活的质量和品味，是建设现代化国际大都市的基本出发点，为此安排了绿色食品及良种工程。

绿色食品及良种工程实施主要从关键技术攻关、产业化开发及示范基地建设三个方面展开工作，已取得显著成效。先后支持建立了北京农业生物技术研究中心、农业信息技术研究中心等一批农业科技创新基地。选育出十字花科和茄果类蔬菜自交系119个，推广优良蔬菜新品种30万千克；选育推广小麦、玉米等优良作物新品种近10个，种植面积达1000万亩；两系杂交小麦在育种机理和制种技术上取得突破性进展，现已进入大面积“中试”阶段；转基因蔬菜、玉米、小麦及转基因功能羊研究取得突破性进展；开展绿色食品快速检测技术研究，初步建立了北京地区绿色食品安全检测体系，同时创立了一批本市优质农产品品牌。

（四）关于实施“二四八工程”的体会和思考

“二四八工程”的实践加深了我们对国家大政方针和重大发展问题的理解，在认识上有了一定程度的提高和深化。

1. 发展高新技术产业，是促进首都经济发展的必由之路

“二四八工程”以发展高科技为主线，在带有方向性和战略性的主要领域都进行了全面部署，与中关村科技园区建设相配合，有力地提高了区域持续创新能力，对首都经济发展和产业结构调整产生了重要的促进作用。2000 年，北京高新技术产业实现增加值 213.5 亿元，高新技术产业增加值占工业增加值的比重达到 28.9%，高新技术产业增加值在国内生产总值中所占比重达到 8.7%。高新技术产业对全市工业增长的贡献率达到 60% 以上。产业结构更趋合理，2000 年其比重分别达到了第三产业 58.3%，第二产业 38.1%，第一产业 3.6%。所有这些都说明，发展高新技术产业是促进首都经济发展的必然选择。

2. 政府职能转变是“二四八工程”顺利实施的重要保证

在实施“二四八工程”的过程中，政府职能发生了重要转变，转变的方向是不断强化服务意识和协作意识，提高管理层次，与企业建立良性互动关系。政府主管部门不再参与企业行为，而把主要的精力放在搭建基础平台和改善政策环境上。正是有了这样的平台和环境，才可能实现大范围的资源集成，才能使不同所有制、不同隶属关系、不同技术背景的研究机构、大专院校、企事业单位在这个平台上从事多姿多彩的创新创业活动。所以说，政府职能转变是“二四八工程”顺利实施的重要保证。

3. 凝聚地区资源，是推进科技创新的有效手段

北京地区研发机构众多，科技人才荟萃，这一科技资源的密集度之高和辐射力之大，在世界也不多见，这是北京宝贵的战略性资源。这次“二四八工程”之所以能够顺利实施，就是得益于北京地区中央与地方各部门、各单位的积极参与和社会各界的密切配合，没有这个条件“二四八工程”不可能全面推进。因此要继续构建首都区域创新体系，大力调动中央与地方单位的积极性，做好资源整合这篇大文章。要放开视野，转变观念，强化服务意识，做到“不求所有，但求所用”。要采取各种有效的方式和手段，促进中央资源、地方资源以及其他各种资源全方位、多层次、多渠道的对接和融合，构建多元结构的创新主体，使北京地区的持续创新能力有大幅度的提高，达到既为国家科技事业发展提供有力支撑和优良服务，也为首都经济、社会发展提供动力的目标。

4. “二四八工程”是“以体制创新促技术创新”的有益尝试

技术创新与体制创新是相辅相成的。“二四八工程”的特点之一是“有所为，有所不为”，集中力量，坚决把科技工作的重点放在产业化上。为了适应这一工作的要求，必须以相应的体制创新作为保证，为此，市政府各委、办、局都加大了改革的力度。我们在科技计划体制方面，实现了分段式计划向领域式计划的转变，并开始按照以二四八为主体的结构框架安排科技项目；在项目选择上努力做到主线清晰，重点鲜明，主要安排有市场前景的产业化项目；在项目管理上实行“顶层设计、分层管理、滚动实施”的管理模式，并加强与市场各个环节的衔接；在经费预算上强化了经费的集中使用和管理，例如，2000 年市科委将可动用经费的 72% 投入“二四八工程”，经费总额达 2.7 亿元，市政府相关委、办、局也投入经费共计 4 亿元以上；在项目的实施操作上，鼓励承担单位采用市场机制，进行资源集成，联合实施重大项目。

（五）下一步的工作重点

"二四八工程"已纳入本市"十五"计划，我们要按照"十五"计划的部署和安排，继续实施和推进"二四八工程"。《首都二四八重大创新工程实施纲要》中确定的工程目标和任务，要在"十五"期间的前三年基本完成。

1．继续建好两个体系

在两个体系建设方面，我们将重点建设软件、集成电路、新材料、生物医药等领域的专业孵化器，积极推动孵化器的企业化运作，逐步建立起一支高素质的孵化器管理队伍。要重点扶持一批创新服务能力强、方式新、信誉好的创新服务机构，重点开展评估评价、信息咨询、知识产权保护等各类专业中介服务，制定相关标准，规范市场行为，提高创新服务水平，并建立起"首都创新服务信息网"。

2．加速重点高新技术领域产业化

继续加强基地建设和产业化示范工程实施：①重点抓好中关村国家级软件园建设，建立以中软、联想、中科软等大型企业为主体的软件出口联盟；②积极筹建国家级北方微电子研发基地、北方微电子设备基地、国家集成电路设计产业化（北京）基地和北京集成电路设计园；③搞好微电子基地建设中"两厂三线"（即首钢两条生产线和北京电控一条生产线）及配套设施建设，筹划8英寸0.25微米滚动式生产线；④搞好基因治疗中心、干细胞中心建设，抓好人血液代用品产业化、新药及天然药物产业化等项目；⑤抓紧建设纳米材料、超导材料、光电子材料等创新平台、继续抓好北京有色金属研究总院单晶硅生产线的建设与运营；⑥加强农业科技攻关，继续实施蔬菜良种产业化工程、畜产品绿色食品科技工程、家畜良种胚胎工程等3大工程。

3．加强协调力度，提高工作水平

有关政府部门要加强沟通、联络和协同，进一步完善高层协调机制，统筹解决有关重大问题，推进"二四八工程"的整体进展。建立承担单位的工作责任制，进一步分解落实"二四八工程"的具体任务，形成信息通畅、规范有序的工作机制。

各位代表，"二四八工程"的实施得到了市人大常委会和人大代表的密切关注，人大代表通过多种渠道和方式提出的意见和建议，对我们形成"二四八工程"的整体构想起到重要的作用。今后，我们还要经常把"二四八工程"的工作思路、进展情况以及遇到的重大问题向市人大常委会汇报，恳请继续给予监督和指导，确保"二四八工程"的目标顺利实现。

以上报告，提请市人大常委会审议。

强化持续创新，发展首都经济

林文漪副市长在2001年9月14日
中国科协学术年会上的讲话

各位领导、各位代表、同志们、朋友们：

近年来，在江总书记"三个代表"思想和党的十五届五中全会精神的指引下，中国的面貌发生了巨大的变化,高新技术产业强劲发展,科技园区迅速崛起,科技成果转化速度明显加快,整个国民经济进入持续、快速、健康发展的轨道。在这种大好形势下,中国科协召开了2001年学术年会,为全国各地代表进行高水平、跨学科、跨地域的学术交流提供了良好的机会,本次会议必将对全国科学技术事业的发展产生积极的推动作用。

下面,按照大会的要求,我向各位代表介绍首都经济和高新技术产业发展的情况。

(一)首都经济——在战略层次上理清发展思路

新、旧世纪交替的时期,正是世界经济社会形势发生重要变化的时期,科学技术日新月异,已经成为推动生产力发展最有决定意义的因素。在这种情况下,北京市委、市政府根据世界发展总的趋势和中央的指示精神,对北京发展与建设的宏观思路进行了战略性的调整。

1996年市委书记贾庆林同志在北京市第八次党代会上提出了"首都经济"的新概念。1997年和1998年,进一步丰富了首都经济的内涵,确定首都经济的本质是知识经济,核心是高新技术产业。经过几年的努力,逐步形成了以高新技术产业为龙头,以科学技术为主导推动力的首都经济发展战略。应该说,首都经济发展战略是在党中央、国务院的关怀下,在北京市委、市政府的组织下,广大人民群众和科技工作者将马克思主义的基本原理和北京改革开放的伟大实践相结合,大胆探索,勇敢创新的产物。这一发展战略将在今后很长一段时期内指导北京经济社会发展的工作与实践。

(二)首都区域创新体系——集成科技资源,激发创新活力

北京是科技资源十分丰厚的城市。北京有各类独立科研机构448所,占全国科研机构总数的7.9%,其中80%是中央所属的国家级科研机构;国家重点实验室占全国的1/3;科学家与工程师占全国的11.2%;两院院士50%以上集中在北京;北京拥有高等院校67所,在校大学生19.6万人,研究生2.5万人,博士生8431人;中关村科技园区拥有科技型企业6000多家,还有大量世界著名跨国公司在北京设立的研发机构;北京每年产生科技成果1.2万余项,北京市职工平均受教育年限为10年。这种科技资源的密集度之高和辐射力之大,在世界也属仅见。

为了实现首都经济的发展目标,仅靠市属院所的力量是远远不够的,必须按照"不求所有,但求所用"的思路,集成北京地区科技资源,激发创新活力,建立首都区域创新体系。

首都区域创新体系是利用首都丰富的智力资源,以研发机构、大专院校、科技型企业和其他社会机构为基本单元,以科学的法制、先进的体制和有效的机制为内核,通过激励、培育、引进等方式而建立起来的保障知识创新,鼓励、扶持、促进和扩散知识经济发展的系统。首都区域创新体系又是一个开放的系统,它全方位地吸纳信息、吸收知识、吸引人才,与全国以至全世界的创新体系相互融合和交流。

首都区域创新体系是以邓小平同志"科学技术是第一生产力"的思想为指导,在江泽民总书记的"创新是一个民族进步的灵魂,是国家兴旺发达的不竭动力"的讲话精神鼓舞下,充分发挥首都优势和首都特点逐步建立和完善起来的。首都区域创新体系建设以加强技术创新,大力发展高技术产业为主线,目的就是要实现北京地区经济、社会与环境相协调的可持续发展,努力做好包括战略思路创新、经济发展可持续化、资产投入无形化、自然资源配置优化、生态环境美化、信息传播数字化、基础设施现代化、生产者知识化、经济体制多元化、重大决策科学化、行政管理矩阵化等十一个方面的工作。

目前建设首都区域创新体系的主要任务是加快促进中关村科技园的发展,加强首都创业孵化体系和首都经济创新服务建设，建成四大高新技术产业基地，完善政策与法律体系，建立有利于创新的社会机制。通过这些任务的完成，逐步提高首都的科技水平和持续创新能力，促进首都经济持续、快速、健康发展。

（三）高新技术产业——首都经济的核心增长点

高新技术产业是首都经济的核心。发展高新技术产业符合先进生产力发展的要求，集中体现了首都优势，对提高首都经济增长速度和促进社会全面进步具有决定性的作用。因此，近年来，北京一直把高新技术产业放在优先发展的战略地位，集中力量，大力推进。

北京高新技术产业自1988年国务院批准建立北京市新技术产业开发试验区以来，经过十几年从无到有，从小到大的艰辛创业历程，已步入健康发展的轨道。

产业总量快速增长，产业发展充满生机。2000年，北京市高新技术产业实现增加值213.5亿元，占全市工业增加值的比重由1995年的15.7%增加到2000年的28.9%，占全市国内生产总值的比重由1995年的5.7%提高到2000年的8.7%。1995年到2000年，北京高新技术产业增加值年均增长22%。全市认定高新技术企业已近万家，联想集团公司、北大方正集团公司、清华同方集团公司等一批高新技术骨干企业蓬勃发展。2000年高新技术产品出口总额18.7亿美元，占全市出口总额的40.4%。

产业结构重点突出，多种所有制形式共同发展。目前已形成电子信息、生物工程和新医药、光机电一体化、新材料、环保和资源综合利用等五大高新技术产业。电子信息产业发展最快，2000年其增加值占高新技术产业增加值的71.3%，构成高新技术产业的主体，生物工程和新医药产业占4.6%，光机电一体化产业占14.6%，新材料产业占8.2%，环保及资源综合利用产业占1.3%。在科技进步的推动下，在与传统产业渗透、融合的过程中，新的产业不断衍生，高新技术产业的范围不断扩大，并逐步形成了以国有、集体、中外合资合作、股份制、私营等多种经济形式共同发展的态势。按增加值划分，2000年中外合资合作经济占55.6%，国有经济占30.4%，股份制经济占9.2%，集体经济占4.9%。

进入今年以来，北京高新技术产业继续保持旺盛活力，产业结构进一步优化。据最新统计，上半年全市高新技术产业实现工业增加值124.7亿元，同比增长35.3%，高于GDP的增长速度。高新技术产业工业增加值占整个工业增加值的比重为31.3%，对全市工业增长的贡献率达到60%以上。高新技术产业增加值占全市GDP的比重上升到10.24%，比去年同期提高1.6个百分点。高新技术产业对全市经济增长的拉动作用愈加显著，已经成为推动全市经济结构调整，产业结构优化升级，促进经济增长方式实现根本性转变的重要力量。

（四）中关村科技园区——知识经济基地和创新源

中关村地区是北京科技、智力高度密集的地区，具有技术创新和发展高新技术产业的得天独厚的条件。长期以来，党中央、国务院十分重视中关村地区的建设和发展。1999年2月江泽民总书记在北京考察工作时强调指出："北京市具有人才、科技、知识优势，高科技产业的发展有一定的基础，要加快发展。中关村地区就有这样的条件。要注意借鉴国外创建科学城的有益经验，成功地创建有我们自己特色的科技园区，为全国高新技术产业的发展发挥示范作用。"朱镕基总理对北京市发展高新技术产业一直十分关注，并给予了大力支持。国务院领导同志也多次听取北京市政府和科技部关于加快中关村地区建设的汇报，做出了具体指示。

1999年5月北京市人民政府、国家科技部向国务院报送《关于实施科教兴国战略，加快建设中关村科技园区的请示》。6月5日国务院对《请示》作了批复。批复指出："加快建设中关村科技园区，通过科技成果和创新知识的产业化，把丰富的智力资源转化为强大的生产力，对北京市调整产业结构，加快经济和社会的发展具有重大意义；对实施科教兴国战略，增强我国创新能力具有重要作用，也是增强综合国力的重大措施。要注意借鉴国外建设科学城的有益经验，创建有中国特色的中关村科技园区，为全国高新技术产业的发展发挥示范作用。”

国务院批复发布之后，中关村科技园区开始加快基础设施建设，“一路、一城、一园、一网”的基础设施建设项目全面启动。一路，主要是指从西直门经回龙观到东直门的城市轻轨铁路的建设；一城是指中关村科学城改造工程和中关村西区的开发建设；一园指中关村软件园建设；一网是指通过建设中关村高速宽带多媒体信息网，推进中关村信息化建设。经过两年的努力，这些基础设施建设工程已经取得实质性进展。在软环境建设方面，则着力建设人力资源体系、创业孵化体系、中介体系、社会服务体系等七大体系，积极制定并颁布《中关村科技园区条例》。

2000年6月，李岚清副总理视察了中关村，并指出：“搞中关村科技园区的目的，就是要探索建立一种良好的体制、机制和环境，把科技和知识的能量充分释放出来，使科技能力转化为现实生产力。”岚清同志希望，看到中关村就看到21世纪的中国。岚清同志视察后，中关村园区的发展与建设掀起了新的高潮。

软硬环境的改善，使中关村成为北京创新创业最活跃的地区之一，一大批年轻有为的企业家大胆探索，勇于创新，继续在中关村地区推进各项改革，包括所有制、产权制度、分配制度以及管理体制的改革，使技术创新、制度创新和机制创新贯穿于中关村建设的始终。目前，园区工作者正在紧紧跟踪世界高科技的发展趋势，按照市场经济的要求，营造吸引、凝聚优秀科技人员和经营管理者的良好环境，努力把中关村建设成为基础设施完善、环境清新优美、文化氛围浓郁、社会秩序良好的现代化科技园区。

（五）“首都二四八重大创新工程”——科技创新的标识性工程

1999年12月，北京市召开了党的八届四次全会，发布了《中共北京市委关于加强技术创新，发展高科技，实现产业化的意见》，《意见》提出，要重点实施“首都二四八重大创新工程”。

实施“二四八工程”，是北京市委、市政府面对世纪之初新经济的挑战，借鉴国内外发展高科技的成功经验，并结合北京的城市特点和比较优势而做出的重要战略决策。实施“二四八工程”是北京发展高科技、实现产业化的一个着力点，是创建首都区域创新体系和推进首都经济发展的重大举措。

“二四八工程”包括建立首都创业孵化体系和首都经济创新服务体系两大体系，建设北京软件产业基地、北京北方微电子基地、北京生物医药基地和北京新材料基地四个基地，实施数字北京工程、高清晰度数字电视产业化工程、大直径半导体硅晶片及大规模集成电路产业化工程、能源结构调整及清洁燃烧技术产业化工程、现代生物技术产品产业化工程、绿色食品及良种工程、水资源可持续利用工程和北京保护臭氧层工程等八大示范工程。

经过一年多的推进，“二四八工程”取得重要进展。在创业孵化体系建设方面，截至2000年底，北京经认定的孵化器总数已达25家，孵化面积达32万平方米，在孵企业及项目640余个，提供就业机会近8300多个，并成立了创业孵育协会。目前，创业孵化体系正在向投资多元化、孵化专业化、服务网络化的方向发展。孵化体系已经成为向社会输送成功企业和项目的重要源泉。

在建设创新服务体系方面，已对2500家创新服务机构和145家行业组织进行了调查摸底和初步整顿；相继建立了北京生物工程和新医药中心、软件促进发展中心、北京科技条件市场、中关村技术交易中心、北京金融促进中心等中介服务机构;组织实施了多项创新服务示范工程;开展信誉机构的认定工作。经过一系列努力,首都经济创新服务体系的基本框架已经形成,服务机构的服务能力和水平有所提高,为建立首都区域创新体系奠定了坚实的基础。

软件基地建设取得实质性进展,基地拥有软件企业1340多家,认定和登记的软件产品1178个;初步形成了以联想集团、清华同方、北大青鸟、中软公司、清华鼎新、摩托罗拉中国公司等为代表的骨干企业群,其中3家企业通过了CMM评估;推出了一批软件知名品牌,如红旗Linux、凯思HOPEN、用友财务和ASP、汉王手写和联想幸福之家等;截至2000年底,基地软件产品销售额达190亿元,占全国软件产品销售总额的1/3。

在大型集成电路生产线建设方面,已建成首钢NEC公司6英寸0.35微米、月投1.5万片的生产线和三菱四通公司月封装2千万片的封装测试线;正在开工建设首钢两条8英寸0.25微米、月投片2万—2.5万片的委托加工线,北京电子控股有限责任公司一条6英寸0.35—0.6微米、月投3万片的委托加工线。这些生产线的开工建设,将大大提高北京市微电子产品的生产能力。

在大直径半导体硅晶片产业化方面,目前已由北京有色金属研究总院设计出年产8英寸硅单晶抛光片6000万平方英寸大型生产线,可满足0.25—0.5微米集成电路的技术要求。该项目目前已正式签字,计划投资20亿元,将落户顺义区林河开发区。该生产线的开工建设,标志着我国深亚微米硅单晶抛光片的生产将有可能达到世界先进水平。

生物医药基地和新材料基地建设,以及其他一些示范工程的实施,也取得重要进展。二四八工程的实施引起北京社会各界的密切关注,产生了强大的经济社会效应,带动了一批产业的兴起,大大促进了科技成果向现实生产力的转化。二四八工程的实施,将形成对北京高新技术产业和中关村科技园区的全面技术支撑,并对北京产业结构调整和持续创新能力的提高产生重要而深远的影响。

(六)科技奥运——历史性的责任

2001年7月13日,中国人民对奥林匹克理想不懈追求,终于取得了成果,一个历史性的时刻到来。在举国欢庆的同时,我们深深感到肩上的重任,因为"新北京,新奥运"的口号,"绿色奥运,科技奥运,人文奥运"的主题是北京对世界的承诺,必须把它们变成现实。

申奥成功后,北京市立即开始行动,与国家科技部、教育部、中国科学院、中国工程院、中国科协等八部委,联合推出了科技奥运行动计划。

那么什么是科技奥运呢?所谓科技奥运就是把现代科学技术融入奥运会,让科学精神、科学方法和科技成就渗透到奥运之树的每一个细胞,使2008年北京奥运会成为应用最先进科技成果的体育盛会。

科技奥运行动计划涉及信息化、交通、环境、安全、场馆设施和体育科研等多个领域。在信息化方面,到2008年,北京将建成具有国际水平的高速、大容量、多媒体信息网络系统,包括电子商务系统、电子政务系统、电子金融系统,以及直接为奥运会服务的各种信息网络系统、售票系统及相关的信息服务系统。同时,要建立包括卫星通讯、移动通讯和光纤通讯在内的现代化立体通讯系统,以及高清晰度的数字化的电视转播系统。

在交通方面,为确保2008年北京奥运会期间道路畅通,北京要继续发展和完善智能化交通管理系统,集中力量攻克北京建设高速铁路、轻轨交通和地铁的技术难题。形成四通八达的现代化立体式交通网络系统。

在环境方面，要大力发展燃气汽车和电动汽车，大力开发清洁能源技术、清洁生产技术、水污染治理技术、固体废弃物无害化和资源化控制技术等。同时要把现代生物技术应用于北京的城市绿化，使北京奥运会成为以技术作为支撑的、名副其实的绿色奥运。

此外，还要研究开发现代化场馆建设中使用的新材料及相关设施、现代建设工艺，研究开发能够有效提高运动成绩的体育用品、器械和服装等，为提高中国代表团的竞赛水平和运动成绩、加强反兴奋剂工作提供科技保障。

我们坚信，有党中央、国务院的领导和全国人民的大力支持，我们一定会把2008年北京奥运会办成奥运史上最出色的一届奥运会，为中国和世界体育留下独一无二的宝贵遗产。

北京的经济社会发展和城市建设虽然取得了一定的成绩，但是与党和国家的要求以及广大人民群众的期望相比，仍然存在着一定的差距。我们要通过这次学术年会，虚心向国家有关部门和兄弟省市学习，相互探讨和切磋，创造更多的交流和合作的机会。让我们携起手来，共同为中华民族的复兴和强盛而努力奋斗。

在北京科技外事工作会议上的讲话

北京市副市长　林文漪

(2001年9月21日)

同志们：

我代表市政府，对北京市科技外事工作会议的召开表示热烈祝贺，向从事科技外事工作并做出重要贡献的各位代表，表示诚挚的感谢和衷心的慰问。

由于其他的重要会议，我很抱歉未能参加今天上午的开幕式。上午科委范伯元同志做了科技外事工作报告，传达了第七届全国科技外事工作会议精神，对我市“九五”时期在国际科技合作领域取得的成绩和经验做了全面回顾、总结，并提出了“十五”时期的科技外事工作目标和任务。科技部合作司苑曙光副司长介绍了科技部在科技外事方面的新政策和新精神，另外还有一个表彰国际科技合作先进分子的授奖仪式。会议开得很热烈。

下面，结合当前形势，我再讲几点意见。

第一，新世纪、新形势对科技外事工作提出了更高的要求。

同志们，在21世纪到来之际，人类进入了历史的新纪元。一个最突出的特点是：伴随着以信息技术为代表的高新技术发展的突飞猛进，世界经济正在发生重大而深刻的变化，全球经济一体化和科技活动国际化的特征越发明显，科技创新能力已经成为决定国家综合实力的决定性因素。世界上各主要发达国家凭借其在经济及科技方面的优势，大幅度增加科技投入，在重要科技领域就重大项目进行竞争，就科技人才进行争夺；发展中国家也在积极调整科技发展战略，力争在未来的经济格局中处于主动地位。

针对这一发展态势，党的十五届五中全会对国民经济和社会发展第十个五年计划进行了重大战略部署，全会的一个鲜明特征是把科技进步摆在了极其重要的位置，全会强调科技进步和创新是增强综合国力的决定性因素，强调要加强技术创新，发展高新技术，提升产业技术水平，全面实施科教兴国战略。

北京作为首都，拥有丰富的科技资源，汇集大量的高水平科技人才，作为国家最重要的科技开发基地和知识创新的龙头，北京将在这场世界范围的科技、经贸竞争中扮演极重要的角色。根据国家的总体发展战略，北京市提出2010年率先在全国基本实现社会主义现代化、初步建成国际化大都市框架的宏伟目标。"十五"期间，北京市的科技发展将"以建设中关村科技园区为龙头，以实施'首都二四八重大创新工程'为主线，构建首都区域创新系统，提升区域创新能力，为首都经济结构调整和现代化国际大都市建设提供强大动力和技术支撑"，北京将通过加强技术创新和大力发展高技术产业，全面带动首都区域创新体系建设和经济结构调整，实现首都地区经济、社会与环境相协调的可持续发展。

在新世纪的第一年，我们凭借着实力和努力，取得了2008年奥运会的主办权的胜利；经过14年的努力，我国即将实现加入世贸组织的目标。这两件大事，充分反映出近年来在以江泽民同志为核心的党中央的正确领导下，我国国民经济及社会发展所取得的重大成就。中国经济日益融入世界经济当中，加入WTO和全面参与国际合作与竞争可以说已成为不可阻挡的趋势。这既是难得的机遇，也是巨大的挑战。或者我们在科技革命浪潮之中、在国际分工之中抓住机遇，通过国际合作快速提升我们的科技水平与实力，迎头赶上，实现跨越式的发展；或者失去机遇，被国外机构凭借技术优势抢占和垄断了市场，挖走高水平人才。北京的科技工作要以更加开放的姿态走向世界，为此大家应该感到肩负着更重要的历史使命。

第二，大胆创新，做好服务，推进国际科技合作工作上一个新的台阶。

"九五"期间，北京地区的国际合作与交流得到了蓬勃发展，已经从单纯的技术交流座谈、项目考察引进和一般性的人员交流，过渡到官方与民间渠道相配合、以互利互惠、优势互补为原则，以消化吸收先进技术从而提高劳动生产率为目标，逐步形成多渠道、多方位、注重实效的国际合作新格局。以中关村为龙头的高新技术产业开发区的建设，以及以创新服务体系的建设为核心的"二四八重大创新工程"，全面带动了本市国际科技合作的发展。京港洽谈会、京台洽谈会的规模和水平越办越高，尤其北京高新技术产业国际周已经成为集高新技术贸易展览会、专题系列报告会及高新技术成果交易和经贸洽谈会为一体的国家级的大型活动，充分展示了世界各国在各个科技领域的高新技术成就，为各国在高新技术领域的合作提供了十分宽阔的空间。与此同时，以微软、惠普等为代表的国外大公司、大企业纷纷来京设立研发中心；大批留学生携带高科技成果还有海外风险投资回国，在京创办公司，甚至出现留学生整个团队集体回国的特征。在新形势下，中外共同合作研究，联合开发成为大趋势，而且合作不仅瞄着国内市场，而且定位于国外市场，初步形成了以市场为导向的、建立在优势互补基础上的高水平的合作格局。

但是也必须认识到，我们的国际科技合作相距首都经济建设和社会发展的需要还有相当的差距，整体来看，全市国际合作开展情况不太均衡，在合作的档次等许多方面都还存在着不甚令人满意的地方。在国外与国内之间，在中央部门与地方单位之间、在各委办局之间、在政府与企业之间还存在较明显的科技信息不畅通、工作衔接不理想等现象；尤其是全市有些地区、有些单位由于缺乏国际合作的骨干人才，还处在比较封闭的状态，工作比较被动，缺乏认识，缺少积极性。

而且，自从政府机构改革之后，人员精减，职能调整，原来体系的科研院所、企事业单位通过改制，直接面向社会，市场运作，在科技和经济活动方面获得更大自主权。显然，政府将不再在国际合作中扮演主导角色，而是将根据市场和社会发展实际情况，通过制订政策措施发挥好协调和引导作用，未来国际科技合作的主体应当是科研院所、企业、包括民营高科技公司。

面对入世，面对2008年的奥运，我们必须进一步采取得力措施，加大改革力度，锐意出新，我想重点强调以下几方面的工作：

1．要继续加强领导和协调。北京是我国的国际交往中心，外事渠道和外事活动非常多。我们一定要放宽视野，努力争取国家部门对北京的关心和支持，一定要协调好中央与地方、部门与部门、部门与实体之间的关系，统一认识，协调行动，在国际合作领域进一步开拓渠道，提高层次。

2．研究、制定新的政策。新形势下的国际合作提出了许多新问题，科技主管部门应当组织力量开展专门研究，制订相应政策。应当仿效国家科技部的重大国际科技合作项目，在本市的重点科研项目提出国际合作的要求并匹配专项经费，以提高科研水平和国际合作的显示度。应该在重大工程项目建设中鼓励通过合作引进国外的优秀人才和引进先进的技术。

3．要加强国际科技合作的服务体系建设。应当加强与科技部、经贸部、国家外国专家局以及我驻外使馆等部门的联系，加强与科研机构、企业技术人员的联系，注意搜集掌握最新信息，在此基础上构建网络化的国际合作信息平台。

4．要加强国际合作人才队伍建设。事在人为，人是第一位的。搞好国际科技合作需要一支精干的、相对稳定的科技外事队伍。这支队伍不仅需要外语，还要了解科技活动的特点，需要金融方面、市场方面的知识。我们迫切需要遴选和培养一批复合型的国际合作交流人才。

5．要进一步做好留学生工作。改革开放之后我国派出的留学人员，在经历了多年先进训练和积累丰富的工作经验之后，许多人已经在国外的大学和企业中间占据一些重要的位置。不论他们仍旧身在海外或者已回到国内，凭借跨越中西方文化的优势和丰富的国际合作渠道，他们肯定是国际科技合作的一支生力军。我们大力吸引他们以各种恰当的方式为北京市的经济、科技发展服务。

6．要围绕市重点工程和重大任务，包括奥运和二四八工程，突出重点开展国际合作。

同志们，科技外事工作是我市科技工作的重要组成部分，对首都区域创新体系的建设，对经济社会的可持续发展，都起着重要的保证作用。相信在市委市政府的领导下，在各位以及全北京地区科技工作者的一致努力下，我们一定能够创造一个更加光辉灿烂的国际合作新局面。

加强国际合作，促进首都国际化科技创新城市建设

范伯元主任在2001年9月21日
北京市科技外事工作会议上的报告

同志们：

这次会议是在进入新世纪以后，本市召开的第一次科技外事工作会议。前一次科技外事

工作会议是在 1995 年召开的，在过去的这一段时间里，国际、国内的大形势都发生了很大的变化。本次会议的主要目的是传达和贯彻 2000 年 12 月召开的第 7 次全国科技外事工作会议的精神，总结“九五”经验，认清国际国内形势，理清工作思路，为实现“十五”首都科技规划所制订的世界科技创新城市的目标，整合本市的科技资源及人员力量，促使本市国际科技合作迈上新台阶。从而确保 2008 年在京举办奥运会的时候，我们能以更雄厚的科技基础和更辉煌的国家形象展现在全世界的面前。

下面，我分三部分做工作报告。

（一）第 7 次全国科技外事工作会议的情况和精神

2000 年 12 月 25—27 日，科技部在京召开了全国科技外事工作会议，出席会议的有国务院各部、委、局、总公司，各省、直辖市、自治区、计划单列市主管科技外事工作的负责同志以及 60 余位专程从回国参会的我驻外科技参赞、一秘级等科技干部，另有部分大学、科研院所和省会城市代表列席了会议，共约 340 人。本次会议的主要任务是贯彻十五届五中全会精神，分析形势，交流和总结 5 年来的经验和成绩，研究进入 21 世纪后国际科技合作的方针政策，明确今后 5 年的战略目标和工作任务，努力开创“十五”国际科技合作新局面。

25 日的会议开幕式由马颂德副部长主持，科技部朱丽兰部长等领导作了重要讲话。朱丽兰部长在讲话中着重分析了国际科技合作所面临的新形势，指出今天的世界正处在一个大变革、大发展、大调整的重要历史时期，而这次变革是与科技发展分不开的，人类正面临着一个更为开放的全球化时代。合作竞争的广度、力度、深度都大大加强了，这是一个很重要的趋势。她指出在这种环境下合作和竞争互为条件，互相促动，合作中有竞争，竞争中有合作。当今世界所面临的许多重大科技问题都需要集各国的资源力量一起合作。国际科技合作已经成为一种需要，国际间相互的依存性加大了。在全球化过程中，怎样共同遵守合作之间的游戏规则是非常重要的。面临参加 WTO，我们要对国际上的法律、法规加深了解，包括将来在国际科技合作当中涉及到的有关知识产权的了解。我国现有的规则、政策有哪些不合适的，要清理和修改。她提出必须积极主动地参加全球化，同时也必须了解全球化产生的负面影响，努力学习如何趋利避害，如何争取实现权利和义务的平衡。全球化进程是不可抗拒的趋势，但现在的问题是，如何在参与全球化的过程当中向人家学习，同时壮大自己，采取主动，这是非常重要的。通过合作一方面要使自主创新能力得到提高，另一方面要使人才队伍和素质有所提高，要把这两方面作为国际科技合作追求的主要目标，要把挑战变成机遇，从被动变为主动，要从学习别人到开拓创新，从现有合作中还处于从属的地位提升到平等的地位，到一种我们有更大发言权的地位，并且后来居上。她强调科技外事工作今后的任务是必须为国家的外交战略服务，必须为国民经济发展战略服务，必须为科技发展战略服务。

科技部合作司司长王绍祺作了工作报告，主要内容包括世纪之交的国际形势；五年来国际科技合作的成就；“十五”国家重大国际科技合作计划国际科技合作的国别与地区政策；对今后工作的建议与要求等几个部分。

会上，代表们就科技部即将出台的《“十五”国际科技合作发展纲要》和《“十五”国家重大国际科技合作计划》进行了积极的分组讨论。这两份文件明确提出进一步加强国际科技合作的力度和显示度，尽力提高国际科技合作对于科技贸易以及整个国民经济的贡献。为凸显国际科技合作的重要性，科技部在《重大国际科技合作计划》中提出要在今后的时间里，遴选并扶持一批国家级有国际先进水平和战略意义的重大项目，合作司和高新司为此每年将投入数亿元的专项经费。在本次会议上,各位代表最关心的几个焦点问题包括:政府机构改革后国际科技合作的工作机制;地方如何参与重大国际科技合作计划;以及国际合作人才队伍建设。

(二)“九五”期间科技外事工作的基本情况、重要成果和经验

北京市作为首都,是全国最早开展国际科技合作与交流的省市单位之一。由于地域、人才和信息资源的优势,北京市的国际科技合作一向走在前列,某些科技外事政策和外事交往活动甚至能够率先全国突破实施。

截至2000年,北京市已经与24个国家的27个城市建立了友好城市关系,与83个国家、地区和国际组织建立了国际科技合作和交流关系,加入了35个国际组织。“九五”期间,北京市共派出各类科技团组5696个,派出科技人员13959人次。邀请来访团组669个,合计专家和科技人员达1946人次。共举办国际学术会议37次,国际展览会24个,核准实施科技合作项目172项,其中像二、三环智能交通系统合作、消防示范中心、污水处理与回灌、可持续发展高产农业大型政府间项目分别获得国外数百万美元项目配套经费。

在“九五”期间,北京市国际科技合作在形式上有所创新,合作的层次相比过去有明显提高。对外合作与交流活动已经不再限于一般性的考察、访问、学术交流,单纯地引进资金、人才和国外技术,而是逐步向合作研究、联合人才培养、合建实验室、合建培训中心、合建高新技术企业、联合组织国际学术会议、联合创办高新技术公司等方向发展;开始从过去单纯的学术性科技交流朝着在互利互惠、优势互补基础上结合市场的方向发展,科技与经贸相互促进和相互渗透,结合得越来越紧密。尤为可喜的是,在一些领域也已经开始出现双向交流的势头,培训外国人员、输出技术项目和技术人才,在国外创办高技术企业,等等。

另外,围绕经济建设和社会发展的总目标,为加强首都区域创新体系建设,推动高新技术产业的快速发展,北京市政府相继制订颁布了一系列政策法规,吸引国际性大企业、大公司落户北京,在京设立研发中心;采取一系列的措施,加大吸引留学人员的力度,自从去年4月制订《北京市鼓励留学人员来京创业工作的若干规定》和6月颁布《中关村科技园区留学人员归国服务体系方案》以来,在一年时间里,中关村就接待3000多人次的留学人员创业咨询,其中有1000多人已经登记注册。在北京地区近年来已经出现了留学人员回国高潮,他们或者回国在国际性公司里面担任要职,或者携带着技术和风险资金独立创业、技术转让、合作研发,成为在高新技术领域里开展国际合作的一支重要生力军。

目前,北京地区的国际科技合作变得更讲实效,国际合作也已不再仅限于政府间渠道,有大量的项目是通过民间渠道启动和开展的,民间渠道逐渐变得甚至更加重要。合作领域已经深入到了社会发展建设的各个角落,覆盖了自然科学、工程技术、社会科学、经济建设和城市建设与管理等领域,已经形成了多渠道、多层次、全方位的合作交流格局。

总的来说,“九五”期间科技外事工作的成绩是巨大的,其影响和作用是明显而深远的,可从以下几个方面概括和总结:

第一,国际科技合作与交流促进了本地区科技创新体系建设。

通过国际合作,北京培养了一大批高素质科技人才,改善了科研设备与条件,了解国际科技动态信息,掌握了国外先进的实验研究手段,缩短了我们与国外先进科学技术的差距,提高了本地区知识创新能力。中德“华北平原作物高产及高生产力条件下环境可承受的持续农业研究”已于1998年11月开始,首期3年,德方资助487万马克,用于购买仪器和人员交流,其中有100多万马克的仪器设备用于在北京郊区进行田间原位测定。北京市农工商总公司执行的中以示范农场项目1997年启动,以方援助300万美元,首次在气候等自然条件不同的北京地区引进以色列现代蔬菜技术和节水灌溉、优化施肥的技术体系。该项目不仅在北京获得成功,而且在东北、华北、西北和华南的部分省区推广,获得显著的社会经济和生态效益。

大家可以清楚地看到,凡是现在运行状态比较好的院所、单位,往往都有一批具有国外经历的骨干,都有通过国际合作项目而引进的技术和设备。将在本次会议上作典型发言的农林科学院、水利局、卫生局等单位对于这一切更有体会。

第二,国际科技合作促进了高新技术产业的发展。

为适应高新技术产业发展的需要,拉动地方经济快速增长,1999年6月中关村管委会正式成立,并已形成一区五园的格局。为搞好园区建设,北京市政府领导多次率团考察国外开发区的管理模式,邀请国外相关专家来京讲学,为北京发展高技术出谋划策。一年一次的京台洽谈会、京港洽谈会,尤其是已经举办四届的北京高新技术产业周,举办的水平越来越高,风险投资、高技术项目合作越来越务实。

国际合作带动了高新技术企业、新兴产业的发展。北京市太阳能研究所通过与德国的技术合作开发真空管集热器,最后在河北三河建立起产业化基地。北京市自动化研究所通过技术合作建立起友好联系,与美国、日本等建立了3家合资公司,其中与美国合资的北京贝利自动控制系统公司的产品被机电部认为是电站控制系统的最优装备。国际科技合作与交流还有力地推动了技术及技术产品的出口。华盟集团无氟制冷剂输出欧洲、北美和香港,承接了多项超级市场的空调、制冷系统改造工程。临床药学研究所与日本近畿大学开展中药栽培合作研究开发,生产出的熟地黄质优价高,行销日本,年创汇1000多万日元。五年间,北京市的技术出口(不含工程承包)成交额达到2.69亿美元。

北京地区也是最吸引留学回国人员的地方,前面刚刚介绍最近一年在中关村地区创办企业的回国人员总数就达千人以上。这些由留学人员创办的高新技术企业其项目涉及生物医药、电子通讯、信息技术产业、石油勘探、现代农业、技术咨询等等。在我们去年以市政府名义组建的"海外留学专家咨询团"之中,有包括"启明星"公司的严望佳在内的几位回国创业者,他们公司的年营业额已经做到了数千万人民币的水平。

第三,国际科技合作加速了北京的经济建设。

北京国际科技合作围绕工业产业产品结构调整和技术改造,围绕改变传统农业,结合北京重大项目、重大工程开展工作,促进了北京的经济建设。北京方面曾先后选择汽车、冶金、轻工等行业,针对影响行业发展的关键问题连续几年成组配套邀请外国专家和派出管理技术人员出国培训;配合市政府搞好国有大中型企业,为企业"扭亏、增盈、创新"服务,提出引进人才重点是提高企业管理水平和人员素质,提高产品质量。从国外智力引进使北京钢琴厂从产品面临绝境一跃成为利税大户。使首钢某些冶炼、锻造技术达到国际先进水平。在外国专家的协助下,首钢设计总院开发出具有国际先进水平的土建CAD软件包。北京雪花集团曾从7个国家引进186台生产设备,近些年又与巴西合作,成为国内最大的制冷集团公司之一。北京纺织控股集团为改造传统产业,聘请国外专家参与管理,改进产品质量,促进产业技术升级,使北京的毛纺业在产品品质和效益等方面居全国先进之列。

第四,促进了北京城市现代化建设与管理。

北京城市现代化始终是北京国际科技合作关注的中心和重点。几年来,国际科技合作项目几乎覆盖了城市规划、旧城改造、水资源与能源的综合利用、煤气天然气、自来水、交通、消防、环境保护、垃圾处理等各个方面。

针对北京水资源严重紧缺这一阻碍首都经济和社会发展的严重问题，在国家科技部、外经贸部等部门的支持下，北京市与芬兰、英国、联合国 UNDTC、亚洲开发银行等在水资源管理、利用和工程实施等方面开展了广泛的科技合作，共进行了“京津地区水资源管理研究”、“高碑店污水厂设计”等十几个项目。在市科委、市计委等政府部门的支持下，水利局、公安局、市政设计院等单位部门引进大量专家及关键技术，培训了一批技术管理人才。

为改善北京城市交通及其管理，北京开展了多项重大国际合作项目。北京与欧盟合作，对二、三环道路改造进行研究；2000 年上半年，在该项目完成可行性研究、前期施工、指挥中心建设之后，欧盟方面又派团对北京市二、三环及周边地区的智能化交通管理进行考察，包括对二、三环及周边道路的实施监控、道路交通诱导、紧急事故处理、交通声音处理等全方位数字化的智能管理。

为加强防灾减灾工作，在科技部的支持下，北京争取到 JICA 项目，并于 1997—2002 年执行中日政府间“北京消防教育培训中心”专项技术合作。1999 年 10 月 22 日，消防训练中心建成并投入使用。训练中心包括教学办公楼、宿舍楼、训练塔、浓烟热气训练设施等，总面积为 6700 平方米。通过这项合作共获得日方器材设备及人员交流培训等援助经费近 5 亿日元，更重要的是大大提高了我国消防、灭火、抢险救助技术的水平，解决了当前部队执行抢险救援任务中的实际问题。该中心已经初步完成，并开始滚动式地培训全国的消防人员。另外，市民防灾馆自 1999 年 10 月开始对外开放，仅 2000 年一年，就接待参观体验单位 382 个，人数 12000 多人，现在成为北京市防灾、减灾的重点科普教育基地。

发展代用燃料汽车是北京治理空气污染重要举措之一。比较、选择、引进和消化国外先进的技术就成为关键问题。从 1997 年 11 月开始，北京市科委共组织了 7 次研讨会，共计 200 多人次参加；派出 540 人次赴美、加、德等国家学习考察；组织外国专家来京培训 2 次，包括参加荷兰专家培训的 36 人和参加俄罗斯专家培训的 33 人；在美国培养了 3 名燃气汽车技术工程师。在项目进展过程中，前后考察了 12 个国家的几十个企业，为推动相关技术的发展应用打下良好基础。

同志们，以上我全面、扼要地介绍我们所取得的重要进展和成果，一方面是充分肯定大家的工作成绩，另一方面是要从中归纳和总结成功经验，使之继续指导今后的工作实践。我们的主要工作体会和经验有：

1. 各级领导重视国际合作

市委、市政府一贯十分重视国际合作与交流，在外事工作领导小组和市外办的协调下，北京市领导经常性地出席重要活动，会晤外国高级代表团，并围绕社会经济发展的目标，强调通过科技合作促进经贸活动的重要意义；在市领导的外事出访活动中，科技经贸合作以及高新技术产业化发展也是最重要的话题。这些外事活动加深了国外对北京优惠政策和措施的了解，拓宽了本市国际合作的渠道。再比如那些从国外获取数百万美元资助的政府间大项目，若非市领导以及计委、经委等部门领导重视，及时匹配地方财政经费，这些项目将很难启动。

2. 注重引进国外智力与促成合作项目

北京市从“八五”开始就把“引进技术、人才和资金，引进和推出人才并举、引进和推出技术并举”作为国际合作工作的总的指导方针，强调国际科技合作是牵动全市科技发展和改革的重要力量。北京市引智办一直挂靠在市科委 15 年，直到 2000 年机构改革调整到人事局。

2000年引智办划走的时候，本市每年的引智经费是300万元。现在市财政又调高了人事局的引智经费，而我们科委出于了解科技人员，促成国际科技合作项目的需要出发，从去年起又在科委的合作处启动了国际科技合作的专项，总经费也不低于300万元，而且还将根据项目的运行情况继续上浮。相比于引智办的工作，科委的这笔经费更侧重于通过资助有实质性的国际交往，比如接待专家、组织学术研讨会、国际会议，力求有后续手段促成和开展合作项目。希望在座的同志也借这次会议的机会加强与我委合作处的沟通。

3. 各单位通过合作获得效益和实惠

政府的推动只是一个方面，合作项目的具体落实和执行的好坏，关键在于各单位的积极性，在于是否能够通过合作提高了技术水平，解决了关键问题，取得了良好效益。例如北京建工学院与法国有关方面联合成立了中法制冷技术培训中心，中方投资数百万元进行基础设施改造，而法方企业则捐赠了800万法郎的设备。中方借此良机送出一批教师赴法进修，依托该中心培训自己的学生；而法方则有了一个培训企业用户的场所，尤其是有了宣传法国技术的机会。该中心之所以得以建成，就是因为中法双方都有兴趣，所以才不懈努力联合推动了几年。最近，中德两国政府又就加强激光加工技术领域的合作签署了协议，并议定在北京工业大学合建中德激光技术中心。像这样一件事情，除了北工大老师们根据北京发展光电产业的需要所做出的积极推动之外，很重要的一个因素就是德方政府想借技术合作，扩大德国公司的激光产品在中国的市场份额。

只有互利互惠的项目才容易被执行。北京市国际合作的蓬勃发展充分说明各个单位的确从中得到了实惠。

在看到开展国际合作与交流取得了巨大成果的同时，我们也应清醒地认识到当前存在的不足。对于这些问题，希望大家给予充分的认识，共同努力在今后工作加以解决。

(1) 国际合作开展得不均衡，目的不够明确；

(2) 一般性的外事接触多，高层次的合作项目不多；

(3) 达成合作意向的多，最终能够落实的不多；

(4) 信息渠道不通畅，限制了合作机会；

(5) 缺少国际合作与交流的高级人才；

(6) 缺乏对国际合作规律的系统研究。

(三) 当前形势和今后工作的主要任务

当今世界，全球经济一体化、科技活动国际化的特点十分明显。各国之间，正在全力进行以科技为先导的综合国力的竞争。信息通讯技术的迅猛发展以及信息化社会的出现，使得世界正在变成越来越紧密联系的、相互依存、共同发展的系统。科学技术的突飞猛进加大了对人才的需求、对科技资源的需要。国际间科技合作与交流已经成为科技经贸活动之中不可或缺的组成部分。世界上一些发达国家正在从“科技为外交服务”逐渐转向“外交为科技服务”，并且争相放宽技术移民政策以争夺高科技人才。随着新经济时代科技竞争的白热化，很多发达国家的大公司出于占领国际市场，提高产品的竞争力的需要，纷纷在海外建立分公司，跨国公司的经营活动日益全球化。跨国公司经营战略上的变化带来了研究开发活动的国外转移，海外研究开发投资增加，公司经营的全球化是发达国家从事海外研究开发的直接动力。另外，当今许多科技问题带有区域性或全球性，是人类面临的共同主题，需要更多的国家参与才能获得解决。尤其像人口、环境、资源、气候、海洋、空间等领域，为国际社会广泛关注，容易形成政府间国际科技合作项目的领域,容易以较少的投入获得较大的回报。这一切都为加大国际科技合作开辟了新契机。

面对如此形势,科技外事工作应当从以下方面重点展开:

1. 进一步加强领导,加强部门间的协调。要充分利用首都的地域优势加强与中央各部委各研究机构的联系,汇集整理外交部、科技部、外经贸部、国家外专局等渠道的合作信息,汇集整理我驻外部门发回的科技报告及推荐合作项目,利用好在京的各国驻华使馆、驻华组织机构、大公司、大企业等渠道,此外还要收集整理本市各单位的需求,以及外事接待中所掌握的信息及动向,及时处理和传递,形成一个畅通的国际合作信息网络体系。

2. 要加强对入世的研究,提高对国际合作重要性的认识。加入世贸组织之后,中国市场向国外全面开放,不具有国际竞争力的企事业单位将受到极大冲击。提高管理水平和科技竞争力,将是惟一出路。为此,我们要充分利用各种舆论媒体加大对国际科技合作的宣传力度。作为发展中国家,不论在具体科学研究本身还是在研究课题的调研、立项、评估、管理等各方面我们都还距离国际先进水平还有较大差距。国际合作是借鉴人类先进成果和文化,节约资源,减少人力浪费,打破封闭,追赶国际先进的惟一捷径,是实现我国科学技术和社会经济跨越式发展、实现科技强国的战略需要。

3. 进一步完善国际科技合作的体系建设。即要重视政府合作项目,也要加大对民间渠道国际合作项目的推动力度。随着我国逐步向市场经济过渡,小政府,大社会是今后必然趋势。政府机构改革撤消了一批原有机构部门,精简了大量人员,企事业改革使得从事应用性技术研究的研究院所等单位变成了以市场规律独立运行的股份制的公司。政府将主要通过政策引导,而不再直接推动企事业单位落实政府意图。因此,必须研究市场经济的特点,调动企业及科技人员的积极性,建立起以企事业单位为主体的新型高效的国际合作体系。

4. 要加强对国别政策和地区特点的研究。欧盟国家的科技力量很强,许多国家对与中方的合作非常感兴趣,而且有政府专项资金用于开展项目。这对北京的单位具有很大吸引力。然而,一般单位对于欧盟国家情况不了解,欧盟科技项目的申报手续繁琐,限制了合作的规模和数量。美国科技力量强大,但是因为政治因素,从20世纪80年代后期开始,除了在能源、环保方面,基本上没有政府间合作项目。但是,通过民间渠道在风险投资和联合研发方面,仍有许多合作机会。以俄罗斯为代表的前独联体以及东欧国家,基础研究水平相当高,但是产品转化和市场运作却很差,从国家战略安全以及从获得真正高科技项目的角度考虑,科技部明确表示一些政策要对俄倾斜。另外,还要努力开拓亚非拉国家的渠道。虽然这些国家科技水平不高,产品市场欠发达,但却是我国技术、产品出口的主要市场。根据江主席提出的“走出去”战略,我们将在今后有重点、有目的地选择扶持一批北京企业走出国门。

5. 培养一支高素质的队伍,建设国际科技外事服务平台。高水平的国际科技合作需要一支即有很强涉外交往能力同时又懂科技工作特点与规律,相对稳定并且富有激情的团队。这即包括在座各位,同时也包括各单位科技业务骨干,他们本身是专家,能够选择、评价项目的好坏,应当是未来国际科技合作的主力。我们要注重选择培养复合型的国际科技合作人才,他们不仅需要外语能力,懂得科学研究的特点,了解国内外情况,还要有一定的经济、金融、市场的头脑,这样才能抓住关键促成国际合作项目。从措施上来说,一是要多提供培训的机会,再就是对这些人的科技项目以及出国交流访问提供更多的方便和支持。

6. 选择重点领域的重点项目,实施本市国际合作计划。科技部实施国际科技合作重大计划，旨在集中经费投入对国民经济有重大影响的项目，增加国际合作成果的显示度。在本市科技经费政策方面，市科委已经调整了科研课题的立项和管理方针，将从明年开始实施重点项目计划。科委的各专业处已经结合二四八工程项目，提出了一批需要重点扶持的、能够转化国家级重要成果形成关键产业的重大项目。科委对这些重大项目的支持力度大多是在千万元以上。对这样一些重大项目，我们明确提出要有国际合作方面的考虑，另外还要从中选定一批市级的重大国际合作项目。这样将提高研发水平，避免低水平重复，而且能够有效地加强对这些项目工程的监督管理，提高效率，保证质量。

7. 启动国际合作奥运专项。2008 年的北京奥运将带给中国、尤其是北京向世人展示我国社会主义建设成果和精神风貌的一次良好机会。北京市承诺要将本次奥运办成历史上最好的、科技含量最高的一届奥运，这对我们的市政城市规划建设、环境保护以及水和大气保护、对新能源研究都提出了世界水平的高标准和高要求。吸纳国际专业人才为我所用，消化、吸收、研究、应用国际最先进的技术，将是实现承诺的惟一保证。

8. 进一步做好留学人员的服务工作。从中央到地方，各级政府十分重视和强调做好留学人员回国服务的工作。北京市在这方面也有创新，比如在市委、市政府的支持下，我们正式成立了“海外留学专家咨询团”，确认首批专家 30 位，并与这批留学生骨干成员建立起经常性的联系。另外每年通过国侨办、国家教委、侨联、驻外使馆等许多渠道，也有许多留学人员考察团组来京洽谈项目。各级领导反复强调留学人员以各种最适合的方法报效国家，服务社会。他们之中的大多数都掌握有专门技艺，其最大优势是同时了解国内、国外的科技发展和市场情况，擅长结合国内、国外的互补优势，迅速提高国内的研发水平，甚至开发出适应国内外需要的高新产品。我们的科技政策和措施将继续向留学人员有适当的倾斜，包括应考虑借鉴外地经验，设立留学人员创业启动资金吸引他们来京创业。事实上，凡是国际科技合作搞得比较好的单位和地方，往往都有一批留学回国人员是其中的技术骨干。

总之，北京市各级领导和外事工作人员必须充分认识新形势下国际科技合作的重大战略意义，未来几年北京地区的国际科技合作大有可为。我们要研究情况，调动各部门各单位和个人的积极性和主观能动性，鼓励各单位根据自身实际进一步拓宽国际合作与交流渠道，加大合作的广度与力度，确保十五科技发展规划的顺利实现。

集成资源，优化环境，推动“科技兴贸”工作再上新台阶

林文漪副市长在 2001 年 9 月 25 日科技兴贸城市市长座谈会上的讲话

同志们：

首先，我对今天来参加北京高新技术产业国际周的同志们，朋友们表示热烈的欢迎。我非常荣幸参加今天的座谈会，使我们与大家有机会相互交流、相互学习。

当今世界全球一体化趋势方兴未艾，科学技术突飞猛进，知识经济初现端倪。随着我国即

将加入WTO,我们面临着新的机遇和挑战。经济全球化有利于我国高新技术产业加快国际化进程,世界高技术产业的迅猛发展,为我们实现跨越式发展提供了机遇,也提出了严峻的挑战。正是在这样的大背景下,为落实科教兴国战略,外经贸部和科技部共同制定了《科技兴贸行动计划》,这对提高我国产业国际竞争力,促进我国从贸易大国向贸易强国的转变,都将产生深远影响。

为适应国内外经济形势的巨大变化,北京市委　市政府审时度势地提出了首都经济发展战略。首都经济是以知识经济为方向、以高新技术产业为核心的经济;首都经济又是立足首都、服务全国、走向世界的经济,一方面集成北京地区资源优势,发挥首都经济向中西部的辐射带动作用,一方面利用北京作为国际大都市的有利条件,在更高层次上加入国际经济分工,加快高新技术产业的发展,加快产业结构的优化与升级。因此"科技兴贸"工作成为首都经济发展中的一项重要战略任务。下面我着重谈两个问题。

(一)集成资源,发挥政府宏观指导作用,促进高新技术产品出口

据统计,2000年北京地区高新技术产品出口额近23亿美元,占北京地区出口总额的19%,比上年增长1倍多。其中电子信息类产品出口最多,约占总额的83%,从贸易方式上看,加工贸易出口比例最高,约占84%;主要出口市场占前几位的分别是香港特别行政区、日本、美国、芬兰、德国、英国等。

2000年我市高新技术产品出口增长较快的主要原因:一是发挥政府宏观指导和服务作用,为高新技术产业发展和高新技术产品出口创造了条件。按照首都经济发展战略,加快中关村科技园区建设,实施"首都二四八重大创新工程",带动了我市高新技术产业的快速发展,为高技术含量、高附加值产品出口打下了坚实的基础;国家和北京市出台的一系列鼓励高新技术产品出口的政策措施,如高新技术产品出口实行全额退税、降低高新技术企业自营进出口权标准等发挥了积极作用。二是我市投资环境不断改善,外商投资高新技术产业项目数量和规模不断扩大。三是举办第三届"北京高新技术产业国际周"和参加第二届深圳"高交会"等大型贸易促进活动,为我市高新技术产品出口创造了有利条件。另外去年国际信息产业市场需求旺盛,欧美发达国家成为我市主要出口市场,市场多元化战略显现实效。

虽然北京地区高新技术产品出口额增幅较高,但总量相对较少,与首都的城市地位及科技资源优势不相适应;与科技兴贸先进城市相比,还有很大差距。

(二)优化环境,加速高技术产业发展,推动我市的"科技兴贸"工作

2001年我市高新技术产品出口目标是在产品质量和附加值有所提高的基础上,以巩固骨干出口企业为重点,以培育高新技术出口产品为核心,力争出口规模实现稳步增长,特别是在软件出口方面有所突破。为此重点开展以下几项工作:

1．巩固和培育一批骨干高新技术出口企业和产品

在我市具有技术优势的通讯、集成电路及航空航天等领域巩固一批国际竞争力强、规模效益显著的骨干出口企业,以产业结构调整为方向,选择50—70家重点企业进行跟踪服务,确保其出口额增长20%以上。

培育一批有自主知识产权的高新技术出口产品和知名品牌,选择10家左右企业进行重点扶植,带动高附加值出口产品比重的提高;以加快北京软件产业基地建设为重点,大力促进我市软件产业发展和软件产品出口,力争软件出口额达2亿美元(据统计局统计,我市现有软件企业1340家,软件产业产值190亿元,软件出口约1亿美元)。

2. 采取多种措施支持高新技术产品出口

(1) 积极落实国家有关政策,对列入《中国高新技术产品出口目录》的产品实行全额退税;鼓励高新技术产业利用外资和引进先进技术,外商投资高新技术产业,进口硬件设备和软件技术享受免征关税和增值税待遇。

(2) 创造条件,吸引跨国公司在京设立研发中心;鼓励有条件的高新技术企业开展跨国经营,为其在海外设立研发中心、合资合作生产、加强国际技术交流、聘请国外高科技人才提供便利条件。

(3) 建立高新技术产品出口促进资金,采取奖励、专项补助等形式,鼓励扩大高新技术产品出口。对科技型中小企业和软件出口企业参加国外各类博览会和国际市场推广给予资助和支持;鼓励软件出口型企业通过CMM(能力成熟度模型)认证,其认证费用适当予以支持。

(4) 进一步完善资本市场。优先支持较为成熟的高新技术产品出口企业在国内外市场进行直接融资,鼓励高新技术产品出口企业在国内外股票市场上市。

(5) 支持高新技术产品出口企业开拓国际市场。有计划、有重点地组织高新技术企业赴外考察和产品推销活动;办好"国际周"、"高交会"等组织工作。

(6) 对经过有关部门认定和注册资本超过200万元人民币的高新技术产品生产企业,注册资金在100万元人民币以上(含100万元人民币)的软件企业,实行自营出口权登记制。

(7) 做好人员培训工作。有重点地开展多种形式的人才培训和国际交流,加强高新技术产品出口队伍的建设。

3. 建立为高新技术产品出口服务的信息网络

组织筹建北京国际技术和产品交易网,加强外经贸信息服务促进工作,健全国际市场信息网络,建立专门收集处理国际高新技术及其产业行情与信息的专业网,为各类高新技术产品生产和出口企业提供及时周到的信息服务。

4. 积极争取在中关村科技园区建立"国家出口创新园"

中关村科技园区是我国乃至全世界最著名的智力密集区,以中科院所属为代表的232家科研院所,以清华、北大为代表的73所大专院校和以联想、方正、同方、四通为代表的高技术企业云集于此,科技资源的高度集约。目前中关村科技园区高新技术产品出口近20亿美元,约占我市高新技术产品出口总额的87%。为在更高程度上参与全球高新技术产业合作与竞争,积极争取在中关村科技园区建立"国家出口创新园",注重引进大型科技制造业,有选择地吸引国内外大公司进驻,努力实现知识创新、技术研发以及市场营销的产业化全过程,使中关村科技园区发展成为高新技术产品出口的基地和代表。

以上是对我市"科技兴贸"现状和下一步工作的简要介绍,请大家指正并提出宝贵意见。最后,我衷心祝愿大家在国际周期间工作顺利、生活愉快!预祝北京市能与各界新老朋友合作成功!预祝会议取得圆满成功!

在北京软件产业基地软件职业技能示范培育中心开学典礼上的讲话

北京市科委副主任　俞慈声

（2001年9月25日）

各位软件界的朋友们、同学们：

大家好！

首先，我代表北京软件产业基地祝贺两所软件职业技能示范培训中心正式开学。

近年来，我国的软件业一直以3倍于国民经济发展的速度增长。北京市也加大了对软件产业发展的扶持力度，争取使其逐步成为首都经济发展的“龙头”产业。北京地区具有发展软件产业的潜力和优势，现在产业发展规模、持续发展能力、产业促进工作等三方面均领先于全国。

然而在令人欣喜的同时也感到有些美中不足，我国软件业和欧美日本等软件大国相比，在产值与规模上还存在很大差距。在人们心中，软件是高科技与高智商的产品，而实际上，软件在有了详细的结构设计后，大量的编码写程序工作可以由程序员来完成。软件已经从最初由少数人在实验室进行开发，逐渐发展为一种新兴的产业，培养与拥有大量基础程序员是软件产业成熟的标志。

异军突起的印度软件业，即因为培养出了庞大的软件产业工人群，促成了其软件产业快速发展。印度的软件公司，动辄上千人，其中超过5000人的企业就有18家，除少数的高级开发、项目分析人员，其余的都是从事基础编程的程序员，软件生产如同传统产业的流水线作业，而每个程序员则按规定加工整个工程中的某个标准件，实现工业化生产。

在世界软件业进入工业化生产的今天，中国依然是几十人的中小企业在进行小作坊式生产。目前我国拥有的软件技术人员大约16万人，分布在大大小小约6000家的各类软件公司里，其中，50人以下的企业占55%左右，50—200人的企业占42%左右，1000人以上的仅有北大方正和中软总公司、东大软件集团、用友软件集团等少数几家。我们企业规模上不去，最主要的原因之一就是我国缺乏训练有素，能够把科研成果转化为产品，从事编码写程序工作的软件蓝领工人。这就要求我们要像印度、爱尔兰以及以色列那样，启动软件产业工人培训计划，从而形成一批软件业的“蓝领工人”，来填补人才需求方面巨大的缺口。

北京市今年提出计划建立包括低层软件技术工人培训、中层开发骨干培训和高级人才培训三个层次的软件人才培训体系，计划建立的软件教育体系包括软件工程师学院、国际技术学院和软件职业教育机构及一批专业化培训中心，这些不同层次的人才培训和再教育基地将按照管理企业化、资金社会化、办学专业化的目标建设。今天两所软件产业示范基地软件职业技能培训中心的开学典礼，标志着北京市开展软件蓝领人才培训工作已经起步，在未来的1—2年内，我们还将支持帮助更多的院校开展软件蓝领工人的培训工作，使软件蓝领工人数量和质量不断提高，让软件蓝领人才形成北京软件产业化发展的有生力量。

软件产业是北京市面向21世纪的战略先导产业，是首都高新技术产业的重中之重。今天在座的各位同学，你们作为首批 IT 软件产业初级技术人才，担负发展我国软件产业的重担，希望同学们认真学习，以优异成绩投身软件业；希望在座的各位老师和 IT 企业紧密合作，不断创新，培养出大批合格的软件初级技术人员，尽快为中国实现软件产业化添砖加瓦。

绿色奥运，绿色北京

林文漪副市长在2001年9月26日“北京市绿色奥运国际能源研讨会”上的讲话

女士们，先生们：

今天我非常高兴参加在此举办的绿色奥运与北京市可再生能源发展研讨会。首先我代表北京市政府感谢美国能源基金会、美国专家、澳大利亚专家及国内专家，为我们提供了一个探讨北京市可再生能源发展战略的机会。

北京市当前能源结构的不合理及低效高排放的能源使用状况造成了较严重的大气污染和大量的能源浪费，不仅不符合首都的形象，也不符合可持续发展的战略。因此，在当前正在进行的十五能源规划中，我们把提高能效、引进优质洁净能源、实现洁净使用各种固体、液体和气体能源作为能源与环境的核心战略加以实施和贯彻。

通过调整能源结构、提高能源利用效率和实现洁净用能，我们相信北京市当前能源利用现状中所存在的问题一定能够得到克服和解决，还首都市民一个蓝天，给2008年奥运会一个清新的大气环境质量。但是，我们必须看到北京市未来的能源结构中化石能源占有极高的比重。因此，就能源与环境而言，我们还面临着大量使用化石燃料所排放的大量温室气体的威胁。温室气体会产生温室效应，造成气候变化，带来更多更广的环境灾害和人类的生存条件的恶化。1998年世界各国达成的京都议定书正是反映了人们面对这一威胁时，对不排放或少排放温室气体的新能源结构的期盼和共识。世界上很多国家已经积极采取措施，按照这一共识为减排温室气体而努力。如欧盟规定：其成员国在2002年之前必须使可再生能源在其能源结构中达到22%的比例。作为北京市2008年奥运会三大主题之一的绿色奥运正是基于这样一个背景提出的。

中国是世界上温室气体的第二大排放国，仅次于美国。随着中国经济持续快速发展以及能源需求的日益增长，我们会承受越来越大的减排温室气体的压力。北京市目前和未来对化石燃料使用和需求很大，因此减排温室气体将日益会成为我们所面临的更具挑战的一个能源与环境问题。因此，奥运需要绿色能源，北京更需要绿色能源。我们要办绿色奥运，更要建设绿色北京。但是，在目前正在进行的能源规划中，我们尚没有清晰而明确的减排温室气体的能源调整战略，更缺乏从减排温室气体的战略高度对北京市可再生能源发展方向的规划。

因此，我们要以绿色奥运为契机，推动和促进北京市以减排温室气体为目标的可再生能源发展战略的形成和实施。我想这是今天我们这个以“北京绿色奥运——可再生能源发展途径”为主题的研讨会所应承担的历史使命。但是，我们不应拘泥于探索2008年奥运会使用绿色能源承诺的实现途径，应从更广泛的角度来探讨北京市，乃至全国可再生能源的发展途径。因为，只有北京市，乃至全国的可再生能源战略得到认知和实施，我们2008年的绿色奥运战略才能有可靠的保障，才有实践的意义。

因此，我希望通过这个会议，探讨下边一些我们迫切关心的问题：①北京市可再生能源发展战略；②北京市可再生能源战略实施的政策条件；③北京市及周边地区可再生能源的资源状况及其开发前景；④发展可再生能源的技术现状以及未来可能的技术进步潜力；⑤北京市可再生能源发展战略的社会和经济效益的近期、中期和远期预测和评估。对这些问题的探讨，将能够为北京市制定和实施可再生能源发展战略提供科学依据和决策支持，使北京市的能源结构中增添更多的绿色。

最后，我预祝本次研讨会圆满成功。

北京软件产业发展的形势与问题

俞慈声副主任在2001年11月8日第二次软件产业协调会议上的讲话

在2001年2月23日林副市长主持的“北京市软件产业协调会议”第一次会议上，与会单位对今年软件工作的“折子工程”达成了共识，共确定了10个方面的37项工作。8个月来，在主办的21个委办局的共同努力下，进展基本良好，目前已经完成了14项，正常开展工作的有21项，没有落实的有2项。现将总体情况及需要领导协调解决的问题汇报如下：

（一）上半年我市软件产业发展形势

1．企业及产品数量：截止到8月底，北京市经过认定的软件企业数达到569家，占全国的50.18%，登记软件产品1728个，占全国的59.38%。

2．产业基地建设：规划内的三个软件园（中关村软件园、北工大软件园、昌平中软软件园）进展顺利，“中软”一期已经完工2万平方米，中关村软件园孵化器和公共技术支撑体系大楼年底可以完成3万平方米，北工大软件园已经完成立项。

3．创业孵化体系：已建的北京863软件孵化器4月得到国家科技部批准成为国家级项目。利用现有房产资源，新建了信息产业部六所软件孵化器，正在组建的有中关村软件园孵化器、信息安全产品孵化器。

4．政策落实：截止到8月底，我市共有318位高级人才得到财政专项奖励，奖励金额逾1000万元。软件产品增值税累计退税4.26亿元（其中去年累计2.96亿元），享受退税的产品数1180个。

5．教育培训：教育部兴办软件学院的试点中，我市5所大学通过初评（北大、清华、北航、北邮、北工大）。连邦软件培训基地和一轻、机械等两个技校已经开始招收软件蓝领学生。

6．产业投资；目前国际十大软件公司已来京建立研发和生产机构的达到3家（MICROSOFT、IBM、CA），初步决定在京设立研发中心的有两家（ORICLE、SUN）。国内大型软件企业东软、亿阳、浪潮决定在京建立研发生产和商务基地。重大软件基础设施工程——北京软件公共技术支撑项目今年已投资建设。初步已争取到国家级项目有四个——国家863软件孵化器、国家信息安全产业基地、电子政务示范城市、国家软件产业基地(中关村软件园)。

7．骨干企业:我市达到科技部火炬计划骨干软件企业标准的企业已由1年前的15家增至21家,通过CMM评估的国内企业由一年前的1家增加到3家,中科红旗、北航大用等公司分别得到数千万元的注资。

8．软件协会换届:根据去年11月6日刘淇市长主持的市长专题会议的精神(京政会[2000]146号),市科委加强了对软件行业协会的指导协调,目前已经制定了换届方案。换届工作已经在进行。

(二) 当前存在的一些突出问题

1．软件产业发展专项资金没有落实

18号文件和4号文件中提到的一些重大资金没有落实到位,如对软件基地的基本建设资金、风险投资、对CMM认证给予支持的外贸发展基金及教育专项资金等,这导致了软件产业基础设施建设,重大技术项目投入、规模化的高级人才培训及软件企业出口支持等资金明显不足。

2．尚未建成规模化的软件园区

北京尚未建成规模化的软件园区,软件企业缺少扩大规模的适合空间,造成企业经营开发成本高,专业化服务体系难以建立和健全,对软件产业实行特殊扶植政策的余地很小,制约了北京软件产业向规模化发展。

当前全国其他省市不断加大对软件产业的支持力度,新软件园区和新软件企业不断涌现。各地建设的软件园已由一年前的19家增加到35家。由于各地软件园对于高级人才、国家项目、重点成果等关键稀缺资源的争夺十分激烈,软件市场的竞争也在加剧,行业利润率有所降低,这对于至今仍未建成实体化基地的北京形成了越来越大的潜在威胁。

3．缺乏明确发展战略和有效实施对策

国务院18号文件发布后,中国软件产业进入到了一个非常关键的时期。与此同时,国际上微软的“.NET”计划加速了软件从产品向服务的产业转型。微软公司和开放源码运动在世界范围展开的激战,都将直接影响我国软件的产业发展模式。如何站在国际化的视角上,面对申奥成功和加入WTO的新形势,进一步确定北京软件产业在全球的市场定位和赶超目标,加快发展步伐,尚缺乏明确的战略与对策。

4．软件盗版形势依然严峻

北京地区经过前一阶段的市场整治,街面贩卖盗版软件的游商得到一定程度的遏制,但非法复制软件的计算机用户(包括企事业单位、国家机关等集团用户)仍然大量存在。由于尚缺乏一种思想意识领域里深层的共识、有效的监督、严格的法律法规和必要的资金投入,因此仅靠现有的行政手段打击盗版成效不大。

5．政策仍需加强落实

今年以来,北京软件产业的政策落实和创新有很大进展,但仍有部分企业反映政策的落实还存在一些问题。当前国内许多城市不断出台新的人才、投资及房租补贴等政策,形成了全国性的政策竞争态势,这场竞争的中心目标之一就是如何从北京挖企业、挖人才、挖技术。所以加强对政策的宣传、细化和落实就更加重要。

（三）提请市领导解决的问题

1．建立软件产业发展专项资金

建议尽快落实京政发(2001)4号文件中第6条设立"软件产业发展专项资金"。根据目前形势需要,该项资金使用方向建议在四个方面:以资本金方式投入到863孵化器公司、信息安全基地等重大国家级项目;以补贴形式支持规划布局内软件园和孵化器公司引进的重点企业的房租和网络费用;为国家有关部委的研发和产业化项目匹配资金;用于软件企业出口专项奖励。资金规模建议为5亿元,每年1亿元。由市财政或由计委、经委、信息办和科委各筹集1/4。建议资金统一安排、集中管理,重大项目由软件产业协调会议决定。

2．加快中关村软件园建设速度

中关村软件园是"出形象"的关键,今年建设取得了较大进展。目前存在的问题:一是园区内建设中的公共技术支撑体系,将是一个面向软件园、孵化器并通过科教网为全市软件中小企业服务的非营利性基础设施项目,项目所需的设备和开发费用8000万元已由市科委落实,还需请市计委协调安排基本建设费用3500万—4000万元。(其中国家计委为软件基地匹配的2000万元建议安排在这个项目上,另需1500万—2000万元请市计委安排)。二是园区实际土地开发成本和政府限定优惠地价的价差(1000—1400元/平方米)如何弥补,需要尽快向中关村软件园公司明确。三是根据京政会(2001)16号文件的指示精神,入驻大企业特别是国内外著名软件公司可以享受集成电路产业的优惠政策,这首先需要明示给二级开发主体(如:有可能是房地产公司与企业联建出租或是国内外著名软件企业自建自用),同时要统筹考虑,留足地块,建好房屋。四是需要着手研究中关村软件园今后的管理模式问题,根据国内其他软件园的经验教训,如何管理对软件园的运作影响很大。

3．支持863软件孵化器的扩大和发展

北京863软件孵化器已经被国家"十五863计划"列为体制创新的重点工程,科技部希望有影响、有形象,作为我国软件产业技术创新的旗帜和中关村地区自主产权高技术产业的标志。为此规划由863孵化器公司为主体建设"863软件大厦",其中包括863著名企业总部(或研发总部)、863主题专家组、863国家著名实验室及863软件孵化器等四个功能部分,成为集研发、转化、产业化于一体的自主技术软件基地,主要定位于863软件成果的转化及项目、企业孵化,是我市软件孵化创新体系的核心。

孵化器的下一步建设需要国家、市和区县三级政府给予大力的支持。

科技部有关司处已经原则同意将在863计划中安排部分资金作为863成果转化的种子资金,进入孵化器内的企业可优先享有申请国家863计划的权利。

希望得到地方政府支持的包括:从北京市软件产业发展专项资金注入资本金8000万元;请区县政府(如:海淀、昌平)在用地及规划上进行协调,对于建设地价给予部分减免。

4．规划建设国家信息安全产业基地

基地功能:制定信息安全产业规划、整合优势企业和事业单位的资源,用适当的政府采购机制和市场准入机制,并通过对基地企业和产品的资质认证,规范和培育信息安全市场。目前基地建设方案已经初步完成,科技部已经原则同意我市组建国家信息安全产业基地。

需要市里尽快解决以下三个问题:

明确基地组织管理模式和管理机构,明确基地管委会的牵头单位与组成单位。建议现阶段由科委牵头完成基地的组建方案及报科技部的审批手续,各相关单位对口向科技部和其他国家主管部门接洽、协调。建议由北京软件产业促进中心作为基地的日常办事机构。

落实8000万元信息安全产业专项资金，用于“十五”期间信息安全基地建设，主要支持三方面的工作：科技项目研发，成果产业化，人才培养。每年通过基地项目方式管理，并以此向科技部争取5000万元的配套资金支持。

组建信息安全基地公司，专业从事信息安全孵化工作。

5. 通过政府采购、保护合法版权和自产软件

一是引导和建立合法版权的软件市场环境，二是在电子政务、校园网和奥运会等政府采购的项目中给国内软件企业一定的竞争机会和市场空间。建议由市科委牵头，市法制办、市政府采购办、信息办、政研室、市版权局等部门参加，研究建立一套符合WTO有关条款的政府采购法律规范，以法律形式强制各级政府部门及财政预算拨款的事业单位购买一定比例的国产合法版权软件产品。同时，建议由信息办、科委、政府采购办等部门组织有关专家制定政府信息化工程的技术及标准，在此基础上对国内软件企业进行评估，对其技术和产品进行测评，确定采购目录、强制采购国内软件比例和优惠幅度，并定期动态调整。

6. 软件产业优惠政策尚需进一步完善

目前仍未解决好的突出问题，一是增值税“即征即退”办理程序不够便捷；二是上年新成立的软件企业无法通过年审。经市国税局领导协调可采取备案的方法，建议尽快出实施细则。地税局在落实所得税返还时，建议也照此原则办理。年底为落实所得税的退税的关键时期，建议税务局就发现的问题及时与主管部门联系，协商解决，防止再现上年企业大面积向中央反映问题的情况。软件高级人才专项奖励政策预计明年比今年会有较大幅度的增长，为使政策具有连续性，建议2002年财政预算4000万元，即增加2001年3000万元预算的30%。

7. 支持软件出口联盟

建立北京软件出口联盟，是壮大骨干企业、扩大出口的重要措施，也是北京软件产业最薄弱的一环。目前企业在办理出口业务、境外设立公司的审批、人员出国手续等方面感到手续繁琐，并缺乏权威的中介咨询机构。建议市外经贸委牵头，科委、海关等相关部门参加对软件企业出口中的问题立专案，对企业提出的问题逐项研究解决办法。同时积极向国家进出口银行、海关、经贸部及我市有关方面争取多方面更有针对性的扶植手段。

8. 改善企业和社会力量建立软件培训机构的审批办法

软件产业发展对不同层次的人才需求很强烈。根据9月市人事局组织考察团赴印度考察的情况看，印度在软件人才培养方面，企业和社会力量所起作用远远大于正规大学，印度NIIT、APTEC等民间培训机构已成为全球最大的软件培训机构之一，并使软件培训企业成为印度名列前茅的出口创汇企业。印度政府对软件培训不设任何门槛，培训机构审批1周左右就可以完成，值得我们借鉴。我市利用社会力量兴办软件培训机构（非学历）审批较严，主要原因是各级教育管理部门对培训机构进行较严格的总量控制和质量控制。建议对软件培训也能借鉴教育部软件学院的办法，对国内知名的软件企业、研发机构、中介咨询机构兴办软件非学历机构，实行特殊的扶持政策。

2001年顾问工作的总结和意见

俞慈声副主任在2001年11月27日顾问联络员总结会上的讲话

2001年是市政府专家顾问团换届后工作的第一年，在市委市政府的领导下，在各专家顾问组挂靠单位和全体专家顾问努力下，专家顾问团工作顺利开展，对首都经济社会发展起到了一定的作用。今年专家顾问团所做的工作主要包括以下几个方面。

（一）开展多层次、多领域咨询工作

市政府顾问团是高层次专家咨询团，它在三个层次上开展咨询工作，即为市政府层次做咨询，为委办局层次做咨询，为区县和企事业单位做咨询。它一般开展三种类型的咨询，即决策咨询、技术咨询和管理咨询。今年咨询工作的特点是结合北京市经济社会发展的热点、难点、重点问题，开展跨组的联合咨询。这样的事例是很多的，仅举几例。

1．对审批制度改革进行咨询

建立社会主义市场经济体制和加入WTO都要求政府职能有一个大的转变，转变的总的方向是提高管理层次，政府不再参与企业行为，而把工作的重点放到搭建基础平台和改善政策环境上，而这种转变的具体表现是精简不必要的审批事项。

为了把这件工作做好，市政府专家顾问团专门就“精简北京市行政审批事项及改革审批制度”，配合编办组织了联合咨询，邀请了李致洁、陈文、王安耕等专家进行咨询，专家们逐项考核了审批事项，对其利弊优劣进行了对比，对拟保留和拟取消的审批事项都提出了咨询意见并做了说明，为政府最后决策提供了决策支持，使精简工作得以顺利进行，数十项审批事项被精简。这实际上是对社会资源的一种大的解放，是对人为障碍的一次大的清除，对重塑政府形象，提高工作效率产生了重大作用。

2．对“十五”科技发展规划进行联合咨询

“十五”科技发展规划是对“十五”期间科技工作进行指导的纲领性文件，要求文件具备科学性、战略性、方向性和权威性。对于这样一个重要文件，其撰写的过程是十分认真和严谨的，布置了多个先期课题，并进行了多次专家咨询，在这方面市政府专家顾问团发挥了重要作用。在规划撰写和定稿的过程中，市科委聘请了顾问团科技发展组的顾问郎志正、郭励弘、吴贵生、齐让、王德禄等专家，以及其他专业组的左铁镛、李明时、刘谦、江雷、林瑞超等专家对“十五”规划讨论稿提出了许多很有见地的意见。例如，左铁镛院士提出了用新材料技术改造和提升传统产业的思路，李明树提出了北京软件产业发展的优先领域，王德禄提出了北京高新技术产业的梯度布局的想法等，这些意见和建设，对北京“十五”科技发展指导思想、工作部署、保障措施的形成做出了重要贡献。

3．对科技奥运进行联合咨询

2001年7月13日，北京申奥成功，这表明中国的综合国力日益增强，中国的国际威望日益提高。申奥成功后，一系列现实的问题摆在我们面前，北京奥申委所承诺的“科技奥运，人文奥运,绿色奥运”都要在2008年奥运会上实现。为了以实际行动支持奥运,市政府专家顾问团组织了联合咨询。顾问们反响强烈,积极参与,发表了很多有真知灼见的意见。

参与这次咨询的有:城市供水节水顾问组、法律法规顾问组、防灾减灾顾问组、城市燃气顾问组、水资源顾问组、传统工业顾问组、环境卫生顾问组、信息化顾问组、软件顾问组等二十多个顾问组。

专家们各抒己见,提出了一些很好的建议。例如,软件顾问组的顾问王珊、陆宏钧教授提出要建立“奥运数据中心”,认为这是科技奥运和数字奥运的基础设施。在这个奥运数据中心中,应该存储有关奥运的基础数据和信息,包括:运动员、教练员、运动队、体育场馆、比赛项目、历史比赛记录等。“奥运数据中心”所提供的检索、分析和挖掘工具,可为政府,为体育部门、新闻媒体、研究机构及广大市民提供各自所需的信息,满足不同的应用需求。

电子信息组的顾问钱宗珏认为,到2008年,北京在通信信息方面应努力实现如下目标:①确保新型多媒体信息畅通传递,保证信息以各种宽带和速率,从天上、空中、地下等多种传输通道在核心网、城域接入网中畅通无阻地向全国和全世界提供安全和可靠的、优质高效服务;②建立国际一流的多元化、立体的新型基础网络,以DWDM光纤通信、数字卫星通信和第三代移动通信等新世纪高新技术为基础构筑北京新型通信信息网络;③建立GPS,GIS,GRS等3S系统,以保障全市交通信息体系、安全体系和各种信息系统发挥最大潜能;④将IC卡普遍推广应用到银行、公交、水电、商场等各行各业中去,届时,电子政务系统、电子商务系统、电子税务系统将得到普及,北京将建成全国通信信息中心和第一流的国际信息港。所有这些信息基础设施都会为科技奥运做出贡献。

专家顾问还就环境保护、污染防治、水资源利用、控制城市噪声、智能交通、智能建筑、奥运雕塑等问题发表了很好的意见。市政府专家顾问团办公室将这些意见集中起来,接连出版了三期科技奥运建议专集,已报市政府有关部门。并将其中的一部分在北京日报上登出专版,引起各界人士好评。

4. 对入世以后的人才工作进行联合咨询

加入世贸组织后,为首都实施人才战略带来前所未有的机遇,同时我们原有的工作方式和手段也面临着严峻的挑战,给北京市人才工作提出了许多新的课题。北京市专家顾问团和人事局,就加入世贸组织后,人事人才工作如何与国际接轨,人事人才服务的职能、工作方式如何适应企业的需要等问题进行了联合咨询。专家们指出,入世以后,在人才引进上,我市要控制一般性人才的无序扩张,重点引进高层次人才和关键性人才,创造不求所有,但求所用的机制,把单纯“引才”同“引智”结合起来。职业经理人是社会生产力的重要组织开发者,要建立专门的职业经理人市场和信息网络,运用市场机制配置职业经理人,同WTO接轨,同市场经济相融。专家们还指出,要加大职称评审制度的改革,搞社会化评审,评聘分开,改变几十年一贯制的评审机制和评选方法,在职称评审和突出贡献专家评审上,要把过去在办公室看材料的评审方法,改变为深入实际考评的方法,最终还可以引进猎头公司的一些做法。这些咨询意见,为入世以后,我市人才工作的改进指明了方向。

像这样的联合咨询、跨组咨询的例子还很多,例如,对北京市重大科技项目的立项、对“义务教育暂行办法”的制定等进行了咨询。今年顾问咨询工作有几个特点,一是能够结合北京经济社会发展的热点、难点、重点问题进行咨询;二是组织多次跨领域、跨行业、跨组别的联合咨询;三是将咨询意见通过多种渠道向社会有关部门发布。这些咨询工作中的成功做法,我们在今后的工作中应该继续坚持下去。

（二）开展课题研究

开展课题研究是今年顾问工作的一个特点，而课题研究又是和顾问工作紧密联系的。通过调查研究，对某一事物的现实情况和发展变化的规律有一个深刻的了解，在这个基础上再对相关部门做出咨询，这样不但可以提高咨询的科学性、针对性，而且可以提高咨询工作的有效性和有用性。

1. 关于建立个人信用制度的研究

高新技术产业发展到一定阶段，就会遇到产业资本和金融资本融合的问题，而要实现这种融合就要建立好的信用制度，包括个人信用制度。个人信用制度是孟学农常务副市长十分关注的课题，孟副市长曾多次指示，要开展这方面的研究，制定实施方案，在全市推开。对于这一市长热点问题，专家顾问团金融组和市政府研究室联手，确立了调研课题"建立个人消费信用制度"。该课题将通过了解国内外建立个人信用制度的基本情况，借鉴发达国家和香港地区的经济，结合北京特点，形成北京市建立个人消费信用制度的研究报告，报告将分析建立个人消费信用体系的优势及制约因素，提出北京建立个人信用体系的总体思路、运行模式和管理体制，并设计建立个人消费信用体系的实施方案。预计，课题将对北京如何建立个人消费信用制度和体系，提出可行的咨询意见。

2. 关于北京商务中心区功能定位及配套政策研究

随着经济社会的发展，北京已经形成多个功能区组合的框架结构，其中北京的中部为政治功能区，西北部为科技教育功能区，东部为商务功能区，东北部为体育功能区，而其他地区为产业功能区，生活功能区和生态功能区。为了更好地体现城市功能区的作用，专家顾问团政策组、北大城环系、市政府研究室共同组成课题组，开展"北京市商务中心区功能定位及配套政策"研究。该课题将通过与国外著名城市功能区的比较研究，确定北京商务中心区的功能定位和发展目标，论述商务中心区与中心政务区、科技创新区之间的关系及分工，提出商务中心区的整体规划和发展步骤，并为加快商务中心区建设提出对策建议。其中的很多建议在商务中心区建设中会有一定的参考作用。

3. 关于"面向新世纪的首都会展业"研究

新世纪是人才辈出的年代，也是理念倍出的年代，如新经济、数字经济、网络经济、虚拟经济等都代表了一些新的发展理念，由于这些概念都包含了一些新的内涵，所以人们要通过讨论去理解它，这样的会越开越多，于是开会、研讨、交流、论坛等便成为一种新的产业，而且这样的产业很可能在北京新的产业结构中占有一席之地。一些专家认为，北京是国际交往中心，人流、物流、信息流量大面广，因此应该大力发展会展业，使之成为与首都地位相称的重要支柱产业。政策研究专家组的顾问会同有关单位的研究人员确立了"面向新世纪的首都会展业研究"课题，课题将研究会展业的经济效益，会展业的社会意义，会展业的发展潜力，会展业的发展目标和推进会展业发展的政策措施。通过这个课题，我们很可能会看到一个新的产业迅速崛起。

从总的情况来看，今年是专家顾问团开展课题研究的第一年，在市政府专家顾问团中，共有 22 个顾问组申报了课题，一共确立了 40 项研究课题。相当多的顾问组都从事了很有价值的课题研究。今年的课题研究有这样几个特点，①选题较好，一般能围绕政府和市民关心的问题确立课题；②研究工作和咨询工作联系较为紧密，一些研究成果可以直接用于咨询；③课题组组成也比较合理，一些顾问组在做课题时，请了其他相关领域的专家，以增强课题组有研究能力。④制定了顾问团调研课题的管理办法，对课题的立项、经费拨付和使用、课题组织管理、课题成果管理等都做了规定，使顾问课题的管理更加规范和科学。这些好的做法我们以后要坚持下去。

（三）组织和培训

市政府专家顾问团成立以来，在决策咨询、项目论证和一些大型社会活动的组织方面发挥了重要作用，于是一些区县也产生了成立顾问团的需求。市政府专家顾问团办公室，与这些区县联系，进行了多次交流与讨论，在人员遴选，机构设置，活动组织，咨询方式等方面对区县的顾问工作进行了指导，帮助密云、大兴、朝阳等区县设立了区县政府顾问团，使区县顾问团在区县的建设与发展过程中起到了重要作用。

进入新世纪以后，人员的培训和教育问题变得十分重要，广大干部需要了解新的形势，新的任务，新的工作方法；尤其是加入 WTO 以后，工作人员需要了解我们所面临的新的机遇和挑战。结合这一需求，顾问团办公室组织专家为丰台人大代表、海关中层管理干部、东城区委、区政府组织了报告会和培训，得到了与会者的好评。

（四）参与各种人才的评选工作

在知识经济时代，人才是推动经济社会发展的关键性的要素，为了配合人才的培育和选拔，市政府专家顾问团办公室组织专家顾问参加了各种评选活动，例如参加了市委组织部评选北京市突出贡献专家的活动，参加了评选 2001 年北京市优秀青年知识分子的活动，这些评选活动选拔了优秀人才，为青年人树立了学习的榜样，是对青年发展方向的一种重要引导。

（五）建立市政府专家顾问团信息网站

为了将现代化的手段使用于顾问团的工作中去，加强顾问间的交流与沟通，提高顾问团办公室的管理水平，我们建立了北京市政府专家顾问信息网站，该网站将能够存储顾问的个人资料，存储顾问团工作的相关信息和资料，提供各地顾问工作的信息和动态，存储有关顾问工作的相关研究报告，存储相关领导有关顾问工作的讲话和报告，动态性的存储有关顾问工作的指示，讲话和文件，并可进行顾问思想、信息、意见和建议的交流。目前，信息网站资料整理和录入工作已基本完成，现正在调试，即将开通。将来会根据顾问使用过程中的意见和建议，逐步地改进和完善这一网站。

（六）编发顾问简报

2001 年已编发顾问简报 20 期，顾问简报发至市委、市政府有关部门，得到有关领导的重视。有些顾问单位和顾问个人对顾问简报非常支持，例如，国务院发展研究中心专家来稿多达 9 篇，粮食及经济作物组专家来稿达到 6 篇。大部分顾问组都提供了专家来稿和简讯来稿。但是，仍有一些专家顾问组，因为工作过于忙碌，全年没有提供任何稿件，我们希望这些顾问组在新的一年中能够改变这种状况。

（七）新的一年的工作

应该说，今年的顾问工作开展是顺利的，是有成效的，这是和顾问组挂靠单位对顾问工作的管理和指导分不开的、是和各位专家顾问的努力分不开的，也是和各位联络员的努力分不开的，在这里我谨代表市政府专家顾问团，向各位专家，各位联络员，各顾问挂靠单位负责人表示敬意和感谢。但是应该说，我们的工作还有缺点和不足。下面对明年的工作讲几点意见：

1. 顾问、顾问挂靠单位、顾问团办公室要保持密切联系。应该说有些顾问组在这方面做得是很好的，他们经常到顾问团办公室来，进行交流和沟通，有时到科委其他处室办事，也顺便到顾问团办公室来坐一坐，这样很多情况就可以有一个大致的了解，思想上容易形成共识，一些变化了的情况也可以及时掌握，这样工作开展起来就顺利得多。但是还有个别的顾问组挂靠单位，一年来，几乎没有和顾问联系过，这样消息难免闭塞，很难想象这样可以把顾问工作做好。我们希望在新的一年里，加强交流和沟通，相互帮助，相互促进，共同把顾问团的工作搞好。

2. 仍然要坚持年初定计划，年终做总结的做法。今年按照顾问团办公室的要求，各个顾问组在年初时期制定了全年的工作计划，计划中不仅制定了工作目标，工作内容，工作方式，而且对一些研究课题做了具体的设计。我们认为这样的做法效果是好的。在做工作之前先把思路理清，对于全年统筹使用时间，合理安排人员和力量有很大的好处，而且也便于年终进行检查和总结，这个做法在新的一年中要继续坚持下去。

3. 有些顾问组的一些好的做法，我们希望在各个顾问组中推广开来。挂靠在人事局和公安局的人力资源组和社会公共安全组，不仅制定了顾问工作年度计划，而且还针对顾问组的工作制定了顾问工作管理细则，我们希望这样的工作方法可以推荐给各个顾问组作一个借鉴。

应该说，各顾问组工作的情况是不平衡的，有些做的好一些，有些做的差一些，例如一年下来了，有的组的顾问反映说还不知道应该与谁联系，有个别顾问组的工作基本上没有开展。从客观上讲，由于政府机构改革，这一届顾问团联络员中新人比较多，对顾问工作不太熟悉。但我们认为，这个困难是可以克服的，只要我们树立积极进取的态度，只要我们主动和相关顾问、机构和人员沟通，人是可以认识的，工作是可以熟悉的，顾问工作也是可以做好的。我们希望工作做得比较差的顾问组及挂靠单位，要树立正确的态度，切实认识到顾问工作的重要性，向搞得比较好的顾问组虚心学习，我们希望他们尽快把工作搞上去。

4. 关于顾问课题：

顾问课题今年做得是不错的，明年还要做下去。需要注意几点：

立项原则，明年的课题要按照下面的原则去选题：①结合北京经济社会发展的重点、热点、难点问题开展研究；②结合与人民生活息息相关的问题开展研究；③结合专家顾问团的咨询工作开展课题研究；④提高课题研究的针对性、时效性和有用性。

课题管理，明年的顾问课题要严格按照课题管理办法进行管理，要多方组合资源，课题经费部分由顾问团办公室拨付，部分由课题组织单位即挂靠单位匹配，匹配经费一定要及时到位。要加强过程管理，坚持课题的有用性原则，希望多出精品，多出成果。

课题成果应用。顾问课题和一般课题是不一样的，顾问课题主要是为了解决咨询问题、提高咨询水平而设立的，所以顾问课题提交成果的形成也是不一样的。一般地说，不要等到课题结束时交一份大报告，当然课题报告是必要的，但更主要的是要在课题研究过程中，随时提供课题研究的阶段成果和咨询意见。特别要注意两类建议，一类是预警性建议，就是发现了一些苗头，有可能引发重大问题，必须采取一些相应的措施来解决，这类预警性的建议要随时报上来；另一类是对比性建议，如把北京的一些情况和其他省市的一些情况进行比较，发现问题，提出解决的办法。这种对比性的建议也要随时报顾问团办公室。这样课题研究和顾问咨询结合起来，能产生比较好的效果。

今后，课题经费资助要向跨组咨询和跨组研究倾斜，希望大家向这个方向发展。跨组研究和咨询可以由专家们自行组织，顾问团办公室可以帮助大家组织，总之这种组合型的课题组有可能得到更多的支持。

5. 关于顾问网站：

顾问网站今年就要开通，希望顾问关注这个网站，使用这个网站。请各挂靠单位向我们提供材料时都要附加电子版的材料，以便通过网站进行联络和沟通，并请把你们的意见和需求告诉我们，我们要进一步改善这个网站，使这个网站能更好地为各位专家顾问服务。

6. 顾问团办公室作为顾问工作的常设机构，应该说做了大量的工作，工作是努力的，但是难免有这样、那样的缺点，难免有一些疏漏，我们希望大家利用这次机会，给顾问团办公室提出意见，为今后如何做好顾问团的工作提出建议，我们相信只要大家共同努力，我们会把顾问团的工作做得更好。

在越洋公司软件出口专题会上的讲话

北京市科委副主任　俞慈声

（2001 年 12 月 6 日）

各位来宾：

大家好！

非常高兴看到北京的企业家和来自天津的越洋公司坐在一起，就软件出口问题进行研讨，也感谢王总裁为北京的软件企业工作做出指导和帮助。

软件产业作为国民经济新的主导产业，越来越受到我国各级政府的关注。自 2000 年国务院 18 号文件发布以来，软件产业进入了一个高速发展时期。随着软件产业的进一步发展，软件出口和软件企业国际化已经成为我们面临的产业发展的最重要问题和要求。

软件出口的必要性，我想有几点是我们应当明确的。首先，软件出口，进行国际竞争是我国软件企业市场拓展和企业壮大的需要，是中国软件生产规模发展的需要。其次，全球经济一体化和中国进入 WTO 是我们不可避免要参与国际竞争。第三，就是软件产业本身的技术要求，软件是一个国际化的东西，国际标准作为制衡规则使得只有国际化的企业才能生存和壮大。再有，今天的时代是信息时代，未来的竞争是信息竞争，软件出口的发展在为国家带来巨大的外汇收入的同时，是增强国家的信息化国际竞争力的必要手段。中国具有发展软件产业的优势，只要我们路子正确，中国软件在国际上是应当占有重要地位的。

近 20 年来，出口一直是我国软件发展的一个薄弱环节。2000 年我国软件出口约为 4 亿美元，同期爱尔兰为 85 亿，印度为近 60 亿，更重要的是出口在整个国家软件总销售额中所占的比例，我国是 7%左右，爱尔兰 80%，印度 70%左右。2000 年世界有超过 6000 亿美元的软件及其服务业市场，中国仅占其中的 1%左右，庞大的国际市场我们不去竞争，在战略上是讲不通的。因此，发展软件出口是国家明确的战略目标。

出口滞后同样是北京软件产业发展的突出问题，这一点从数据上也能反映出来。2000 年，北京软件及相关信息服务业销售总额约为 190 亿人民币，同期软件出口约为 4400 万美元，所占比例不足 2.5%，这说明我们的软件产业还有很长的一段国际化道路要走，我们还要付出很大的努力才能在国际化的进程中取得良好成绩。

造成我国软件出口上不去的原因我想大家都有明确的认识，有了对问题的认识之后我们的任务就是怎样去做，我们今天请越洋公司来，我想是能够为我们提供许多有益帮助的。

软件出口和软件产业国际化发展有赖于政府政策的调整和促进。国务院18号文件和北京市《关于贯彻国务院鼓励软件产业和集成电路产业发展若干政策的实施意见》，即北京市政府4号文件都相继制定了鼓励软件出口的各项优惠政策，比如，允许注册资金100万元以上的软件企业自营进出口权，对于出口型企业的ISO9000认证和CMM评估予以专项资金支持等，这些政策的出台进一步优化了软件企业出口和进行国际合作的大环境。

现在，北京市在推动软件出口和软件企业国际化方面制订了一系列工作措施，启动和开展了若干具有示范性和影响力的国际化项目。比如，中软出口联盟、国际软件教育合作、COMTEX北京软件产业基地展览等，这些项目的开展从各个相关环节为北京软件企业出口提供了强有力的支持。

北京市主管信息工作的林文漪副市长12月初与我们谈话指出，软件出口和软件产业国际化工作应当是我们今后一个时期内软件产业发展的重点工作。为切实抓好这个工作，北京市最近成立了一个软件出口协调小组，由市外经贸委、市科委、市外汇管理局、北京海关、市国税局地税局、中关村管委会、中国银行等部门的主管处室组成，更有效地指导和协调北京软件出口工作。同时，我们将进一步制定一些新的政策措施，建立一个方便、快捷、宽松的软件出口环境。

前一阶段，我们分别向科技部、教育部、信息部有关领导汇报了北京软件产业的工作进展，国家各部委领导都特别关心北京市的软件出口工作，并表示将从各方面支持北京的软件产业走向世界。我们相信，通过政府、中介服务、软件企业的共同努力，中国和北京市的软件出口和软件企业国际化一定会取得良好发展。

在北京市科技新星计划汇报交流大会上的讲话

北京市科委副主任　刘振刚

（2001年12月13日）

各位领导、同志们：

今天我们召开北京市科技新星计划汇报交流大会，共同探讨新世纪、新北京的青年科技人才培养战略，总结和回顾新星计划实施历程，提出新时期科技新星计划设想，目的是使这项计划能使更多的科技骨干人才脱颖而出，健康成长，在北京市经济和社会建设发展中发挥更大作用。

（一）新星计划实施9年来的工作回顾

1．新星培养计划的提出

北京市科技新星计划是针对20世纪90年代初北京市乃至全国专业技术队伍中普遍存在

的文革前毕业的大学生作为当时的技术骨干要陆续从当时专业技术岗位上退下来，他们中的60%在五六年中达到退休年龄，10年后到退休年龄的人员达到90%，文化大革命中被耽误的一代人难以担当起学术、技术的骨干角色，文化大革命后毕业的大学生尚未脱颖而出，使当时的技术队伍出现人才断档。针对这种情况，北京市委、市政府非常重视，责成有关部门提出了跨世纪人才工程，并制定了《贯彻中共中央国务院关于加速科技进步的意见》，提出在充分发挥中老年科技人员作用的同时，加速选拔培养一批跨世纪的中青年科学技术带头人和科技骨干，使之迅速成长，成为能够担负起跨世纪建设重任的人才。新星计划作为北京跨世纪人才工程的重要内容一经实施，迅速得到了市属区县局级单位和在京科研院所、高等学校、企业组织的响应，使这一适应时代的科技人才培养计划得以顺利实施。通过实施"科技新星计划"等对人才培养的有力措施，到2000年要形成一百名学术和技术带头人为核心，千名科技骨干为主体的高水平中青科技人才队伍。新星培养计划是北京市委、市政府对科研人员培养系列计划中层次最高的。

根据当时的体制情况，北京市科技新星计划的覆盖范围主要是面向北京市市属高等院校及本市其他企事业单位的35岁以下青年科技人才，培养周期为5年，通过资助其独立地开展科研工作，鼓励其积极参与国际合作，使其脱颖而出，成为能担负跨世纪重任的新一代科技带头人。随着形势的发展，新星培养范围逐步向与北京市共建的中央部委所属高校开放，为更多的优秀人才提供了机会。

2. 入选新星培养计划人员的总体情况

新星计划执行9年来，共有9批281人入选，目前具有博士学位的人数已达到182人，副高级职称以上已达到201人(其中正高级职称已有42人)，9批中共有31人为留学归国人员；每届入选人员平均年龄32岁，其中30岁以下人员约30%；申报人数逐年上升，竞争加剧。

从发展趋势看，来自高校的人数呈上升趋势，来自科研院所的科技人员逐年下降，来自企业的入选人数偏低。入选的人员的学历呈升高趋势，今年入选人员中博士已达95%。

近几年入选人员申报项目基本上为北京市科技发展重点领域。生物医药领域占40.82%，电子信息12.65%，农林牧12.24%，环境保护3.67%，新材料13.06%，新能源1.23%。

从新星培养计划入选人员及所在单位变化上，我们可以发现高校逐步走向社会，加入到区域经济科技发展的行列来；入选人员所在单位对人才培养的重视程度大大提高，新星申报项目在很大程度上与北京市重点发展领域相吻合，个人、单位、区域发展通过新星培养计划已经有机的结合在一起。新星培养计划吸引了相当一批留学归国人员参与到北京市经济科技建设中来，大大提高了单位的科研竞争力。

3. 新星培养计划的实施取得了明显的效果

(1) 塑造了一批真正的学科带头人

新星计划经过9年的实施，已有一批青年科技人才成长起来，在他们各自的领域中崭露头角。

北京航空航天大学徐惠彬、张广军2001年度被评为"长江学者奖励计划"特聘教授；

被评为北京市高校青年学科带头人有：余跃庆、尹宝才、陈建峰、安威、佘远斌、蒋毅坚；

赵春江现为国家863计划责任专家，农业部科技委委员，2001年获得863计划突出贡献奖；

史红民 1995 年被机械部授予“机械部青年科技专家”称号；

赵久然为全国玉米栽培学组组长、甜玉米协会副理事长；

贾继东为“全国首届百名中青年医学科技之星”、中国中西医结合学会肝病专业委员会副主任委员；

王凯军 1999 年成为国家计划发展委员会城市污水国产化专家组成员；

徐慧彬为国家自然科学基金委员会金属学科专家，总装备部先进材料专业组成员；

陈建峰 2001 年获国家高技术研究发展计划(863 计划)15 周年突出贡献先进个人；

聂祚仁为北京市高等学校特聘教授，被国家科技部聘为国家“十五”、863 计划新材料技术领域特种功能材料技术主题第一届专家组成员，国家 973 计划项目专家组成员；

闫傲霜 1997 年起作为我国第一位专家代表参加国际标准组织 ISO/tc198 的工作，1999 年应邀成为第十一届国际辐射加工大会海外主席，“安全与法规”分会场主席，成为该会议有史以来最年轻的海外主席；

等等例子，我在此就不一一列举。

另外，有部分入选新星已经打出国门，被国际学术界承认，例如刘小明 1995 年任美国运输委员会中国大学代表；王辰为美国胸科学会会员；张志谦 1996 年成为国际肝癌协会会员；李龙为英国小儿科学会会员；贾继东为亚太地区肝病学会会员；栾国明为美国癫痫协会会员。

部分入选人员已经成长为真正的学科带头人。

(2) 入选人员承担项目能力大为提高

新星计划的重要特点是以项目为依托的人才培养计划，并非单纯的项目研究。入选人员以项目第一负责人的形式，独立制定研究方案，独立组织实施，此种实施方式不仅促使年轻科技人员在自身的研究能力上取得进步，同时也在项目的组织能力、判断能力上大为提高。据不完全统计，入选人员作为项目负责人或骨干，先后承接了 87 项国家级项目，215 项部市级项目，40 项国际合作项目。

入选人员用事实证明了，在经过培养后，他们具备了承接大型科研项目的能力，已经成为科技战线的骨干力量。

(3) 入选人员的工作取得了丰硕成果

一批入选人员所承担的部分科研项目取得了重要的成果，得到了社会的承认，对社会科技经济发展起到了良好的推动作用。

栾国明的“皮层横纤维热灼治疗功能区顽固性癫痫的实验研究”，因为极具创新性，被同行称为“栾式疗法”。

冯才刚承担公安部“九五”国家攻关项目《枪弹痕迹计算机鉴别系统》的研究工作，2001 年 3 月顺利通过国家验收，以中国工程院院士为首的验收委员会认为该项学术专题达到国际先进水平，其比对速度和前十名的准确率都优于国外同类技术。

王凯军博士主持的“城市污水水解—好氧生物处理工艺示范工程”，2000 年度获国家科技进步二等奖，他的“UASB 反应器设备化及其配套产品开发”2001 年度获北京市科技进步二等奖。

北京医疗器械研究所赵洪斌主持的“BJ—6B 医用加速器”1997 年获国家科学技术进步二等奖。

北京市农科院农业信息中心赵春江主持的“小麦管理计算机专家系统”1998 年获北京市

科技进步二等奖。

北京工业大学蒋毅坚主持的“激光光散射在 Ce: $BaTiO_3$ 晶体性质研究中的应用”2000 年获北京市科技进步二等奖。

入选新星获得的奖项及发表的论文，包括相当数量的科技进步奖就不再一一赘述。

入选新星人员通过努力，为科技创新做出了重要的贡献。

(4) 入选人员中产生了一批优秀的复合型人才

经济要具备竞争力，关键点是掌握核心技术，所以技术创新被全世界所重视。技术创新的关键在于能以战略眼光看待科技发展，做出良好的判断，并在组织实施中运用现代化的管理方法达到目标，因此，项目管理人是项目成败的关键。经过努力，一批入选人员脱颖而出，成为科研管理领域内的有影响力的专家。

如朝阳医院副院长王辰、北京工业大学副校长刘小明、北京航空航天大学副校长怀进鹏、北京市外经贸委副主任陈刚，北京京仪控股有限责任公司总工史红民、北京市科学技术研究院副院长闫傲霜等。另有 156 人已担任本单位研究室副主任以上职务，其中 54 人担任所级以上职务；有 46 人在国内外学术团体担任理事以上职务，其中有 39 人次在全国学术团体任理事以上职务，有 8 人次在国外学术团体任职，13 人在北京市学术团体任理事以上职务。

入选人员用他们的工作业绩证明了他们不仅在科研领域，而且可以在更广的范围内承担更重要的职责。

(5) 入选人员的敬业精神与品质为社会所认同

入选人员不仅专业技术领域取得了可喜的成绩，而且他们的良好的品质和敬业精神也受到广泛赞誉，其中许多同志获得了很多社会荣誉称号，其中包括“五一”劳动奖章、青年岗位能手、北京市“五四奖章”获得者、爱国立功标兵、优秀青年知识分子、突贡、特贴、优秀跨世纪人才等。

回顾新星培养计划 9 年来的实施历程，我们欣慰地看到一批青年科技人员终于成长起来了。我们可以说科技新星培养计划较好地完成了当初的预期目标。

回顾 9 年来新星计划实施工作取得的成绩，我们的主要工作体会：一是市委市政府的高度重视，把对科技人才的培养作为一项具有战略意义的紧迫任务进行部署，并制定了一系列有利于人才发展和科技新星培养的相关政策，为科技人员的健康成长创造了良好的政策和舆论环境。二是得益于全市入选新星所在单位认真贯彻市委市政府规定，包括区县局级科研院所主管部门、高等院校的主管领导等的高度重视与支持，他们为入选人员提供配匹资金，提供良好的科研条件，使他们能顺利地完成新星计划所规定的各项任务。三是新星的选拔贯彻了“竞争择优”的原则，仅在市级入选时，申报人数与入选人数之比由 3∶1 到 6∶1，入选质量逐年提高。四是新星计划的各项工作严格地遵循着规范化的选择程序和管理、考核程序，并在实施过程中逐年完善，保证了选拔、考核的公平合理性。五是新星入选人员，依托单位的工作条件，围绕单位的工作目标，结合自身特点，积极开展科研活动和科研合作，努力地实现既定目标。六是适应形势发展需要，入选人员的范围有计划地向中央在京的单位开放，广纳人才，增强了社会影响；入选人员的专业领域，也紧紧围绕我市重点产业领域分布，使培养的人才与社会发展相吻合，为首都经济建设而服务。

(二) 今后新星计划实施工作的设想

新星计划从 20 世纪末提出和实施已经历了近 9 年的历程，它的实施很好地适应了当时经济社会发展的需要，培养了一批年轻的优秀科技骨干人才，完成了解决当时专业技术人员断档问题的目标，对北京市整个科技人才骨干队伍建设发挥了巨大作用。但随着经济社会的不断发展和新世纪新任务对科技人才需求的变化，原有的新星计划的部分运行程序和机制逐步显现出了它阶段的局限性，对研究领域和方向缺乏高层次、高水平引导，对人才的培养周期较长，计划涉及的人才范围较小，在经费的使用上侧重于研究项目，没有突出人才的培养等问题。针对这些问题，我们从2000年下半年进行了认真的调研和研究，在参照了上海、天津、中科院、国家自然基金会等地区和单位对青年人才培养的相关计划的基础上，结合当前乃至今后一个时期经济社会发展对人才的需求，提出了对北京市今后一个时期新星计划工作的设想。

1. 进一步提高认识，加强对新星计划工作的领导

21世纪是以经济全球化和以知识、技术创新为特征的新经济时代，人才将成为发展社会生产力的核心资源，江泽民总书记在西部考察时指出："人才是我们事业成败的一个关键因素"，"解决人才问题，既要立足当前，又要着眼于未来；既要注重使用现有人才，又要重视使用后备人才；既要积极吸引国内各地从国外回来的优秀人才，又要充分发挥本地人才的作用"。在APEC领导人峰会讲话中又指出：人力资源是最为宝贵的资源。加强人力资源能力建设，既是长远的考虑，又是现实的需要。如何贯彻这些批示精神，正确实施人才发展战略以适应新形势下的新要求，关键是要将对人才培养的认识提高到一个新水平。

历史经验表明，人才，尤其高层次人才，是一个对经济和社会发展具有决定性作用的因素。世界经济增长重心转移，总是与人才资源的开发利用密切相关。第一次世界经济增长重心转移到英国，主要是英国依靠了强有力的高层次科技人才作支撑。第二次世界经济增长重心转移到美国，主要是美国吸引和夺取了世界许多国家大批科学家。当前经济增长重心正在向亚太地区转移，我国经济发展已得到世界瞩目，为我国的人才发展提供了难得的机遇。

当我们打开国门的时候，势必要首先打开自己的家门；当我们与开放的世界接轨时，更加深刻地感到仅仅是"开"是不够的，同时要注重"放"，要实现以最小的代价，获取最大利益的开放，若没有一支属于自己的专业技术队伍，开放将会失去根基，开放将会增加成本，所以立足培养一支地区的专业队伍，特别是青年人才队伍意义重大。

致力于培养青年科技人才的新星计划，正是适应新形势下对人才的发展要求，充分发挥青年科技人才作用的有效途径。科委将成立专门组织，对新星计划实施工作各个环节进行精心组织，同时，也希望各相关单位，提高对此项工作的认识，为列入新星计划的科技人员创造一个更加宽松的工作环境，使这项计划能够发挥更大，更好的作用。

2. 适应时代发展的需要，进一步完善新星计划。

按照江泽民总书记与时俱进的理论，新星计划也要适应新形势的要求，进行必要的改革。

(1) 根据当代科技发展迅速，知识更新加快，技术呈跨越式发展的趋势，尤其是高新技术产业发展周期变短的特点，必须建立一支与快速发展相适应的高素质人才队伍，今后的科技新星培养周期适当缩短，由现在的5年调整为3年。

(2) 根据国民中高素质人才比例不断提高，特别是通过人才引进和产业吸引，大量国内外优秀人才不断涌入北京的特点，通过建立一套科学的评选标准，注重入选人员已有的专业业绩和潜能及参与对外交往的语言能力，适当提高入选人员的标准。

(3) 根据建立首都区域创新体系的需要，继续扩大对在京地区其他非市属单位青年科研人员的吸引和开放程度，变面向行政隶属单位为面向地区区域市场主体，开创不拘一格选拔和

培养人才的局面。

(4) 根据面向市场，强化竞争意识和社会发展特点，要适当调整培养方式，强调在竞争中培养人才，特别是要从承担国家和市属级项目中选拔人才。同时，也要适当调整资金的使用方向，变注重项目投入为注重人的继续教育和鼓励参与国际、国内合作。

(5) 根据北京区域创新体系建设中要搞一流科研和特色好的科研的要求，适当提高新星的培养目标，选拔和培养一批服务于本市重点发展领域能在北京乃至全国有影响力的学术、科技带头人。

(6) 根据我国加入 WTO 和政府转变职能、搞好服务的要求，新星计划要按照公开、公平公正的原则，要严格程序，增强社会参与度和监督性，确保入选人员的质量地完成既定任务。

3. 加强宣传培训和增进交流，为新星计划人员的成长创造宽松环境。

经过层层筛选，入选科技新星的青年科技人员是科技人员中的佼佼者，我们要不遗余力地利用各种媒体加大对他们的宣传力度，使他们产生"明星效应"，让社会更多的人员了解他们，这既使入选新星人员增强了成就感，也为更大范围的科技人员提供了榜样的力量。同时，我们将有计划地组织入选人员的培训工作，包括国内外的交流与考察，还将组织定期不定期的各种学术研讨与交流，为入选人员的迅速成长，创造宽松环境。

4. 加强新星计划各环节的管理，精心组织实施

按照《北京市科技新星计划暂行管理办法》，科委将组织专门力量，依据首都二四八重大创新工程的发展方向，在申报条件审核、选拔程序、经费管理、计划管理、成果管理等各个环节加强管理，精心组织，同时在整个新星计划实施过程中，努力为青年科技人员早出成果、早日成才提供良好的服务。

科技人才是国家发展强盛的希望，青年科技人才是其中的重要生力军，青年代表着希望，青年代表着未来，我想借此机会，对广大青年科技工作者表达两个意思，一是对你们的辛勤工作表示慰问和感谢，二是提出三点希望，供大家参考。第一，新星计划培养的人才是在新世纪为首都经济发展、社会进步而奋斗、拼搏的人才，为此，新星入选人员要关注国际形势，科学前沿和首都经济社会发展方向，希望你们努力学习，勇于挑战，尽快成长为各行业、各学科科技创新骨干。"新星"只是一个阶段，只有不断学习，不断丰富更新知识，才能保持"新星"的位置。同时要通过不断的学习和进步，逐步由单位科技骨干发展为同行业科技骨干乃至于更多的人员达到世界先进水平。第二，希望你们学会和关于借势，积极参与合作，善于依靠和利用地区科技资源和群体智慧，提高科技合作的意识和沟通能力，使一切可以利用的优势为我所用。第三，希望你们要努力培养扎实的专业知识和求实务实、脚踏实地的学风和工作作风，不怕困难，敢冒风险，不断提高创新能力和业务水平，努力创造自己的核心技术，拥有更多的发明专利、自有知识产权，只有这样才能更好地参与国际竞争，并在竞争中处于优势。

我们所处的时代是知识不断创新、新事物不断涌现的时代，是百舸争流、人才辈出的时代，新时代、新形势给我们提出了更新的任务、更高的工作目标，我们要认清形势，增强责任感，共同创造促进人才成长的良好环境，使科技新星计划更符合现代科技发展特点和青年科技人才成长规律，促进优秀青年科技人才，在科技创新峰值年龄就能脱颖而出，满足时代发展的需要，为首都经济建设和社会发展，让我们共同努力，创造出无愧于时代要求的辉煌业绩，迎接党的十六大召开！

北京市政府发展软件产业的战略与措施

范伯元主任在2001年12月28日市政府新闻发布会上的讲话

软件产业是高新技术产业发展的基础和国民经济发展的倍增器，是适合于在北京优先发展的战略性产业。在新世纪的初春，市政府发布了《关于贯彻国务院鼓励软件产业和集成电路产业发展若干政策的实施意见》，提出了推动北京软件产业跨越式发展的战略和一系列措施，必将对实现首都新世纪的宏伟蓝图发挥重要的作用。下面我结合《实施意见》发布的背景，介绍北京市在发展软件产业方面的新举措。

（一）北京软件产业已迎来发展的黄金时期

北京是中国软件产业的发源地，一直是全国软件产业发展的龙头区域。1998年4月国家科技部批准北京成立“国家火炬计划北京软件产业基地”；1999年6月国务院批复北京市加快建设中关村科技园区，将软件产业列为重点发展的两大产业之一；1999年12月《中共北京市委关于加强技术创新，发展高科技，实现产业化的意见》中提出实施“首都二四八重大创新工程”，软件产业基地建设列为四大基地之首。这些措施都有力地推动了北京软件产业的大发展，开创了北京软件产业蓬勃发展的大好局面。“九五”期间，软件及信息服务业销售收入的平均增长率达到25%，产值、销售收入、企业数量、开发人才等主要指标均占全国1/3以上，海关统计的软件出口约占全国2/3，北京已经成为全国最重要的软件产业化基地，并正在向国际化的方向迈进。

2000年6月24日，国务院发布了《鼓励软件产业和集成电路产业发展的若干政策》，并指出，软件产业和集成电路产业是“信息产业的核心和国民经济信息化的基础”，进一步明确了软件产业化、国际化的发展方向，标志着我国软件产业进入了新的发展阶段。在国家产业政策的直接推动下，北京软件产业进入快速扩张阶段。2000年北京市科委新认定软件企业221家，认定产品593个，相当于一天半成立一家软件企业，发展形势十分喜人。面对软件产业新的历史机遇，市政府经过认真调查研究，广泛听取意见，制定了今天发布的《实施意见》，将软件产业作为我市高新技术产业的重中之重，提出了实现软件产业跨越式发展的目标和一系列新的政策措施。目前，大力发展软件产业，已经成为全市上下的共识，北京软件产业迎来了发展历史上的黄金时期。

（二）北京促进软件产业发展的指导思想

软件产业是知识经济形态的代表产业，创新是产业发展的生命，需要我们不断探索和掌握知识经济下的产业发展规律。同时，我国软件产业的萌芽和成长是在市场机制作用下发展起来的，基本没有经历计划经济时代，是市场化程度最高的产业之一，需要继续依靠市场作用来发展产业。这是我们促进北京市软件产业发展，包括这次研究和制定《实施意见》的两个基本出发点。具体来说，我们制定的《实施意见》，重在明确目标，优化环境，突出重点，整合资源。

这次发布的《实施意见》，关于促进软件产业发展的意见共有24条，核心是第1条的“通过在政策、资金上予以特别支持，推动本市软件产业的跨越式发展”。跨越式发展是北京软件产业在新形势下的战略选择，我们的目标是：将软件产业置于优先发展的战略地位，建成全国最大的集研发、孵化、培训、生产、贸易、服务为一体的综合性软件产业基地，逐步提高对国际战略资源的配置能力，使软件产业成为首都经济的支柱产业，整体竞争实力在全国居领先地位，并尽快达到或接近国际先进水平，带动中国软件产业的腾飞。

达到我们目标的关键是优化产业发展环境。这其中包括政策服务环境、基础设施环境和软件市场环境。这次发布的《实施意见》在这几个方面都给予了重点关注。比如，为提高政府部门的服务效率，文件第2条规定，经认定的软件企业同时即认定为高新技术企业，第3条特地明确了有关部门对软件企业申请认定的完成时限的要求（30个工作日）；第7条在建设软件产业化基地方面提出了鼓励措施，并要求政府部门提前介入，主动提供服务，我们希望通过这一条的贯彻实施，能够尽快解决产业发展空间不足的问题；第22、24条提出了培育和规范软件市场，打击盗版软件市场的有关意见，有关部门正在拟订具体的措施，相信今年将会见到成效。

对软件人才的奖励和激励政策以及促进软件产业国际化的政策是我们制定《实施意见》的两个重点。这里请大家特别注意第18条，我们对于软件企业高级管理人员和高级技术人员提出了补助其首次重大消费和对高新技术企业投资的政策，力求使软件人才得到具体的实际鼓励，我们相信这条政策对软件人才是有吸引力的。在软件企业的国际化方面，我们也提出了具体的措施，如对于软件企业通过CMM认证的费用，软件产业发展专项资金将给以一定的支持。

需要向大家说明的是，这次我们发布的《实施意见》是我们北京促进软件产业发展的政策体系的一个组成部分。除这个文件中涉及到的之外，市政府关于鼓励高新技术产业发展的各项政策，特别是中关村科技园区的有关政策均是重点针对软件产业的，这些政策构成了促进软件产业发展的政策体系。我们发展北京软件产业，就是要将各方面的资源有机整合，汇成推动产业发展的一股合力，创造出“搞软件，在北京”的发展氛围，让成千上万的软件企业在北京这片沃土上成长壮大。

（三）北京近期推动软件产业发展的重要举措

2001—2002年是“十五”计划的起步阶段，也是北京软件产业发展的关键时期。市政府高度重视未来两年软件产业的发展，将实施具有全局意义的八项重大举措：

1．以中关村国家级软件园为核心，构造多层次软件园

软件园区的建设是实现“十五”北京软件产业跨越式发展的关键工程。目前我市在建的有中关村软件园和昌平中软软件园，正在规划的有北工大软件园。我们将积极创造条件，以中关村国家级软件园为核心，加快建设进度，尽快建成国内一流的软件园区，形成北京区域内不同层次的软件园群体，为我市软件企业提供广阔充足的发展空间。

2．推进863软件孵化基地建设，形成良好的创业孵化环境

软件孵化器是中小企业的摇篮，是北京软件产业形成长远竞争优势的关键。2000年1月我市在国家科技部的大力支持下，组建成立了北京863软件产业孵化器。这是全国首家863专业孵化器，在中关村科技园区内产生了广泛的影响。下一步我们将积极推广这一成功模式，扩大孵化面积，并利用北京科教网的宽带网资源，建设北京软件孵化基地公共技术支撑体系，为广大软件中小企业提供最优的专业孵化服务，使北京成为软件创业者的乐园。

3．启动软件工程师学院，初步形成软件人才教育培训体系

软件人才培训体系的构建，对于北京软件产业可持续发展意义重大，该体系包括高级人才

培训、中层开发骨干培训、软件技术工人培训和国际化培训等四个层次，我们将按照管理企业化、资金社会化、办学专家化、教材国际化、后勤社会化的原则，优化现有教育资源，为软件企业提供大批优秀人才。

4. 加强服务和政策落实工作，营造优先发展软件产业的氛围

北京发展软件产业的关键是要靠环境和服务吸引软件人才和软件企业。为此我们将认真加强行业服务和政策宣传工作，并继续出台一些实施细则和办法，将政策逐一落到实处。

为了更好地加强政府与软件企业的沟通，市政府委托北京软件产业促进中心，将建立反映北京软件产业发展全貌的窗口网站——“北京软件”(www.bsw.gov.cn)，开通了一个热线电子邮箱(bsw@bestinfo.net.cn)，收集软件企业反映的各层面问题和建议，反馈给相关部门和领导。同时我们也欢迎新闻界的朋友们和各专业人士对北京市软件产业的发展献计献策，对政府的工作加强监督，共同营造我市发展软件产业的良好环境。

5. 建立多层次合作渠道，推动软件国际化迈出实质性步伐

北京市计划要建立三个层次的软件产业国际合作渠道：

政府间层次——即建立跨国的区域间政府合作，通过与美国、爱尔兰、韩国、印度等国政府的相关部门建立合作关系，增强产业界的互动。

机构间层次——即以北京软件产业促进中心、北京软件行业协会等机构与海外中介机构的良好合作基础，促进操作层次务实性的合作。

企业间层次——即软件企业通过海外设点、代理等方式，共同开辟海外市场渠道，鼓励企业与海外公司或跨国公司总部建立出口产品代理和分包关系，共建数据加工基地、研究中心等各种合作伙伴关系。为促进中外企业间合作的开展，我市实施了骨干企业CMM认证计划，以提升我市软件企业的资质。

6. 以首都信息化应用为龙头，支持关键技术群和软件产业链

根据国家软件产业发展的总体战略部署，建立在国民经济和社会发展信息化基础上的应用软件产业化是软件产业的突破口。我们将以首都信息化为契机，树立“应用为本”的战略思想，将软件产业的发展同全市产业结构调整相结合，构造北京软件的关键技术群和产业链，培育北京软件产业的核心竞争力。

7. 完善政府采购机制，扶植自主创新的软件企业

政府采购对于扶植国产软件产业具有十分重要的作用。随着北京市电子政务工程的实施和数字北京的建设，对软件产品的需求旺盛。市政府对软件产品的政府采购日益重视，将在今年开始提出推荐进行政府采购的软件产品目录，在电子政务、社保系统、一卡通、三网合一等重大工程中积极推行政府采购，大力支持自主创新的软件企业。

8. 净化软件市场环境，成为中国软件交易中心

市政府今年特别提出，各级政府部门和预算拨款的事业单位要在部门预算中合理安排资金购买正版软件，并加大对检查力度。此外我市规划建设1—2个有规模的软件产品交易市场，继续大力开展大规模打击经营盗版软件的专项整治，净化北京的软件市场环境，形成繁荣有序的市场体系，使中关村保持全国软件交易中心的地位，形成“买软件，到北京”的好环境。

最后，我简要介绍一下北京市促进全市软件产业发展的组织体系，这是我们实施以上战略措施的重要保障。

首先，我市建立了主管副市长负责的软件产业协调会议制度。

为加强对软件产业发展的统一领导，我市建立了由林文漪副市长负责的软件产业协调会议。该会议由市主要部门的领导参加，定期对全局性的问题进行研究、协调，并监督检查各部门所负责的工作。

其次，我们组建了北京软件产业促进中心。

北京软件产业促进中心是为适应软件产业发展的新形势，于2000年10月组建的中介机构。该中心受市科委领导，是市政府发展软件产业的重要支撑和服务机构，将成为类似“台湾资讯工业策进会”式的非营利、专业性、权威性机构，起到沟通政府和企业以及产业促进、辅助决策的特有作用。

第三，加强北京软件行业协会的建设

软件行业协会作为我市软件企业群体的代表，将在市场调查、信息交流、咨询评估、行业自律、知识产权保护、资质认定、政策研究等方面发挥积极作用。我们将重视广大会员的参与，加强软件协会的建设，使之赢得软件企业的信赖和支持。

朋友们，北京的软件产业是充满希望的。我们有雄厚的发展基础，有优秀的软件人才，有优越的政策和服务，有政府的强大支持，我们相信，在市委市政府的领导下，在IT界同仁的共同努力下，北京的软件产业一定能够实现新的飞跃。

第三章 综 述

举全市之力，推进“首都二四八重大创新工程”

——“二四八工程”进展情况

（一）“二四八工程”的背景和内涵

1999年12月，北京市召开了党的八届四次全会，发布了《中共北京市委关于加强技术创新，发展高科技，实现产业化的意见》，《意见》指出：“从首都经济社会发展急需和关键问题出发，确定一批技术先进、有较大市场潜力的科技攻关与产业化示范项目，重点是实施‘首都二四八重大创新工程’（以下简称‘二四八工程’）”。

实施“二四八工程”，是北京市委、市政府面对世纪之初新经济的挑战，借鉴国内外发展高科技的成功经验，并结合北京的城市特点和比较优势而作出的重要战略决策。实施“二四八工程”是北京发展高科技、实现产业化的一个着力点，是创建首都区域创新体系的重大举措，是推进首都经济发展的根本性手段。“二四八工程”的实施，将形成对北京高新技术产业和中关村科技园区的全面技术支撑，并对北京产业结构调整和持续创新能力的提高产生重要而深远的影响。

“二四八工程”包括建立首都创立孵化体系和首都经济创新服务体系两大体系，建设北京软件产业基地、北京北方微电子基地、北京生物医药基地和北京新材料基地四个基地，实施数字北京工程、高清晰度数字电视产业化工程、大直径半导体硅晶片及大规模集成电路产业化工程、能源结构调整及清洁燃烧技术产业化工程、现代生物技术产品产业化工程、绿色食品及良种工程、水资源可持续利用工程和北京保护臭氧层工程等八大示范工程。

“二四八工程”自身是一个有机的整体，其中建立两个体系有利于逐步形成市场化、社会化的创新机制和环境；建设四个基地旨在建立基础设施良好、资源人才密集的创新平台；实施八大工程则为创新成果的产业化提供了示范模式和有效途径。

（二）实施“二四八工程”的措施和相关政策

1．建立新型的组织管理体系

“二四八工程”是在市委、市政府领导下的一项规模庞大创新工程，参与单位众多，而且又分属于各不相同的行政体系，如何将这支力量进行集成、协调和配置，使其成为目标一致、行动高效的统一整体，是首先要解决的问题。

为此，“二四八工程”采用了新型的组织管理体系，首先在行业层次建立协调机制，先后建立了北京信息化工作领导小组、北京生物工程和新医药产业领导小组等；建立了北京微电子基地建设协调会议制度、北京软件产业基地建设协调会议制度等，负责行业领域的组织协调工作。在此基础上又充分运用了市级协调机制，通过市长办公会、市长专题会、市级协调会等，研究制定“二四八工程”的工作计划和政策措施，协调解决有关重大问题。一年来已经初步形成和完善了上有市级领导决策、协调，中有相关委局办组织推动，下有研发机构和产业部门承担落实的网络化、层次化的组织管理模式，为“二四八工程”的顺利实施提供了组织体系方面的保证。

2. 积极改善政策环境

为了配合“二四八工程”的实施，北京市政府发布了一系列的方案、地方规章和相关政策。2000年6月市政府办公厅发布了《首都二四八重大创新工程实施纲要》。《纲要》论述了“二四八工程”的重要意义以及与首都经济的关系，阐明了工程的目标、内容和任务，确定了工程组织实施的方法与手段，成为指导“二四八工程”实施的重要文件。随后又发布了《关于加快科技企业孵化器发展若干规定》和《首都经济创新服务体系建设纲要》，以指导两个体系的建设。在此期间，市政府发布的相关政策规定还包括《关于贯彻国务院鼓励软件产业和集成电路产业发展若干政策的实施意见》、《北京市软件开发生产企业和软件产品认证及管理办法》、《北京市政务与公共服务信息化工程建设管理办法》等，这些政策法规的颁布为“二四八工程”的顺利实施营造了良好的政策环境。

（三）“首都二四八重大创新工程”实施和进展情况

北京市党的八届四次全会召开以后，在市委、市政府的正确领导下，各委办局通力合作，形成了“举全市之力，推进二四八工程”的良好局面。有关工程的规划或纲要都已颁布，重点项目已全面启动，一些工程已取得重要进展和一批阶段性成果。

1. 建好两个体系，培育创新能力

继2000年发布《“首都二四八重大创新工程”实施纲要》后，2001年5月，市政府办公厅又转发了《首都创业孵化体系建设纲要》和《首都经济创新服务体系建设纲要》，成为指导体系建设的重要文件。

经过两年的大力推进，首都创业孵化体系框架已初步形成，已建孵化器包括综合性孵化器、专业性孵化器、海外留学生创业园、国企孵化器、国际企业孵化器等。目前，全市孵化器总数已达47家，孵化面积达46万平方米，在孵企业及项目1110多个，提供就业机会13000多个，已毕业企业近200家；建立大学科技园10个。随着数量的增加，孵化器内部机制也不断完善，不但可以为入孵企业提供物业服务，还可提供信息咨询、专业技术、市场开拓、科技项目申报、中小企业资金申请、国际合作等多类型的服务。政府的少量投资，引导包括国有企业、民营企业、金融机构、外资机构资金在内的大量社会资金投入孵化器建设。截至目前，孵化器总投资9.78亿元，其中市政府的相关部门投资仅4500万元，我们用3%的投资，带动了全市孵化器的高速发展，推进了投资主体的多元化；2001年，孵化器又在联合和协同上狠下工夫，建立了相互联通的信息网络，强化了创业孵育协会的功能，在一定程度上实现了资源共享、信息共享和联合孵化。孵化器不但孵化了企业和技术，也培养了大批人才，孵化体系已经成为向社会输送成功企业、项目和人才的重要源泉。在数量和水平上，北京孵化器建设位于全国首位。

在建设首都经济创新服务体系方面，采取了一系列措施。通过提高服务意识，强化服务功能，向中央在京单位全面开放科技计划和项目，实现了中央资源与地方资源的对接，推进了地区科技实力的整合，进一步落实我市与中国科学院、中国工程院、国防科工委、军事医学科学院、清华大学、北京大学、中国农业大学等签署的科技合作协议；全面推进市属科研院所转制，市属107家院所，有4家进入企业，63家转为科技型企业，23家实行“一所两制”，17家转为非营利机构，鼓励转制院所在建立现代企业制度的同时，在“二四八工程”中找准定位和切入点；积极参与国家863计划、国家科技攻关计划项目的后期管理，争取更多的国家级科技成果和技术直接用于“二四八工程”；着手建立软件技术支撑服务平台、生物技术支撑服务平台、公共测试平台和共享实验室，为科技创新提供技术服务；对全市2500家创新服务机构和140多家行业组织进行了初步调查，推动了部分机构的整顿和重组，积极探索以多层行业协会为骨架的市场化管理模式，发布了《首都经济创新服务体系建设纲要》；建立了北京科技条件市场、中关村技术交易中心等机构，形成了市场化的仪器设备公用平台和技术交易平台；组织实施了科研条件服务示范工程、中关村科技园区创新服务示范工程等6项示范工程。在创新服务体系的支撑下，北京创新能力有很大提高，2000年北京R&D(研究与开发)经费达到155.7亿元，占全市GDP的6.28%，北京承担了国家863计划的40.8%的项目，攀登计划的61.3%的项目和攻关计划的40.3%的项目。已有23家世界著名跨国公司在北京建立了研发机构，研发经费达到10.7亿元，北京的整体创新能力有了很大的提高。

与此同时，出台了一批新的政策，包括《中关村科技园区条例》及配套规章，《关于贯彻国务院鼓励软件产业和集成电路产业发展若干政策的实施意见》以及配套办法，《关于进一步促进高新技术产业发展的若干规定》等。随着政策环境和创新环境的逐步改善，北京成为创新创业活动最活跃的地区之一，技术市场交易额继续上升。2001年，北京地区登记合同数23921项，同比增长12.5%，成交总金额191亿元，同比增长36.2%。2001年，北京地区专利申请量达到12159件，同比增长17.6%，专利授权6244件，同比增长5.7%。

2. 加快基地建设，推进重点科技产业化工程

(1) 软件产业基地建设和软件产业化

2001年，全市认定的软件企业407家，比2000年增长62%，经认定的软件企业总数达到723家，比上年增长86%，占全国软件企业总数的29%。2001年新登记的软件产品1243个，比上年增长72%。累计认定软件产品2418种，比上年增长106%，占全国总数的41%。全年软件及服务业销售收入达249亿元，软件产品增值税退税10亿元。在LINUX操作系统、办公套件、GIS(地理信息系统)、数据库、行业管理软件等主要领域，北京都处于国内领先地位。

软件产业基地三大软件园(包括中关村软件园、中软软件园、北工大软件园)建设取得重大进展。北京863软件孵化器有限公司被国家科技部正式批准为国家级863软件专业孵化器，信息产业部电子第六研究所成立的“六所学园软件产业孵化器有限责任公司”，成为北京市第二家软件专业孵化器。我市的6所大学(包括北京大学、清华大学等)，通过教育部兴办软件学院试点的初评，北工大软件学院开始招生，报名者十分踊跃。通过政府采购推进软件正版化的工作在社会上引起很大反响。

国际十大软件公司中的四家，包括微软、IBM(国际商业机器公司)、CA(Computer Association，电子商务管理解决方案提供商)、SUN(Stanford University Network，斯坦福大学网络公司)已在京建立了研发和生产机构，ORACLE(美国甲骨文软件公司)初步决定来京建立研发机构，东软、亿阳、浪潮等国内大型软件企业也将来京建立研发生产和商务基地。目前已有联想、用友等10家软件企业通过CMM二级以上评估，中软等10家企业加盟的“北京软件出口联盟”已经形成。

(2) 北方微电子基地和大规模生产线建设

在大规模集成电路生产线建设方面，已建成首钢日电电子有限公司6英寸0.35微米、月

投1.5万片的生产线和三菱四通公司月封装2000万片的封装测试线。目前,6英寸生产线0.25微米升级工程进展顺利。由首钢主要投资13亿美元的“8英寸集成电路生产线”已得到市政府批准,年初开始动工。

在大直径半导体硅晶片产业化方面,目前已由北京有色金属研究总院设计出年产8英寸硅单晶抛光片6000万平方英寸大型生产线,项目计划投资20亿元,已落户顺义区林河开发区。以中科院半导体所为主成立的中科镓英半导体有限公司也已开始建设砷化镓单晶材料生产线项目。

在研发设计中心建设方面,目前已建立了“北京集成电路设计园”、“北京硅普芯片企业孵化器有限公司”、“北京清华中星集成电路设计研发中心”等。“中心”研制成功的“星光一号”专用芯片,被有关专家认定已达到英特尔奔腾系列水平。2001年上半年又组建了北京市集成电路设计创业基地,在此基础上,申报了国家集成电路设计产业化基地方案,建设方案已经专家论证,获得国家科技部批准,基地科技人员设计的拥有自主知识产权的网络计算机的CPU(中央处理单元)已研制成功。

(3) 北京生物医药基地建设和现代医药生物技术产品产业化

中关村生命科技园、北京经济技术开发区“中国药谷”、京西生物医药和医疗装备创新带、北大生物城等构成生物医药基地的主体部分。各项建设进展顺利,一批国家项目落户北京。例如,博奥生物芯片有限责任公司等实现强强联合,完成国家计委2亿元和国际风险投资1.5亿元的增资工作,生物芯片研制被列入中关村生命科技园首批开工项目。在有关方面的密切关注和支持下,6名海外华人科学家在京创建北京基础生命科学研究所的工作取得较大进展,研究所主体工程建设已经启动,开创了“团队式”引入境外人才的先河。截至“九五”末期,北京已拥有4家全球50强医药跨国公司总部、9家世界医药知名企业在北京设立合资、独资企业,一批中小型独资、合资企业蓬勃发展,累计总投资额超过两亿元。

研发和产业化工作取得了一批重要成果。完成人类基因组1%测序,发现遗传性乳牙本质致病基因等;组织落实国家西药一类新药盐酸埃他卡林(抗高血压)、国家西药一类新药双环醇(抗肝炎)、吡格列酮(抗糖尿病)等一批国家一类新药的重大项目;人血液代用品正在摸索75升工艺指标。人脐带血造血干细胞库建设方面,已分离、冻存人脐带血造血干细胞5000份,并已实施多案例移植。

(4) 北京新材料基地建设和新材料产业化

在“新材料基地北新园”正式挂牌运作的基础上,去年又积极创建中关村永丰基地新材料园,目前已有中科院纳米工程中心、安泰科技股份有限公司等10多家企业与永丰基地签订入驻协议。占地1.2平方千米的纳米材料园已开工建设,研发活动主要涉及纳米材料、人工晶体、生态建材等新材料领域。清华大学和北京英纳超导技术公司研制的铋系高温超导导线长度已超过1000米,创中国目前高温超导长导线的最新记录。北京大学研制成功新型稀土永磁材料——钕铁氮,其磁性完全可与钕铁硼相比,被国际公认为原创性发明。

3. 打好基础,改善环境,加快现代化国际大都市建设

(1) 数字北京工程与城市信息化

数字北京工作从两个方面着手,一方面,积极建设首都公用信息平台,该平台已实现高速宽带多媒体信息网络与18个区县区域信息网络系统、20多个政府委办局及市人大、市政协相连接,政务专网接近完成。另一方面,积极推进重大信息化应用工程实施,包括电子政务工程、

电子商务工程、信息化社区工程及农业远程培训工程等。在目前积极推进的电子政务工程中，已有130个政务部门在“首都之窗”上建立了自己的网站，有90多项网上办公项目已在首都之窗开展，电子政务的专用软件也在积极研制之中。

(2) 环境保护与资源利用

在能源结构调整方面，重点开发压缩天然气成套运输技术和清洁燃烧技术，北京市已经引进天然气14亿立方米，在清洁能源使用方面，北京居全国第一；由林文漪副市长主持的“北京市高校清洁能源示范与相关政策和服务体系研究”课题已经启动。北京作为清洁汽车行动示范城市走在全国前列，已建成液化石油气加气站和压缩天然气加气站75座，各类燃气汽车保有量近4万辆。结合奥运建设规划的实施，北京承担了国家电动汽车研发专项，并被确定为电动汽车运营示范城市。智能化交通的研建项目已开始启动。在保护臭氧层方面，制定并开始实施ODS(消耗臭氧层物质)淘汰行动计划的框架方案。

在水资源可持续利用方面，开展了“官厅水库流域水质改善总体方案”等多项研究，为制定水资源可持续利用总体方案，提供了科学依据。

(3) 绿色食品与城市居民健康

农业科技创新体系得到进一步加强，在完善已有10个农业创新基地的基础上又支持建立了北方果树核心种质资源中心、畜禽生物制品研究中心等，建立了小汤山国家级现代农业示范园区。工厂化农业示范工程系列成果大范围推广，形成蔬菜种子种苗及现代温室设施等两大产业；已选育蔬菜新品种119个；制定了北京市绿色食品产品质量标准和生产技术规程，开展了绿色食品生产关键技术攻关，建立了5万亩绿色食品生产示范基地和25万亩农作物制种基地；创立了一批北京市优质农产品品牌；部署和启动了蔬菜良种产业化工程、转基因作物开发、农业节水示范项目、防沙治沙示范工程等一批重大攻关项目。

(四) 关于实施“二四八工程”的体会和思考

1. 政府部门间的通力合作，是推进“二四八工程”的有力保证。

实践证明，市委八届四次全会关于“二四八工程”的提出和部署是极富远见的，它凝练和提升了政府的工作科技工作的目标，确定了政府营造环境和推进全局性重大项目的工作定位。在实践中，我们体会到，“二四八工程”的精髓是“干实事，干大事，大家干”。在实施“二四八工程”期间，市计委、经委、科委、财政局、园区管委会等相关委办局，紧密联系，通力合作，形成了“二四八工程”的领导和支撑力量。正是有了这种通力合作，才构建了有利于创新的基地和环境，使不同所有制、不同隶属关系、不同技术背景的研究机构、大专院校、企事业单位在这个平台上从事多姿多彩的创新创业活动，使“二四八工程”得以顺利推进。

2. 凝聚地区资源，是推进科技创新的有效手段。

“二四八工程”的顺利推进是与中央在京单位的努力和支持分不开的。今后要继续做好资源整合这件大事。要完善服务体系，强化服务意识，真正做到“不求所有，但求所在”。要实实在在地为中央在京科研机构和科技人员解决一些实际问题，采取各种可能的方式和手段，促进中央资源、地方资源以及其他各种资源全方位、多层次、多渠道的对接和融合，构建多元结构的创新主体，使北京地区的持续创新能力有大幅度的提高。

3. “二四八工程”是“以体制创新促技术创新”的有益尝试。

“二四八工程”的实施，促进了管理体制改革的深化。在计划体制方面，实现了分段式计划向领域式计划的转变，并开始按照以“二四八工程”为主体的结构框架安排科技项目；在项目管理上实行了“顶层设计、分层管理、滚动实施”的管理模式；在预算体制改革上，实现了由分散使用经费到集中使用经费的转变，70%集中用于“二四八工程”项目，经过论证的2002年的43个重大项目已开始组织实施。这些转变使政府部门的工作效率和水平有了很大的提高。

三年大变样，十年创一流

——2001年中关村发展情况

（一）园区2001年的发展为“十年创一流”奠定了坚实的基础

在全国和北京市经济保持良好发展势头的大背景下，园区高新技术产业继续迅猛发展。主要表现在：一是各项经济指标继续高速增长。根据初步统计，去年实现增加值456亿元，同比增长40%；技工贸总收入2150亿元，同比增长28%；上缴税费92亿元，同比增长49.5%；出口创汇25.5亿美元，同比增长28%。二是企业入园保持旺盛势头。去年新认定的高新技术企业3060家，创历史新高，扣除当年倒闭和800余家被取消新技术企业资格的企业外，目前企业总数可达近万家；新增就业6万多人，就业总数可达36万人。三是园区产业发展带动区域经济整体增长，其中海淀区去年财政收入达35亿元，个人所得税比前年增长一倍，超过19亿元。四是涌现出一批具有自主知识产权的重大创新项目。主要代表有：中芯微系统公司研制的我国第一枚具有国际先进水平的实用化0.25微米32位CPU芯片——“方舟一号”和中星微电子公司的可迅速产业化的中国首枚百万门级超大规模专用芯片“星光一号”。五是海外留学人员入园创业热潮持续高涨。园区留学人员服务体系去年共接待4840名留学生咨询，2280人有创办企业意向，386个团队已领取了营业执照。从2000年6月建立留学人员服务体系到现在，共接待7060名留学生咨询，留学生在园区新创办的企业总数已达535家。

园区硬环境建设逐步向纵深推进。到去年底共新建和改扩建道路12条，总计60多千米，其中主要有学院路、成府路、北清路等；区域生态环境不断改善，3万亩良田改为苗圃和林地，绿化面积大幅增长；西区、软件园、生命科学园、永丰基地和上地北区等重点项目在拆迁、建设方面进展迅速。园区全年完成基建投资总额已超过100亿元。

国家重大产业政策促进园区发展。国务院颁布的《鼓励软件产业和集成电路产业发展的若干政策》和科技部批准的“科技型中小企业技术创新基金”已经使园区内数百家企业受益；国家计委、信息产业部已批准中关村软件园为“国家级软件产业基地”，国家外汇管理局批准园区内的外资比例低于25%的高新技术企业可以开设外汇资本金账户；科技部和国家税务总局同意调整政策区域范围，使园区在政策区总面积不变的前提下，实际可利用面积增加了约30平方千米。

（二）2001年园区主要工作任务完成情况

一年来，在中央有关部门和社会各界的关心支持下，在市委、市政府领导下，经过全市上下共同努力，基本完成了既定的各项任务。

第一，认真贯彻落实《中关村科技园区条例》，颁布实施的第一批10个配套文件取得了良好成效。如：在园区内新设立的不再核定具体经营范围的企业达16819户（含非高新技术企业)；接收非北京生源毕业生达5500余人；外商与国内自然人合资的企业已有7家；国内第一家有限合伙风险投资机构已在园区注册；园区受理投诉的工作体系已经建立。

第二，园区重点建设项目进展顺利。中关村西区完成全部拆迁工作和部分地下基础设施建设；软件园达3万平方米的软件孵化器已完工、4万平方米的软件广场已开工；生命科学园2.5万平方米的生物芯片北京国家工程研究中心的土建结构和3.4万平方米的生物医药孵化基地工程已开工；永丰基地已完成大部分区内道路工程；上地基地北区已完成外环道路和市政管线建设，8万平方米的厂房正在建设中；北大科技园已完成三期拆迁工程；清华科技园基本完成了50%的市政配套工程和6万平方米的创新中心主体结构工程；昌平园、电子城科技园和亦庄科技园的基地建设也在按计划顺利进行。海淀园发展区内"两极变一极"的经济结构调整工作已经开始，3万亩稻田已改造成苗圃和果林，启动了西北旺和温泉两个小城镇建设的前期工作。

第三，加强招商引资，积极为企业发展提供服务支撑平台。一年两届的园区"项目推介会"基本实现制度化。在去年召开的北京国际周、京港洽谈会和深圳高交会上，园区共签约93个项目，签订合同金额总计127亿元。园区去年全年实现协议利用外资6亿美元，同比增长22.4%；实际利用外资3.5亿美元，同比增长52.1%。

第四，继续做好人才的开发、引进和培养工作。去年10月，启动了园区归国留学人员创业专项资金，支持海外学者入园创业。组织园区企业联合招聘高级经理，园区全年引进高级人才1500人，并为2200人办理了《北京市工作居住证》。与美国CADENCE公司合作建立的"中关村——CADENCE软件技术培训中心"项目已签约，并正在加快实施。

第五，建立中关村科技园区服务中心，实行"一站式"办公。园区服务中心于去年7月2日正式运行，共有市区两级38个单位和近200名工作人员进入中心办公，涉及审批77项、核转21项、授权14项。截至年底，服务中心共接待咨询113000人次，受理各类登记审批、核转事项68482件，发放证照64425各。同时，有21项工作缩短了办理时间，平均缩短7天。

第六，通过多种形式丰富园区筹资渠道。为引导风险资金投向园区企业，设立了总额为7000万元的"中关村科技园区创业投资引导资金"，现已与13家国内外风险投资机构签订了合作协议，采取跟进投资方式给予支持。积极组织园区基础设施建设项目向国家开发银行和其他商业银行申请贷款，去年共获得银行信贷额度约130亿元。为解决中小企业融资难问题，由政府出资发起设立的中关村科技担保公司共向140家企业提供了担保，累计担保额已达7亿元，有力地促进了中小科技企业发展。

第七，园区企业信用制度试点工作正式启动。由市工商局、市国税局、市地税局、市质量技术监督局、市劳动和社会保障局、人行北京管理部等部门联合支持的园区企业信用体系于去年12月1日起试运行。试点工作坚持政府推动、信息开放与信用服务市场化相结合的原则，探索建立符合市场经济要求的企业信用服务体系。

第八，继续加大海内外的交流、合作与宣传。通过接待访问团组，促进了园区同海内外的交流与合作，去年园区管委会共接待了国内250多个团组近6500人次和来自世界36个国家和地区的205个团组2300多人次的访问。其中，国外部长级代表团30个，国际知名企业70余家。在建立园区驻硅谷联络处后，去年又分别在东京和阿姆斯特丹设立了联络点，加强吸引日本和欧洲留学人员回国创业。加强与海内外新闻媒体的合作，深度宣传园区。其中，在《中国高新技术产业导报》开辟《思考中关村》专栏，分30期连续报道有关中关村建设重大问题的研究与探讨；在中央电视台《中国新闻》栏目进行留学生企业系列报道；与中新社北京分社合作在全国两会期间推进《中关村科技园区专刊》；在《人民日报》（海外版）上开展了连续10次的宣传；通过《中国科学周报》与美国《侨报》合作，连续、深入的向海外华人宣传中关村科技园区。

第九，进一步促进园区各个协会开展工作。发布了《中关村科技园区社会团体管理办法》和《中关村科技园区协会组织活动经费资助办法》。联合园区各协会和部分高校、院所开展了园区首届优秀企业家和优秀创业者评选活动，候选名单已于日前通过媒体向社会公布，社会公众投票最后结果将于近期公布。支持IT专业人士协会开展了园区IT人力资源状况普查活动。组织成立了“中关村人力资源经理协会”。

第十，加快统计制度改革和数字园区建设。为减轻企业负担，在深入调研的基础上，园区采用“一套表”统计制度，并实现了统计数据的“统一采集、集中处理、资源共享”。在信息化建设方面，完成了园区电子政务系统一期工程建设和二期工程的招标，进一步推进了“数字园区”工作，实现了高新技术企业入园手续的网上办理。

（三）明确任务、加快速度，确保“三年大变样”目标按期实现

今年是中关村科技园区实现“三年大变样”的最后一年，任务相当艰巨。园区工作人员要按照刘淇市长的要求，确保实现原有承诺，使园区的高新技术产业持续和快速发展，硬环境建设有明显改观，软环境建设进一步取得突破；同时，还必须下大力气，认真解决亟待解决的重点、难点问题，如交通拥堵、行政审批制度改革、小城镇建设和农民就业以及工作人员服务不到位等。因此，园区工作人员必须保持旺盛的斗志、清醒的头脑和务实的态度，团结一致克服各种困难，努力完成今年的各项工作任务。

根据全市经济工作会议的总体部署和要求，今年，力争使园区经济继续保持20%以上的增长速度，全年计划实现增加值540亿元，技工贸总收入2750亿元，上缴税费110亿元，出口创汇30亿美元。

主要做好以下六个方面的工作：

1. 加快重点项目建设速度，确保上半年展现出新中关村科技园区的基本形象

要加快园区内产业基地等重点建设项目的土地一级开发和二级单体工程的建设进度，各建设主体要加大工作力度。各相关部门要密切配合，6月底前务必做出基本形象。主要任务是：

中关村西区要在6月底以前，完成全部地下综合管廊及空间开发的结构和回填土工程，要确保完成绿地广场建设，要有3—4个项目的主体结构竣工。下半年，要完成地下综合管廊及空间开发的设备安装调试，完成所有市政管线的安装和验收，创造入住条件。

软件园要在6月底以前，完成南北两侧及起步区中心绿地的绿化工程，实现软件广场和市政配套楼土建结构封顶，完成大部分园内及周边的道路和市政管线施工，西北旺小城镇建设要有实质性进展。下半年，要完成二期的大部分拆迁工作和全部道路及市政管线施工，农民要具备上楼入住条件。

生命科学园要在6月底以前，完成中心景观及东侧绿化隔离带工程和大部分市政配套管线施工，完成生物芯片北京国家工程中心的土建结构工程，要有3—5个项目开工。下半年，要完成天然气站和变电站建设，生物医药孵化基地和会展中心要完成主体结构工程。

永丰基地要在6月底以前，完成一期市政基础设施收尾工作和3万平方米绿化工程，建成部分标准厂房，启动3—5家入驻企业建设项目的土建工程。下半年，实施生活区部分住宅和

生产区的建设。

上地基地北区要在6月底以前，实现20万平方米的科研厂房竣工，完成3万平方米绿化。下半年，要开工建设30万平方米的科研厂房，完成8万平方米绿化。

昌平园二期要完成热交换站和供电开闭站等市政配套设施的建设；电子城科技园要完成2.7万平方米的科技大厦以及50万平方米的标准厂房的主体结构；亦庄科技园要实现累计开复工面积300万平方米；丰台科技园二期要加快按规划实施基础设施建设和环路建设。

要帮助并推动北大科技园和清华科技园加快工程进度。清华科技园要在6月底前完成创新中心的设备安装和内外装修，下半年完成创业大厦主体结构工程；北大科技园要在6月底前完成白颐路北延辅路工程，力争部分单体项目开工建设。要协助做好中科院科学城改造规划的调整工作，妥善处理拆迁安置过程中所遇到的问题。

为加快园区重点项目的建设进度，要尽快改革现行单体建设项目规划审批办法，减少审批环节、缩短审批时间；要采取必要措施，争取提前办理用地手续。此外，与园区重点项目建设相关的一个重要问题是，在这些项目建成投入使用之前，园区的核心地带由于写字楼需求旺盛，因而租金、售价长期居高不下。对此，今年要尝试使用间接手段影响市场供求。

2. 加大道路和市政基础设施建设力度，加强环境整治

交通拥堵问题严重影响园区形象，制约园区发展。今年，首先要加快道路改扩建工程，6月底前必须完成万泉河路、苏州街路、圆明园东路、圆明园西路、远大路及阜河路，共14.6千米的道路建设；第二要做好城市轻轨西直门至回龙观段10月建成通车的准备工作；第三要重点解决现有交通节点的拥堵问题；第四要尽快研究建立园区智能化交通管理系统，并制订好轨道交通规划；第五要制定优惠政策促进停车设施建设。

要加快信息化基础设施建设，进一步加强与国务院有关部委协调，争取在园区开展“三网合一”试点性工作；清河污水处理厂要在10月底以前投入运营，肖家河污水处理厂力争年底投入运营，永丰污水处理厂要尽快动工，温泉污水处理厂要尽快开展前期工作；引入市场机制加快建设，各产业基地配套基础设施建设要克服困难，确保按进度完成；加紧实施发展区小城镇建设的基础设施配套工程；尽快研究提出海淀地区总体供电能力不足的解决方案，报有关部门审核确定。

要继续加强环境综合整治工作。要使小月河、万泉河水系得到彻底治理；加快绿化隔离带的建设，再新增绿化面积200万平方米，新建超万平方米城市中心绿地2—3个；进一步加强对燃煤锅炉的改造，加快实现清洁能源供热的步骤；继续加大检查、监督和拆除违章建筑的工作力度；持续打击贩卖盗版光盘等违法行为；今年要完成主要村镇的垃圾封闭化管理、清扫、收集消纳系统建设。

3. 紧紧围绕机制、体制创新、继续推动软环境建设向纵深发展

一是继续推进人力资源体系建设。要继续做好园区驻硅谷联络处和驻东京、阿姆斯特丹等联络点的工作，今年要力争建立加拿大和美国东海岸联络点；加大创业扶植资金对留学归国创业团队的支持，进一步加强园区留学生服务体系的整体运行效率；要积极争取中央有关部门支持，在园区范围试点，落实全国创新大会决定中有关允许“从近年国有净资产增值部分中拿出一定比例作为股份，奖励有贡献的职工特别是科技人员和经营管理人员”的规定；要提出解决在园区企业工作的非应届高校毕业生的户口进京问题的解决方案。

二是继续推动中介与社会服务体系建设。要加快培育门类齐全并基本与国际服务规范接

轨的协会和中介组织，继续支持园区现有协会的各项工作；积极争取有关部门支持，完善中关村技术交易中心功能；按步骤实施《中关村科技园区海淀园商业发展规划》和《中关村科技园区海淀园医疗卫生发展规划》；力争再支持设立2—3所双语学校。

三是继续推动金融服务体系建设。要充分发挥园区风险投资引导资金的作用；进一步做好第三批向国家开发银行申请贷款项目的评审协调工作；积极推动园区企业在国内外资本市场融资；中关村科技担保公司要进一步扩大担保业务，要保持和促进银科企业联谊活动不断展开。

四是继续推动法制环境建设。要加强《中关村科技园区条例》的落实和宣传工作，继续制定、颁布涉及土地一级开发、风险投资等方面内容的《条例》第二批配套文件；进一步整顿园区的社会经济秩序，创造良好的市场环境。

五是完善"一站式"办公服务。要加强与市、区相关职能部门的沟通和协调，大力推进数字园区建设，试点网上交纳统计报表，申报社会保险等日常业务。尽快完善园区"一站式"办公体系，下一步工作重点是按照"明示工作条件、减少审批环节，合理设计工作流程、压缩审批时间"的原则改进"一站式"办公，同时合理设计服务方案，力争做到企业办事"一口进，一口出"。

六是要做好园区企业信用制度试点工作，并在原有企业信用指标基础上，增加企业法人代表的个人信用信息，进一步完善企业信用服务体系建设。

4. 加强园区发展总体规划的制定，加快编制发展区小城镇、新村建设规划并组织实施

园区建设要做到规划先行，保证各项建设在科学规划的指导下，有序推进。今年，要高质量地完成《中关村科技园区"五年上台阶和十年创一流"》规划的制定工作。此外，要在一季度完成《中关村科技园区产业发展规划》和《中关村科技园区人力资源规划》和《中关村科技园区与国际接轨规划》。在已批准的《中关村科技园区总体规划》和《海淀区北部地区规划》的基础上，加快编制西北旺、上庄、苏家索三镇的城镇规划和重点地区、重要项目的控制性详细规划，并在上半年要有重点地开始组织实施。同时要深入研究园区建设与农民就业、致富的关系。在中关村科技园区建设的同时，让农民受益，探索解决城乡发展一体化的有关政策。

5. 积极推动园区产业发展

一是大力开展招商引资工作。要充分发挥国内外商会、中介机构和园区驻外联络处的作用，形成园区招商工作体系，加强各有关单位间的协调，采取国内外路演、展示等形式，合力推进招商工作。今年，要再争取引进几家世界五百强企业到园区设立研发机构和生产型企业。

二是积极培养和推进园区的关键技术和核心竞争力。要按照园区产业发展"引进大企业、培育小企业"这两条技术路线，继续扶植重点企业和重点项目的产业化工作。

三是促进高新技术对传统产业的技术改造。要加强与有关部门的合作，推进高新技术与传统产业结合，适时启动与市农委合作建立农业高科技项目中试产业孵化基地的工作。

6. 加快发展区"两极变一极"步伐

今年，发展区一方面要实施大面积环境建设，做好绿化、美化和环境整治。优先安排沿河、沿路两侧实现绿化，形成高矮结合、疏密结合、多种叶色协调搭配的绿化带，争取新增绿化面积1万亩。要全面启动高效农业园、农业展示基地等项目。

另一方面要尽快启动温泉中心镇和环保科技示范园、上庄镇和农林科技园的建设，进一步加快西北旺镇的建设，同时，市政配套基础设施建设要紧紧跟上。要制定农民就业、社会保障等相关政策，利用小城镇建设中的土地置换等优惠政策，积极推动小城镇和新村建设进程。

（四）不断提高工作水平，转变工作作风，坚定信心、开拓进取，努力完成今年各项工作

今年园区建设的任务十分繁重，园区管理机构和建设主体的各级领导干部，必须以邓小平理论和“三个代表”思想为指导，进一步贯彻落实“七一”重要讲话和党的十五届五中、六中全会及中央经济工作会议精神，按照全市经济工作会议提出的总体要求，不断提高管理经济工作的水平，切实转变工作作风。

1. 加强对园区发展建设的宏观把握，加强学习，不断提高工作水平

建设中关村科技园区是项崭新的事业，能够参加进去应感到光荣和责任的重大，当前各种新事物层出不穷。面对众多我们所不熟悉的事物，要实现“五年上台阶，十年创一流”的目标，园区各级领导干部就要具备从宏观上把握园区发展的能力。这就要求我们的干部，特别是领导，要加强学习与园区建设和高新技术产业发展有关的政策和法律法规，特别是与世贸组织有关的政策和法规；要学会抓住带有普遍性的、共性的问题，主动加以研究、解决。为此，我们必须建立有效的信息渠道，及时、准确地了解本工作领域的重要情况和发展趋势，只有这样我们才不会掉到事务圈子里看不到方向，才能高瞻远瞩，才能使我们的工作符合客观预见性和创造性。

2. 转变工作作风，强化服务意识，确保各项工作顺利完成

从近期来看，完成“三年大变样”计划已经进入倒计时阶段，从长远来看，园区发展还有许多深层次问题尚待解决，能否顺利完成近期和长远任务，关键在于我们干部队伍的作风建设。我们要积极响应中央提出的要把2002年作为“转变作风年”的号召，把六中全会提出的“八个坚持、八个反对”的精神同建立新型的政企关系、树立“以企业为中心”的服务意识结合起来，同改革审批程序、提高“一站式”办公效率的制度建设结合起来。我们工作作风的改进，要以“企业和创业者是否满意”为标准来衡量。为此，要切实转变政府职能，充分发挥各个行业协会和民间组织的交流、自律和协调作用，政府进一步加强对宏观经济发展的研究。我们必须加强监督和反馈机制，坚持一靠教育、二靠制度来改进工作作风，今年，要把完善监督体系作为一件实事抓紧、抓好，严格干部的考核制度和领导干部的责任追究制。只有切实加强园区干部队伍的作风建设，强化服务意识和扎实有效的改革，才能不断的克服和解决园区建设和发展过程中出现的各种各样的困难和问题，完成党中央、国务院和市委、市政府交给我们的任务。

3. 坚定信心，不懈努力，继续开创园区建设的新局面

最近，媒体上有关中关村的消息、报导、议论很多，且观点不尽相同。这其实是正常的现象，甚至是一种好现象，说明社会各界都在关注中关村。在我国从计划体制向市场经济体制转轨时期，在当前一些新的经济现象冲击着传统经济的发展方式时，众多的新老事物交替，新旧矛盾交织，园区的发展、建设不可能没有问题，社会上不可能没有不同的议论。对此，我们需要始终保持清醒头脑，紧紧把握事物的本质和矛盾的性质，分清是方向问题还是方法问题，是旧体制、旧矛盾还是前进中的新问题、新矛盾。惟有此，才能坚定信心，不懈努力，找到解决问题的方法。面对困难和挑战，一方面我们要以实事求是的态度和百折不挠的斗志认真对待；另一方面，要加大正面宣传的工作力度，深入宣传介绍园区发展的客观规律、价值和我们的工作，通过宣传增进共识，加大园区的吸引力，同时调动各方面的积极性、创造性，共同开创中关村园区建设的新局面。

摘自《2001年中关村科技园区发展报告》

深化科技体制改革取得新进展

——院所改革进展情况

(一) 进一步深化转制院所改革

1. 科研机构管理体制的变化,极大地促进了职工观念的转变。科研机构转制后,根据市场定位,调整了企业发展战略,进行了有力度的内部结构调整和运行机制的改革。在实现体制转变的基础上,通过吸引社会法人、自然人、本企业职工等方式,建立有限责任公司或股份有限公司。目前,市属转制科研机构已建立了80多个股份制企业。

北京制药工业研究所进入北京制药厂,通过资产重组成为上市公司双鹤药业集团公司(北京制药厂的控股企业)的科研开发中心。该所与双鹤药业集团公司联合组建了"北京双鹤现代医药技术有限责任公司"。承担了集团公司的新产品研制开发、老产品更新、新医药中试工作,依托双鹤药业集团的强大支持,以科研为龙头,以产品开发为重点,科研生产销售紧密结合,已有5项科研成果投产。该所由于体制和机制发生了根本性转变,因此在许多方面都发生了显著的变化。双鹤公司几千万元的资金投入,改造了科研大楼与实验室;科研项目的立项开题有了大幅度增长;通过社会招聘与接收应届毕业生,进行科研队伍的调整,引进了5个博士、11个硕士,使科研队伍整体水平有了显著提高;市场开拓能力也有了大的发展,营销队伍由过去的十几个人发展到近百人,销售收入有了大幅度上升。

北京自动测试技术研究所是国内惟一从事集成电路测试及集成电路测试技术研究的专业研究所。由于长期从事国家重点攻关项目,改革和进入市场比较慢,员工观念相对滞后。在转制过程中,所里根据下属部门的情况,区别对待。两个部门是所里的主业,改制成为了有限责任公司,所里控股,占有40%的法人股,其余均为个人股。这两个控股公司是所里的优良资产,剥离出来,重点发展。另外的部门,不是所里的主业,在改制时,研究所占有10%的法人股,90%为个人股。

改制后,所里的科研和产业化进程有了明显的变化。转制调动了公司进入市场、积极竞争的主动性,也调动了员工关心公司发展、命运的积极性。现在是员工的积极性、股份制公司经理的积极性和所领导的积极性有机地融合在一起,有效地促进了全所进入经济主战场。过去所里和下属各个部门,有吃大锅饭的现象,职工也有雇佣依赖思想。产权明晰后,各个公司和员工的权利和义务都明确了,不再等靠要。公司使用所里的设备要租赁,使用房屋要交纳使用费,使公司的管理者有了市场意识,要考虑成本、提高生产率、要关心企业的利益,员工也有了危机思想。过去有的公司经理对财务情况不太了解,现在都能认真学习财务知识。有的员工过去对市场不太熟悉,现在也能主动了解市场,掌握国内和国际市场行情,对开发市场、企业的健康发展献计献策。

北京市营养源研究所以转制为契机,在新任所长的领导下,扎扎实实地进行结构调整,人才分流和股份制改造。该所对原有的两个所办公司进行了股份制改造。引进了有市场运作经验的企业投资,加上科技人员入资,使这两个公司都注册为高新技术企业。其中北京桑普生物化学技术有限公司,注册资本600万元,法人股与职工股比例为4:6。有38人入股,个人股最高为10%(科技骨干)。这一个改革的实施大大调动了科技人员的积极性。

据了解,目前大部分转制院所都在进行股份制改造。如北京市机电研究院拟联合北京控股有限责任公司、首创集团等共同发起设立北京机电研究院股份有限公司并力争上市。

2. 解决了转制院所离退休职工享受事业单位调资政策问题。

为了妥善解决好我市市属转制科研院所离退休人员享受事业单位调资政策的问题,我们在深入调研和测算的基础上,研究提出了《关于市属转制科研院所离退休人员享受事业单位调资政策的具体意见》。此意见已经出台实施。

3. 划归北京市管理的中央转制院所——北京机床研究所成功实施了债转股,与中国长城资产管理公司、中国华融资产管理公司于2001年11月22日,签订了实施债转股协议。转股债总金额2.1736亿元,中国长城资产管理公司占44%的股份、中国华融资产管理公司占19.6%、北京机床研究所占36.4%。

(二)继续推进社会公益型科研机构分类改革

2000年上半年,市属社会公益类科研机构经市政府批准,实行了企业化转制、"一所两制"和按非营利机构运行等分类改革,通过创办经济实体,加速科技成果转化,开展技术咨询服务等方式,分流了50%以上的在职人员进入市场。已经创办了科技企业80多个,其中股份制企业16个。大部分院所通过结构调整,深化内部人事和分配制度改革,建立了竞争机制,科研活力有所增强。

在我市启动社会公益类科研机构改革后,国务院办公厅转发了科技部等部门《关于深化科研机构管理体制改革实施意见》(国办发[2000]38号)和《国务院办公厅转发科技部等部门关于非营利性科研机构管理的若干意见(试行)的通知》(国办发[2000]78号);2001年8月,科技部召开了社会公益性科研机构改革座谈会,进一步明确了对社会公益类科研机构体制改革的要求:

(1) 有面向市场能力的机构(占总数的一半)要向企业化转制;以提供公益性服务为主的科研机构,有面向市场能力的也要向企业化转制。

(2) 主要从事应用基础研究或公共服务、无法得到相应经济回报、确需国家支持的科研机构,仍作为事业单位,按非营利性机构运行和管理。这类机构要优化结构、分流人员、转变机制,按照总体上保留不超过30%工作人员的要求,重新核定编制。

(3) 推进非营利科研机构新型管理体制建设。积极探索实行理事会决策制、院(所)长负责制、科学技术委员会咨询制和职工代表大会监督制度。以建立"开放、流动、竞争、协作"的新机制为目标,把人事和分配制度改革作为内部机制改革的重点。逐步推行院所长公开招聘制度,全面实行人员聘任制度和岗位管理。

(4) 科研项目经费、基本建设经费以及仪器设备改造经费等投入要与改革紧密结合,有效集成。通过加大投入,改善科研条件和科技人员待遇,使他们能够专心致志地从事科研工作,瞄准国家目标和公益研究需求,大幅度提高公益性科研工作的研究实力和创新能力。

(5) 科研机构的体制改革以部门为单位整体推进,成熟一个,启动一个,示范引导,逐步推开。鉴于各部门的情况差别较大、很不平衡,在启动时间上不搞一刀切,但应在"十五"期间全部完成。

为了贯彻国务院对社会公益类科研机构的改革精神,继续推进公益类科研机构深化改革,我们对公益类院所作了认真细致的调研,掌握了大量基础数据资料。我市公益类科研机构分布情况是：公益类科研机构共 40 个，隶属 21 个部分，其中：卫生局属 14 个；市科技研究院 6 个；环保局 2 个；市公安局、国家安全局、消防局、交通局、市经贸委、市政管委、市农办、水利局、园林局、技术监督局、国土资源局、体育局、水产总公司、市政总公司、燃气集团、电子控股公司、机械控股公司、一轻控股公司各 1 个。科研机构隶属于市政府有关部门的 28 个；隶属于企业性总公司的 6 个；隶属于事业单位的 6 个。人员情况看：40 个院所，现有编制数为 7559 人。在职职工 5215 人，离退休 2463 人。

从经济情况看，2000 年，这 40 个院所各项总收入约 4 亿元，其中事业费拨款 1.7 亿元，占总收入的 42%；承接科研项目收入 1.1 亿元，占总收入的 28%。即科研机构的 70% 的经费来自于国家。经营开发、技术服务等收入约占总收入的 30%。固定资产总值约 7 亿元。

从科研机构从事科研工作情况看，40 个院所，目前正在承担的各级科研项目有 822 项；其中，国家级项目 120 项，部市级 492 项。有 18 个院所目前正在承担 20 项以上国家和市科研项目，任务比较饱满。

从北京市公益类科研机构改革和发展的绩效看，公益类科研机构通过改革使科技能力有了明显增强。对照国务院对公益类科研机构体制改革的要求，经过分析，我们认为我市公益类科研机构在体制确实存在深层次的问题：

(1) 机构设置重复，分散，规模较小。如科技咨询类机构 6 个，在职人员不足 40 人的有 3 个。卫生口 14 个，有的专业方向与医院的需求脱离。

(2) 有市场能力的机构未按企业运行，机制不活；相当一部分可以面向市场的工作仍主要靠政府经费，未按市场机制运作。

(3) 已经进入市场的人员仍在事业体制，该加强的社会公益性科研任务由于大量经费被用于人头费，而不能得到加强。据统计，约有 2000 多人从事非公益性工作，非确需政府经费支持的，应从事业体制剥离出去。

为了解决上述问题，我们认为必须从科研机构的结构性调整入手，进行体制改革。重新审核科研机构的社会功能和定位，明确政府经费支持的机构条件和标准，由政府有关部门重新确定科研机构的方向任务、机构和人员编制。主要业务已经能够创造市场价值、获得市场回报的科研机构，以及多年来很少承担国家计划任务，须进入市场寻找新的发展途径的科研机构，要向企业化转制。

针对这些问题，我们研究提出了北京市公益类科研机构深化改革的目标：按照建立首都区域创新体系的要求，根据社会主义市场经济和科技自身发展规律，进一步优化科研机构布局和科技资源配置，科技经费集中用于应由政府支持的社会公益性科研工作。主要从事社会公益性科学研究、确需政府支持的科研机构，实行非营利科研机构管理体制和运行机制；其他科研机构分别不同情况实行改革。通过社会公益类科研机构的分类改革，使其适应市场需求，更好地为首都经济和社会发展服务。

根据我市社会公益类科研机构的实际情况，将采取下列途径深化改革：

(1) 主要从事应用基础研究或向社会提供公共服务，无法得到相应经济回报、确需政府支持的科研机构，由市科委、市编办、市财政局按照总体上保留不超过 30% 工作人员的要求，对其重新核定编制。此类机构作为事业单位，按照非营利科研机构运行和管理。

(2) 鼓励科研与教育、科研与临床的紧密结合，社会公益类科研机构进入高等学校或医院。对进入高等学校或医院继续从事社会公益科学研究任务的机构，采取由政府委托职能，经费跟进，合同管理的方式。

(3) 主要从事应用基础研究或向社会提供公共服务的科研机构，其中有面向市场能力的部分，也要向企业化转制并剥离人员和资产，完成企业工商登记注册等工作。此类机构暂由原科研机构管理，并逐步与原科研机构分离。

(4) 有面向市场能力的科研机构，向企业化转制，可转为企业、企业性中介机构或进入企业。

(5) 对于机构设置分散重复，规模较小、职能发生较大变化的科研机构，通过撤并、重组等方式，进行结构调整，资源整合。具备条件的，可申请认定为非营利科研机构；其他机构要向中介服务方向发展，可转为中介机构、科技企业或进入企业。

(6) 从事社会科学(含经济、文化、法律等)领域研究或为社会提供技术数据服务为主的科研机构，可转为业务性事业单位，按照国家关于其他类型事业单位的改革部署进行改革。

(7) 长期没有承担社会公益性科研任务，其业务非确需由财政科技经费支持，凭自身能力又无条件面向市场的科研机构，由主管部门(单位)经过调研，提出改革方案，可转为中介机构、企业或进入企业或采取撤并、重组等方式，进行结构调整。

(8) 隶属于国家机关体制，同时承担科研任务，职工为国家公务员的科研机构，按照所属部门(单位)的改革部署进行改革。

为了扶持社会公益类科研机构深化改革，市科委根据国办发 38 号文件，制定了多项优惠政策和措施，包括对于按照要求进行改革的科研机构，以市财政核定的 2001 年正常事业费为基数、“十五”期间继续保留事业经费，主要用于解决离退休人员、在职人员社会保障费用以及安置富余职工、转岗培训等；以及加入养老保险统筹、人员分流等政策。

改革的组织实施以科研机构行政主管部门为单位，整体推进，成熟一个，启动一个，示范引导，逐步推开。主管部门负责按照国家有关文件要求，制定所属科研机构改革的总体方案，明确所属科研机构的具体改革方向和任务，以及转制科研机构的具体途径；拟按非营利机构管理和运行的，要提出组建方案；制定保障改革顺利实施的措施和办法。

市科委有关业务处室按照党组关于市属社会公益类科研机构改革要与发展相结合，谁改革，支持谁发展，先改革，先支持，不启动改革或改革不符合要求的不支持，联手共同推动市属社会公益科研机构深化改革。

市科委会同市有关部门做好社会公益类科研机构管理体制改革的协调工作。科研机构的改革方案经市属科研机构转制办公室审核，报市政府批准后组织实施。

市科委负责改革方案实施的检查督导工作，统筹协调社会公益类科研机构改革的方案制定，会同有关部门抓好改革试点工作。

社会公益类科研机构改革的总体方案原则上要在 2002 年上半年确定。社会公益类科研机构的体制改革工作在“十五”期间要全面完成。改革后，预计将保留一半机构向非营利科研机构管理体制和运行机制过渡；重新核定编制后保留 30% 左右的人员。其他机构和人员通过企业化转制等多种渠道为首都经济和社会发展服务。

承前启后，健康成长

——2001年北京科技企业孵化器建设综述

1999年12月，北京市委八届四次会议提出实施“首都二四八重大创新工程”后，首都创业孵化体系建设工作取得了长足进步。孵化器的数量及其入孵企业的总体规模快速增长，其种类与运作形式渐渐呈现多样化，在创新创业资源整合上也出现了许多新的尝试和探索，孵化器已成为北京发展高科技产业的重要措施。而2001年正是孵化器发展承前启后的重要时段。这一年里，孵化器数量开始出现明显的快速增长，孵化器的质量也开始了多渠道多途径的提升，支持孵化器的各界力量的结构比例也在发生着变化。原有的孵化器逐步拓展业务领域，新的孵化器凭借良好的机制和高素质的管理队伍，正在积极营造优越的科技创业环境。这一年，北京市政府对孵化器建设依然看好，领导人依然关注，政策支持前所未有。这一年，北京国际企业孵化器开始实践低成本扩张与管理输出，其承办的“中小企业科技创新研修班”让30位海外学员在中国老师这里学到了高科技产业化的知识与经验；北内孵化器对北内集团产业结构的提升产生战略影响：“制造服务业”的定位初步确定，以孵化器为核心的“北内科技园”开始建设；望京孵化器的中介服务体系得以健全；北医孵化器在亦庄开发区的产业化基地开始运营；清华创业园独立成为有创投参与的有限公司；北京科技风险投资公司建立“海银科”孵化器，在北京开风险投资机构单独投资孵化器之先河……

总之，2001年验证了我们对科技企业孵化器发展的预测。

（一）北京科技企业孵化器发展状况

1．孵化器建设快速发展

1989年北京市建立了第一家科技企业孵化器——北京高技术创业服务中心。到1999年，经历了十余年的发展全市孵化器数量变为12家。经讨论验证，北京市政府于1999年底开始实施“首都二四八重大创新工程”，而其中的创业孵化体系建设规划则全面掀起了北京地区科技企业孵化器建设发展的浪潮，利用孵化机构数量的增加和质量的提高增强了北京对科技型中小企业的孵化扶持能力。2000年可以说是各方面根据政策确定方案和探讨未来发展的一年，是孵化器建设前期准备的一年，因此未见孵化器队伍有较大变化。2001年年初，孵化器发展之势已露端倪，接下来的一年，各种新建的、转型的孵化器纷纷出现，孵化器发展呈破竹之势。截至2001年底，全市已创建科技企业孵化器47家，两年间数量增加了近4倍；孵化面积达46万平方米，增加了4.6倍；在孵企业1110多家，增加了2.7倍；入孵企业职工人数达到17303人，增加了4.8倍；入孵企业实现销售收入35.8亿元，增加了3.5倍。其中入孵企业销售收入达到1亿元以上的孵化器有5家，他们是：北京高技术创业服务中心、中关村科技园区丰台园科技创业服务中心、北京市留学人员海淀创业园、北京望京科技创业园、大兴县民营科技企业创业服务中心。全市有14家孵化器已被认定为“北京市高新技术产业孵化基地”。

2．孵化器投资呈现多元化

近两年来，创建孵化器不再只是政府和开发区的工作，孵化器已从单一的政府投资转变为社会的广泛投资。大学、科研机构、国有企业、民营企业、金融投资机构以及外资机构等纷纷投资新建或利用已有建筑改建孵化器。同时，在创建孵化器上绝大部分机构采用有限责任公司形式。在新组建的孵化器中，区县政府投资5家，大学和科研机构投资12家，国有企业投资6家，外商投资2家，风险投资机构参与了9家孵化器的组建。社会各界对孵化器的关注增加了，对孵化器的探索积极了，对孵化器的认可普遍了。对孵化器的近距离接触，使得更多的社会力量参与到了孵化器的建设中，实现孵化器建设投资的多元化。不同的投资者对孵化器的运作有不同的要求，对孵化器的经营有不同的理念和目标。因为孵化器投资主体的多元化，北京科技企业孵化器正在涌现出一批创新孵化的新模式。其中，北医生物医药孵化器积累了运营专业技术孵化器的成功经验，清华创业园扶植了一批学生创业者，京海孵化器在探索民营科技企业发展的新路，北内孵化器带动了在国有企业内创办孵化器的热潮。

3. 孵化器发展趋于专业化

孵化器建设之初基本是综合型孵化器，没有较细的专业技术分工，技术孵化能力就相对薄弱。当前现状是入孵企业对技术平台和专业技术服务有迫切的需求，而创建专业技术孵化器可以更方便地为企业提供共用技术平台和专业支持，促使在孵企业快速成长。因此在市场需求理论的支配下，专业孵化器的旗帜冉冉升起。目前北京地区创建的专业孵化器有生物医药技术、新材料技术、软件技术、计算机芯片技术、节能和环保技术、制造业孵化器等等。到2001年底，北京地区已建的47家孵化器中有综合性孵化器23家，专业性孵化器24家。从近两年北京科技企业孵化器发展数量上可以看出，北京专业性孵化器发展势头已明显超过综合性孵化器的发展。而且在综合孵化器内部也出现“专业分块”的现象，也就是说，即使是综合孵化器，也开始按照专业领域分块集中孵化，有人称这种改革了的综合孵化器就是专业孵化器群。

4. 扶植留学生创业

吸引留学生归国创业，是近两年北京发展高科技产业的重要举措，为此北京创建了5家留学生创业园，全力扶持留学人员归国创业。其中，海淀留学人员创业园是全国规模最大、留学人员企业最多的孵化器，已吸引留学人员140多名，创办了127家企业。2000年2月入驻海淀创业园的北京神州泰岳科技公司，是由留美归国回来的甄岳宾创办，公司技术人员中有在美国CA公司、IBM公司、惠普公司工作过的留学人员，整体团队素质高。公司通过入驻创业园的孵化，发展三个子公司，2000年技工贸总收入在中关村科技园区排名第132位，2001年预计销售收入2亿元。目前，除留学人员创业园外，北京的科技企业孵化器也都将吸引留学生创业作为自身的重要工作。据统计北京地区孵化器中已吸引留学归国创业人员300多位，创办企业近200家。

5. 国企创办孵化器

1999年，在科技部徐冠华部长亲自指导和市政府的支持下，北京内燃机集团创办了全国第一家国企孵化器，两年来孵化器孵化企业17家，盘活国有资产近2000万元，安排300余名职工再就业。在北内孵化器的带动下，化工系统的崇熙孵化器；冶金系统的诺飞孵化器、首特孵化器；材料系统的北新孵化器；电力系统的鲁能孵化器等在国企内部纷纷建立。这些孵化器的特点是，以国企为主，吸引科研院所、大学、开发区、投资结构共同投资组建股份制公司，利用闲置厂房、设备，以减少孵化成本，快速扶持大量与国企主业相关的中小企业；孵化器本身依照现代企业制度运营，能够对国企的机制改革产生积极影响；孵化器培育的一批有活力的新企业和新技术，可以为国有企业创造出产品结构与产业结构调整的新契机。

6. 大学科技园蓬勃发展

大学科技园是一种更靠近技术创新主体、更容易为创业者提供创新支持的孵化器。大学科技园的工作重点除了孵化高新技术企业,还要注重科技成果转化和复合型人才培养。北京地区正在建设大学科技园的有15所大学,其中清华大学科技园和北京大学科技园被科技部、教育部认定为国家级大学科技园,北京化工大学科技园等8家大学科技园认定为市级大学科技园。目前,10家大学科技园已为创新、创业服务提供了30万平方米的场地。

7. 孵化器管理人员素质迅速提高

由于种种原因,以往的孵化器管理人员基本上是"半道出家",都非专业人员。随着孵化器的发展,产业的形成,专攻这个领域的人才日渐增多。博士、硕士、学士等,不同层次的人员对孵化器有不同层次的研究和参与。老孵化器对管理人员进行培训深造,并不断补充新鲜血液;新孵化器就更有人才优势,一开始就是按照孵化器运作配备相关的管理人才。2001年,孵化器在数量上节节攀高,孵化器之间虽然仍是合作为主,但也略露竞争之兆。各孵化器在核心能力建设上是你争我抢,这当然离不开优秀的人才,因此孵化器队伍的管理人员素质迅速提高。14家"孵化基地"的主要负责人中,具有硕士以上学历的超过一半。

(二)北京科技企业孵化器的发展环境

各界力量支持力度的加大,和参与机构的增多,使得北京地区孵化器发展环境正发生着前所未有的翻新和变化。

1. 政府宏观指导,推动孵化器发展

北京市政府领导十分重视科技成果转化和科技企业孵化工作,将首都创业孵化体系建设纳入"首都二四八重大创新工程",把孵化器的建设列入区域创新工作的重点,实施了《首都创业孵化体系建设纲要》和《北京市关于加快科技企业孵化器发展若干规定》,制定了《北京市关于进一步促进高新技术产业发展的若干规定》,对孵化器建设进行宏观指导与政策扶持。政府主管部门更是加强对孵化器的指导、考核,规范孵化器的建设和发展,两年间认定了14家孵化器为"北京市高新技术产业孵化基地",为北京科技企业孵化器提供良好的发展环境。

2. 投资环境建设

为发展北京孵化器建设,北京市政府在首都创业孵化体系建设中明确指出:鼓励民间资本、外国资本和各种风险投资机构投资孵化器建设,充分发挥市场配置资源的作用,推动各类社会资源参与孵化器的创建。同时,政府有关部门协助企业开辟多种形式的融资渠道、开展多种形式的融资服务,帮助企业取得各种专项资金支持,如建立专门用于孵化的种子资金,包括国家创新基金的地方匹配资金、种子期创业投资资金等。相关委办局在孵化器的注册登记、税收、人才引进、资金等方面给予了大力支持和协助,促进孵化器快速成长。目前,孵化器已得到社会广泛认可,孵化器的建设已吸引社会投资4.2亿元。

3. 创办协会,推动民间发展服务平台

为实现企业孵化资源的整合,推动民间发展服务平台,各方通过努力促成了北京创业孵育协会。协会由孵化器、投融资机构、中介咨询机构、研发机构、大企业以及在孵企业等组成。旨在通过组织成员间的交流活动、培训、孵化器理论研究、国际合作渠道的拓展等工作,推动首都创业孵化体系建设。经过一年多的努力,协会构建起孵化器之间交流与协调的网络,可提供国内外最新科技和产业信息;提供人力资源与市场信息;开展各种交流、会展活动;进行政策咨询;实现投融资服务以及与政府和中介机构的对接等服务。同时,该组织还协助孵化器与技术创新主体、投资主体和公共服务体系的对接,与大学和科研院所中的科技资源对接,与风险投资机构建立良好的投融资渠道等,成为了政府与孵化器产业间的桥梁。

4. 举办培训、交流，重视培养管理人才

为提高孵化器管理团队的素质和能力，政府、协会、孵化器通过举办研修班、讲座等，对管理人员进行孵化器管理、企业诊断、技术知识等方面的培训。同时，利用国际交流的机会锻炼孵化器管理队伍。近两年，每年有30余位国际孵化器专家、学者来京考察和交流。每年北京派出30人次赴国外考察及参加国际会议。每年在中国北京高技术产业国际周上举办"科技企业孵化器国际论坛"，邀请国内外著名孵化器专家来京演讲，并与本地的孵化器管理人员就相关理论和实践问题展开交流。

5. 倡导理论研究氛围

孵化器发展过程中，不断出现新情况和新问题，总结实践和研究理论非常重要。市科委每年出版《北京科技企业孵化器年度报告》，为相关研究提供基础数据和参考。中国社会科学院、中国科学院、中国人民大学、清华大学等单位的近十个课题组在进行有关孵化器与科技创业的理论研究。目前，北京地区孵化器经营者和管理者研究的气氛浓厚，他们经常就工作中的问题聚会讨论、交流经验。

（三）有条不紊，主线发展

2001年，孵化器建设发展氛围火爆，但又不失章法。从孵化器投资者到管理者，从政府到民间，各级各界都是大胆假设小心求证，在孵化器发展的探索中，及时发现问题，解决问题。针对孵化器运营中发现的结构不合理问题，各方面力量根据问题症结所在，开始推动专业技术平台、专业辅导队伍、专业市场渠道、专业服务网络的形成，因此便促成了专业孵化器的兴建；另一方面，在环境完善上，更多的资金支持不再是具体单个孵化器的建设，而更多的投在公共支撑体系的建设，公共平台的搭建，投资软环境的营造。针对单个孵化器对中小企业的孵化服务能力有限的问题，孵化器开始利用行业协会的渠道大范围的衔接各种有效社会资源；孵化器有各自的核心服务能力，但企业的需求是多样的，单单一家孵化器提供的服务已不能满足企业需求；因此孵化器与各种中介服务机构的合作，与相关投资机构的联盟，很大程度上充实了孵化服务功能，延展了其孵化服务领域，为企业提供了最大的便利，这也正是创业孵化体系预期的效果。

2001年，有不少新的孵化大楼投入使用，但更为出彩的是有很多闲置的场地和资源因孵化器的建设重新投入使用，还有很多企业是靠孵化器的模式实现成功转型。这其中不只是国企有成功的案例，科研院所的案例也有不少。而这样的效益和结果又重新回归到了企业孵化器概念创立之初的期望。因此说，2001年是孵化器围绕着孵化器本质主线进行的承前启后的跨越式发展的轰轰烈烈的一年；2001年是企业孵化器健康成长的一年，其既没有落入房地产物业的怪圈，又没有演变成纯粹的投资公司，而是按照自己的模式走出一条独特的发展之路。

第四章　科技进展

仿生材料研究的新进展

自然界中存在的天然生物材料有着人工材料无可比拟的优越性能。迄今为止，再高明的材料科学家也做不出具有高强度和高韧性的动物牙釉质和海洋生物所能长出的色彩斑斓、坚固又不被海水腐蚀的壳。地球上所有生物都是由理想、简单、且廉价的无机或有机材料通过组成而形成；从材料化学的观点来看，由生物纤维到细胞、组织直至各种器官，仅仅利用极少的几种高分子材料组合而成，便能发挥多种多样的功能，简直不可思议。当人们对这些奇特的生物现象有了充分的理解之后，把它们应用于材料科学技术方面，就形成了仿生材料学。模仿生物的各种特点或特性而开发的材料则称为仿生材料。近年来，材料科学通过与生命科学交叉，对生物材料的形成过程进行研究，从研究中得到启示，将传统的人造材料的领域扩大到生物材料领域，涉及生物大分子、生物合成、基因技术等等。

一、仿生材料发展的依据和现状

天然生物材料的分级结构和功能的研究是仿生材料发展的依据。天然的生物材料几乎都是生物大分子基复合材料，其结构的复杂程度远远超过常规材料，而且是自组装。因此，材料科学工作者试图揭示天然生物材料的设计与制备方法的奥秘。

20 世纪 90 年代，美、英、日等国家和我国的一些单位相继投入专门力量进行仿生材料的研究。目前，仿生材料在结构材料和功能材料方面都取得了一定的研究成果；但由于工程实施的复杂性，许多内容还处在摸索阶段。从材料学的角度认识生物材料的结构和性能，进而抽象出更多的材料模型，这方面的工作还有待进一步的深入。

早在自 20 世纪 80 年代起，清华大学李恒德院士和北京大学王夔院士等率先在国内开展了有关天然生物材料的微观结构以及生物矿化和病理矿化机理等方面的研究。与国际前沿相比，我国现代生物材料的应用尚处于初级阶段，但基础研究已取得了一系列进展。如“八五”期间，国家自然科学基金委员会设立了“生物医用材料基础研究”重大项目，进行了有关心血管与人工肾材料，龋齿、正常和异常骨组织微观结构及骨组织工程材料，有关自组装有机膜和脂质体控制生物矿化及仿生材料等方面的研究。如今，科技部、国家自然科学基金委、国家“863”高科技发展计划、“火炬”计划、“星火”计划、“八五”计划、“九五”计划都安排了生物材料技术研究项目，国家于 1999 年把生物材料和组织工程也列入研究发展规划项目之中。

二、在现有生物材料的基础上通过仿生制备进行改进

最早开始研究并取得成功的仿生材料之一是模仿天然纤维和人皮肤的接触感而制造的人造纤维。对蚕或蜘蛛吐出的丝，自古人类就有很大的兴趣，这些丝是由蛋白质构成，特别是蚕丝，具有温暖的触感和美丽的光泽。20 世纪以来，人们模仿蚕吐丝的过程研制了各种化学纤维的纺丝方法，此后又模仿生物纤维的吸湿性、透气性等服用性能研制了许多新型纤维，如牛奶蛋白质与丙烯腈共聚纤维，商品名为稀苤的高吸湿性纤维等。这些产品的出现，标志人类仿造生物纤维表面细微形态与内部构造取得了成功。另外，人们还对蚕的产丝体进行了卓有成效的研究（日本农业生物资源研究所），并且对蜘蛛丝也进行了研究（日本岛根大学），期待着有朝一日能够制造出与蚕丝一样的人造丝。

从研究生物材料的结构和生物矿化的过程入手，而制备出实用的仿生材料，已成为材料研究的热点之一。生物矿化即生物体内形成无机物的过程，贝壳内珍珠的形成过程就是典型的生物矿化过程。生物矿化的一个重要特征是：由细胞分泌的自组装的有机物对无机物的形成起模板作用，使无机物具有一定的形状、尺寸、取向和结构。将生物矿化的机理引入无机材料合成，以有机物的组装体为模板，去控制无机物的形成，制备具有独特显微结构特点的无机材料，如清华大学在多晶钛表面模仿生物矿化过程，成功地制备出（0001）结构的羟基磷灰石（HA）涂层。其方法是：先在钛表面通过乙烯基三乙氧基硅烷的分子自组装形成自组装单分子层（Self-assembled monolayer，SAM）。然后将 SAM 指向空间的乙烯基氧化成羟基和羧基，得到仿生模板，实现模仿生物矿化的第一步（有机大分子预组装）。再将 SAM 功能化的钛片放入羟基磷灰石的饱和溶液中模仿生物矿化过程，使磷酸盐在表面以类似生物矿化的机理发生沉积（矿化），得到具有生物相容性的有强烈（0001）择优取向的 HA 涂层。

中科院金属所仿生研究组最近在材料仿生设计、制备与处理方面取得了一些新进展，如复合材料最差界面的仿生设计分形树结构模型、仿生螺旋的增韧作用和仿生愈合与自愈合抗氧化。他们在研究材料的仿生愈合时，受生命过程的启发，初步看到了材料仿生恢复处理的可能性。

目前，从无机盐溶液中在金属、高分子上沉积陶瓷膜方面已经有了成熟技术。这些技术依赖于在功能材料的界面上晶体成核和长大的原理，成功地仿生合成需要控制无机晶体的异质成核长大而抑制匀相成核。因此，成功仿生合成的关键在于了解溶液中晶体异质成核和长大的控制因素。已经知道，如果基质成核中的界面能低于溶液与成核的界面能，那么异质成核将容易发生。近年来，通过研究牙、骨、贝壳中的生物陶瓷生长机理，采用化学改性或在溶液中加入添加剂的方法以改变高分子基质表面能，以控制形成晶体相的种类、形貌、惯习面、晶体取向，甚至晶体生长的手性。用这种仿生合成技术已制备出高质量、致密的晶态氧化物、氢氧化物及硫化物陶瓷膜，这些陶瓷膜可在接近室温的温度下长在塑料等高分子材料上。用这种技术可做出纳米陶瓷及择优取向的陶瓷晶体。同时，具有高分辨率的陶瓷膜图案也已经实现。

三、新的仿生材料的设计和制备

美国西南大学牙医学院生物材料系主任、临床助理教授 Boghosian 博士将在美国牙科协

会第141届学术年会上作关于齿科材料的精彩演讲，主要讲述齿科材料的最新趋势——用仿生材料制作牙齿填充物和义齿等。如过去治疗因牙龈破坏、牙根暴露而造成的对酸、冷、硬等外界物质刺激特别敏感的过敏牙齿时，是用树脂粘合剂贴在暴露的牙根表面而达到脱敏目的，但是这种人工合成物质与口腔环境以及牙齿牙龈等存在着生物不相容性。现已有人用磷酸钙做牙齿填充物，将其溶液注入牙内后就可变成胶冻状物质，且成分与人牙齿的主要成分相同，这样就避免了生物不相容性。总之，牙科技术和牙科材料不断进步，使疾病牙齿既能够恢复功能，又能够达到美观的效果，而且用仿生材料修复后的牙齿比现有的人工合成材料修复后的牙齿更加耐用。

组织工程也是沿用仿生的思想，通过框架材料和细胞的复合生长，来修复缺损或整个器官移植。硬组织工程的框架材料就发展出与天然组织成分和结构近似的骨、牙替代材料。其中骨组织工程有望最早突破，并实行产业化和商品化。清华大学拥有此项仿生材料的多个专利和自主知识产权，并且得到国际同行的肯定，与美国的哈佛医学院和日本的东京大学并列成为组织工程研究与仿生材料制备的重要的研究组。如图所示，为清华大学生物材料研究组的仿生骨具有与天然骨相似的分级结构。此外，软组织工程框架材料也开始注重仿生的制备方法，兼备更好的生物相容性和机械性能，使之达到生物材料优良的综合性能。

ATP(三磷酸腺苷)是生物体直接利用能量所储存形成的；生物体合成ATP的过程是负熵反应，低压下从石墨得到金刚石也是负熵反应。在生命体系中存在大量各种类型的负熵反应，而利用该反应来开展材料研究目前还只有低压气相生长金刚石、立方氮化硼和$\beta-C_3N_4$等少数例子。研究人员模仿鲍鱼壳的微观结构，将铝分子充满在碳化硼分子之间，已初步研制成功新型的陶瓷材料，它除了既坚硬又柔软以外，还可以适应周围环境的变化，如果飞机机翼材料具有这种性能，遭到损害时就能够感知并自行修复。

四、新型基因技术的引入

目前，美国杜邦化学工业公司的科学家，已经成功开发出利用人造基因制备的具有蜘蛛丝特性(包括结构、强度、化学性能)的蛋白质分子。他们取出蜘蛛的产丝腺体，查看他们制造蜘蛛丝的蛋白质代码，在破译的基础上制成人工合成基因。将这种人造基因移植至酵母或细菌中，便生长出一种球状材料。将这种蛋白质溶解在一种溶剂中，利用类似于蜘蛛吐丝的纺织技术制成纤维。这种新型纤维比尼龙和现有其他产品强度都高，更具弹性和耐磨性，而且密度也很小，所以在飞机、人造卫星等航空航天领域大有用武之地。

加拿大魁北克的科学家，将这种人工合成的蜘蛛蛋白质基因植入山羊的乳腺细胞中，不久基因被改变的山羊产出的奶中就含有蜘蛛丝的蛋白质了。加拿大Nexia生物技术公司总裁杰夫·特纳说，这种蛋白质能够制造出轻得令人难以置信的织物，其强度可挡住子弹，还可降解，这种材料被称之为“生物纲”。生物化学家们认为，“生物纲”有广阔的应用前景，它在任何方面都优于石油化工产品。

五、仿生材料发展前景与建议

破解生物体构成之谜，研制仿生材料的路还很漫长，目前人类只不过刚刚起步，而仿生材料前途似锦,却是毋庸置疑的。仿生材料一个重要的应用方面是生物医用材料。生物医用材料具有很高的附加值,其每千克达1200—150000美元。近10年来,生物医用材料和制品的市场一直保持20%左右的年增长率,发展态势已经可以与信息和汽车产业在世界经济中的地位相比,正成长为下个世纪世界经济的一个支柱,对国民经济的发展有着不可忽视的重要作用。目前,国内生物医用材料也处于快速发展的势头,但据了解,同类产品与国外产品比,相对档次较低,价格也低,少数产品还属于仿制,缺乏知识产权。因此,采取有效措施发展生物医用材料已成为我国经济和社会发展的一个十分迫切的任务。仿生材料同时也是环保性的材料,对于日益恶化的生态环境来说,大力发展仿生材料是改善人类生存环境的有效措施。北京市是人才云集的城市,并且具有高科技发展的基础,对于仿生材料的发展有着较大的优势和潜力。有关部门应抓住时机,积极组织仿生材料的基础研究和开发研究,争取在仿生材料技术上有新的突破。

(清华大学材料科学与工程系　崔福斋)

纳米材料的发展现状与前景

纳米材料是指尺度在100nm以下的单元所组成的材料。减小材料的尺寸,会形成许多微小的单元,如纳米管、量子点和量子线、薄膜、DNA结构等。这种尺度下的材料具有奇特的光、电、磁、热和化学特性,在航空、航天、军工、机械、电子、冶金、化工、生物、医药等领域具有许多重要的应用价值,被誉为"崭新"的新型功能材料。只要能发现并充分利用纳米效应,这些新型的材料和装置将带来又一次科技革命。现在的纳米科学和技术是在纳米材料和技术研究的基础上发展起来的。

一、纳米材料国内外研究动态

日本在纳米材料研究方面作了很多基础研究工作,有较高的学术水平。最著名的是久保亮五发现在纳米尺度下的物质在费米能级附近的电子能级由准连续变为离散能级现象,也称为量子效应或久保效应。现在日本政府在新科技基本计划中把纳米技术作为今后5年科技发展的战略重点之一,2001年度为此拨款512.2亿日元;文部科学省今年将建立起"虚拟纳米技术研究所",并通过因特网把大学和国立科研机关连接起来,应用现有的研究设施促进联合研究。

美国从20世纪80年代末期开始加强对纳米材料以及相关的纳米技术的研究,1999年1月美国国家科学技术委员会设立了纳米技术小组,提出了国家纳米技术主导权计划。2000年1月21日,美国前总统克林顿发表了《国家纳米技术倡议》,宣布成立国家纳米研究机构,并提出了有关"纳米技术主导权"政策。此举是要使纳米技术成为美国经济的又一个助推器,以此领导下一次工业革命,力争确保美国在纳米技术领域的主导权。2000年2月7日美国政府发表了"纳米冲击"报告,决定拨款5亿美金进行纳米技术研究。此后就引发了全球性的纳米技术研究热潮。

德国物理学家赫伯特·格莱特(Herbert Gleiter)于1981年提出,通过合并超微粒获得的材料本身就会有非常不同的特性,并发表了几项关于纳米晶状金属的研究报告,给欧洲和美洲的材料研究界以很大的震动。德国政府从1998年开始加强了对纳米技术的研究的投入,兴建了5个具有竞争力的国家纳米技术中心,研究范围涉及纳米材料合成、分子组装、介观理论、超精密生产等许多重要领域。法国的所有著名大学和国家的40个物理实验室及20个化学实验室都在开展纳米颗粒和纳米材料的研究。在纳米材料合成方面已取得显著的成绩,并开发出了化妆品、涂料、催化剂等不少产品。

我国政府从20世纪90年代初开始高度重视纳米技术的研究,并把纳米材料和纳米结构视为纳米技术的核心加以优先支持。如国家科技部、国家自然科学基金委、中国科学院、教育部通过攀登项目、863项目、973项目和重大基金项目对纳米材料的基础和应用研究给予了大力支持,其他各部委以及省市政府也作了相应的支持。另外,也有不少企业积极参与和投资。目前成立的纳米材料相关公司有200多家,纳米粉体材料吨级以上的生产线有20多条,已形成了国家、地方和企业联手从事纳米材料及技术的研究和开发局面。虽然我国总体研究水平与发达国家还有很大差距,但在不少领域已达到或超过国际水平。

由此可见,各国都把纳米材料作为一个重大课题进行研究和开发。近年来,已在纳米金属材料、纳米非金属材料、纳米光电子材料及器件、纳米材料应用技术开发、纳米材料及结构的设计与模拟、纳米量子器件及其集成关键技术、纳米信息获取技术及器件、纳米级高密度信息储存技术及器件、生物医学纳米器件、纳米结构检测与表征方法的研究及仪器的开发等方面取得了一些突破性的成果。

二、纳米材料的性质和制备

当物质形成纳米结构时,会表现出一些特殊的共性,这些共性常被称为纳米效应:①小尺寸效应:颗粒尺寸与光波波长,德布罗意波长及超导态的相干长度或透射深度等物理特征尺寸相当或更小,就会引起声、光、电、磁、热、力学等特性呈现小尺寸效应。最直观的就是金属变黑,失去金属的光泽。②表面效应:随着纳米微粒的尺寸的变小,整体的表面积会变得十分大,如每克100平方米是不为奇的,位于表面的原子占有相当大的比例。这会大幅度提高物质的化学活性、催化特性、吸收特性等。最直观的就是极容易燃烧。③量子效应:金属费米能级附近的电子能级由准连续变为离散能级的现象,半导体存在不连续的最高被占据分子轨道和最低未被占据的分子轨道能级,能隙变宽现象均称量子尺寸效应。④库仑堵塞与量子隧穿:当体系的尺度进入到纳米级(金属粒子为几个纳米,半导体粒子为几十个纳米),体系是电荷“量子化”的,既充放电过程是不连续的,电流随电压的上升也不是直线的,而是锯齿形状的台阶形式。据此便能制造单电子晶体管和其他复杂的单电子逻辑器件。它们是新一代量子计算机的基础。⑤宏观量子隧道效应:微颗粒的磁化强度,量子相干器件中的磁通量等具有的隧道效应。⑥介电限效应:纳米微粒分散在异质介质中,由于界面引起的体系介电增强的现象,主要来源于微粒表面和内部局域强的增强。

由于纳米尺度下的材料具有许多奇异的性能,从而被研究、开发和利用。纳米材料的种类有很多,如粉体的、膜状的、块状的等,但以颗粒或粉体状的为主,由颗粒状的纳米材料经加工可做成各种各样的产品和形状。颗粒由零维状为主,逐步向线状、管状、棒状和带状等多种形式发展。这是因为具有一定形状的纳米材料在电子产品和计算机领域有很强的需求，它们可以直接组装成某种器件，如电子探针、生物探针、场发射显微镜探针、纳电子运算器等。纳米材料开发制备的方法有物理法、化学法、物理化学法等。近年来化学合成方法的发展比较快，如现在关于分子束和分子簇沉积、蚀刻、模版、电化学、软化学等方法的研究很多，被用来制备具有一定形貌的纳米材料或进行纳米尺度下的组装。

纳米材料的表征是纳米材料研究中的重要一环。表征方面的研究也推动纳米分析技术的提高。在纳米材料表征中，能够进行纳米观察和测量的方法主要有：光学方法（X光干涉仪法、激光干涉仪法和光学光栅法），非光学方法（高分辨透射电镜、扫描探针显微镜（SPM）、电容、电感测微法）。高分辨透射电镜和电子探针显微技术的发展尤其引人注目。如日本日立公司制造的300万伏超高压电子显微镜将原来的200万伏电子显微镜0.46纳米的分辨率提高到0.14纳米，它的大小只有一个金属原子的一半。探针现微技术已发展出多种，如扫描隧道显微术、光学扫描隧道显微术、扫描近场光学显微术、扫描热显微术等等，这些分别是利用探针与试样之间的隧道电流、表面力的大小、光子隧道、光辐射、热电耦等效应来实现观察的。值得一提的是，探针技术除了用在分析和测量上外，同时也直接用在纳米结构物质的制备上。现在研究的目标是，按人的意愿通过探针操纵单个原子、分子，构建纳米级的具有一定功能的器件或产品。

三、纳米材料的应用

1. 在涂料方面的应用

纳米涂料和涂层技术形成了产业化的趋势，它是将纳米的颗粒材料分散到油脂或树脂中的产品。目前，涂料中的颗粒平均粒径在100—500纳米的居多，也有的在100纳米以下，所以仅须将传统涂料技术稍加改造就可以实现涂料的纳米化。纳米技术最容易和最能广泛得到应用的领域将是涂料领域。通过纳米技术对传统涂料改性其价格往往只略有上升，但性能却好得多。如在涂料中加入纳米抗菌粉，能获得很好的抑菌效果，可以应用到洗衣机、冰箱、电话、浴池上；用金属CoNi纳米做成的磁性涂料对电磁波有很强的吸收特性，可以应用在对雷达波的隐身上；在各种标牌表面施以纳米光学涂料，可成为发光、反光标牌；在诸如玻璃等产品表面上涂上纳米光学涂料，可以达到减少光的透射和热传递效果，产生隔热作用；另外在涂料中加入纳米材料，能够起到阻燃、隔热、防火的作用。这些产品有的已经进入市场，有的正在开发之中。

2. 在催化方面的应用

当催化剂具有纳米结构时，在催化作用方面将产生显著的表面效应和尺寸效应。与一般粒度的催化剂相比，纳米催化剂具有巨大的比表面积，使处于表面的原子数量大大增加；随粒径减小，粒子孔道变的极短；表面形成大量的棱角和台阶，处在表面棱角、台阶位置的原子和暴露的孔口的比例大大增大，使得催化剂具有更高的表面活性。催化剂和催化技术是整个化学工业的核心，在生产中起着巨大的作用。纳米催化剂的应用将对传统的化学工业产生重大的影响。有人预料，纳米催化剂在21世纪很可能成为催化反应的主要角色，它的制备及应用也成为当前材料和催化研究领域的热点之一。

3. 在火药或固体燃料上的应用

现代高技术战争对火药炸药和固体燃料提出了更高的要求，迫切需要引进一些高新技术，因此纳米技术在国内外火药炸药界备受关注。金属纳米粉在火药中的应用十分广泛，如采用

Al 粉可提高固体推进剂的能量、燃烧稳定性与混合炸药的爆热和爆炸威力；采用镍粉可以提高固体推进剂的燃速并降低临界压力；采用镁粉既可提高火药能量又可改善其点火性能等。研究发现，目前应用火药中的金属粉，其粒度是影响火药性能的重要因素之一，因此开发纳米金属粉在火药中的应用已成为国内外研究者的共识。

4．在医学上的应用

用纳米材料作的骨骼、器官、牙齿已经开始被人们使用了，并有相当大的市场。另外，具有特殊磁性或光学特性的纳米材料也被应用到高血压、失眠、神经疼痛等疾病的理疗上。在科研方面，科学人员已经成功的利用纳米微粒进行了细胞分离；用金的纳米颗粒进行定位病变治疗，以减少副作用；用纳米颗粒作为载体诱导病毒，并将其杀死。

此外，纳米材料还可应用到能源、信息、电子、电器、精细化工、机械、催化、涂料、军事、环保、建筑、生物和医学、化纤和纺织、润滑油和摩擦等领域。

四、纳米材料发展方向及建议

1．以纳米材料的设计和制备研究为重点

纳米材料及技术的研究重点是纳米材料的设计和制备，尤其是具有特定形态、成分和结构且具有特定性能的纳米材料。通过调控和改善纳米材料的尺度、形状、微组织结构、化学状态、界面环境等因数，来获得新的物理、化学、生物学等特性或对这些性能提高或进行控制，进而使材料实用化。将来最受重视的研究课题将是：具有工程性能的金属与陶瓷结构材料；聚合物大分子的分子操纵；软纳米材料结构的化学自组装技术；纳米结构涂料和热喷工艺以及相关的化学基础技术；电子产品和传感器的纳米制作；与信息技术相关的纳米材料，如记录媒体、谐振器、过滤器、超微开关、微电极、放大器；用于能量相关工艺的纳米结构材料，如催化剂、电池、软磁体、纳米机加工、航天器系统的小型化。将纳米尺度的材料进行适当的组装，能获得某种特殊性能，或形成某种特殊的器件，这将是纳米材料研究中一个重要的发展方向。如计算机中的运算器正在从微电子器件向纳电子器件发展，这将通过纳米颗粒、纳米线、纳米管的适当组装来实现。

2．进一步深入进行纳米材料的性能及理论研究

纳米材料的性能和理论研究是认识纳米材料的关键过程。纳米材料不同于宏观和微观的领域，在物性方面的研究将推动介观理论的发展。通过对纳米结构物质性能的深入研究，可以描述和模拟自然和生物体系内纳米结构的形成过程和条件、所具有的特殊功能及它们的关联和再现性；可掌握在不同纳米结构单元中的能量和物质输运规律，以描述、模拟、设计和探索新型纳米功能器件的物理过程，并在此基础上建立纳米结构体系的维度、界面、成分和环境等对其状态、功能、稳定性影响的理论基础，预期其工作原理和发展方向及应用的可能性。雷达波的隐身中涉及到纳米结构的物质与电磁波的作用。常用的麦克斯韦方程是建立在均匀体系下的理论，在纳米结构非均匀体系下这种理论是否成立尚未解决。集成电路的电子学理论是建立在晶体管开关理论基础之上的，但在小于 100 纳米的尺度上开关特性就变得不理想了，到 50 纳米时开关特性就消失，所以微电子学理论就要向纳电子学理论发展。

3．加强纳米材料的应用开发研究

我国是发展中国家，应该以应用为龙头来促进纳米材料的研究。重点发展的纳米产业应

包括纳米涂料和涂层、纳米催化剂、功能性纳米粉体材料、纳米生物医学产品、纳米润滑剂、纳米信息材料和纳米能源材料。在应用研究中应注意:①提高纳米材料产量,走出实验室的规模,使成本大幅度降低;②大幅度提高纳米材料的性能。只有在性能上大幅度提高的材料才可能与传统材料竞争;③与应用密切相关的技术也急待开发,如纳米材料的分散、表面处理、复合、造粒、稳定性、安全性等;④目前,只有有限的纳米材料得到实际应用,更多的纳米材料离应用还有很远的距离,所以对其应用的难度要有足够的认识。

(北京大学　李星国)

高温超导技术的研究与进展

一、超导和高温超导技术

金属等导电材料在传导电流时,都会表现出对电流的阻碍作用,造成电能的损耗。然而,1911年荷兰物理学家Onnes首先发现了一个奇特的现象:汞的电阻在4.2K时会减小至零。于是,科学家将这种性质称之为“超导性”,将这种冷却到一定温度以下时能表现出超导电性的材料称为超导体。

超导材料要被冷却到一定温度下才能体现超导特性,这一转变温度被称为临界转变温度(T_c),是衡量超导性能的重要指标之一。1986年以前,超导材料的临界转变温度(T_c)都太低,不超过绝对温度十几开,被称为低温超导体。这种超导体一般需在昂贵的液氦环境中工作(液氦温度为4.2K),由于其临界转变温度低,制冷方法昂贵且不方便,故其应用长期以来得不到大规模发展。1986年,高温超导体的发现引起了世界范围的巨大反响,其原因是这种新型超导材料的临界转变温度有了很大的提高,在液氮温度以上($T_c>77K$),这也是为什么称其为高温超导材料的原因。液氮的价格很低(几元人民币1升),制冷的费用能被大多数用户所接受,为超导技术的大规模应用提供了不可缺少的前提。

目前,高温超导材料主要有两类:一类以钇钡铜氧($YBa_2Cu_3O_x$)为代表($T_c=92K$),或称为YBCO或Y-123,其中Y能被多种稀土元素所替代。另一类高温超导材料为BSCCO,以$Bi_2Sr_2Ca_1Cu_2O_x$(Bi-2212)和$Bi_2Sr_2Ca_2Cu_3O_x$(Bi-2223)为代表。Bi-2212的T_c为80—90K。而Bi-2223的T_c为110K左右。由于材料性能不同,Y-123常用于制备高性能超导薄膜,用来制作弱磁场、远红外、微波探头等器件,统称为电子(弱电)应用;BSCCO易被制成线材(Bi系高温超导线材),可用于制造各种电机、电缆、磁体、变压器等,统称为电力(强电)应用。

二、高温超导技术对国民经济和国防建设的推动作用

1. 满足我国电力工业快速发展的需求

我国经济发展迅速,电能需求量增长很快,电力系统的容量越来越大。根据预测,到2010年、2020年,我国的装机容量可分别达到550GW、800GW。我国电力资源的分布和负荷分布

不均，长(远)距离高压输电是不可避免的。以三峡电站为中心的全国性系统联网正在逐步形成；在北京、上海、深圳等大城市及新兴城市，电力负荷密度越来越大。我国电力系统向大容量、超大规模方向发展。与此同时，对电网的稳定性和供电的可靠性及电能质量提出了更高的要求。

随着电网容量的增加和规模的扩大，电力系统的短路容量越来越大。在系统的某些关键部位。短路电流可以达到额定电流的10—20倍。不加限制的短路电流对电气设备和正常的工业生产会带来很大的危害。而当前，在输电系统中尚无有效的限流设备。高温超导限流器可以有效限制短路电流，从而提高电网的稳定性和供电可靠性并降低电网的总体造价。

在长距离、超大规模电力系统中，系统稳定性十分重要。同时，信息化社会和经济的发展对电力系统的可靠性，以及供电品质提出了更高的要求。超导储能系统可以为提高电力系统的稳定性、可靠性，改善供电品质以及为包括风力发电、太阳能发电等新能源在内的电力系统的电能管理提供新的途径。

我国电网的功率损耗约占总发电量的8.5%。超导电缆容量大、损耗小，可以显著降低电网的损耗，并通过显著降低电网损耗，降低我国以煤发电为主而产生的污染排放。超导电缆还可以从根本上解决常规城市地下输电电缆所无法解决的容通量小、损耗大、对土壤和地下水有热污染及潜在油污染、土建费用高等问题。

2. 解决我国移动通信快速发展中存在的问题

移动通信发展迅速，预计未来4年内，移动通信用户将增加3倍，利用移动通信的数字传递将增加10倍。高温超导滤波器由于具有插损小、带边陡峭、带外抑制好等特点，能够很好地解决当前GSM、CDMA和第2.5代移动通信中存在的频率资源紧张、抗射频干扰能力不强、基站覆盖面积小、通话质量不高等问题，并能满足第三代移动通信面对急剧增加的容量和必须具备很高的处理射频干扰能力的要求。超导滤波器除可用于移动通信外，在国防通信和卫星通信中也有广泛的应用。

3. 满足我国国防发展的需求

超导材料由于其独特的性质，可以满足我国国防技术发展的需要。超导滤波器可以用于国防通信；超导电机可以满足我国舰船发展的需要。高温超导电机与同功率、转速的常规交流或直流电机相比，重量减少50%，体积减小50%，而且具有更高的效率。其特点是能够实现大功率、高航速、低噪声的舰船推进，在舰艇上使用，能大大提高隐蔽性，达到高速安静运行。

三、国内外高温超导技术发展现状

20世纪90年代末，高温超导材料产业化技术取得重大突破，高温超导带材很快进入了商业化阶段。发达国家政府和跨国公司大规模地开展了超导应用技术研究，已开发出大部分应用产品的样机，并进行了应用试验。目前，正进一步加大投入，开始以商业化产品为目标的新一轮研究与开发。高温超导应用技术不断取得突破，超导应用技术产业处于起飞的前夜，今后几年是在未来超导技术产业的国际竞争中取得优势的关键时期。2001年9月24日，美国能源部宣布下一阶段对7个超导应用产品支持总资金达1.17亿美元，其中能源部拨款5700万美元，比上一轮(8个项目，总经费8435万美元，DOE投资3255万美元)有较大的增长。

我国在超导研究领域已有相当的工作基础。从“七五”以来，在国家“863”专项计划和国家重点基础研究计划的支持下，我国在超导理论、超导材料及超导应用等方面获得了108项专利。其中，有许多成果处于国际先进水平。同时，培养出了一批高素质的技术人才，为超导技术在中国的发展奠定了很好的基础。目前，在铋系带材、钇系准单畴块材、钇系薄膜和微波技术应用、超导量子干涉器件以及钇系新型涂层带材等方面与国际水平相当或相近：高温超导限流器、高温超导电缆和高温超导变压器的并网示范试验运行样机的研制正在进行；钇系块材已成功应用于世界首辆载人高温超导磁悬浮试验车；研制成功了适合于我国GSM1800移动通信系统的超导滤波器子系统，其技术参数已达到国外商用产品的水平。自2000年以来，国内企业资本积极参与超导技术产业的发展，北京英纳超导技术有限公司、北京中数威利超导技术有限公司、北京云电英纳超导电缆有限公司相继成立，中国科学院电工研究所与5家电力设备制造企业和应用单位就高温超导限流器、高温超导电缆和高温超导变压器等签订了技术开发合同，共同推进高温超导电力技术的产业化，我国超导技术产业迈出了重要步伐。同时，我国已拥有大规模生产铋系高温超导线材的能力，为超导应用技术的开发和生产提供了材料基础。可以说，高温超导领域是我国科技水平与国际先进水平差距相对较小的领域之一。

"十五"期间，若能抓住机遇，就有可能少走很多弯路，实现跨越发展，参与超导技术产业国际竞争，在世界上占有一席之地。

四、高温超导技术重大研究方向

当前国际上应用开发的主流主要包括高温超导材料、高温超导强电应用、高温超导弱电应用三个方面。

高温超导材料是超导技术发展的基础，包括带材、薄膜和块材。铋系超导带材和高温超导薄膜在国际上已形成规模生产，镀膜带材和块材处于研究开发阶段。铋系带材的主要研究方向是进一步优化工艺，提供临界电流密度，降低成本，实现长带材性能及尺寸的在线检测和控制。薄膜材料的主要研究方向是进一步寻求高效率生产、高质量、大直径薄膜工艺。

高温超导强电应用主要包括超导电缆、限流器、电机、变压器、磁体、超导磁悬浮、超导储能等的研究开发。国际上基本处于实用化样机试验阶段，在2005年前后将可能陆续商品化，到2010年可大规模的市场化。其主要的研究方向是：超导应用产品的优化设计、超导产品制造工艺及设备的开发、低温系统的设计与制造、绝缘材料及技术的开发、超导系统在常规电力系统中的应用开发等。

超导弱电应用包括超导电子学应用（量子干涉仪、结型器件）和微波器件（滤波器、谐振器、天线、延迟线）的开发，它们都已进入商品化阶段。

（清华大学　韩征和）

大功率真空电子元器件阴极材料研究进展

一、大功率电子管仍然在国防和国民经济建设中起举足轻重的作用

作为20世纪人类最伟大的工程技术成就之一,电子技术的发展经历了电子管、半导体、集成电路三代电子器件的发明和应用。人类利用爱迪生效应于1904年和1906年相继发明了真空二极管和真空三极管,开始了电子管的时代,出现了以电子管为有源元件的电子设备和电子产业。1946年美国以电子管为元件,制造出世界上第一台电子计算机,标志着20世纪前半叶是真空电子器件发展的辉煌和鼎盛时期。20世纪60年代以后,随着半导体材料的迅速发展,固态电子学器件相继问世,晶体管特别是集成电路的发明和应用,使电子产业发生了革命性的变化,在中小功率的电子设备中集成电路已取代电子管,使其体积大大减小,性能、效率和可靠性大大提高。但迄今为止,在大功率的电子设备中,例如发射功率从几千瓦到几百千瓦、甚至上兆瓦的广播、通信、雷达、导弹、宇航等军事和空间领域,以及工业高频感应加热设备等仍然主要使用电子管。20世纪末美国国防部发展计划中明确认为"真空电子微波管无法用半导体器件取代",因而提出了创新计划,加大投入开展研究。我国也十分重视电子管产业的发展,目前生产的大中功率电子管有100多种型号,供应国内军民需求,并有相当数量出口。国际大规模的电子管产业还在竞争中不断发展,并被法、美、德、俄等国大公司所垄断。从全球来看,目前电子管被广泛应用于广播(AM,FM,SW,MW,VHF,UHF,TV)、军事通讯、电子对抗(EW)、雷达、工业应用(介质高频感应加热)、医疗(MRI)、科学设备(加速器,脉冲激光器)、宇航等领域。

二、大功率电子管阴极材料的发展状况

电子管器件主要由阴极、阳极和栅极所组成。其中阴极是电子管的心脏,它发射出的电子经过栅极、阳极的控制产生高频电磁波。由于纯金属钨具有熔点高(3400℃)、强度大、导电导热性好、蒸汽压低、资源丰富等优点,最早被用作大中功率电子管器件的阴极材料,但在使用中发现纯钨阴极存在电子发射能力小,高温抗蠕变性能差等缺点,因此为了提高纯钨的抗蠕变性能,1913年在钨中加入2.0%重量的钍的氧化物,通过粉末冶金和塑性加工方法制成钍钨阴极材料($WThO_2$)。钍钨阴极材料不仅抗蠕变性能显著提高,而且发射电流密度大,发射稳定性好,通过碳化进一步降低工作温度和提高发射效率,成为迄今为止大中功率电子管使用的惟一的阴极材料,有近百年的历史。但钍钨阴极材料工作温度高(>1800℃)、能耗大,特别是在材料加工过程及材料和电子管废弃后钍的放射性污染对环境、人体危害大,在当今全球性环保意识和立法日益增强的情况下,钍钨材料的生产和应用受到越来越严格的限制,甚至立法停止使用(如世界钍钨材料主要生产和供应国奥地利已停止生产)。此外,钍钨材料脆性大,加工至阴极要求的细丝十分困难,成品率低。因此,无论从技术还是从环保角度来看,钍钨已不是当今理想的阴极材料。

20世纪70年代以来，世界各国一直在积极探索能够取代钍钨阴极的新型大中功率电子管阴极材料。由于金属钼具有与钨相似的物理和力学性能，资源丰富，因此采用金属钼取代金属钨，用无放射性的稀土氧化物取代放射性的氧化钍，是科学家们首选的研究方案。70年代末期，瑞士BBC公司研究了一种外表涂覆贵金属铂的复杂结构的镧钼阴极（$Mo-La_2O_3$），虽有良好的发射性能，但由于结构复杂、成本高、发射温度仍然偏高（接近钍钨阴极）等问题，至今一直未见继续研究和电子管应用的报道。80年代初，美国加利福尼亚大学的D. M. Goebel等人制备了一种镧钼空心阴极，以产生大电流等离子体代替LaB_6，但100小时后电流发生严重衰减现象而放弃。1992年日本申请的镧钼结构材料专利中，曾提到镧钼是一种好的热电子发射材料，但无电子管的报道和发射性能数据。国内某单位在80年代中期也进行过镧钼丝制备电子管实验，由于发射稳定性差、寿命短、丝材脆，没有继续进行研究。

镧钼阴极材料的研究经过一代又一代科学工作者的不懈努力，终于于21世纪初，在我国取得重大突破。以左铁镛院士和周美玲教授为首的研究组，从1985年开始系统深入研究稀土钼的强韧化和电子发射问题。先后得到国家攀登计划A、国家863计划项目、国家重大基础研究计划项目（973）以及国防预研等重点项目的支持，与相关研究院所和工厂建立密切合作关系，坚持不懈从基础理论到工艺实践，从材料制备到电子管器件的制作全过程进行了系统深入研究，终于首次成功制备了实用型的可替代同类型钍钨的镧钼阴极电子管，表明具有优异综合性能的环保型的新型镧钼阴极材料及电子管在中国率先发明。该研究成果于2001年6月19日通过了由国家教育部组织的专家鉴定，认为“该项研究在机理研究上为国内外首创，在工艺研究上取得突破，其研究成果为国际领先”。

三、新型镧钼阴极材料研究开发和应用前景

镧钼阴极材料的工作温度降低至1400—1450℃、无放射性污染、韧性高、电子发射性能优异，是大中功率电子管中取代钍钨阴极的理想材料。由于镧钼阴极的工作温度较钍钨阴极降低了200—300℃，故在大中功率电子管中遇到的阴极、栅极在大功率使用条件下产生的各种温度影响就可消失或减缓，特别是栅极的热电子放射，一旦温度降低200—300℃，则相应会大幅度降低。同时由于阴极温度的降低，电子管内各电极的引线、固定配合件等，都可考虑材料替代，用低熔点材料替代高熔点材料，如用铜材替代镍材，用可伐合金替代钼材，还可以以细代粗等。因此无论从电子管用材料还是电子管结构都可以重新设计，将给电子管带来革命性的变化。

镧钼阴极材料不仅拥有我国自主的知识产权，而且可完全沿用钼材料和钍钨电子管的生产设备，只需要优化调整工艺，即可投入生产，且镧钼的加工性能远优于钍钨，故生产成本低于钍钨材料，同时消除了放射性污染。因此，镧钼阴极材料的应用，必将产生重大的经济效益和社会效益。

由于用镧钼阴极取代钍钨阴极后，电子管的整个工作参数都发生了变化，因此镧钼阴极电子管不能在现有的电子设备上直接使用。建议在有关部门的指导下，与电子管生产企业一起，制定镧钼阴极电子管的技术标准，开展新管型设计和推广应用工作。

（北京工业大学　张久兴）

21世纪有机合成化学的发展方向

近20年来,不对称合成,特别是催化不对称合成,已成为有机化学研究中最为活跃的领域之一,可以说,这是21世纪有机合成化学的发展方向,也是一个基础研究与工业应用密切联系的研究领域。

一、手性化合物及其应用价值

众所周知,生命体的主要构成单元是有机化合物,而其中心元素是碳。有机化合物中的碳在很多情况下具有四面体结构,且连接有四个不同的基团。这些基团在三维空间按一定的顺序排布,改变这种排布的顺序并不改变这个化合物的组成,但是这个新的结构与前者并不能在空间完全重叠,而是互为镜像,如同我们的左手与右手的关系。因此,这类有机物称为手性化合物。手性化合物的一个重要特点是互为镜像的两个异构体可以使偏振兴分别左旋和右旋同样的角度,这两个异构体分别称为左旋异构体和右旋异构体,能够使偏振光旋转的化合物也称为是光学活性的。在有机化合物的命名规则中,根据与中心碳相连的4个基团在空间的排布分别称为R-对映体或S-对映体。不对称合成就是要在有机反应中设法有选择地制备左旋异构体或右旋异构体中的一种。

手性的概念在有机化学的结构理论中占有重要地位,手性化合物的研究历史可以追溯到150多年前。1815年法国物理学家Biot发现一些天然有机物的溶液可以使偏振光旋转,并且发现这是溶于其中的有机物的固有特性。以后化学家们为发现具有这种所谓光学活性的新物质进行了研究。结果发现,完全由人工合成的化合物全部是非光学活性的,而从动植物得到的化合物中有相当一部分是具有光学活性的。1848年,26岁的巴斯特对酒石酸及其盐的重结晶进行了研究。发现在一定的条件下,酒石酸盐的结晶只向一个方向生长,对于19种不同的酒石酸盐进行研究的结果均得到了向一个方向生长的结晶。他将葡萄酸盐向左和向右生长的晶体仔细地分开,然后将其溶解后分别测其旋光。他惊奇地发现,两种溶液均可以使偏振光旋转,前者使偏振光向左,而后者使偏振光向右。这个实验第一次将光学活性的部分从没有光学活性的物质中分离出来。巴斯特选择酒石酸盐进行重结晶研究可以说是非常幸运的,因为绝大多数左旋和右旋的等量混合物是不能用简单的重结晶的方法来分离的。事实上,巴斯特的实验以后,人们经过一个世纪的研究也只发现9例可以用和巴斯特一样的重结晶方法进行光学活性物质的分离的化合物。

人们试图从结构上对这种现象进行解释。巴斯特和其他的化学家已认识到如果分子的结构完全相同,但旋光性却不同,这只能从原子在空间的不同排列才能解释这种现象。1874年,荷兰的范霍夫和法国的路贝尔分别独立地提出立体构型的理论,对于前人有关旋光性的问题给予了完整的解释,这便是我们所熟悉的碳的四面体结构。

由此看来,手性是一个十分古老的问题,那么为什么今天人们会对它如此感兴趣呢?其主要原因是由于医药工业对光学纯有机化合物需求日益增大。一对对映异构体除旋光性外,在非手性环境中其他的物理化学性质完全相同,但是它们在手性环境下的表现将是不同的。而生命体系是一个手性环境,比如20种最基本的天然氨基酸中除结构最简单的甘氨酸之外,其他19种均是含手性中心的单一异构体,由这些手性的单元连接起来组成的蛋白质就必然是手性的环境。因此,一对对映异构体在和蛋白质结合时的情况是不一样的。

一个药物分子如果含有手性中心,那么一对对映异构体在人体内将可能会有完全不同的作用。比如氯霉素,其中的一个对映体具有杀菌作用,而另一个却完全没有药效。有时一对对映体在体内可能具有相反的作用。如反应停(Thalidomide),欧美的妇女在20世纪60年代广泛使用,结果导致1万多名畸形婴儿出生。后来研究表明,R-异构体的确具有减缓孕妇反应的作用,但S-异构体却会导致胎儿畸变。目前,在市场上出售的西药有半数左右含有手性中心,这其中又有大约半数是以对映体混合物的形式出售的。人们到20世纪80年代以后才逐步认识到手性在药物中的重要性。这一方面是由于类似于反应停和氯霉素这样的例子不断增加,另一方面则是由于进入80年代在手性化合物的合成以及分析分离方面有了一些突破性的进展,使得人们对这些问题的探讨有了可能。1992年美国食品与药品管理局(FDA)颁布手性药物的指导原则,明确要求对于一个含有手性因素的化学药物,须提供报告说明不同对映体各自的药理作用、毒性以及临床效果等。随后欧日等国在药物开发方面也颁布了相应的法规。

这些法规对于医药工业形成了巨大的冲击。世界手性药物的年销售额由1993年的356亿美元增加到2000年的1233亿美元,达到药物总销售额的1/3。手性药物的发展也带动了手性精细化工中间体的需求。2000年手性中间体的销售额达到66.3亿美元,是1994年的6倍。这些手性中间体的80%以上用于制药业。此外,在农药工业方面,手性中间体的需求也在逐年扩大。

另外,在材料方面手性化合物也有重要的用途。例如,新型液晶材料铁电液晶,它是在通常的液晶分子上再加上一个手性中心的部分,由于不对称因素的存在,使得分子在处于液晶状态时会更为有效地按某种方式有序地排列。在外加电场的作用下,这种排列会迅速发生改变,形成另外一种状态,两种状态对应于不同的光学性质,因而可以作为快速光开关。数年前,铁电液晶被认为极有可能取代目前使用的其他显示模式的液晶材料。由于技术上的原因,铁电液晶目前尚未得到广泛的应用,但其广泛应用的可能性是存在的。

由此可见,手性化合物具有十分重要的应用价值。但是,手性化合物的合成具有很大的难度,从学术上来说是有很强挑战性的。因此,目前有机合成化学的重点主要是在不对称合成方面。在过去的近20年中,有机合成化学家们在这一领域展开了大量的研究工作,新的不对称合成反应、合成路线不断涌现,其中一些反应已在工业上得到应用。

二、手性有机化合物的合成方法及2001年诺贝尔化学奖获得者的主要贡献

2001年度的诺贝尔化学奖授予美国斯克利普斯研究所的拜利·夏普莱斯教授,日本名古屋大学的野依良治和已退休的美国孟山都公司的研究员威廉·诺尔斯博士,以表彰他们在催化不对称反应研究领域的突出贡献。

合成光学活性有机化合物的方法大致可以分为以下4种:①旋光拆分;②用光学活性化合物作为合成起始物;③使用手性辅助剂;④使用手性催化剂。在实际应用中,这4种方法中的任何一种都有可能成为某一特定合成的最佳选择,它们各有其优缺点。

旋光拆分是传统的方法，它是用一个手性的化合物和需要拆分的化合物形成某种化学结合，即形成一对非对映异构体，然后用色谱柱或重结晶的等方法进行分离。最常见的是用一种光学纯的碱去拆分一个酸，或者用一种光学纯的酸去拆分一个碱，酸碱可以形成盐进行重结晶。这种方法尽管古老，但目前在工业上还是用得很多的。此外，近年来又发展了动力学拆分的方法，它是用一个手性环境下的化学反应，比如在手性催化剂作用下的反应，使得起始物中的某一个对映体以比较快的速度反应转化为另一种化合物，从而达到分离的目的。

手性合成也属于传统的方法，它是用手性的化合物作为起始物，应用常规的化学合成经数步反应得到最终的光学纯的产物。用光学活性化合物作为合成起始物方法的最大局限性在于手性起始物的获得，比如是否容易得到光学纯度高的起始物等。此法的优点在于如果使用光学纯度高的起始物，则只要仔细地设计合成路线以防止发生消旋，即可得到光学纯度很高的最终产物，并且产物的绝对构型可以从起始物来推测。

应用手性助剂是合成光学纯化合物的另一个有效的方法。它是在分子内引入一个手性的辅助部分，用这个部分来控制反应中心的立体化学，生成的产物是非对映异构体，通常可以用柱色谱分离，最后这个手性的辅助部分可以被去掉。

在不对称合成中最具有挑战性的是不对称催化反应，它是用催化剂的不对称中心来诱导产生产物的手性。应用这种方法，可以以少量的手性催化剂诱导产生大量的手性产物，因此效率高，更适合于工业化的大规模生产。三位诺贝尔化学奖得主的贡献也正是在这个领域。

在20世纪60年代末，美国孟山都公司的诺尔斯博士就开始含手性磷配体的铑络合物的制备并将其应用于不对称氢化。这类手性催化剂开始时效果并不理想，但经不断改进，于70年代该公司用于工业化生产L－多巴（L－二羟基苯丙氨酸，用于控制帕金森病）。

此后，运用含手性配体的金属催化剂进行不对称氢化反应成为学术界和工业界的一个十分活跃的研究领域。20世纪80年代初，日本京都大学的野依良治教授等最先开发的含手性联萘磷配体（BINAP）的金属催化剂获得了巨大的成功。他最初研究的是含手性联萘磷配体的金属铑催化剂，用于碳碳双键的不对称氢化，得到很高的对映选择性。以后这类手性配体又被应用于其他的金属催化剂。日本高砂公司利用他们开发的含手性联萘磷配体的金属催化剂生产L－薄荷醇，目前产量为世界第一。

与催化反应相对应，美国夏普莱斯教授从20世纪70年代中期开始研究不对称环氧化反应，在80年代初获得突破性进展。该反应是用D－酒石酸二乙酯作为手性源控制环氧化只从双键平面的一边进行。这个反应出现后不久，就在工业上得到了应用。目前S－和R－缩水甘油、S－和R－甲基缩水甘油的生产能力已经达到吨级水平。这些手性中间体可以用于生产治疗冠心病的心得安和〔7R，8S〕－环氧十九烷（吉卜赛蛾信息素）等农药。在不对称氧化反应方面，夏普莱斯教授在80年代末又发展了催化不对称双羟基化。

三、不对称合成和手性药物发展前景及建议

在不对称催化反应方面开展研究的还有许多其他的有机化学家，在世界范围内这是一个学术界和工业界均十分关注的领域。上述三位科学家是这个领域的开拓者。尽管近20年来化学家们在不对称合成方面进行了大量的研究工作，但它依然是一个十分年轻且充满活力的领域，人们仍在继续开发高度选择性的有机反应。同时，光学纯有机化学物具有很高的附加

值，一般来说手性纯的化合物比相应的混旋体价格高出 10 倍以上。因此，手性化合物的工业化生产也是人们关注的问题。值得注意的是，近年来有许多专门制备手性有机化合物的高科技公司在欧美等发达国家相继成立，显然是为了瓜分这一巨大市场。我国是人口大国，医疗保健是很大的市场，相应的手性药物中间体的需求也将是极大的。作为技术含量高的新兴产业，手性科技很值得我们重视。在我国已经有许多科研机构和大学在从事这方面的研究，但总体水平与世界尚有差距。因此，很有必要在不对称合成的基础研究和产业化方面积极开展工作，力争该领域在本世纪全球竞争中占有一席之地。

（北京大学　王剑波）

计算机互联网发展现状与展望

随着 Internet 规模的不断扩大，网络应用及服务的日益增多，Internet 已由单一的数据信息网络向多应用网络转变。同时，现有的网络在实际应用中也日益显示出带宽不够、地址资源欠缺及安全性不高等制约网络发展和应用的因素。同时，也存在许多基础理论问题没有解决，如网络传输服务质量 QoS 的控制、网络路由的优化、网络组播的功能机制及其协议、网络的可靠性和安全性、网络的行为和管理、网络的计费模型等问题。研究如何解决或弥补这些缺陷的技术成为目前计算机互联网络界面临的重大挑战。

影响计算机互联网络发展的主要技术有：作为传输手段的通信技术，应用最广泛的以 IP 为代表的网络体系结构和关乎网络生存和服务的运营支撑技术等。本文将通过上述技术从不同的侧面综述计算机互联网络发展的现状，并展望其发展前景。

一、通信技术

通信技术是计算机互联网络发展的关键传输技术。随着数据通信业务的迅速发展，Internet 业务量爆炸式地增长，数据传输对带宽的要求越来越高。尤其是未来数据网络承载的业务将以 IP 为主，所以未来网络首先要考虑如何更好地适应 IP 业务的需求。DWDM 技术以其大容量、支持多业务、可扩充性好等优点将成为未来传输网的主体，且已被广泛应用于国际和国内长途干线传输网。

今天的通信速度是每秒 1 万亿比特，这一速率意味着，在 1 秒钟内，可以传送 20 万本普通厚度的书籍、2 亿份传真、66 万个视频会议、2 万多电视频道。一个人一生中使用的信息量大约是 200 亿比特的数据，利用现代通信技术，这一信息量可在 1 秒钟内传输。贝尔实验室利用 82 种波长可在 1 秒传输 3.28 万亿比特。另一实验室已经实现每秒 10 万亿比特的传输速率。如果计算机的处理速度可以跟上这一传输速度，美国国会图书馆的 2400 万部图书就可在 18 秒左右传输过来。现在世界上最快的计算机是 IRM 公司的 Acsi White，达到每秒 12 万亿次计算，预计到 2004 年可达每秒 16 万亿次。以此速度，美国会图书馆的藏书可在两秒内传完。贝尔实验室的格拉斯说，很快就能达到每秒 200 万亿比特的水平。量子计算机在理论上可达每秒 1 亿亿比特的能力。过去科学家花费毕生心血去解决的问题，现在只要几秒钟就解决了。

人类按键反应太慢，要花1.5秒，计算机和人工智能将日益代替人去完成1秒钟以下的反应功能。到2010年，计算机可望达到人类大脑的运算能力——大约为每秒320万条指令。

DWDM关键技术已经成熟，Gb/s级系统得到广泛应用，Tb/s级系统的商用也正在计划中。目前DWDM技术的发展趋势是：①系统传输容量持续增长。通过提高通道速率、增加复用波长数量、扩宽应用波长范围等方案实现传输容量的扩大。②提高通道速率。最先实用的DWDM系统多基于2.5Gb/s的通道速率，现在基于10Gb/s的多波长系统正在实用，基于40Gb/s速率的系统已进入实验阶段。此外，应用OTDM技术可将单通道速率提高至ETDM方式无法达到的高度，目前的实验系统已经使通道速率达到160Gb/s。③增加复用波长数量。目前，8、16、32个波长的DWDM系统已经大范围使用，100个波长的系统也走向商用。实验室已完成了1022个波长的复用试验。应用波长范围受限时，要增加复用波长数量，必须缩窄通道间隔。目前的DWDM实验中，通道间隔已达到25GHz。④扩宽应用波长范围。除了充分利用目前使用的“C波段”的传输能力外，DWDM系统应用的波长范围正在向“L波段”发展，甚至有人将L波段的长波长一侧延伸到1700nm。此外，对“S波段”的应用也在计划之中。当1385nm波长的OH—吸收峰被削减之后，S波段与1310nm窗口便连接起来。对于比较短距离的传输，应用波长范围将扩宽至1100—1700nm。⑤光再生中继器的开发。这不仅对传输系统十分必要，对提高光网络的透明性、实现全光传送网络也是不可缺少的。目前已有实验性光再生中继器，但其性能还不能与电再生中继器相提并论。如何实现对DWDM系统中的所有波长一起进行再生处理，仍在研究开发中。

二、IPv6协议技术

现在的互联网主要建立在IPv4协议基础上，而下一代互联网的核心将是IPv6协议。IPv6主要是基于以下的技术和市场因素：①移动世界正在走向IP。目前话音收入约占移动运营商全部收入的95%。诺基亚预计，到2005年移动互联网服务将占移动运营商全部收入的60%。而IPv6将为未来移动互联网的构建提供坚实的基础，它比现有应用更具有扩展性、更安全，而且比IPv4更易于使用。②互联网正越来越多地用于个人通信。互联网建立之初是为了计算机之间的通信，今后将承载更多个人通信。IPv6可以为互联网上的每一台装置分配一个惟一的、永久的地址，从而可以使任何一台装置直接与其他装置进行端到端的连接，这正是个人通信的基础。从长远角度看，IPv4无法支持这种功能。③现有互联网地址正在枯竭。目前的互联网核心协议IPv4所允许的32位IP地址还能支持多久，人们预测各不相同。互联网工程特别小组估计目前的地址资源将会在2010年枯竭。而IPv6的128位地址格式将足以为地球上每一粒沙子都分配一个地址。④即插即用。互联网如果要成为通用工具，必须简便易用。通过IPv6，用户能够简单地连入互联网，无须管理员分配号码和对装置进行设置。IPv6支持自动设置、自动编码和自动安排路由性能。⑤互联网须更加高效、安全。IPv6允许地址聚合，这样可以实现多层次的路由结构，以避免骨干路由器表无控制的增长。IPv6通过在地址空间中加入新的分层目录，解决早期互联网的路由复杂状态。IPv6还能对数据流和非数据流进行区别、分级及相应处理。IPv6的基本规范包括了安全强制性和数据完整性功能，这样将更为安全。

近年来，下一代IP技术发展很快，主要表现在：①目前，TCP/IP网络协议体系结构在Internet 上已获得极大的成功。近年来，随着 Internet 电话、Internet 会议系统、Internet 视频广播、无线 Internet 等技术的日趋成熟和在 Internet 上的广泛应用，人们已越来越清楚地认识到，未来高速计算机网络将会采用 TCP/IP 协议体系结构。因此，目前高速计算机网络技术的研究焦点集中在 IP 协议的网络互连技术上。②高速路由器技术。核心路由器技术的迅速发展，为高速网络下的 IP 业务提供了有力保障。③产业界采用的协议和技术规范在 IP 层达成统一。其最近推出的网络产品一般都严格遵从 IP 标准和技术规范，基本保证了现在各种高速计算机网络产品之间的良好互操作性。

三、运营支撑技术

1. 网络测量

新的网络传递技术、新的网络环境和新型网络应用的产生，使得人们能够定量研究网络中主要物理现象的规律，为网络技术的改进提供可靠的理论依据。这已成为 Internet 从第一代走向第二代过程中的重要课题。过去对于网络运行的客观物理规律的研究并没有建立系统的概念和方法，而是在网络行为所涉及的若干领域，包括路由、性能等方面取得了不同程度的进展，需要加以整理、归纳，并根据实际网络环境的特点加以扩充，为进一步改善网络的性能和功能提供可量化的依据。以专门学科的方式开展网络行为研究已被提上了日程。

网络行为学的研究内容包含网络行为测量和分析。网络行为测量是整个网络行为学研究的基础。“测量”的对象是网络上可以直接观察到的现象或者参数。测量具有实验物理的性质，需要积累大量的事实。并且需对测量方法学做出定量的评估。为此，测量需要微观的分析。测量是直接面向网络中表现出来的物理现象，一般不能直接揭示网络运行的规律，因此需要对网络行为测量所得到的数据集合进行运算，从中总结出反映网络活动的物理规律，并且定义必要的物理量来表述这样的规律，为网络技术的设计、改进和仿真提供理论依据。

2. 网络安全

Internet 已成为现代信息社会最重要的基础设施。但网络安全是当前面临的重大问题。

安全攻击行为尤其具有主动性和多变性。当全世界的人们在为自己的网络安全谋划时，全世界的黑客们也许在更加刻苦地钻研实施网络攻击的新途径。由于网络安全攻击的方法和技术与 Internet 技术的发展在同步地发展和变化，因此我们很难指望通过某种软件工具来杜绝安全攻击。因为迄今为止尚没有一种软件技术能满足不断变化的需求。因此，在安全防范中，以人为本的安全管理是第一要素，即人与人之间的角逐是胜负的关键，这种自冷兵器时代沿袭而来的对抗法则在数字化时代仍然无法规避。

迄今为止，在安全对抗中黑客阵营占据绝对上风，我们总是遭受攻击之后自发地防护，而后茫然地等待下一次攻击的到来。黑客们的骄人战绩并非绝对依赖高明的技术手段，往往攻击得逞的真正原因是黑客对于网络使用者的行为的细心揣测。因此基于网络安全攻击行为研究网络安全是目前安全领域的研究热点之一。

3. 网络管理

随着网络规模的不断扩大，网络提供服务的日益多样性，以及电信业的发展对其计算机软硬件系统提出的资源共享、集成异构环境、协同工作、即插即用等要求，使得传统的网络管理模式和简单的信息访问策略已越来越难以适应用户对网络发展的需求。为了获得一个有分布特性、可伸缩性、支持互操作、管理信息自适应访问的网络管理系统，国内外电信网络技术、OMG、网络管理技术和分布对象技术等诸多领域的学者和网络管理系统开发厂商从不同角度、不同的技术层面展开了对分布式网络管理的研究。

网络管理是网络发展中一个很重要的关键技术，对网络的发展有着很大的影响，并已成为现代计算机互联网络中最重要的问题之一。当前网络管理集中于以下几个技术层面展开：

(1) SNMP 体系结构，它已成为一种事实上的管理标准。但是 SNMP 基本仅限于计算机网络的管理，并且其信息模型 MIB 中的信息只是简单的变量，没有继承特性，操作有限。虽然在 SNMP 的后续版本中增加了用于管理者 Manager 之间通信的 MIB 的定义，但其本质上是一种集中式的网络管理解决方案，它具有集中式管理固有的可伸缩性差、代价高、灵活性差、健壮性差、缺乏智能等缺点。尤其是 SNMP 缺少管理功能分布的支持、不能完成分布式系统下复杂的管理功能。因此，SNMP 并不完全适合计算机互联网络的管理。

(2) OSI 系统管理模型体系结构，它是一种分布式的网络管理框架，克服了集中式网管的灵活性差、网管系统本身不够健壮等缺点，有支持授权、访问控制、安全日志等机制。将网管信息流量分布在多个网管系统中，就近处理网络中出现的各种故障，保证网络系统高效运行。OSI 系统管理的主要应用在电信网络管理中，尤其是 TMN 基本框架。但是由于 OSI 系统管理是在面向对象技术出现之前，因此它仍然存在着系统管理方法复杂、在 CMIP 之上缺少可移植的 API、缺少位置透明性、协议的冗余、网管平台和网管工具的代价高等缺点。

(3) 电信信息网络体系结构论坛 TINA－C 的研究是基于电信和计算机分布计算环境、面向对象等概念和标准，其目的是定义和验证适用于信息时代电信系统的宽带和多媒体通信的开放、统一的体系结构。TINA 的主要目标是将电信业务和管理业务综合到同一种体系结构当中，使电信业务与电信网络技术无关，从而使电信业务的开放与管理不受异构网络设备的影响。TINA 的应用是建立在计算机和通信密切相关的环境及分布处理环境之上的，因此开放分布式处理 ODP 和面向对象是 TINA 的两大主要技术支持。

(4) Web 技术。它为网络管理提供了新的实现途径，基于 Web 的管理既可以构造可移植性、跨平台的管理应用，又可以为管理用户提供用于访问管理信息、一致的、广泛使用的浏览器管理界面，并且开发平台代价低。

(5) 对象管理组 OMG 的公共对象请求代理体系 CORBA。它是一个开放的、面向对象的分布式计算规范。其基本目标是基于对象技术及客户/服务器计算模式，为用户提供分布计算环境中的封装对象服务，其最终目标是实现分布对象计算的标准化和分布对象之间互操作。CORBA 以其固有的分布性、面向对象等特性已成为新一代网络管理体系的技术支撑。如对于 OSI 系统管理不能解决的 TMN 业务层和商务层的对象管理和控制，CORBA 可以替代 OSI 系统管理。

四、网络应用技术

由于网络带宽和资源的限制，许多大型和实时性很强的应用并未能深入地开展，而基于高速计算机网络环境的新的网络计算应用研究则会给人们带来广阔的研究机会，如远程高速计算理论、复杂大系统的控制和管理、高速协同工作理论、远程教育、虚拟科学试验和实验室、远程高速虚拟环境等。

五、计算机互联网络发展的前景

由于历史的原因,信息的传输形成了许多专门的网络来提供不同的通信业务,因而各种网络的标准、接口信令、协议不兼容,各种技术不透明,网络的互联互通不理想,因而造成运营者和用户互联的困难和经济效益不高。下一代互联网的建设就是要解决上述问题,为今后信息化建立一个统一的综合业务平台。其特点:一是更快,下一代互联网的速度将是现有网络的1000倍,原来的一般是56K接入,下一代互联网络起码是10M接入;二是更大,下一代互联网采用IPv6,其地址空间将由32位扩展到128位,就是总地址数高达2的128次方;三是更安全,下一代互联网在IP协议中将考虑到安全问题,可以有效控制,不会像现在这样黑客、病毒泛滥;四是更及时,也就是解决服务质量保证的问题;五是更方便,下一代互联网的应用将更方便、简单、可移动,更符合普通人的使用习惯。

(清华大学　吴建平)

电网调度自动化系统现状及其技术发展

随着国民经济的发展,我国电力工业发生了很大的变化,到2001年我国电力装机容量已达3.27亿千瓦,年发电量达1.43万亿千瓦时,在世界上排名第二。同时,我国电网发展也很快,1990年建成了国内第一条葛洲坝到上海南桥的500千伏直流输电线,标志着我国电网向大区电网互联发展。近几年,又实现了东北与华北、华东与福建、川渝与华中的联网。随着三峡工程的进展,预计2010—2020年我国将形成一个世界上最大的互联电网。

保证这样巨大的超高压、大容量的电力系统的安全稳定运行,需要有与之配套的二次信息系统,去监视、控制和调度电力系统的运行。为此,需要有在电力系统出现事故时对系统进行快速控制的安全稳定控制系统,需要对电网运行进行监视、控制和调度的调度自动化系统以及保证整个电网正常安全运行的通信系统。

电网调度自动化系统是电网运行调度的中枢和核心。它利用数据采集、通信系统获得的电网运行中的实时信息,对电网的正常运行情况进行监视,对电网异常情况进行报警,对电网的频率、电压进行自动调节和控制,进行电网运行的安全经济评估,预测系统的薄弱环节,给出改善电网运行的建议;还可以记录电网事故过程中的电量,以便进行事故后的分析和评估。随着电力体制的改革,电力作为一种商品也进入市场,电网调度自动化系统作为电力交易中的一种辅助决策工具正在发挥重要作用。因此,电网调度自动化系统在21世纪必将得到迅速发展。

一、我国电网和调度管理的分层结构

我国电网和调度管理按分层结构设置,共分国家、大区、省级、地区和县级电网调度中心五层,其调度机构分别有1、7、27、320和2000个。地区级调度通常与行政区划的城市或地区相对应,主要负责对所辖地区负荷的供电;省级电网通常包括几个到十几个地区级电网,主要是

220千伏电网,省级电网调度中心管省内发电厂及220千伏电网的运行调度;大区电网调度中心,管理大区内的几个省级电网,侧重省间联络线的交换功率的调度管理和500千伏主干电网的运行。国家调度中心则侧重大区电网间互联线路的交换功率调度。

各级电网调度中心目前都配备有计算机调度自动化系统,不同层次的调度自动化系统其侧重的功能不同,如省级和大区级电网侧重发电输电的调度和控制,侧重对发电机的调度和控制,而地区级电网则侧重对负荷的供电和对输电线和变压器的开关的操作。

二、我国电网调度自动化技术发展的历史回顾

我国20世纪50年代就开始研制远动设备,调度人员能够利用该设备观察到远方电力设备的运行情况。70年代开始研制计算机监视系统,对远方传来的实时数据进行处理和显示。80年代中期,引进国外的调度自动化系统,使我国有了达到当时国际先进水平的调度自动化系统,并在引进、消化、吸收过程中学习了技术,培养了队伍,提高了自主开发能力。80年代中期以后,我国自主开发调度自动化系统的能力有了很大提高,目前全国所有省级以上电网和绝大多数地区级电网都已配备了调度自动化计算机系统,而且这些系统中的大多数都已达到实用化水平,在我国电网运行调度中发挥了重要作用。

三、电网调度自动化的主要内容和技术

电网自动化系统涉及面很广,内容很多,覆盖了发电厂产生电力与输电线输送电力到变电站分配电力的全过程相配套的调度自动化系统。

发电厂安装有对发电机组运行状况进行监控的数字式监控系统,集中监控系统对厂内机组的运行进行监控,并将厂内机组运行的实时信息传送到上级电网调度中心,同时也接受上级电网调度中心对机组下达的调控命令并及时下达到机组,实现对机组的自动发电控制和自动电压控制。电厂的控制系统普遍采用开放分布式结构。所谓分布式,即监控功能不是集中在一台计算机上,而在多台计算机组成的网络上,系统的可靠性、可维护性、可扩展性大大提高。所谓开放,即遵循统一的国际标准,可以接入不同厂家的产品,使软硬件的增减变得容易。

变电站采用智能电子设备(IED),将变电站内各种信息数字化,交由计算机处理。采集开关的开合状态信息,电气设备的电流、电压、功率信息,继电保护和自动控制装置的动作信息。同时,还将调度中心下达的遥控、遥调命令下达到被控设备,实现变电站的无人值班。

调度中心的主站系统实现调度自动化的核心功能,包括数据采集和监控(SCADA)、能量管理系统(EMS)应用软件、电网仿真培训系统(DTS),在城市配电网中,还有配电管理系统(DMS)。SCADA系统是调度自动化系统的基础和核心,负责实时数据的采集处理和对遥控命令的下达,它相当于电网运行的分析决策系统的眼、耳和手、脚。其所用的技术是计算机技术和通信技术。对SCADA系统需开发出一套开放分布式的支撑平台,包括数据库、人机交互、网络通信等。EMS应用软件实现电网运行状态的分析决策功能,相当于人脑的功能。在EMS中要对物理电网建立数学模型,利用SCADA系统采集的实时数据对电网运行状态进行分析,并做出控制决策。告诉调度人员当前电网运行情况是否正常,电网是否会往不正常方向发展;如果系统处于不正常状态时,如何进行调整,出现故障时应如何处理,等等。这套系统还

要利用电力系统的模型和优化算法真实准确地复现电力系统变化过程。电网仿真培训系统(DTS)可以复现电力系统运行的物理过程,给电网调度人员提供一个真实的仿真环境,培训学员对正常情况电网运行的调度调整能力和事故情况下处理事故的能力。城市配电网的线路和电缆走街串巷伸展到千家万户,电气设备出故障的可能性大。这些设备的管理又与地理信息有关,需要一套利用地理信息系统(GIS)的配电管理系统(DMS)。DMS 建立配电网中的各种电气设备与地理信息之间的联系,可在地理图上查询管理电气设备,还可用于设备检修管理、故障定位、故障隔离和恢复供电的决策。DMS 需要管理地理信息,而且配电网结构复杂,规模庞大,信息量比输电网大,因此 DMS 真正做到实用需要各种技术的综合,难度很大。

四、电网调度自动化系统的技术发展

电力系统是当今世界上规模最大、最复杂的物理系统之一,对它进行实时调度和控制的难度相当大,多种新技术在这里都得到了成功的应用。综观电网调度自动化系统发展的历史,展望未来的发展,有以下几点值得关注:

(一)向开放分布式方向发展

调度自动化系统由局部分散的孤立的自动化系统逐渐发展为综合的全局的系统。过去集中式系统由一台主机承担所有子系统的工作,不但负担太重,而且扩展功能十分困难;分布式系统将多台计算机联成一个局域网,网上各计算机分别承担不同的任务,相互协调工作,好像一台计算机一样。一台计算机出故障不会影响其他机器正常运行,不会严重影响系统的总体功能和性能,系统的可扩展性、运行的可靠性和系统总体性能将大大提高。

过去,各单位开发的调度自动化系统很多是专用系统,升级或扩展功能十分困难,往往要推倒重来,不符合技术进步的要求。近年来,一些国际组织正在组织制定各种标准,推动调度自动化系统的标准化。新的调度自动化系统不但可以做到软件跨平台,即可以在不同的计算机和不同的操作系统平台上运行,而且还会发展为不同厂家的不同应用软件可以像搭积木一样组装在一起,组成一个积成系统。对使用者,可以得到性价比最好的系统;对开发者,将有利于竞争,促进技术进步。

(二)向一体化方向发展

调度自动化系统本身的若干子功能将一体化。要进行 SCADA/EMS/DTS/DMS 的一体化设计和开发,实现各子功能之间的功能互补,提高调度自动化系统整体应用水平;调度自动化系统与电力公司其他业务部门的计算机系统进行一体化设计和开发,形成集成化支撑系统。前者采集的实时数据可为电力公司各相关部门使用,其他业务部门的决策也为调度部门提供参考,各部门数据共享,提高电力公司的整体管理水平。

(三)向互联网络化方向发展

随着因特网技术的发展,使不同层次的自动化系统通过互联网交换信息成为可能。在调度自动化主站,通过局域网(LAN)将若干完成不同功能的计算机连接起来。在调度中心与远方发电厂、变电站以及其他调度中心之间,则通过广域网(WAN)互联交换信息,这样局部电网的调度中心也可以了解相邻电网的信息,上级电网调度中心可以把握全网的全局信息,各级调度部门可以既分工又合作,协同调度,保证电网安全经济运行。由于能够及时准确地掌握全局信息,在正常情况下,可以预防系统发生事故,在故障情况下能迅速正确地处理事故,避免事故扩大。

(四) 向智能化信息化方向发展

调度自动化系统不仅是电力系统的信息收集工具，而且是信息加工处理甚至信息再创造的工具。如何通过采集到的信息分析出表达电力系统内在特性的信息，并以调度人员最容易接受的方式表达出来，这需要引入信息理论来分析，引入人工智能技术来处理，调度人员看到的是最能表明电力系统本质特征的信息，并以最直接的方式表达，减少调度人员人工处理的负担。将来的调度自动化系统将是非常智能化的，其智能化程度越高，调度人员使用起来就越简单。有了智能报警处理系统，可向调度员提供最需要的信息，滤除了相对次要的信息，这对于调度员分析判断事故状况非常重要。

(五) 决策功能更强大

随着计算机功能的不断提高，计算技术的不断发展，加上信息采集手段越来越好，如最近利用全球定位系统(GPS)可实时测量地理上相距很远的发电机之间的功率角度差，这为在线分析电网的动态表现创造了条件，而电力系统在遭受大扰动情况下是否能保持稳定运行一直是电力工作者关注的问题，过去只能用计算机进行离线分析和仿真，将来此项工作可以在线进行，这为实现紧急控制创造了条件。另外，过去的调度自动化系统的功能主要用于辅助决策，很少用决策结果直接对电力系统中运行的设备进行闭环控制，将来的发展会有更多的系统实现用计算机进行安全和经济的分析，使用优化的方法做决策，并最终实现闭环优化控制。

(六) 与电力市场运营相结合

电力是一种特殊的商品，也要打破垄断，引入市场竞争机制。厂网分开，竞价上网是电力市场化运营的一条基本原则。因此，国内外电力系统都在积极推进电力工业的市场化改革。如何安排好电力市场环境下的发电计划，保证电厂公平竞争，同时电网输电的安全水平又不会下降，保证电力系统的安全运行，这是新一代调度自动化系统要解决的问题。电力市场决策支持系统的建设应和调度自动化系统通盘考虑。为满足电力市场运营的需求，新的调度自动化系统将增加很多新功能，对它的实用性要求也大大提高，对该系统的可视化和系统的性能要求很高，该系统应使电力市场交易人员很容易理解电力系统发生的事件以及应采取的处理措施。

电网调度自动化系统为电网安全经济运行提供了可视化的、智能化的技术手段，它是各种新技术在电网控制方面应用最多的研究领域之一。随着国内外科学技术的发展，随着电力体制改革和市场化运营的深入，电网调度自动化在本世纪必将有一个大的发展，使之更好地服务于电力生产，服务于人类。

（清华大学　张伯明）

政务信息化现状与发展策略

一、各国政府信息化的基本特征

20世纪90年代，信息化浪潮开始冲击到世界各国政府，各国均有自己的政府信息化建设计划，称谓各异。我国一般称为“电子政务”，意在通过因特网和信息化手段使政府机构更高效率更高水平地服务于国民事业。各国的电子政务计划一般有如下基本特征:①政府各机构间信息共享。从局域网向因特网跨越的基本动力是信息共享,只有更广更深层次的信息共享才能为国家、企业和国民提供更大的创造性空间,使政府的职能作用得到最大限度的发挥。信息共享的前提是信息的标准化,没有政府指令性推广的信息标准化,信息共享是无法实现的。②必要的政府信息与政务的公开化。电子政务通过公开化拉近政府与企业和个人三者间的距离,打破滋生腐败的政府决策黑箱作业的旧方式。任何政府都有必须公开和绝不可公开的信息级别,对此没有法律上的界定和规范是难以实施的。③政府办公高效化。在政府计划、审批、采购、执法、民生、民计等诸多业务行政管理领域通过计算机辅助可以大大提高办事效率。这种高效化的政府办公业务改革包括精简不必要的办事程序,优化办公业务流等等。④电子安全管理体制的建立。信息共享、公开化,一方面需要国家标准和国家法律的保证,一方面还需要有安全体制的保障。所谓安全体制不仅包含健全电子安全法,还包括安全组织机构、安全系统,乃至一些核心高科技手段的支持,以及电子认证制度、手段和机构等等。⑤高度信息化目标驱动下的政府机构重组。电子政务的实施必然会带来政府机构的合理化重组及职能的转变,提高公务员的水平。⑥国际化。在政治、经济、治安,乃至气象、地理、自然等诸多方面,如果没有跨国间必要的信息共享,政府职能范围和水平无疑将受国家和地域的限制。⑦政府主导、企业与个人积极参与。各国的电子政务计划负责人都是政府机构的最高领导人。这表明,电子政务计划与其他国家倡导的计划(项目)有所不同,政府处于完全主导地位。在政府的主导和控制下实施市场化的平等竞争,而不是无政府主义的自由竞争。政府主导的同时,企业与个人积极参与,三者携手并进,共同促成政府机制的进化。

二、我国电子政务实施状况及与国外的主要区别

从倡导电子政务计划的起步时间、国家通信基础设施的建设来说,我国大约与日本相差无几,落后于加拿大、美国和新加坡。但是从我国整体状况来说,则相距甚远。主要是信息化整体起步晚,大部分边远地区的经济生产力尚处于较低水平。为此,自 1998 年起,政府采取了与国外截然相反的实施步骤,即:①各级政府网站建设工程;②专用线内部网建设工程;③数据录入工程;④各业界联网工程;⑤政府内部 OA 化与互联工程。这个以"政府上网工程"、"办公自动化与互联工程"、"企业上网、家庭上网工程"为三部曲的电子政务计划与国外大部分先进国家的情况相比,其主要区别是:

1. 在信息化基础设施(主要是政府信息数据库)基本未构筑起来的情况下,实施国外在信息化基础设施已完成后的政府上网工程。因此,网上办公业务仅限于网上公文文本级(没有真正数字化)流通层面。

2. 在大多数公务员、企业或个人对日常 OA 化办公方式缺乏或没有体验的情况下,实施国外公务员、企业或个人在对 OA 办公有丰富经验后的网上办公。因此,尚不具备评价和提出改进意见的能力。

3. 于各地区经济生产力发展水平、在电子政务上的投入及公务员平均文化教育水平的不均等,国内各地各级政府的网上办公平均水平比国外有相当大的差异。先进者与国外发达国家相当,落后者接近于空白,发展极不平衡。

三、对我国电子政务发展策略的思考

(一) 发展电子政务的有利条件

我国政府信息化的实际水平与先进国家相比,至少有10年以上的差距,尚处于发展中国家水平。但是,在实施电子政务计划上,我们又有比先进国家较多的有利条件。①我国由于政府具有较强的中央集权特征,容易实现"政府主导";②由于计算机软件企业、包括公务员在内的计算机系统用户尚不甚成熟,没有形成国外企业垄断、霸权割据、互不相让的局面,政府有立法、立标、立模的权威性;③大部分地区尚处于空白状态,政府可以有较充分的时间进行立标、立模的基础工作。

(二) 如何体现"政府主导"

除了统一规划、统一领导之外,政府主导在"立法"、"立标"和"立模"上的作用是十分重要的。

1. 立法:信息法、信息安全法、信息公开法等等是政府信息化计划顺利实施的重要保证。国外的立法工作大多滞后,我们可以吸收国外经验,立法先行,防患于未然。

2. 立标:在已经形成各种政府机构局域网系统之后才实施网络互联、数据共享工程的先进国家,标准化问题是最令政府苦恼的问题之一。我国也有部门和行业壁垒,但由于各自的LAN系统尚未形成各霸一方的局面,尽早确立网络互联标准、数据共享标准、各种操作系统平台和数据库标准等,就有可能避免国外为此而走过的弯路和付出的代价。

3. 立模:目前,政府应先行示范工程,即先集中优秀IT人才,研究确立各部门、行业的电子政务模式,而后广泛推广应用。这种政府主导作用对我国尤为重要。

台湾早在20世纪80年代就由行业职能管理机构制定了各行业计算机系统化的统一上层设计,对系统的必要功能,将进行行业间信息交换的有关文件和数据库表的逻辑结构及物理定义都做了明确规定。各企业在实施计算机化时,不需进行重复的系统分析和上层设计,只需结合本企业的特征从上层设计书中对可选择部分进行取舍,然后进行详细设计,编写程序和测试,这可以省去至少一半的工作量,大大减少日后信息共享和网络互联时在接口标准化方面的大量工作。当初集中投入,如今早已几倍几十倍地获得了回报。

(三) 两个必须强调的关键问题

1. 努力构筑政府信息数据库,这是电子政务最基础、最艰苦、最长期的基本建设。我国信息化基础建设至少落后国外先进国家10年,这一看法的主要依据是电子政务最基础、最艰苦、最长期的基本建设工作不是宽带高速网的铺设,不是各级政府网站的开通,更不是网上公文回转,而是政府信息数据库的构筑。目前,中央各大部委掌握的信息已经部分电子化,但各省市县则相差甚远。如果全国十几亿人的相关动态信息不能全部实时入库,实时检索,那么国家电子政务系统的处理水平就达不到国际先进水平。这项基础工作的艰苦性、长期性是不言而喻的。由于中国人占世界的1/4,莫说用10年,就是用20年达到完善程度便可称得上人类的丰功伟绩了。

2. 认真解决电子政务安全问题,这是先进国家实施电子政务计划的最大障碍。我国的因特网、局域网计算机用户,大都是没有使用经验的"年轻"用户,加之其他历史原因,我们的安全意识和安全需求往往大大低于国外的成熟用户。在美国,对计算机和网络安全的不信任已成为阻碍企业和个人上网的最大障碍。由于对安全的担心，大多数企业仅把因特网当做“产品展台”。根据FBI的调查，美国企业的97%有自己的网站，但把自己的企业商务放在网上的还不到15%。他们担心网络的另一方是否是伪装者；网络的授权是否严密；通过网络实现的约束是否有效；自己的隐私信息是否可能被窃取；是否每一个环节都是安全可靠、天衣无缝。据调查，85%的美国上网公司在安全方面曾经不同程度地受过伤害。网络和数据库不安全因素，给政府、企业带来的最大危害不是工作中断的损失，网络修复、数据恢复的成本，而是品牌、信任、甚至信念的丧失。所以很多先进国家，从他们最初实施信息化（数据库和网络基础建设）时就把40%甚至更多的成本用于构筑数据库和网络安全保障系统。

在解决电子政务安全问题中，电子认证也是个不可或缺的重大课题，必须引起政府的足够关注。电子认证制度、电子认证机构这些新生事物必须在政府、企业与民间扎下根，被普遍接纳。

（四）关于实施“立模”示范工程的一些建议

1．加强有关电子政务的基本概念、一般技术及国家标准的普及教育工作

电子政务是从所未有过的需要各级政府、企业和国民共同用先进的信息技术手段改变政府与民众之间互动方式的一场革命，所以对电子政务基本概念、一般IT技术及国家标准等普及教育工作应该优先实施，才能保证这种高科技革命顺利地在一般群众中推进。爱尔兰、印度、日本等国在推行电子政务计划时都首先广泛进行有关教育。

目前，国务院信息化办公室正在组织制定我国电子政务国家标准，有关的教育培训更是不容忽视。2001年10月，北京工业大学与日立制作所合办的电子政府综合展览室就是一个宣讲电子政务概念、计划、标准、技术及成果的尝试，它还可起到随时把握电子政务动向、进行技术需求市场调查的作用。这种做法应该大力提倡。

2．积极完成部分政府机构及行业的电子政务通用模式的设计开发工作

电子政务的“建模”、“立模”工作是“一人种树万人乘凉”的事业。从系统结构模式、业务处理模式、信息采集模式、数据库模式到各种环境接口模式及安全模式、网上认证模式，均应集中相关优秀人才，吸收国外技术和经验，搞好通用的上层模式设计。

以业务处理模式为例，可以做出符合电子政务国家标准的申请业务模式、审批业务模式、认证业务模式、采购业务模式、招标业务模式，等等。这些模式在接口标准、数据格式、界面风格、业务流控制方法、通信方式等都遵从国家规定的统一标准规范；今后无论哪一级政府都可以很低的成本复制必要的业务模式，并根据自己的特定工作流，动态组装成本地电子政务的工作形态。这样构筑的各级电子政务避免了重新开发的重复性工作，还可保证系统质量，确保系统间的无缝连接和数据共享。设计开发出的各种模式可以统一收入电子政务通用模式数据库。

3．实施示范工程，验证和改进所设计开发的通用模式

各种模式的设计开发无疑是件艰苦细致的科学研究工作，需要经过实例化的验证，才能收入电子政务通用模式库。为此，应该结合实际需求，实施一定的示范工程，这些示范工程在“示范”的同时，也起到验证各类通用模式的作用。

初步考虑结合行业模式（横向）、政府机构模式（纵向），以及异库共享模式等三个典型通用模式的上层框架结构的设计开发，可以实施如下三个示范工程：①“网上审批”行业模式示范工程。结合北京市2002年网上审批试点工作，实施譬如“北京市软件行业协会”的网上企业认证系统示范工程，据此完成“网上审批”行业模式。②“政府办公系统”政府机构模式示范工程。

结合北京市2002年网上认证试点工作，实施北京市一个区或县的信息化系统示范工程，据此完成一个含内(LAN)外网(WAN)平台的"政府办公系统"的政府机构模式。③"Intranet网内一卡通"异库共享模式示范工程。如在北工大内实施"校内一卡通"示范系统工程，据此完成系列化的安全认证系统模式与一卡通数据库模式(异库共享模式)。

4．建立电子政务模式库的意义

电子政务模式库是可重用知识库，其意义深远：①我国幅员辽阔，发展极不均衡，即使首都北京，市区与远郊县也有很大差距。通用模式便于复制，可节省开发人力物力，加快电子政务计划实施进程。②由于一次性集中设计开发，易于实现电子政务国家标准规范，为日后更广泛的数据共享、系统互连提供便利。③由于集中完成的是通用系统模式，加之有统一标准，可免去各具体应用部门的分散维护工作，而且集中维护工作量也易于控制。④一些技术难点，如系统性能优化、安全模式、电子认证体系等可以通过集中式资金投入，集中优秀人才，吸纳国内外先进技术和经验，集中攻关，达到事半功倍的效果。⑤可以使软件越来越成熟，提高质量水平。⑥由于电子政务模式库将不断追加新的模式，这个项目将是一个长期工程。通过这项工程的实施，将自然形成北京市的以电子政务为标志的信息化产业特色和基地。北京以其首都的地位，担起电子政务软件基地的使命也是理所应当的。

(北京工业大学　赵晓华)

电信发展现状及对未来趋势的分析

随着经济全球化和IT技术网络化的不断发展，电信业正在面临着一场史无前例的巨变。在这一特殊的历史发展时期，应客观认识，科学分析，使我们对现代电信有一个全新的认识和深刻的理解，以便沉着应对，积极进取。

一、电信发展的现状

1．高潮与低谷

从20世纪90年代开始，世界通信业进入了蓬勃发展时期。近10年来，全世界电话用户的平均年增长率为6%左右，数据业务的平均年增长率高达25%—40%，IP业务则呈现出爆炸式增长态势，年增幅达300%。宽带应用异彩纷呈，宽带接入风起云涌，新技术层出不穷，新业务令人应接不暇，通信业的发展掀起了高潮。然而，近一年来，受世界经济增长放慢、市场过度投资、网络经济泡沫破灭的因素影响，全球通信业由连续多年的快速增长滑向低迷，世界通信业出现了全球性的萧条。许多跨国公司效益下滑，股票下跌，大量裁员，跨地区、跨国界的兼并与重组，不少企业破产倒闭，运营业、制造业不景气。通信业由此跌入发展的低谷，从而面临着新技术革命以来最严峻的形势。

2．热与冷

就像".COM"曾经展现给人们五彩斑斓的泡沫，宽带给人们一个美好的梦想一样，网络经济曾被各种各样的炒作搞得过热，IT界充斥着冲动与浮躁。随着网络泡沫破裂，网络通信业陷入发展低谷，目前网络经济和信息通信业正在逐步抛开被热炒的浮华，而转入了理性的反思，人们开始提出“要关注市场的适用性、消费者的需求性、宽带建设回归理性”等问题，开始了冷静的分析，探索务实的发展道路。正是这次热与冷的交替与转化，使人们认识到，网络经济固然是推动当今社会进步的重要因素，但它绝不是全部因素，网络经济不可能替代物质资料的生产，网络技术脱离市场和应用将不能体现其价值。同时，人们还认识到，在新的时期信息化与工业化将相互融合，信息化将带动工业化，改造工业化和提升工业化，从而使得工业化产生跨越式的发展。而网络经济仍然是推动当今世界经济、社会进步的重要动力，代表着社会发展的强大趋势。正是在这热与冷之间，全球通信业经历了一次“挤水分”式的调整，开始踏上理性、务实的发展道路。

3．融合与变革

通信网络在经历了高速发展的若干年后，正处在下一步迈向何方的十字路口。一方面背负着多年的网络积累、技术积累、应用服务积累等，一方面又面对着当今技术日新月异、新产品新业务层出不穷的情况，人们既不能摒弃原有的而全面求新，也不能无视发展而固步自封。因此继承与发展，融合与变革之间的矛盾比任何时候都更加突出。在业务发展领域，人们将面临着固定电话网、因特网、移动电话网等不同网络间的融合与共存；IP网和光网络的融合。在行业领域发展上，人们将面临着通信、计算机、广播电视网的融合。在通信技术发展上，将面临通信技术和因特网技术的相互渗透与融合；IP技术与ATM技术之间的相互融合。在应用发展领域，将致力于话音与数据、固定业务与移动业务、单一媒体与多媒体业务、固定比特率与可变比特率业务、实时和非实时业务等通信业务的大融合。在带宽方面，将致力于窄带与宽带的融合等。在这种渗透与融合的过程中，传统的通信网络在经历着变革，从而得到了提升、实现发展，而新一代网络又在潜移默化的萌芽，势如破竹的成长。因此，正是这种传统与现代、当前与未来之间的不断地、相互地渗透与融合，承上启下，聚集起变革的能量，汇合成发展的洪流。

4．发展与效益

我国通信发展还面临着其特有的矛盾与问题。近几年来，由于通信业发展基数加大，用户结构发生变化，低端用户增多，整体消费水平相对减弱，导致增长速度放缓；而通信整体水平还不能满足我国经济、社会发展的需要，仍需加快发展，这样就带来了我国通信业发展与效益之间的矛盾，增加了实现有效益快速增长的难度。

综上所述，正是由于这些矛盾的存在，引发了通信业的动荡，带来了通信业的调整与演进，迎来了新一轮的发展。

二、电信网发展的趋势

1．电信发展的技术支柱

电信发展得益于并将继续得益于集成电路技术、光电子技术、存储技术、显示技术、无线技术和软件技术等6个技术领域已经取得的和即将取得的进步，它们是电信发展的技术支柱。目前，在这些领域中各项前沿技术与关键技术正在飞速地、突破性地进展，对电信业的发展将起积极的作用。

2．主要技术发展趋势

(1) 光通信技术：数字化、宽带化、高速率、大容量和无源化是光通信技术发展的方向，主要集中在高速光同步数字序列(SDH)、密集波分复用(DWDM)和全光网络技术三大技术领域。SDH 网近几年来由于其速率不断提高和组网方式日趋灵活而发展迅速，目前商用 SDH 系统的最高传输速率为 10GB/s，并已批量投放市场，全球敷设量达 5000 多个网元。40GB/s 的 SDH 系统预计近一两年可实现商用。宽带光放大密集波分复用技术有所突破，光纤放大器波长带宽通过组合从原来的 30 纳米扩展到 84 纳米，这表明光纤通信的容量将会大大增加。密集波分复用 + 光纤放大器(EDFA)的高速、大容量光纤传输系统随着技术和关键器件的日益成熟，已经成为包括中国在内的世界各国光通信网络建设的首选方案。DWDM 的推广应用，使传输容量快速增长，通信网中交换系统的规模越来越大，运行速度也越来越高。以宽带传输为目标的光纤色散补偿与管理技术也迅速发展。

(2) 交换技术：电路交换技术已进入了发展后期，分组交换技术则方兴未艾，下一代骨干网面临着整体的转换。在这一转换过程中，电路交换与分组交换不断融合，并最终被分组交换替代。高速路由器将在核心网上取代传统的交换机，并且还将在边缘网上得到广泛的应用。在交换系统中引入光交换技术，已是又一个新的全球研究热点，目前以光电为基础的光交换技术已经取得进展。

(3) 接入技术：全业务接入网是通信信息网络中的一个主要部分。接入网的多元化、业务综合化、宽带化是当前接入技术发展的方向，能综合语音、数据、图像的全业务接入网成为当前高新技术发展的重点。接入网的共享性、安全性、不对称性、可扩展性和高生存性趋势日益明显。市话铜缆向着 XDSL 技术方向发展；光接入从窄带 DLCS 和 PON(无源光环路)向着宽带 SDH 有源光接入和 ATM 无源光接入技术方向发展，宽带光纤通信全业务接入网技术正在加速研究；基于以太网的宽带接入技术正在得到广泛应用；作为接入使用的卫星系统将向数字化、多业务、与因特网技术融合的方向发展；无线接入技术将向高频段、数字化、宽带化方向发展。

(4) IP 技术：随着因特网的迅速发展和网络规模的不断扩大，IP 技术已占据数据通信领域的主导地位，并成为最具发展前景的技术。IP 电话、IP G 位路由器、IP OVER SDH、IP OVER DWDM 等高新技术发展很快。宽带 IP 技术的发展大大拓宽了信息的应用范围和使用价值。

(5) 移动通信技术：3G (THIRD GENERATION 第三代蜂窝网)在经历了发展的波折后，整体水平发生了质的飞跃，目前随着其商用化的推进将逐步走向实用化。3G 蜂窝网是全新的数字网，它的技术革新方向紧紧地跟随着新一代固定网的发展方向，除继续保持手机所需移动电话外，将大力发展数据通信，鼓励个人置配便携计算机，除了收发电子邮件，还能够 Internet，索取数字信息及实现无线多媒体通信。前一时期 3G 技术的讨论主要集中在空中接口上，而目前其重点转向核心网络。3G 是为了适应多媒体业务与应用而提出的，不实现 IP 化就不能称其为完整的 3G，因此 3G 的全 IP 化也将成为研究重点，并将会从核心网到基站再到终端逐步加以实现。第四代移动通信技术也正在研究中。

3. 主要的网络发展趋势

网络是当前竞争的重要体现，是参与和融入全球范围协调发展的基本纽带和渠道。新一代的通信信息网络，将要完成战略性调整，实行更新换代，使之成为语言、数据以及图像一体化、宽带、灵活、经济实用、安全可靠、能够提供全方位服务的网络。新一代的通信网络将呈现出网络的宽带化、光纤化、分组化、网络接入的无线化、网络业务的数据化的发展趋势。而在这个大趋势下，网络结构也将发生相应的变化。

（1）功能上的分离与网络的开放性：传统的电信网，网络的传送节点和业务节点是一体的，基础的传送网和业务网是合二为一的。随着 Internet 和更多的业务的出现，基础的传送网与业务网开始分离，网络的业务节点开始逐步脱离传送节点，这一趋势在进一步加速，其技术上的标准化程度也越来越高。下一代电信网在功能上将主要由三个层面组成，即传送网层面、业务网层面和应用网层面。底层的传送网层面主要由 SDH、DWDM、ATM/IP、以太网等网络组成，负责快速、高效、透明地传送所有客户层信号；中间的业务层面可以由各种客户层信号业务节点组成各类业务网，诸如电路交换网、数据网、视频网（包括各种业务接入交换机、复用器）等，上面的应用层包括承载的各种业务（如话音、数据、视频等）。三个层面在功能上实现了业务与呼叫控制分离；呼叫与承载分离，业务控制与承载资源分离。其目的是为了更加灵活有效地实现业务提供，实现用户的个性化服务，用户可以自行配置和定义自己的业务特征，而不必关心承载业务的网络形式及终端类型。三个层面相互独立的实质为：打破了过去网络体系结构中的封闭性，打破了网络业务的局限性和网间互联的艰难性，改变了原有的那种牵一发而动全身的状态，使网络向着开放性发展，真正成为业务驱动的网络。

（2）拓扑结构上的简化与网络的简单性：从拓扑结构上，结构层次越来越简单。未来的电信网络可以分割为三大部分：用户驻地网、接入网、核心骨干网。用户驻地网是用户终端至用户网络接口之间所包含的机线设备，如计算机、电话机、电视机、传真机以及局域网等。核心骨干网对于电话网而言，包括长途网和中继网，对 Internet 而言，则包括高速宽带核心网和宽带边缘网。接入网是位于核心网与用户驻地网之间，由一系列传送实体（线路设备、传输设备）组成，起到核心网与用户终端网之间的沟通与提供多网合一的承载能力的作用，网络正向着简单性方向迈进。

（3）应用的驱动与网络进化的方向性：综观所有网络分层结构，应用层总是被定义为最高层，可见应用对于网络的生存与发展是多么重要。目前，通信网络正从技术驱动向业务驱动的方向转化。用户的需要和使用情况将更深刻地影响着网络技术的演进，而用户、市场和网络之间又是通过电信业务完成互动的。用户对业务的需求在不断增长，而对于业务不可能用一种综合形式支持所有的业务，对于网络不存在一种网络可以支持将来的业务。电信网络正是在这样一系列矛盾的互动运动中得到不断的演进与发展，用户和市场的需求成为网络发展的定向要素和主要推动力。

三、启示与建议

在这样一个转型期、变革期，带给我们更多的思索：一是要科学地处理好技术的先进性与市场的适用性的关系，坚持以市场为导向，以适应消费者需求为出发点，逐步形成新的经济增长点；二是搞好发展趋势与现实情况的结合，立足于自身，充分考虑中国的国情，坚持求真务实的态度，积极跟踪世界发展趋势；三是处理好网络与内容的关系，克服重网络、轻内容的倾向，加强应用与内容的开发；四是处理好发展与效益之间的矛盾，使我国的通信业有效益的快速增长等等。

（中国网通集团北京通信公司技术部　刘　洵）

基因芯片与蛋白质组学研究进展及其应用

一、基因芯片

随着人类及多种其他生物基因组序列的全部测定,人们克隆到的单个基因日渐增多,在此基础上人们有能力对很多生物学问题作进一步的探究。其中,一个非常重要的问题就是,人体细胞中的各个基因是怎样相互协同,相互配合,共同构成一个谐调有序的整体,完成各种复杂的生命过程的呢?要回答这个问题,就须对成千上万个基因的表达情况同时进行分析,这远非传统的研究单个基因功能的各种方法所能达到的。基因芯片技术正是为解决这类问题而研制出来的。

1. 基因芯片的原理

所谓基因芯片,是指将目的DNA(可以是cDNA或核DNA克隆)用自动化设备点在固体支持物上,经固定化后,用不同颜色的荧光标记的探针对这些DNA同时进行杂交,根据杂交结果的不同颜色,经计算机分析后得到关于基因表达情况的数据。常用的固体支持物有玻璃切片和滤膜。良好的固体支持物应具备的条件是:①固体支持物能够为探针所识别;②结合DNA的能力要均一、稳定;③结合在固体支持物上的DNA要能够为探针所识别;④固体支持物体本身不产生背景荧光。

玻璃切片是常用的固体支持物,它具有经久耐用、耐高温、耐高压、背景光很低、表面均一、稳定等优点。但它也有一些缺点,如结合的DNA量很小;由于DNA无法与玻璃共价交联,因而在一次杂交结合后,不能将探针洗去再杂交。一块芯片只能使用一次,大大提高了成本。为此,人们尝试给玻璃切片涂上一层包被物,如胺、聚赖氨酸等,这样DNA可与包被物共价交联,使基因芯片有可能循环使用。发明更多的包被物,以提高玻璃切片的容量和共价结合能力,是目前生物新材料领域的研究热点。

滤膜是另一种常用的固体支持物,由于滤膜表面有多孔结构,因而可能有较高的DNA结合容量,而且DNA在表面小孔中的存在状态更接近于体内的溶液状态。但滤膜较脆弱,在高温、高压下易破裂,因此人们正在尝试给滤膜加各种包被物,以提高其耐用性。

用于基因芯片杂交的探针通常都用荧光标记。例如,用绿色荧光标记未经诱导的探针,用红色荧光标记诱导后的探针,向基因芯片同时加入两种探针进行杂交。绿色克隆表示目的基因未表达,红色克隆表示目的基因已表达。如果一个克隆可同时被两种探针识别,则呈黄色。由于基因芯片上的样品量巨大,靠人眼来分辨颜色变化是不可能的。现在市场上已有多种自动化扫描系统和用于颜色分析的计算机软件。要从基因芯片杂交结果中得到合理的结论就必须设置多项对照,并对基因芯片制作及杂交的每一步进行优化。目前,多个实验室正在对这一技术进行进一步完善、改进,他们所取得的进展可以从其网站获取。

2. 基因芯片技术的应用

基因芯片技术极大地推动了对多种生物基因表达模式的研究。如果能够知道在不同发育状态、生理条件下的不同基因表达模式，就会大大方便对于相关基因的克隆和研究，找到一些用传统方法难以获得的具有重要功能的基因。基因芯片技术也可用于对各种信号传导途径的研究，发现 SNPs 和其他基因组水平上的细微差异；也可用于各种不同生物的比较学基因组研究。该技术在癌症的诊断和研究中也发挥了重要作用。肿瘤细胞的基因组都不稳定，并且会产生种种基因表达模式的改变。用基因芯片技术监测这些表达模式的改变，找出造成这些改变的基因突变位点，有利于发展新的癌症诊断试剂及癌症诊断手段。目前，美国冷泉港实验室的 Michael Wigler 小组已研制出乳腺癌 BRCA－1 基因芯片，并从中找到多个可用于乳腺癌早期诊断的基因。斯坦福大学的 P. Brown 和冷泉港实验室的 S. Lowe 小组已得到癌基因 P53 的基因芯片，可望在近期内从中找到更多的用于癌症早期诊断的候选基因。

3．与基因芯片技术有关的新技术

目前，基因芯片技术仍处在不断改进之中，人们在尝试使用多种新的刻写方法以提高刻写效率。同时，与基因芯片有关的一些新技术也在不断出现。①cDNA 阵列杂交法：该技术由美国 Hyseq Inc 公司研制成功。②基因芯片上的引物延伸：该技术由瑞典 Uppsala 大学的 Ann-Christin Syvanen 博士研制成功。4 种核苷酸分别用 4 种不同的荧光染料标记，然后将引物与荧光标记的 dNTP 底物混合，在基因芯片上进行引物延伸反应。其结果经计算机分析后，可检测到单个核苷酸的突变。目前，该技术主要用来寻找 SNPs。③利用基因芯片进行遗传作图：提取亲代和子代的 DNA 制成基因芯片，选取适当的探针，即可在基因芯片上进行遗传作图。这种方法简便快捷，可一步获得全部遗传连锁信息。④组织芯片：该芯片是指把各组织固定在固相支持物上后，进行大规模原位杂交。该技术由人类基因组研究所的 Olip Kalioniemi 博士研制成功，它可一次性对几乎全部人体组织进行原位杂交，这对于研究肿瘤对不同组织的影响有重要作用。⑤蛋白芯片：它与基因芯片类似，只是固定在固相支持物上的是各种蛋白质，用于杂交的探针是荧光标记的抗体。蛋白芯片对于研究抗原——抗体反应，蛋白质间的相互作用，受体——配基结合等问题有重要意义。它也具有重要的临床应用价值，如疾病的快速论断，用蛋白芯片得到的诊断结果会比基因芯片更加可靠。目前，美、英、瑞典等多家公司都在致力于蛋白芯片技术的开发和应用。⑥用基因芯片检测 DNA 蛋白相互作用：用荧光标记的蛋白质分子对 DNA 基因芯片进行杂交，阳性克隆表示其中所含的 DNA 可能与目前的蛋白有相互作用。用基因芯片法可以快速筛选大量样品。⑦生物芯片：很多公司都在致力于研制可用电流控制杂交的基因芯片。人们希望用电流的变化来启动探针与基因芯片的杂交，收集数据后，电流再次变化，探针与基因芯片分离，很容易被洗去。这样只需控制电流变化，同一基因芯片即可反复利用，与多种探针进行杂交。

二、蛋白质组学研究

蛋白质组学是指在大规模水平上研究蛋白质，包括蛋白质表达水平、翻译后修饰、蛋白与蛋白相互作用等，由此获得蛋白质水平上的关于疾病发生、细胞代谢等过程的整体而全面的认识。目前，对于蛋白质功能方面的研究较为缺乏。大部分通过基因组测序发现的基因编码的蛋白质的功能都是未知的，有些甚至连该基因的翻译产物是否真实存在都不知道，而对那些已知功能的蛋白而言，它们的功能也大多是通过同源基因功能类推等方法推测出来的。例如，人类基因组编码的蛋白有一半以上是功能未知的。因此，在未来几年内，随着 30 多种生物基因组测序工作的完成,人们研究的重点必将转到蛋白质功能方面,而蛋白质组学的研究正可以完成这样的目标。在蛋白质组学的应用方面,基于细胞中蛋白整体水平的蛋白质组学研究,对人类疾病的研究、诊断、治疗等有着重要的理论和实践意义。

现在,蛋白质组学已经开始在一些人类疾病如皮肤病、癌症、心脏病等的研究中广泛应用,主要集中在寻找和疾病相关的单个蛋白,整体研究某种疾病引起的蛋白表达或修饰的变化,利用蛋白质组学方法寻找一些由致病微生物引起的疾病的诊断标记和疫苗等。

1. 蛋白质组学研究所使用的基本技术

蛋白质组学研究的最基本的实验手段就是利用双向凝胶电泳检测整个基因组水平的蛋白质表达的情况。双向凝胶电泳是利用等电聚焦来分离不同等电点的蛋白,然后通过 SDS-PAGE 分离不同分子量的蛋白,其分辨率较高,可以很好地分开微克级的蛋白质,例如有人在微克级水平上从一个蛋白混合物中最多分开了 11200 种蛋白质。因而,微克级蛋白的双向凝胶电泳可用来初步检测表达或修饰有变化的蛋白质。然后,把大量同样的蛋白混合物样品用毫克级的双向电泳分开,这样电泳图谱上的每一个多肽就可切割纯化并进行下一步的分析,如进行质谱,末端或中间的氨基酸序列分析等。

为了鉴定何种蛋白表达起了变化,质谱(MS,mass spectrometry)被广泛地应用在蛋白质组学研究中。对于蛋白质序列的质谱测定,有两种方法应用最为广泛,即 MALDI-MS(matrix-assisted laser desorption ionization)和 ESI-MS(electrospray ionization)。这两种方法各有其适用范围,前者通常用于分析高分子量的蛋白分析,后者对于蛋白质侧重于蛋白的检测灵敏度,其最小检测量常可达到 10^{-12} 克级水平。质谱用于分析蛋白质主要是因为它可以提供特定蛋白的多方面的信息,例如它可直接测定蛋白或多肽的相对分子量,也可用来获得蛋白质序列信息等,还可以通过多肽片段相对分子量的改变得出一些关于糖型、磷酸化和其他翻译后修饰的数据。因此,质谱对于蛋白质的鉴定非常重要,质谱技术的改进和提高也无疑会大大促进蛋白质组学的研究。

2. 蛋白质组学研究的应用

蛋白质组学研究对疾病相关蛋白的分离和鉴定有重要意义。基因在疾病发生过程中,由于和疾病相关的变化常常会导致蛋白的种类和表达量发生变化,而这些变化可以通过高分辨率的双向凝胶电泳检测到,这就是利用蛋白质组学方法研究寻找和鉴定疾病相关蛋白的依据。如结肠癌的发生是一个包含了多个基因突变的多步过程,包括抑癌基因的功能丧失、癌基因的活化等,但具体机制仍不清楚。人们利用蛋白质组学方法来分析结肠黏膜发生恶性转化后的蛋白变化。对照 15 例结肠癌病人和 13 例正常人的结肠表皮的双向凝胶电泳结果发现,二组电泳分别含有 882 个和 861 个蛋白点,其中有一个分子质量为 13kDa、等电点为 5.6 的蛋白,只在肿瘤组织中特异性表达。在 15 个癌症样段由 HPLC 分离后进行质谱测序。测序得到两个多肽序列,LGHPDTLNQ 和 VIEHMEDLDTNADK,经数据库搜索发现它们与钙粒蛋白 B 的两个肽段序列完全相同。以前人们已经发现,在胃肠肿瘤病人的粪便样品中由钙粒蛋白 B 和 A 组成的异源二聚体钙防卫蛋白含量也有很大提高,因此钙粒蛋白 B 在肿瘤组织中高特异性存在表明,其在结肠癌的发生过程中具有重要的作用。虽然该蛋白的具体功能还需要进一步研究,但这个例子已经证明了由蛋白质组学方法寻找疾病相关蛋白的可能性。

另一个例子是肝癌的研究。人们成功地把双向凝胶电泳技术用于发现化学诱导的鼠的肝癌相关蛋白的研究中,在用 N-甲基-N-亚硝基脲诱导了鼠的肝癌后,人们通过双向电泳发现一些蛋白表达发生了变化，进行蛋白质序列分析以后，发现其中一个蛋白是肝癌类醛糖还原酶蛋白。该蛋白相对分子质量为35kDa、等电点为7.4，是一种在肝癌和胚胎肝中特异性表达的蛋白。进一步的生物化学研究表明，这个蛋白的化学诱导的肝癌小鼠发生肿瘤转化之前期以及肝癌早期就已有很强的表达，而在正常肝组织中则无表达。一些研究表明，醛糖还原酶属于还原酶超家族，在山梨醇转化途径中它催化葡萄糖向山梨醇的转化，还可以水解一些生物异源物质，参与解毒过程。在肝癌发生过程中，一些解毒酶的表达水平或活性增高已是公认的事实。而对于醛糖还原酶这一类有解毒功能的蛋白而言，只有经双向电泳发现的从肝癌组织中分离的类醛还原酶蛋白与肝癌相关。它先在胚胎中表达，而在成年的肝中不表达。当肝癌发生时，它又重新表达。因此，可以初步推断，类醛糖还原酶蛋白在肝癌发生过程中与肝的解酶过程相关。目前，在人的肝癌中也找到了鼠的类醛还原酶蛋白的同源蛋白，它在人的不同组织中也是选择性表达。

对于大多数疾病而言，发生变化的往往不只是一个或几个蛋白，参与疾病发生过程的蛋白的数量通常很多，因此通过双向凝胶电泳在整体水平上进行蛋白质组学研究非常重要。利用双向凝胶电泳对扩张性的心肌病(Dilated cardiomyopathy，DCM)进行蛋白整体水平的研究就是一个例子。扩张性的心肌病是一种严重的心脏病，致病机制和涉及的基因都不清楚，从其复杂程度来看，不太可能仅由一种致病机制造成。相对其他组织而言，心脏主要由心肌细胞组成，组织相对均一，这为通过双向凝胶电泳进行整体水平蛋白质组学研究提供了良好的材料。对DCM的蛋白质组学研究始于20世纪90年代初，目前心肌细胞的双向凝胶电泳的数据库已经建立。尽管国际上各实验室之间的数据在样品制备等电聚焦条件和凝胶大小等方面存在差异，但数据的比较证明，大多数情况下蛋白点的位置还是相对稳定的，可以进行大规模的比较。例如，有人得到了高分辨率的具有约3300个心肌蛋白点的双向电泳结果，并对其中的150个蛋白进行了N端和中间的Edman降解以及MALDI－MS等一系列鉴定。对几个正常和患扩张性心肌病的病人的研究结果比较发现，两者的蛋白条带具有可比性。除去一些可能由不同的疾病相关参数如患病程度、用药情况、病人年龄等因素造成的变化外，患病者和正常人有25种蛋白在统计学上具有显著差异。这些都是DCM相关蛋白，这个结果是在对几个样品进行大规模研究的基础上得出来的。也只有通过大规模的研究，才能体现出这个结果在实际应用中的价值。

(北京大学　瞿礼嘉)

基因工程技术在疫苗研究领域的应用及进展

疫苗在预防人类疾病中的功绩是令人瞩目的。在国际卫生保健史上，有两个光辉的里程碑，即1979年证实了天花在全球被彻底消灭和2000年包括中国在内的全世界大部分国家消灭脊髓灰质炎。另外，由于疫苗的使用，许多像肝炎、结核等主要传染病得到有效的控制。事实证明，疫苗对人类健康保障、生活质量改善和社会发展做出了巨大的贡献。

疫苗的研制起始于19世纪中叶，借助于微生物学及显微镜技术的发展，首先研制出了第一代减毒的活疫苗。该疫苗是通过如细胞培养、动物的传代等方法，减低病原体的毒力，但仍使其保持感染力和抗原性，用这个减毒的病原体作为疫苗株来制作疫苗。1967 年世界卫生组织(WHO)开始积极推行全球接种牛痘疫苗消灭天花的计划，致使 1979 年人类成功地在全世界消灭了天花。种痘用的天花疫苗就是一种减毒的活疫苗。之后，被誉为疫苗之父的法国微生物学家 Pasteur 用物理、化学和微生物传代等方法有目的地处理病原微生物，使其失去毒力或减低毒力，先后成功地制备了鸡霍乱菌、炭疽菌和狂犬病病毒等一系列减毒活疫苗。目前，世界广泛应用的卡介苗就是细菌减毒活疫苗成功的例子。另外，在第一代疫苗中，也有许多灭活的死疫苗。灭活的疫苗是将病原体加热或化学处理后使其失去感染性，但仍保持抗原性。例如，鼠疫和伤寒死疫苗一直沿用至今，使上述烈性传染病得到了控制。

一、基因工程疫苗

20 世纪 70 年代，分子生物学技术有了突飞猛进的发展，尤其是基因工程技术的应用为疫苗的研究开辟了一个广阔的天地。基因工程是指应用重组 DNA 技术，通过酶的作用，在体外进行了基因的剪接，并将重组 DNA 转化到新的细胞中去重新表达的操作过程。基因工程技术可以通过基因的克隆重组和表达获得几乎所有病原体的抗原。基因工程技术引发了第二代疫苗革命，随之产生了第二代疫苗——基因工程疫苗。

基因工程疫苗分为两大类：一种是通过基因突变或缺失的方法获得减毒活疫苗，或将外源基因克隆到已获批准在临床使用的细菌或病毒的载体中去制备成新的减毒活疫苗。另一种则是将外源基因克隆到大肠杆菌或酵母中去表达基因产物，然后通过分离和纯化而获得特异的蛋白质抗原，即通过基因工程菌大量生产亚单位疫苗。大肠杆菌和酵母通常被用作表达外源基因的宿主细胞。大肠杆菌常表达来自原核细胞的外源基因，酵母用来表达真核细胞的基因产物。用作基因工程疫苗的载体包括细菌和病毒，如减毒的卡介苗(BCG)是用途最广的载体。通过接种卡介苗能够有效地预防结核病。实践证明，卡介苗的安全性以及接种卡介苗后的持久免疫效果，使卡介苗成为表达外源基因理想的载体。并用此来构建预防其他传染病的活疫苗。经过科学家们多年的努力，许多病毒、细菌、寄生虫的抗原已经成功地在 BCG 中获得了表达并作为疫苗在动物实验中显示了有效的免疫保护效果。最常用的基因工程疫苗病毒载体是痘病毒和腺病毒载体。

基因工程疫苗具有以往传统方法制备疫苗所不具备的两大优点：①安全性好。传统方法生产疫苗，生产者必定要与病原微生物接触，具有很大的危险性。应用基因工程方法生产疫苗则具有很大程度的安全性。如制备乙型肝炎基因工程疫苗，早期传统的方法制备的乙肝血源疫苗是用乙型肝炎病毒表面抗原携带者的血浆为原料，无论是对疫苗生产者还是疫苗接种者来说，都具有可能感染的危险性。而利用基因工程的技术生产乙肝疫苗，可以很安全地得到大量乙型肝炎的保护性抗原，又不会有来自乙肝病毒感染的直接危险。②成本相对较低，可大规模生产。用生产第一代疫苗的传统方法很难获得大量高纯度的抗原，而基因工程技术可以将保护性抗原基因克隆到宿主细胞中获得高效表达，来大规模地制备亚单位疫苗，并且可以对大量的候选疫苗进行反复的筛选，生产成本低，经济效益较高。例如，乙型肝炎表面抗原，是惟一被美国食品药物管理局(FDA)批准而应用于临床的基因工程疫苗。中国目前也在广泛应用此疫苗。尽管基因工程疫苗具有上述的优点，但也存在一定的局限性。它主要引起的是机体的体液免疫效应，细胞免疫的效果很弱，所以对在细胞内寄生的细菌、病毒和寄生虫引起的传染病则基本无效。

二、DNA 疫苗

以核酸疫苗为代表的新一代疫苗，形成了历史上第三次疫苗革命。核酸疫苗又称基因疫苗或DNA疫苗，即将重组的质粒DNA直接注射到动物体内，使外源基因在活体内表达，产生的抗原激活机体的免疫系统，引发免疫反应。

DNA疫苗的发现是很有戏剧性的。20世纪90年代初期，当时有一些从事基因治疗的科学家用可在体内表达基因产物的核酸来做基因治疗的试验，结果令人失望。虽然只有5%左右的有遗传缺陷的细胞在吸收DNA以后有特异基因产物表达，然而意外的发现是：这种基因产物在骨骼肌中的表达可长达2个月之久，并可诱导免疫应答反应，从而掀起了DNA疫苗的研究热潮。

在众多的动物研究结果中，有两个令人欣喜的结果。一个是流感病毒的DNA疫苗，该疫苗能在小鼠体内表达流感病毒的核蛋白。核蛋白在不同的流感病毒变异株中比较稳定和保守，所以流感病毒的DNA病苗可获得对不同病毒株攻击感染的交叉免疫保护，从而有希望解决流感疫苗长期以来面临的因为流行株表面抗原变异而使疫苗无效的被动局面。另一个重要的成果是乙型肝炎DNA疫苗，这种疫苗可以产生抗乙型肝炎表面抗原的特异性抗体，并能消除转基因动物体内的乙型肝炎表面抗原，从而为DNA疫苗作为一种治疗手段展现了美好的前景。

DNA疫苗的免疫机制目前尚不太清楚。普遍认为，质粒DNA能进入肌肉等细胞，质粒携带的抗原基因能在细胞内得到表达。犹如病毒自然感染的过程一样，使抗原以自然的形式加工后呈递给免疫识别系统，诱导机体产生保护性抗体及细胞免疫。

DNA疫苗与第一代、第二代疫苗相比具有如下优点：DNA疫苗的制备只需对编码抗原的外源基因进行克隆，不需建立体外蛋白表达系统和纯化表达蛋白，因而制备简单，省钱省力；DNA疫苗使用安全，无感染病原的危险；其性质是核酸，因此可制成干粉剂型，不需要顾虑蛋白质疫苗的冷藏和低温运输等问题；此疫苗产生的抗原具有天然构型，既能诱发机体产生体液免疫又能产生细胞免疫。DNA疫苗将在细菌、病毒和寄生虫感染的疾病中发挥重要作用，并已进行了成功的临床前期试验，其中一些疫苗已获批准进行临床试验。从1995年开始，美国FDA已批准了6种DNA疫苗的临床试验，包括艾滋病、流感、单纯疱疹、乙型肝炎、疟疾和癌胚抗原DNA疫苗。我国的科学家在乙肝、疟疾和旋毛虫等传染病的DNA疫苗研究方面也做了大量的工作，有些研究已达到国际先进水平。

纵观历史，疫苗研制已经在消灭和控制诸如天花、小儿麻痹和乙型肝炎这些传染病上建立了不可磨灭的功绩。展望未来，疫苗研制仍面临着新的挑战。根据世界卫生组织（WHO）1996年的报告，全世界每年有5100多万人因各种不同的疾病而死亡，其中1/3的人死于各种病原体引起的传染病。因此，传染病仍然是目前世界上导致死亡的主要原因。一些新发现的传染病也在不断给人类健康造成威胁，如艾滋病、肺炎军团菌引起的肺炎、丙型肝炎、O157引起的出血性结肠炎，等等。这些都是疫苗研制的新课题。另外，一些新回潮的传染病如结核病，也为疫苗的研制提出了新的挑战。同时，疫苗的研制尤其是DNA疫苗，还将扩展到对肿瘤、自身免疫病和过敏反应等疾病的免疫治疗研究。分子生物学技术的迅速发展使疫苗的研制进入了黄金时代。相信在不远的将来，随着新疫苗的研制和开发，诸如艾滋病等传染病将得到控制并逐步消灭。

（首都医科大学　诸欣平）

玻色—爱因斯坦凝聚的实现

——2001年诺贝尔物理奖介绍

2001年10月9日，瑞典皇家科学院宣布，2001年度诺贝尔物理奖授予美国国家标准技术研究所与科罗拉多大学的联合天体物理研究所(JILA)39岁的教授科耐尔(Eric A. Cornell)和50岁的教授维曼(Carl E. Wieman)以及美国麻省理工学院43岁的德裔教授凯特利(Wolfgang Ketterle)，以表彰他们在玻色—爱因斯坦凝聚实验研究中的杰出贡献。

一、玻色—爱因斯坦凝聚——70余年前的预言

早在1924年，年轻印度科学家玻色撰写了一篇论文，用完全不同于经典电动力学的统计方法，推导出Planck的黑体辐射公式。他将论文寄给了爱因斯坦，爱因斯坦认识到该文的重要性，将其译成德文发表，并将玻色的方法推广到有单原子的理想气体，预言这些原子当其间的距离足够近，速度足够慢时，将发生相变，变成一种新的物质状态，后人称之为玻色—爱因斯坦凝聚(Bose-Einstein Condensates,BEC)。处于这种状态的物质，所有粒子都处于能量的最低态，并且有相同的物理特征。这种物质，将粒子的量子特性通过宏观的方式表现出来。就原子而言，只要其总的自旋量子数为整数，则为玻色子；对于气体状态的原子，在常温下通常表现出经典粒子的特点(即原子互相碰撞，表现出各自不同的运动特征)；当温度降到足够低时，原子会凝聚在一个相同的量子状态，这就是当时爱因斯坦预言的气体玻色原子形成玻色—爱因斯坦凝聚体的状况。爱因斯坦的论文发表后，引起了广大物理学工作者的兴趣，都期望在真实的原子气体中获得玻色—爱因斯坦凝聚。然而，由于该实验的难度很大，直到1995年，Eric A. Cornell，Carl E. Wieman小组和Wolfgang Ketterle小组才在实验中真正实现了玻色—爱因斯坦凝聚。

二、玻色—爱因斯坦凝聚的实现

在BEC理论提出后，人们就一直探索在稀薄气体中实现BEC的可能性。由于稀薄气体中的原子间相互作用很小，非常接近理想气体，用它实现BEC，其特性将和理论预言十分接近。但要在稀薄气体中直接产生BEC并不容易。获得超低温(—100nK，使德布罗意波足够长)和高密度(—$10^{12}/cm^3$，使原子间距离足够近)是成功的必要条件。如何将处于室温原子的温度降至几十至几百纳开尔文，同时在原子不形成分子的情况下保持足够高的密度，是实现BEC的两个关键。

20 世纪 90 年代初，JILA 的 Carl E. Wieman 开始利用^{87}Rb实现 BEC 的研究，由于^{87}Rb的总自旋是整数，是一种玻色气体。他的基本思想是首先利用激光冷却技术冷却铷原子气体，然后将它们转换至静磁阱中，并用蒸发冷却的方法继续将铷原子气体冷却直至获得 BEC。为此，他招聘 Eric A. Cornell 作为博士后，主要负责该项目。该小组在实验中首先利用激光冷却将^{87}Rb气体冷却到 40μK 左右，然后把这些原子通过光抽运方法制备在相同的自旋态上。接着去掉激光，利用一对反亥姆霍兹组成的磁阱将冷却的铷原子气体囚禁，这时铷原子就在磁阱中作振荡运动。由于该磁阱的中心处磁场为零，当原子运动至此时，由于能级简并的原因，其中部分原子就会从原来受磁场束缚的自旋态转换到不受磁场束缚的自旋态上，时间稍长，原子就会从磁阱中心的“漏洞”中消失。这样，就不可能形成高密度的气体。为了防止原子从磁场中心漏出，Cornell 在原磁阱中加了一个横向旋转的磁场，这样就把原有的磁场零点去掉了，这种方法称为“轨道时间平均势法”。在此基础上，他们在磁阱中加上扫频微波，通过“蒸发冷却”将 TOP 磁阱中的铷原子冷却至 100nK 左右，这时就开始形成 BEC。JILA 小组在 1995 年 6 月获得的铷原子 BEC，在 170nK 时开始形成 BEC，进一步冷却至 20nK，可以得到很“纯”的 BEC，其中的原子数为 2000 左右。

同时，美国 MIT 的 Pritchard 小组，开始用^{23}Na形成 BEC 的尝试。这时从德国马克斯－普朗克量子光学研究所获博士学位的 Ketterle 加入其列，并在 1993 年后独立地领导一个小组进行 BEC 实验。他用从 MOT 到蒸发冷却的程序，在磁阱蒸发冷却阶段，又巧妙地将一束强激光束射入磁阱的中央，利用蓝移激光的斥力将原子磁阱中的“漏洞”堵住了。这样，该小组在 JILA 小组获得 BEC3 个月以后，也获得了钠原子的 BEC，其中 BEC 的原子数高于前者的两个数量级，因此有着更高的观察信噪比。

玻色—爱因斯坦凝聚体是一种宏观的量子状态物质，在这种物质中，空间各部分和其他部分都有关联，就如同激光束中的各部分光子都有关联一样，这种关联是相干性的体现。为了证实此种新物质的这种特性，Ketterle 小组将玻色凝聚体分成两团，并让它们相互重叠，这时可以明显地观察到它的干涉条纹，这充分显示了玻色—爱因斯坦凝聚体是一种相干物质，一种新的宏观量子状态的物质。

由于玻色—爱因斯坦凝聚体是一种长程相干的物质，整个的凝聚体可以用一个单粒子波函数来描述。理论表明，这种单粒子波函数在处于旋转状态时，具有量子化的现象，这种现象称作量子涡旋——Vortex，并首先由 Cornell 和 Wieman 小组在铷 BEC 中证实。另外，如何把玻色—爱因斯坦凝聚体从磁阱中相干地输出，这是利用 BEC 的重要途径条件，Ketterle 小组于 1997 年首次将 BEC 像水滴般地从磁阱中输出，形成了脉冲状的凝聚体，就如激光的脉冲光束一样，故称其为“原子激光”。

综上所述，在 BEC 的研究过程中，JILA 小组和 MIT 小组的确起着领导作用，为此 2001 年的诺贝尔物理奖授予了这两个小组的三位主要科学家。

三、玻色—爱因斯坦凝聚研究的意义

玻色—爱因斯坦凝聚的实现开辟了一个新的研究领域，到目前为止，已有 20 多个研究小组成功地获得了 BEC，还有更多的小组正在开展这方面的实验研究。1995 年在实验上实现 BEC 以来，它的许多特性引起了大家的兴趣，并取得了一批引人注目的成果，如在锂、氢、氦、钾原子气体中实现了BEC,BEC的相干放大,四波混频,光速在BEC中急剧减慢,利用光子晶体模拟固体效应,在BEC中实现了压缩态,BEC中约瑟逊效应的宏观量子特性,分子凝聚体的研究等。BEC作为一种新的物质状态,研究其自身的物理性质,所包含的物理过程,具有重大的科学意义。同时,还可以通过研究这种系统去认识、检验自然界的一些规律,探索新的规律。

研究BEC除了对基础研究有促进作用外,对应用研究也有促进作用。由于BEC实验运用了现代技术的最新成果,它涉及超高真空技术(—10^{-9}Pa)、激光稳频技术、激光频率精密控制技术、射频控制技术、磁阱技术及多路信号时序控制技术等。BEC的实现,既对上述技术提出了要求,本身也对上述技术的发展做出了贡献,如外腔半导体激光和饱和吸收光谱稳频技术,BEC的早期研究推动了这一技术的发展,并在BEC基础上形成的原子激光,可能使现有的原子钟的精度极大提高,推动原子显微镜、原子全息术的发展;特别是它能以极高的精度将原子沉积在固体表面上,在原子水平上操控物质,导致纳米技术新的发展。最近,在微磁阱中实现BEC,就充分证明了原子集成电路实现的可能性。

BEC研究的成果还将推动相关领域的发展,如天体物理中的白矮星的模拟研究、高精密测量、量子信息处理以及未来的原子刻蚀技术等。21世纪对BEC的研究仍将是方兴未艾。

(北京大学　陈徐宗)

细胞周期及其调节机制开创癌症治疗的新途径

——介绍2001年诺贝尔生理学或医学奖获得者

人类生命起源于一个单细胞的受精卵。如果条件合适,受精卵可由1个细胞迅速地分裂成2个,2个再分裂成4个,4个再分裂成8个,依此类推,细胞数在短时间内以倍数增加(这一细胞分裂的过程称为“卵裂”),最终发育成为一个由上百万亿功能不同的细胞组成的完整个体。此外,即使在我们的身体内,每秒钟就有上百万的细胞在进行着分裂。因此,细胞分裂是生命机体生存和繁衍的一个最基本的过程,而这种细胞由1个分裂成2个的分裂或卵裂过程被称为细胞周期(Cell cycle)。

从细胞生物学角度讲,细胞周期又被定义为细胞内遗传物质(DNA)成倍复制和细胞分裂的周期性过程。人们通常将细胞周期划分成4个时相,第一个时相为G1期:细胞生长、体积不断增大、RNA转录(DNA指导细胞内合成特定蛋白质的模板)及蛋白质合成的阶段;第二个时相为S期:DNA合成,即DNA成倍复制的阶段;第三个时相为G2期:为细胞继续生长及新蛋白质合成的阶段;第四个时相为M期:在这个时期,细胞生长、DNA复制和蛋白质合成等均已完全停止,而主要以染色体分离为其特征,并最后形成两个完全一样的子代细胞。一般细胞周期依次经过G1期→S期→G2期→M期完成其增殖分裂的全过程。绝大多数高等生物的细胞(真核细胞)周期包含着这4个时相,只是每个时相所需的时间长短有所不同。此外,需要强调的是,G1期的细胞并不总是不断地进行分裂,在某些情况下,它可暂时退出细胞周期,进入静息期——G0期。在适当的刺激下,它又可重新进入细胞周期,继续进行增殖分裂。

细胞周期的整个过程均受到高度精确地调控,它与人类的生存及健康息息相关,因为任何一个环节上的缺陷或异常都会导致细胞的死亡或增殖失控，即癌变。然而，直到1970年，细胞周期的调控还是一个尚未解开的谜。当时，科学家们只能通过显微镜，像欣赏舞蹈那样，长时间地仔细观察细胞有丝分裂过程中的每一高潮片段：细胞长大、DNA复制、染色体一分为二及最后一个细胞分裂成两个完全一样的子细胞。但关于哪些分子驱动细胞分裂？哪些环节的异常导致了细胞分裂失控和癌变？人们尚不清楚。正是鉴于细胞周期调控机制在基础医学和癌症研究及治疗上的深远意义，2001年诺贝尔生理学/医学奖授予了美国科学家Lee Hartwell和英国科学家Paul Nurse及Tim Hunt等三位博士，以表彰他们发现细胞周期的调控机制，即检测点学说（Checkpoint）和重要调节因子：细胞周期素（Cyclin）和细胞周期素依赖性激酶（Cyclin dependent kinase，CDK cdc28/cdc2基因的蛋白质产物）。

Hartwell博士生于1939年，1961年获美国加利福尼亚理工大学科学学士学位，1964年在麻省理工大学获哲学博士学位，现任美国西雅图Fred Hutchinson肿瘤研究中心主任，华盛顿大学遗传学和医学教授。Paul Nurse博士生于1949年，1970年在伯明翰大学获科学学士学位，1973年获东英格兰（East Anglia）大学哲学博士学位，现任欧洲最大的癌症研究机构——英国皇家癌症研究基金会执行理事长。Tim Hunt博士生于1943年，1964年获剑桥大学学士学位，1968年获剑桥大学哲学博士学位，现在与Paul Nurse是同事，任英国皇家癌症研究基金会细胞周期调控实验室主任。

1．细胞周期的重要调节因子CDK和细胞周期素是如何被发现的？检测点学说又是如何被提出的？

1970年，Hartwell实验室在进行温度－敏感型芽殖酵母（Budding yeast）或称为面包师酵母（Baker's yeast）的研究过程中，偶然发现一些芽殖酵母突变体在高温的条件下全部在细胞周期的同一点上停止出芽。Hartwell立即意识到，从研究细胞周期如何工作的角度来讲，这些突变体将是一种难得的研究工具。据此，该实验室很快地分离出几十种细胞分裂周期相关基因（Cell division cycle gene，cdc基因），其中一种被命名为cdc28的基因可以让细胞周期早期的所有变化完全停止，并控制着细胞周期中决定细胞能否通过G1期进入S期的关键枢纽，Hartwell称它为起始点（Start），即G1期检测点。在随后的几年里，Hartwell又根据进一步的研究成果提出了著名的检测点学说，这是他对细胞周期调控研究的又一重大贡献。

Hartwell在美国加利福尼亚的研究工作直接启发和鼓励了当时在英国的一位研究生Paul Nurse。于是在1975年，Nurse及其同事从裂殖酵母（Fission yeast）中也分离鉴定出了一个与细胞分裂调控有关的基因cdc2，该基因控制细胞从G2期进入M期，即G2期检测点。1982年，Nurse试图在芽殖酵母内找出裂殖酵母cdc2的类似（同源）基因。出乎人们的预料，cdc2就是Hartwell在芽殖酵母内发现的cdc28。Nurse上述发现的重要意义在于，它证实了同一种蛋白质可控制细胞周期内两个不同的检测点，即G1期检测点和G2期检测点。Nurse的另一重要贡献是在1987年，他克隆了人类cdc2的同源基因，从而使科学家们相信在酵母细胞内调控细胞周期的机制同样适用于高等生物。

与此同时，1983年Tim Hunt在测定受精海胆卵分裂过程中细胞内蛋白质水平的变化情况时，意外发现一种蛋白质在细胞分裂结束时突然消失，而在新一轮细胞分裂开始时又逐渐出现。据此，Hunt把这种蛋白质命名为细胞周期素（Cyclin），并认为细胞周期素驱动了细胞周期内的所有变化。随后，Hunt和其他人的研究工作进一步地证实了细胞周期素是细胞分裂过程中必不可少的调节物质。

Hunt发现细胞周期素的另一重要意义在于，它为解决当时学术界内争论不休的两种观点铺平了道路。一种观点是以Hartwell为代表的学者认为，细胞周期是由基因控制的一系列相互依赖的程序——"多米诺(骨牌)"模型，即细胞周期每一时相的开始只有等到前一时相完成后才能发生。另一部分学者则以"细胞质中心时钟(Central cytoplasmic clock)"模型为论点，认为在细胞质内存在着一种时钟机制，其物质基础为细胞质内的"成熟促进因子"(Maturation promoting factor，MPF)，细胞在MPF的控制下，无论细胞周期的前一时相是否完成，后一时相都会发生。这两种学术观点直到1988年才被统一起来。当时，James Maller博士在试图从细胞质内分离、提纯MPF的过程中发现，MPF实际上是由两个蛋白质亚单位组成，其中一个亚单位是细胞周期素B，另一个亚单位就是cdc2蛋白，这二者是形成"细胞周期素依赖性激酶(CDK)"的必要成分。这些发现后被Hartwell完善成"检测点学说"。

2. 细胞检测点学说为癌症的治疗带来了什么样的影响？

我们之所以说，细胞检测点学说开创了癌症治疗的新途径，是因为检测点缺陷(导致非正常细胞分裂增殖失控)是很多种癌症的共同表现。为此，可以通过寻找增强细胞检测点功能的药物，以期特异性地杀死癌细胞。其二，可开发抑制检测点相关激酶家族的新药，使癌细胞不能修复放射所造成的DNA致命性损伤(可导致癌细胞死亡)，从而增强癌细胞对放疗的敏感性。比如，ATM(Ataxia-telangiectasia，mutated)是检测点相关激酶家族中的一员，它参与DNA修复，目前几家药物公司正在以它为治疗癌症的靶分子，因为如果抑制了ATM，就会使癌细胞对离子辐射更为敏感。同样，还有其他的检测点靶分子，如ChK1、ChK2和ATR激酶也可作为药物作用的靶分子。第三，可研发直接作用于细胞周期素和CDK的药物，以期干扰癌细胞的分裂增殖。最后，还可以利用检测点突变细胞株筛选新的化疗药物。如早在1995年，Hartwell就与美国国家癌症研究所合作，在Fred Hutchinson癌症研究中心设立了一个新的研究项目，其目标是用检测点或DNA修复基因缺陷的酵母突变株筛选有效的抗癌化合物。

对于细胞周期的研究，下一步要开展哪些方面的工作呢？自从Hartwell提出细胞检测点这一新概念后，十几年间，人们已经鉴定出了几十种参与检测点信号系统的蛋白质，但尚不知道这些蛋白质与细胞周期这部机器如何作用？损伤的DNA或其他缺陷是怎样导致细胞周期(分裂)停止或失控的？更确切地讲，有了信号发射装置，并且知道了细胞周期这部机器的存在，但尚不知道它们之间是如何联系的，这些还有待于科学家们在未来的工作中去探索、发现。

(首都医科大学　李俊发)

具有里程碑意义的手性催化与手性药物

——2001年诺贝尔化学奖介绍

2001年10月10日，瑞典皇家科学院宣布，将本年度的诺贝尔化学奖分别授予美国密苏里州孟山都化学公司的威廉·诺尔斯(William S. Knowles)博士、日本名古屋大学的野依良治(Ryoji Noyori)教授及美国加利福尼亚州斯克里普斯研究所的巴里·沙普莱斯(Barry K. Sharpless)教授，以表彰这三位科学家在手性催化氢化和手性催化氧化反应研究领域所做出的具有里程碑意义的重大贡献。由于氢化反应与氧化反应是有机合成中最基本、应用面极其广泛的反应,因此他们在手性催化/不对称合成方面所取得的开创性与突破性成就,不仅在学术研究上,而且对新医药、新农药与新材料的合成与发展都起了极大地推动作用。

一、手性与手性分子

手性(Chirality,又称手征性或非对称性)是自然界普遍存在的现象,它用来描述某个物体或分子具有"手"的性质,即它的镜像与自身不能重叠。手性分子是指化学组成相同、空间结构互成镜像(互为对映体,Enantiomer)的分子,又称光学异构体。手性分子对映体的物理化学性质及光谱可以完全相同,但对映体分子间的化学反应性却存在着重要差别,并由此导致了其生物活性、毒性或其他性质的显著差异。最典型的例子就是20世纪60年代发生的反应停事件,反应停(thalidomide,沙利度胺)是一镇静药,当时用其对映体混合物来减轻孕妇的妊娠反应,结果在欧洲导致1万多畸形儿出现。后来发现,反应停为一手性药物,有两个对映体,其中R异构体有镇静作用,而其S异构体及其两个代谢物却有致畸和胚胎毒作用。

手性是生命过程的基本特征,在分子水平,生物系统是由生物大分子组成的手性环境,如蛋白质、糖脂、多核苷酸、酶、受体等。这些生物大分子是由L-氨基酸和/或D-糖类构成的。药物和其他化学异物的作用和生物转化的许多过程都牵涉到与手性生物大分子的相互作用,手性药物对映体进入生物体内的手性环境中将作为不同的分子加以识别匹配,因此在药效、体内代谢和毒性等方面均存在对映体分子的立体选择性作用,结果可能表现出较大的性质差异。因此,在实际用药时,生产制备出各自纯净的对映体药物是十分必要的。

药物的手性已成为生物医药领域面临的重要问题。世界上常用的1992种合成药物中,约有40%是手性药物,但作为单一对映体药物的数量很少,大多数(506种)仍以对映体混合物(外消旋体)形式给药。而外消旋体供药可能产生以下几种情况:①外消旋体仅其中一种对映体有活性,另外的对映体活性很低或无活性,或者对映体活性有质的不同,如人们熟悉的抗生素氯霉素,其(R,R)-异构体具有很强的抗菌活性,而(S,S)-异构体却无抗菌活性;②某些药物的某一特定的毒性主要归因于其中一种对映体,如反应停就是如此;③对映体之间存在相互作用的可能性;④对映体间具有相同的药理活性,如抗组胺药异丙嗪。因此,美国FDA、加拿大、欧共体、日本等已要求在申报具有手性的新药时,需同时呈报各单一对映体的药理学、毒理学和药动学资料。而分别研究制备各个对映体对指导临床安全、有效、合理地使用手性药物,为研制开发新手性药物及其对映体都具有十分重要的意义。此外,对农药、生长调节剂及其他手性材料同样具有重要意义。

二、在手性催化反应与手性药物方面的开创性贡献

在一般的化学反应中,基团的加成或取代反应在空间取向上是随机出现的,所以产物中对映体的比例多是50:50(基本无对映体过量)。对于手性化合物,当需要研究其具有某种生物活性的单一对映体时,必须将此对映体混合物分离开(拆分),由于各对映体之间的理化性质差异很小,因此拆分工作费时费力,比较困难。有时即使完成了拆分,如果另一个对映体无实际用途,则产物中有一半将是废弃物。这不仅大大影响到生产成本,而且在环境保护日益重视的

今天,若要进行大规模的工业化生产也会受到限制。所以,研究建立纯净单一对映体的化学合成方法,便成为解决这个难题的主要途径。这就是这三位科学家所以获得2001年度诺贝尔化学奖的原因所在。

利用不对称催化加氢的方法催化某个反应,使产物中对映体的比例(产量)有利于其中希望获得的一个对映体,这个设想在1968年首先由美国化学家威廉·诺尔斯取得了突破性进展。他利用过渡金属元素制备出含有手性配体的络合物并用作催化剂,这种催化剂在与非手性的底物作用时可以进行手性传递,进而得到具有手性的产物。如将此催化剂用于双键的加氢反应,就可以使其中的一个碳原子具有手性。这种新催化剂可以使人们有目的的生产希望获得的手性分子。在试验中,开始的催化反应还不理想,在合成物中希望合成的手性分子只比另一个多15%,经过努力,合成比例达到了100%。更为重要的是,一个催化剂分子可以制备出数百万个所预期的对映体产物分子,这对制药工业有重大意义。很快,他的研究成果便用于制药工业,如合成治疗帕金森病的药物L-DOPA,其产率达到100%,对映体过量达97.5%。为开发普适性更广、催化效率更高的加氢催化剂,日本科学家野依良治在诺尔斯的基础上作了更为深入广泛的研究,1980年,他合成了双膦配体BINAP的两种对映体,BINAP与铑(Rh)形成的配合物在某些氨基酸的催化合成时,其对映体产物的纯度可以达到100%。当用另一种过渡金属钌(Ru)代替铑时,发现Ru(Ⅱ)-BINAP络合物的催化加氢作用更为普遍,因此很快成为一种工业规模的催化剂。这些催化剂用于氢化反应,能使反应过程更经济,同时大大减少了有害废弃物的产生,有利于环境保护。目前,不对称氢化催化反应的催化剂已广泛用于精细化学品、医农用药物与新型材料的合成制备。

在手性催化氢化反应发展的同时,美国化学家巴里·沙普莱斯发展了另一类重要的有机反应,即氧化反应的手性催化剂。氧化反应可以向分子中引入更多类型的功能团,这就需要构建新络合物分子以催化相应的反应,新型手性催化剂使得合成更加复杂的化合物成为可能。1980年,沙普莱斯用过渡金属钛(Ti)和手性配体作成一种新型手性催化剂,以烯丙醇为底物,通过不对称催化氧化反应,合成了手性环氧化物,而环氧化物是有机合成中非常重要的中间产物,而且这种手性环氧化反应所得的对映体过量率很高,非常有利于得到人们期望获得的纯净单一的对映体产品。该反应在理论上也有重大突破,实现了产物的立体控制。同时,不同构型的手性配体可以有控制地分别得到构型相反的两个对映异构体,这被称为手性合成反应的一个里程碑。这种反应拓宽了多样性分子结构的合成范围,现已非常广泛地用于学术研究与工业生产领域。以沙普莱斯名字命名的Sharpless不对称环氧化反应得到了迅速发展,近年来沙普莱斯还发现了手性环氧化催化反应中的手性放大、手性增量等现象,这些都是手性研究的新概念、新方法,在理论和实际应用上均有重要意义,而且对研究生命科学中的手性起源问题也有启迪意义。

三、手性催化反应的应用与展望

手性催化反应的发明和发展,不仅为化学反应的理论研究提供了重要的工具,而且可以直接应用到工业生产中。2001年的诺贝尔化学奖结果表明,从基础研究到实际工业应用的间隔时间,有时并不很长。经过实验研究与工业实践,手性化学已成为制药工业和精细化工产业的重要组成部分,许多制药公司已开始采用工艺成熟的手性催化技术用于大规模生产单一的对映体手性药物，以满足人们不断增长的需要。

今后，手性药物在医药工业中所占的份额会越来越大。据统计，2000 年手性药物的销售额达 1230 亿美元，2001 年已超过 1900 亿美元，2002 年将超过 2300 亿美元。手性药物市场的快速增长促进了国际上对单一对映异构体药物的研究开发，尤其是结构新颖并有开发前景的创新手性药物的研制开发更受重视，研究手性化合物的结构构型与生物活性、药效、代谢与毒性的相关性以及适合于工业生产的新方法是创制具有知识产权保护新手性药物的基础。而手性催化剂的结构性能、不对称催化反应机理及手性源的研究则是手性药物和手性材料发展的前提。此外，通过生物催化不对称合成反应，对生物催化剂进行选育、修饰和固定化也是手性催化合成技术的新发展。手性技术正是在手性药物、香料、食品添加剂、杀虫剂以及其他精细化学品（如液晶材料、非线性有机光学材料）日益增长的需求推动下兴起和发展起来的。三位科学家在手性催化氢化反应与手性催化氧化反应研究领域的重大发现，不仅对化学学科，而且对药学、生命科学以及材料科学都具有十分重要的科学意义，特别是对手性化学工业的进步起到巨大的推动作用。可以预测，21 世纪的手性化学将会得到更快的发展，为人类做出更大的贡献。

（首都医科大学药物研究所　薛　明）

高效节水农业与北京农业的可持续发展

北京农业用水位于全市各行业用水之首，1999 年和 2000 年农业用水均超过了 20 亿立方米，占全市总用水约 50%。农业种植用水主要是水稻、冬小麦、蔬菜，上述作物除部分农田采用节水灌溉措施外，大部分采用漫灌的方式，使近一半水渗漏、蒸发，真正被农作物利用的只有灌溉总用水量的 1/3 左右。每年本市农业灌溉用水的 60%，约 12 亿立方米水是在输水、配水和田间灌溉过程中被白白浪费。先进国家的灌溉水利用系数达 0.8—0.9，我国只有 0.4 左右。如果能将灌溉水利用系数提高 0.1—0.2，则年节水 2 亿—3 亿立方米，可见农业节水的潜力是很大的。

随着城市的发展，北京市的工农业生产及生活需水量将进一步增长，若不改变传统的水资源保护和开发利用模式，将会陷入更大的生态经济困境。因此，从区域生态系统的平衡发展出发，强化水资源管理，提高水资源利用率，从源头上控制和节约用水，减少排污，发展水资源循环利用技术，是城市可持续发展的必然要求。面对水资源严重短缺和水资源严重浪费的现状，要实现可持续发展，北京农业必须做出选择。

一、调整种植业结构，发展高科技农业

1. 发展外向型、科技型、高效型的“精品农业”

北京作为国际大都市的城市功能越来越突出，改革开放以来，北京在生活物资和环境保证上，越来越依靠环京周边地区，一个以北京市场为指向的经济带已环绕北京而形成。据估计，自 1999 年以来，全市每年平均 30% 的蔬菜来自周边地区，50% 的生猪和近 50% 的鸡蛋及

33%的鱼来自外埠,周边地区农业的发展和环京经济圈的形成,对丰富本市农副产品起着重要作用,也冲击着京郊农业。

京郊农业要在竞争中生存立足,必须利用资源优势、技术人才优势,调整产业结构,扬长避短,避开"大路货"的生产,大力发展特种种植、特种养殖的名、特、优、新、稀、高附加值的产品,丰富农产品品种,提高农产品质量和均衡上市的能力,实现优质、高效、高产,即北京农业要走"精品化"的道路,精品型、外向型、科技型、高效型农业是京郊农业可持续发展的惟一出路。

在农村产业结构调整中,要发展高科技农业,加快科技创新步伐,大力开发、引进农业科技。要重点发展优质、高产、高效技术,如以提高农产品附加值为重点的农产品精深加工及综合利用技术;农产品贮藏、保鲜、包装技术;以节水灌溉为重点的降耗增效技术;以品种改良、生物措施为重点的生态环境建设技术等。以增强区域性产业发展的辐射能力,使郊区农业在科技的支持下实现可持续发展。

2. 重点集水区取消水稻种植和耗水量大的冬小麦种植

我国加入WTO后,农业将受到最为严重的冲击。北京虽然是平原区,但不是重点产粮区。处在北京市水源上游和重点集水区内的种植业区域是水稻及冬小麦种植的集中区。2000年本市水稻种植面积29168公顷,单产6840千克/公顷,耗水为3.5亿立方米,每立方米水只产0.57千克稻谷,生产效率及用水效率均极低。目前,市民食用的米基本来自外埠,本地种植的水稻只提供每个居民1.5千克左右,微不足道,却耗去全市工农业用水量近10%。因此,无论从生态效益,还是经济、社会效益上看,北京种植水稻都得不偿失,应取消其种植。同时,处在本市水源上游和重点集水区内种植的冬小麦也是一个耗水大户,若取消冬小麦种植,改种特种品种,如改种高产玉米或品质好的特种品种和耐旱的经济作物(黏玉米、甜玉米、谷子),不仅可提高产品附加值,增加农民收入,还将减少农业用水约2亿立方米。种植业结构调整后,冬季休闲的农田可以种植绿肥或青贮饲料,轮作养地,减少化肥使用量,降低农业生产成本,改善农田生态环境(减少化肥淋滤下渗)。同时,冬季农田里的绿肥或牧草还可以起到压尘降尘的作用,对改善北京市大气环境有积极意义。

种植业结构调整后,扩大种植的玉米可发展养殖业。据测算,每亩玉米含蛋白质约30千克,而每亩牧草含蛋白100多千克,相当玉米的3倍以上。因此,发展牧草和青贮玉米的种植,要逐步由粮经的二元结构向粮、经、饲三元结构调整,改变农田依靠化肥增产,农田土壤肥力下降的现状,促进种植业、养殖业相互依赖,协调发展良性循环的形成。目前,北京地区饲料加工所用玉米均由东北、河南等地调运,扩大种植玉米后,不仅缓解农田用水紧张及北京缺水的困难,也缓解了养殖业市场对饲料粮的需求,这对发展养殖业,降低成本有重要意义,并将从根本上改变京郊农业传统的生产格局。

3. 减少或取消城近郊区蔬菜种植,蔬菜种植区向远郊转移

近郊周边区域内蔬菜种植的耗水量占全市年总用水约5%,占本市农业总耗水约10%。蔬菜地大量耗水和城近郊区从事蔬菜种植的外来人口的无序用水,严重影响了城区的供水水量。为确保2010年前的城区供水水量、水质的安全,城近郊区的蔬菜种植应向远郊区转移。这样,每年向市区可增加给水约2亿立方米,而且种植蔬菜的外来人口也将向城区外迁移,将大大改善城市周边地区(城乡结合部)的生态环境和生活环境,缓解城市外来人口的压力和由此引起的诸多不安全、不稳定因素。

取消部分地区蔬菜种植后减少的耗水情况

地区	1999 年占耕地面积(公顷)	2000 年占耕地面积(公顷)	2000 年耗水(亿立方米)	1999 年耗水(亿立方米)
朝阳	2210	2519	0.38	0.3
丰台	1983	1598	0.29	0.29
顺义	7070	9113	1.06	1.37
海淀	1424	995	0.15	0.21
总计	12687	14225	1.88	2.17

蔬菜种植取消后的土地,五环以内的区域扩大成绿化带,开辟绿色公园,五环以外的区域发展观光农业、观光果园;六环外的郊区县,在发展蔬菜、粮食名优产品的同时,要利用良好的生态环境生产无公害产品和绿色食品,加快食用农产品安全生产体系建设,提高农产品质量,增强农副产品的出口创汇能力。

远郊区县蔬菜种植要在扩大保护地栽培面积的基础上,发展特、新、细品种,提高蔬菜附加值,增强出口创汇能力。要在科技的支持下,大力发展设施农业和节水农业。建议在目前京郊绿色蔬菜栽种 20 公顷的基础上,2010 年提高到 200 公顷。

4. 扩大城郊绿地建设,发展绿色产业

削减城近郊区蔬菜种植后,其退耕下来的土地要在合理规划的前提下发展第三产业和绿色产业,扩大绿化苗木、草业和花卉生产,形成环京农产品经济圈与辐射周边的京城绿色产业带相互依托,相互作用,共同发展的新格局。京城绿色产业带重点发展经营性的绿色产业基地及绿色公园、观光果园、绿色度假村、生态型公共设施等。

5. 调整农村产业结构,发展山区旅游业

郊区有广阔的旅游市场和丰富的旅游资源,要科学规划,合理开发。要配合农村产业结构调整和科技高效农业的发展,开展乡村农业科技旅游,推出精品旅游线路,加快旅游商品开发,积极推动以绿色健身、农业观光、假日休闲为主的生态旅游产业的发展。

二、发展雨养(旱作)农业和节水农业

1. 旱作农业区的水土保持措施

旱作农业又叫雨养农业,是利用天然降水从事农业生产。北方地区自然降水利用率不足 18%,旱区每毫米降水每公顷生产粮食仅为 4.5 千克,不及水资源开发高的地区的 1/3。北京地区旱作农业区主要是指浅山区、北京平原区,包括昌平、门头沟、房山、延庆、平谷、密云、怀柔等地的山前和部分浅山区。这些地区利用农田小水利(建设山区水利富民工程),截留雨季降水,备干旱时所需;减少对地下水的抽提,并通过水土保持强化雨水就地入渗,减少径流出境水量,对保蓄地区地下水有重要意义。为保蓄水土,在北部山区还应大搞植树造林,减少水土流失,尤其是密云水库、官厅水库的上游的来水区和下游的汇水区,应退耕还林,在这些地区应大力发展水源涵养林,既汇集上游雨水,又截蓄区域径流,对保持和涵养水资源起重要作用。同时,山区水利富民工程要与节水灌溉相结合,采用农业新技术,发展高效农业,进一步带动农村产业结构调整,促进山区农民增产增收。

2. 节水农业区的节水措施

严格实施节水灌溉是减少农村地下水抽取的一项战略措施。北京市节水农业区主要是指大兴、通州、顺义等种植冬小麦的平原区域,这些地区 2000 年种植冬小麦约 14 万公顷,年耗水

约7.3亿立方米，如果在这些地区全面实施喷灌或采取补充灌溉和局部灌溉技术，年节水1.5亿—2亿立方米(见下表)。除丰台、大兴、通州是北京下游地区，其节约的水不能直接提供城区而是用以补充当地地下水外(约0.6亿立方米)，其他各区县的平原农区采取节水灌溉后节约下来的1亿多立方米水均可直接用作城市用水或减少当地水源井的抽取量，缓解地下水过量抽取的矛盾。

3．应采取的节水技术措施

(1) 田间节水技术：有喷灌、点灌、滴灌和渗灌，膜上灌水等先进节水技术，与大水漫灌相比，可节省用水量30%—50%。

平原节水农业区节水预测

区县	漫灌耗水(亿立方米)	采用节水措施后节水(亿立方米)	
		节水20%	节水40%
丰台	0.1022	0.0204	0.0408
顺义	1.2698	0.254	0.508
昌平	0.8428	0.1686	0.337
房山	1.4007	0.2801	0.560
海淀	0.2303	0.0461	0.092
朝阳	0.2359	0.0330	0.066
通州	1.3272	0.2654	0.531
大兴	1.3412	0.2682	0.536
平谷	0.5516	0.1103	0.221
总计	7.302	1.35	2.7

(2) 节水型井灌技术：井灌输水距离短，输水损失少，如与管灌、喷灌等节水技术相配套，则节水效果更明显，与传统灌溉方式相比，可节省用水量20%—30%。

(3) 非充分灌溉和局部灌溉技术：在作物生长期内部分满足作物的需水要求，有意给作物少灌些水，配合蹲苗、促熟等栽培技术，节约一定的水资源，扩大灌溉面积，与常规灌水相比，可节约用水量10%—20%。

三、加强山区生态保护建设

生态保护建设重点在远郊山区。森林具有涵养水源的功能，在流域内增加森林面积，是防止水源枯竭，补给地下水，延缓与平衡河川径流的重要手段。据研究，林地比无林地或少林地流域可增加河川径流量21%—32%，降雨量可增加17.4%—27.6%，减少地表径流78.4%。1999年北京市区降水不足400毫米时，门头沟区小龙门林场内年降水超过了500毫米。本市森林覆盖率虽现已达43%，但疏林、灌木林地约占15%，影响了森林功能的发挥。全市山区占总面积的62%，山场广阔，各区域条件差异较大。因此，要发挥林地保蓄水土、涵养水源的功能，必须因地制宜，统筹安排。

1．水土保持及水源涵养区：这一地区主要指大、中水库，主要河流的上游及水库周围的集水区，以涵养水源，控制水土流失为主。

2．用材林、经济林区：在中低山区，海拔500米以上的土层深厚湿润，植被茂密，立地条件较好的地区发展用材林，北部山区的低山地区，以营造防护林和薪炭林为主。

3．风景林区：这一地区主要是指名胜古迹、森林公园及旅游风景区周边地区，其土层深厚湿润,为创造舒适、清新的旅游环境,防止人为破坏景观和自然风化冲刷景观,宜发展风景林,如昌平、房山、门头沟、延庆等地的风景名胜区。

4. 平原农田防护林体系建设:这一地区除广大的平原以外,还包括西山的广大地区。平原以农田防护林为主,在重点风沙危害区建立防风固沙防护林体系,保护生态环境。

(北京市环境保护科学研究院　宋秀杰)

绿色节水和废水资源化技术的开发与应用

在世纪之交,如何解决全球性的水资源枯竭和水环境污染问题是未来人类生存和社会经济可持续发展的关键。面临挑战,一场以绿色化学为基础的绿色节水和废水资源化技术革命已在全球兴起,成为21世纪水科学的学科前沿和国民经济的重点发展方向。

一、关于绿色技术的定义

绿色技术又称环境无害技术、环境友好技术、清洁技术等。目前,关于绿色技术的报道比较随意,有的把不用添加化学药剂的技术即当作绿色技术,这显然有盲目性,因为不用添加化学药剂的技术也可能造成环境污染,如噪声污染、电磁污染、粉尘污染、固体废弃物污染等;有的把不造成环境污染的技术称作绿色技术,这种看法也不够全面,因为不造成环境污染的技术也可能是技术指标相对落后的技术,或者是高消耗、高能耗的技术。笔者认为,绿色技术应当定义为能够同时满足技术经济指标先进、无毒和不污染环境等三项基本要求的技术,仅满足一项或两项要求的技术都不能算作绿色技术。以循环冷却水处理技术为例,曾得到广泛应用的铬酸盐法,其技术经济指标相当先进,但有毒并易引起环境污染,现基本上已被淘汰。目前正在广泛应用的聚丙烯酸盐系和膦系循环冷却水处理技术,不仅技术经济指标先进,而且被认为是无毒的,但不易生物降解或易使水体富营养化,因而不能归入绿色技术。研究开发同时满足上述三项基本要求的技术是循环冷却水处理技术的方向。

二、绿色节水和废水资源化技术的研究与应用

1. 高级氧化技术(AOPs)

近年来,为了克服生化法对气候敏感、对许多有机污染物难以降解等缺点,一种被称为AOPs的废水处理方法受到重视。AOPs主要包括O_3/UV法、UV/固相催化剂法、H_2O_2/UV法、H_2O_2/Fe^{2+}法、O_3/H_2O_2法等。其原理是反应中产生氧化能力极强的·OH,·OH能够无选择性地氧化水中的有机污染物,使之完全矿化为CO_2和H_2O。AOPs技术经济指标先进、无毒、无污染,是典型的绿色技术。其中,于1972年发现的光催化氧化法由于可能做到最为经济而成为研究的热点。

目前,已研究过的半导体光催化剂有TiO_2、ZnO、CdS、WO_3、Fe_2O_3、PbS、SnO_2、In_2O_3、ZnS、$SrTiO_3$和SiO_2等十几种。其中,纳米TiO_2的综合性能最好,对各种难降解污染物如有机磷农

药、芳香族胺基化合物、氯系溶剂、苯系溶剂以及醛酮等能完全降解，没有二次污染。此外，还可以解决无机污染物如汞、铬、铅等金属离子的污染问题。但此法工业应用尚有困难，光催化反应要求被处理体系具有良好透光性，而高浓度污水往往杂质多、浊度高、透光性差，使反应难以进行。为此，可将该方法用于后期的深度处理，如对污水首先采用生物法处理，再用光催化法降解，即可获得满意的结果。另外，光催化剂的固定问题仍未很好解决，悬浮相催化剂有易失活、易凝聚和难回收等缺点，因此适于工业应用的光催化反应器有待进一步开发。

2．电催化氧化法

电催化氧化法主要是利用电解时特种电极材料的催化作用产生·OH，使有机污染物完全氧化为 CO_2 和 H_2O。该法处理效果好、速度快，占地面积小，实施过程无污染，后处理简单，不会产生二次污染，是一种绿色水处理技术。

采用此法处理纺织废水时，在电流密度为 $6A/dm^2$ 的条件下，经过 60 分钟的电解，COD 去除率达 85%—92%，DOC 去除率为 85%。为提高电流效率，可采用固定床或流化床三维电极系统，即在二维电极之间添加带电颗粒，使其成为新的一极。采用固定床电极处理制革废水，COD、苯类化合物、NH_3-N、硫化物去除率分别达 52%、95.6%、64.5%、100%，同时废水的可生化性大大提高。采用复合型固定床电极处理偶氮染料活性蓝和络合染料活性艳绿废水，COD 去除率达 50%以上，脱色率达 98%以上；对于蒽醌染料废水，脱色率接近 100%，COD 去除率可达 90%以上。但目前该法尚存在着能耗高的缺点，对于电极表面的实际反应历程、反应动力学、热力学均缺乏深入研究；在实际应用方面，尚需解决有效抑制析氢析氧等副反应，提高电流效率，改进填料、电源方式等问题。

3．超临界水氧化法(SCWO)

SCWO 的原理是以超临界水为反应介质，在氧化剂如氧气、过氧化氢等存在下，经过高温高压下的自由基反应，将有机物氧化分解为 CO_2 等产物。在超临界状态，水的密度接近于液体，黏度接近于气体，具有类似于气体的较强穿透能力和类似于液体的较大密度和溶解度，可与非极性物质(如烃类)、有机物和气体等完全互溶，从而避免了相际传质阻力，增加了污染物的降解速率。

SCWO 法与焚烧法、湿式空气氧化法相比，具有无需催化剂、停留时间短、去除效率高、清洁、广谱等优点，可用于化工、医药、食品、军事工业和核工业废水以及城市污水处理。1994 年，美国建立了利用 SCWO 技术的民用污水处理厂，处理废水主要含醇和胺类，TOC＞50g/L，反应后排水中 TOC 降为 3—10mg/L，氧化率达 99.988%。经计算，SCWO 的成本仅为焚烧法的 1/3。目前，美国将 SCWO 技术主要用于处理国防工业废水。德、瑞、日等也建立了利用该技术的污水处理厂。中国对 SCWO 技术的研究尚处于起步阶段。

目前，对 SCWO 热力学和动力学行为尚缺乏系统深入的研究，使得工程设计和过程开发难以进行，阻碍了该技术的实际应用。另外，SCWO 法在技术上还有许多难点，如研究开发广谱性催化剂，有效控制高温高压，解决固体颗粒对设备的堵塞问题和抑制结垢，以最大效率回收热能等。解决这些技术瓶颈，实现 SCWO 过程工业化尚是一项艰巨任务。

4．超声波降解技术

利用超声波降解水中的难降解的有机污染物具有降解条件温和、速度快、使用范围广等优点，可单独使用，也可与其他水处理技术联合使用，是一种很有发展潜力的绿色技术。其工作原理是，当声能足够强时，在疏松的半周期内，液相分子间的吸引力被打破，形成空化核，空化核的寿命为0.1μs，它在爆炸时的瞬间可产生大约4000K和100MPa的局部高温高压环境，并产生速度约为110m/s的具有强烈冲击力的射流。该条件足以使所有的有机物在空化气泡内发生化学键断裂、水相燃烧、高温分解或自由基反应而使废水中的有机污染物降解。

超声波净化可用于硝基化合物脱硝降解、氯化物脱氯降解、有机磷农药降解和无机污染物降解等领域。在超声波作用下，对硝基苯酚的降解符合假一级反应。其降解机制主要为包含高温反应的界面声空化过程，反应路径为C－N键的断裂，次路径为·OH引起的反应。氯苯、4－氯苯酚等的声化学降解过程是，超声波首先导致了C－Cl键断裂，然后发生热解产生CO、CO_2、C_2H_2，最终产物为盐酸、CO、CO_2，还检测到了痕量的苯酚和4－氯苯酚。在20kHz、75W/cm^2条件下，25ml的饱和对硫磷水样经2小时的超声波净化处理就完全降解，净化过程主要受自由基反应控制。利用20kHz探头式超声波反应器对硫化氢溶液进行降解，在辐射约25分钟后，污染物得到了彻底降解，最终的反应产物为硫酸根。

目前，对超声波降解技术的研究尚处于探索阶段，还有许多问题需要解决，如有机物降解的强化途径、降解机理、反应器的合理设计、高频超声波发生器研制、反应过程的定量化描述、空化泡界面特性研究、连续化处理工艺开发、多相体系中污染物降解特性和避免有毒中间体或产物的产生等。

5．膜处理技术

膜分离过程大多无相变，可在常温下操作，具有能耗低、效率高、工艺简单、投资小和污染轻等优点，在水处理应用中发展相当迅速。它包含微滤（MF）、超滤（UF）、渗析（D）、电渗析（ED）、纳滤（NF）和反渗透（RO）、渗透蒸发（PV）、液膜（LM）等。其中，RO、NF技术尤为引人注目。

RO技术的大规模应用主要是苦咸水和海水淡化及难以用其他方法处理的混合物。同时，RO已用于城市污水及电镀、纸浆、造纸、化工、冶金焦化、食品工业、制药及放射性等污水的处理。美国21世纪水处理厂用两套RO装置处理城市污水，产水量18925立方米/天，处理成本0.254美元/立方米（不包括预处理），成品水水质达到饮用水标准。

NF技术是目前世界膜分离领域研究的热点之一，可用于脱除溶剂、农药、洗涤剂等有机污染物、异味、色度和硬度。澳大利亚太平洋热电厂的Eraring发电站用NF对二次污水进行全部处理，每天处理1000—1500吨污水，既减轻了市政供水系统的负荷，每年又可以为热电厂节约操作费用80万美元。采用RO、高压RO和NF集成处理重度污染废水，能解决因氯化物引起的高渗透压和钙盐引起的结垢问题，德国采用这一集成技术处理垃圾沥出液的一些工厂自1994年运行以来，水的平均回收率达95%。

为进一步提高膜的可靠性，尚需要研究膜的吸附机理、更好的膜材料和膜表面结构的优化，以改进膜的水通量、选择性、耐高温性和抗氧化能力。

6．化学法是否都是非绿色技术

化学法是否是绿色技术，关键要看所使用的产品是否符合绿色化学要求。目前，已得到公认的绿色水处理剂有聚环氧琥珀酸（PESA）、聚天冬氨酸（PASP）和四羟甲基磷盐（THPS）。PASP是受海洋动物代谢启发而研制的一种生物高分子，具有优异的阻垢性能和良好的可生物降解性，可以作为$CaCO_3$、$CaSO_4$、$BaSO_4$和$Ca_3(PO_4)_2$的阻垢剂应用于冷却水和锅炉水处理、脱盐、反渗透和闪蒸等领域，还可作为缓蚀剂用于油田，抑制采油管线中由二氧化碳引起的腐蚀。PESA为无磷、非氮结构，可生物降解性好，性能明显优于ATMP和HEDP等阻垢剂，适用于高固高碱水质，可用于盐浓缩和蒸发系统、循环冷却系统。THPS是一种新型季鏻盐类杀生剂，对环境友好，对位于或者靠近生态敏感区的处理十分理想，被广泛地用于冷却水系统和油田水处理领域中。Abright & Wilson公司采用THPS方案处理该厂的冷却水系统，两天后发现冷却水的细菌降到10^3cfu/ml，粘泥消失。

绿色化学正在重新塑造水处理药剂和技术的发展方向。可生物降解性，即物质可被微生物分解成简单的、环境所允许的形态，是限制化学物质在环境累积的一个重要机理。因此，绿色水处理剂应该同时满足三个条件：技术经济指标先进、无毒和可生物降解性好(或易生物降解)。按照绿色化学，目前正在广泛使用并被认为无毒的许多种水处理药剂，例如聚合磷酸盐和有机磷酸盐等磷系化合物、聚丙烯酸等聚合物和共聚物，由于不能达到可生物降解性的要求而属于环境不可接受的污染物。水处理行业面临的严峻挑战是，必须尽快实现创新思路的重大转变，研究开发在性能上达到或超过这些污染物而又满足可生物降解性要求的水处理剂，促进水处理产品和技术的更新换代。

7. 零排污技术

绿色技术最理想的目标是零排污或者零排放。零排污水处理技术是以"绿色化学"为基础的新概念，从始端、终端和中间过程杜绝污染产生的新思路，能够最大限度地节水和彻底解决水污染的新技术，代表了21世纪水处理技术的发展方向。

循环冷却水零排污技术的研究始于1970年，迄今，发达国家循环冷却水系统的浓缩倍数一般都在5以上，甚至达到10，个别系统已达到零排污。中国研究开发的热水锅炉零排污技术可避免再生废盐水、煮炉水、启用冲洗水、停用排水、停用冲洗水、连续排污水、定期排污水等废水排放，实现了零排污。蒸汽锅炉零排污技术的研究亦在进行。美国开发的废水零排污技术可使废水处理后的水质达到饮用水标准并全部利用。

零排污水处理技术是多项高新技术的集成，涉及的学科多，技术难度大，科研投入高，目前的成功例子还不多。但这些例子已足以说明，零排污技术不仅可消除污染，而且可开辟新的水资源，对解决全球性的水资源枯竭和水污染问题具有十分重要的意义。

三、对北京市节水和废水资源化的建议

水是人类生存和发展不可替代的资源，是经济和社会可持续发展的基础。北京是我国缺水最严重的城市之一，水的问题已经成为严重制约经济社会发展的"瓶颈"。近年来，北京市政府从行政上采取了一系列开源节流和治理污染的措施，加大了技术上的投入力度，取得了比较显著的成效。但是，由于受现有技术水平的限制等原因，距离解决缺水和水污染的目标还很远。

为了解决水资源短缺和水环境污染问题，政府部门应从政策、资金和管理上对绿色节水和废水资源化技术的研究开发加大投入力度，特别应将零排污技术的研究开发作为重大科技项目予以重点支持，这是一种起点高、投资少、见效快的举措。目前，北京市在此领域具有明显的领先优势，加大投入力度必将使北京继续保持并更好地发挥优势，在节约用水、从源头上消除污染、实现污水资源化和最终解决缺水和水污染问题上取得重大进展，从而推动经济发展，为首都社会进步和现代化国际大都市建设做出积极贡献。

(北京化工大学　魏　刚)

无公害农业生产及其研究进展

无公害农业是近20年来国内农业面对环境危机、食品安全以及国际贸易压力等背景下发展起来的一种农业生产方式。它主张生产无污染的安全、优质、营养产品,同时生产过程不对环境产生危害。无公害农业已经成为现代农业发展的一个主流方向。

由于农业生产中化学品的不合理施用已经给我国的农产品出口、人民生活的健康以及农业的国际竞争力带来影响,鉴于此,农业部从2001年启动了无公害农业发展行动计划,在20个城市开展试点工作,以推动未来农业向安全、健康的方向顺利发展。

一、国内外无公害农业发展的现状及问题

从20世纪60年代起,西方众多发达国家出于对环境的考虑,开始了对各种替代农业的思考和实践。早在40年代在日本提出的“自然农法”,70年代德国成立的“国际有机农业联盟”(IFOAM),以及后来的众多学派其共同特点都是在认识到现代化农业造成污染问题的基础上,主张发展替代农业,减少化学物质、化石能源和机械的投入,希望恢复生产无污染的农产品。目前,许多国家基本建立起了较为完善的无公害农产品市场体系,发达国家对无公害农产品进口的需求也在提高,如英国有机食品进口量占国内消费量的80%,德国占98%。

实际上无公害农产品生产本身就是农业工业化、农业标准化的实现过程。无论是相关的环境法规标准,还是产品质量、市场准入以及监测监督方面,都形成了极为严格的全程控制体系。美国提出了“从田间到餐桌”的全程序质量控制要求。国际市场对农产品和水产品质量检测越来越严,重点污染物和农药检测项目已达数百种。欧盟从2000年7月1日开始,重新实施了农产品中农药残留限量标准,许多农药残留限量值比原来严格了数倍至几十倍。

在规范农产品生产的同时,许多国家开展了大量的研究示范网络,包括欧盟的生物动力学农业、美国的低投入农业研究与推广、日本的减化肥减农药体系等,并在相关技术方面取得了众多突破,包括高效肥料、生物防治、生物天敌等。如通过研究和推广“病虫害综合防治”技术、新型农药的研制等措施减少农药对环境的污染;通过使用缓释肥料、有机肥和绿肥替代技术减少化肥的施用量。在病虫草害的防治技术上,也由化学防治法逐渐转向非化学防治技术或低污染的化学防治技术。如荷兰、芬兰等国,采用无土栽培技术,并且采用与土壤隔离的措施,有效地控制了土传病虫草害;在欧洲、美洲,采用蒸气消毒法控制土传病虫害;在印度、中东地区,利用太阳能杀灭土壤中的病虫害;澳大利亚、德国则极力注重生物防治技术。

我国从20世纪80年代由农业部率先在全国组织有关单位开展了“无公害蔬菜”、“放心菜”的生产研究。其后又在湖北、云南等5省开展了“无公害农产品生产技术研究”,一些研究单位也小范围地开展了相关研究,如上海农委开展的放心菜生产技术的研究,中国农业大学开展的无污染绿色食品生态工程技术体系研究和无污染农牧业生产技术及效益研究等。在农产品重金属和硝酸盐污染防治领域亦开展了大量研究,如增施有机肥,提高土壤重金属的环境容量等。我国北方系统地开展了施肥对地下水、饮用水及环境质量的影响研究;在硝酸盐污染防治方面,国内外均开展了大量的研究,如增施微肥、选择适宜的肥料品种、增施硝化抑制剂等措

施。近年来,许多科研单位相继采用微生物菌剂与高效生物肥生产技术,开发有机—无机微生物复合肥料,以替代部分化肥。但这些研究仅是初步的,尚未解决大量及大面积的无公害农业关键技术。

近年来,各地在无公害蔬菜生产基地的建设方面投入了大量精力,特别是从2001年开始,农业部启动了全国无公害农产品示范工程,命名了20个无公害食品生产基地。如北京提出了绿色食品工程计划,在顺义、大兴、通州、延庆和昌平等5个区县推广应用无公害综合蔬菜生产技术5万亩以上,提供无公害蔬菜3亿—5亿千克,占北京年蔬菜上市量的10%左右。目前天津有无公害蔬菜基地158个,面积15万亩,产量预计6亿千克。

从现有的示范基地建设看,存在问题仍十分突出。重表面轻实际,重检测轻过程,重结果轻管理的情形十分普遍。有些地方甚至提出三年实现无公害的庞大计划。而实际上无公害生产本质上正反映了农业生产的质量、品牌、组织化程度、市场竞争力等深层次的问题,发达国家为此付出了几十年的努力,中国要在部分地区实现无公害生产也要10年左右的时间。

二、无公害农业的技术体系

1. 氮肥控制技术。主要包括两个方面:①施肥技术,无公害农业生产中强调根据作物的生长需要以及土壤生态系统的养分演变规律进行合理施肥,即控制或限量施用氮肥,若氮肥用量较高,宜分次施用;增施有机肥,减少使用化肥,注重施用复合肥,避免单施化肥;实施配方施肥,平衡施用各种养分肥料,苗期进行营养诊断,追施氮肥;铵态氮肥和尿素要适当深施;采用硝化抑制剂或氮肥增效剂等。各国在合理施肥领域作了大量研究,日本总结出以水稻施肥理论为主体,包括旱田作物、蔬菜、果树、牧草、花卉在内的一整套科学的施肥体系,如"水稻氮肥全层施肥法"和"水稻深层追肥法"等,该方法不仅能满足作物对氮素的需求,还可使氮肥利用率提高20%以上。②肥料剂型,多采用物理方法(包膜处理)和化学方法,使肥料缓效化,延长缓效期,提高肥料利用率。以尿素为例,在20世纪五六十年代是普通型尿素,氮利用率仅有40%左右,肥效期不超过两个月;70年代将普通尿素经化学方法处理合成CDU等缓效性肥料,氮素利用率可达50%左右,肥效期延长至5—6个月;进入80年代中期,研制以包膜尿素为代表的新型缓效性肥料,这些缓效性肥料用某种特殊透性材料包覆,并使其具有一定的溶出特性,其氮素利用率达80%以上,肥效期从1个月至3年可以任意调节。

2. 生物、有机复合肥的研制及应用。近年来,出于对环境、农产品质量以及化肥污染的关注,国内许多厂家开始生产各种复合肥、主要包括生物复合肥和有机复合肥两种。其中生物复合肥是采用微生物菌剂对有机废弃物进行发酵生产有机肥,其生物活性较高但速效养分含量较低,且受到生物肥肥效不稳定的限制;有机复合肥为有机废弃物堆肥化处理以后与化学肥料混合生产复合肥,其特点是有机无机养分均衡,速效养分含量高。

这些复合肥肥料的开发一方面适应了国内集约化农业特别是园艺业发展的需要,另一方面又集中处理了大量的农村废弃物,包括作物秸秆、畜禽粪便、加工废弃物等,从而实现了废物利用和无公害生产的统一,受到众多投资者和厂家的欢迎。仅在山东省就有各种复合(混)肥厂上千家,为当地蔬菜水果生产中有机肥需要提供了保证。

然而,目前这一行业普遍存在规模小、技术含量低等问题,在肥料剂型、堆肥技术、生物菌剂等技术领域还有许多重大技术需要攻关。

3. 病虫害生物防治技术。主要针对病虫害发生频繁、害虫抗性增强、农药施用过量及环境影响日益严重等开展的生物防治技术,包括各种生物制剂、天敌的应用及综合防治措施的配套。

目前,国内在生物农药的开发上已取得显著进展,并已广泛应用。其中包括 Bt 制剂的大面积应用,昆虫病毒杀虫剂,球孢白僵菌大规模防治大豆食心虫、玉米螟等。另外阿维菌素等杀虫抗生素已成为防治多种害虫和害螨的主要品种。在生化农药治虫方面,昆虫生长调节剂—几丁质抑制剂,可使昆虫新陈代谢紊乱,造成昆虫不能蜕皮而致死。生化农药"扑虱灵"对稻飞虱具有特效和长效作用。昆虫性信息素由于具有高效、无毒、选择性强、防治成本低、使用简便、无污染、不伤天敌等优点,也得到大面积应用。微生物制剂主要有:井冈霉素、公主岭霉素、春雷霉素、多效霉素、农抗 120、中生菌素、武夷霉素、庆丰霉素等 10 多个品种。

植物农药的开发发展也很快,国内已有上百家公司生产经营各类植物农药,如烟碱、苦参、楝素等,西北农林科技大学、华中农大等单位在天然物质提取及制剂方面已取得长足进步。

分子生物学在害虫生物防治中的应用研究取得了一系列令人瞩目的进展,如抗虫基因苏云金杆菌的克隆等。利用转基因昆虫防治害虫,其防治对象仅为靶子害虫,是一种对生态有益,而无任何潜在危险的防治方法。目前,转基因果蝇和转基因地中海实蝇的研究已接近实用水平。可以预期,随着分子生物学和基因工程研究的发展,转基因昆虫在未来将广泛用于防治各种害虫。

4. 农产品有毒残留物质检测技术。农产品有毒物质主要包括农药、兽药、硝酸盐、重金属以及生长激素等,过去有关检测标准以及方法均基于实验室检测,费时、费工,因此开发简易、快速、灵敏、便宜的检测试剂盒和试纸条成为发展的方向。

目前,生产上应用较为广泛的是化学显色和生化胆碱酯酶抑制法,前者用于有机氯农产品有毒物质残留的测定,后者用于有机磷和氨基甲酸酯农产品有毒物质残留测定,它们均研制成产品得以运用。随着公众以及政府对各种有毒物质的关注和检测项目的深入,酶联免疫吸附分析以其高度的特异性、敏感性与准确性将得到迅速发展。

三、无公害农业的管理体系

根据国外农业发展的经验,无公害农业的管理体系包括标准法规、检查认证、市场贸易以及基地组织等几个方面。

1. 标准及条例。按照绿色食品和有机食品的发展经验,在开展类似生产中须建立国家的相应标准体系。目前无公害农业生产还没有国家的通用标准,仅有产品的使用标准。因此,应尽快建立与国际接轨的标准条例体系,这样才能获得相互认可。我国现有的绿色食品、有机食品标准均未取得与国外标准,如 IFOAM 有机农业标准、EU 有机农业标准的认可,导致目前国内的有机食品出口均须采用国外认证机构的认证。今后,国家必须建立自身的标准条例体系,以适应全球化的需要。

2. 检查及认证。按照国外惯例,无公害农业生产须建立相应的检查认证体系,而且是独立的以第三方出现的,其队伍不能与颁证、咨询及贸易混为一体。目前,我国还未建立这种体系,需要制定统一的发展规则及体系框架,逐步规范农业标准化建设。

3. 市场及贸易。无公害农产品从目前市场份额看还很低,但发展速度较快。据 1997 年统计，国内绿色食品企业总产值达393.1亿元，年销售额达240亿元。至1997年底，全国已有892个产品获得绿色食品标志商标，基地面积达120万公顷。据国外人士预测，绿色食品类全球销售额在今后10年内将从现在的110亿美元增至1000亿美元。按此发展速度，国内绿色食品在未来10年内也有望达到2%—3%的市场份额。同时，绿色食品中的AA级产品将相应增加，有机食品的国内消费也将开始。

近年一些城市已经开始探索在批发市场建立准入制度，提倡绿色消费，杜绝有残留危害产品向市场的渗透，这些都会为无公害农业的发展奠定良好基础。

4. 基地建设及组织。近年来，各地无公害农业的快速发展已对基地建设及组织管理提出了需求。实际上，基地建设包括一系列的基础工作，如产地环境监测、基地生产布局与规划、作物生产技术规范、内部质量控制以及基地组织体系建设等。这些措施的实施，也涉及到农村现行体制的改革，如技术服务、社区组织、农村信贷等。

四、发展无公害农业的对策建议

无公害农业是一个新兴的朝阳产业，随着我国农业向优质、安全方向发展和人民生活水平的不断提高，人们对农产品质量的要求越来越高，无公害农产品的出口创汇和内销的市场潜力很大。

1. 加强对农业环境质量的监测与预报：充分认识到农用化学品污染可能带来的污染及其后果，并对这些污染导致的环境成本进行合理估算，以指导地方可持续发展规划的制定以及产业化重大工程的实施。

2. 积极开展无公害农业技术的研究：由于对无公害农业技术长期缺乏系统研究与攻关，使得许多重大关键技术已成为目前发展的障碍。如生物农药、生物肥料、生物饲料以及添加剂生产中涉及到的高效工程菌株以及活性物质的分离研制，高效缓释控释肥的研制，农药及塑料薄膜残留降解，农产品有毒物质残留的现场快速检测，环境有害物质的定点定位监测等，这些均需要联合攻关。

3. 建立无公害农业的管理组织：尽快建立统一的协调机构，制定相应的标准及管理条例，监督建立集检查认证、产品规范、市场贸易、基地组织为一体的组织管理体系，推动一批有良好品牌和信誉的大型生产、加工、出口贸易型企业的出现，并带动相关高科技企业的发展以及无公害产业的壮大。

（中国农业大学生态环境系　李　季）

动物性食品中的药物残留及其防范对策

近20年来，随着我国畜牧业的繁荣和发展，兽药(包括药物添加剂)的使用日益广泛，在降低发病率与死亡率、促生长、提高饲料利用率和改善产品品质方面起到十分显著的作用，已成为现代畜牧业不可缺少的物质基础。目前绝大多数食品动物在生长、生产过程中至少长期使用1—2种兽药或药物添加剂。但是，兽药的使用无疑会导致兽药及其代谢产物在动物体内的滞留或蓄积,并以残留的方式进入人体及生态系统。

兽药残留问题不仅涉及到广大人民群众的生命安全与健康,还涉及到生产经营企业的经济利益和国家经济的发展。近年来,我国出口到美国、日本和欧盟等国家的肉类、鱼虾、蜂蜜等农产品因出现药物残留超标问题,被进口国拒收、扣留、退货、索赔甚至终止贸易事件时有发生。据美国 FDA(食品、药品监督管理局)向中国卫生部透露,去年 8 月至今年 1 月,美国 FDA 共扣留了 634 批中国进口食品,其中的一个重要原因就是兽药、药物添加剂和黄曲霉毒素等化学物质的污染。欧盟于 1996 年中断我国对其畜禽产品的出口,2001 年短暂恢复了我国上海、山东部分企业的畜禽产品出口,但 2002 年 1 月又宣布全面禁止我国畜禽产品出口欧盟,主要原因之一就是畜禽产品中的兽药残留问题。

随着我国城乡居民生活水平的不断提高,以及我国加入 WTO 的迫切要求,21 世纪我国畜牧业将由数量型向质量型转变。要提高畜禽产品的质量,确保畜禽产品的安全,除了严格控制疫情和加强饲养管理外,对兽药及添加剂残留的监测与控制至关重要。因此,为保障人类及其子孙后代的健康,保护环境卫生以及保障我国的正常出口贸易,控制兽药在畜禽产品中的残留问题已成为我国的当务之急。

一、动物性食品中常见的污染源

1. 违禁药物:如 β - 兴奋剂(克仑特罗、沙丁胺醇、赛曼特罗等)、甲状腺抑制剂(丙硫氧嘧啶、甲巯咪唑等)、二苯乙烯类及其衍生物(已烯雌酚、已烷雌酚等)、性激素与同化激素(睾酮、苯丙酸诺龙、雌二醇、孕酮等)、镇静剂(氯丙嗪、安定、利血平等)、氯霉素、硝基咪唑类(甲硝唑、地美硝唑、替硝唑等)和皮质激素类(地塞米松、氢化可的松等)等,这类药物残留危害最大,是国内外残留监控的重点。其中,有些药物只准作为短期治疗用药,而大部分药物禁用。

2. 毒性较大、休药期长的药物:如呋喃唑酮、磺胺类(磺胺二甲嘧啶、磺胺喹恶啉、磺胺氯吡嗪等)、喹恶啉类(卡巴氧、喹乙醇等)、二氨基嘧啶类(甲氧苄啶 TMP 等)、四环素类(金霉素、土霉素等)、苯并咪唑类(阿苯唑、苯硫苯咪唑等)、左旋咪唑、阿维菌素类(伊维菌素、阿维菌素、多拉菌素等)、氯羟吡啶和杀虫剂(双甲脒)等,这类药物的毒性相对较大,在动物体内消除缓慢、残留时间较长,或者它们可能存在致畸、致癌、致突变(简称三致)作用及其他对人体产生明显有害的作用。在实际使用上述这些药物时,任意加大剂量和疗程,或不遵守休药期规定是造成药物残留的主要原因。

3. 其他化学物质:目前已知的外源性化学物质达 500 万种以上,其中至少 6 万种已经进入人们的生产和生活。随着人类生活、生产和环境中外源性化学物质的增多,食品污染问题将会继续增加。它们在动物生产及产品加工、包装、储存和运输环节中直接或通过食物链间接进入动物性食品中,成为动物性食品重要的污染源,如二恶英、重金属残留等。

二、兽药残留的危害

最近,在世界各地食品安全事故屡屡发生,食品安全问题已成为消费者关注的热点。据统计,我国每年食物中毒报告例数为 2 万—4 万人,专家估计这个数字尚不到实际发生数的 1/10。在这些中毒病例中,有相当一部分是因畜产品中兽药残留引起的。动物性食品的药物残留引起的危害主要有：

1. 过敏反应。许多抗菌药物被用作治疗药或药物添加剂，其中有少数抗菌药物能致敏易感个体，如青霉素类、磺胺类、四环素类和某些氨基糖苷类药物，其中以青霉素及其代谢产物引起的过敏反应最为常见，也最为严重。轻者引起皮肤瘙痒、皮炎和荨麻疹，重者引起急性血管性水肿、休克甚至死亡。在我国因食用牛、羊奶后发生过敏反应的病例屡见不鲜，这主要是由于在用青霉素或磺胺药物治疗奶牛、羊乳房炎和全身性感染时不遵守弃乳期造成奶中药物残留引起的。

2. 毒性作用。外源性物质的毒效与接触剂量和接触时间密切相关。动物组织中药物残留水平通常都很低，除极少数能发生急性中毒外，绝大多数药物残留通常产生慢性、蓄积毒性作用，如“三致”及其他毒性作用等。动物组织中氯霉素残留达到 1g/kg 以上时，可引起食用者的骨髓造血功能被破坏，产生贫血症状；长期食用含苯并咪唑类、磺胺二甲嘧啶等药物残留的畜产品有引起潜在致癌性的可能。动物体的注射部位和一些靶器官（如肝、肺）常含有高浓度的药物残留，人食用后出现中毒的机会将大大增加。近些年来，世界范围内残留事件不断出现，如欧洲发生的二恶英污染禽肉事件，给世界许多国家带来不同程度的恐慌。人食用二恶英后可引起人体软组织、结缔组织、肺、肝和肝肿瘤；降低男性精子数和性功能、降低女性受孕率、婴儿出生缺陷如腭裂，等等；甚至对后代产生有害影响。我国浙江、广东、四川等地发生的“瘦肉精”（盐酸克仑特罗）残留中毒事件，导致食用者头痛、手脚颤抖、狂躁不安、心动过速和血压下降等，严重者可危及生命。

3. 激素（样）作用。性激素及其类似物主要包括甾类同化激素和非甾类同化激素。肝、肾和注射或埋植部位常有大量同化激素残留存在，一旦被人食用后可产生一系列激素样作用，如潜在致癌性、发育毒性（儿童早熟）及女性男性化或男性女性化现象。近年在我国经常有儿童发生性早熟的报道，这可能与养殖业上非法使用雌激素作促生长剂有关。

4. 耐药性。畜牧业生产长期使用亚治疗量抗菌药物对耐药菌株的产生、扩散和维持方面的作用是肯定的。抗菌药物及其残留对人类医疗有两个方面的影响。其一，易诱导耐药菌株，特别是携带多抗性 R 质粒的菌株产生。这些耐药菌株的耐药基因能通过食物链在动物、人和生态系统的细菌中相互传递，可导致致病菌对抗菌药物耐药，引起人类和动物细菌感染性疾病治疗的失败。其二，人食用含抗菌药物残留的动物性食品后，可能干扰人肠道内的正常菌丛和直接诱导产生耐药菌株。

5. 环境生态毒性。兽药及其代谢产物通过尿、粪便进入环境中，对生态环境产生影响。如伊维菌素主要通过粪便和乳汁排泄，对低等水生动物和土壤中的线虫、环境昆虫均有较高的毒性作用。有机砷制剂作为添加剂大量使用后，随排泄物和残留进入土壤，对土壤固氮细菌、解磷细菌、纤维素分解菌等均产生抑制作用，导致土壤变质。重金属铜、锌、汞等对土壤中的蚯蚓等动物种群产生不利影响，使敏感种群减少或消失。抗球虫药常山酮对水生动物（如鱼、虾）产生剧毒，等等。

三、兽药残留的分析

控制兽药残留，对动物性食品中兽药残留进行检测，实时监控非常重要。兽药残留分析的方法很多，可以根据不同的分类原则分成不同的种类。如按残留分析目的和用途分类，主要分为筛选方法、常规方法、确证方法和参比方法。筛选方法要求灵敏度高、分析过程简单、分析速度快，如微生物学测定法、免疫化学测定法等，但常规的理化分析方法（如高效薄层色谱法）也常用作筛选方法。筛选方法常用于养殖场动物尿、血及奶中兽药残留的快速检测，筛选阳性结果。同时，它们又可用于定量分析。常规方法要求具有准确的定量分析能力。实验室中建立和使用的多数分析方法属于此类，如高效液相色谱法、气相色谱法等。确证方法要求具有准确的定性分析能力和定量分析能力，常用的确证方法有气相色谱－质谱分析法、液相色谱－质谱分析法、气相色谱－红外光谱分析法等。它确证方法常用于对阳性结果样品进行定性和定量确证。参比方法是指已被某国家或国际机构验证和接受的法定性确证方法。可用于验证有关分析方法的精确度和精密度等。

四、国内外兽药残留监控的现状

兽药在食品中残留问题受到了食品立法委员会（CAC）、食品添加剂立法委员会等有关国际组织的关注。1986年在世界卫生组织（WHO）和联合国粮农组织（FAO）联合发起成立了食品中兽药残留法典委员会（CCRVDF），中国为40多个成员国之一。该委员会主要宗旨是为控制食品中兽药残留，筛选并建立适用于全球兽药及其他化学残留分析方法和取样方法；对兽药残留进行毒理学评价；制定动物组织及产品中兽药残留的最高残留限量及休药期。欧美等发达国家也于20世纪70年代即开展了食品中兽药残留的监测工作，现已形成了非常完善的监测体系，包括法律法规体系，检测机构与技术队伍和技术标准体系。

我国农业部从1997年以来，先后发布了“动物性食品中兽药最高残留量”的规定、“关于开展兽药残留检测工作的通知”，成立了全国兽药残留专家委员会，这是我国对药物残留监控、保证动物性食品安全可靠的有力举措。

经过努力，我国初步建立了残留立法和监控体系，为全面开展残留工作提供了保障，但是与国外发达国家比较，在有关残留立法、检测方法标准化以及残留监控体系的完善等方面还存在很大差距。我国已经加入WTO，应尽快缩小这方面的差距，完善兽药残留立法和监控体系。

五、动物性食品中药物残留的防范和监控措施

1．加快兽药残留的立法，完善相应的配套法规，安全使用兽药。要防范药物残留，必须立法，严格规范兽药的安全使用。规定兽药的使用对象、期限、剂量以及休药期等，禁止使用违禁药物和未被批准的药物；限制或禁止使用人畜共用的抗菌药物或可能具有“三致”作用和过敏反应的药物，尤其是禁止将它们作饲料药物添加剂使用；对允许使用的兽药要遵守休药期规定，对药物添加剂必须严格执行使用规定和休药期规定。对违反兽药使用规定的单位和个人应依法采用严厉的惩罚措施。

药物添加剂是造成动物性食品中药物残留的主要根源。为此，在使用时应注意以下几点：①按照农业部发布的药物添加剂使用规定用药；②药物添加剂应预先制成预混剂再添加到饲料中，不得将成药或原料药直接拌料使用；③同一种饲料中尽量避免多种药物合用，否则因药物相互作用可引起药物在动物体内残留时间延长。确要复合使用的，应遵循药物配伍原则；④在生产加工饲料过程中，应将不加药饲料和加药饲料分开生产，以免污染不加药饲料；⑤养

殖场(户)应正确使用饲料,切勿将含药的前、中期饲料错用于动物饲养后期;⑥养殖场(户)切勿在饲料中自行再添加药物或含药饲料添加物,确有疾病发生,应在专业人员指导下合理用药;⑦在休药期结束前不得将动物屠宰后供人食用;⑧生产厂家或销售商在销售添加剂产品时,在标签上必须明确注明添加剂的有效成分和使用方法。

2. 残留分析方法的技术研究和引进。建立残留分析方法是有效控制动物性产品中药物残留的关键措施。因此,未来应首先发展简单、快速、准确、灵敏和便携化的筛选性多残留分析技术;发展高效、高灵敏的联用技术和多残留组分确证技术,如 LC－MS、CZE－MS;分析过程自动化或智能化,以提高分析效率,降低成本。

3. 加大宣传力度。通过各种媒体向广大群众广泛宣传畜产品安全知识,提高对兽药残留危害性的认识,使全社会自觉参与防范和监督,告诫兽药生产和经营企业,禁止制售违禁、假冒伪劣药品。应用科普宣传、技术培训、技术指导等方式,向动物防治工作者和养殖者,宣传介绍科学合理使用兽药的知识。

4. 健全兽药残留监控体系。加快国家以及省地兽药残留机构的建立和建设,形成中央至地方兽药残留检测网络结构。加大相关立法工作,同时加大投入,开展残留的基础研究和实际监控工作,初步建立起适合我国国情并与国际接轨的兽药残留监控体系,实施国家残留监控计划,力争将残留危害减少到最小程度。

5. 开展兽药残留国际合作与交流。在药物残留的立法、方法标准化等方面要积极开展与国际组织或国家的交流与合作,使我国的监控体系、检测方法与国际接轨,保障我国出口贸易的顺利进行。

（中国农业大学动物医学院　沈建忠）

第五章　重大科技成果

DTT4C01A 公用电话 IC 卡专用芯片

1997 年 4 月至 1998 年 12 月，清华大学微电子学研究所、大唐电信科技股份有限公司微电子公司葛元庆、高成云、于赓、魏少军、羊性滋等人共同研制完成"DTT4C01A 公用电话 IC 卡专用芯片"项目。它是一种专为公话系统设计的计数式逻辑加密 IC 卡专用集成电路芯片。该芯片采用自顶向下的设计方法正向设计完成，采用上海先进半导体有限公司的低功耗 CMOS 工艺制造，具有自主知识产权。芯片内置高压电荷泵，可在单电源电压（VCC＝5±20％V）的条件下正常工作。

其主要特点为：智能 109 位存储器；分为三个存储区域，即 ROM 区、PROM 区和 EEPROM 区；具有五个独特的数据监督位；特殊的数据安全和传输代码保密功能；智能化的防恶意攻击能力和恶意投诉甄别功能；最大 33352 个计数单位；数据保存时间最少达到 10 年以上；写/擦周期最少达到 100000 次以上。

DTT4C01A 芯片操作功能、电气接口、操作时序和封装形式上均符合中国电信颁发的 IC 卡公用电话的相关标准和 ISO7816 国际标准，可以完全替代进口电话 IC 卡芯片。该芯片于 1998 年 12 月 24 日通过了信息产业部组织的新产品生产定型鉴定。中国电信已经批准入网使用该芯片，现已大批量生产，是中国电信指定惟一国产公用电话 IC 卡专用芯片，目前其占有率达到国内市场的 60％，国际市场的 8％。2000 年生产了上亿只芯片，出口欧洲 2500 万只，其市场前景和经济效益均十分可观。

该成果获 2000 年度北京市科技进步一等奖。

生物塑料 PHBHHx 的产业化和应用研究

1996 年 9 月至 2000 年 12 月，清华大学生物科学与技术系、化学工程系的陈国强、陈金春、吴琼、曹竹安、胡平等完成"生物塑料 PHBHHx 的产业化和应用研究"项目。

该项目用自行开发的傅立叶红外无损探测技术快速筛选出可生产第三代生物塑料的菌种，实现了这种塑料生产过程菌体高密度培养以及无机法和有机法下游后提取新工艺，是世界上第一家对第三代生物塑料成功进行小试、中试和工业化生产的单位；并在国内外首次成功地完成用微生物发酵法生产第三代生物可降解材料 PHA，即 3－羟基丁酸和 3－羟基己酸的共聚物 PHBHHx 的小试、中试和大规模生产工艺，以废糖蜜、葡萄糖和月桂酸为原料，发酵时间少于 72 小时，达到细胞干重：50—60g/L；PHBHHx 含量：50％—60％；产品纯度：＞95％。

PHA 在医学、农业、食品、日用品等方面用途很广。典型的 PHA 应用是做手术试纸、绷带及手术用手套的润滑粉；也可做与血液相容性的膜；用做血管移植物或脉管替代物及骨裂固定盘等；可用做药物控制释放的载体；静电印刷的上色剂，解决了纸张回收中遇到的塑性油墨难以与纸脱离的问题。PHA的气体阻隔性使其适于作食品包装、塑料饮料瓶，可用作纸和膜上的涂层材料，甚至高级化妆品的包装材料。另外，PHA的水解单体是在药物合成中有重要意义的手性药物中间体，在合成农药和抗生素中有重要的用途。

该项目于2000年10月12日由中国生物工程开发中心组织专家进行了项目验收，并申请10项中国发明专利，其中两项为国内专利。目前第三代生物塑料PHBHHx主要是出口，每千克200—283美元，2000年实现利润530万元。现正在汕头建立新一代PHA的生产基地，投资两亿元。

该成果获2000年度北京市科技进步一等奖。

多功能快速成形制造系统(M－RPMS)技术

1993年至1999年，清华大学机械工程系、北京殷华激光快速成形与模具技术有限公司的颜永年、卢清萍、张人佶、吴任东、林峰等共同研制成功“多功能快速成形制造系统(M－RPMS)技术”。该项目适用于机电、家电、模具、特殊功能器件和生物医药制造等领域新产品的设计、试制与开发。

该项目解决的主要技术问题为：用于功能集成的统一数据处理模型、统一功能模型和统一结构模型的建立；各RP工艺之互补性、硬件的共用性和信息处理资源的共享性以及集成度之研究；多功能快速成形设备及其派生系列设备的研制；支持复杂离散/堆积成形的数据处理和控制软件及材料系列的研发。

其主要创新点：①在世界上首次提出复合离散/堆积成形原理，完成统一的数据处理、功能和结构模型，通过“单元技术的复杂集成”，将多种RP工艺统一在一个RP系统之中；②在世界上首创多功能快速成形制造设备——M－RPMS，大幅度提高该设备的性能价格比。

该项目于1994年7月10日及1999年9月22日通过由教育部组织的技术鉴定认为，其总体上达到国际先进水平，在RP工艺集成的理论和方法、多功能快速成形设备、RP－CAPP软件系统等方面具有国际领先水平。

该系统申请了1项发明专利，8项实用新型专利；完成5个系列，16个型号共31台设备的研制与产品化工作。至2000年，设备销售产值合同额达1524.23万元。该成果已推广到新产品开发、模具、生物医学组织工程领域，其中4家用户创产值1912万元，利税610万元。

该成果获2000年度北京市科技进步一等奖。

纳米碳酸钙粉体材料超重力法工业性制备新技术

1996年1月至2000年12月，北京化工大学化学工程学院陈建峰，王玉洪、郭奋等人完成了“纳米碳酸钙粉体材料超重力法工业性制备新技术”项目。该项目基于分子混合反应理论，在国际上率先原创性地提出了超重力反应沉淀法(简称超重力法)合成纳米粉体的新方法，利用旋转产生的比地球重力加速度高得多的超重力环境，在分子尺度上有效地控制化学反应、成核结晶过程，从而获得颗粒小、分布均匀的高质量的纳米粉体产品，克服了常规反应沉淀法固有的技术缺点。以纳米碳酸钙粉体合成为实施应用体系，顺利地完成了从小试、中试到工业化放大的技术开发，建立了国际首条3000吨/年超重力法合成纳米碳酸钙粉体的工业生产线。

该技术具有如下优点：①产品粒度小且可调控、粒度分布均匀，品质高，颗粒平均粒径15—30纳米；②颗粒形貌可调控；③无需添加晶体生长抑制剂，产品纯度高；④生产成本低、生产效率高；⑤适用范围广。

$CaCO_3$纳米粉体产品，可广泛应用于涂料、塑料、橡胶、造纸、油墨、油漆、化妆品等领域。国际$CaCO_3$市场2001年达到480万吨，国内进口量约10万吨/年，30纳米$CaCO_3$进口价为1.1万—1.4万元/吨，近5年内纳米$CaCO_3$的市场需求量约20万吨/年，价值可达10亿元/年。至今，该技术已分别转让给广东广平化工实业有限公司(1万吨/年项目被列为国家"863"计划成果产业化基地计划)；蒙西高新材料股份有限公司(3万吨/年项目被列入国家计委国家新材料高技术产业化示范工程项目)；新加坡纳米科技公司，在3年内建立4条万吨/年工业生产线。该技术的发明和产业化的成功，使我国从技术和产品进口国成为出口国，具有划时代的意义，且有巨大的经济效益。

该技术已获国家发明专利，1998年7月15日通过了国家石化局组织的技术鉴定，获2000年度北京市科技进步一等奖。

含有重金属离子废水处理新技术及装置

1996年1月至1999年12月，北京化工大学化学工程学院谭天伟、贺小进、陈鹏等人完成了"含有重金属离子废水处理新技术及装置"项目。该成果适于含有重金属离子废水的处理；电镀厂含镍、铬及铜等金属离子的废水处理；印刷电路及集成电路板制造行业的含铜工业废水的处理及其他行业含金属离子废水的处理。

壳聚糖是一种在工业水处理、食品与医药、材料及农业中有重要用途的高分子多糖。它可用作吸附剂，用于重金属离子的吸附及染料废水的处理。该成果在国内外首先开发成功以青霉素及柠檬材料发酵废菌丝体为原料生产壳聚糖新工艺，降低了生产成本(4万—5万元/吨)，比以是壳或蟹壳为原料生产成本低20%以上，建立了国内外第一套生物法生产壳聚糖的工业化装置(年产250吨)。并针对目前壳聚糖对重金属离子吸附容量较低、选择性差的问题，开发了新型壳聚糖分子印迹树脂制备工艺及设备，可制备不同粒径的壳聚糖树脂(100微米—3毫米可控)。和普通的壳聚糖树脂相比，对金属离子的吸附容量提高近2倍。针对传统固定床易于堵塞的问题，开发了膨胀床壳聚糖水处理装置。该装置可直接处理含重金属离子的工业废水，不会发生堵塞。采用该装置在国内建立了世界上第一套壳聚糖重金属离子工业化处理装置(年处理量1万吨废水)，在高盐条件下，动态吸附达20毫克/克以上。将皮革厂含铬废水的铬浓度由1500ppm降到1.5ppm，而且可以回收铬离子，为我国重金属离子废水的处理开辟了一条新路。

在山东东营东辰集团建立了年产量250吨壳聚糖的工业化装置；在湖南立达意生物技术公司建立了膨胀床生产线(200套/年)，从2000年10月到12月已销出6套用于电镀厂、皮革厂等行业含重金属离子工业废水的处理装置。

该成果2000年5月通过了国家"九五"攻关项目的验收及技术鉴定，获2000年度北京市科技进步一等奖。

非线性抛物形复方程及其新发展

1990 年 1 月至 2000 年 2 月，北京大学数学学院闻国椿完成了“非线性抛物形复方程及其新发展”项目。该成果属数学的基础理论，它与力学、物理及工程技术中的许多实际问题有着密切的联系。这些理论在力学、物理以及工程技术等方面将得到广泛的应用，如石油的开采，水坝的建筑等都与这方面的理论有着一定的联系，数学的模拟与计算可作为相关工程设计的参考。以前，没有看到有人用复分析方法来处理抛物形方程的问题，浙江大学董光昌教授在其关于抛物形方程的专著中指出：求解包含若干点切微商的非正则斜微商问题，这是很难的问题。但是在椭圆形复方程的理论中，这个问题已得到解决。该成果在椭圆形复方程研究的工作基础上，发挥在复方法中的强处，吸取国内外其他方法的优点，根据所要解决问题的特点，提出了处理问题的新方法，给出了上述非线性抛物形方程初一非正则斜微商边值问题解的先验估计，证明了这个问题解的存在惟一性，创建了线性与非线性抛物形复方程较系统的理论，并且还把这种理论推进到高维区域中的情况。这不仅对数学理论的发展起到积极的推动作用，因为这种理论有着明显的背景，预期也有其广泛的应用前景。

该成果获 2000 年度北京市科技进步一等奖。

高放废液全分离流程萃取设备(核用离心萃取器)研究

1997 年 7 月至 2001 年 4 月，清华大学核能技术设计研究院于文东、周嘉贞、刘秉仁、吴秋林、段五华等完成“高放废液全分离流程萃取设备(核用离心萃取器)研究”项目。该项目适用于核燃料后处理流程和高放废液处理流程，是一种新型高效的液－液萃取设备。

此项发明在结构上有两大创新，一是采用了模块化设计，为实现远距离控制和快速维修，便于机械手或机器人操作提供了条件；二是采用了自然调节溢流结构，提高了整个级联系统的安全性和可靠性。其优点是：①存留量少，停留时间短，这样对于高浓度放射性物料有利于核临界安全和减少溶剂辐照损伤，增加萃取剂的循环利用次数；②结构紧凑，占用设备室体积少，当设备易损部件损坏时，可直接更换而不需维修，这样设备室用来维修设备的空间也大大缩小；③串级运行时，级联的级数不受限制，各生产工段之间有机相的流动不需要任何辅助设备，实现了自然循环，辅助设备和检测仪器也可减少，降低了成本；④操作方便，可随时开停车，停车不会破坏运行时所达到的稳态，易实现在线分析和自动控制。该设备具有良好的机械性能、水力学性能和传质性能，在一定的操作条件下，传质级效率达 95% 以上。

其实验室用设备已应用于我国科学家提出的处理高放废液的 TRPO 全分离萃取流程的冷实验和热实验研究，获得了满意的效果，并多次出口到英、法、德和欧盟等国家。截止到 2001 年底，新增利润 439 万元，新增税收 30.2 万元，创汇 52 万美元。工业化规模样机也研制成功，并分别用水－煤油和 30% TRPO－煤油－硝酸进行了水力学和传质性能实验，效果良好。

该项目于 2001 年 4 月 10 日通过中国核工业集团公司组织的验收和技术鉴定，专家一致认为已达到国际领先水平，并已申请中国发明专利 1 项。

该成果获 2001 年度中国高校科技进步一等奖。

含体积型缺陷压力管道极限与安定分析及安全评定方法研究

1996年5月至2000年12月,清华大学工程力学系、国家质量技术监督局锅炉压力容器检测研究中心、合肥通用机械研究所的徐秉业、陈钢、刘应华、陈学东、贾国栋等合作完成“含体积型缺陷压力管道极限与安定分析及安全评定方法研究”项目。该项目紧密围绕总体目标,采用系统工程的概念,意在以压力管道体积型缺陷状况的数据采集分析为先导,以压力管道塑性极限与安定分析及内力、应力分析一般算法研究为手段,以体积型缺陷安全评定方法研究为核心,应用先进的塑性力学理论研究压力管道体积型缺陷安全评定技术与方法,在组合载荷作用下含局部减薄、未焊透、气孔、夹渣等体积型缺陷的压力管道塑性极限与安定分析数值算法研究、缺陷表征和数据库建立、失效模式建立、极限与安定分析及安全评定方法研究等方面取得了突破性进展,其成果具有开拓性、先进性、安全性、经济性和实用性等突出特点。2001年6月22日通过教育部组织的技术鉴定,鉴定认为达到了国际领先水平,并被我国《含缺陷压力管道安全评定规程》和《在用工业压力管道安全状况等级评定方法》作为创新成果而采纳。

该成果已在石油、化工、化肥、冶金、轻工等行业20多家企业应用,既保障了含体积型缺陷压力管道的安全运行,又避免了大量不必要的设备返修、报废和停产损失。据不完全统计,从1999年到2001年新增利润2030万元,节支总额达12180万元,经济、社会效益显著。

该成果获2001年度中国高校科技进步一等奖。

优良玉米自交系综3和综31的选育与利用

1974年至2001年,中国农业大学的戴景瑞、谢友菊、苏胜宝完成“优良玉米自交系综3和综31的选育与利用”项目。

其主要特点是:①立足已有种质基础,实现育种材料创新。选用了属于国内四大杂种优势群的优良自交系组成综合种作为进一步改良选系的基础群体,同时运用充分的随机交配和表型轮回选择,提高优良基因型的频率和积累相当多的加性基因,再用系谱法和测交等常规方法选育自交系,选出了不属于原有四个杂种优势群的全新的自交系——综3和综31。②突破传统理论局限,创造出新的杂优模式。该项目突破了杂种优势群间不宜进行基因交流的传统组群观念,首次明确提出采用多个杂种优势群的试材组配基础群体,经过充分的基因交流之后再进行群体改良和创造新的杂种优势群材料,选出的新自交系综3和综31经采用多种遗传距离进行分析,均证明属于新的杂种优势群,而且两个自交系同原有的四个杂种优势群都有强优势组合出现,表明构成了新的杂优模式。

该项目育成的自交系综3和综31同国内公认的四个杂种优势群都有较强的杂种优势,而且遗传基础广泛,综合性状好,自身产量高,在我国主要的玉米种子生产基地均能正常生长发育,获得高产,应用范围广。二者先后参配育成6个杂交种,其中农大60、农大3138和豫玉22是全国性广泛栽培的高产、优质、多抗性杂交种。6个杂交种迄今累计推广已1亿多亩,增收玉米50多亿千克,增收人民币50多亿元,种子系统增收6亿多元。

该成果获2001年度中国高校科技进步一等奖。

猪优质高效饲料产业化关键技术研究与推广

1990 年至 2000 年,中国农业大学的李德发、谯仕彦、蒋宗勇等完成“猪优质高效饲料产业化关键技术研究与推广”项目。该项目取得的重大创新性成果有:①探明了“理想蛋白质”促进猪体蛋白质沉积的机理,开发出理想蛋白质配制猪平衡日粮技术,建立可消化氨基酸平衡模式。②建立了蛋白态氨基酸与单体氨基酸测定体系,对测定猪饲料氨基酸生物学效价的方法进行了标准化,在此基础上测定了 7 种猪典型饲粮组分,60 种常用饲料的氨基酸回肠消化率,初步建立了中国猪饲料氨基酸回肠消化率数据库。③系统研究了 3—8kg、8—20kg、20—50kg、50—90kg 体重阶段猪的消化能、回肠表观和真可消化氨基酸需要量。通过对华北、华南、东北、中南和西南五地区典型商品猪瘦肉生长指数的测定,建立了我国第一个猪营养需要动态模型,结合前期研究成果,修订了第一版“中国猪饲养标准”。④提出了泌乳母猪和仔猪抗应激营养调控技术,系统研究了原料粉碎粒度、混合均匀度、制粒工艺和膨化工艺对饲料产品质量的影响,确立了适合不同类型产品的加工工艺参数。

其主要技术性能指标为:①研制出高效超早期断奶乳猪料和泌乳母猪料配方技术 7 套,其中乳猪三阶段配合饲料使仔猪 60 日龄体重达 23.2—23.8kg,29—60 日龄饲料增重比达 1.55—1.69:1,仔猪成活率 98%以上。②研制出猪预混料、浓缩饲料和全价饲料配方技术 98 套,使生长肥育猪 20—90kg 体重阶段饲料增重比达:华北地区 2.91:1;华南地区 2.85:1;中南地区 2.88:1;西南地区 2.91:1。同时使粪、尿中氮的排出量减少 25%—30%。

教育部组织同行专家进行鉴定后认为,该成果达到国际先进水平,并具有很强的实用性,技术成熟度高。研究成果已经推广到 30 个省、市、自治区的 278 个饲料和养猪企业,累计推广各类饲料 2521.6 万吨,实现直接经济效益 15 亿元,社会效益显著。

该成果获 2001 年度中国高校科技进步一等奖。

叶尔羌河平原绿洲四水转化关系研究

1994 年 1 月至 1998 年 11 日,清华大学水利水电工程系、新疆维吾尔自治区喀什地区叶尔羌河流域管理处、新疆维吾尔自治区水利厅的雷志栋、祝向民、尚松浩、姜全生、杨诗秀等人完成“叶尔羌河平原绿洲四水转化关系研究”项目。

其主要内容:①绿洲四水转化的系统监测试验。包括气象、地表水、地下水、土壤水、洼地旱排等项监测,水面蒸发、潜水蒸发、作物灌溉、林木耗水等项试验。②绿洲四水转化分析。针对水分转化与水资源利用问题建立模型,进行模拟分析,取得了重大进展,包括绿洲水资源量及其可利用量,绿洲蒸发规律及定量结果,主要作物产量与耗水量的定量关系,树木耗水初步分析结果,绿洲总体水均衡与水分消耗、地下水均衡、农区－非农区水均衡及四水转化模型、盐均衡及旱排作用分析。

其主要特点:①开创了大型灌区水资源及其利用全面综合研究的先例。在试验研究方法与技术上有创新;初次拟合了叶河灌区作物水分生产函数;提出了更好反映潜水蒸发随埋深变化关系的反 Logistic 公式;提出了裸地条件下潜水－土壤－大气连续体水分运移模型、作物生长条件下地下水－土壤－植物－大气连续体水分迁移模型、林带－农田土壤饱和－非饱和流动模型，并进行了模拟分析。②建立了绿洲水均衡与转化系列模型，包括总体水均衡、地下水均衡、农区－非农区水均衡及四水转化模型。

该成果于2001年7月13日通过教育部组织的技术鉴定，认为该成果总体达到国际先进水平，其中农区－非农区水均衡模型属首创。它已在新疆大型灌区节水改造规划、塔里木河流域综合治理规划等方面发挥了重要作用，对于内陆干旱区水资源配置、生态恢复与建设的研究与规划具有指导意义。2000年在编制《叶尔羌河灌区续建配套与节水改造规划》过程中，应用该成果为国家节约投资2.8亿元人民币。

该成果获2001年度中国高校科技进步一等奖。

KAM理论及非线性振动

1991年1月至2000年12月，北京大学数学学院柳彬完成了“KAM理论及非线性振动”项目。Littlewood有界性问题是英国著名数学家Littlewood在20世纪60年代提出的问题，是定性理论中的热点问题。著名数学家Moser在名著“Stable and Random Motions”中和著名数学家Markus在专著“Lectures in Differentiable Dynamics”中均提到该问题。该成果对超线性和次线性方程进行了系统研究，对于超线性方程解决了Moser问题。对于次线性方程回答了Littlewood的公开问题，是国际上第一篇关于非保守系统的解的大范围有界性研究文章。在半线性共振点处的拟周期解和解的大范围有界性研究中，突破了国际上普遍认为系统中带有小参数的限制，并给出了充分必要条件。此结果被国际同行多次在国际会议的大会报告中引用，如比利时J. Mawhin在1999年天津非线性分析国际会议的大会报告，西班牙R. Ortega 1999年里斯本非线性分析会议上的大会报告和2000年比萨微分方程会议的大会报告均引用。德国M. Kunz 1999年里斯本非线性分析的报告就是介绍的结论和证明思想。保守系统和反转系统平衡点Liapunov稳定性是动力系统中的一个经典课题，不仅给出了抛物不动点稳定的充分必要条件，还找到了在抛物不动点附近存在大量的次调和解、拟周期解和不变环面的条件。该方法还被同行用来研究次线性二阶哈密顿系统在无穷远处的次调和解和Aubry-Mather集的存在性。

该成果获2001年度中国高校科技进步一等奖。

人类新的促凋亡基因TFAR19的克隆和功能研究

1996年至2001年，北京大学基础医学院马大龙、刘红涛、张颖妹、陈英玉、宋泉声等完成“人类新的促凋亡基因TFAR19的克隆和功能研究”项目。该项目重点研究了白血病细胞凋亡过程中新的凋亡相关分子及其作用机制，在国际上首次发现了一个进化保守、具有重要调节凋亡效应的新的人类分子，并初步阐明了其分子作用机制，为细胞凋亡调节网络增加了新途径，为今后凋亡相关疾病的发病机制和临床干预提供了理论基础。此项目利用代表差异分析技术，在国际上从人白血病细胞株TF－1细胞中首次克隆了一个新的人类全长cDNA，命名为TFAR19，经Northern杂交证实，此基因在凋亡过程中表达明显增高。为研究其功能，构建成功真核表达载体，转染TFAR19到近10种不同的肿瘤细胞后，均可引起这些细胞的凋亡程度增加，而TFAR19反义寡核苷酸能抑制凋亡，显示TFAR19是一种凋亡的增强剂。在大肠杆菌中表达并纯化了重组 TFAR19 蛋白质，免疫小鼠制备了抗 TFAR19 的单克隆抗体。FITC 标记的抗体分析表明，细胞凋亡早期，TFAR19 出现快速细胞核转位现象，可作为早期凋亡的指标。免疫共沉淀分析证实，TFAR19 直接活化的 Caspase－3，促进其活性，从而阐明其促凋亡的分子机制。这是国际上第一个被发现的具有正调节效应的 Caspase－3 结合蛋白。该成果 1999 年在 BBRC 发表后，已被国际权威杂志 Nature Structural Biology，Cancer Research，Biophysical Journal 等发表的论文引用。国际人类基因命名委员会已将其命名为程序化细胞死亡分子 5(PDCD5)，这是国内第一个被命名的 PDCD 家族成员。

该成果获 2001 年度中国高校自然科学一等奖。

复杂结构优化理论与算法

1985 年 9 月至 2000 年 7 月，北京航空航天大学、清华大学夏人伟、黄海、董聪等共同完成“复杂结构优化理论与算法”项目。该项目对大型复杂结构优化问题的求解方法进行了系统研究，建立了一个完整的方法体系，形成了一种通用且高效的优化理论与算法，称为包络对偶法。它特别适用于航空航天飞行器结构优化设计问题，也可用于其他领域。

其主要内容与创新点：①创立了一种新的优化数学模型，即包络对偶数学模型。无论实际优化问题含有多少个变量和约束，都可严格地用仅含一个对偶变量及其非负性约束的包络对偶数学模型来表述，从而彻底解决了通常优化方法中当变量数目和约束数目越多，其求解过程的迭代次数则越多、计算效率越差的困难和缺点，为高效地处理大型优化问题奠定了基础。②提出了适用于求解复杂非线性、且为隐函数形式的优化问题的二级近似求解策略，可有力地改善求解迭代过程的收敛性，同时又便于解算。③建立了高保真度近似问题概念，提出了在变量空间较大范围内，以高的精度逼近原非线性函数的多点近似函数算式及多层前向网络的构造原则。④提出了求解二次规划问题的准解析解法，给出了该类问题的直接算式，且易于理解。⑤推导出结构应力和位移的一阶导数和二阶导数精确算式，特别是基于圣维南原理导出了二阶导数的简化算式，其相应的二阶导数化为对角阵，有利于提高优化过程的计算效率。

对于大型复杂的实际优化问题，由于包络对偶法突破了现行优化方法求解的传统模式，完善地处理了因变量多、约束多以及函数为复杂非线性和隐式的所产生的求解困难，此种方法在收敛性与计算效率和通用性方面皆优于国外现有优化方法。此外，由于该法的简便性，因此它非常便于计算软件的开发和用户掌握与应用。该方法已成功地应用于我国飞机、卫星、载人飞船结构设计中，并取得显著效果。

该成果获 2001 年度中国高校自然科学一等奖。

TiAl 合金超位错分解宽度、孪晶变形及形变诱导微结构变化

2000 年，由北京科技大学陈国良、宋西平、惠希东等人完成了“TiAl 合金超位错分解宽度、孪晶变形及形变诱导微结构变化”项目。该项目是 TiAl 合金微观变形机制研究的重要组成部分，它对于深入理解 TiAl 合金及 L10 型金属间化合物的微观变形机理，进一步开发高铌 TiAl 合金具有重要的理论和实际意义。此项目采用先进的高分辨电子显微镜和理论分析、计算等方法，进行了深入研究。

其主要创新点：①TiAl 合金中超位错分解宽度的研究及层错能的精确测定。研究发现，在 TiAl 合金中，除层错能外，弹性各向异性及位错分解组态明显影响超位错分解宽度，并且首次实验测定了距 γ/γ 真孪晶型层片界面不同距离处超位错的分解宽度也不同；过去认为温度升高引起层错能下降及位错分解宽度变宽的观点，在 TiAl 合金中并不成立，而是温度升高引起层错能和位错间的弹性作用能同时同步下降，超位错分解宽度不随温度变化而变化。利用上述研究结果，对不同情况下高铌 TiAl 合金中的层错能进行了精确测定。②孪晶变形方式研究。发现了孪晶交截有一定的厚度规律：当如射孪晶的厚度很薄时，是沿阻止孪晶(11－1)TB 穿过机制；当其厚度很厚时(与阻止孪晶厚度相近)，是沿阻止孪晶(115)TB 穿过机制；当其厚度居其中间时，是沿阻止孪晶(001)TB 穿过机制，并且阐述了上述规律是同孪晶交截处的应力集中和反应位错发射相关的一个动力学过程。研究还发现，界面处的层错宽度影响界面处成核孪晶的发射，在大变形时，出现旋转孪晶及弯曲界面孪晶，以及在孪晶交截区形成纳米孪晶、二次孪晶、应力诱导层错及界面结构变化等微结构变化。③形变诱导界面结构变化和相变。发现在 $\alpha+\gamma$ 两相区热机械加工会使原始平直的片层组织发生弯曲，出现两种非平衡态孪晶界：一种是多台阶的非对称孪晶界，另一种是有 2—3 度偏离角度的非对称孪晶界。$\alpha 2/\gamma$ 片层界面也有类似的非对称孪晶界。并首次报道了在非对称的孪晶界出现 1/3[111]Frank 偏位错及其位错反应。在具有小偏离角度的非对称 $\gamma D/\alpha 2$ 界面附近，高温时容易发生 $\gamma-\alpha$、$\alpha-\gamma$ 或 $\gamma-9R$ 结构的形变诱导相变，室温时则容易发生形变诱导层错变化。

上述成果得到了国内外知名专家的首肯，并在他们撰写或署名的国际刊物中引用。被 SCI 期刊引用达 70 次。

该成果获 2001 年度中国高校自然科学一等奖。

高速网络路由器 SED－08B

1996 年 6 月至 1998 年 6 月，清华大学计算机科学与技术系张尧学、王晓春、何兵、宋建平、白文进等人共同完成“高速网络路由器 SED－08B”项目。其主要内容及特点为：①自主版权的多线程、多任务实时操作系统 AOSR。②支持 10/100M 以太网、同步 DDN 网以及电话网的互连，共有 4 个端口(可配置)。③支持 43 个 IETF 的 RFC 标准。这些标准包括动态路由协议 OSPF、RIPII、RIP；网管协议 SNMP、远程访问认证协议 RADIUS 等。④开发了基于 WEB 的中文 GUI 网管与配置界面。⑤开发了基于规则的包过滤防火墙及相应的安全工具。⑥支持基于 IPv4 的 QoS 控制功能，QoS 类型达 8 类。

此成果软件操作系统的可靠性和安全性在实际应用和市场中也得到了检验。1999 年 11 月，深圳桑达公司悬赏 10 万元人民币，并通过新华社等媒体发布消息，邀请全世界的网络高手通过 Internet 攻击该路由器的操作系统。期间来自世界各地的 1800 多名网络专家、用户和网络爱好者参与了攻击测试。路由器共收到攻击数据包 4700 多万个，数据总量达 235 亿字节。说明该路由器已经具有了可持续发展和不断扩展的令人信赖的操作系统平台，展示了我国已有能力占领信息技术的制高点和掌握核心的信息技术。这是国内第一家具有自主知识产权的网络产品在 Internet 上接受测试。

该项目于 1998 年 6 月 11 日通过电子部计算机司主持的技术鉴定。它自投入生产以来，已在安全部内部网、国防科工委情报网、电子工业部行业网、首都信息化建设平台以及多家

ISP 等国家重点工程中应用。据统计,该成果 1998—2000 年新增利润 16700 万元、税收 1340 万元,对推进我国经济和社会信息化以及信息安全发挥了较大作用。

该成果获 2001 年度国家科技进步二等奖。

压力容器极限与安定性分析及体积型缺陷安全评估工程方法研究

1989 年 3 月至 1995 年 12 月,国家质量技术监督局锅炉压力容器检测研究中心、清华大学工程力学系、合肥通用机械研究所、南京化工大学化工机械研究所、天津大学材料科学与工程学院的陈钢、徐秉业、陈学东、沈士明、岑章志等人完成"压力容器极限与安定性分析及体积型缺陷安全评估工程方法研究"项目。该项目应用先进的塑性力学理论研究了压力容器体积型缺陷安全评定方法,在极限与安定性数值计算方法、缺陷表征、失效模式和数据库建立、极限与安定分析及安全评定方法研究等方面取得了重大的突破性进展,其成果具有开拓性、先进性、安全性、经济性和实用性等突出特点。该项目于 1995 年 11 月 26 日通过劳动部组织的技术鉴定,认为达到了国际领先水平。

其创新点为:①提出了三种适用于一般工程结构塑性极限与安定性分析高效、可靠、精确的数值计算方法;②提出了科学、安全、经济、实用的含凹坑、气孔、夹渣缺陷压力容器免于评定条件和塑性失稳评定方法;③建立了适用于含焊缝缺陷容器疲劳评定的模糊疲劳评定图和专家系统;④给出了 60 种常见压力容器结构的极限与安定载荷解析公式。

该成果已在石油、化工、冶金、化肥、轻工等行业 500 多家企业的 6000 多台设备中应用,取得经济效益达 6 亿多元,同时产生了重大的社会效益。发表论文 60 多篇,其中 40 多篇被 SCI 或 EI 检索,被 SCI 等文章引用 60 多次。并被国家标准《含缺陷钢制压力容器安全评定》和 JB4732－98《钢制压力容器分析设计》作为创新成果而采纳。

该成果获 2001 年度国家科技进步二等奖。

分子蒸馏技术及工业化应用

1992 年 12 月至 2000 年 12 月北京化工大学机电工程学院冯武文、杨村、于宏奇等人完成的"分子蒸馏技术及工业化应用"项目,获 2001 年度国家科技进步二等奖,有关内容详见《1999 年北京市科学技术进步梗概》第 48 页。

新型结构层状及层柱型无机功能材料

1996 年 5 月至 2000 年 12 月,北京化工大学理学院段雪、李峰、矫庆泽等人完成了"新型结构层状及层柱型无机功能材料"(原题为"层状表面相锆基固体酸酯化催化剂")项目,获 2001 年度国家科技进步二等奖,曾获 2000 年度北京市科技进步一等奖,有关内容详见《2001 年北京市科学技术进步梗概》第 63 页。

飞行器冗余控制系统

1985—2001 年，由北京航空航天大学王占林等人研制成功“飞行器冗余控制系统”项目。该项目解决了各种余度作动器、传感器、冗余计算机控制器及余度管理中的关键技术。目前的机电系统，只靠元件本身的可靠性已无法达到载人飞行器 10^{-9}故障率要求，而冗余技术可以将可靠性不太高的组件或子系统组成多个通道实现同一功能的冗余系统，具有高的可靠性甚至超高的可靠性。

其主要研究内容：①力综合及磁通综合余度电液舵机的研究：提出了均衡解耦策略，解决了多通道交联耦合/力纷争及电流纷争，实现了多通道同步驱动；②余度管理策略的研究：采用故障滤波器、解决余度及神经网络等先进技术解决了通道的自监控、故障诊断、隔离、系统重构及自适应阈值等故障门限值的设定等关键技术；③提出了电气四余度液压二余度的余度配置：采用四余度伺服阀、并行推挽传动双舵机构成四余度舵驱动系统，达到了双故障—工作可靠度等级，避免了电流纷争及减少了舵轴的力纷争；④包括液压泵源在内的余度电液舵系统的 CAD 集成系统研究：建立了典型系统的附件图形库、典型零件库、模型库和数据库、二维生产图及三维实体造型等；⑤研究了具有双处理器(CPU 和 IOP)并行工作的余度计算机控制器：解决了冗余配置、高速高性能通讯、多机跨通道数据处理及多机同步等问题。

该项目有多项创新并推广应用，有力地促进了相关工程的进展。最直接地应用是“神舟”飞船，其一、二级火箭均采用冗余推力矢量控制。采用了冗余技术后的任务可靠度提高了一个数量级。该成果有着广泛潜在的应用前景。

该成果获 2001 年度国家科技进步二等奖。

大型机械结构中值载荷谱编制原理及工程应用

1978—2000 年，由北京航空航天大学、中国农业机械化科学研究院阎楚良、高镇同、吕志刚等人联合完成“大型机械结构中值载荷谱编制原理及工程应用”项目。该项目主要用于飞机、航空发动机、汽车、拖拉机、舰船、压力容器等结构定寿、延寿和可靠性设计。

该研究借助于国内外现代理论、先进技术和方法，以飞机、航空发动机、联合收割机等大型动力机械为研究对象，通过对 28.6 亿实测数据的研究分析，解决了长期以来存在的难解之谜。创建了高置信度中值载荷谱编制原理和方法，形成一完整体系，取得了突破性进展。该研究针对随机载荷存在较大的分散性，建立了最少空测采样飞行起落次数的设计准则；提出了疲劳性能广义 S－N 曲面方程和广义断裂曲面方程，与变幅值、变均值二维载荷谱分布直接相关，构成了二维疲劳寿命估算的理论框架；在数据处理过程中，采用人机智能方式进行伪读数的排除，采用最小航道法进行二维低载截除。在此基础上，建立现代中值载荷谱专家系统。

与国内外目前编制的载荷谱相比，中值载荷谱再现了飞机在实际飞行过程中的载荷—时间历程，并且保持了各个状态参数的同步瞬时一一对应关系。进行疲劳试验时，能够真实地展现结构部位疲劳损伤依赖于时间萌生、演化和终结的全过程。中值载荷谱与确定飞机使用寿命分散系数法相关一致。按照可靠性设计要求，在飞机全尺寸结构疲劳试验中，利用中值载荷谱给出的中值试验寿命，除以分散系数，即可确定具有高可靠度和高置信度的安全使用寿命。

1992年，采用此项成果完成的歼教七飞机全机试验，裂纹萌生和裂纹扩展部位都真实地再现了飞机外场使用情况，采用该项技术完成的某型飞机全机试验，裂纹形成和断裂部位与飞机外场实际使用情况一致。该成果在国内飞机定寿工程中，尚属首创。专家鉴定认为，该成果达到国际先进水平，部分研究内容在国际上处于领先地位。

该成果获2001年度国家科技进步二等奖。

畜禽遗传资源保存的理论与技术

1986—2000年，中国农业大学吴常信、张劳、李宁等完成"畜禽遗传资源保存的理论与技术"项目。该项目系统地阐明了畜禽遗传资源保存的理论，分析了影响保种的遗传因素，提出保种的优化设计，解决了保种群体的大小、世代间隔的长短、公母畜最佳的性别比例和可允许的近交程度等一系列保种的问题。同时，明确了遗传资源保存的对象是群体，保存的方式可以是冻精、冻胚甚至是细胞株，但活畜保种仍是主要方式。保种与选育是矛盾统一的，保种群的选育必须和保种目标相一致。

技术方面，在宏观上，采用计算机技术对保种的理论问题和遗传漂变、选择、迁移、近交等作计算机模拟，分析保种的长期效应，同时引入地理信息系统和图像分析系统对遗传资源作动态的管理；在微观上，采用分子生物技术，通过对DNA多态性分析，研究种群间的亲缘关系，并对某些有特殊功能的基因如猪的肥胖基因和肥胖受体基因、肌红蛋白基因、鸡的生长激素受体基因、慢羽基因以及反刍动物的乳蛋白基因、酪蛋白基因等进行研究，为今后对遗传资源的开发利用提供依据。

该研究发表论文200余篇，培养研究生25名。经检索，论文有98篇被收录，有91篇次被引用，并有多国的同行学者来函索取论文单行本，产生了广泛的国际影响。

在畜禽保种和利用的生产实践中，许多单位采纳了此项研究提出的理论和技术。仅猪、鸡两个畜种，近3年新增利润1238.15万元、税收87万元，社会、经济效益显著。

该成果获2001年度国家科学技术进步二等奖。

卫星通信气象综合应用工程业务系统(9210工程)

1994年7月至2001年12月，由中国气象局的李黄、章国材，北京市气象研究所的谭晓光等人完成了"卫星通信气象综合应用工程业务系统(9210工程)"。该项目是1992年国家级大型工程项目，分为通讯、监控、数据库和人机交互系统等几个部分。

由于通讯手段的改善，地方气象台站获得的数据量增加了几十倍，每天达到几百兆字节。为了使这些数据在业务工作中有效的发挥作用，必须开发相应的数据库系统对数据进行管理，建立人机交互系统对数据进行快速处理和图形显示，将数据有效地提供给预报员。为此进行了该工程的研究，其目的是发挥气象卫星的通讯功能，利用卫星通讯向全国发布日常的各种气象数据和信息，改变过去以地面线路为主的状况。此工程的实施极大地改善了我国气象部门的通讯状况，使地方气象台站，特别是边远地区台站通讯的可靠性大大提高，获取的数据量大大增加。该工程1995年各部分进入具体开发阶段，1997年开始业务试运行，目前全国地区级以上气象台和部分县气象站都使用该系统。

该成果获2001年度国家科技进步二等奖。

中国豆科植物根瘤菌资源多样性、分类及系统发育研究

1978—2001年,中国农业大学生物学院陈文新、汪思涛、李颖等完成了“中国豆科植物根瘤菌资源多样性、分类及系统发育研究”项目。

其取得如下成果:①完成全国32个省(包括台湾部分地区)近700个县不同生态地点的根瘤菌资源调查。采集根瘤标本近7000份,包括豆科植物100多属、600多种,新发现结瘤植物300多种;分离、纯化、确认、保藏根瘤菌5000多株,其数量和所属寄主种类居世界首位。②建立现代细菌分类实验室,装备一整套先进分析技术设施及计算机程序,并确认一套有效的根瘤菌分类、鉴定技术。③对近2000株菌进行了100多项表型和遗传型性状分析与分类研究,发现了一批或耐酸(pH3.8)、或耐碱(pH11)、或耐盐(5% NaCl)、或耐高温(40℃)、或低温(4℃)下生长的珍贵根瘤菌种质资源。④描述并发表根瘤菌新属2个,新种7个,占1984年以来国际上所发表的新属的1/2,新种的1/3,还完成7个新种的研究。⑤建成根瘤菌资源数据库,其菌株数量大、性状多、信息全面。⑥通过对大量菌株的性状、寄主的种类及其生态环境因素的综合分析,获得对豆科植物-根瘤菌共生关系的新认识。否定了传统的根瘤菌“寄主专一性”和植物“互接种族”概念,并提出根瘤菌接种选种的新见解。

该成果共发表论文64篇,SCI收录11篇,被引用185次;联合主办国际会议一次;出席国际大会和会议作口头报告8次。出席国内学术会议作报告20次。参与中国-欧共体合作研究一项及与美国农业部合作研究一项。与国际上多个实验室进行联合研究;共培养细菌分类学博士、硕士40余名。该项研究在国际上影响很大,因而1996年陈文新被遴选为国际根瘤菌/土壤杆菌分类分委会委员,1998年她被邀撰写微生物学巨型工具书《伯杰系统细菌学手册》第二版根瘤菌部分内容。

该成果获2001年度国家自然科学二等奖。

纳米润滑的研究和实验

1994年1月至1999年12月,清华大学精密仪器与机械学系温诗铸、雒建斌、黄平、沈明武、史兵完成“纳米润滑的研究和实验”项目。该项目在纳米润滑实验技术和理论研究方面取得了重大进展。纳米级薄膜润滑是机械润滑领域中的重要研究方向之一。它是超精密仪器和设备,光滑点、线接触等摩擦副中常出现的一种润滑状态。由于其润滑膜厚度处于纳米级,因而成为当代摩擦学的研究热点。

该课题组于1991年首先研制出NGY-2型纳米级润滑膜厚度测量仪(获1996年国家发明奖),并不断改进,开发出NGY-3型测量仪,实现了纳米润滑膜性能的稳定测量。其测量范围可达0—500纳米;垂直、水平方向分辨率可达0.5纳米和1微米。

为了解决多年来润滑理论中两大历史上悬而未解问题,即在弹流润滑和边界润滑之间的一空白带属何种润滑状态?润滑膜的失效准则和机理是什么?该课题组对薄膜润滑进行了深入研究,取得了以下创新性成果:①首次提出以纳米膜为特征的薄膜润滑是填补弹流润滑与边界润滑之间空白的新型润滑状态;②首次提出了薄膜润滑的物理模型,并建立了弹流润滑与薄

膜润滑间的转化关系以及膜厚与工况因子的关系；③发现了纳米级润滑膜时间效应，并提出其产生原因；④研究了电场对纳米润滑特性的影响；⑤建立了纳米级润滑膜的失效条件；⑥提出了新的润滑状态划分方法。

此项研究在国内外刊物上发表论文60余篇，SCI收录论文40余篇，SCI引用33篇次。研究成果得到了国内外专家的高度评价，对了解薄膜润滑的特性和机理提供了宝贵资料，对纳米级润滑和摩擦副设计提供了良好基础。

该成果获2001年度国家自然科学二等奖。

低维拓扑

1989年9月至1999年9月，北京大学数学学院王诗宬完成了“低维拓扑”项目。该成果获2001年度国家自然科学二等奖，曾获2000年度中国高校科技进步一等奖，有关内容详见2001年《北京市科学技术进步梗概》第53页。

磁层能量传输与释放研究

1982年1月至1999年10月，北京大学地球物理系濮祖荫、洪明华、王敬芳、伏绥燕完成了“磁层能量传输与释放研究”。该成果获2001年度国家自然科学二等奖，曾获2000年度中国高校科技进步一等奖，有关内容详见2001年《北京市科学技术进步梗概》第54页。

非细胞体系核重建(装配)的系统研究

1988年1月至2000年12月，北京大学生命科学学院的翟中和、张传茂、张博、蔡树涛、曲健等完成了“非细胞体系核重建(装配)的系统研究”项目。该成果获2001年度国家自然科学二等奖，曾获2000年度中国高校科技进步一等奖，有关内容详见2001年《北京市科学技术进步梗概》第55页。

太阳风中磁流体湍流的本质

1986年1月至1995年12月，北京大学地球物理系的涂传诒完成了“太阳风中磁流体湍流的本质”研究。该成果获2001年度国家自然科学二等奖，曾获2000年度北京市科技进步一等奖，有关内容详见2001年《北京市科学技术进步梗概》第56页。

第六章 专 文

精心制定科技规划，全面推进科技工作

(一) 正式发布了"十五"科技规划

北京市"十五"科技规划的制定，对部署和指导21世纪初期北京市科技工作和科技发展具有非常重要的意义。经过一年多的紧张工作，《北京市"十五"时期科技发展规划》的编制工作已经在2001年上半年完成。市领导批准同意了规划内容，市科委与市计委在6月份联合发布了《北京市"十五"时期科技发展规划》。

该规划提出了今后五年科技事业的发展目标、发展思路、政策措施，是全市"十五"规划体系的重要组成部分，是"十五"时期科技事业发展的指导性文件。

(二) 联合推出了"奥运科技(2008)行动计划"、制定了《奥运科技规划》

在申奥成功后的第三天(2001年7月16日)发展计划处就紧锣密鼓地开始配合科技部，联合中科院、工程院、国防科工委、中国科协、教育部、国家体育总局、国家自然科学基金委等9部门，共同酝酿推出"奥运科技(2008)行动计划"。经过9部门的共同努力，于2001年8月推出了《奥运科技(2008)行动计划》。

根据市委、市政府关于制定《奥运行动规划》的指示精神，发展计划处以"奥运科技(2008)行动计划"的基本框架作为基础，制定了《奥运科技规划》。《奥运科技规划》确定了"奥运科技"的总体目标、基本原则、重点任务和保障措施。

制定《奥运科技规划》后，初步筛选了第一批84项奥运科技项目。

(三) 对科技经费预算进行了改革，圆满完成了2002年科技经费预算的编制工作

为优化科技资源配置，发展计划处会同条件财务处对科技经费预算进行了改革。2002年科技经费预算改革的基本思路是：按照部门预算编制的有关要求，根据北京市财政局《关于编制2002年部门预算的通知》(京财预[2001]862号)的精神，编制了北京市2002年科技经费预算。在预算编制工作中，坚持了如下四项改革原则。

1．坚持"有所为、有所不为"的方针，突出重点，集中有限资金支持重大项目，形成以重大项目为核心的预算体系。

2．贯彻"计划指导预算"的思路，按照北京市科技发展和各领域"十五"规划中所确定的发展方向、重大技术和重要工作安排年度科技经费，改变过去按处室切块式的增量预算方式。

3．实行重大项目"零基预算"的方式，根据当年科技工作需要，优先安排重大项目，经费按实际需求，以零基预算执行。

4．重大项目立项和专项经费由科委主任办公会讨论决策，各处室提出拟立项项目或重要专项工作经费预算需求和建议，由发展计划处汇总并在与各处室沟通的基础上提出修改意见，报科委办公会议集体决策。

2002年科技经费预算编制包括院所人员及公用经费预算、项目经费预算、专项科技工作经费预算。发展计划处负责项目经费预算、专项科技工作经费预算和一般性项目经费预算。

(四) 按照"有所为,有所不为"的方针,协调落实科技重大项目的立项工作

遵循"有所为,有所不为"的方针,北京市科委2001年启动了重大项目的立项工作。重大项目立项从过去侧重于技术目标转变为注重社会经济目标和技术目标两个方面。发展计划处按照以下几个方面规范了立项工作。

1. 紧密结合北京市发展整体思路的要求。
2. 符合北京科技发展和"首都二四八重大创新工程"建设的要求。
3. 具有明确的社会经济目标和清晰的战略定位。
4. 选准方向,系统考虑,滚动实施。
5. 在技术方面具有先进性、可行性。
6. 具有在北京地区实施的雄厚基础和优势条件。
7. 项目依托单位具有足够的实力和组织能力。
8. 项目工作内容明确,阶段清晰。
9. 经费预算合理,分出轻重缓急,统筹安排。

同时,强调重大项目要组织北京地区最优科技资源,充分考虑与国家计划项目、成果的衔接与配套,使项目达到国内领先、国际先进水平。重大项目按照项目目标、应用范围以及组织工作的不同性质、特点,分为区域创新能力建设类、战略高技术类、产业化类和社会公益应用类四种类型。

为了更好地实施科技重大项目,运用了顶层设计、分层管理、滚动实施的科技计划项目管理模式。顶层设计是指从首都经济社会的发展需求高度出发,按照各领域"十五"发展规划的工作思路和总体部署,突出项目的战略性、系统性和连续性,同时统筹兼顾,适当安排好一般项目。分层管理包括两个方面的内容:一是将项目分解为课题,项目由依托单位协助市科委实施管理,课题由承担单位具体实施;二是在不同部门管理职责分工上采取分层管理,市科委领导、有关综合业务处室、专业处室及项目依托单位按照项目、课题的分层设置,执行不同的管理职能。滚动实施是在课题层次上,依据项目的进程需要,分步骤安排课题,动态滚动实施。

为了落实"顶层设计、分层管理、滚动实施"的改革思路,同时也是为了实现中央科技资源与地方科技资源的良好对接,发展计划处在市科委领导的带领下,多次走访了科技部、中科院等部门和单位,基本摸清了中央在京实施的科技计划项目。这为做好2002年北京市的重大项目奠定了良好基础。

经过九次主任办公会议的讨论、论证,最后在9月底确定了43个项目为2002年的科技重大项目。

(五) 大力推进"首都二四八重大创新工程"的实施

实施"首都二四八重大创新工程"是北京市委、市政府面对世纪之初新经济的挑战,借鉴国内外发展高科技的成功经验,并结合北京的城市特点和比较优势而做出的重要战略决策,是北京发展高科技、实现产业化的一个着力点,是创建首都区域创新体系和推进首都经济发展的重大举措。2002年科技项目经费主要安排在"首都二四八重大创新工程"项目上。2002年科技项目经费41440.1万元,其中"首都二四八重大创新工程"项目经费30764万元,占项目总经费的74.2%。

发展计划处还与市科委相关处室牵头,会同市计委、市经委、信息办、市财政、中关村科技园区管委会等部门共同向北京市人大常委会汇报了"首都二四八重大创新工程"的实施进展情况,并拟在今年12月中旬向北京市委常委进行汇报。

(六)为进一步改革科技计划项目管理,拟订了多个有关管理文件

为优化北京市科技资源配置,确保科技计划项目的质量,加强科技计划项目管理的科学化和规范化,发展计划处草拟了《北京市科技计划项目管理办法》。该办法是在调查和研究各省、市、自治区的科技计划管理办法和科技部的各种计划管理办法,并结合北京市的实际情况的基础上草拟的。该办法已两次通过书面形式征求各处的意见,两次在科委会议讨论,现已基本成熟。为了配合新的管理办法的实施,发展计划处还草拟了《北京市科技计划项目监理暂行办法》和《关于国家科技计划项目匹配经费管理的若干意见》,以及与《北京市科技计划项目管理办法》配套的附件——《北京科技计划重大项目建议书》、《北京科技计划项目管理任务书》和《北京科技计划项目课题任务书》等。

科技项目招标投标作为一种科技体制创新和科学决策的支持工具,具有公平、公开、公正、择优和信用的特点。为适应当前条件下科技体制改革的要求,变传统的封闭式计划管理模式为开放式动态管理模式,通过市场强化科技资源的优化配置,提高项目的科研质量,根据《中华人民共和国招标投标法》、国家科技部的《科技项目招标投标管理暂行办法》以及相关科技管理文件精神,以发展计划处牵头成立了科技项目招标投标试点工作小组,从技术、管理、财务、法律等方面设计了科技项目招标投标工作的基本业务流程、工作文件与管理规范,拟订了《北京市科技项目招标投标实施办法(初稿)》。2001年上半年,在医疗卫生领域选择了三个项目进行科技项目招标投标试点,试点工作取得了较好的效果,推动了北京市科技计划项目管理的改革。

为进一步改革科技计划项目管理,发展计划处启动了课题制和科技评估规范的研究和试点工作,草拟了《北京市科技计划项目管理课题制实施办法》和《北京市科技计划项目评估实施办法》。另外,发展计划处还组织实施了科技计划项目评估的试点工作,对农村处的三个重大项目进行中期评估。试点工作达到了预期的效果,评估结果为下一步的项目经费预算提供了依据。这些工作为今后课题制、评估制度等的实施推广积累了丰富的经验。

为了做好科技经费的管理工作,我处负责制定了:①《北京市技术创新、创业资金管理办法》;②《科技部项目经市科委转拨经费工作流程》。

(七)认真抓好2001年科技计划项目合同的签订和经费的落实

科技经费管理是科技计划管理工作的重要组成部分,科技经费使用的科学性、合理性和规范化直接关系到科技计划管理的成效。因此,我处将科技计划项目合同的订立和经费的落实与管理作为一项非常重要的工作来抓。截止到11月20日,今年98%的合同已办理完毕,下拨经费已达92%。

为了加强科技计划项目的管理,发展计划处对项目管理的MIS系统进行了升级,由1.0版升为1.1版,并已在全委使用,各方面反映良好。1.1版MIS系统是在1.0版的基础上,调整和新增了部分功能,主要增加了预算编制系统、拨款系统、拨款统计系统和项目结题查询系统等。目前,全委MIS系统运行良好。

(八)完成了北京市全社会R&D资源清查的数据调查工作

北京作为首都,是全国科技、文化和教育中心,聚集着全国最丰富的科技资源。这次全社会R&D资源清查是继1985年全国科技普查以来，时隔15年后在国家科技领域进行的范围最广、规模最大，内容最全的一次科技统计调查工作，同时也是一项重要的国情国力调查。因此做好R&D资源清查工作至关重要。

根据国家科技部、国家统计局等七部委《关于在全国进行全社会R&D资源清查的通知》精神，市科委与市统计局、市教委、市计委、市财政局、市经委、市外经贸委、市工商局、市国防科工办和中关村科技园区管委会共同组成了北京市全社会R&D资源清查工作领导小组，下设工作办公室，负责组织实施北京市全社会R&D资源清查工作。

经过努力，发展计划处已于今年10月全部完成了北京地区全社会R&D资源清查统计工作和2000年度全国科技统计年报工作。上报科技部各类机构报表600余份，其中R&D资源清查统计表180余份，数量之多名列各省市前列。

北京市这次清查工作涵盖了北京地区全社会的科技投入，既调查了政府支持的强度，还弄清了企业、院所、大学和社会各方对科技支持的程度，以及科技人力资源、科技成果等一系列重要的基础性数据。

尽管北京市的R&D资源清查单位多、工作量大，但由于大家的努力，较好地完成了各项任务，市科委被评为全国R&D资源清查先进工作单位第一名。

在清查工作中发展计划处还组织专门人员对在京的30个跨国公司设立研发机构的情况进行了调查。结果表明，这些机构2000年投入研发经费10多亿元人民币，在全国各省市中占第一位。北京地区已经成为国际化的研发地区，且有较高的聚集度。这表明北京丰富的科技资源优势已得到了跨国公司的认可，同时也面临着更为严峻的科技与人才竞争。

（九）圆满完成了“863”计划成果15周年展览工作任务

发展计划处组织包括创业中心、软件中心等单位的相关人员在内的工作组，听取了众多专家的意见和建议，从北京地区的上千个“863”计划项目中，精选了其中最有代表性的十余个项目参加了展览，重点展示了一批北京地区有代表性的“863”计划成果产业化项目。“863”计划成果在地方产业化的延伸也是这次展览的重要组成部分，因此还展示了“首都二四八重大创新工程”等内容。这次展览宣传了北京市政府为推动“863”计划成果产业化所做出的积极努力；突出体现了北京地区“863”计划项目对经济建设、社会发展做出的巨大贡献。整个北京展区得到了中央领导以及社会各界参观者的好评，收到了良好的效果。

（十）积极开展了北京市科技工作参与西部大开发的行动

在市委市政府的领导下，市科委积极组织、参与和引导有关政府部门、中介机构、科研院所和高新技术企业参与西部大开发，并取得了一定的成绩。例如：①组织制定了北京市参与西部大开发科技工作“十五”规划；②组织北京市的有关单位积极参加了“2001年中国东西部合作与投资贸易洽谈会”，会上成交内联、贸易、科技成果交易等项目271项，合同、协议（意向）总计金额676847万元人民币、1078万元美元，另外还有科技项目推介代理金额10亿元人民币，这项工作受到了市领导的表扬；③在2001年中国北京高新技术产业“国际周”上还为西部设立专门展台，组织“归国人员西部行”活动，并设有西部开发论坛专场；④北京科研条件协作网向新疆、内蒙古等省区开放。

（十一）较好办理了“抓住机遇，制定北京市21世纪的纳米战略规划”的政协提案

今年上半年，发展计划处负责牵头办理了“抓住机遇，制定北京市21世纪的纳米战略规划”的政协提案。发展计划处在接到工作任务后，首先与生物医药新材料处、软科学处和办公室等有关处、室就这项提案办理工作进行了研究，提出了工作方案和计划，然后根据工作方案对国家和北京市以及国内外纳米科学发展的有关情况进行了调研，摸清了北京市在纳米科学发展的有关情况。通过办理这项政协提案，纳米科学发展工作已经被作为一项重要工作明确写入了《北京市"十五"时期科技发展规划》、《北京市新材料领域"十五"科技发展计划》以及《北京新材料基地发展纲要》等有关科技工作发展规划当中。这项提案办理工作，得到了政协委员的良好评价，被认为是今年政协委员提案中办理的最好的提案之一，提案委员把北京市科委推荐为优秀办理提案单位。

（十二）圆满完成了2001年度北京地区《国家重点新产品计划》项目的申报与评估工作

按照《2001年国家重点新产品计划申报指南》的要求，2001年新产品评估工作进一步突出了政策引导和科技产业化环境创造，以产品创新为龙头，带动企业技术创新和科研院所科技成果产业化。

2001年北京地区共申报新产品项目122项，初评结果经市科委审定后，上报国家科技部共105项，完成了今年市政府折子工程的工作任务。统计数据表明，2001年新产品突出了高新技术的创新性和对传统产业的强辐射性、强渗透性。

2001年国家重点新产品计划北京市共有55项列入2001年国家重点新产品计划。其中有13项列为重点项目，获国家财政补助金额420万元；其中，北京市再次有一项列为重大项目，获国家财政补助金额100万元；加之中央在京单位报送的4项，共有17项列为重点项目，共获国家财政补助金额540万元。在国家重点新产品计划的推动促进下，北京地区的技术创新、产品创新取得了较大进展。

从今年开始，科技部对新产品评估工作规范、新产品计划管理工作信誉度高的地方（部门），实行项目申报备案制，即对其推荐的新产品项目，在一定数量范围内可直接列入年度国家重点新产品计划。今年，北京市作为全国共有的4个城市之一获得了"国家重点新产品计划项目申报备案制"资格。

（发展计划处）

抓好顶层设计，深化计划项目管理改革

首都聚集了全国最丰富的科技和人才资源，高新技术产业已成为经济的核心，并且其地位日益得到增强。为了进一步优化首都科技资源配置，提高首都高新技术的研究、开发和产业化能力，同时适应国家宏观政策环境的调整和我国加入WTO的需要，北京市科委加强了科技计划项目的规范管理，并对科技计划项目管理制度进行了改革。

（一）按照"有所为，有所不为"的方针，组织科技重大项目的立项，实行"顶层设计、分层管理、滚动实施"的项目管理模式

科技重大项目与过去的项目立项的不同首先在于更加注重解决北京社会经济发展中的重点和热点问题。其次是对科技重大项目的立项条件提出了新的要求：①紧密结合首都经济、社会发展的整体思路；②符合首都科技发展和"首都二四八重大创新工程"建设的要求；③具有明确的社会经济目标和清晰的战略定位；④选准方向、系统考虑、滚动实施；⑤在技术方面具有先

进性、可行性;⑥具有在北京地区实施的雄厚基础和优势条件;⑦项目依托单位具有足够的实力和组织能力;⑧项目工作内容明确,阶段清晰;⑨经费预算合理,分出轻重缓急,统筹安排。同时,强调科技重大项目要组织首都最优科技资源,充分考虑与国家计划项目、成果的衔接与配套,使项目达到国内领先、国际先进水平。重大项目立项与过去立项的第三个不同是决策机制的变化,是由市科委主任办公会议讨论立项决策。新的决策方式既充分发挥了民主决策的优势,又使科技项目的立项决策在专家论证的基础上增加了政府目标的论证。

科技重大项目按照项目目标、应用范围以及组织工作的不同性质、特点,分为区域创新能力建设类、战略高技术类、产业化类和社会公益应用类四种类型。

为了更好地实施科技重大项目,市科委对科技计划项目运用了顶层设计、分层管理、滚动实施的管理模式。顶层设计是指,从首都经济、社会的发展,科技创新及产业化的需求高度出发,按照各领域"十五"发展规划的工作思路和总体部署,在外部环境和首都地区科技内部条件分析研究的基础上,以正确的指导思想,对拟立项的项目主要目标、研发方向和实施措施等做出战略性、系统性和全局性的谋划。分层管理包括两个方面的含义:一是将项目分解为课题,项目一般由依托单位协助市科委进行管理,课题由承担单位具体实施;二是在不同部门管理职责分工上采取分层管理,委领导、有关综合业务处室、专业处室及项目依托单位按照项目、课题的分层设置,执行不同的管理职能。滚动实施是在课题层次上,按照项目实施的进程,分步骤安排课题,滚动实施。

(二)对科技经费预算进行了改革

科技经费预算改革的基本思路是:按照部门预算编制的有关要求,根据北京市财政局《关于编制2002年部门预算的通知》(京财预[2001]862号)精神,编制北京市2002年科技经费预算。在预算编制工作中,坚持了如下四项改革原则。

1. 坚持"有所为、有所不为"方针,突出重点,集中有限资金支持重大项目,形成以重大项目为核心的预算体系。

2. 贯彻"计划指导预算"的思路,按照北京市科技发展和各领域"十五"规划中所确定的发展方向、重大技术和重要工作安排年度科技经费,改变过去完全切块的增量预算方式。

3. 重大项目实行"零基预算"的方式,根据当年重大科技项目实际经费需要,优先安排,不受上年经费额度影响,按零基预算执行。

4. 采取立项项目报科委主任办公会决策的方法,各处室提出拟立项项目或重要专项工作经费预算需求和建议,由发展计划处汇总并在与各处室沟通的基础上提出修改意见,报科委办公会议讨论决策。

(三)加强科技计划项目管理的科学化和规范化,市科委拟订了多个有关管理文件

市科委在调查和研究各省、市、自治区的科技计划管理办法和科技部的各种计划管理办法,并结合北京市的实际情况的基础上草拟了《北京市科技计划项目管理办法》和《北京市科技计划项目和专项经费委内管理规定》,以及与这两个文件配套的附件。这两个文件已多次通过书面形式征求市科委各处的意见,两次科委会议也讨论过,现已基本成熟。

为贯彻落实《中共中央、国务院关于加强技术创新,发展高科技,实现产业化的决定》(中发[1999]14号)中关于"大力推行项目招投标和中介评估制度"的要求,适应当前条件下科技体制改革和我国加入WTO的需要,变传统的封闭式计划管理模式为开放式动态管理模式,通过市场优化科技资源配置,提高科技资金的使用效率,根据《中华人民共和国招标投标法》、国家科技部的《科技项目招标投标管理暂行办法》以及相关科技管理文件精神，市科委成立了科技项目招标投标试点工作小组，从技术、管理、财务、法律等方面设计了科技项目招标投标工作的基本业务流程、工作文件与管理规范，拟订了《北京市科技项目招标投标实施办法（初稿）》。2001年，在医疗卫生领域选择了三个项目进行科技项目招标投标试点，试点工作取得了较好的效果，推动了北京市科技计划项目管理的改革。

为建立和完善科学的科研管理制度体系，促进科技事业的发展，市科委启动了课题制和科技评估规范的研究和试点工作，草拟了《北京市科技计划项目管理课题制实施办法》和《北京市科技计划项目评估实施办法》。另外，市科委还组织实施了科技计划项目评估的试点，内容是对农村处的三个重大项目进行中期评估。试点工作达到了预期的效果，评估结果为下一步的项目经费预算提供了依据。这些工作为今后课题制、评估制度等的实施推广积累了丰富的经验。

（四）科技计划项目管理改革的成效

科技计划项目管理的改革对北京市的科技发展工作产生了积极的作用，主要表现在以下几个方面。

1．科技计划项目管理改革体现了一个现代发展理念，就是“不求所有，但求所在”。科技计划项目管理改革促进了中央科技资源、地方科技资源以及其他各种科技资源全方位、多层次、多渠道的对接和融合，加强了多元结构创新主体的构建，形成了科技创新及其产业化整体推进的态势。

2．促进了政府职能的转变，政府主管部门不再参与具体的微观研发行为，而把主要的精力放在搭建研发的基础平台和改善科技政策环境上。

3．大力推进了“首都二四八重大创新工程”的实施。实施“首都二四八重大创新工程”是北京市委、市政府面对世纪之初新经济的挑战，借鉴国内外发展高科技的成功经验，并结合北京的城市特点和比较优势而做出的重要战略决策，是北京发展高科技、实现产业化的一个着力点，是创建首都区域创新体系和推进首都经济发展的重大举措。2002年科技项目经费主要安排在“首都二四八重大创新工程”项目上。2002年科技项目经费41440.1万元，其中“首都二四八重大创新工程”项目经费30764万元，占项目总经费的74.2%。

（发展计划处）

实施“奥运科技行动计划”，为北京奥运提供强有力的科技支撑

2001年7月13日，北京以“科技奥运、绿色奥运、人文奥运”三大理念申办2008年奥运会取得成功，赢得了第29届奥运会的承办权，圆了中华民族的百年奥运梦。申奥成功以来，市科委快速反应，配合科技部启动“奥运科技（2008）行动计划”，精心编制北京奥运科技行动规划，组织了一批科技奥运项目，一些项目相继启动。

（一）集成全国科技资源，启动“奥运科技（2008）行动计划”

就在北京申奥成功后的第二天，科技部徐冠华部长与刘淇市长通话，在祝贺的同时，表示

支持北京办好2008年奥运会。按照刘淇市长和徐冠华部长的意见，市科委积极与科技部计划司、高新司、农社司沟通，就“科技助奥”工作进行沟通和探讨。通过酝酿和策划，提出由科技部和北京市牵头，联合中科院、工程院、国防科工委、教育部、国家体育总局、中国科协、国家自然科学基金委、中国气象局等部门，共同启动“奥运科技(2008)行动计划”并积极进行各项筹备工作。

2001年7月27日，“奥运科技(2008)行动计划”领导小组召开了第一次会议。会议由科技部部长徐冠华同志主持，参加会议的有北京市副市长林文漪同志，以及行动计划参与单位的其他领导同志。为加强领导，会议宣布成立“奥运科技(2008)行动计划”领导小组，组长由科技部部长徐冠华担任，副组长由北京市副市长林文漪担任，成员由参与单位的有关领导担任。会议邀请了19家新闻媒体记者进行会议报道。以此次会议的召开为标志，“奥运科技(2008)行动计划”正式启动。该行动计划针对奥运申办过程的焦点问题和2008年北京奥运对科技提出的需求，重点在北京的环保、交通、数字奥运、运动科研和科普方面开展技术示范和科技攻关，具体包括：在首都圈防沙治沙、污水治理与节水、清洁煤技术、清洁汽车、智能交通、绿色食品工程等方面建设一批技术先进的试点示范工程；围绕数字奥运，在数字新闻信息系统、智能化比赛管理系统、信息安全等方面建设标志性工程；围绕运动科研，开展医疗保健和运动器材、兴奋剂检测等关键技术的研究工作；同时，积极加强科普宣传教育。

“奥运科技(2008)行动计划”启动之后，又于8月9日召开了“奥运科技行动计划”工作小组第一次会议，进一步部署“行动计划”项目的组织实施工作。

2001年12月4日，科技部与北京市就科技奥运有关情况的沟通协调举行了联席会议。科技部部长徐冠华同志、北京市副市长林文漪同志、科技部秘书长石定环同志出席了会议。据汇报，行动计划领导小组成立以来，各成员单位密切配合、相互协调，开展了卓有成效的工作，重点围绕制定《奥运科技(2008)行动计划实施方案》，在充分论证的基础上提出了首批项目(课题)60项，并开始组织实施。科技部及时调整“十五”国家科技计划，在攻关计划和“863”计划中加大对与北京奥运会相关项目的倾斜，已经启动的“十五”计划项目支持“奥运科技”的经费约为3.3亿元。北京市除了积极配合国家8部门制定《奥运科技(2008)行动计划实施方案》之外，在《奥运科技行动计划》的基础上，编制了《奥运科技建设规划》，在“行动计划”提出的60个项目的基础上，又提出24个项目，并且已经安排经费1.37亿元。中科院重点选择一批项目进行攻关，并安排经费2000万元予以支持。国家体育总局提出了“奥运科技(2008)体育行动计划”，加大经费投入，并与中科院共同支持10个重点项目。国防科工委、国家自然基金委等也在本部门内组织落实行动计划，积极准备有关项目。

(二) 编制科技奥运规划，绘制科技奥运宏伟蓝图

就在北京市科委积极配合科技部等国家部委启动“奥运科技(2008)行动计划”的过程中，7月31日，北京市委书记贾庆林同志主持召开市委书记办公会第79次会议，确定制定《奥运行动规划》，包括两个总体战略规划和9个专项规划，其中《科技奥运建设规划》由北京市副市长林文漪同志负责。北京市科委具体承担该规划编制的组织工作。

在《奥运科技建设规划》编制过程中，市科委认真组织学习贾庆林书记、刘淇市长关于编制奥运规划的有关指示，落实刘淇市长关于科技奥运的指示精神，“积极实现科技奥运的理念，运用最先进的科技设计体育场馆，用最新的科技成果来武装奥运会的各项设施，力争把2008年北京奥运会办成科技水平最高的奥运会”，并以这一讲话精神做指导，在多方调查研究的基础上,逐步理清思路,形成规划的指导思想,即“以科技助奥运,以奥运促科技”。这一指导思想包括两个方面:一方面,要从奥运需求出发,组织全国科技力量联合行动,集成全国科技创新成果,率先在北京奥运中示范推广;另一方面,要以奥运为契机,把奥运对科技提出的新需求,变成科技发展的新动力,促进北京科技工作上水平、上台阶,为首都经济发展提供强大的动力和支撑。

按照上述指导思想,为高质量编制《科技奥运建设规划》,市科委不但通过各专业处室、科技部等政府科技管理部门发掘奥运对科技的需求,而且多次召开各个领域专家、北京市政府顾问团专家座谈会,收集奥运科技需求;组织中央在京“大院大所”,为奥运献计献策。经过将近半年的编制、修改和完善,已经于年底之前完成了规划编制初稿。该规划提出,将围绕交通、环保、场馆建设、开(闭)幕式、数字奥运、清洁能源、社会安全、运动科研、科学普及、中关村科技园区等十个方面的重点科技问题,进行规划,优选一批项目,集成国内外科技资源予以实施,并提出了“加强领导,组织保障”、“计划引导,保障投入”、“衔接配套,滚动实施”、“加强国际科技合作”等四项保障措施。

《科技奥运建设规划》编制完成之后,先后向林文漪副市长、刘淇市长、贾庆林书记进行了汇报,得到市领导的肯定。

12 月 26 日,北京市科委向北京市部分人大代表汇报了《科技奥运建设规划》,代表们普遍认为,《规划》指导思想正确,详细全面,内容涵盖了奥运的主要方面,尤其是动员了以科技部为代表的国家科技力量参与规划的制定和建设,使得北京奥运科技建设规划具有一个坚实的基础,并通过科技奥运框架整合首都科技资源,这在规划思路和规划实施机制上都是一种创新。代表们在充分肯定规划的基础上,也就进一步完善和实施规划提出了一些中肯的意见。

现在,市科委正在对规划进行进一步的修改完善,即将提交有关部门。

(三)组织科技奥运项目,建立有效工作机制,不断推进科技奥运建设进程

在配合科技部等国家 9 部门启动“奥运科技(2008)行动计划”和组织编制《科技奥运建设规划》过程中,市科委紧紧抓住机制、项目、经费等关键问题开展工作,从而比较有效地推动了科技奥运建设的进展。

第一,利用“奥运科技(2008)行动计划”框架,探讨多部门协调工作机制。经过摸索,初步探索出行动计划通过领导小组、工作小组联席会议制度、联络员信息通报制度和专家咨询制度等,建立一种有效发掘奥运科技需求、利用科技资源解决奥运实际问题,多部门分工协作、高效运作的工作机制。截至 2001 年底,除召开领导小组会议外,已经召开了两次工作小组会议和一次部分参与单位参加的工作协调会议,以及若干次联络员工作会议,逐步推进科技奥运工作的进程。

第二,积极发掘科技奥运需求,多渠道组织科技奥运项目。经过半年来的发掘和初步论证,“奥运科技(2008)行动计划”首批确定了 60 个科技奥运项目。为了更全面地规划科技奥运,北京市科委在 60 个项目的基础上,又提出了 24 个补充项目,共计 84 个项目,构成了《科技奥运建设规划》的配套建设内容。现在,部分项目已经启动,其他项目正在组织承担单位进行论证,条件成熟之后即分期、分批启动。

第三,处理好科技奥运与北京科技“十五”规划、与国家有关计划之间的衔接,安排好项目经费。市科委根据科技奥运需求,及时调整计划安排,对于在北京科技“十五”规划中已经安排的、与奥运相关的项目,加大了支持力度,在年底重大专项安排中,已经启动了 22 个专项,共安排经费1.37亿元。同时,通过“奥运科技(2008)行动计划”,积极与国家有关部门积极配合,将奥运科技规划项目纳入到“863”计划、科技攻关计划、“973”计划、知识创新工程、自然科学基金等国家主要科技计划。据了解,科技部在已经启动的“十五”计划中安排与“奥运科技”项目有关的项目经费约3.3亿元。中科院通过有关计划安排的与科技奥运有关的项目经费2000万元。这些经费的落实,使科技奥运项目的实施迈出了实质性的步伐。

(发展计划处)

努力营造创新产业化环境,提高新产品计划申报备案制工作水平

一、列入全国首批申报备案试点省市

自1988年以来,国家重点新产品计划工作一直是北京市科技创新工作体系的重要组成部分,特别是“九五”以来取得了巨大的发展。1998年北京市被列为全国首批新产品计划项目评估试点单位,1998—2001年的评估实践,使北京市科委在新产品计划项目的组织管理与评估实施等方面都有较大的提高。新产品计划的实施对促进首都经济、社会发展,建设现代化国际大都市起到了重要的推动作用。随着国家科技产业化环境建设的不断深入,北京市的新产品计划工作取得了显著的成效。新产品项目申报的数量、水平逐年提高,产品的技术水平经济效益和社会效益显著增长,新产品计划的影响力越来越强,有效地配合了国家科技创新、科技产业化等政策的实施。

2001年3月在科技部组织的新产品计划项目申报备案制工作试点城市考察中,经过科技部组织的工作答辩,北京市与上海、天津、武汉被列为首批新产品计划项目申报备案制工作试点城市。取得备案制资格是对北京市新产品计划工作的肯定,同时也对今后的工作提出了更高的要求。北京市从事新产品计划工作的同志们在深受鼓舞的同时,也强烈地感受到所肩负的责任。我们有决心、有能力在科技部、市科委的领导下,大力发展北京市的产品创新工作,努力完成国家重点新产品计划项目申报备案制管理赋予的光荣任务和使命。

二、项目受理、报送、立项的基本情况

2001年北京地区共组织申报新产品项目122项,在对项目进行形式审查、初评、经市科委审定的基础上,共报送国家科技部105项;其中有55项列入2001年国家重点新产品计划。

在北京市科委报送列入计划的55个项目中,有13项列为重点项目,获国家财政补助金额420万元;其中,北京市再次有一项列为重大项目,获国家财政补助金额100万元;加之中央在京单位报送的4项,共有17项列为重点项目,共获国家财政补助金额540万元。在国家重点新产品计划的推动促进下,北京地区的技术创新、产品创新取得了较大进展。

三、项目申报备案试点的组织管理与评估工作

（一）2001年北京市新产品计划采用了联合评估的方法

2001年是北京市科技计划管理改革的关键一年。市科委在2000年完成政府机构改革的基础上，在2001年加大了科技计划管理改革的力度。按照“顶层设计、分层管理、滚动实施”的总体思路，实施了领域式计划管理、项目—课题两级责任管理、突出社会经济目标的重大科技项目组织管理、零基预算管理等一系列计划管理改革措施，同时通过制订、修订一系列的管理办法，促进了科技项目评估、审计、招投标、课题制等管理手段的应用与推广。围绕“十五”期间北京市科技计划管理改革的需要，在社会主义市场经济条件下，在我国加入WTO后的关键启动时期，如何做好北京市的新产品计划工作是摆在我们面前的重大课题。正是在这样的背景下，我们本着“创新、发展”的指导方针和工作原则，按照科技部《科技评估管理办法》的精神，在北京市2001年新产品计划工作中积极引入了竞争机制，通过采用联合评估的方法，规范科技评估行为，完善科技评估市场，培育科技评估机构和评估队伍，提高科技评估业务水平，为新产品评估工作的高水平持续发展奠定了良好的基础。

（二）评估工作的组织管理与质量控制

1．选择与确定评估机构：从北京市多年从事科技企业、项目等评估工作的机构中遴选，确定由北京高技术创业服务中心、北京资产评估咨询中心和北京科技成果推广服务中心组成联合评估机构，进行国家重点新产品计划的评估。

2．成立2001年新产品评估工作协调小组：由市科委牵头，加上两位从事过三年新产品评估工作的同志组成评估工作协调小组，负责评估工作的总体协调和组织。

3．召开评估机构协调会议，制定统一的评估标准，形成《评估工作纪要》，作为新产品评估工作的规范性文件，要求各评估机构严格遵照执行。内容包括工作分工、评估依据、具体评估工作要求、评估材料及电子数据要求、工作进度等。

4．组织多种培训，集中学习与掌握评估标准，力争做到各评估机构对评估尺度把握的统一，保证项目评估质量。

5．市科委加强对评估过程的监督、检查与协调。在此基础上，发挥协调小组作用，召开评估机构协调会，定期检查评估工作进度和质量。

6．制定与实施科学、有效的综合排序方法。

7．严把初评结果审核关：对B类以上项目逐项复审。

总结归纳评估过程，通过竞争，增强了评估机构的工作积极性；提高了评估工作质量；培育了评估机构与评估队伍；一定程序上规范了科技评估行为；扩大了新产品评估工作的影响。

（三）新产品计划工作的组织管理

1．明确市科委与评估机构的工作分工

市科委的工作职能是：审查确定评估机构资格；指导、监督和管理评估机构及其活动；为评估机构提供必要的工作条件；审查批准评估工作方案；审查批准评估机构提交的初评结果并上报科技部。

评估机构的主要职能是：协助市科委做好项目申报组织工作；制定评估工作方案；对申报材料的形式审查；对申报项目的个体评估；提出初步评估排序结果，向市科委提交综合专家意

见后评估机构的咨询意见。

2. 组织管理措施

(1) 基本工作程序

宣传——组织申报——确定评估机构——确定评估工作方案——实施评估——过程控制——审定评估结果——上报科技部——评价与总结。

(2) 领导十分重视,大力支持新产品计划工作

市科委领导对北京市新产品计划工作历来十分重视,特别是科技部提出将在全国部分重点省市率先推行项目申报备案制试点以来,市科委领导多次指示要大力加强北京市新产品计划的组织管理,充分发挥各方面的力量,支持工作中的创新举措,并拨出充足的经费保证新产品计划工作的顺利实施。

(3) 大力加强对新产品计划的宣传

召开全市各区县、科技园区、委办局(总公司)的动员、工作布置会议,充分发挥各级政府和机构的作用,共同完成新产品计划的申报组织工作;在《北京科技报》、《科技潮》等北京市主要科技报纸期刊和"北京科教信息网"等网站上发布公告,扩大宣传范围;开展面向重点企业、集团、科研机构的专项宣传几十次,努力发掘高水平的创新项目。

2001 年项目申报的组织工作明显加强,中关村管委会各园区、各区县科委、各委办局总公司、大专院校、中央部委在京单位都十分重视、积极组织新产品计划项目的申报工作,列入计划项目分别占总数的 45%、22%、13%、15%、5%。

(4) 严把评估机构的选择标准

良好信誉和较高业务水平;较为丰富的科技评估经验;素质较高且结构合理的专业化评估队伍;一定规模的咨询专家支持系统;固定的办公场所和必要的办公条件;兼营科技评估的单位或组织须设有独立的科技评估部门;内部管理制度健全、规范。

3. 质量控制措施

工作原则:保证评估机构独立性,不以任何手段干涉评估工作;保证评估机构自主选择专家的权利,避免施加倾向性影响。具体包括:严格审查评估机构资格,督促评估机构规范发展;严格审查评估机构制定的年度评估工作方案;统一评估标准,督促评估人员的培训与学习;注意评估工作的过程监督;做好初评结果的审核工作。

项目排序原则:确定国家和北京科技政策优先支持的范围、各级科技计划支持的力度、自主知识产权、对首都经济和社会发展具有显著推动作用、产品增值税完税情况、贷款额度。

四、申报备案制条件下新产品计划的主要效果与作用

国家重点新产品计划项目申报备案制的实施,有力地推动了北京市新产品计划向科学化、规范化的发展,而我们也只有通过更加严格与规范的管理措施、更丰富的管理手段和更强的管理力度,才能保证申报备案项目的质量和水平。通过申报备案制的实施,2001 年北京市项目的整体水平比前些年有较大提高,通过形式审查的项目 111 项,报送项目 105 项,达历年最高数量;申报单位注重产品技术创新,具有自主知识产权的项目占列入计划总数的 78.18%;列入计划项目上年产品生产取得突出的经济效益,新产品产值达 57903 万元、销售额达 63184 万元、利润达 12159 万元、创汇 623 万美元、上缴增值税 4048 万元。北京市新产品计划已经成为

推动北京市企业和科研院所的科技进步和技术创新、促进产品结构的调整和产业结构优化升级、加快科技体制改革步伐、推进科技成果产业化进程的重要力量。

（一）促进企业成为技术创新的主体

据统计，2001 年企业、科研院所、大专院校生产的新产品分别占项目总数的 89.09%、7.27%、3.64%。55 项新产品中，源自高新技术企业的项目 43 项，占全部项目的 78.18%，国家重点新产品计划的实施，吸引越来越多的高新技术企业加入产品创新的行列，促使更多的企业加大对高新技术及其产品的资本投入，并在技术创新和产品创新中提高企业自身的创新能力。

（二）促进北京市产业结构调整和优化升级

2001 年列入计划项目按技术领域分类，排在前六位的依次为：电子与信息列入计划 20 项占项目总数的 36.36%；光机电一体化 11 项占 20%；生物技术、医药与医疗仪器各列入 5 项，各占 9.09%；新能源高效节能、环境保护各列入 4 项，各占 7.27%。随着"绿色奥运"意识的增强，节能环保项目日渐增多。国家重点新产品计划优先支持、鼓励发展的政策导向，在北京市的经济发展中起到积极的推动作用。

（三）加快了首都区域创新体系的建设

随着国家机构改革方案的推进，北京市的国家重点新产品项目数量从申报单位的所属关系分析有较大变化。2001 年列入新产品计划项目 55 项中，属中央单位申报的 11 项，地方单位申报的 44 项，分别占项目总数的 20%、80%。由于体制改革的影响，政府行为的属地化管理日趋突出，加之北京首都的特征，中央在京单位和大专院校的加盟，促使北京市的新产品计划项目的数量和质量都有较大提高。

（四）推进了科技成果产业化的进程

统计结果表明，2001 年国家重点新产品项目具有较高的科技含量，产品的创新程度和技术水平都居较高位置（产品为首创和重大改进型分别占 70.91%、21.82%，技术水平达国内领先以上的占 81.81%），这些新产品经历了从项目的研制——批量生产——进入市场的艰难过程，较好地完成了科技成果的产业化。

（五）一批重点企业、重点产品经过新产品计划的支持不断发展壮大

近几年来，在新产品计划的支持下，不少企业的新产品产生了巨大的品牌效应，使企业的经济效益和社会效益显著增长。同时，企业的生产规模不断扩大、市场竞争力不断增强。如清华同方、清华紫光、北大青鸟等初期不引人注意的"小"公司，如今已发展成为以高科技为特征的股份上市公司；而金山词霸、汉王笔、用友财务、天融信网络卫士防火墙、承天倍达过滤设备、华戎大力农、同方威视、紫光泰和通免冲厕所、青鸟商务系统、希玛保龄设备等新产品都成为国内、国际具有较强竞争力的产品。更为突出的是 2000 年、2001 年荣获财政支持 100 万元的科技部重大项目：CSC2000 分布式变电站自动化系统（由北京哈德威四方保护与控制设备有限公司生产）、新型通信用智能化高频开关电源（HRMIS5048V/50A、HRM48－250）（由北京汇能亚澳通讯设备厂生产），在我国的电网改造、通信控制领域起到关键作用。这些重点企业、重点产品在新产品计划的支持下不断发展壮大。

（发展计划处）

2001年北京地区R&D资源清查工作顺利完成

按照国务院的部署和要求,国家科技部、国家统计局、财政部、国家计委、国家经贸委、教育部、国防科工委七部委自2000年9月开始在全国范围内开展了全社会R&D(研究与发展)资源清查工作。目前,北京市的R&D资源清查工作已顺利完成。在由全国七部委联合组织的评比工作中,北京市科委被评为全国R&D资源清查优秀单位。

一、实施R&D资源清查工作的意义

自1985年以来,经过近17年的不懈努力,北京市的科技资源清查工作得到逐步发展和进步。目前北京市的科技综合统计年报制度日臻完善,统计范围进一步拓宽,不但缩小了我国的科技投入核算体系同国际规范的差距,而且为提高北京市宏观咨询和决策能力,实施"科教兴市"战略起到了重要作用。

但是,在改革开放不断深化的过程中,北京市的经济体制和科技体制正在发生着深刻的变化,这些变化表现为经济结构、产业结构和科技结构重新调整和优化布局。在这些变化中,一个突出的特点是,市场配置科技资源的作用愈加强烈,使科技资源在不同部门、不同地区和不同单位之间的流动加快,并呈现新的趋势。比如,近年来,受经济体制转型和科技政策的影响,北京市的中小型企业,尤其是科技型中小型企业异军突起,已成为首都经济和科技发展的中坚力量,但由于在2000年以前没有把这部门企业纳入科技统计范围,所以科技统计工作很难反映这部分企业从事科技活动的真实情况。再如,近几年来,北京市的IT产业发展异常迅速,网络和软件已成为首都经济支柱产业,但目前的统计制度并没有涵盖。另外,非国有的民办科研机构、跨国公司在华科研机构、民办大学等也没有纳入现行科技统计体系。这些新变化使北京市的科技投入指标体系同国际通用的标准还有一定的差距。本次调查就是在新的形势下,为了适应这些新情况而开展起来的。

本次调查的工作目标,一是全面、准确地获取2000年北京地区R&D资源总量数据和重要的结构数据;二是系统地掌握北京地区科研力量的分布状况,尤其是企业科研力量的状况,为北京地区区域创新体系的构建提供基础信息;三是改进和完善科技投入核算体系,使之既符合国际规范、又适合中国国情,并形成常规统计制度,推进北京地区科技统计工作体系的建设。

二、R&D资源清查组织实施情况

北京市R&D资源清查组织实施工作主要分为清查摸底、清查布置和培训、数据处理评估、汇总上报和分析研究四个阶段。

(一)摸底阶段

根据全国R&D资源清查工作会议精神,北京市科委、北京市统计局等部门共同制定了《北京市全社会R&D资源清查摸底实施方案》。由市统计局通过统计渠道对北京市大中型、国有小型、非国有规模以上小型工业及县级以上农业和计算机应用服务业等5900家企业进行了摸底调查。

市科委通过调查摸底工作,共收集整理了3000余家科研、生产、社团等单位的基本情况,经过鉴别、筛选,确定了2000多个正式调查对象(其中,市科委负责实施500多个,向统计局提供了1500个有科研活动的单位基本情况库)。值得指出的是,在本次调查中北京地区有30家国外驻京研发机构参加了调查。

市教委对各级各类学校的科研活动进行了调查,在往年的科研统计年报单位基础上,增加部分有科研活动的高职学校。

(二)清查布置和培训阶段

北京市科委和北京市统计局等部门在清查摸底工作的基础上,于2001年2月21—22日召开了北京市全社会科技资源清查工作暨培训会议。会上,市科委俞慈声副主任就北京市开展全社会科技资源清查工作的意义作了重要讲话。

市教委根据教育部的安排和市清查办的部署,于2001年1月16—18日召开了北京地区高校R&D资源清查暨科研统计年报会。会上,市教委副主任张国华同志做了R&D资源清查和2000年科研统计工作动员,教育部科技司张建华处长介绍了全国全社会R&D资源清查的背景,并进行了工作安排。

除此之外,按照全国科技资源清查工作办公室的要求,北京市还专门召开了系列专题培训会议。

1.市科委于2001年2月26—27日在北京市委党校分别召开了北京地区国家级计划项目执行情况调查表填报单位培训会,科学研究与技术开发机构年报表与全社会R&D资源清查统计表填报单位培训会;举办了部分科研院所的计算机录入程序操作培训会。

2.市科委还专门为中科院、社科院、卫生部、信息产业部和国家林业局等填报科技部统计任务较重的中央部分进行专门辅导。

3.市统计局于2001年3月6、7日和13日对大中型工业企业、民营科技企业、金融保险业、邮电通信业基层填表人员进行了直接培训。

(三)数据处理和评估阶段

市清查办于2001年4月30日组织召开了由主要实施部门参加的数据评估碰头会,制定了数据评估工作的方案和时间表。5月10日,市清查办召开了数据评估初审会,对各部门数据进行初审,讨论各部门发现的问题以及解决方案,并对各部门数据进行了第一次汇总,对下一阶段数据过录将遇到的问题进行了预测。6月12—14日,市清查办组织召开了由主要承担部门包括市科委、市统计局、市教委和中关村科技园区管委会共同参加的北京地区数据评估会议,会议采取联合办公的方式,共同审查各部门的数据,共同讨论前期发现的各种问题和解决办法。此后又召开了几次有关单位参加的数据评估会议,并写出高质量的数据评估报告,这些措施使本次调查的数据质量明显优于以往年度的同类调查。

另外,以北京地区全社会R&D资源清查和2000年度全国科技统计年报工作为契机,市科委还进一步完善了统计基础建设,如建立了研发单位名录库、建成并启用了电子催报系统,完善了科技统计信息窗(网站)建设等。

(四)数据上报和分析研究阶段

在全市R&D资源清查数据审核汇总基础上,于2001年6月底按时完成了上报国家R&D资源清查数据的任务。此后专门针对R&D资源清查数据分析研究工作召开了座谈会和工作布置会，就开展分析研究的内容、组织形式、时间进度等听取各方面意见和建议，并对各成员单位分析研究工作进行了布置。现在已基本完成了R&D资源清查数据分析研究前期工作，完成了R&D资源清查数据综合资料和简明R&D资源清查数据集小册子的编印工作；撰写印制了R&D资源清查统计公报，并于11月15日对北京市R&D资源清查主要数据进行了公开发布。

三、R&D资源主要特点

通过本次清查统计工作，不但丰富和完善了现有科技统计指标体系，而且系统获得了北京地区全社会R&D活动的总量数据和结构数据，摸清了北京地区R&D活动的分布情况。北京地区R&D资源主要呈现以下特点。

(一) 北京地区科技投入强度位居全国首位

就R&D经费支出占GDP比重这一国际通用的科技投入强度指标而言，北京地区已达到6.3%。

(二) 政府拨款仍是科技经费的主要来源

2000年北京地区科技经费筹集总额为372.9亿元，其中政府拨款占的比例最大，达到了45%；2000年北京地区R&D投入155.7亿元，政府拨款占到了58%。

(三) 北京地区科技资源主要集中在中央在京单位

2000年中央在京单位科技经费筹集额占北京地区总经费筹集额的73%；在R&D投入经费中中央在京单位投入占北京地区R&D总投入的76%。

(四) 企业越来越重视技术创新的作用

从“九五”期间的数据来看，北京地区科技经费来源中，来源于企业的经费年均增速最大，达到24.5%；来源于政府和银行的年均增速分别为20.4%和6.9%；企业科技经费筹集占北京地区科技经费筹集额的比例由1998年的7.4%上升到2000年的17.8%，所占比例逐年提高。

(五) 北京地区高技术产业迅猛发展

“九五”期间，北京地区高技术产业增加值占本地区工业增加值的比例连年攀升，从1995年的17.2%上升到2000年的28.6%；“九五”期间，高技术增加值年均增长17.7%。

(六) 北京地区科技创新活动的国际化程度正在不断加强

北京地区23家国外驻京研发机构2000年的R&D经费已达9.25亿元，R&D人员的人均经费达到68.7万元/人，远远高于北京地区R&D人员的平均经费(15.8万元/人)。

(发展计划处)

北京市清洁汽车行动试点示范工程进展顺利

随着北京市社会经济的持续发展和城市化进程的加快，机动车保有量大幅度增加。与此同时，机动车尾气排放日趋严重，已经成为首都大气污染的重要来源。通过大力使用清洁能源等一系列途径和措施，切实减少和降低机动车尾气污染是当前北京市改善大气质量、加强城市环境保护的一项紧迫任务，也是促进实现城市交通可持续发展的一项重要举措。为此，国家有关部委于1999年4月正式启动实施"空气净化工程——清洁汽车行动"，并选择国内12个城市和地区作为国家发展燃气汽车的示范城市(地区)。北京市作为国家首批示范城市之一，面临的大气污染防治任务繁重，通过示范工程的实施，实现清洁汽车的持续、健康发展，不仅能为首都大气环境质量的改善做出贡献，也将对国家清洁汽车行动各项预定目标的实现发挥积极的作用。

《北京市清洁汽车行动试点示范工程》是北京市科学技术委员会"能源结构调整及清洁燃烧技术产业化"项目中的一个研究课题。开展本项研究，有助于探索北京市燃气汽车国家示范城市建设的总体思路，通过对汽车污染分担率、发展燃气汽车配套支撑体系等内容的专题研究，将为在市场经济条件下推进北京市燃气汽车的健康发展，为政府部门的有关决策提供科学依据。同时通过国产设备CNG示范加气站的建设及试验运行，也将为北京市进行CNG汽车及加气站设备的技术选择积累经验。本项目对先进技术车辆(HEV、EV、FC)等进行的研究将为制定北京市清洁汽车的开发计划和项目组织实施方案提供支持，并有助于形成北京市清洁汽车项目可持续发展战略。

一、国产车用CNG示范加气站建设

北京市已经建成的CNG加气站的主要设备与技术均依靠国外进口，这使得CNG加气站总体投资大、回收周期长，不利于CNG汽车的推广。为此，在国家科技部与北京市科学技术委员会的支持下，委托北京市法荣新能源技术开发有限公司实施国产CNG加气站建设示范工程。该示范工程所建示范加气站位于京通快速路、朝阳路在朝阳、通州两区交界地国家法官学院东侧三角地带内，总占地约6000平方米，是一个集汽柴油、液化石油气、压缩天然气于一体的大型综合性燃料加注站。目前天然气加气站土建工程和设备安装已建设完毕，其中包括：天然气压缩机组、干燥器、脱硫塔、加气机以及3组钢制储瓶等。主要设备由重庆气体压缩机厂采购，天然气压缩机进气压力0.08—0.32MPa、排气压力25MPa、单机最大排气量320km^3/h。按设计能力，每天可以为200辆天然气汽车加气，同时可通过运输储罐车为天然气子站供气，以满足客户对压缩天然气的需求。

二、北京市机动车污染贡献率及简易工况测试方法研究

(一) 北京市机动车污染浓度分担率分析

机动车的排放分担率正在稳步的上升，尤其是CO的排放分担率与1995年相比有了较大幅度的提高。这主要是由于固定源CO排放下降而机动车排放增加两种作用相互叠加的结果。城市机动车污染表现出的地域特征渐趋模糊，两种污染物浓度从郊区向市中心的递增趋势开始明显减弱，这说明北京市的机动车污染开始向外环线扩展。北京市规划市区内机动车污染浓度分担率的空间分布相对比较均匀，整个区域内机动车污染物的贡献率相当平均。机动车排放已经成为城市区域内最重要的污染源。NO_X 贡献率基本保持不变，而CO则变化较大，这反映了CO对于运行条件的变化比较敏感，而 NO_X 排放则相对较稳定。

(二) 简易工况法试验

进行怠速法、ASM5015 和 ASM2525 稳态简易工况法,以及 ECE15 瞬态工况法试验;根据制订的标准限值进行测试车辆达标率分析;进行机动车随行驶里程的劣化分析;进行各主要厂牌车达标率比较;进行各主要厂牌车排放水平随年龄的变化分析;比较怠速法和简易工况法的相对漏检率和错检率;进行国产车和进口车达标率比较分析;进行稳态试验和瞬态试验的排放比较分析;制订简易工况法稳态测试标准限值。

三、北京市燃气汽车发展的市场化运作模式研究

(一) 政府干预是推动燃气汽车发展市场化的必要手段

政府干预的经济手段主要有税收和补贴两种,政府干预的非经济手段包括强制手段,如为了限制燃油尾气排放,鼓励使用燃气汽车;国家应当制定相应的标准、法规等。这是世界上所有国家都采用过的而且我国也正在使用的手段。

(二) 推进燃气汽车发展的其他影响因素分析

1. "燃油税"对燃气汽车发展的影响

目前我国未对燃油征收燃油税,但在油气价格上存在一定的差价,燃油价格比燃气要高30%—40%。可以预见,征收燃油税会大大促进燃气汽车的推广,因为改装燃气汽车的经济性会极为明显。

2. 便利性对燃气汽车发展的影响

燃气汽车的便利性主要表现在改装、维护、加气的方便和可靠。用户在改车时,能否方便地找到改装点,改装点服务质量是否令人满意,以及燃气汽车在使用过程中维护是否方便、可靠,都会使用者产生一些心理上的效用。另外,改车后是否要支出额外费用也是重要的问题。

四、北京市清洁汽车的可持续发展战略研究

1. 在用燃油车的清洁化与技术成熟清洁汽车的推广并重。
2. 先进技术清洁汽车的扶植与高污染汽车的限制并重。
3. 不同类型的清洁汽车的开发与推广有机结合。
4. 加快智能交通系统的建设,改善车辆运行环境。
5. 加强市民的环境意识,为清洁汽车的推广奠定基础。
6. 发挥政府部门的示范作用。
7. 继续探求可利用的新能源,提高我国的能源安全性。

五、北京市汽车污染控制的管理体系及相应的对策措施

（一）综合管理体系的主要内容

北京市汽车尾气污染治理综合管理体系的框架及主要内容

	结构组成	主要内容
综合管理体系	管理运行体制	组织领导体制
		监督反馈体制
	政策法规	技术标准
		排污收费制度
		税收政策
		能源政策
	技术措施	现状
		“两步走”战略
	交通管理	智能交通系统
		其他管理手段
	在用车管理	在用车 I/M(检查/保养)制度
		在用车改造
		在用车淘汰
	教育与培训	教育
		培训
		与国外加强交流
	街道绿化	街道绿化
	治理效果评价	治理效果评价

（二）北京市汽车污染控制相关对策

1．建立健全有市民参与的管理运行体制。

2．北京市汽车排污收费采取排污总量收费制度。

3．大力发展清洁汽车，改善能源结构。

4. 建立在用车状况统计制度。

5. 改善交通基础设施，减少交通拥堵。

6. 合理城市规划，降低污染物的地域浓度。

7. 加大街道绿化力度。

六、北京市清洁汽车示范工程的追踪评价

（一）北京市燃气汽车发展的经济性分析

通过计算得出：一辆改装的LPG双燃料出租车，在完全使用LPG作为车用燃料时，其前期投入的车辆改装费用可在13.6—18个月内，以节约燃料费用的形式收回。北京市已建成的LPG加气站主要为合作建设，即投资方与土地方合作，建成后由一方经营，共同获益。经计算，当车用LPG加气站加气率为85%、75%和60%时，不计土地使用成本，其投资回收期和内部收益率则分别为17.23个月（68.1%）、19.83个月（58.8%）和25.65个月（44.5%）。CNG加气子站满负荷运转时，投资回收期近70个月，内部收益率与社会一般项目接近。车用CNG加气母站按加气能力的100%、75%和50%三种情况进行对比。可计算出该项目的内部收益率在前两种加气率时分别为28.8%、13.4%（未计土地使用成本）；而在加气率为50%时，内部收益率为负值。

（二）北京市燃气汽车发展的技术性分析

北京市改装的出租汽车以化油器夏利车为主，采用的是第一代技术，选择的基本上是1998年售出的少于50000千米的且都是化油器式汽车。这些出租车车况比较好，使改造后的汽车降低排放污染得到一定的保障。公交系统的CNG车主要是单燃料新车，采用第二代稀燃闭环电子控制的康明斯发动机，车型为京华6111，运行状况良好。

采用燃气汽车第一代技术进行改装对降低汽车排放污染具有一定的作用，但由于技术水平低，改善排放的效果有限。根据国外发展的状况以及我国近年来燃气汽车发展的经验，为适应日益严格的排放法规要求，要大幅度降低汽车排放污染，必须采用燃料喷射、闭环控制的先进技术，即第三代技术。

截止到2001年10月，北京市已建成各类加气站75座，其中LPG加气站51座，CNG母站4座，CNG子站20座。LPG加气站主要设备来自美国、意大利、荷兰、新西兰、澳大利亚等国，配套零部件及气罐为国产设备，设备费用在200万元左右（不包括征地费用），设备运行稳定。CNG加气站主要设备来自美国，子站设备费用在300万元左右，母站费用较高，如小屯母站设备费用为2000万元（含拖车），设备运行稳定。

（三）北京市燃气汽车发展的环境性分析

截止到2001年10月底，北京各类燃气汽车保有量近4万辆，主要包括：LPG公交车3500辆，其中1500辆由整车厂生产，2000辆由改装厂改装；LPG出租车32000辆，其中10000辆由整车厂生产，22000辆由改装厂改装；CNG公交车1630辆全部由整车厂生产。至此，北京市出租汽车中燃气汽车占有的比例上升到48%，公交车辆中燃气汽车的保有比例超过50%，北京市已成为全世界拥有CNG公交车最多的城市。汽车污染物排放减少情况为：CO减少7.7328万吨，HC减少1.3653万吨，NO_X减少0.6016万吨。在机动车排放污染量中占CO的13.4%，HC的13.1%，NO_X的13.2%，因此可以减少机动车排放污染物

的13%左右。北京市燃气汽车示范工程取得了良好的环境效益为北京市的“空气净化工程”做出了较大的贡献。

七、北京市清洁汽车试点示范工程通过验收

2001年12月17—18日,在北京铁道大厦,国家科技部召开专题验收会,对全国12个城市的清洁汽车示范工程专题进行了验收。其中北京作为第一个被验收的示范城市。专家组认真听取了北京市的工作报告,审查了相关文件资料,并进行了答辩,一致认为:①北京市所提供的验收资料完整、清晰、准确,符合验收要求;②北京市完成了试点示范工程专题合同规定的目标和任务,达到了专题考核指标的要求;③燃气汽车推广工作近年来取得了显著进展,适应燃气汽车快速、健康发展的政策法规和管理体系软环境基本建立;在单一燃料CNG公交车的推广使用方面,积累了重要的运营管理等方面经验,为今后单一燃料燃气汽车的大规模推广使用建立了基础;④北京市清洁汽车试点示范工程专题计划组织规范、严格,经费使用合理;⑤同意北京市清洁汽车试点示范工程专题通过验收。

(信息技术处)

电动公交车首次在京试运营

2001年7月6日,北京市科委举行了“北京市电动公交车载客示范运营”上路剪彩仪式。这是我国第一次纯电动汽车在城市公交线路上运行,标志着我国交通运输车辆登上了一个新的台阶。

一、纯电动公交车情况介绍

型号为BJD6100-EV的电动公交车是按照北京市科委1999年9月下达的《电动公共汽车整车研制及上路运行试验》项目任务书要求,由首科集团燕科总公司、北京理工大学和北京市公交总公司合作研发的具有自主知识产权的纯电动公交车。该车采用了国内技术成熟的公交车底盘和电动汽车综合仿真技术进行系统设计;自行研制的电动机采用了高效稀土永磁加增磁的复合励磁方式,控制器开创性地采用了自动弱磁调速并获发明专利,再生制动控制技术的实现大大提高了能源利用效率;两挡电控气动操纵行星同步器变速箱,保证了车辆的优良动力性、经济性和爬坡性能;能量管理系统专利技术的应用使得该车最大限度的发挥了动力电池组的使用性能,延长了电池组的使用寿命;可快速更换电池箱技术使电动公交车更接近实用,能够避免电池组过放电。整车全部采用了国产零部件,总体达到了国际先进和国内领先水平,填补了我国大型电动公交车的空白。该车已通过了天津汽车检测中心的5000千米可靠性检测;国家汽车检测中心的整车性能检测;交管局北郊车辆检测所的安全、性能等诸多项目的检测及市科委组织的专家鉴定,并参加了2000年5月8日在北京召开的“国际高新技术展览会”,北京市委书记贾庆林,市长刘淇,副市长孟学农、汪光涛、林文漪,市委常委兼教委主任徐

锡安等领导参观了样车，给予了很好的评价。

两辆电动公交车，一辆使用锂离子动力电池，一辆使用铅酸免维护动力电池。它的最大特点是零排放，有利于环境保护。

其性能参数如下表所示。

锂离子动力电池车与铅酸免维护动力电池车性能参数比较

技术参数	锂离子动力电池车	铅酸免维护动力电池车
总质量(kg)	13.0	15.5
电池重量(kg)	1.1	3.0
最高车速(km/h)	70	70
最大爬坡度(°)	20	20
最大载客量(人)	80	54
一次充电续驶里程(km)	220	168
充电时间(h)	1.5—2	1.5—2
充电电流(A)	120	80
充电方式	每天充电两次	

二、试运营情况

(一) 121 路公交线路(阜成门——定慧寺)运营情况

两辆电动公交车于 2000 年 7 月 28 日正式在阜成门—定慧寺的 121 路公交线路上编入车队载客运营。每天运行一个班次，行程大约 100 千米。通过随车技术人员的车辆技术性能检测、数据统计，了解到该车每百千米的耗电量 180 安时左右(满载运行 1 千瓦时/千米)，上下班客流量高峰时间，每车的乘客人数往往超过最大设计载客量，可达 90 余人。电动公交车的行驶性能良好，操作简便，起步、加速、超车、停车、过路口、上坡、下坡、转弯、直行皆与普通公交车、电车具有同样的行驶性能，能够满足市内公共交通需求；对气候亦可适应，夏季通过 47℃，冬季通过 - 13℃的运行，性能可有保证，在倾盆大雨天气行驶时，电机、电控、电池工作正常，绝缘性能良好，无漏电，运行可靠。同时车辆具有启动快、运行平稳、噪声小的特点。在试运营期间，电动公交车受到了车队的司机、售票员和广大乘客的好评，引起了新闻媒体的广泛关注。

(二) 为 2001 年世界大学生运动会服务

电动公交车于 2001 年 8 月 23—30 日大运会期间，为大运会接送运动员服务。两辆电动公交车分别在大运村——北航、大运村——首体运营，司售人员反映平稳、舒适、噪声小，高峰载客承受能力强，受到运动员及教练的欢迎，并受到众多媒体的采访及有关方面的关注。

三、通过运营试验，积累经验，为争取“863”计划纯电动车重大专项努力，为绿色奥运、科技奥运、人文奥运做贡献

通过此次上路运营，一是实际测算运行的经济性；二是通过运行，充分暴露问题，积累经验，对车辆的可靠性和技术性能等不断改善、改进和提高；三是向公众进行环保教育；四是为在

北京更大范围内使用电动车积累经验，为北京市清洁汽车行动计划、城市环境保护及节约能源提供实际依据；五是拟在已上路纯电动公交车课题完成的基础上，申请“十五”“863”计划纯电动车重大专项，为2008年奥运会做准备。

电动公共汽车的研究开发和应用示范是一个完整的系统工程，必然要促进汽车技术、电化学、新材料、新能源、微电子、电子拖动、智能控制等相关产业的高技术的发展。因此，开发电动公共汽车既是当前社会发展的需要，又是具有深远意义的战略性项目。

中国是研究应用电动汽车最早的国家之一。政府非常重视研究发展电动汽车，已经把电动汽车列入了国家“八五”、“九五”和“863”计划，并在1998年提出了旨在改善环境的“清洁汽车行动计划”。

北京市科委在北京既要狠抓城市污染治理，贯彻“清洁汽车行动计划”的精神，又要积极准备申奥与兴办大学生运动会的形势下，在1999年9月决定委托北京首科集团燕科总公司、北京理工大学、北京市公共交通总公司三家联合进行“电动公共汽车整车研制及上路运行试验”课题研究，2001年获得成功。当前又争取到国家科技部“863”计划——电动汽车重大专项纯电动城市客车整车开发和商业化运行及建设示范城市项目。目前项目总体组单位（首科集团燕科总公司、北京理工大学、北京市公交总公司）在市科委的领导下，正在有条不紊地开展工作。

（信息技术处）

中荷在燃气汽车领域加强合作

为改善北京的环境质量，实现首都的可持续发展，在北京市积极、稳妥地发展燃气汽车，以降低汽车尾气的污染。由北京市科委牵头，与世界范围内的有关企业和机构进行了广泛的接触，并寻求多种形式的技术合作与产业合作。

1997年11月经荷兰联通公司总裁汪德检先生介绍，市科委组织北京市有关专家与荷兰液化石油气（简称LPG）燃料系统专家进行了多次交流，了解到荷兰此项技术比较先进，产品符合世界最严格的欧洲标准，批量供应德国、法国等著名汽车厂家。同时荷兰政府鼓励荷兰研究机构利用国家优惠贷款将此技术向国外推广。

1998年1月荷兰在联通公司的倡议下成立了LPG项目联合小组，共同申请荷兰政府资金开展北京市LPG汽车示范工程可行性研究。荷方小组由SHV公司牵头，成员有联通公司、荷兰TNO公路车辆研究所、Vialle公司等6家研究机构和企业组成。市科委专项办作为中方牵头单位，并指定了北京市公交总公司、圣洁明技术公司、天海公司等作为北京方的小组成员。

1998年2月22—25日，荷兰经济贸易大臣来华访问，期间会见了宋健主任，双方确定了将“北京市LPG汽车示范工程可行性研究”列为中荷双方科技合作项目。因此荷方联合小组向荷兰政府申请到45万荷兰盾的资金用于北京市LPG汽车示范工程的第一期可行性研究。主要内容有：

1. 研制北京公交汽油车适用的LPG燃料转化系统；
2. 合作建设两个LPG加气站；

3. 合作研究制定北京 LPG 汽车尾气排放指标;

4. 赠送北京 10 套 LPG 燃料转换系统,培训 LPG 汽车改装技术人员。

1998 年 3 月初,市科委将北京市公交车用的一台汽油 CA6102 发动机运到荷兰,荷兰 TNO 研究所和 Vialle 公司立即着手将其改装成 LPG 燃料供给系统,并于 5 月初来京就 CA6102 发动机改装情况作了报告。经严格的测试,尾气排放有了较大的改善。荷兰专家并表示将继续申请荷兰政府资金进一步完善 CA6102 发动机的改装工作。

同年 4 月 22—29 日,荷兰 Vialle 公司专家来京为圣洁明技术公司培训 LPG 公交铰接车改装人员。期间开办了技术讲座,对改装技术进行系统培训。通过讲课和实地改装,为北京市培养出 36 名改装技术人员,建立了北京市第一个 LPG 汽车改装专业队伍。此外与市公交总公司合建的 LPG 加气站已在 345 路终点站昌平建成。

1999 年 1 月在中方代表团访荷期间,荷方对北京市治理大气污染的决心和作法表示支持,愿继续与北京市合作为北京市争取 2008 年奥运会做出贡献。双方就今后合作的项目及方式也初步进行了探讨,并商定均以书面的形式分别上报中国国家科技部和荷兰经济部,其主要内容有:

1. 荷兰 Vialle 公司与北京圣洁明有限责任公司燃气转换装置的合作生产;

2. 北内集团总公司技术中心与荷兰 TB 公司合作改造 F6L912Q 风冷柴油机为纯液化石油气发动机;

3. 北内集团总公司技术中心与荷兰 TB 公司合作改造 BF6L913C 风冷柴油机为纯压缩天然气(CNG)发动机;

4. 北京祥麟出租汽车公司与荷兰 AG 公司合作,把在用出租汽车改造为双燃料汽车及技术培训;

5. 荷兰 AUTOGAS 公司与北京市节能中心等就建立 LPG 加气站培训技术人员进行合作;

6. 荷兰 TNO 公路车辆研究所与中科院热能所合作开发柴油机双燃料公共汽车。

1999 年 4 月荷兰女王访华期间,荷兰经贸部与中国科技部签订了中荷科技合作协议。该协议明确荷兰将全力支持中国的清洁汽车计划,走可持续发展之路。现荷兰经贸部委托荷兰 TNO 作为中荷科技合作项目的管理者,中国科技部委托北京市科委作为该项目的中方组织实施部门。1999 年 5 月 6—13 日,荷兰 TNO 负责该项目的工程师来北京考察落实具体内容,在荷兰使馆和北京市科委专项办陪同下,考察了北京市交通客车厂、北京市公交总公司第三保修分公司、北京市汽车研究所试验中心以及加气站站址。5 月 14 日,荷兰使馆、荷兰 TNO 研究所就几天来的考察情况与中国科技部高新技术司石定环副司长和市科委专项办坦诚地交换了意见,大家对初步方案达成了共识。

1999 年 6 月 16 日,中荷两国在北京签署了“中华人民共和国科学技术部、北京市科学技术委员会和荷兰王国经济事务部、荷兰应用科学研究院(TNO)道路车辆研究所关于车用 LPG.CNG 谅解备忘录的附录”。该谅解备忘录附录主要内容:荷方向中方赠送 80 套出租汽车 LPG 改装件,10 套公交车 LPG 改装件,三个 LPG 加气站主要设备,并对政府主管部门官员进行加气站运行、安全标准,车辆排放的环保法规培训。合作金额 280 万荷兰盾。

按附录要求,中方提供的符合附录要求的四辆新型电喷测试车(其中捷达、桑塔纳、富康、夏利各一辆)于 1999 年 7 月运抵荷兰,荷方有关单位即对车辆开始了改装及测试。2000 年 3

月24日，政府主管部门的培训代表团一行六人出访荷兰，接受车辆排放环保法规安全标准等方面的培训。通过培训和考察认识到，荷兰政府对环境保护工作非常重视，有着一套完整的强制性执行法规。在LPG汽车的技术研究和加气站设备水平具有世界最先进的成熟技术和完整的技术保障系统。我国在这方面起步较晚，这次培训对我国今后在这一领域的发展及规范起到了极大的推动作用。

2000年5月，荷兰TNO向北京市科委提交了对中方提供的四辆测试车的排放测试报告。北京市科委邀请国内有关专家、有关管理部门及四家汽车主机厂的技术负责人，对荷兰TNO提供排放测试数据进行确认，结果四种车型的排放全部达到欧洲二号标准。

2000年11月8日，中荷科技合作LPG示范工程的第一座加气站——草桥站，在北京市科委范伯元主任主持下举行了剪彩开通仪式。徐冠华副部长、易伯玛部长和林文漪副市长讲了话；易伯玛、徐冠华两位部长、林文漪副市长和帕克先生为加气站剪彩；易伯玛、徐冠华两位部长分别为科技示范车加气。同时，中荷合作改装的80套第四代LPG出租车也开始陆续上路运行，并对车队进行为期一年的技术跟踪。LPG闭环多点喷射技术(SGI)是目前世界上LPG领域的先进技术，也是北京市目前将要大力推广用于出租汽车的首选技术。

2001年4月20日，中荷双方就改装车有关技术问题与服务、技术跟踪与排放试验，以及项目的正式结束等问题达成备忘录。

2001年11月26日，伴随着荷兰王国副首相尤里茨玛女士与国家科技部徐冠华部长在北京签署了中荷两国关于车用LPG科技合作项目的正式结束文件，这项致力于发展中荷两国政府和人民之间的友谊，促进两国企业界在汽车环保技术领域交流的国际合作项目，终于画上了圆满的句号。

在项目实施过程中，双方各项目参与单位积极配合、勤奋工作，先后完成了国产捷达、桑塔纳、富康、夏利四种样车在荷兰的研发与测试，以及利用荷方所赠设备在北京市对出租车与公共汽车进行改装、检测试验等工作。三座LPG科技示范加气站也陆续建成开业。通过对所改装出租汽车进行排放与性能的检测试验，结果表明荷兰公司提供的LPG系统具有较好的工艺性，技术上具有一定的先进性，排放和动力性试验结果达到了预期的效果。而采用荷兰掺烧技术系统改装的公共汽车，其排放检测数据显示荷兰公司的系统产品对车辆自由烟度的降低起到了一定的作用。

中荷车用LPG科技合作项目的实施，对推动我国代用燃料汽车技术的尽快发展起到了极大的促进作用，为我们学习、借鉴国外先进的、成熟的管理经验以及排放法规与安全标准，积极稳妥地发展燃气汽车事业进行了有益的探索。更为进一步加强中荷两国人民之间的友好往来，推动两国科技界、企业界之间的交流与合作打下了坚实的基础。

(信息技术处)

加快建设北方微电子设计产业化基地

自《国务院关于鼓励软件产业和集成电路产业发展的若干政策》贯彻实施以来，我国集成电路产业进入了蓬勃发展的新阶段。围绕“首都二四八重大科技创新工程”的实施，市科委通过整合北京地区微电子技术和生产制造资源，充分发挥清华大学、北京大学、中科院等单位在微电子方面的优势和作用，以集成电路设计为龙头，制造、封装、测试各业协调发展。2001 年在微电子领域着重组织实施“国家集成电路设计北京产业化基地”建设方案，加强清华中星集成电路设计研发中心的建设和北京微电子设计企业孵化器的建设。目前，北京北方微电子产业基地建设在积极进行。北京微电子研发基地项目也正在组织中。国家集成电路设计北京产业化基地的建设，作为突破口和龙头，必将推动北京微电子产业走向创新和自主发展的新时期。

一、组织并通过“国家集成电路设计北京产业化基地”建设方案

为贯彻落实国务院《鼓励软件产业和集成电路产业发展的若干政策》的精神，北京市政府于 2000 年开始实施北京北方微电子产业基地的规划工作，其中将发展集成电路设计业作为基地建设的重中之重，同时为实现与国家“863”计划的有机结合。市科委在广泛听取集成电路设计领域包括中央在京单位在内各有关单位和部门意见的基础上，编制了《国家集成电路设计北京产业化基地建设方案》。

国家集成电路设计北京产业化基地建设的总体目标是：用 10 年左右的时间，将北京集成电路设计产业化基地建设成为：全国规模最大的集成电路设计产业基地、北京及其周边地区集成电路设计业的技术创新中心、中国进入国际集成电路设计领域的基地。基地建设分两期工程进行：一期工程主要由政府支持完成“一站两团四库六中心”的启动建设；二期工程通过组建北京集成电路创业发展公司，逐步实现基地的企业化经营。两期工程总投资约 1.5 亿元。

2001 年 6 月，市科委、市经委共同将《国家集成电路设计北京产业化基地建设方案》上报科技部。

2001 年 7 月 13 日，科技部组织专家对《国家集成电路设计产业化北京基地建设方案》进行了论证。出席论证会的有中科院吴德馨院士和工程院许居衍院士及国家“863”计划等各方面专家。专家组经认真讨论，一致认为北京市提出的《国家集成电路设计北京产业化基地建设方案》具有良好的可操作性，可报中国科学技术部审批。目前该建设方案已获科技部批准并组织实施。

二、加强清华中星集成电路设计研发中心

清华中星集成电路设计研发中心定位于设计有自主版权的 IP 库，确立自己的发展方向和战略。①可以充分利用清华大学和中星公司的技术实力，推出高水平的 IP 库模块，为集成电路设计打下坚实基础；②可以进行滚动发展，以 IP 库为基础，根据市场发展需要，快速设计出不同类型的系统芯片(SoC)，进入市场；③从目前国际上 SoC 发展看，有许多公司包括一些大的集成电路公司，大多通过这样的方式实现集成电路的快速发展；④可以充分利用国外现有的资源，如各种 CPU 模块、存储模块等的许可证加快北京和国内集成电路发展。

清华中星集成电路设计研发中心成立一年来，取得了较大工作进展。主要包括：

(一) 加强基地建设

在中心成立之后，如何进行中心的发展。遇到的第一个问题，就是中心必须有自己的管理机构和管理方法，必须有自己的基地和设计环境，要在清华大学原有设计基地的基础上扩充必

要的硬件和软件,建设好基地。

2001 年 3 月清华大学支持中心建设,确定对于原先用于工艺加工的实验室进行改造,给研发中心实验基地创造条件,改造了 90 平方米的实验室,2001 年 8 月实验室改造成功。在市科委支持下进行硬件和软件建设,改造了数字 IC 测试验证系统 IMS XL-60,升级到 IMS XL-100,系统从 60MHz 工作频率提高到 100MHz。以 E5500Server 为中心、以数台工作站进行集成电路设计,建设成功集成电路设计平台。利用自筹资金 110 万元和 EDA 厂商捐赠(折合人民币 1 亿元以上)相结合进行 EDA 软件的扩充和建设。

经过半年多的建设,到 2001 年 9 月,研发中心第一期建设胜利完成,初步形成一个完善的设计环境,接纳设计人员进行设计。

(二) 边进行基地建设,边进行科学研究

2001 年合作双方确立《清华中星集成电路设计研发中心章程》,选举成立了理事会。中心管理委员会确定边建设基地、边进行中心的研究工作。

1. 为推进中心的科研工作,设立中心的研发基金。研发中心管理委员会于 2001 年 7 月制定《清华中星集成电路设计研发中心创新基金管理章程(试行)》。《管理章程》要求研究项目要有前瞻性,且能利用中心的基地条件,参加由研发中心或将来北京市的 MPW 工艺加工。

2. 研发中心现已组织和批准 4 个清华大学和中星公司的研发项目、1 个 MPW 项目和 1 个 DSP 设计项目的境外工艺加工项目,正在积极落实进度和各项支持工作。

3. 利用中心设计条件积极组织为社会多做贡献。目前已和国内相关单位签订设计项目 1 个,预计在 2002 年初,可以提供样片给应用单位使用。

4. 开展合作研究。目前已开展和境外相关单位的合作工作:吸引访问学者进行科研,新西兰奥克兰大学访问学者,利用中心 TCAD 软件进行器件模型的仿真设计研究工作。

5. 拓宽研究领域,设计一些国内数据安全急需的模块和芯片。

6. 中星微公司与微软公司在京签署合作备忘录,双方优势互补共同促进多媒体数码影像技术在国际和国内市场的大规模推广及应用。中星微公司研制成功中国首枚具有自主知识产权的百万门级超大规模专用芯片“星光一号”,现正产品化。并已为三星、联想等国内外一流 IT 厂商所应用。业界专家经过对“星光一号”检测,认为该芯片水平已经达到了国际先进水平。中星微公司产品中使用了自身研发的集影像采集、处理和压缩为一体的系统芯片技术,它给使用 Windows XP 的用户带来了高性能、轻巧和廉价的外延,为异地 PC 用户通讯和影像跟踪提供便利。

(三) 北京微电子设计企业孵化器

北京微电子设计企业孵化器是于 2000 年 11 月 15 日由国防科工委栾副主任和北京市林副市长在北京揭牌成立的,是委市科技合作的结晶,也是北方微电子产业基地的重要组成部分,同时还是为了落实“首都二四八重大创新工程”和首都创业孵化体系建设工作会议精神而成立的。

微电子产业作为国家“十五”规划的重点发展产业而受到各级政府部门的高度重视,北京微电子设计企业孵化器的成立也受到北京市科学技术委员会、国防科学技术工业委员会及航天科技集团的大力扶持与支持,并受到科技部的关注。主要进展包括以下几方面。

1. 大力加强孵化空间改造和孵化设施建设

已完成 4500 平方米孵化空间的改造。孵化空间综合布线改造工程已完工,计算机网络建设顺利进行。公司内部组织机构的前期调整已到位；内部管理制度及员工激励机制已制定。目前公司正在制定公司的股权激励的实施及管理方案。公司商务服务体系、创业培训服务体系、技术支撑服务体系、融资服务体系及服务收费标准体系，正在完善中，目前已制定了部分收费标准。

2．吸引入孵企业、落实开发项目

正在洽谈的入孵企业有15—17家，已入孵的企业有13家。其中3家为中外合资企业。

在北京市科委的支持下，为入孵企业落实开发研制项目12项。有些项目已进入开发阶段，其中京南孵化基地就集成电路测试系统专用芯片的研制项目已与入孵企业签订了技术服务协议。目前设计阶段已进入尾声。基地协助入孵企业办理工商注册、税务登记等手续6家，办理高新技术企业认证3家，正在办理集成电路企业认证和集成电路产品认证企业6家。

3．焦点重合、基础平台条件优越，引起各级政府部门及新闻媒体的高度重视

2001年3月15日，在"两会"期间《人民日报》(海外版)刊登了北京硅普芯片企业孵化器有限公司的介绍文章：《硅普——中国高水准的IC设计企业孵化基地——记北京微电子设计企业孵化器》。

4．强化委市科技合作，充分利用军工资源，促进委市科技合作成果的转化和推广

为了更好地激发京南地区航天院所的人才、技术和装备资源的能量释放，更好地用于地方区域经济的发展建设，进一步强化委市科技合作，经北京市人民政府批准而成立了京南航天科技园。目前京南航天科技园的建设已全面启动，今年5月14日，在京都信苑饭店举行了京南航天科技园暨首批五家国防科技孵化器的揭牌仪式。该项目是委市科技合作的又一成果。首批建设的五家国防科技专业孵化器之一的航天微电子技术孵化器就是在北京微电子设计企业孵化器的基础上成立的。该孵化器主要是依托北京微电子技术研究所的军工技术优势和先进的装备优势以及北京硅普芯片企业孵化器有限公司京南孵化基地和北京微电子设计企业孵化器运作的成功经验而成立的，并在"第四届中国北京高新技术产业国际周暨中国北京国际科技展览会"上首次亮相。

(信息技术处)

数字高清晰度电视产业化工程进入实验阶段

数字高清晰度电视将带动电视、微电子、电信、计算机软硬件、影视等行业的发展，从而有力地拉动电子信息及相关产业的发展。北京如能充分发挥自身优势，在国家数字高清晰度电视产业化过程中抓住机遇，必将带来巨大的经济效益与社会效益，促进首都经济的发展。2001年，在高清晰度电视领域，信息技术处围绕"首都二四八重大创新工程"的实施开展了多方面的工作。整合现有资源、准确选择切入点，重点突破制约产业发展的瓶颈问题。

北京数字高清晰度电视的总体发展目标是用2—3年的时间，进行高清晰度电视的开路和有线传输实验。2001年先进行数字HDTV地面广播实验项目，目前等待国家批准开路实验的频道。2002年实施数字电视有线传输技术的研究，同时完成拥有自主知识产权的高清晰度数字电视接收机显示器件与关键芯片的研制，形成高清晰度数字电视发射机、接收机整机及关

键配套件的生产能力,使高清晰度数字电视成为北京经济新的增长点。

(一) 实施北京数字高清晰度电视地面广播实验工程项目

为加快我国数字电视发展的进程,根据国家计委计高技[2001]409号文件《国家计委关于北京数字高清晰度电视地面广播试验工程项目可行性研究报告的批复》,北京正在建设数字高清晰度电视地面广播实验区。目的是使目前已开发的科研成果在实验区中系统成套,并通过开路广播的各类实验,发现和研究实际运行环境中数字电视信号发射、传输和接收整个系统中可能出现的各种技术问题,为我国数字电视制式和标准的制定,为数字电视相关产品性能参数的测试提供相应的手段,积累充分的测试实验数据。

该项目实施周期计划为1年,从2001年起信号发射地点定在中央电视塔。

2001年初,在试验经费到位的情况下,参加该项目各企事业单位的研发工作如期开展:首先北京电视台完成该项目前端试验室的建设工作。然后北广电子集团的全固态发射机在中央电视塔安装完毕;同时北京电视台前端实验室至中央电视塔的光纤链路建设完毕。

目前测试试验人员正在对各种技术方案进行内部测试试验工作。有关频道及开路广播时间等问题正在进一步协调之中。

(二) 搭建数字电视有线传输测试实验平台

在北京国际工程咨询公司搭建一个有线传输的测试实验平台,该方案包括HDTV、SDTV。既包括单向广播形式,也包括双向交互形式;既可进行视频业务,也可进行数据广播业务。除此之外,还涉及保安系统等。该测试实验平台将充分展示数字电视的整体效果,以及未来数字化智能社区的建设模式。

该平台还建立相应的测试和模拟环境,对设备的性能、运行情况、技术指标、传输方案等进行全面的测试和模拟,为数字电视后续开发及应用阶段的工作打下基础。今后,该实验平台可以扩建成HFC网数字化改造的设计、建设和系统集成的中心。

(三) 针对小区或宾馆,完成数字电视实际传输测试及示范工程

在数字电视有线传输测试实验平台的基础上,逐步启动小区或宾馆的实际传输实验及示范工程工作。在测试实验的基础上,应用于实际的用户群,将目前正在进行的北京数字HDTV地面广播电视开路试验与区域内的闭路数字电缆电视传输系统相结合,将试验、示范及实用相结合提出完整的方案。在实际运行中,发现系统的问题,发现数字电视各类处在开发阶段的软硬件产品的问题,为今后相关产品的技术改造和技术升级打下良好的技术基础。并可作为北京数字HDTV地面广播实验区有机的组成部分,起到全面的示范工程的作用。

该项目目前正在启动之中,主要包括两部分:育新小区、北京市会议中心。在育新小区的数字电视有线传输测试实验预计2002年2月前完成第一期。预计北京市会议中心的数字电视测试实验及示范工作2002年6月可完成一期建设。

(四) 数字高清晰度电视信道编码调制及校正

自合同签订以来,于2001年2月确定了技术方案和总体方案。

北广电子集团参加ATSC和DVB-T两种标准的数字电视信道编码调制器研制。

目前,8VSB调制器的进度为:在前期大量系统设计和试验的基础上,进行了样机结构件的设计和加工。到目前,已经完成样机的加工,正在进行整机联调,预计12月底完成样机调试。COFDM调制器的进度为:样机已经做完,11月中旬与发射机进行了联调,正在对所暴露的问题进行改进,年底前也可完成调试工作。计划在2002年1月对两种调制器进行正式的测试，并于2月鉴定。

（五）数字电视发射机

已于2001年4月已将1千瓦发射机装在中央广播电视发射塔。目前已将发射机调试完毕，并闭环联试成功，现处于待命状态。年底前将由广电总局组织对该机进行测试和鉴定。如果满足要求，则该机将作为测试设备参加国家HDTV标准测试组在2002年1月开始的对5种方案的开路测试。目前北广正在积极准备。

2千瓦全固态数字电视发射机从2000年6月开始先期准备工作。在主管副厂长主持下，召集有关部门和单位协调、落实计划进度。发射机的研制工作由技术中心全面负责，整个试制工作严格按照ISO9000的管理程序实施。

所有整体均已经生产组装完毕，并进入调试阶段。目前开始上机架进行整机调试，预计11月底出满功率，力争12月中旬完成项目鉴定。

（六）29英寸HDTV显示兼容彩电机芯电路的研制

CV2900系列多媒体彩色电视机是牡丹电子集团公司凭借自身雄厚的技术实力，最新推出的集多种高新数字技术和新功能于一体的29英寸全数字处理多媒体电视。该系列产品在画面质量、伴音质量和功能扩展方面都具有卓越表现和很高的性能价格比。该系列产品中最具代表性的是CV2980型HDTV显示兼容多媒体电视机。

该产品自1999年开始研制，至2000年底完成全部样机的设计和开发，并于2001年9月通过北京市科委组织的技术鉴定。鉴定委员会一致认为：该产品达到国内先进水平，是模拟电视向数字电视过渡的必备产品。该产品与同类产品相比，具有较好的性能价格比和很高的推广价值。其主要特点包括：100赫兹数码扫描，逐行扫描，数码自然、动感（DNM），3D（三维）图像降噪，偏转、扫描系统的数字化处理，音频数字处理特有的电脑显示器模式，支持高清晰度数字电视显示等。

（七）千兆多媒体接入设备的研究

中国科学院软件研究所承担了北京市科委的千兆多媒体接入设备的研究项目。

千兆多媒体接入设备的研究由千兆和百兆交换机软硬件，家庭网关软硬件，组播业务和视频服务器软件，网络管理与计费软件四部分组成。目前已完成1000M交换机的硬件的设计、制版和部分调试及驱动程序设计；视频服务器部分已完成卫星系统的接收和播放程序；以及网管和计费软件的需求分析和总体设计。

（信息技术处）

稳步的工作，长足的发展

——2001年的软件产业

2001年，北京市以国发18号文件和市政府4号文件为指针，积极营造“搞软件，在北京；买软件，到北京”的发展环境，采取了一系列有效的措施，推动北京软件产业实现快速发展。

2001年北京软件产业的主要工作以及取得的成绩主要体现在以下10个方面：

（一）产业规模保持强劲增长

2001年，北京软件及相关服务业实现销售收入249亿元，比上年增长31%。其中软件产品实现销售收入72亿元，比上年增长33.3%；软件服务实现销售收入177亿元，比上年增长30%。

另据海关统计，2001年北京市软件出口收入约为6900万美元，比上年增长47%左右。

（二）加强“双软认定”，企业数量和产品数量激增

2001年共组织了9批软件企业认定和软件产品登记工作，新认定软件企业407家，比上年增长62%；截止到2001年底，北京市经认定的软件企业总数达到723家，比上年底增长86%，占全国经认定的软件企业总数2510家的29%。

2001年新登记软件产品1243个，比上年增长72%；截止到2001年底，北京市经认定的软件产品数累计达到2418个，比上年底增长106%，占全国登记软件产品总数5864个的41%。

（三）全面贯彻落实产业政策，发展环境持续向好

市政府高度重视国家软件产业政策的落实工作，通过由主管副市长牵头组织的软件产业协调会议，及时协调解决政策执行中出现的新问题。各政府相关部门提高工作效率，简化审批手续，为软件企业提供了快捷的服务。

2001年北京市软件产品增值税退税近9亿元，享受退税的企业2040户次，受惠产品3824个次。

市政府对软件企业高级人才实施专项奖励政策，共有55家软件企业的598人获得专项奖励，累计奖励金额1400余万元。

在知识产权保护方面，除了继续加大力度打击非法出版物外，开展了清查整治计算机厂商侵权预装盗版软件、部分重点行业（工程设计、广告）使用盗版软件的专项活动。市政府投入120万元，面向全市大、中、小学生开展了“拒绝盗版”教育。

（四）完善软件产业基地建设，产业发展空间进一步扩大

2001年，中关村软件园、昌平中软软件园、北工大软件园等三个软件园区的建设均取得积极进展。中软软件园一期工程已经完工2万平方米，中关村软件园孵化器和公共技术支撑体系大楼完成3万平方米，北工大软件园已经开园，首批签约项目33个。

2001年5月，北京“863”软件专业孵化器得到国家批准，以企业投资为主，设立孵化投资资金4200万元，孵化面积3400平方米，孵化服务中小企业16家。信息产业部六所利用现有房产资源建设了六所学园软件专业孵化器，孵化面积3000平方米，在孵企业8家。2001年12月初，中关村软件园孵化器正式成立。加上2000年设立的硅普集成电路设计孵化器，目前全市共有4家软件专业孵化器，初步形成集“技术、资本、市场与物业管理”多位一体的专业孵化服务体系。

（五）五大领域发展迅速，骨干企业队伍壮大

中国经济的迅速发展，有力地推动了北京软件产业重点领域的发展。北京在电子政务、企业信息化、以Linux为代表的基础软件、信息安全软件和软件服务业等五个领域增长最为迅速，由此催生了一批骨干企业。

2001年又有金山、汉王、和利时公司、中科大洋、四方继保公司等5家企业达到国家火炬软件产业基地骨干企业标准，目前拥有骨干企业20家。中科红旗、大用、凯思、东方通、人大金仓、天融信、青鸟、金山等企业得到了政府有关专项基金、软件创新创业资金和社会风险投资的

大力支持，金额累计上亿元。

2001年经认定和通过年审的软件企业中，年销售收入超过1000万元的企业有107家，比去年增加53家，其中年销售收入过亿元的有11家，比去年多5家。

（六）启动多层次的教育培训，软件人才培养体系逐步完善

2001年，北京市积极构建高级人才培训、中层开发骨干培训以及软件技术工人培训等三个层次的软件人才培养体系。在国家有关部委的支持下，北京大学、清华大学、北京航空航天大学、北京邮电大学、北京工业大学、北京理工大学等6所大家被列为教育部兴办软件学院的试点。北工大软工学院已招收信息安全、软件工程等专业的60名工程硕士，北航安博软件学院启动了软件学院师资培养计划。

市政府规划培训软件技术工人的试点工作顺利开展，连邦软件培训基地和一轻、机械等两个技校已经开始招收软件蓝领学生，首批招收500人。

（七）组建软件出口联盟，企业国际化能力得以提升

市政府将提升企业进军国际市场的资质作为突破口，设立专项资金700万元，组织开展CMM培训、辅导和咨询服务工作，并对培养国内评估师给予资金支持。2001年这项工作取得突破性进展。预计到今年上半年，北京将培养出第一批中国CMM主任评估师。

截至2001年底，清华鼎新、联想、用友、亿阳信通、北佳、东方通等10家软件企业通过了CMM二级评估，联想软件于2002年1月通过了CMM三级评估。

按照“政府扶植，企业主导，以大带小，内外结盟，系列发展”的思路，选择有基础、有条件的大型企业为龙头，组建出口联盟。年内组建了以中软为核心，9家企业加盟的“北京软件出口联盟——中软系列”，今年年初在美国市场进行了推介，取得了初步成功。

（八）实施政府采购政策，产业导向作用初步显现

2001年，北京市政府积极贯彻国务院关于政府部门要带头使用正版软件的指示精神，对市政府部门使用软件的情况进行了详细调查，对国内一些软件产品进行了测试，并于年底遵循“公开、公平、公正”的原则，通过招标方式，采购桌面操作系统、办公软件和杀毒软件共计27000余套，7家国内企业中标。

本次政府软件采购是中国政府在加入WTO后首次进行的大规模的软件产品采购行为，表明了市政府率先实现正版化及下大力完善软件发展环境的决心，在国内外软件产业界引起了强烈反响。

（九）拓宽融资渠道，促进软件企业与资本市场的融合

2001年5月用友软件成功上市，成为我国实行股票发行核准制以来的第一家上市公司，为北京软件企业开辟融资渠道提供了新的思路。中软、金山等其他一批软件企业也已经进入股票发行上市辅导程序。这些软件骨干企业的上市，将借助资本市场，形成良好的大企业成长机制。

（十）推动企业联合，与跨国公司的合作取得突破性进展

目前，MICROSOFT、IBM、CA、SUN、BEA等国际软件公司已来京建立研发和生产机构，ORACLE也初步决定在京设立研发中心。国内大型软件企业东软、亿阳、浪潮、中创等也决定在京建立研发生产和商务基地。

2001年北京软件企业与国外跨国公司的合作也取得新的突破。用友软件与瑞典艾福斯公司、中软与CA以及中关村科技、四通与微软公司的合资，表明北京软件产业越来越多地得到国际软件产业的实质性参与。

回顾北京软件产业2001年的主要工作，我们深感在激烈的市场竞争环境中工作的艰辛和发展的艰难。我们应巩固成果，加速下一年的发展。

（信息技术处）

推进农业科技革命，促进农业产业结构战略性调整

2001年是新世界的第一年，也是“十五”计划的第一年。北京市农村科技工作以加快首都农业科技创新体系建设，推进新的农业科技革命，促进农业产业结构战略性调整和富裕农民为目标，以实施“绿色食品与良种工程”为重点全面展开。

（一）加强了农业科技创新基地建设

根据“首都二四八重大创新工程”的部署和“十五农业科技发展规划”的任务目标，2001年农业科技创新体系建设在完善已有的10个农业科技创新基地的基础上又支持建立了两个农业高技术实验室：北方果树核心种质资源中心的建立使北京市果树种质资源基础及科研开发能力达到全国领先水平，果树储备资源达到1100份，年产优良果树苗木达到400万株；畜禽生物制品研究中心的建立，使在全国具有领先优势的畜禽生物制品尤其是疫苗的生产能力实现翻番，达到年产疫苗17亿余份，开发能力进一步加强。上述两个项目共投入资金1000万元，其中2001年拨款400万元。与此同时，还支持建立了两个市级农业工程技术研究中心，即北京市农业信息工程技术中心及北京市工厂化农业设施工程技术研究中心，使北京在农业信息技术及农业设施工程技术方面的开发与产业化能力全面提高，其中农业设施工程技术中心2001年产值已突破6000万元。目前上述两个中心已分别承担了一批“十五”国家科技攻关项目，现正在积极争取成为“十五”国家农业工程技术研究中心，其中国家农业信息工程技术中心的可行性论证将于近期召开。

（二）全面实施绿色食品与良种工程

2001年绿色食品及良种工程实施的重点是在蔬菜、鲜果及畜禽产品等方面开展技术攻关，建立北京市绿色食品生产技术体系；制定北京市绿色食品生产标准，研究开发绿色食品快速检测技术，逐步规范流通体系和建立绿色食品检测体系；建立了面积达5万亩的不同类型绿色食品生产示范基地，认定并注册了一批绿色食品商标；同时选育和推广了一批农作物新品种，如玉米良种、林果苗木、优良种猪等，建立了25万亩农作物制种基地，促进了农作物良种产业化进程。

（三）“九五”农业科技攻关取得显著成效，“十五”农业科技攻关进一步加强

“九五”期间部署的重点农业科技攻关项目已于2001年上半年相继完成并取得显著成效。例如，工厂化农业示范工程的系列成果已在全市及全国部分地区得到推广，初步形成了蔬菜种子种苗及现代温室设施两大科技产业，推动了首都现代农业的发展；以小麦、玉米为主的农业生产专家系统在以推广到全国16个省市的基础上，今年又加强了对西部地区的技术支持，相继与四川、重庆、新疆、内蒙古等西部省区市签订了技术合作协议，同时在北京地区开发推广农务通产品250余套；杂交小麦研究开发取得突破性进展，利用生物技术手段对杂交小麦主要控

制基因进行了标定,获得了12份高产优质杂交小麦新组合,开展了杂交小麦高产制种技术研究与示范,为杂交小麦产业化开发奠定了基础;开发了禽用马立克病冷冻疫苗,使科研单位自主开发并获得国家新兽药证书的疫苗数量达到7个。到“九五”末年,全市农业科技贡献率已达到54.7%,高出全国平均水平13个百分点,居国内领先水平。同时2001年又启动部署了一批重大农业科技攻关项目,包括转基因作物开发、农业节水示范工程、防沙治沙示范工程、精准农业示范工程等,这些项目的实施和完成将进一步提高首都农业的生产水平。

(四)支持农业科技示范园区建设,促进农业科技成果转化

在以往支持农业科技园区建设的基础上,继续加强对农业园区的支持,2001年又相继对小汤山现代农业园区、顺义“三高”农业科技园区、平谷高效农业园区、华山大桃示范基地、朝阳生态农业示范园区等一批农业示范基地给予了支持,使市科委支持的农业科技园区总数达到25家,其中昌平小汤山现代农业园区被科技部批准为首批国家级农业科技园区并给以支持。农业科技园区已促进农业产业结构调整并成为首都观光农业的示范窗口。

(五)实施农业信息化工程

以开发推广5个主要经济作物专家系统、建立并开通100个郊区远程培训基地、建立农业科技信息服务及管理系统、开发区域性农业信息系统为目标,全面实施农业信息化工程,扩大科教信息网的覆盖面。同时计划用两到三年的时间在北京市乡镇推广普及农业远程教育,建立300个农业远程教育培训基地,提高广大农民科技文化素质,带动农民致富。该项工程得到了科技部的大力支持,今年11月科技部将浙江和北京确定为全国农业信息化试点省市。

(六)积极争取科技部对本市农村科技工作的支持

2001年是“十五”计划的第一年,国家科技攻关计划、“863”计划以及星火计划都做了明确部署,加强了对农业科技的投入力度。我们积极组织科研单位和科技型企业投标申报课题,截至目前已经申报各类计划课题30余项,年底前可望落实资金近2000万元。同时,国家为了加快农业科技成果的转化,推动科技与经济的结合,2001年设立了总量为4亿元的农业科技成果转化资金。为此我们专门向区县科委及农口局总公司作了部署,积极组织申报工作。经过对项目的形式审查和筛选,共上报科技部130项成果转化项目。

(七)加强了农村科技的宣传工作

为进一步加强农业科技宣传工作,2001年7月份组织召开了农业宣传工作会议,建立农业科技宣传信息网络;分别在《北京科技报》、《京郊日报》、《首都科技》及《科技潮》等报刊上开设专刊,宣传报道农业科技成果、科技动态,以及农业科技先进工作者的先进事迹;编辑出版了35名首都农业科技先进工作者事迹的丛书、农业科技成果汇编等,扩大了农业科技工作的影响面。

(八)加强了对区县科技工作的指导与支持

为加强市科委对区县工作的指导与支持,提高科技工作的影响力,2001年我们重点开展以下工作:①帮助部分区县制定科技发展规划;②组织市区科技工作对接活动;③组织国内外科技考察;④建立区县科委办公自动化系统,加强自身建设。

2002年农村处工作思路及重点:①继续完善农业科技创新体系建设,支持建立农业生物防治工程中心、新型肥料开发中心及顺义、房山两个孵化器;构建适应市场与农业结构调整形势下的农业科技推广服务体系;创建北京农业技术产品交易市场。②加快实施绿色食品与良种工程,主要内容是:开展主要蔬菜安全生产技术研究,开发适应绿色食品要求的新型肥料与新型农药;开发速测技术与设备,建立绿色食品安全检测体系;建立延庆2万亩出口蔬菜及顺义 3000 亩蔬菜加工示范基地。③启动蔬菜良种、草食性动物胚胎及优良种猪三大科技产业项目。④实施农业信息化工程及农民素质培训工程。⑤抓好以小汤山为代表的农业科技园区建设。⑥积极争取科技部在中小企业发展资金、科技成果转化资金及农业科技项目资金等方面的支持。⑦加强农业科技国际合作与交流，通过引进品种、引进技术、引进人才、引进资金及项目招商等多种形式促进农村经济发展。

（农村处）

推进科技进步，增加农民收入

加快北京市农业科技进步，提高京郊农民整体素质，以科技增加农民收入，一直是北京市科委农村工作中的重点内容之一。当前，随着中国的入世，北京农业面临着历史的机遇和严峻的挑战，为了实现不断提高北京市农业科技含量，以科技带动农业产业升级的总体目标，北京市科委主要从加大农业科技投入，促进京郊农业结构调整和农民增收，以及广泛开展农民科技素质培训，提高从业者科技意识和经营管理水平两大方面开展工作。具体从以下几个方面落实实施。

（一）持续增加农业科技投入，构建首都农业科技创新体系

2001 年北京市、县两级科委的农业科技投入已近 1 亿元，农业科普经费总额 760 万元，并且每年还将以 20% 的比例增加。同时在完善已建立的农业科技创新基地的基础上，2001 年又支持建立了北方果树核心种质资源中心和畜禽生物制品研究中心。计划于 2001 年组建北京市新型肥料研究发展中心和生物防治技术工程研究中心。这些中心本着“研究一批、储备一批、开发一批、推广一批”的原则，在不断提高首都农业科技含量的同时，将科技成果迅速推广应用于农业生产第一线。在此基础上，鼓励引导、鼓励科研单位进行机制转变，促使农业科技人员走出实验室，投入实践中。

（二）建立农业高科技示范园区，引导区域优势产业发展，富裕农民

“九五”以来，北京市共建立 25 个农业高科技示范园区，涉及蔬菜生产、果树种植、畜禽养殖和水产开发等行业。各园区结合当地资源和区域优势，大力发展特色产业，在示范、推广优良新品种和高效种养技术的基础上，发挥龙头企业作用，带动农民致富。例如在平谷县，根据当地果树产业优势，大力发展大桃生产。据此，在大华山镇建立了“北京平谷桃优良品种示范基地”和“北京平谷优质桃试验示范基地”两个示范园区（市科委累计投入科技经费近 300 万元），示范区先后引进、推广优良桃品种 130 个，并通过现场培训等形式给农民传授先进的桃树栽培技术，同时通过各种形式组织开拓市场，为全县乃至北京市大桃产业的进一步发展起到了积极的示范引导作用。

（三）通过各种形式开展农民培训，提高农民素质和科技意识，培养现代农业生产者和经营者

近几年来，在 14 个郊区县建立 20 个标准化星火培训基地，其中市级 6 个，国家级 4 个，它们分别对农业生产者、农业技术员和农业企业管理人员进行多层次的培训，每年培训各种农业人才 12000 余人。同时利用现代信息技术，通过构建远程教育平台和网络，提高农民培训的效率和质量,从2001年起,预计用3年的时间,在京郊14个区县建设300个远程教育站点(现已建成100个)。这些站点的建成将极大地提高我市农民教育和培训工作的整体水平。

(四)开展科技致富工程,繁荣山区经济,富裕一方农民

自1986年以来,北京市科委累计投入专项科技资金1442万元,先后在7个山区县的49个边远乡镇组织实施科技项目348项,项目覆盖了全部贫困乡镇。科技致富工程自实施以来,共推广实用新技术991项,引进新品种187个,引进各类人才1281余人,建立了乡村两级农民科技培训学校(基地)36个,培训科技人员16.3万人,使边远山区农民的人均收入水平从1986年的455.9元增加到了2000年的3208元。同时,还培养出一批懂科技、用科技、重视科技的致富带头人。如平谷县熊尔寨乡熊尔寨村种桃大王刘玉忠和镇罗营乡桃园村果品销售状元刘淑环,他们在科技致富的同时,还带动周围农户走上了共同富裕的道路。

(农村处)

加强科技创新,发展北京市果品产业

北京市的果品业经过20多年的改革开放,发生了翻天覆地的变化,从根本上扭转了长期以来供给不足的状况,在满足人们对果品需求,促进经济发展和提高农民收入等方面均取得了巨大成就。北京市果树面积已经达到12.3万公顷,2001年果品总产量达到6.4亿千克,总收入达到13亿元。果品业已成为北京市农村经济发展和农民致富的重要领域。

我国已成为WTO正式成员,对北京的果品业而言,既是机遇,又面临严峻的挑战。所谓机遇,是果品生产系劳动密集型产业,即使在发达国家,生产成本中人工劳动的比重也很高,所以我们的果品在生产成本和价格上都具有比较优势。所谓挑战,是我国的发展受到资源结构和体制等一系列不利条件的制约。随着经济发展水平的不断提高,世界果品市场的竞争日益从以往的价格竞争为主,转变为全方位的竞争,即在价格、质量、信誉三个方面的竞争。对生产者而言,质量竞争尤为严峻。提高质量竞争力,就是要加快科技成果的运用,改善果树栽培方式,加强生产的组织化程度和产业化程度。

科技成果的运用是北京果品业快速发展和应对入世的主要手段。在科技成果中,技术创新又是科技推广工作的关键环节。果树技术创新,是指按照市场的需求用新的思维方式,采用先进的栽培技术,生产出最适合市场需求的产品,并获得最好的经济效益。技术创新不同于技术发明之处,在于它本身就是经济增长过程中的一个有机组成部分。评价技术创新成功与否的惟一标准就是市场效果。江泽民同志指出:“创新是一个民族的灵魂,是一个国家兴旺发达的不竭动力”。可见果树技术创新是北京果品产业快速发展和应对入世的关键环节。

近些年来,北京市在果品产业的发展中取得了许多技术创新成果。例如,顺义区新世纪梨的栽培,大兴区丰水梨的栽培,平谷县大桃的“1553”工程,昌平优质富士苹果的栽培等等。这些技术创新成果的取得,带动了北京果品产业的迅速发展,获得了巨大的经济效益。但是北京市的果品产业中还有许多不足,如柿子、板栗、核桃以及北京特有的名优果品京白梨、杏等,多年来发展缓慢,其主要原因在于技术创新不足。

为了进一步加快北京市果品产业的发展,更好地服务首都,富裕农民,迎接WTO的机遇和挑战，北京市的农业科技工作者和生产者将继续高举“科技兴果”的旗帜，耕耘不息。

（农村处）

北京市社会发展科技工作取得新进展

一年来，社会发展科技工作按照“十五”计划的发展目标，围绕使北京达到“天蓝、地绿、水清、路畅、民安、人和”的工作方针，在“首都二四八重大创新工程”项目、社会发展领域科技工作和可持续发展实验区、科普工作等方面，取得了新的进展。

一、“首都二四八重大创新工程”社会发展项目

（一）首都水资源可持续利用工程

1. 中德合作的“北京城区雨洪控制与利用技术研究与示范”课题，正在对有关气象水文台站的降水量、蒸发量、雨洪径流的可利用性、干旱期和连续降雨期、降雨量大小分布进行分析研究，三个示范工程正在和德方专家共同执行之中。雨水控制收集和处理技术、暴雨分析技术和地下水模拟技术，已取得阶段成果。

2. 官厅水库流域水质改善总体技术方案研究，已取得水库流域水质监测整理分析数据和底泥分析结果，开展了上游51个点污染源和16个重点排污口、3个生活排污口和6个河道监测断面进行监测调查结果，在桑干河、洋河、妫水河和永定河官厅山峡确定了4个面源污染监测小区并确定了官厅上游三个面源污染类型为农田面源污染、林草面源污染和农果面源污染。完成了官厅流域永定河有机污染评价分析报告，正在编制官厅水库流域有关法律法规及管理措施方面的文件和水库周边地区生态系统规划大纲，正在调试与确定河道水质数学模型和面污染负荷预测模型。下一步要开展水质水量联合调度方案研究，初步完成总体技术方案研究，为下一步官厅水库水质改善的治理提出技术方向和目标。

3.《北京市水体环境水质自动监测评价系统开发与示范研究》已完成，该系统可以监测北京市的各类水体，反映其变化，分析其规律，预测其趋势。

（二）保护臭氧层工程

已经摸清了北京市消耗臭氧层物质(ODS)的使用行业、企业以及总量13104个，总的ODS消耗量为(1995—1997年平均量)为1128.3t/N，全市重点有15家生产含有ODS设备或产品的企业，约用ODS250t。目前有8家已完成或正在进行替代工作，替代完成后将削减制冷设备用ODS消费量的95.2%。生产过程中直接消耗ODS的重点生产企业共69家、发泡行业16家、清洗(仅电子行业)52家、烟草1家，约用ODS520t，其中发泡行业已有30%实施了替代，清洗行业分散在电子仪器仪表、服装干洗多个领域，基本上未完成替代。其他分散在各区县的一些小型企业当中，下一步要编制ODS行业和18个区县地域淘汰计划，编写政策支持系统，开展在用ODS制冷剂回收再利用示范工程研究，并申请多边基金支持，争取在2003年底前完成消耗臭氧层物质的提前替代。

一种不用CFC制冷剂的“高效半导体电子制冷箱的研制开发”项目已完成，产品已进行小批量生产，并投放市场。

2001年，安排一项超细水雾灭火器的科研攻关以替代哈龙灭火器，研究目标是新型灭火器的灭火效果不低于卤代烷，经济性优于烟咳烬、二氧化碳、卤代烷、FM200等。

（三）能源结构调整工程

完成了《北京市能源结构调整不同技术方案分析》的课题，从技术进步和技术经济性的角度对北京市能源结构的现状、调整的指导思想、目标、原则、调整的措施进行分析研究，提出了调整不合理能源结构、清洁燃烧、提高能源利用效率的核心原则，实施依靠技术进步进行替代、治理、调整产业结构和制定相关能源政策并举的四大措施，采取三步走的战略，基本完成能源结构调整的战略任务，最终实现经济效益和环保双赢的目标。这份调研报告已经刘淇市长、孟学农副市长、刘海燕副市长，林文漪副市长二次听取汇报并得到充分肯定。孟副市长说："首先对科委的这项工作给予充分的肯定，科委做了一件非常有意义的事，希望做进一步修改补充，不要拘泥于原来的规划方案，准备再请更高层领导听取汇报。"

此外，配合北京市能源结构调整，我们还安排了中高温水源热泵、冬天－18℃仍可使用的户式气源热泵的研发项目、地热能梯级利用、地热水弃水回灌、在燃油锅炉上改燃水煤浆的研究示范及其自控系统技术的提高、工业型煤、高效节能太阳能建筑及奥运光伏电池示范工程等研究项目，争取在2002年取得一定的研究成果。

与市教委共同在清华大学成立了促进能源效率、经济环境的3E能源实验室。

筹办了中美能源展览北京区的组织和布展工作，并成功地举办了清洁能源国际研讨会。

二、一批科研成果取得瞩目的进展

1. 直径3.63米加泥式土压平衡盾构机"京盾一号"，目前正在清河污水管施工现场掘进，成功完成掘进160米。这是北京市第一次用自制盾构机施工这样的长度，表明我们自己研制的盾构机已取得成功，它为城市基础设施的建设提供了重大技术装备。

2. 日处理生活垃圾300吨的成套装置已经通过中国工程院院士倪维斗教授主持的技术鉴定，技术水平达到国内先进水平。排放指标完全符合国家标准。这是目前国内最大的单台日处理150吨循环流化床垃圾焚烧炉。科技部有关领导视察后也表示赞赏。它为北京市垃圾处理提供了技术支持。

3. 电子束半干法脱硫脱硝技术关键技术研究已取得阶段成果。在此基础上，国家科技部正在把它建成电子束脱硫脱硝的工程技术研究中心。

4. 银行金库远程电视监控报警管理系统的研制成功，为银行建立起以人为本的人防、物防、技防三位一体的系统提供的技术装备。这项成果已在北京26个金库安装使用，并在海口、韶关、长春、通化等十多个地方安装应用。戴相龙在人民银行金融服务工作会议上的报告中提出要"加大资金投入，有计划有组织地推进发行库区封闭式安全管理和远程电视监控报警管理工作，提高发行库安全管理水平，坚决遏制内盗案件的上升势头。"这是继银行紧急报警系统后又一个重大科技成果，被央行列为防止金融作案、内盗和国家金融财产安全提供了技术保障手段。它一方面减轻了守库人员的劳动负荷，另一方面提高了守库工作的监督管理水平。

5. 北京市城市气象工程技术研究中心成立以来，开展了一系列的城市气象科研攻关，如沙尘天气的预报预警、雷电监测、预报及防护技术研究、高速公路的大气能见度监测和预报、华北地区干旱气候预测与服务的研究等取得进展并为城市气象服务做出了贡献。城市气象工程技术研究中心的成立，在全国带了一个好头，把气象科学首次与城市建设服务结合起来，得到了国家气象局的高度赞赏。目前，全国已经陆续建立了8个城市气象工程研究中心。由我们提出的城市规划、建设与气象条件和大气污染关系的课题得到有关专家的高度评价。目前进行的地基GPS遥感大气中水汽应用研究课题的研究也是走在全国前列的。由于是第一个成立且开展城市气象工程技术研究成绩突出的机构，所以，北京市气象科学研究所已被科技部列入气象口"重点"一院八所之中。

6. 被科技部列入智能交通(ITS)试点示范城市，组织准备工作被评为前三名。结合畅通工程，已经开始示范。

7. 被科技部列为清洁能源试点示范城市并获得100万元资金支持。

8. 体育科研的成果在九运会上得到检验，无论从金牌总数和总分均超过八运会的成绩。同时为争取科技部体育科研专项作了铺垫。

9. 安排了一批重大科研项目，其中有：昌平、延庆防沙治沙项目，北京市ITS改善城市交通的研究，地铁盾构的研制，为迎接九运会和奥运会建立北京竞技体育高科技实验室及相关科研机构，以及作为科技强警的防止计算机犯罪、犯罪现场重建等刑事技术侦察方面的科研项目。组织了科技奥运和奥运村的概念设计研究。

三、可持续发展试验区工作进展顺利

西城区在经过6年、怀柔县在经过4年的可持续发展能力建设及一批重点示范项目的陆续实施基础上，按照科技部的可持续发展实验区管理办法，正在努力成为首批国家级可持续发展示范区。丰台区王佐镇(原王佐乡)和大兴区留民营正在按照市级乡镇型可持续发展试验区模式作长远发展规划，优选科技引导示范项目，经有关专家评审后，在年底前可批准为市级可持续发展实验区。同时，正在组织海淀区四季青乡和平谷东鹿角村做经济社会可持续发展规划，促进地区可持续发展工作的深入开展，成为新一轮的市级可持续发展实验区。

(社会发展处)

建立监测系统，促进水资源可持续利用

一、北京市水体水质自动监测与评价系统

随着科学技术的进步和人们生活水平的提高，水资源管理的科学化、定量化、法制化的要求越来越高。因此，加强水环境监测方法及仪器设备的研究，不断促进水质监测工作的现代化和科学化，不断加快与国际接轨步伐，确保监测水平的先进性，才能更好地为水资源管理提供高效优质服务。北京市水体水质自动监测系统包括三大部分，第一部分由地表水、地下水水质自动监测系统组成；第二部分由水环境信息管理系统(包括水质综合数据库、分析评价、模型预测)组成；第三部分由信息发布系统组成。

（一）水质自动监测系统

通过多年的水质监测经验和水资源管理需要，并结合当地的实际情况，分别在永定河、潮白河、密云水库、官厅水库、城区河道等地规划设计了27个地表水自动监测站点，现在已建成7个。规划了36个地下水水质自动监测站点，已建成10个。

根据水源的主要用途和监测的主要任务，各监测站选择的监测项目包括水温、pH、电导率、氧化还原电位、溶解氧、浑浊度、COD、氨氮、硝酸盐氮、氯化物、氟化物、总磷。

自动水质监测系统，是由一个中心站、若干个分中心、监测站点和数据传输、数据处理几部分组成的。各监测站可根据设定独立工作，按要求自动采集水质参数和设备状态、自动记录并向中心站传输。根据各站的通信条件，对比选择合适的通信方式（如公众电话、GSM、卫星通信等），建立水质监测数据通信系统。

（二）水环境信息管理系统

水环境信息空间管理系统是以采集、化验分析的水质数据为基本的数据来源，以数据库技术、地理信息技术和网络技术为载体，通过建立北京市水质综合数据库，记录北京市各类水体、水环境监测数据，反映其变化，分析其规律，预测其趋势；其功能包括：分专题电子地图显示功能、数据编辑功能、数据查询功能、评价分析功能、统计报表功能、水质变化趋势分析功能。

（三）信息发布系统

发布系统以网络技术、数据库技术、WEB技术和GIS技术为框架，以《国家地面水环境质量评价标准》为核心，通过整合实现各个分系统的有机结合，与水环境应用的其他系统一道，建设北京市水环境监测、管理信息系统，共同为北京市水环境管理信息系统服务。

网络系统以数据应用为核心，支持电话或ISDN拨入服务的，覆盖全市站点水环境监测站的网络应用系统，与公用宽带网联网后，可实现为社会水环境信息服务的功能。

采用国家地面水环境质量标准，通过水环境空间管理信息系统中的水环境评价模块计算某测站、河段、湖泊、水库水质及营养化类别，并通过电子地图表现出来。

发布系统可以实现多种方式的录入与编辑功能、信息查询功能、数据分析功能。可以通过测站、河段查询监测数据、水环境类别；通过测站序列、河段序列查询单个信息单元及历史记录；通过时间序列查询所有某类信息单元（测站、河段）在此时间序列上的监测数据和评价结果。

二、永定河防洪减灾业务运行系统

本项目以ArcInfo GIS软件为开发平台，以地理空间信息为基础，融合了遥感、大型数据库和模型计算等技术，将永定河流域（官厅水库及库区至永定河北京市界范围内的两岸地区和洪水影响区）的洪水预报、洪水调度、洪水演进、灾情评估及避险转移与地理信息系统有机地结合起来，建立了“永定河防洪减灾业务运行系统”。其主要成果包括以下几个方面。

（一）水文信息管理子系统

对水文基础数据库、各种水利工程信息及各种专题图信息的调用查询，其中包括图形库、信息库、模型库的建设，实现空间信息与属性信息的连接。

（二）洪水预报调度及洪水演进

根据官厅水库以上流域实时雨水情或预报降水（人工模拟）做出官厅水库的洪水预报，再根据官厅水库洪水预报(或实时入库洪水)结果,结合官厅水库洪水调度方案、调度规程,做出官厅水库洪水调度,提出洪水调度意见。根据官厅山峡流域实时雨水情或预报降水,并考虑官厅水库调度后的放水,做出官厅山峡洪水预报;根据官厅山峡洪水预报(或实时洪水、历史洪水、人工模拟洪水)和永定河洪水调度方案、调度规程,做出永定河洪水调度结果,提出防洪抢险准备方案和卢沟桥防洪调度枢纽运用意见(含大宁水库),提出小清河分洪区是否启用的意见。根据官厅水库和官厅山峡的预报洪水或实际洪水,根据官厅水库为官厅山峡的错峰方案,提出官厅水库错峰的可能性和错峰方案,并对小清河分洪区及永定河河道演进计算淹没范围及水位达到高度。

(三)灾情评估子系统

运用调度结果及动态洪水演进模型,对淹没区内的村庄、人口、耕地、财产等经济损失情况进行评估。特别是对30年、50年、百年一遇的洪水淹没范围经济损失状况进行确定和评估。

(四)防洪抢险避险子系统

该子系统涉及防汛抢险物质优化配置、人员合理安排、最优路径选择、抢险避险方案优选等若干问题。根据流域地质地形条件和行洪情况,提前预警,确定居民转移路线及堵口物资的调度。

(五)三维浏览永定河流域

利用流域地形与影像图叠合,直观地反映永定河流域47000平方千米的地形地貌、水利工程、实时雨水情及气象等信息。使参加防汛的领导和工作人员直观地了解流域概况。

由于地理信息系统的特点,特别是处理空间信息的能力,可以看出,结合地理信息系统研究防洪供水的有关问题是今后防洪的一个发展方向。

通过联机查询,国内在利用地理信息做单项的洪水预报、洪水调度和灾情评估等已有介绍,但利用地理信息系统技术集整个流域的洪水预报、洪水调度、洪水演进、灾情评估、防洪抢险于一个系统还是首例。

三、城市污水水源热泵系统应用研究

水源热泵是以水作为热源的,可进行制冷/制热循环的一种热泵型整体式水—空气空调装置,它在制热时以水为热源而在制冷时以水为排热源。以水作为热源的优点是:水的质量热容大,传热性能好,传递一定热量所需的水量较少,换热器的尺寸可较小,所以在易于获得温度较为稳定大量水的地方,水是理想的热源。

水源热泵的污染物排放比空气源热泵减少40%以上,比电供暖减少70%以上。如果结合其他节能措施,节能减排效果会更明显。虽然也采用制冷剂,但比常规空调装置减少25%的充灌量。该装置的运行没有任何污染,可以建造在居民区内,没有燃烧,没有排烟,也没有废弃物,不需要堆放燃料废物的场地,且不用远距离输送热量。

水源热泵系统可供暖、空调,还可供生活热水,一机多用。一套系统可以替换原来的锅炉加空调的两套装置或系统,可应用于宾馆、商场、办公楼、学校等建筑,更适合于别墅住宅的采暖、空调。此外,机组使用寿命长,均在15年以上。

本项目在高碑店污水处理厂进行示范工程应用研究,高碑店污水处理厂的二沉池出水指标常年稳定在:BOD_5为7.8mg/L左右,SS为12.9mg/L左右,总氮40mg/L左右。夏季污水水温基本维持在22—25℃，冬季为13—16℃。

在二沉池周围设有出水井，井内流速达500立方米/小时，将水源热泵换热器置于其中，有利于水体能量的转换。热泵系统为二沉池附近的一个建筑面积为300平方米的小型建筑物提供冷暖服务。

因此，对于我们所面临的这些能源资源短缺、环境问题严重以及社会生产力急需提高的景况，我们必须在坚持可持续发展战略的基础上，寻求一条合理的解决方案。在本课题中，我们提出了利用水源热泵对污水厂二级处理出水低位热能进行回收利用的思想。根据前面的分析，热泵系统具有较大的工作性能系数，在运行中节能效果显著。而城市污水处理厂的污水量具有水量大、出水水温稳定、冬暖夏凉的特点。这样，通过本实验研究，将热泵系统应用于城市污水处理中，一方面可以节约能源，降低城市污水处理费用，另一方面又可以为我国能源结构的合理调整，实现可持续发展寻找一条有效途径。

四、水库大坝安全诊断系统

（一）概述

怀柔水库坐落于怀河山峡出口，怀柔县城西0.5千米处，1958年建成，控制流域面积525平方千米。怀柔水库防洪标准为百年设计，两千年校核。怀柔水库的总库容1.4亿立方米，属大Ⅱ型水库。其枢纽工程由一座塑性黏土斜墙主坝、四座均质副坝、两座溢洪道和隧洞、进水闸、输水闸、防洪闸各一座组成。大坝观测的参数变化直接关系到大坝的安全。为及时了解大坝的工作状况，做好工情预报，1997年9月至11月北京市水利自动化研究所和北京市京密引水管理处水库管理所合作完成了怀柔水库大坝安全诊断系统。

（二）系统功能及构成

怀柔水库大坝安全诊断系统的测压管水位自动化观测系统采用高稳定传感器和先进的计算机通讯技术，结合人工输入大坝沉降、位移、库区水位及库区降雨量等参数，使怀柔水库大坝安全诊断工作及资料存储、查询和输出等工作计算机化。

怀柔水库大坝安全诊断系统由中心站、采集终端站、传感器和通信电缆等构成。根据各测压管的位置及作用，本系统设5个采集终端站，每个采集终端可外接四只振弦式传感器。1号、2号、4号终端采集主坝三个坝段的坝体渗透压力，3号终端采集主坝乘压水层的乘压水头，5号终端采集主坝左坝头绕渗水位及大气压强。通信电缆传输测量信息，中心站接收测量数据并处理数据，同时控制网络的正常运行。

本系统安全运行之关键在于通信电缆和电源电缆的敷设，系统避雷防雷措施。通信电缆和电源电缆分别穿于地下0.6米平行布置的镀锌管道中，管道线路间隔0.3米，每50米设置通气穿线手井一座。每百米做一接地体。系统中心站、采集终端另设接地体。整个管线与每个测压管焊接相通以形成一个庞大的地下避雷网络。测试接地电阻均小于3欧姆，满足系统的要求。整个系统于1997年9月5日开工至11月20日完工，正式投入运行。

（三）系统运行情况分析及结论

试运行期间，整个系统经受了寒冬酷暑的考验，特别是1998年夏季雷电多，气候恶劣，系统数据、通信正常，未发生重大运行故障，且各传感器测量数据稳定，系统运行可靠。1998年试运行期间人工测量与自动采集数据共66次，通过对1122点次数据的比测，有1031点次的水位数据符合要求，合格率92%。

本系统的设计功能均已实现。在中心站的微机可以采用定时巡测或立即巡测两种工作方式通过串行口读取实测数据，建立原始数据库，生成各种统计表，人工操作计算机迅速、准确、直观地将观测数据点汇成各种图形展现于显示屏上，以便技术人员对大坝稳定进行分析。

通过试运行可以证说明，本系统具有较高的可靠性、实用性。尤其在刮风下雨、雷电交加的恶劣天气，人工观测不能及时反映坝体内部的渗透水位时更能充分显示本系统的优越性，为领导决策提供准确的数据，并积累了宝贵的资料，为大坝稳定分析及设计部门提供真实的第一手资料。

本系统对水库工程安全运行，合理调度运用，提高水库效益具有积极作用，使水库向现代化管理迈进一步，并于2000年11月获得北京市水利局科技进步二等奖。

（社会发展处）

采用科学手段，改善大气环境

一、北京市城区灾害性天气预警系统

“北京市城区灾害性天气预警系统”是气象的应用科研项目，适用于气象预报、预警和减灾服务，直接为北京市政府提供决策依据和为社会提供服务。

本项目依托北京市气象局现代化建设基础，以北京大都市对灾害性天气的防御、监测的重要需求出发，综合运用了自动气象站网、多普勒天气雷达、卫星遥感等先进的探测手段，实施区域监测和警报，率先运用非静力中尺度数值模式、雷达识别和卫星估测降水等先进预报技术和方法，对灾害性天气进行预报和预警。本课题依据北京市气象局的气象服务业务流程和体系，完成了灾害性天气实时监测预警和短时预报两大功能，形成了具有图形、文字、声音多媒体形式的预警系统。有关专家一致认为成果总体水平为国内领先，此项目的研究工作已跃上了一个新的台阶，尤其是中尺度自动站网和中尺度数值天气预报产品的业务应用属国际先进水平。

“北京市城区灾害性天气预警系统”主要由监测预警和预报预警两大部分组成。监测预警包括自动站网、雨量站网、危险天气预报网及雷达监测、卫星云图接收等。每一个监测子网相对独立、相互联系，最终可在局计算机网络和高性能的工作站支持下，完成探测资料传输、加工处理及图形图像显示，实现了对灾害性天气的实时监测、连续跟踪和警报，并为预报预警提供实时资料。预报预警部分包括中尺度数值预报、卫星定量降水、概念模式预报和雷达模式识别等预报子系统，各系统可独立工作，分别提供不同时效、不同预报对象的预报产品。

此科研项目的研制目的和结果，是能及时、准确、有效地监测到灾害性天气的出现，可引起和提醒预报员的注意，在一定程度上提高了短时预报准确率，以此为政府和社会各行各业提供准确预报服务，防止更大灾害发生，减少各种经济损失，其社会经济效益在北京这样的特大城市中是显而易见的；在增强首都防灾减灾功能和能力上具有巨大的作用；并成为国际化大都市综合防灾减灾系统的重要分支。本项目研究的综合性、研究思路和技术路线可为同行业推广和借鉴。本项目在试运行期间发挥了很好的作用,重要灾害性天气均未漏报。本项目作为市科委重点公关项目,在建国五十年大庆、香港回归等重大活动中,以及在政府和社会各行各业的活动中,都起到了十分重要的作用。

二、高速公路大气能见度监测、预报方法研究

高速公路大气能见度监测、预报方法研究是北京市科委支持的项目。课题的研究紧紧围绕北京地区的八达岭和首都机场两条高速公路展开,设立了三个子课题,分别进行高速公路水平大气能见度自动监测系统建设、高速公路大气能见度预报方法研究、高速公路大气能见度预报业务系统建设。

课题的主要研究内容:

1. 建立高速公路水平能见度水平监测系统;
2. 高速公路能见度预报方法研究;
3. 建立高速公路能见度预报业务系统;
4. 在高速公路适当位置建立能见度实时显示系统。

课题主要创新性研究成果:

1. 据气象部门的大气能见度分级和交通管理部门对高速公路的管理规定,将高速公路大气能见度的等级分为7类。其中1—3级为低能见度,4—6级为中能见度,7级为高能见度。

2. 据常规气象资料从能见度的区域分布、能见度的气候特征、气象要素与能见度的相关关系三个方面综合分析了大气能见度的影响因子,得到以下结论:

(1) 昌平和顺义的低能见度出现频率均小于北京地区平均低能见度的出现频率。

(2) 顺义地区公路春、夏季低能见度出现频率低,秋、冬季高;昌平地区低能见度冬季出现频率较高,春季低能见度出现频率最低。

(3) 8点低能见度的出现频率较其他三个时次(14点、20点、2点)高。

(4) 高能见度出现频率由西北向东南逐渐减小,而低能见度出现频率的趋势分布与高能见度出现频率的分布情况相反,即由东南向西北减小。

(5) 顺义和昌平地区能见度与相对湿度的相关系数各时段均无明显月季变化,其相关性均好于其他要素。

3. 在上述基础之上建立了不同等级的能见度预报方程,主要以雾的预报为基础,辅助能见度的预报,研究制作了水平能见度≥1千米、水平能见度<1千米的主客观综合预报方法,利用逐步回归方法分别建立北京4个时次(2点、8点、14点、20点)能见度预报方程。结合高分辨率中尺度数值预报产品,建立高速公路能见度预报业务系统。

4. 建立高速公路能见度预报与监测系统。该系统具有路况显示、气候概况显示、历史资料查询、能见度预报制作、实时观测显示、云图分析、资料存储和帮助,共8个功能。

5. 利用数码摄像和计算机图形识别技术,研制了大气能见度监测设备。

高速公路能见度监测和预报业务系统的建立为进一步提高高速公路能见度的监测和预报水平奠定了基础,可为交通管理部门提供更多的服务产品,减少因不利气象条件引起的恶性交通事故的发生,产生良好的社会效益。

三、城市道路冬季除雪系统

针对冬季降雪后，应尽快清除、消纳、处理路面积雪，使城市交通秩序恢复正常及保护环境的要求，研制开发了城市道路冬季除雪系统。

(一) 主要技术内容

该项目由除雪工艺、除雪机械设备和环保型融雪剂三部分组成。

1. 除雪工艺：在建有权威性除雪作业指挥机构和健全的除雪法规保障下，科学地编排除雪工艺可为冬季道路除雪工作提供技术保证。除雪工艺的编排遵循了快速、有效、经济、环保的原则，针对不同的道路条件、降雪量和环境温度，科学地调配除雪机械、合理地施用环保型融雪剂。

2. 除雪机械设备：包括推雪铲、扫雪机、融雪剂撒布机和抛雪机。

根据北京市雪量小、雪期短的特点，市环卫科研所本着一机多用的原则，把除雪机械设备的核心部分作为独立机构与通用车辆结合使用。冬季除雪时，将上述机械与通用车辆连接进行作业，完成任务后，主机可与专业机械脱离用于其他业务。除雪机械结构简单，维护方便，资金投入少，停放占地小。

3. 环保型融雪剂：为了解决冬季用盐水融雪对环境、道路、植被造成的危害，市环卫科研所开发研制了环保型融雪剂 1 号和 2 号。该产品具有融雪速度快、时效长、冰点低、环保性能好、与国外同类产品相比价格较低等特点，适合我国国情。

(二) 主要技术性能

1. TXC—S 型推雪铲：是冬季路面积雪的清除机具，可广泛用于城市道路、广场、高速公路等，可清除较厚层的路面积雪。推雪铲为折叠式，展开作业幅宽可达 3.5 米，回折后宽度 2 米，设有自动避让机构，可安装在各种环卫作业车辆保险杠前端进行作业。

主要技术参数：

雪铲尺寸：	3500mm×900mm(宽×高)	整机质量：	250kg
最大铲雪宽度：	3500mm	最大推进速度：	20km/h
最大铲雪能力：	70000m^2/h	推雪转角：	30°
越障高度：	≤100mm	转场升起高度：	300mm

2. SX-180 型扫雪机：是清扫城市道路积雪的专用机具，能够快速将刚刚落地的积雪或撒有融雪剂的粥状雪糊扫除干净，从而保证车辆的行驶安全。扫雪时，将扫雪机安装在解放 141 自卸车保险杠前端，利用该车上的油泵提供动力，驱动扫雪机的滚筒刷进行扫雪作业。

主要技术参数：

外形尺寸：1650mm×2300mm×1300(mm)(长×宽×高)

整机质量：	500kg	最高除雪速度：	20km/h
除雪宽度：	1.8m	最大除雪能力：	36000m^2/h
主刷直径：	600mm	驱动形式：	液压驱动

3. TSY-Ⅱ型拖带式融雪剂撒布机：是播撒融雪剂的专业机械。降雪后，通过撒布机将融雪剂均匀地撒于地面，使雪层疏松融化，再通过除雪机械作业，使地面的积雪很快得到清除。该机由储料仓、螺旋输送器、撒播盘及传动系统组成，作业时需由通用机车牵引。

主要技术参数：

外形尺寸：	4710mm×2110mm×2550mm(长×宽×高)		
有效储料容积：	1.0m^3	作业速度：	10—20km/h
撒播密度：	100—150g/m^2	播撒宽度：	6m

4. PX-2000型抛雪机：是清除厚层积雪的专用机械。主要用于机场、郊区公路、广场及山区公路厚层积雪的抛雪作业。该机械由螺旋喂料机构和转子抛雪机构组成。作业时，可将路面积雪抛向20米以外的路边，也可通过抛雪机将扫集的雪堆装上卡车，装雪速度为每分钟一车(5吨)。使用时安装在解放141或东风140卡车的保险杠前端，通过自身的动力系统驱动作业。

主要技术参数：

外形尺寸：	1400mm×2100mm×3000mm(长×宽×高)		
整机质量：	700kg	抛雪距离：	25m
推进速度：	0.5—8km/h	最大雪层厚度：	1.4m
工作效率：	500t/h	除雪宽度：	2m

5. 环保型融雪剂：

融雪剂1号：白色片状混合物，易溶于水，溶解度78%(W/V)，溶解时放热。对金属腐蚀性小，对植物损坏性小，融雪效果好，20%溶液冰点温度-15℃，饱和溶液最低冰点温度可达-50℃以下。

融雪剂2号：系有机物，半透明颗粒状，易溶于水，常温溶解度68%(W/V)，溶解时吸热，融雪效果好。该融雪剂具有优良的环保性能，对金属、植物、混凝土、花岗岩及人体无损害。

(三) 推广应用情况

2001年1月北京连降中雪。北京市第二清洁车辆场试用融雪剂1号和2号，在长安街天安门至五棵松一线、迎宾线、三里河、复兴门、文津街、人大代表驻地、天安门广场等地进行融雪清扫作业，喷洒融雪剂共计150吨。试用结果表明环保型融雪剂溶雪性能优于盐水，对道桥、植被、人体无损害。目前本市环卫、市政、外省市等许多部门都订购了环保型融雪剂和除雪机械设备用于冬季除雪。

(四) 社会经济和环境效益

冬季道路除雪一直是北方城市的难点问题，积雪路滑会造成交通堵塞，严重影响公共交通和市民出行。传统的人工除雪浪费人力，效率低下。自20世纪70年代起，北京等大城市开始使用盐水融雪的方法，虽经济实用，却不环保，特别对道路、桥梁等设施腐蚀严重，路边的树木、绿地也会因此枯死。

采用机械除雪，可有效提高除雪效率，一台除雪机械可顶上百名人工的除雪效率，有利于快速打通城市交通，增加道路运输能力，减少交通事故和各种意外伤害造成的损失。而采用环保型融雪剂能消除盐水融雪对路面、桥梁、金属及树木、绿地的破坏和污染。去年冬季北京市试用除雪机械和环保型融雪剂除雪，不仅效果好，而且引起了市民的广泛关注和好评。中央电视台、北京电视台、北京日报等十多家新闻媒体都进行了宣传报道，再一次激发了人们的环保热情，影响面由北京波及全国十几个省市，促进了冬季除雪技术的推广，取得了很好的社会经济和环境效益。

四、危险源气体快速检测装置产业化

危险源气体快速检测装置产业化项目

1. 完成氯气、氮氧化物、硫化氢、一氧化碳、二氧化硫、苯、氯化氢、氨气、氰化氢、正己烷、液化石油气等11种用于微漏检测的高灵敏气体检测管的研究工作，各项指标均达到国家标准(GB7230－87)。

2. 完成9种检测箱的研究工作，并已投放市场。

3. 建立年产能力150万支气体检测管生产线。

4. 开发研制成功国内首创的气体检测管自动熔封机，气体检测管自动印刷机，气体检测管自动灌装机。

5. 建立气体检测管生产质量管理系统，并获得北京市质量技术监督局计量器具生产许可证(CMC认证)。

6. 3年实现检测管、检测箱销售累计1000万元。

(一) 主要工作内容:

本项目的工作内容主要分为如下五部分:

1. 用于特定的危险源场所的便携式气体快速检测箱的研制，共9种

A. 便携式城市燃气管道气体快速检测箱;

B. 便携式城市污水管道气体快速检测箱;

C. 便携式危险品储存场所气体快速检测箱;

D. 便携式城市火灾事故气体快速检测箱;

E. 便携式城市突发性环境污染事故气体快速检测箱;

F. 便携式地下工程气体快速检测箱;

G. 便携式液体燃料储存、输送、灌装场所气体快速检测箱;

H. 便携式液化石油气灌装场所气体快速检测箱;

I. 便携式化工企业化学物质泄漏气体快速检测箱。

2. 微漏、高灵敏度气体检测管的研制，共11种

A. 氯气体检测管;

B. 氮氧化物气体检测管;

C. 硫化氢气体检测管;

D. 一氧化碳气体检测管;

E. 苯气体检测管;

F. 二氧化硫气体检测管;

G. 氯化氢气体检测管;

H. 氨气体检测管;

I. 正己烷气体检测管;

J. 氰化氢气体检测管;

K. 液化石油气气体检测管。

3. 气体检测管生产流水线的研究

A. 工业化生产工艺的研究；

B. 生产线的流程设计；

C. 生产线的整体设计及设备定型。

4. 气体检测管生产线设备的研制

A. 自动玻璃管熔封设备；

B. 气体检测管印刷设备；

C. 气体检测管药剂装填设备；

D. 气体检测管药剂振实设备；

E. 气体检测管生产辅助设备。

5. 气体检测管生产质量保证体系的研究和建立。

(二) 主要技术考核指标

本项目研制及生产的气体检测管各项技术指标达到国家标准 GB7230－87。其中相对误差小于 25%，变异系数小于 10%，有效期大于一年。

(三) 主要经济、社会效益考核指标(含规模指标)

1. 建立气体检测管生产线，达到年产 150 万支的生产能力。

2. 3 年累计产值达到 1000 万元。

五、城市环境噪声污染控制技术研究

随着现代城市建设高速发展和规模的不断扩大，城市环境噪声已成为城市环境主要污染因素之一。城市环境噪声影响了经济社会发展，影响了社会安定，仅据北京市统计，环境噪声投诉率已占环境投诉率的 50%—60%。城市环境噪声控制已经引起世界各国极大重视。本项目根据现代城市环境噪声源的新的特点，研究开发了噪声控制的 CAD 设计技术和开新的噪声控制材料、适合城市环境噪声源控制的设备，并应用于典型示范工程中，具有重要的经济社会效益。

1. 研制计算机辅助设计系统，CAD 优化设计系统包括噪声源数据库系统，噪声设备材料数据库系统等。该 CAD 优化设计系统把成熟的各类计算模型和市劳保所多年的噪声控制工程经验结合起来，在试验验证的基础上，提出了一整套计算方法并提供了各种数据库进行辅助计算，开发出 NCCAD 噪声控制产品计算机辅助设计系统。CAD 优化设计系统如果与 CAM 制造系统结合，则可以实现噪声控制产品自动设计及自动加工制造的完全自动化。

2. 根据城市声环境的要求和特点，研究了现代城市主要噪声源的特性，包括集中空调系统、冷却塔及热泵系统、内燃机自备电站、燃气(油)锅炉、机动车辆及临街建筑噪声等。研究开发了新型噪声控制产品，包括集中空调系统主支管道消声器、冷却塔及热泵系统成套噪声控制设备、内燃机自备电站、燃气(油)锅炉成套噪声控制设备、隔声窗等，主要性能指标达到国内领先水平。

3. 在城市主要噪声源的特性、噪声控制技术和新型噪声控制产品的研究基础上，完成 10 余项噪声控制示范工程。在示范工程中，成功应用了本课题研究开发的噪声控制产品和声源识别技术。

4. 研究开发可加工孔径在0.3mm以下的微孔板的化学切削法的生产工艺方法，通过对不同的加工方法在不同板材、不同板厚、不同孔径、不同频段、不同声场条件下进行大量的实验，开发出一种可大规模生产微孔板的加工方法。目前，利用该方法在0.5mm厚的钢板上试制出的微孔板最小孔径已达0.3mm，在混响室中测试单层结构的最大吸收带宽已近4个倍频带，双层结构超过4个倍频带，这一结果大大优于现有的各类实用微孔板的吸声效果，为我国噪声控制提供了一种新的具有宽频带吸收性能，不怕水、油、高温等特性的洁净声学材料。

（社会发展处）

依靠科技进步，促进北京市能源结构调整

一、概　　述

能源与环境是当今社会发展密不可分的两大主题。北京市作为中国的首都，在目前的快速发展时期，面临最为严峻的问题之一就是能源与环境。2008年奥运会申办的成功，更凸显了解决这一问题的紧迫性。北京市能源结构的不合理及能源使用效率低造成了较严重的大气污染和大量的能源浪费，不仅不符合首都的形象，也不符合可持续发展的战略。

北京市能源利用现状是“三高一低”。“三高”，一是能源消费总量高，1999年达到3847.5万吨标准煤耗量，在全国各大城市中仅次于上海；二是能源结构中煤的比重过高，在终端能源消费和燃料消费中分别占41.5%和75.3%；三是二产占总能源消费比重过高，达2/3，明显高于一般发达国家的1/3。“一低”是指能源利用效率低，能源浪费严重。能源利用率低主要表现在目前北京市GDP产值能耗高，即单位能耗创产值低，每千克标准煤能源产生的国内生产总值为0.7美元，低于全国平均水平的0.78美元，也低于上海、天津和广州（分别为0.92美元、0.75美元、1.22美元）等城市。与OECD国家的2.77美元（日本为4.71美元，是北京的6.7倍）相比，则差距更为突出。这种能源利用现状直接导致了北京市高的污染排放总量，既加重了煤烟型大气污染的程度，也使北京市成为一个能源非常浪费的城市。

这一问题已经引起了市委、市政府的高度重视。在“首都二四八重大创新工程”中，“能源结构调整及清洁燃烧技术产业化工程”列为第四项重大工程。在市政府的部署下，由市计委牵头，组织多个委办局和大学院所等制定了《北京市能源结构调整规划》，并于2001年4月由市政府办公厅正式发文。为了更好地配合实施规划所设定的目标，根据林文漪副市长的指示，北京市科委与清华大学从技术支撑的角度作了《北京市能源结构调整不同技术方案分析》。科技部、环保总局等已经在全国开展了清洁能源行动，经过市科委的多次努力，北京市已被列为示范城市之一。

下面就北京市能源结构调整过程中需要重点依靠科技进步来实现的若干问题谈些意见。

二、在能源结构调整的过程中，要重视提高能源利用效率，降低污染排放

造成北京市煤烟型大气污染的一个主要原因是煤炭在终端能源消费和燃料消费中占有很高的比重，因此必须改变这一不合理的结构。这是定论，容易引起大家的共识和重视。但是对依靠科技进步，使用先进技术来提高能源使用效率的重要性目前还未达到同样的战略高度上来。

就一些发达国家能源结构调整的历程而言，在经历了20世纪六七十年代石油、天然气对煤的替代以后，基本解决了严重的煤烟型污染。20世纪90年代以来，随着对全球气候变暖的关注及全球资源竞争的加剧，通过使用先进技术来提高能源利用效率和清洁燃烧低排放及扩大使用新能源和可再生能源正成为发达国家能源利用的核心原则和主流。2001年6月份召开的第四次中国—欧盟能源合作大会，双方合作的重点就是提高能源效率。所以北京市的能源结构调整面临着前所未有的机遇和挑战。为了尽快减少和发达国家的差距，我们必须实施跨越式发展，把发达国家一般替代和提高能效两步走变为一步一起实施，我们也相信随着我们自身科技的进步，我们能够做到这一点。

目前北京市有非常大的节能潜力没有挖掘出来，但当前的节能已不是简单意义的节约和少用能源，而是要靠使用先进的技术（如洁净煤技术，天然气联合循环冷热电联产等等），来提高能源利用效率，亦即提高单位能源消耗所创造的经济效益。以北京市GDP能耗从1.73吨标煤/万元降到上海的1.32吨标煤/万元为例，相当于每年节能983.5万吨标煤或节省82亿立方米天然气。同时可减少烟尘排放6.5万吨，减少SO_2排放12万吨，减少温室气体CO_2排放3000万吨。所以说提高能源效率是实现经济、环保双赢的最佳途径，既能减少企业的负担，又能降低污染，减缓温室气体排放的增长率。在支撑首都经济高速发展的同时，保持了良好的生态环境，符合可持续发展的战略。

三、能源结构调整过程中需要重视的几项关键技术及政策保障

（一）洁净煤技术

造成北京市煤烟型大气污染的原因，除煤炭在能源结构中占的比重过高外，另一同等重要的原因是目前北京市相对落后的燃煤技术状况。据调查，目前北京市燃煤使用状况基本上是原煤散烧，洗煤、型煤、水煤浆等洁净煤市场占有率极小，这与发达国家燃煤必须100％洗选，并大量使用洁净煤形成了鲜明的反差。大量低效燃用未经洗选的散煤以及缺乏必要的污染控制和烟气净化手段必然产生严重的大气污染。

同时受我国整体以煤为主能源结构的影响，在较长一段时间内，煤炭仍将在北京市燃料结构中居于首位。据预测2010年北京市在引进60亿立方米天然气和380亿千瓦时电力的情况下，煤炭消费量仍有1630万吨，占总燃料消费35％。如何用好这些煤必须给予高度的重视，低硫煤并不是长期解决问题的办法，只有洁净煤技术才符合可持续发展的战略。

现在有很多人谈“煤”色变，认为煤炭是污染大气的不洁净能源，其实这种观念需要改变。从能源的原始形态来讲，能源可以分为污染严重、轻微和无污染的能源，但是从能源的利用来

讲，即使是污染严重的能源也可以清洁利用。煤炭虽然是不洁净的能源，但只要采取洁净利用的措施，如洁净煤技术，就可以最大限度地减少污染气体、液体、固体的排放。很多发达国家的电厂利用先进的洗煤技术、燃烧技术和烟气净化技术已经基本上做到了这一点。例如，德国1984年建的汉诺威燃煤电厂，烟尘、SO_2、NO_X 的排放远低于德国法律规定的标准，更远低于我国的标准，可见煤炭是可以变成清洁能源的，关键在于洁净煤技术水平的提高与政策上的支持，经济上的优惠。

洁净煤技术在提高能源利用效率、降低污染物排放和温室气体排放上都有很大的潜力，符合资源可持续利用的目标。市科委已经安排了型煤、水煤浆、电子束半干法烟气净化等洁净煤技术攻关项目，将来还将发挥中央在京大院大所的优势，陆续开展此领域科研攻关项目，从能源利用的经济性、可持续性、环保、战略安全等多角度上充分利用好煤炭资源。

（二）天然气联合循环冷热电联供技术

截止到2000年底，北京市已经引进了10亿立方米天然气，并计划到2005年和2010年底分别引进40亿和60亿立方米天然气。用天然气解决北京的大气污染是最佳的选择，但如何合理使用是目前面临的最大问题。

目前北京市新引进的天然气多用于锅炉煤改气上，优点是操作简单，工期短，见效快，缺点是能源利用效率低，冬夏用气峰谷差严重（近7倍），燃气价格攀升，加重了用户的负担。由于管道石油气和液化天然气存在照付不议，初期有可能建设大型燃天然气的联合循环电厂（如高井电厂）。但世界上电力工业在一定程度上走向小型化、分散化，正在成为一种趋势。发达国家电力发展的这种趋势和它们城市供暖由单一锅炉到较多地采用中小型燃气冷热电联产、联供系统的发展道路非常值得我们借鉴。

美国在1999年提出要发展楼宇冷热电联产替代热电联产，目的是取得更大的能源利用效率和经济效益。天然气热电分产的效率仅能达到55%，热电联产（CHP）可达到85%，而冷热电联产（CCHP）可高达90%。除效率的大幅提高外，CCHP所有污染指标都低于传统设备，特别是 NO_X 的排放极低。CCHP制冷系统采用溴化锂吸收式制冷，较之传统的电力空调机，不破坏臭氧层并减少温室气体的排放。天然气的冷热电联产在缓解北京市电网的调峰问题和天然气管网调峰问题上也具有突出的作用和优势。

上海市已经完成了三套小型冷热电联产系统，结果表明不仅经济上可行，且节能和环保效果非常显著。北京市科委正在安排从整个城市能源系统的高度对天然气（冷）热电联产系统进行系统规划、评价和分析的研究课题，并将于明年展开中小型天然气冷热电联供系统优化配置运行的示范项目。

（三）热泵技术

热泵是一项比较传统的技术。由于人们对节能和环保的日益重视，其商业应用发展势头越来越看好。热泵主要有两种，气源热泵和水源热泵。水源热泵能源利用效率为传统电采暖方式的3—4倍，即投入1kW的电能可得到3—4kW的制冷或供热的能量；气源热泵能源利用效率提高一般约为电采暖的2—3倍。发达国家家用供热装置中，热泵已经相当普及。尤其水源热泵，具有环保、省地、节能等多项优势。北京市已经有多处样板示范工程，空军丰台招待所就是一个非常典型的例子。

北京市要进行300万平方米的电采暖示范工程，若全部采用传统的方式在经济上是不划算的，除本身能源利用效率低外，电力管网建设费也是一笔非常大的投资。因此应该大力推广热泵技术在全市的应用。

市科委已经安排了气源热泵、水源热泵其他关键技术的科研攻关项目，如将填补国内空白的环保型高温水源热泵技术。

（四）新能源和可再生能源技术

新能源和可再生能源对环境不产生或很少产生污染，既是近期急需的补充能源，又是未来能源结构的基础。在国际上，新能源和可再生能源技术越来越受到重视，交流频繁。

北京地区有较丰富的生物质能、太阳能和一定量的地热能。目前，一些技术，如太阳能热水器、地热采暖等，已较成熟并具有获利能力和相应的市场，形成了初步的产业基础。沼气工程、太阳光电系统等技术基本成熟，产品已逐步在市场中出现，但需要进一步完善技术，降低成本以及实施激励政策进行推动，才能与常规技术竞争。要从长远的利益出发增加对新能源和可再生能源的科研、技术产品的研制和开发的财政资助和投资力度。要比常规能源发展有更具体的优惠的投资政策，加大产业化建设和服务体系的信贷规模，提供长期的低利率贷款。

市科委在新能源利用方面，已经开展了多个技术攻关和示范项目。如地热能的梯级利用及地热供暖示范工程，地热水回灌研究；节能型太阳能建筑；燃料电池关键技术的研究等等。以后将继续加强技术创新和技术进步，使更多的、具有良好前景的新能源和可再生能源技术走向产业化发展。

（五）能源领域的政策研究体系和服务体系

能源政策和法规及其执行情况将对清洁能源技术的推广使用起到决定性的导向作用。在工业发达国家，清洁能源技术的采用也是通过制订严格的环保排放标准来实现的，也由于强化了对超标的惩罚措施而使企业逐步发展到自觉地使用清洁能源技术。

另外，在发达国家，有如英国 AEA，法国 ADEME 等大型国际能源环保技术开发咨询公司，对发展推广能源领域先进技术，提高能源利用效率，降低污染排放等起到了积极的促进作用。北京市目前非常缺乏这样的能源服务咨询机构，应加快建立、培育和完善北京市的能源服务体系。

四、对北京市能源领域工作的若干建议

综上所述，我们着重从依靠科技进步的角度对北京市能源领域的工作提出如下建议。

1．鉴于本次能源结构调整是一项牵涉面广、政策性强、科学性要求高的系统工程，为了保证其顺利进行与实施，建议由市政府领导及有关部门负责人组成清洁能源行动领导小组，负责研究提出本市清洁能源行动的重大决策，并成立由主要部门人员参加的办公室，切实推动落实清洁能源行动计划的实施。

2．建议将提高能源效率作为北京市能源结构调整的核心和主线，作为一切能源工作应遵循的原则。

3．建议协调组织不同部门，就健全和完善本市能源、环保法规体系和技术规范标准进行研究，采用行政、经济和政策法律手段，通过税收、信贷、利率、价格、折旧等手段加强能源结构调整的管理，最终出台一套系统合理的综合的能源环保政策。

4．建议推广洁净煤技术。北京市燃煤电厂锅炉限期改为基于洗选煤的锅炉或使用先进的燃烧技术，如循环流化床等技术，所有燃煤电厂尽快上先进的烟气脱硫除尘脱氮装置（如电

子束半干法烟气净化装置),必须有步骤地使北京市在几年内禁止原煤散烧现象。

5. 建议在北京市积极推进天然气联合循环冷热电联产技术和热泵技术这两项高新技术的发展,政府可考虑在初期给予一定的支持和补贴。

(社会发展处)

地铁盾构隧道施工技术取得突破

自1825年英国人发明盾构法并施工第一条隧道以来,经过不断发展,盾构的类型已发展到人工挖掘盾构、半机械盾构和机械盾构等多类型盾构并存的局面,盾构的适应性也更加广泛。由于盾构法具有施工进度快、作业安全、噪声小、管片精度高、衬砌质量可靠、防水性能好、地表沉降小、占用场地少等优点,因此得到了突飞猛进的发展。目前在国外盾构法应用已相当普遍。

在我国,上海、广州盾构在地铁及地下工程中已应用。北京地铁没有采用盾构法施工的先例,但技术准备工作一直在不断进行。北京城建集团在20世纪60年代和70年代曾两次启动研制盾构,并做过试验段工程,但由于我国机电、液压及制造技术较落后,使盾构技术在北京地铁设计、施工中仍属空白。

近年来随着国内外盾构技术的发展,北京城建集团结合北京地铁发展的需要,在20世纪90年代初就开始研究盾构设计、施工技术,先后派人员出国考察,并通过科技部与法国合作研究盾构项目,1995年在北京中法双方联合召开盾构技术交流会,双方就盾构在北京地区应用的可行性做了交流。虽然北京常用的浅埋暗挖法设计与施工技术日臻成熟,但这种施工方法存在着较大的弊端,如在有水情况下无法作业,必须事先降水且降水费用昂贵,北京复八线每千米降水费就达1000万元,容易造成对地下水的污染。随着埋深的增加,隧道通过地层的稳定性逐步降低,施工作业安全性差,地面沉降大,衬砌的适应性和结构的防水性能差,许多隧道存在不同程度渗漏现象。由于浅埋暗挖法仍采用人工开挖的落后方法,施工效率低,每日进度仅为1米左右。地铁施工技术的发展,绝不能依靠单一的施工方法。而盾构法则较浅埋暗挖法具有明显的优势,如无需降水、施工安全可靠、施工速度快(国际平均速度为日进度10米左右)、地面沉降容易控制、衬砌的防水性能好等,以上几点是浅埋暗挖法所不能达到的。从国外的应用情况来看,盾构法足以应付目前所遇到的各种难题,因此,盾构施工技术将促进地铁建设的发展。

1999年北京城建集团与北京地铁总公司联合完成了"北京地铁5号线采用盾构施工的可行性研究报告",从技术、经济上做了全面分析后,认为在北京地铁5号线上应用盾构的条件已经成熟。集团打报告给市领导,表示愿意承担引进盾构的费用并做工程应用。他们的报告得到市领导的支持,批示"引进盾构施工技术和设备完全必要,请加快开展,请建委组织协调,具体工作由城建总负责,要为5号线地铁和其他管线施工采用盾构方式抓紧准备。"

在市领导的支持下,集团领导提出"要引进世界最先进的盾构,保证北京地铁盾构施工应用成功",并成立由集团总经理任组长,总工程师为副组长的工作班子,与北京机电设备招标公司合作编制了招标文件,通过国际招标方式,邀请日本、法国、德国、加拿大等国的盾构制造商参加投标。经过激烈的竞争，选择了技术性能好、价格合理的德国海瑞克公司的土压平衡盾构机。该盾构的工作原理是利用土仓内充满的切削下来的土形成的压力来平衡开挖面的水土压力，从而保证开挖面稳定和控制地面沉降。该机刀盘直径6.2米，主机长8.1米，整机全长57米，由16组千斤顶提供顶进推力，推进速度为0—80mm/min。该盾构的液压系统加工精度高，工作可靠性好，操控方便，体现了德国高超的机械制造工艺水平。电气控制系统采用的是德国西门子的PLC系统，能将施工过程中的各种相关参数集中反馈到盾构操作室内，使操作手能及时掌握盾构机各系统的工作状态和施工工艺参数，从而对掘进工艺做相应的调整。盾构机还配备有土壤改良设备，在必要时可向刀盘前方注入膨润土或泡沫剂，以改善土体的可排性和渗透性，可以适应各种地质条件。

盾构配备的掘进自动导向系统是德国VMT公司生产的SLS－T导向系统，该系统是目前世界上先进的导向系统。该系统主要由激光经纬仪和光靶组成。盾构机开始掘进之后，安装在盾构机上的光靶随盾构机不断向前移动，安装在盾构机后方已完成的隧道顶部的激光经纬仪发出的激光光束射在电子激光接收靶上，根据激光经纬仪的坐标、激光入射点的角度、激光经纬仪至电子接收靶的距离及接收靶的特殊结构即可推算出盾构机的位置和姿态，系统自动将测出的结果和设计值比较，将盾构机位置和姿态的偏差值以图文或数值的形式实时提供给操作者，为盾构机的掘进控制提供了依据。

为配合北京地铁5号线盾构试验段土压平衡盾构机掘进施工，控制地面沉降，我公司还引进了浆液搅拌及泵送系统。该系统由搅拌和泵送两大部分组成，其中搅拌系统、泵送系统由德国引进，储料罐等钢结构件由国内配套加工制作。搅拌系统的连续生产能力可达到$10m^3/h$，泵送系统的最长水平泵送距离可达到1千米，可以满足盾构施工对浆液生产和输送的要求。

利用国内技术，建立了现场视频监控系统和施工数据实时监控系统，在现场控制室安装了视频监控系统和施工参数、盾构姿态实时采集系统。管理人员可以对生产各主要环节进行监控，掌握当前盾构掘进的相关参数和盾构姿态，从而可以方便地在地面上对生产进行调度，对施工工艺进行调整，保证施工质量和安全。为信息化管理盾构施工建立了样板。

为了保证盾构始发加工的始发反力架及钢管临支座系统，配备了出土系统等设备。在德国专家的指导下，盾构机经过近两个月的组装终于获得成功，并开始工程应用。

为了搞好地铁5号线盾构隧道设计、施工，集团由总工程师刘国琦同志担任课题组长，在科委立项“北京地铁5号线盾构隧道设计与施工技术研究”，从隧道设计、管片制造、盾构施工技术方面分20个子项开始研究工作。首先对隧道计算模型和计算方法进行研究，并与西南交大合作，做1/10比例模型受力试验，还在隧道通过的不同地层，黏土、砂和砂卵石地层的管片中埋设钢筋应力计、土压力盒，测试实际工程的结构受力状况，将形成北京地铁盾构隧道设计设计软件，为今后隧道设计参数提供依据。现在可以有把握地说管片的配筋可以减少1/3，这样能降低管片的造价。管片制造的精度将决定隧道的工程质量。首先研究管片的养护方法，经过国内资料分析研究，研制出一种固定模位自动控温蒸养技术，这在国内外都是首次应用，具有造价低、管片质量好的特点。还研究了C50混凝土配方，并减少气泡及防止裂缝技术，保证制造出高精度管片。管片制造出来做了各种性能试验，全部合格，管片质量受到国内外专家好评。

为了搞好盾构施工，集团从1995年开始派人赴广州学习盾构施工技术，又派人赴法国、葡萄牙学习盾构施工技术。盾构施工技术是一种以土建技术人员和机电技术人员密切配合的一项高科技技术，首先要全面掌握盾构的性能，控制地面沉降，保证工作面稳定，集团抽调一批技术人员，大部分是本科以上学历，第一批盾构司机是一名博士、一名硕士，这在国内外无此先例。在施工过程中他们掌握了各种施工参数，使盾构顺利施工。他们研究了隧道管片背后注浆的浆液，为了减少堵管，采用白灰为主的浆液，施工方便，又控制了地面的沉降；在不同地段为保证工作面稳定，加入泡沫剂、膨润土取得较好的效果；研究了管片拼装技术，使最高日进度达到 14 米；制定了盾构施工测量方案，不断对盾构进行复测，使隧道的中心线控制在 ±5 厘米之内，大大小于规范要求。他们还对防水止水胶条进行研究，用国产胶条代替进口产品，保证了隧道无渗漏现象，降低了工程造价。

盾构隧道施工质量好，成形隧道管片无渗漏、无错台，管片拼装的质量和精度得到国内外专家和同行的高度评价。隧道沿线地面沉降控制在 +10— -30 毫米之内，完全符合设计规范的要求。国际隧道学会主席曾到工地参观，认为我们修造的隧道是“世界隧道中的精品”。

北京地铁 5 号线雍和宫至北新桥区间盾构试验段工程从开始施工以来，就备受各级领导的关心和重视。市政府、市委、相关部门的有关领导和集团领导多次到工地视察、指导工作。市委书记贾庆林、市长刘淇同志于 2001 年 9 月 8 日来到工地视察，对北京城建集团的工程技术人员付出的辛勤劳动和建成隧道的质量给予了高度评价，对在北京地铁施工中采用盾构法施工给予了肯定。德国海瑞克、法国斯卑、上海隧道股份、广州盾建等公司的同行们也对我们隧道的施工质量倍加赞赏。

（社会发展处）

金融报警系统联络成网

自 1996 年以来，北京声讯电子有限公司共承担了北京市科学技术委员会的三项科技合同项目，分别对北京市金融单位紧急报警联网系统、金库技防系统和网络化数字监控管理系统进行了研究和开发，并在金融单位得到了广泛的应用，产生了显著的社会、经济效益。

1996 年北京市发生了几起针对金融单位营业网点的刑事犯罪案件，引起了社会的高度关注，也引起了北京市公安局和中国人民银行的高度重视。为了提高北京市金融单位营业网点的自我防范能力，北京市公安局主持进行了“北京市城八区金融单位紧急报警联网系统”的招标活动。为此，在北京市科学技术委员会的关怀和有关专家的指导下，在北京市公安局、中国人民银行北京市分行的领导下，北京市公安局技防办和北京市科学技术研究院组成项目组，由北京声讯电子有限公司具体承担，开始了“金融单位紧急报警联网系统”（以下简称“金融网”）科技合同项目的研究。这个系统是在市话公共网和公安电话专网基础上组建的专用紧急报警联网系统，采用公安机关指挥中心两级接警和专业公司网管监控中心同时监测服务的组网模式，在网络设计上采用了信息分流技术，达到了及时报警、接警，有利于公安警力的统一指挥和快速处理。

金融网是迄今为止国内第一个以金融单位为防范对象的报警联网系统，以防范和处置突发犯罪活动为主要目的，以数字技术、网络技术和安全防范技术为核心，以租赁模式为运营机制，以联网报警为工作模式，集信息采集和控制为一体的专业化安全防范实战系统。公安机关通过网络，对分布在全市20个区县的所有金融网点进行监控。建网以后，公安机关可在20秒内接到准确信息，并迅速调动警力实施紧急处置。

在系统的研究与建设过程中，引入了大量先进技术，重点解决了八大关键技术问题，从而有效地保障了该系统的先进性、可靠性、经济性和实用性。

(1) 信息分流技术。

(2) 双机热备技术。

(3) 网络报警优先技术。

(4) 现场声音实时数字压缩、存储技术。

(5) 电话线防破坏技术。

(6) 自动数字时标技术。

(7) 防人为触发设计。

(8) 多路由信息通道和跨地域布局设计。

(9) 制定报警联网的国家标准。

金融网作为国内电子安全防范产品的杰出代表，自问世以来就受到了各方的高度关注，并得到了有关部门的赞许和肯定。无论是结构、功能、质量还是实用性方面，该系统与国外先进厂商的类似产品相比毫不逊色，在某些指标上还更胜一筹，性价比远远优于其他同类产品，具有极强的市场竞争力和实用性，更加符合中国国情。因此，该系统在“北京城八区金融单位紧急报警联网系统”的公开招标中一举中标，并随后又在北京市房山区安装运营。此后，在辽宁、重庆、河北、湖北等省、市的三千多个金融网点安装了该套系统。金融网系统先进、可靠、经济、实用，具有显著的可持续发展特点，符合我国国情，正被全国金融行业广泛采用，在预防、打击刑事犯罪，特别是打击针对金融单位抢劫犯罪的斗争中，发挥了巨大的作用，取得了显著的社会效益和经济效益。1996—1999年，金融网在北京、辽阳等地的金融网点报警十几次，成功地协助警方抓获犯罪嫌疑人、处理冒领、闹事、纠纷等事件。典型事例有：1998年12月31日4时7分，中国银行五路居分理处报警，三名男子从屋顶进入房内企图行窃，保安员触动报警，现场抓获一名犯罪嫌疑人；1999年12月8日凌晨1时10分，辽阳蓝天储蓄所被盗，所安装的报警探头报警，110指挥中心通知市局巡警出警，不到3分钟赶到现场，当场抓获盗窃犯。

金库是资金高度密集的场所，不管是从世界各国看还是从历史上看，它从来都是犯罪分子的主要目标。犯罪分子在巨大利益的诱惑下为满足贪欲，会不择手段，铤而走险，这就向金库的保卫工作提出了新的挑战。

从1985年至今，人民银行发行库发生盗窃案件一百余起，除两起为外部人员侵入作案外(此两起发生在20世纪80年代末)，其余均为内部人员或内外勾结作案。据统计，在所发生案件中70%为内部作案或内外勾结作案。究其原因，除了一些单位在发行库安全防范工作的指导思想上重防外、轻防内，对要害岗位人员的日常管理和考核工作不严，安全管理措施和内部监督制约机制不健全外，无一例外与有章不循、有禁不止有关。而且长期以来，人民银行在发行库房设施建设上，片面强调库房自身的安全建设，如规定发行库应采取混凝土六面整体浇注，墙体厚度不低于32厘米等。但都忽视了金库的整体安全，即没有把库房、清点间、交接间等发生作业区域作为一个整体来设计和管理。这样，一方面在建设发行库时整体硬件条件非常好，人防、物防措施健全，但另一方面“有人的地方就可能有错误”，技防措施的缺乏使得原本完善的监督管理机制容易出现漏洞。虽然目前银行各级领导及保卫部门花费大量人力、物力、财力去定期检查或抽查各金库值守情况，在一定程度上能了解情况，但要做到随时了解各分散金库安全值守情况，靠人力是不可能做到的，这样就仍然难免百密一疏。因此，如何从技术防范上制约、规范工作人员和工作流程就成为金库防范的关键问题。

针对科技成果日益普及，犯罪分子作案方式花样翻新的特点，为把金库的安全防范措施提高到一个更高的水准，有力地抑制各种针对金库的犯罪活动，规范工作人员、保卫人员、金库防范设备、监控管理设备之间的关系，在确定"安全防范"构筑在技防系统的基础上，建立起"人机结合，人机互控"的防范体系的一整套防范思路。按照上述思路，中国人民银行保卫局与北京声讯电子有限公司联合研究设计，拟定金库技防系统的设计方案，在分析、采用国内外先进技术的基础上，兼顾银行等金融机构的实际特点，使银行发行库的安全防范工作达到了一个新的高度。

系统的基本结构是由上级银行督察中心、接警中心、服务中心以及需要设防的金库组成。通过公用电话网或银行内部业务网实现现场图像信息和报警信息传输。

金库技防系统是以计算机为核心、建立在现代安防理念上远程图像监控管理系统。系统将前端监控现场活动图像和报警信息通过通信链路实时传送到监控管理中心计算机屏幕上，同时将前端报警用户信息、图像信息、布防图等信息实时回传到中心数据库中。本系统分为监控管理中心和前端图像报警控制器两部分。监控管理中心的设计基于软件工程和人机工程的思想，采用目前国际最流行的面向对象的C++和Access数据库管理系统，使系统的可扩展性和可操作性非常好。前端控制器设计基于目前最先进的DSP技术和可编程逻辑阵列，完成视频信号和报警信号的采集和基于JEPG+MC压缩编码技术。同时为了达到信息传输的保密性，我们专门为该系统设计了通信协议。目前，本系统有SxnetV1.0、SxnetV2.0和SxnetV3.0几个版本，支持数据通信链路为PSTN和ISDN，支持操作系统为Windows95和Windows98。

系统的主要功能有：①远程监控功能；②报警及报警联动功能；③录像回放功能；④巡检功能；⑤检查管理功能；⑥图像、数据输出功能。在项目期间，我们完成了共10个金库技防系统样板工程的建设，大大超额完成了合同中规定的2个试点单位的要求。

(1) 人民银行海口中支数字监控工程；

(2) 人民银行海口中支儋州市支行远程监控报警管理系统工程；

(3) 人民银行成都分行眉山市中支远程监控报警管理系统工程；

(4) 人民银行眉山中支洪雅县支行远程监控报警管理系统工程；

(5) 人民银行眉山中支仁寿县支行远程监控报警管理系统工程；

(6) 人民银行广州分行韶关市中支远程监控报警管理系统工程；

(7) 人民银行韶关中支始兴县支行远程监控报警管理系统工程；

(8) 人民银行长春市支远程监控报警管理系统工程；

(9) 人民银行通化中支远程监控报警管理系统工程；

(10) 人民银行通化县支行远程监控报警管理系统工程。

经过10个样板工程的建设和试用，金库技防系统得到了中国人民银行保卫局领导的肯定，并已被列入了人行"十五"规划，即将在全国推广。

"网络化数字监控管理系统"是建立在崭新安防监控理念上的新一代监控系统。它采用先进的计算机技术、软件技术、数字视频处理技术和网络传输技术，使用专用高性能视频处理芯片和DSP技术，将监控与管理、存储与回放、报警与传输、声频与视频完全融合在一体化、通用化、模块化的新型、高效、性价比高的监控管理系统中,满足全社会各类用户多方位的需求。基于上述思想提出的设计方案在充分跟踪、消化、预研国内外先进技术的基础上,全面分析国内用户使用的实际特点和经济承受能力,做到性能价格比最优。同时还充分考虑到系统的先进性、安全性、可靠性和可扩展性,得到了中国人民银行保卫局的高度重视和指导。

"网络化数字监控管理系统"除应用在金融系统的金库、柜台、进出口、取款机、重点地区等方面外,还可应用在如下范围:

楼宇监控:办公楼、商业区、住宅小区、停车场、电梯间、巡查地区。

工业管理:流水线、质量控制点、库房区、夜班值更。

医院卫生:病房、手术室、设备监控。

机场运输:售票处、安检门、登机口。

其他方面:学校、交通、超市、气象、幼儿园各类无人值守区域的监控。

目前,"网络化数字监控管理系统"除在部分金融单位得到了应用之外,还在北京的智能化写字楼等得到了应用。

(社会发展处)

面向社会,开拓科普工作新局面

2001年,是21世纪的开元之年,也是"十五"计划的开启之年。在市委、市政府的正确领导下,在市科普工作联席会议各成员单位的通力合作与支持下,北京市的科普工作取得了丰硕的成果。据初步统计,全年举办科普讲座18000余场,放映科普影视2万余场,市级和区、县级29个科普画廊出刊平均4.2次,新制展板6000余块,投入上百万元资助区县和有关科普单位购置10部科普宣传车,使全市科普宣传车拥有量达到24部,积极支持科普基地及区县加强科普工作的能力建设,科普工作出现喜人势头。2001年,北京市科普工作呈现八"新"。

一、政府推出新举措

2001年,是北京科普工作向规范化、标准化深入迈进的一年。根据年初林文漪副市长召开的市科普工作联席会议的精神,我市首次以"折子工程"的方式,对联席会议各成员单位所承担的年度工作任务进行了部署。这标志着我市继2000年市级科普活动专项经费实行合同化管理后,科普的基础性管理工作又向标准化、规范化方向迈出了新的重要一步。到年底,"折子工程"已全部完成。

二、重大活动有新突破

2001年,北京科技周的主题是"科学、文明、申奥"。为将"北京科技周"打造成品牌活动,在年初即确定了"顶层设计、分层实施、锻造精品、集中展示"的品牌战略,并依托市科普工作联席会议成员单位,认真研究、策划科技周活动的总体方案,安排了科技周主会场大型科普展览、科学家高峰论坛、科普游园会3项标志性活动，以及“走进新时代、走近新奥运——现代通讯网络与数字北京科技奥运咨询服务活动”等重点活动9项、市级活动30余项。本届科技周活动取得了前所未有的成功，这集中体现在以下两个方面。

（一）方式上创造了“七个第一”

设立了主会场大型活动项目——科技与奥运科技互动展览；在主会场的展览中采用了“全开放、可触摸”的展示方式。突破了以往“摆摊设点”，展品只能看、不能动的科普宣传模式，让观众最近距离地感受各种各样的科普展品和最新科学技术神奇的魅力。尝试“社会兴办、招商办展”举办大型科普活动的运作方式。2001年主会场的承办单位——团市委，采用“招商”方式，引进参展机构近30家。突出“国际化”特色。引进多家国外科普机构和科普型文化企业参展，其中包括法国拉维莱特科技馆提供的400平方米的科普互动展，美国《国家地理杂志》、《探索》节目，英国科技创新展及日本“索尼探梦”提供的部分展项。采用售票参观的市场方式。开通两条订票热线及网上售票并组织团体票上门服务业务。一周内，共有16万余人参观了主会场的科普展。设立中外科学家讲坛。周光召、朱高峰、谢光选院士和美籍华人、诺贝尔奖获得者丁肇中先生分别作了精彩的报告，受到公众的欢迎。引入游园会的活动方式。由市科协等有关单位主办的科技周双休日科普游园会，有市园林局、市新闻出版局、部分科普场馆和科普网站，以及市属40多个学会共同参与。推出了“感受科技”——互动科技展和科技游戏、科技谜语、舰模表演、推荐科普图书展览和展卖、科技摄影展览、“科学健身、文明生活”科普咨询活动等。

（二）京城各大媒体对科技周倾注的热情，使本届科技周的“品牌”优势得以有效扩大，成为市民茶余饭后的一个热点话题

《北京日报》、《北京晚报》、《北京青年报》、《北京晨报》、北京人民广播电台、北京电视台等，每天均有新闻和专题报道，科技周开幕当天或第二天，市属4大报纸均在头版进行了报道（配有图片）。《北京日报》头版的“触摸科技”、《北京晨报》的“洋科普大抢风头，本土货鲜有亮点”以及《北京青年报》的“洋科普带回老发明”等标题醒目的文章，都是历届科技周十分鲜见的现象。据不完全统计，科技周期间，各报刊报道文字稿163篇、图片87幅，电台、电视台新闻报道93条。另外，《北京晚报》在科技周期间连续4天设立科技周专版（为国内首创），除对有关活动进行报道外，还对第二天活动进行预告。

三、洋科普带来新理念

法国科普互动展以其简洁的道具（展品）或实物，按提示的规则触动，用简单的方式，揭示出深奥的科学原理；英国专家带来“参与式”环境教育方式，强调互动参与性，突出实践能力培养的新理念；引入美国环境戏剧方式，通过形体动作表演和精炼的台词，以戏剧小品、活报剧方式表现环境主题。受洋科普理念的启示，组织了天文馆和丰台科技馆开发研制“天文”科普互动展品、麋鹿苑开发“动物的家”、大葆台西汉墓博物馆开发“模拟考古”、北京古代建筑博物馆开发“古建中的力”、东高地青少年科技馆开发“航天材料”科普互动展品等系列科普互动展品，将于2002年科技周期间推出。

四、媒体科普有新拓展

据2001年统计数据显示，北京电视台各频道共设立了世纪之约、科学探索等19个固定科技(普)栏目，北京人民广播电台各频道共设立了新十万个为什么、科技星空等10个固定科技(普)栏目，电台、电视台固定科技(普)栏目日播出时间已从2000年的506分钟增至2001年的670分钟，比2000年增加32.4%。

2001年，北京人民广播电台制作播放的反映航天科技工作者创业历程的《向天歌》还荣获了中宣部"五个一工程"奖；北京电视台世纪之约栏目自2001年9月开办"公众理解科学"论坛，其在10月31日制作的上下两集纪念美国天文学家、科普作家卡尔·萨根逝世5周年的谈话节目《魔鬼出没的世界》，引起国务院副总理李岚清的关注，并就此主持召开了研究科学普及工作的会议，提出了加强科学普及工作的几点意见。

《北京日报》、《北京晚报》、《北京青年报》三大市属非科技类报纸，充分发挥各自的职能作用，在办好原有科技(普)专版的基础上，注重科普活动的适时报道，并结合重大科技事件推出专题报道或开展知识竞赛活动。

作为大众媒介之一的科普图书出版，在2001年也喜获佳绩。市新闻出版局组织出版的《漫话金头脑》(6册)，获2001年度"五个一工程"奖、第五届国家图书奖和第四届全国优秀科普作品奖一等奖；《21世纪心理健康丛书》(5册)获第五届国家图书奖提名奖和第四届全国优秀科普作品奖一等奖；《生存训练丛书》(4册)、《漫画奥林匹克文明史探险》(8册)、《非常智慧》获第四届全国优秀科普作品奖三等奖；在第五届全国少儿优秀图书奖评选中，《非常智慧》获一等奖，《生存训练丛书》(4册)获二等奖，《漫画奥林匹克文明史探险》(8册)获三等奖。市科普创作出版资金，已资助科普作品54种(套)，正式出版31种(套)。

电影作为大众媒介的重要组成部分，在科普宣传中也发挥着重要作用。2001年电影管理组织部门市文化局、市新影联专门购买了13部《宇宙与人》16毫米电影拷贝，赠送给怀柔、密云、延庆、海淀等13个郊区县电影公司，从4月中旬即开始在京郊农村流动映出；11月1日至8日以胜利电影院为放映基地，举办了北京市科普电影展映周活动，放映了受到江泽民总书记高度赞誉的优秀故事片《詹天佑》、反映爱国科学家报效祖国的故事片《横空出世》，以及《冲天飞豹》、《噪声》、《我国空军装备》、《地下发射》等最新科教影片，并推出了一批军事资料片。

五、场馆建设取得新进展

2001年，市政府将北京自然博物馆、北京天文馆改造工程列入当年为市民办的60件实事。投入2400万扩建自然博物馆，使其新增建筑面积5500平方米；投入2.44亿改扩建天文馆，恢复其亚洲第一的地位。市计委立项支持中国科技馆三期工程的开工建设，市财政在2001年的体育、福利彩票收益中划拨了第一笔上千万元经费支持青少年活动场所建设。

六、反"法轮功"等邪教宣传转入新阶段

2001年，针对反"法轮功"等邪教，市科普工作联席会议在2月份及4月赶制了5套主题

分别为“崇尚科学、反对迷信、倡导文明、反对邪教”、“科学对法轮功说不”的科普展板，分东、北、西、南4线，利用市科普活动专项经费资助给远郊区县的14辆科普宣传车，在14个郊区县的学校、厂矿、社区、乡村巡回宣传。

资助110万元在5月份成立北京市反邪教协会及开展相应的系列宣传教育活动。反邪教协会在市委宣传部的支持与配合下，与市儿童艺术团联合创作了五幕话剧——《别了，邪教》；邀请科学家举办“崇尚科学，反对邪教”等多场科普宣传报告会；组织在京漫画家创作并推出反“法轮功”邪教的漫画巡回展。

市科协、首都精神文明办、市教委及各区县利用放映录像片、展板、挂图等形式，开展宣传教育。18个区县开展了“反邪教、保障人权”百万公众签名活动，共有174579人签名。

七、面向对象的科普强调“两围绕”、“两创新”、“两定位”、“三个结合”、“三个走进”形成新工作点

领导干部科普从“两围绕”即“围绕前沿科技、围绕提高决策水平”开展了各类活动；青少年科普在“两创新”即“提高创新素质，培养创新精神”上，推出一批具有北京特色的青少年科技教育“名牌”活动项目；职工科普在“两定位”即：“定位在提高职工素质、定位在行业特色”上组织开展了一系列活动。乡镇科普工作在“三个结合”上下功夫，即与京郊农业产业结构的战略调整结合起来、与扶贫帮困和农民致富结合起来、与创建文明村镇结合起来，强调提高农民科学素质就是要使农民自身“强壮”起来这一重要环节；社区科普围绕走进家庭、走进生活、走进科学家的“三个走进”，在市、区(县)、社区和乡镇开展了各类科普活动。

八、能力建设又有新提高

(一) 加强法制及规划力度

市规划委为落实“科学主题公园”的建设规划，多次与市科委、市计委、市科协共商有关问题。为落实《条例》对区县科技馆建设的有关规定，利用市科普活动专项经费及在京场馆的资源，支持了丰台科技馆、东高地青少年科技馆、密云科技馆、门头沟大峪中学、平谷青少年活动中心、怀柔和延庆气象局的科普展厅的改陈及新建展厅陈列工作，以有效激活基层科技馆的展教功能。

(二) 密云、房山落实了科普活动专项经费，恢复了科技馆的科普展厅

2000年，18个区县中，密云、房山两区县未能按《条例》规定落实科普活动专项经费，引起联席会议主席林文漪副市长的重视，亲自致信两区县一把手。截至2001年底，这一问题已得到彻底解决。

另外，密云由于县城改造将原科技馆拆除、房山由于区政府迁址到良乡将原房山镇科技馆改做他用。根据《条例》规定，应予以恢复或重建，林副市长在致两区县一把手的信中也明确指出了此问题。目前，两区县已在新建的科技大楼中各设立了近千米的科普展厅。密云布置了新的展陈对群众开放，房山科技展厅也将在2002年对群众开放。

(三) 人事局积极着手解决科普工作者的职称问题

为落实《条例》关于科普工作者评定职称时的有关规定，市人事局组织有关处室人员组成

调研小组，在对市属主要科技类博物馆、区县科技馆的职称现状进行实地调研的基础上，将提出科普工作者职称问题的具体解决方案。

（社会发展处）

建立孵化体系，支持创新创业

1999年12月，市委八届四次会议提出实施"首都二四八重大创新工程"后，首都创业孵化体系建设工作取得了长足进步。孵化器的数量及其在孵企业的总体规模快速增长，其种类与运作形式呈现多样化，在与其他社会资源的结合上也做了许多新的探索，孵化器成为北京发展高科技产业的重要措施。我们取得了一定的成绩和经验，但面对新形势和创业者的需求，孵化器体系的建设工作还存在一些不适应，现将有关情况报告如下。

一、概　　况

1989年北京市建立了第一家科技企业孵化器——北京高技术创业服务中心。在此之后的10年中，北京孵化器的建设进入了初创期，发展速度较慢。1999年底，全市孵化器总数为12家，孵化场地10万平方米，在孵企业300家，在孵企业当年销售总收入10亿元。2000年实施"首都二四八重大创新工程"后，孵化器建设进入了快速发展阶段。截至2001年10月底，全市创建孵化器47家，数量为全国总数的15%以上。其中综合性孵化器23家，专业技术孵化器24家。共有孵化面积46万平方米，其中新建面积22万平方米，利用已有建筑改造的面积24万平方米，在孵企业1110多家。今年，孵化器在孵的980家企业总计实现销售收入35亿元。10多年来，全市累计对科技企业孵化器的建设投入资金11亿元，特别是近两年投资力度加大，总投资8.2亿元，其中市财政投入0.4亿元，吸引社会各类资金投入7.8亿元。去年市政府发布了全国第一个促进孵化器建设的文件《关于加快科技企业孵化器发展若干规定》，根据文件精神，有14家孵化器被认定为"北京市高新技术产业孵化基地"，总孵化面积18万平方米，在孵企业780多家，孵化器的平均入驻率为93%。

二、特　　点

（一）初步建立起一支具有职业道德、服务意识和团队精神的孵化器管理队伍

孵化器质量的优劣和服务水平的高低，关键在于管理队伍。经过近两年对孵化器管理人员的不断培训和实践，这支队伍的素质迅速提高，大部分管理人员有技术背景、懂经营管理，有较高的文化修养。认定的14家"孵化基地"共有管理人员98人，全部是大专学历以上，其中博士3人，硕士22人，大学本科51人。孵化器经理中，硕士占50%以上。

（二）孵化器发展速度快

首都的科技资源丰富，科技人员的创新意识强，创业活动活跃，对孵化器的客观需求相对强烈。加之政府的大力推动，孵化器发展速度很快。目前全市孵化器的数量和总孵化面积是

1999年底的4倍,在孵企业数量是1999年底的3倍。

(三)形式多元化

孵化器建设不再只是政府和科技园区的工作,在近两年内,大学、科研机构、国有企业、民营企业、金融投资机构以及外资机构等纷纷投资新建或利用已有建筑改建孵化器。在新组建的孵化器中,区县政府投资5家,大学和科研机构投资12家,国有企业投资6家,外商投资2家,风险投资机构参与了9家孵化器的组建。同时,孵化器自身的运作模式也不限于事业单位形式,有40家孵化器以公司形式运作。

(四)专业化

针对新创企业对技术平台和专业技术服务的迫切需求,建立了一批专业技术孵化器。这些孵化器将孵化对象设定为某一专业技术领域的企业,为其提供共用技术平台和其他专业支持,促使在孵企业快速成长。目前这类孵化器有生物医药技术、新材料技术、软件技术、计算机芯片技术、节能和环保技术、制造业孵化器等等。

(五)扶持留学生创业

吸引留学生归国创业,是近两年北京发展高科技产业的重要举措,孵化器为此开展了积极的工作。我们创建了5家留学生创业园,全力扶持留学人员归国创业,其中,海淀留学人员创业园是全国规模最大、留学人员企业最多的孵化器,已有留学人员140多名,创办了127家企业。去年2月入驻海淀创业园的北京神州泰岳科技公司,是从美国回来的甄岳宾创办的,公司的技术人员中有在美国CA公司、IBM公司、惠普公司工作过的留学人员,整个团队素质非常高。公司的主要业务是做软件系统集成,经过创业园的孵化,目前公司下属有三个子公司,去年技工贸总收入在中关村科技园区排名第132位,今年预计销售收入2亿元。同时,其他孵化器也将吸引留学生创业作为自己的重要工作。目前孵化器中已吸引留学归国创业人员300多位,创办企业近200家。

(六)国企创办孵化器

1999年,在科技部徐冠华部长亲自指导和市政府的支持下,北京内燃机集团创办了全国第一家在国企内部的孵化器,两年来孵化器孵化企业17家,盘活国有资产近2000万元,安排300余名职工再就业。在北内孵化器的带动下,化工系统的崇熙孵化器;冶金系统的诺飞孵化器、首特孵化器;材料系统的北新孵化器;电力系统的鲁能孵化器等在国企内部纷纷建立。这些孵化器的特点是,以国企为主,吸引科研院所、大学、开发区、投资结构共同投资组建股份制公司,利用闲置厂房、设备、以减少孵化成本,快速扶持大量与国企主业相关的中小企业;孵化器本身依现代企业制度运营,能够对国企的机制改革产生积极影响;孵化器培育的一批有活力的新企业和新技术,可以为国有企业创造产品结构与产业结构调整的新契机。

(七)大学科技园蓬勃发展

大学科技园是一种更靠近技术创新主体、更容易为创业者提供创新支持的孵化器。大学科技园的工作重点除了孵化高新技术企业,还要注重科技成果转化和复合型人才培养。北京地区正在建设大学科技园的有15家大学,其中清华大学科技园和北京大学科技园被科技部、教育部认定为国家级大学科技园,北京化工大学等八所大学的科技园认定为市级大学科技园。目前,10个大学科技园为创新、创业服务提供了30万平方米的场地,计划到2010年,将达到200万平方米。

（八）孵化功能不断完善

孵化器对企业的服务，不再限于简单的提供经营场地、帮助企业注册等等，而是延伸到提供国内外最新科技和产业信息；人力资源与市场信息；开展各种交流、会展活动；政策咨询；投融资服务以及与政府和中介机构的对接等更广泛的领域。其手段是孵化器与技术创新主体、投资主体和公共服务体系的对接。孵化器开始注意接近大学和科研院所中的科技资源。孵化器与风险投资机构开始在孵化器的组建与运营、项目的融资等方面展开合作。孵化器也已经与部分公共服务机构和专业服务机构展开双向的沟通与合作。

三、取得的经验和采取的措施

在近两年实施首都创业孵化体系的建设过程中，我们的经验是：

（一）政府在提供强有力支持的同时，要推动孵化器建设的市场化

在当前和今后一段时期，政府在孵化器的发展中，还要扮演重要的角色。政府将继续在资金、政策等方面扶持孵化器。同时，由于孵化器的孵化对象是活跃的市场主体，孵化功能的发挥依赖于对市场资源的有效整合，孵化器自身必须是市场化的。也就是说，孵化器的主要投资，应当来自市场；孵化器的运营，应当遵循市场规律。忽视孵化器所应有的市场化特点，会阻碍其发展。近两年我们强调孵化器的市场化特征，努力促成市场资源与孵化器的组合，推动了孵化器事业的发展。

（二）孵化器管理团队的素质和能力是孵化器取得成功的重要因素

孵化器在全世界只有不到50年的历史，在中国也才发展了10多年，还是新生事物。孵化器没有确定的模式，市场状况和创业者对孵化器的需求不断变化，不同的投资人在孵化器发展的不同阶段对孵化器有不同的要求。因此，孵化器的经营需要不断创新，经营管理团队必须具备良好的文化修养与技术背景，具备沟通、协调等方面的能力。

（三）孵化器要起到“哑铃”作用

孵化器需要在实现创业者聚集的基础上，一方面与创新源建立畅通的渠道，使技术创新成果不断转化为现实生产力，并为中小科技企业储备不竭的技术源泉。另一方面，要与中介服务体系和风险投资密切结合，使在孵企业获得低成本高效率的创业支持。

在这两年的工作中，我们主要采取了如下几个方面的措施：

一是领导重视。市委市政府主要领导高度重视科技成果转化和科技企业孵化工作，多次对科技企业孵化器建设给予指示，市政府主管领导更是经常深入孵化器及其在孵企业进行调研和指导。

二是在全国率先制定专门的推动孵化器发展的规划和政策。市政府将创业孵化体系建设纳入“首都二四八重大创新工程”，批准实施了《科技企业孵化器建设十五发展纲要》，出台了《关于推动科技企业孵化器发展的若干意见》，制定了《北京市关于进一步促进高新技术产业发展的若干规定》，对孵化器事业进行宏观指导与政策扶持。

三是资金支持。近两年，市科委每年在孵化器建设上的投资达3000万元，区县政府和高新区共投入资金近4亿元。相关委办局在孵化器的注册登记、税收、人才引进、资金等方面给予了大力支持和协助。

四是采用了民间推动的手段。为实现企业孵化资源的整合，我们创建了北京创业孵育协会这个企业孵化器的民间专业组织。协会由孵化器、投融资机构、中介咨询机构、研发机构、大企业以及在孵企业等组成，旨在通过组织成员间的交流活动、培训、孵化器理论研究、国际合作渠道的拓展等工作，切实推动首都创业孵化体系建设。经过一年多的努力，协会构建起孵化器之间交流与协调的网络，代表孵化器集体与其他社会资源进行沟通与合作，成为政府与孵化器产业间的桥梁。

五是进行孵化器管理团队的培训。为提高孵化器管理团队的素质和能力，我们通过举办研修班、讲座等形式，对管理人员进行孵化器管理、企业诊断、技术知识等方面的培训。同时，利用国际交流的机会锻炼孵化器管理队伍。近两年，每年有超过30位国际孵化器专家和学者来京考察和交流。每年我们派出30人赴国外考察及参加国际会议。我们每年五月举办“科技企业孵化器国际论坛”，邀请国内外著名孵化器专家来京演讲，并与本地的孵化器管理人员就相关理论和实践问题展开研讨。

六是推动理论研究。孵化器发展过程中，不断出现新情况和新问题，实践总结和理论研究非常重要。市科委每年出版《北京科技企业孵化器年度报告》，为相关研究提供基础和参照。目前有包括中国社会科学院、中国科学院、中国人民大学、清华大学等单位的近十个课题组在进行有关孵化器与科技创业的理论研究，其中多数得到市科委的资助。孵化器经营管理者研究的气氛浓厚，他们经常就工作中的问题聚会讨论、交流经验。

（高新处）

利用入世契机，实施“科技兴贸”

2000年，在“科教兴国”战略方针的指导下，在市委、市政府的高度重视和正确领导下，我市高新技术产业发展取得重大成就。全市各行各业广大干部、职工和科技人员紧紧抓住有利时机，面对激烈的市场竞争，在努力提高产业素质和创新能力的同时，千方百计扩大高新技术产品出口，实施“科技兴贸”战略成效显著，为实现出口商品结构调整和全年外贸出口增长做出了贡献。

据统计，2000年全国高新技术产品出口370亿美元，增长50%，占全国出口总额的比重达到15%。北京地区高新技术产品出口额为近23亿美元，占北京地区出口总额的19%，比上年增长1.1倍。以移动通信设备、程控交换机和集成电路为主的电子信息类产品出口额最多，约占北京地区高新技术产品出口总额的83%。从贸易方式上看，加工贸易出口比例最高，约占北京地区高新技术产品出口总额的84%，主要出口市场占前几位的分别是香港特别行政区、日本、美国、芬兰、德国、英国等。

2000年市外经贸委、市科委优选了电子信息、新材料、生物医药、消费类电子、光机电一体和新能源等领域50家企业、50种产品作为北京市高新技术产品出口的重点给予支持。这些企业完成产品出口约18亿美元，同比增长1.7倍，占北京地区出口总额的15%。

北京市去年高新技术产品出口增长较快的主要原因：一是发挥政府宏观指导和服务作用，为高新技术产业发展和高新技术产品出口创造条件；市委、市政府出台的一系列促进高新技术产业发展的政策措施呈现实效，按照“首都经济”、“知识经济”发展方向，实施“首都二四八重大创新工程”,加快中关村科技园区建设,带动了北京市高新技术产业的快速发展,为高技术含量、高附加值产品出口提供了物质基础;国家和北京市出台的一系列鼓励高新技术产品出口的政策措施,如高新技术产品出口实行全额退税、降低高新技术企业申请自营进出口权标准和一般贸易出口贴息等发挥了积极作用;市外经贸委、市科委还联合举办了两期“科技兴贸”网上培训,使企业尽快熟悉和掌握这些政策;举办和参加第三届“高新技术产业国际周”和第二届深圳“高交会”等大型贸易促进活动;这些政策、措施和工作,为北京市高新技术产品出口创造了有利条件。二是北京市投资环境不断改善,外商投资高新技术产业项目数量和规模不断扩大。三是去年国际市场特别是电子信息产业市场需求旺盛,企业抓住有利时机,千方百计扩大出口,特别是向发达国家出口增幅较大,使欧美成为北京市主要出口市场,市场多元化战略显现实效。

虽然北京地区高新技术产品出口额增幅较高,发展较快,但总量相对较少,具有自主知识产权的高新技术产品出口还不到20%,与发展首都经济的总体要求还有较大的差距。因此,充分发挥北京科技优势,大力发展高新技术产业,加速实施“科技兴贸”发展战略,即是发展首都经济的要求,也是提高外贸出口对全市经济发展带动作用的根本途径。

“十五”期间,北京市外贸进出口的预期目标是:市属企业累计进出口555亿美元,比“九五”期间增长48%,年均增长8.2%;其中累计出口255亿美元,比“九五”期间增长47%,年均增长8%。在刚刚召开的全市外经贸工作会议上,市政府按照“十五”计划的要求和2001年北京市对外贸易发展的客观条件,提出2001年全市外贸进出口的预期目标为125亿美元。

为实现上述调控目标,2001年北京市高新技术产品出口要在质量和档次有所提高的基础上,力争实现稳步增长,特别是在软件出口方面有所突破。市外经贸委、市科委在总结2000年“科技兴贸”工作的基础上,研究确定了今年北京市实施“科技兴贸”发展战略的思路、方向和主要工作,现提出如下指导性意见。

第一,进一步明确发展高新技术产品出口的指导思想,巩固和培育一批骨干高新技术出口产品和出口企业,确保今年北京市高新技术产品出口的稳步增长。

实施科技兴贸发展战略以来,受到了各级领导的高度重视。江总书记指示:“实施科技兴贸和市场多元化战略,调整进出口结构,提高出口产品科技含量,努力扩大出口。”为此,外经贸部、科技部提出今年实施科技兴贸战略总的要求是:落实五中全会和中央经济工作会议精神,加快优化出口商品结构,促进我国高新技术产业国际化,带动国内产业结构升级。发挥政府的政策引导和服务功能,在发挥比较优势的基础上,创造新的竞争优势,推进我国由贸易大国向贸易强国的跨越。

根据这一总体要求,今年北京市科技兴贸工作将在具有技术优势的领域扶植一批国际竞争力强、规模效益大的骨干出口企业,培育一批有自主知识产权的附加值高的高新技术出口产品,以加快北京软件产业基地建设为重点,大力促进北京市软件产业发展和软件产品出口。通过重点扶植,带动北京市产业结构升级和国民经济素质提高。

2001年市外经贸委、市科委将对重点出口企业进行调整,提高生产自主知识产权产品、有一定出口潜力的企业以及软件企业的比例,给予重点支持(重点企业目录另文下发),以此带动北京市高新技术产品出口的稳步增长。

第二,加速中关村科技园区建设。

2000年北京市制定和出台了《中关村科技园区条例》,在众多条款上实现了政策突破。中关村科技园区要注重引进大型科技制造业，有选择地吸引国内外高技术大公司进驻；注重科技成果的转化，努力实现知识创新、技术研发、企业生产以及市场营销的产业化全过程。进一步加快重点项目和产业基地的建设，努力使中关村科技园区真正成为首都乃至全国高新技术产业和高新技术产品出口的基地和代表。

第三，通过自主开发和技术引进，加大运用高新技术成果改造传统出口产业的力度。

继续以纺织后整理、计算机集成制造技术、环境保护以及农产品深度加工等领域的薄弱环节为突破口，将高科技渗透到传统出口产品中，提高这些产品的技术含量和附加值，带动全市产业结构的升级和出口商品结构的优化，从根本上增强北京市出口竞争力和抵御外部风险的能力。

第四，促进科技进步，提高北京市科技的创新能力。

推动高新技术产品出口要为北京市科技进步服务，以实施“首都二四八重大创新工程”为重点，充分发挥企业在科技成果商品化、产业化、国际化方面的主力军作用，建立和完善区域创新体系和机制。在保证我国科技安全，遵守国际有关协议和协定的基础上，积极参与国际高新技术研究及产业发展方面的合作与交流，面向国际市场引导北京市技术创新和高新技术的发展。

第五，完善高新技术产业发展及产品出口的政策体系。

1. 运用多种经济手段支持高新技术产品出口。

国家对列入《中国高新技术产品出口目录》的产品实行全额退税；软件出口企业的软件产品出口后，凡出口退税率未达到征税率的，经国家税务总局核准，可按征税率办理退税。中国进出口银行对列入《中国高新技术产品出口目录》的产品和软件出口产品提供优惠利率的信贷支持，并为高新技术产品出口提供较为完善的出口信用保险服务等。

北京市已建立了高新技术产品出口发展专项基金，采取贴息、专项补助等形式，鼓励扩大高新技术产品出口。

2. 积极落实在中关村科技园区建立“国家高新技术产品出口工业园”（以下简称“工业园”）的工作。

为探索有中国特色的高新技术产品出口的新路子，国家外经贸部、科技部准备在全国范围内选择少数具备监管条件的国家高新技术产业开发区建立规范的高新技术产品出口工业园。“工业园”为国家高新技术产业开发区的重要组成部分，实行封闭监管，并参照国际上“境内关外”的通行做法，对其商品、人员、资金等进出境创造便捷高效的运作环境，在更高程度上参与全球高新技术产业合作与竞争。

3. 支持高新技术产品出口企业开拓国际市场。

建立健全为高新技术产品出口服务的外经贸促进体系。市外经贸委、市科委将有计划、有重点地组织高新技术企业赴外考察和产品推销活动；办好“国际周”、“高交会”等组织工作；对中小高新技术企业和软件出口企业参加国外各类博览会和国际市场推广给予资助和支持；鼓励软件出口型企业通过 ISO9000 系列质量保证体系认证和 CMM（能力成熟度模型）认证，其认证费用通过中央外贸发展基金适当予以支持。上述资助和支持，按照《关于印发中小企业国际市场开拓资金管理暂行办法的通知》（财企[2000]467 号）执行。

对经过有关部门认定和注册资本超过 200 万元人民币的高新技术产品生产企业，注册资金在 100 万元人民币以上（含 100 万元人民币）的软件企业，实行自营出口权登记制。

自营出口额达到一定规模的高新技术企业可兼营与本企业自产产品相关的其他同类产

品,以利用高新技术产品的进出口带动其他产品的出口;符合条件的软件自营出口企业可向对外贸易经济合作部申请在境外设立分支机构。

软件出口企业的经常项目外汇收入可凭有关单证直接到银行办理结汇和入账。对于经出口收汇考核确认为荣誉企业的中资软件自营出口企业,均可开立外汇结算账户,限额为企业上年出口总额的15%。对于年进出口额1000万美元以上、资本金3000万元人民币以上的中资软件自营出口企业,按《关于允许中资企业保留一定限额外汇收入通知》(银发[1997]402号)执行。

加强外经贸信息服务促进工作,健全国际市场信息网络,在EDI商务网下建立专门收集处理国际高新技术及其产业行情与信息的专用分网,为各类高新技术产品生产和出口企业提供及时周到的信息服务;组织筹建北京国际技术和产品交易网。

4.鼓励高新技术产业利用外资和引进先进技术。细化外商投资产业指导目录中的高新技术产业目录,将所有高新技术产业列入鼓励类产业之中,进口硬件设备和软件技术享受免征关税和增值税待遇;创造必要条件,吸引跨国公司在京设立研发中心;鼓励有条件的高新技术企业开展跨国经营,为其在海外设立研发中心、合资合作生产、加强国际技术交流、聘请国外高科技人才提供便利条件。

5.做好人员培训工作。今年市外经贸委、市科委将有重点地开展多种形式的人才培训,加强高新技术产品出口队伍的建设。

以上指导意见和工作安排,请全市各部门结合实际,认真执行,有何困难和问题及时反映。

(高新处)

营造良好环境,促进科技中介体系发展

21世纪的到来,使人类社会又进入了一个崭新的、关键的时期。经济发展、科技进步和信息革命推动了世界经济的全球化、市场化进程。加入WTO后,意味着我国将以前所未有的广度和深度融入并参与到经济全球化中。WTO规则针对的主要对象是政府而非企业,政府要在一系列的改革和职能转变过程中,做到三个还权:还权于企业,还权于市场,还权于中介组织。由此可见,中介组织在开放的市场体系中将扮演着更加重要的角色。

一、发展历程

改革开放以来,中介机构迅速发展,业务类型、服务领域不断拓展,高水平的中介机构大量涌现,与市场经济体制相适应的区域性科技中介服务体系逐步形成。北京科技中介机构的发展大体经历了以下四个阶段。

初创阶段(1978—1983年):一些零散、没组织的科技中介机构诞生。产生了早期的技术市场和具有技工贸一体化特色的民营科技企业,出现了初期的中介服务组织。1979年,北京市科协率先创办了第一家咨询服务机构——科技咨询服务部。1980年,第一家民营科技开发服务机构——北京先进技术发展服务部在中关村诞生。这个时期的标志,是一些零散、没有组织的科技中介机构诞生。

发展阶段(1984—1991年):出现了促进科技中介机构发展的市场环境。国家陆续颁布了《技术转让暂行办法》、《技术合同法》等,奠定了技术商品化的法律基础。1987年北京市成立了技术市场管理办公室,规范了技术市场,并出台了税收鼓励政策。一系列政策法规的出台,为科技中介机构的发展营造了良好的市场环境。

突破阶段(1992—1998年):初步形成了科技中介体系的框架。科技中介在行业结构、服务内容、中介手段和经营规模上得到了一定的发展,特别是形成了以技术中介、人才中介、咨询中介、融资中介和研发条件中介为特征的科技中介体系框架。

体系形成阶段(1999年以来):北京市政府按照中介体系的特征构建了首都经济创新服务体系的框架,科技中介作为主体和核心。1999年8月全国技术创新大会的召开给科技中介机构的发展提供了良好的契机。为了贯彻全国科技大会的精神,1999年12月北京市召开了党的八届四中全会,发布了《中共北京市委关于加强技术创新,发展高科技,实现产业化的意见》。《意见》中提出了重点实施"首都二四八重大创新工程","二四八工程"是市委、市政府结合北京的城市特点和比较优势做出的重要战略决策,是首都发展高新技术产业的核心工程,它包括建立两大体系,建设四个基地,实施八大示范工程。其中建立首都经济创新服务体系作为实施二四八的重要内容被列在首位。它的建立将有利于逐步形成市场化、社会化的创新机制和创新环境。这个时期北京市政府根据中介体系的特点构建了首都经济创新服务体系的框架,科技中介作为其主体和核心部分。

二、发展特点

(一)搭建服务平台,改善政策环境

北京市政府十分注重制度创新、管理创新和科技创新,强调树立服务意识,提高管理层次,与企业建立良性互动关系,政府主管部门不在参与企业行为,而把主要精力放在搭建平台和改善政策环境上。首都经济创新服务体系就是北京市政府为加速首都区域创新体系建设,优化创新环境,培育创新文化而搭建的服务平台。让各类创新主体和科技中介机构在这个平台上从事多姿多彩的创新创业活动。它的建立对有效配置科技资源,加速科技成果产业化,提高区域持续创新能力,推动首都高新技术产业发展,加快中关村科技园区建设步伐具有十分重要的意义。

首都经济创新服务体系的建设以先发展、后规范为原则,重点在构建创新服务体系框架,营造良好政策环境,促进科技中介机构发展方面做了大量工作。尤其是在起步阶段,为了有效推进创新服务体系的建设步伐,形成科技中介市场的良好氛围。在市政府各有关部门的配合下,开展了一系列前期调研,对北京地区科技中介机构的现状进行了广泛、系统的摸底调查。根据科技中介机构的发展现状和特点,市政府制定并出台了《首都经济创新服务体系发展纲要》,作为建设首都经济创新服务体系的指导性文件。同时,在市政府新近出台的《关于进一步促进高新技术产业发展的若干规定》中,特别鼓励发展与高新技术企业和高新技术成果转化相关的、为高新技术企业提供多方位服务的科技中介机构,并出台了相应的鼓励措施。

首都经济创新服务体系主要由行业协会、专业服务中心和科技中介机构等组成(统称创新服务机构),其目的是通过推动创新服务机构发展,建立信息与交流网络,提供各种专业化服

务，促进不同创新组织之间的联系与互动，形成以建设法制化、组织网络化、功能社会化、服务产业化为特征的服务网络。体系的建设以政府推动、市场运作、构筑产业为原则，以构建创新服务网络、集成创新服务资源、规范创新服务市场、提升创新服务能力为宗旨。它的基本功能是提供人力资源、融资、技术、信息、咨询以及其他中介等各种专业化服务。

首都经济创新服务体系的建设启动两年来，各类创新服务机构有了较大发展。据不完全统计，截至2000年底，北京地区的创新服务机构总数达到4000多家，其中相关行业协会有144家，各类专业服务中心555家，科技中介机构3360家。从业人员有14万余人，涉及技术、信息、咨询、人才、融资、法律、会计和知识产权等20多个服务领域。2000年，北京市创新服务机构的营业收入达258亿元，比1999年增长32%；开展咨询服务项目近20万个，咨询服务项目收入65.2亿元，比1999年增长70%；创造服务增加值61亿元，比1999年增加19.78%，占全市(GDP)的比例2.49%，年增长率37%。这个数字不仅高于全市GDP的增长速度，也高于全市第三产业增加值的增长速度。由此可以看出，科技中介服务业已经成为第三产业中新的经济增长点。

(二)科技中介服务网络基本构成

首都经济创新服务体系的建设立足于北京，服务于北京。体系建设的基本框架设计分为两条主线：一是建立以高科技产业中的成熟企业和孵化器里刚开始创业企业中的技术创新活动为主要服务对象的体系；二是建立以首都的科技创新活动为主要服务对象的体系。在为企业技术创新活动提供服务这条主线中，着重建立了人力资源、融资、技术交易、信息咨询以及其他相关中介(律师、会计等)等五个服务系统。在为科技创新活动提供服务这条主线中，着重建立了专业技术平台、公共技术支撑和科技条件服务三个服务系统。各系统之间构成了相互联系、相互支撑、不可分割的有机整体，以创新服务为主要内容的科技中介网络已经基本形成。如市政府重点建立的软件园、新材料园、生命科学园和大学科技园是为科技创新活动搭建的专业技术平台，已经开始为高新技术产业的发展起到了积极的促进作用。

(三)行业组织基本健全，行业协会的作用日趋明显

随着政府的体制改革，行业协会在社会上的作用日趋明显，促进行业协会的发展被作为首都经济创新服务体系建设的一项重要内容。近年来，北京市政府在着重推进相关行业协会的建立和发展，指导行业协会建立科学、民主的决策程序和行之有效的自我管理和共同发展的模式，提高协会的服务意识和能力，确立它在行业中的地位，使行业协会成为科技中介机构与政府、企业联系的桥梁和纽带。近年来，相继成立的北京科技咨询业协会、北京创业投资协会、北京创业孵育协会等创新服务的行业组织，已经在社会上引起了广泛的影响。许多协会采取资质认证、信誉评估等措施，逐步承担起了规范行业行为，加强行业自律的职责，引导科技中介机构的运作向规范化方向发展。如北京科技咨询业协会，根据北京市科委批准制定的《北京科技咨询机构信誉评审暂行办法》和《北京科技咨询业协会注册咨询师认证及管理办法》，已分别评审认定了67家咨询信誉机构和548名注册咨询师，他们已经成为科技咨询业的骨干力量。许多行业协会还定期举办各种形式的交流和沙龙活动，加强政府与中介机构、企业与中介机构以及中介机构之间的交流与沟通，在信息沟通与协调等方面提供完善的服务。其中北京创业孵育协会的“创业港”、北京新技术产业开发试验区高新技术企业协会的“企业家俱乐部”等已成为品牌固定下来。

为使行业协会健康有序地发展，在今年市政府颁布的《中关村科技园区条例》的配套文件中又专门出台了《中关村科技园区社会团体管理办法》和《中关村科技园区协会组织活动经费资助办法》，以规范行业行为，鼓励行业协会开展交流活动。中关村科技园区建立了协会联席会议制度，在协会与政府、协会与协会之间构建了信息交流的平台和网络，并为开展活动的协会提供场所和经费资助。由15家协会与首创集团共同发起成立的中关村科技园区翠宫俱乐部，作为政府、科技界、企业界以及中介机构交流活动的场所，已开展活动90多次，共有1200多人次参加了活动，收到了很好的效果。

（四）专业化服务体系基本形成

各类专业服务中心是首都经济创新服务体系的一支重要力量，他们的建立和发展对实现全方位、多层次、高水平的创新服务关系重大。北京市政府不仅在政策上鼓励扶持各类专业服务中心的建设，同时也在积极引导社会力量创办技术创新亟须的各类专业服务中心，增强其服务功能，逐步形成多层次、多渠道、多元化的专业化服务队伍。到目前为止，北京地区以培育、扶持高新技术企业发展，促进科技成果产业化的专业服务机构——高技术创业服务中心已有23家；以科技型中小企业为服务对象的专业服务机构——生产力促进中心已有30多家；以实现政府一站式办公，为企业提供咨询审批等一条龙服务的场所已陆续在18个城区县建成。如2000年建成并投入使用的朝阳区投资服务大厅，运行一年来，实现了“一站式+网络化”功能，已经成为投资服务的基地、展示朝阳的窗口和商务活动的重要场所，为企业提供了全面、优质、快捷的服务。另外，出现了许多以领域服务为主要切入点的专业服务机构，如科技人才服务中心、工业设计中心、新材料中心、软件促进中心、生物和新医药中心、可持续发展中心、农村服务中心等各类专业化的服务中心，他们已经成为一支重要的服务力量。市政府还先后建立了软件技术支撑服务平台、生物技术支撑服务平台、信息资料服务平台、公共测试平台和共享实验室服务平台等，为科研机构和大学的科技创新提供服务。这些专业化的服务机构均分布在中关村科技园区和各个区县内，按区域或领域逐步形成了功能性强、目标清晰、特点突出的服务系统。

（五）创新服务示范工程的实施，带动了相关服务领域的发展

围绕创新服务体系的建立和发展，北京已经开始在条件成熟或亟待发展的服务领域实施创新服务示范工程，重点扶持一批服务能力强、特点突出、运作规范、信誉良好的骨干创新服务机构和队伍，打造精品服务项目，带动相关服务领域的发展。目前，已经启动了科研条件服务、高级人才开发培训服务、中小企业生产力促进服务、朝阳商务区创新服务和技术交易服务等五个示范工程。这些示范工程进展顺利，有些已开始显现成效。如科研条件示范工程的实施，在中关村科技园区内建立了北京科技条件市场，形成了集大型科学仪器设备协作共用、化学试剂展示、技术服务和网络信息为一体的科技条件平台，市场面积达5000平方米。市场开业至今已举办了33场技术交流会和专题展览会，培训中小企业科技人员500多人，签订技术服务合同10余项，为企业设计了约3000万元的实验室投资方案，在社会上引起了很大的反响。一些大型国有企业也相继把闲置的仪器和设备拿出来建立共享实验室，为社会服务。

（高新处）

以创新思想推动生物医药与新材料产业格局的形成

2001年生物医药与新材料领域紧密围绕“首都二四八重大创新工程”组织落实三大领域——生物医药、新材料和医疗卫生的重大项目的实施，促进北京两大基地——生物基地和新材料基地的建设。

一、生物基地建设

北京生物基地的建设经过整合地区资源，形成“一园、一谷、一城、一带”的具有首都特色的地域格局。

基地建设以“一园”为重点，“一园”即中关村生命科学园。

在中关村生命科学园市政基础和主体景观建设全面展开的同时，我们积极组织筹措国家级高水平的大项目进驻，成立了项目推进小组，多次组织协调会议，积极做好协调工作。目前已有以下重点项目将陆续进驻生命科技园区：①生物芯片北京国家工程研究中心；②国家基础生命科学研究所；③北京生物医药孵化器项目；④国家“863”作物分子作物中心；⑤北京科宇干细胞中心项目；⑥“863”疾病动物模型基地。

二、新材料基地建设

在已有的北京新材料基地规划的基础上完善、补充，制定北京国家新材料基地规划，提交市政府通过，并以市政府名义报国家科技部，确定北京作为全国新材料产业创新基地的地位，争取国家在北京地区的投入。

(一) 推进中关村永丰基地新材料园的建设

与中关村管委会协作，在中关村永丰基地划出一定区域作为中关村永丰新材料园。协助中关村管委会、永丰基地建设有限公司合作做好中关村永丰新材料园的项目推荐和筛选，目前已启动永丰产业基地建设1.2平方千米纳米材料园，依托中科院等单位，目前已有中商世纪纳米公司。此外，中科院纳米工程中心、安泰科技股份有限公司、北京百慕航材高科技股份有限公司、国家镁合金工程中心已签订入驻协议。

(二) 空港地区新材料基地的建设

通过协助新材料上市公司，落实产业基地，寻求发展空间。目前北京已上市或准备上市新材料企业有9家，位居全国之首。2001年几家上市公司落实了产业化基地。

安泰科技股份有限公司已决定落实在该基地并与北京空港科技园区股份有限公司签订土地预定意向书，拟在北京天竺空港工业区购地约190亩，建设“安泰科技新材料产业园”，园区主要用于募集资金投资项目建设和新材料项目孵化器建设。该项目所需资金由公司超募资金投入。

北京有研半导体材料股份有限公司与北京林河工业开发区签署协议，总投资20亿元的国内最大半导体材料基地项目建设开始启动。该基地一期计划投资2亿元，在今年内建设年产25吨6英寸区熔硅单晶和年产40吨重掺砷硅单晶两条生产线。

星辰华工新材料股份有限公司和蓝星清洗股份有限公司已决定在空港建立新材料基地，重点发展工程塑料、膜材料等新材料。

三、创建专业孵化器专业和服务支撑平台建设

专业孵化器建设

一批国家一类新药进入临床：

抗肿瘤新药K-001，北京华世嘉业医药技术有限公司；

白细胞介素-1受体拮抗剂(IL-1ra)，北京北医联合生物有限公司；

肾钠肽脂质体，北京沃华生物大分子应用开发有限公司；

盐酸埃他卡林(947)，军事医学科学院毒物药物研究所。

以重点发展领域为主，结合科技体制和机制创新，组织跨行业跨学科及关键技术的重点课题：

生物医药领域六大重点攻关项目；

新材料领域五大重点攻关项目；

医学领域五大重点攻关项目。

四、2002年工作思路

(一) 巩固发展北京在三个领域中的创新地位，形成具有国际竞争力的优势领域

1. 从技术源头出发，瞄准国际前沿，坚持我们工作与国家级计划同步衔接，组建具有国家标准的科技队伍。

2. 结合地方政策以人为本，采用新机制及部分投资机制、合作股份制，构建新机构，留住人才，留住企业。

3. 研究组建国际化水平的竞争。

4. 探索建立虚拟无围墙的研发中心。

(二) 进一步建立健全领域信息咨询服务系统

1. 大力发展为领域服务的专业中介机构。

2. 大力发展专业孵化器。

(1) 建立科方高分子孵化器。

北京化工研究院等单位联合建立，该孵化器利用已有中试车间和实验室等条件对入驻企业进行专业服务、孵化。

(2) 建立万辉制剂专业孵化器。

该孵化器由万辉药业集团等单位组建，通过与英国公司产品合作在共建合作实验室的基础上，以企业体制创新为突破，创建既为本企业服务，又服务于行业、服务于社会的专业孵化器。

(二) 搭建专业服务支撑条件平台

1. 通过实验动物的资源调整进一步组织实验动物的基础建设。

建立起比格犬饲养实验基地，其能力可供应全国一半的需求量；

遗传工程小鼠资源库的项目已在863计划中正式立项；

组建北京维通达生物工程有限公司，以企业运作方式发展实验动物产业。

2. 启动北京国家纳米工程中心。

中心首先由北京新材料发展中心、中科院、清华大学、钢铁研究总院、北京化工大学、北京科技大学发起成立，然后，由政府支持，并广泛吸收社会资本注入。中心实行企业化管理，建立有利吸引人才、产生高水平成果的运行机制。

中心将重点建设以下技术平台：纳米信息材料与器件、金属纳米材料及应用、非金属纳米功能与结构材料、表面纳米技术与应用、纳米分体材料制备与加工技术等。

五、以规划为引导统一思想，组织、落实重大项目

(一) 加强政府领域式管理工作力度

1. 进一步充分利用中央优势，发挥地方优势，做好结合与集成。

(1) 建立股份化实体的运作；

(2) 探索建立虚拟无围墙的各类研发中心。

2. 及时发现有价值的方案，以点带面。

3. 组织科技项目招标试点。

(二) 发展领域与推动区域经济相结合，彼此形成良好的产业格局，同时推动区县区域经济的蓬勃发展。发展高科技领域，推动产业发展

1. 加强与畅通产业结合。结合传统产业结构调整和布局调整进行协调。

2. 与区县经济结合。

（生物医药新材料处）

超导技术研究取得突破性进展，产业发展迈出重要步伐

自荷兰物理学家昂尼斯(Onnes)首次发现超导现象以来，经过几代科学家、工程技术人员的努力，超导应用技术在最近20年有了积极的进展。20世纪90年代末，高温超导材料的制备技术取得重大突破，高温超导材料很快形成产业化生产能力。现在世界上有三家公司商品化供应BSCC02223带材：美国的ASC(美国超导公司)，年生产能力为500千米/年；丹麦的NST(北欧超导技术公司)，年生产能力为340千米/年；日本的住友电气公司，其产品主要供应日本市场。能够批量提供2—3英寸双面高温超导薄膜的公司有德国的Karlsruhe研究中心、美国的杜邦公司、Westinghouse公司和美国超导技术公司(STI)。

高温超导材料的产业化为超导技术应用研究与推广提供了材料基础，发达国家加快了超导技术应用和产品研发，各种超导应用技术发展相当迅速。目前，高温超导滤波器、高温超导磁体已小规模投放市场，经受了应用市场的检验，正面临产业的快速发展阶段；高温超导电缆、高温超导限流器、高温超导变压器、高温超导电机和发电机等应用产品正处于实用化样机研制

于示范运行阶段，将在今后5—10年内陆续投放市场，并形成价值几千亿美元的产业。

超导应用技术产业化正处于起飞前最后一段，今后几年是在未来超导技术产业的国际竞争中取得优势的关键时期。

我国从20世纪60年代开始超导的研究，在80年代中期高温超导的突破中，我国科学家起到了重要作用。经过几十年的努力，特别是经过"八五""九五"期间"863"计划和攀登计划的实施，我国在高温超导应用基础研究和实用成材技术研究方面处于国际先进行列，在高温超导应用开发研究方面具有一定的基础。但是，在高温超导材料及其应用产品的工程化与产业化方面与国际水平有很大的差距。

我国超导技术的研究力量主要集中在北京地区，包括清华大学应用超导研究中心、中科院电工研究所超导技术研究室、中科院物理所超导技术国家重点实验室、北京有色金属研究总院超导中心、北京大学物理学院、北京工业大学、电力科学研究院等。

2000年，在充分调查与研究的基础上，北京将超导技术确定为面向未来的高新技术产业发展的重点。目标是在已有工作的基础上，转变机制，集成优势力量，实现几个具有重大应用前景和带示范性的应用产品的产业化，带动超导材料的发展，参与国际超导产业竞争。最终将北京建设成国际上有地位的超导技术研究与产业化推进中心。

通过北京市科委一年来的组织与推动，社会资本大规模地介入超导技术的研发与产业发展，超导技术研发取得突破性进展，产业发展迈出了重要的步伐。

2001年4月，通过北京市重大科技计划项目的实施，北京英纳超导技术有限公司与清华大学应用超导研究中心合作，研制成功340米长的BSCC02223带材（工程临界电流密度5000A/cm^2,77K），创中国高温超导长导线的最新记录。12月，北京英纳超导技术有限公司在攻克了超导线材产业化生产关键工艺技术和装备的基础上，建立了年产200千米的生产线，生产的超导线材单线长度大于1000米，工程临界电流密度超过7000A/cm^2(77K，自场)，综合性能指标仅次于美国超导技术公司(ASC)，居世界第二位。超导线材的产业化，不但为我国"十五"期间超导应用项目的开展提供了基础材料，而且直接参与了超导产业国际竞争。此项成就被评为"2001年十大科技新闻之一"。

2001年4月，北京英纳超导技术有限公司与云南电力集团合作，投资成立北京云电英纳超导电缆有限公司，注册资金3000万元。计划在5年内投资1.5亿元人民币，推进高温超导电缆的产业化。公司的初期目标是：2002年底，研制成功并安装中国第一条30米长的高温超导电缆。现该电缆的设计与研发正顺利进行，"三相30米35kV/2kA高温超导电缆的研发及产业化示范"列入"十五"北京市重大科技项目计划。

2001年6月，清华大学与北京新恒基集团公司合资成立北京中数威力超导技术有限公司，公司以移动通信用超导滤波器子系统为产品目标。经过精心组织，重点解决了合作的机制问题，充分发挥了合作各方的优势，由中数威力超导技术公司、清华大学物理系、中科院物理所和北京有色金属研究总院联合承担的北京市科技计划项目"高温超导移动通信基站接收机前端系统的研制与应用示范"进展迅速，已研制成功适合于我国GSM1800移动通讯系统的超导滤波器和包括超导滤波器、前置放大器和小型电制冷机在内的超导滤波器系统样机，经有关部门检测，技术指标已达到了国外商用超导滤波器的水平。目前，正与上海大唐电信设备有限公司合作，进行现场试验，并抓紧时间研发第2.5代、第3代移动通信用的超导滤波器子系统。这一突破性的进展有可能使我国在短时间内在此全球热门领域实现产业化，跃居世界先进水平。

2001年,中科院电工所与北京紫微星实业总公司合作开展7.2kV/400A高温超导限流器的研究,最终将研制出20kV/105kA实用超导限流器。为进一步加快超导限流器的工程化与产业化,电工所正在积极融资。"10.5kV/1.5kA高温超导限流器的研究开发与并网运行"列入了"十五"北京市重大科技项目计划。中国科学院电工研究所还与甘肃长通电缆科技股份有限公司开展了技术合作,目标是完成75米、10.5kV/1.5kA三相交流高温超导电缆的研制和示范运行,进而推进高温超导电缆的产业化。目前,已经基本完成10米、10.5kV/1.5kA三相高温超导电缆芯的电气设计和低温系统的设计。

2001年5月,北京有色研究总院的"2英寸双面超导薄膜的制备"通过国防科工委组织的验收,标志我国基本掌握了世界先进水平的大面积双面高温超导薄膜的制备技术。为配合移动通信用滤波器子系统研发及产业化需求,有色院计划从德国引进相关制备与检测设备,建立年产250片2—3英寸双面超导薄膜的中试生产线,并建立超导薄膜质量评价体系与标准。

政府的组织有效地促进了资源的整合,社会资本的介入大大地加快了市场化和产业化的速度,使我国超导技术领域呈现一片生机勃勃的景象,在铋系带材和移动通信用滤波器子系统两个方面迅速跃居世界前列。

(生物医药新材料处)

北京新材料产业基地格局基本形成,重点领域取得重大突破

一、中关村新材料园的规划全面进行

2001年2月刘志华副市长到北新材料园视察时发表重要讲话,指示为落实国务院关于中关村建设的批复,将在2001年正式启动建设中关村新材料科技园。2001年市规委、市设计院、市经委、海淀区政府、北新建材等单位已完成了园区的整体规划,目前正在抓紧落实园区的主体建设。

二、中关村永丰产业基地纳米科技园正式启动

2001年3月31日中关村永丰产业基地破土动工,占地1.2平方千米的纳米科技园作为首批组团同时启动建设,科委推进一批新材料高科技企业入驻永丰高新技术产业基地,促进永丰高新技术产业基地成为北京新材料基地的示范区和新材料产业创新的科技园。目前已有10多家企业和工程中心等单位与永丰基地签订入驻协议。这些单位是中科院纳米工程中心、安泰科技股份有限公司、北京百慕航材高科技股份有限公司、国家镁合金工程中心等。园区依托中科院等单位,目前已有中商世纪纳米公司等单位入驻,建设目标是成为在世界上有影响的纳米材料创新与孵化基地。

三、上市公司纷纷落实产业化基地

目前北京已上市或准备上市新材料企业有9家，位居全国之首。2001年几家上市公司落实了产业化基地。

2001年安泰科技股份有限公司与北京中关村永丰产业基地、北京天竺空港工业开发区、北京中关村昌平科技园区正式签订合作协议书，就安泰科技购置土地达成协议。至此安泰科技拥有昌平园区、空港基地和永丰基地三大基地。分别建立安泰超硬材料制造基地，安泰新材料外向型产业基地，安泰科技北京新材料技术创新、产业孵化和成果转化基地。2001年公司实现工业产值3.49亿元，技工贸收入4.36亿元，与2000年同比增长22%。

2001年，北京有研半导体材料股份有限公司（简称"有研硅股"）与北京林河工业开发区签署协议，总投资20亿元的国内最大半导体材料基地项目建设开始启动。该基地一期计划投资2亿元，建设年产25吨6英寸区熔硅单晶和年产40吨重掺砷硅单晶两条生产线。预计两项目投产后年销售收入2亿元，税后利润6000万元。二期将建设12英寸硅单晶、切磨、抛光片生产线和8英寸硅单晶外延片生产线等四个项目。全部投资预计在3年到5年内完成，投产后年销售额将达到20亿元人民币，投产后年创利润5.3亿元人民币。

星辰化工新材料股份有限公司和蓝星清洗股份有限公司已决定在空港建立新材料基地，重点发展工程塑料、膜材料等新材料，以现有5万吨清洗剂装置为启动项目，蓝星空港工业区规划面积约为100公顷，首期规划面积为5.6公顷。

有研忆金新材料股份有限公司将在中关村科技园区昌平园建设大型研发、生产基地，规模生产形状记忆合金，在此基础上系列生产记忆合金医用介入产品、工业元件等。其中记忆合金和贵金属微异型电接触材料的产业规模及水平将为国内领先、国际先进。有研忆金2001年实现收入15840.7万元。

四、具有创新机制的研发和工程中心成立

2001年4月13日，由中科院20多个研究单位组合而成的"中国科学院纳米科技中心"在京挂牌。仪式由黄勇主持，中科院路甬祥院长讲话并颁发纳米科技中心理事会成员聘书，路院长要求中心充分发挥优势，尽快取得世界级的研究成果。参加仪式的领导及来宾参观了纳米科技中心楼和国家纳米中心的建设地址。

2001年，国家计委正在北京筹建纳米技术工程应用中心，北京市计委、科委和北京新材料发展中心正在进行北京纳米技术工程中心的方案论证。

五、新材料项目取得重大进展

围绕北京新材料基地的建设，着眼于新材料技术创新和产业发展，北京市科委在超导材料、纳米材料、稀土永磁材料、生物医用材料、生态环境材料等领域落实了一批重大技术攻关项目。2001年，一些项目取得了重大进展，下面介绍一些典型的例子。

（一）高温超导线材形成规模生产，使我国在此领域跃居国际先进水平

由北京英纳超导技术公司承担的“铋系高温超导导线的研制与产业化技术攻关”项目在高温超导线材制备的热处理工艺、成形工艺与装备、工艺与性能控制等多方面取得突破，建成了一条年产200千米超导线材的生产线。生产的超导线材工程临界电流密度大于7000A/cm^2(77K零外场)、临界电流大于70A，单线长度大于1000米，综合性能指标仅次于美国超导技术公司(ASC)，居世界第二位。超导线材的产业化不但为我国“十五”期间超导应用项目的开展提供了基础材料，而且直接参与了超导产业国际竞争。此项成就被评为“2001年十大科技新闻之一”。

（二）移动通信用高温超导滤波器子系统的研究取得突破进展

由中数威力超导技术公司、清华大学物理系、中科院物理所和北京有色金属研究总院联合承担的北京市科技计划项目“高温超导移动通信基站接收机前端系统的研制与应用示范”，重点解决了合作的机制问题，充分发挥了合作各方的优势，研究工作进展迅速。已研制成功适合于我国GSM1800移动通讯系统的超导滤波器和包括超导滤波器、前置放大器和小型电制冷机在内的超导滤波器系统样机，经有关部门检测，技术指标已达到了国外商用超导滤波器的水平。目前，正与上海大唐电信设备有限公司合作，进行现场试验，并抓紧时间研发第2.5、第3代移动通信用的超导滤波器子系统。这一突破性的进展有可能使我国在短时间内在此全球热门领域实现产业化，跃居世界先进水平。

（三）高压电子铝箔取得良好经济效益

北京伟豪铝业有限公司和北京科技大学联合承担的“高性能高压和低压电子铝箔生产技术的研究开发”项目，在原有加工设备的基础上，通过熔铸和热处理工艺与装备创新，研制开发出具有国际先进水平的高压电子铝箔，大面积替代了进口产品。到2001年底，已生产该产品1200吨，实现销售5820万元，利税1581万元。

（四）重大原创性成果迈向产业化

由北京大学承担的项目“新一代稀土永磁钕铁氮12相的中试研究”研发成功的新型稀土永磁材料——钕铁氮，其磁性完全可与钕铁硼媲美，但其化学成分，晶体结构和制造工艺完全不同于钕铁硼。这是国际公认一项原创性发明，并成为国际磁学界的研究热点。目前依托该项成果已成立北大双极高科技股份有限公司，在北京经济技术开发区建设了生产基地，致力于稀土磁性的研究、开发。2002年将完成钕铁氮磁粉中试生产线的建设，中试线年产50—100吨钕铁氮磁粉，年产值3000万元。

（五）生物活性人工骨取得生产许可证

由博方生物医用材料有限公司承担的项目“生物活性人工骨制备技术与产业化”，依托清华大学的技术所研制的外科植入用磷酸钙基生物陶瓷制品，包括生物活性义眼台，颗粒状、块状人造骨，已获得国家药品监督局所颁发的生产许可证，批量投放市场。

六、新材料领域孵化器体系基本形成

作为首都创业孵化体系的重要组成部分，以诺飞、崇熙为代表的一批新材料领域专业孵化器在市科委的指导下得到了迅速发展。到2001年底，北京在新材料领域相继投入运营的孵化器公司已达6家，入孵企业超过60家，孵化面积1.2万平方米，2001年在孵企业全年总产值达15000万元。一年来,北京新材料领域孵化器建设紧紧围绕两个方面开展工作:一是鼓励和引导有条件有热情的企业和公司创办新的孵化器公司,逐步实现北京新材料领域孵化器在区域上和功能上的不断完善。通过成立北京新材料孵化器联盟,加强孵化器之间、孵化器与各相关部门之间的合作,使之在功能上相互衔接、互为补充,达到资源共享,实现共同进步;二是强化孵化器经营管理机制改革、完善服务功能。可以概括为一化二创新,即突出专业化,强调机制创新和服务创新。专业孵化器是孵化器未来发展的方向。强调专业化是入孵企业的需求,更是以国有企业为主体所建立的孵化器优势所在,随着一批专业试验和检测平台的设立与开放,为吸引企业入孵创造了更为有利的条件。可以看到,孵化器的发展,促进了中小企业的诞生和成长,而中小企业在推动国家经济的发展,促进市场繁荣,增加就业机会等方面已经显出越来越重要的作用。国有企业创办孵化器已成为实现国企改革转换机制的有效途径之一。

随着以安泰科技、有研硅股、金隅集团和首创科技为主体筹建的一批新的专业孵化器的启动,北京新材料领域孵化器队伍将更为壮大、功能将更为完善,也必将在企业技术创新,推动经济社会发展方面发挥越来越重要的作用。

(生物医药新材料处)

突出技术创新,推动首都生物医药产业发展

在市委、市政府的直接领导下,北京生物医药领域的科技工作按照"首都二四八重大创新工程"重点有序的开展,区域创新体系初步形成,为"十五"的生物医药产业向支柱产业转变打下了基础。

2001年生物医药领域项目资助的指导思想是以培育首都科技创新体系为目标,充分发挥首都的人才优势、信息优势、金融优势,全面利用各级在京单位的技术优势,瞄准国际前沿,突出技术创新,强化科研与产业化的有机结合,推动首都生物医药领域的发展和壮大。该领域共资助项目66个,经费约4600万元。择优支持了科技含量高、具有自主知识产权、创新性强、社会需求大、产业化前景好的一、二类新药(包括化学药、中药、基因工程药物)的研究开发项目,大规模技术平台项目,人类遗传资源收集工作、实验动物产业化项目。

一、主要技术平台项目

(一)生物芯片技术平台

生物芯片技术平台建设在国家级工程研究中心——生物芯片北京国家工程研究中心暨北京博奥生物芯片有限责任公司。该公司在中关村生命科学园筹建新的生物芯片北京国家工程研究中心科研基地,基地包括科学与工程研究大楼、芯片加工厂房及辅助配套设施等。在生物芯片研究方面,该公司正在进行具有自主知识产权的生物芯片研究与开发,包括常见多发感染性疾病快速检测基因芯片、骨髓移植分型用的DNA芯片、蛋白质芯片、多糖药物筛选芯片、神经生物芯片、非硅基毛细管电泳芯片、酵母基因芯片等。该公司构建含酿酒酵母6000个基因的基因文库,完成约4万个人类基因克隆的建库工作,建立了具有20多种细胞系的细胞库、建

立了我国自己的HLA基因文库等。在系统集成与仪器开发方面,公司研制开发了多种与生物芯片配套使用的精密仪器系统。

(二) 农业分子生物学技术平台

该平台建设在北京首创凯拓生物技术发展有限责任公司。以具有重要经济和科学意义的农作物和重要模式植物水稻为主要研究对象;以加快构建水稻突变体库,建立生物信息学等方面的研究平台为主要研究内容;以集约化、规模化、集成化的研究方式,加快构建水稻突变体库,取得具有自主知识产权的新基因;通过实施系统化、规模化的基因研究,完成该领域的国家战略目标和任务。

(三) 生物医药分析测试中心

2001年9月28日,北京市科学技术委员会和军事医学科学院共建北京生物医药分析测试中心协议签字暨揭牌仪式在军事医学科学院举行。该中心挂牌成立,是市科委与军事医学科学院(军地)双方实现人才、资源和科研设备共享,从而优化科技资源的一次积极探索。该中心将为首都生命科学的创新提供国际上最新和最具突破性的技术和手段,成为集测试、研究、培训、咨询、仲裁和成果鉴定为一体的技术支撑基地。

二、2001年度市科技经费支持取得的主要成果

(一) 痢疾杆菌基因全序列测定

完成单位是北京诺赛基因组研究中心有限公司、北京微生物基因研究中心。痢疾杆菌基因全序列测定是我国第一个向国际上发布并率先完成的微生物基因组工程项目。这一成果标志着我国在微生物基因组研究领域中已经占据了一定的国际地位,同时也为发展我国有自主知识产权的微生物基因资源的开发和产业化奠定了基础。目前在掌握了痢疾杆菌全基因组序列的基础上,结合生物芯片技术进行基因的表达谱分析,筛选和研究重要功能基因;从反向疫苗学的角度对全基因组序列进行生物信息学分析,预测开放读码框架(ORF, open reading frame),发现新的外膜蛋白基因,筛选表达保护性抗原,以制备高效疫苗。

(二) 遗传性乳光牙本质基因的鉴定

北京诺赛基因组研究中心有限公司和天津医科大学等单位合作鉴定了遗传性乳光牙本质致病基因。在世界上第一个确定了该基因与乳光牙疾病的关系,这一发现使遗传性乳光牙的基因诊断成为可能,随着研究的深入还可能带来治疗上的突破。该项目获中华医学一等奖。

(三) 治疗糖尿病一类新药(西药)——吡格列酮

该药已获12国专利,由北京协和制药厂获生产许可并生产,其中中国人Ⅱ型糖尿病易感基因的定位及血糖调节基因研究获中华医学一等奖。

(四) 国家一类抗肝炎新药——双环醇(商品名:百赛诺)

该药通过国家药品监督管理局审评并取得化学药品一类新药证书。临床研究结果表明,该药口服吸收力好,安全可靠,无明显不良反应,既保护肝脏又抑制病毒,对降低转氨酶、逆转HBV-DNA均有较好的效果。

(五) 中国水稻基因组计划项目

该项目于2001年10月12日宣布,已完成中国杂交水稻父本"籼稻9311"的工作框架图。该计划的完成使我国成为世界上率先完成籼稻全基因组框架图的国家,标志着我国已成为继

美国之后又一个具有独立完成大规模全基因组测序和组装分析能力的国家,是我国生命科学领域划时代意义的贡献。

三、推进产业化,着力进行科技园区的建设

中关村生命科学园

1．博奥生物芯片有限公司——生物芯片北京国家工程研究中心的科研基地项目已于9月25日奠基开工。年底完成主体结构并进行设备安装,2002年6月竣工验收。

2．北京维通达科技有限责任公司——国家863生物领域实验动物及疾病模型中心,分别建设独立的实验动物饲养房和研发中心。方案设计已完成,开始办理项目立项和方案报批工作;并着手委托编制环评报告和可研报告。

3．江苏四环生物股份有限公司——863哺乳动物细胞培养生产基地入园的组建和研发规划论证已经完成。

4．国家基础生命科学研究所:已经市编办批准注册,方案设计、人员招聘等。

5．北京生物医药孵化器:生命园建设公司已先期立项,并与北京北医联合生物工程公司共同承担管理。施工图设计已完成。

四、政策措施

2001年,为实现全市产业结构调整和优化升级作好支撑,建立和完善企业技术创新体制。市科委会同市计委、市经委、市药监局联合编写并由市政府签发了"北京生物与医药产业振兴纲要"、"北京生物工程与医药产业发展方案",对提高企业技术创新活动能力和水平,吸纳、利用创新资源,增强综合经济实力和市场竞争能力,提高国民经济整体水平将起到积极的作用。

(生物医药和新材料处)

发展中的北京科技外事工作

在刚刚过去的新世纪第一年里,合作处积极开辟国际合作渠道,配合科委各处室及中心的工作,协调和提供外事支持与服务,推进和落实政府国际科技合作项目,推进了本市科技外事工作的深入开展。全年主要工作包括以下几点。

(一) 各项外事审批任务无纰漏

全年共审批科技出国521批次,共999人次;确认件6次计7人次。办理邀请国外专家来华322人次。全年批准举办国际会议、国际展览、研讨会12个。

(二) 认真安排外事接待和市领导的科技出访

全年共协调安排市政府领导、委领导接见国外政府级、市级以及重要研究院所和国际型大企业的来访团组43个,配合科技部安排外宾参观访问本市科技园区等单位20余次,还在国际周期间接待科技部与市领导安排的外宾接待任务。我们的组织工作得到了如英国科技与创新

部部长 Lord Sainsbury 等国外来宾赞扬与肯定。另外,围绕本市科技重点工作任务,有计划地组织落实领导及本委系统的科技考察访问,如 3 月底组织了林文漪副市长带队的科技考察团出访爱尔兰、英国、奥地利,7 月份又派出了二十多人的队伍参加由科技部和国家新闻办联合组办的意大利"今日中国"科技展。

(三)大力推进国际科技合作与交流

2001 年 1 月 16 日,合作处在市外办的支持下,以市政府的名义举办了首届"科技外交官新春招待会",除张健民、陶西平和林文漪等中方领导之外,还有五位国外大使以及七十余位科技外交官到会,整个活动取得了良好效果。我们正在与市外办和市科协合作筹备明年的新春招待会,并把日程内容做得更充实。

9 月底,合作处牵头召开了北京市科技外事工会作议,林副市长出席了会议并做了重要讲话。与会代表 170 多人共同回顾、总结和研讨了北京市国际科技合作的工作成绩和未来的形势。这次会议是在去年的全国科技外事工作会议的基础之上召开的,通过这次会议进一步加强对国际科技合作重要性的认识,团结了在科技外事上工作的各位同志,有利于今后协同配合共建国际科技合作的信息服务平台。

2001 年合作处共拨付经费近 480 万元,支助了大大小小 96 个国际科技合作与交流项目,请进专家约 250 人次,其中有 83 万元用于支持不同层次的国际会议 9 次。

另外,在科技部合作司以及中国国际科技合作协会有关同志的支持下,我们支持丰台园区代表北京申办并成功地举行了首届中小企业创新国际研修班,并取得了良好的效果。共争取科技部的科技合作经费 80 万元;争取到 8 个 JICA 项目的赴日本培训名额;向科技部推荐 4 人赴法国读 MBA。另外在合作处的积极争取下,正在争取落实荷兰阿姆斯特丹每年向北京提供 5 位博士培养经费的允诺。

(四)继续做好海外留学人员的工作,提供服务吸引他们回国创业

2001 年我们共邀请和接待了海外留学人员 250 余人,或者是向他们宣传介绍了北京市的科技政策与十五科技发展规划,或者是评价他们本人或推荐的项目,并介绍相关对口的国内专业队伍进行接触,配合了国家的吸引留学生政策。

2000 年成立的北京市海外专家咨询团,团员中有近一半的人 2001 年曾以不同的方式回国,并与合作处进行了联络。在一年的时间里专家中的一些人进一步打开了局面,比如信息软件领域的黄劲博士,已经发展到了用自己的公司名字安博来命名北京航空航天大学的软件学院;而启明星的严望佳规模做得更大,已经搬出了中关村创业大厦。在与这些博士的联络方面,我们正在考虑以设立网上论坛的形式,加强相互间的鼓励与沟通。

五、2001 年工作的创新点

对外的官方交流渠道有所突破

2001 年通过对爱尔兰软件业的考察,与爱尔兰政府及在华使馆之间建立起了密切的联系。爱尔兰企业的访华活动也明显增多,如 Logica 等一些爱方企业在京开设了办事处。通过访英以及英国科技创新部长的访问,英国政府对中关村地区的发展,英国企业家对于在北京投资合作产生了深厚的兴趣。英方人员高度评价了最新发布的中关村管理条例。对于与欧盟的联系,明显增强,在科技部的支持下,我们接待了多个以社会信息化技术为主的欧盟代表团,进行了洽谈和研讨,2002 年 4 月份还将有更大规模的中欧软件信息技术展。

对于开展对俄罗斯的合作,今年合作处也通过邀请和接待工作开辟了俄方渠道。我们与俄罗斯市政府,与莫斯科热能技术研究所以及列宁尼兹公司之间建立起了相互信赖的关系。明年,我们将通过互访,探讨成立中俄科技交流中心以及中俄科技园等方式,加强北京对俄科技合作与交流,并推动中俄双方的产业合作与发展。留学生工作,2001 年合作处也有所创新,我们开始根据自己的了解,有意识地主动邀请一些专家回国讲学。比如在软件促进中心的配合下,我们请到爱尔兰 Novell 公司的封郁博士回国向 6 所筹建中的北京市软件学院建设组织者介绍爱尔兰的软件人才培养体系,2002 年,我们还将进一步结合科委的重大项目,通过与各专业处室合作在激光、新材料等请进一些名符其实的专家学者,以促进本市的应用技术开发与产业升级。

(合作处)

市属科研机构科技体制改革进一步深化

北京市按照《国务院办公厅转发科技部等部门关于深化科研机构管理体制改革实施意见的通知》(国办发[2000]38 号)的精神,根据北京市实际情况,进一步推进科研机构的科技体制改革工作,取得了一定的进展。

一、进一步深化转制院所改革

北京市 67 个转制院所在实现从事业体制向企业体制转变的基础上,进行了内部结构调整和运行机制的改革,建立和完善企业经营机制。转制后,通过吸引社会法人、自然人、本企业职工等方式,积极组建有限责任公司或股份有限公司。目前,市属科研机构已建立了 80 多个股份制企业。据了解,目前大部分转制院所都在进行股份制改造。改制后,科研机构有了明显的变化。转制调动了公司进入市场、积极竞争的主动性,也调动了员工关心公司发展、命运的积极性。现在是员工的积极性、股份制公司经理的积极性和所领导的积极性有机地融合在一起,有效地促进了科研机构进入经济建设主战场。

北京制药工业研究所进入北京制药厂,通过资产重组成为上市公司双鹤药业集团公司(北京制药厂的控股企业)的科研开发中心。该所与双鹤药业集团公司联合组建了“北京双鹤现代医药技术有限责任公司”,承担了集团公司的新产品研制开发、老产品更新、新医药中试工作,依托双鹤药业集团的强大支持,以科研为龙头,以产品开发为重点,科研生产销售紧密结合,已有 5 项科研成果投产。该所由于体制和机制发生了根本性转变,因此在许多方面都发生了显著的变化。双鹤公司几千万元的资金投入,改造了科研大楼与实验室;科研项目的立项开题有了大幅度增长;通过社会招聘与接收应届毕业生,进行科研队伍的调整,引进了 5 个博士、11 个硕士,使科研队伍整体水平有了显著提高;市场开拓能力也有了大的发展,营销队伍由过去的不到 20 人发展到近百人,销售收入有了大幅度上升。

为整合首都科技企业资源,落实贾庆林书记“营造科技旗舰,为首都经济发展服务”的指示精神，进一步凝聚首都科技力量，通过资产重组，组建北京首科集团公司。继太阳能所、燕科总公司、华世房地产公司参与了首科集团资产重组后，凯奇新技术总公司也参与了首科集团的资产重组。目前，北京首科集团筹建工作进入到办理产权变更、股权置换、资产重组阶段。

北京科技建筑设计院的股份制改造工作，在北京科技开发交流中心的大力支持和具体指导下，严格按照改制程序运作，经过方案制定、职工讨论、科委批准改制、审计、资产评估、审计结果报科委审核、市财政局批准、进行产权界定、确认股份等工作，完成了有限责任公司的组建工作。

为了妥善解决好北京市市属转制科研院所离退休人员享受事业单位调资政策的问题，我们在深入调研和测算的基础上，研究提出了《关于市属转制科研院所离退休人员享受事业单位调资政策的具体意见》。此意见已经出台实施。转制院所加入养老保险统筹的问题也已经得到解决。目前，大部分院所已经加入了企业养老保险统筹。

划归北京市管理的中央转制院所，如北京机床研究所，成功实施了债转股，与中国长城资产管理公司、中国华融资产管理公司于 2001 年 11 月 22 日签订了实施债转股协议。转股债总金额 2.1736 亿元，中国长城资产管理公司占 44% 的股份、中国华融资产管理公司占 19.6%、北京机床研究所占 36.4%。轻工环保所也解决了所址问题。

二、继续推进社会公益型科研机构分类改革

为贯彻中共中央、国务院《关于加强技术创新，发展高科技，实现产业化的决定》，从 2000 年下半年开始，北京市社会公益类院所通过实行企业化转制、“一所两制”等方式，进行深化改革。通过创办经济实体，加速科技成果转化，开展技术咨询服务等方式，分流了 50% 以上的在职人员进入市场。创办了科技企业 80 多个，其中股份制企业 16 个。大部分院所通过结构调整，深化内部人事和分配制度改革，建立了竞争机制，科研活力有所增强。据统计，40 个市属社会公益性科研机构，目前正在承担的各级科研项目有 822 项，其中国家级项目 120 项，部市级 492 项。

2000 年 5 月，国务院办公厅转发了科技部等 12 个部门《关于深化科研机构管理体制改革的实施意见》(国办发 38 号)，又进一步明确了各类科研机构的改革方向和具体要求。我们对照国务院 38 号文件中对公益类科研机构深化改革的要求，感到北京市社会公益类科研机构在体制和机制改革上仍存在很大差距，相当一部分可以面向市场的工作仍主要依靠政府经费，未按市场机制运作，已经进入市场的人员仍在事业体制；机构力量分散、重复设置等问题仍严重存在。为了贯彻国务院文件精神，推进社会公益类科研机构深化改革，市科委进行了调研，召开了多次院所长座谈会；与科研机构的主管部门沟通意见，共同研究贯彻国务院 38 号文件的具体方案。在此基础上，我们研究提出了进一步深化改革实施意见和方案。目前正在与有关部门和机构协调。

北京市公益类科研机构进一步深化改革的目标是：按照建立首都区域创新体系的要求，根据社会主义市场经济和科技自身发展规律，进一步优化科研机构布局和科技资源配置，科技经费集中用于应由政府支持的社会公益性科研工作。主要从事社会公益性科学研究、确需政府支持的科研机构，实行非营利科研机构管理体制和运行机制；其他科研机构区别不同情况实行改革。通过社会公益类科研机构的分类改革，使其适应市场需求，更好地为首都经济和社会发

展服务。

根据北京市社会公益类科研机构的实际情况，拟采取下列途径深化改革。

1. 主要从事社会公益性科学研究、技术咨询与服务活动，无法得到相应经济回报、确需政府支持的科研机构，调整结构、分流人员、转变机制，按照总体上保留不超过30%工作人员的要求，重新核定编制，作为事业单位，向非营利科研机构管理体制和运行机制过渡。

2. 加强科技与经济、科研与教育、科研与临床的紧密结合，优势互补，共同发展，鼓励社会公益类科研机构进入企业、高等学校或医院。开展社会公益类科研机构管理体制改革的试点，对进入企业、高等学校或医院从事社会公益科学研究事业的机构，采取由政府委托职能，经费跟进，合同管理的方式。

3. 从事社会公益服务为主的科学研究、技术咨询与服务活动的科研机构，其中有面向市场能力的部分，要实行企业化转制，并剥离人员和资产，完成企业工商登记注册等工作，逐步与原机构分离。

4. 有面向市场能力的科研机构，向企业化转制，可转为企业、企业性中介机构或进入企业，并完成企业工商登记注册等工作。

5. 对于机构设置分散重复，规模较小、职能发生较大变化的科研机构，可通过撤并、重组等方式，进行结构调整，资源整合。具备条件的，可申请认定为非营利科研机构，也可转为企业性中介机构、企业或进入企业。

6. 从事社会科学领域研究或为社会提供技术数据服务为主的科研机构，可转为一般性事业单位。

7. 长期没有承担社会公益性科研任务，其业务非确需由财政科技经费支持，凭自身能力又无条件面向市场的科研机构，由主管部门（单位）经过调研，提出改革方案，可转为企业性中介机构、企业或进入企业或采取撤并、重组等方式，进行组织结构调整。

8. 隶属于国家机关体制，同时又承担科研任务，职工为国家公务员的科研机构，按照所属部门（单位）的改革部署进行改革。

为了扶持社会公益类科研机构深化改革，市科委根据国办发38号文件，制定了多项优惠政策和措施，包括对于按照要求进行改革的科研机构，以市财政核定的2001年正常事业费为基数，“十五”期间继续保留事业经费，主要用于解决离退休人员、在职人员社会保障费用以及安置富余职工、转岗培训等；以及加入养老保险统筹、人员分流等政策。

改革的组织实施以科研机构行政主管部门为单位，整体推进，成熟一个，启动一个，示范引导，逐步推开。主管部门负责按照国家有关文件要求，制定所属科研机构改革的总体方案，明确所属科研机构的具体改革方向和任务，以及转制科研机构的具体途径；拟按非营利机构管理和运行的，要提出组建方案；制定保障改革顺利实施的措施和办法。

市科委有关业务处室按照党组关于市属社会公益类科研机构改革要与发展相结合，谁改革，支持谁发展，先改革，先支持，不启动改革或改革不符合要求的，不进行支持，联手共同推动市属社会公益科研机构深化改革。

市科委会同市有关部门做好社会公益类科研机构管理体制改革的协调工作。科研机构的改革方案经市属科研机构转制办公室审核，报市政府批准后组织实施。

市科委负责改革方案实施的检查督导工作，统筹协调社会公益类科研机构改革的方案制定，会同有关部门抓好改革试点工作。

社会公益类科研机构改革的总体方案原则上要在2002年上半年确定。社会公益类科研机构的体制改革工作在“十五”期间要全面完成。改革后，预计将保留一半机构向非营利科研机构管理体制和运行机制过渡；重新核定编制后保留30%左右的人员。其他机构和人员通过企业化转制等多种渠道为首都经济和社会发展服务。

（政策法规处）

科技依法行政工作取得新进展

2001年，科技政策法规建设的工作重点是：围绕加强技术创新，发展高科技，实现产业化这一主题，制定促进科技成果转化、鼓励科技产业发展的政策，为首都创新创业，营造良好的政策环境。

一、加强科技政策和部门规范性文件制定工作

为了加强市科委科技法规和政策的制定工作，2001年初，在调研的基础上，制定了《2001年度政策法规建设的工作意见》，明确了市科委今年科技政策法规建设的重点任务和计划项目。

为了落实具体政策制定任务，理顺各部门的职能和工作定位，市科委主管法规工作主任对各有关部门提出了明确要求。在工作定位上，明确了政策法规与体制改革处重点做好政策法规的牵头、汇总、协调工作。在技术、业务上，要充分依靠各专业处室和直属机构。

为了保证政策制定任务的落实，明确了有关处的职责、责任人、完成时间以及需要配合的部门。在政策的制定过程中，委主管法规工作主任多次主持召开工作协调和意见沟通会，由有关处室负责同志参加，共同研究有关的政策和需对外发布的规范性文件。今年法规建设取得的主要成果如下。

（一）已经出台的政策性文件

1.《北京市人民政府关于进一步促进高新技术产业发展的若干意见》；另外，由科委牵头制定的两个配套文件《北京市高新科技成果转化认定办法》和《北京市科技中介机构享受专项财政资金支持确认办法》已经发布实施。

2.《关于贯彻国务院鼓励软件产业和集成电路产业发展若干政策的实施意见》及《市科委、市财政局关于软件企业财政专项补贴实施办法》、《北京市软件企业认定和软件产品登记管理实施办法》两个配套办法。

3.《北京市高新技术企业认定管理办法》。

4.《北京市技术创新创业资金管理办法》。

5.《北京市医学科研项目管理办法》。

（二）已经完成制定工作的政策性文件

1.《北京市技术市场管理条例》是列入市人大计划的项目。《北京市技术市场管理条例》的修订围绕建立技术市场规则，规范技术交易秩序，强化技术市场体系，准确定位政府在市场

中的作用等问题进行。修订工作充分听取了科技企业、中介机构、合同登记机构、高等院校、科研机构、区县科委和政府有关部门和专家,以及科技部、全国人大教科委有关同志的意见。就《北京市技术市场管理条例》的修订稿召开了两次专家论证会。全面修订工作已基本完成,并已经通过了市政府法制办的审核。

2.《北京市科学技术奖励办法》已正式上报市政府,并已完成了发文前的工作协调,近期将由市政府正式颁布实施。

3.根据刘淇市长关于《加大北京市对吸引地区总部及个人投资力度》的批示,由市科委承担的《关于鼓励来京投资政策》中科技任务部分已经完成。

(三)正在研究制定文件

1.《北京市科技计划管理办法》。

2.《北京市科技计划项目招标办法》。

3.《北京市科技计划项目课题制办法》。

4.《北京市科技经费管理办法》。

5.《修订"北京市科技新星计划管理暂行管理办法》。

这些文件正在按照计划进度进行。

在加强法规工作计划协调推进的同时,对报审的法规、政府规章和由市科委发布的政策性文件严把"出口"关。对报送和发布的文件,严格法律性、规范性以及是否符合行政审批制度改革的要求,进行审查,保证制定的规范性文件合法有效,严格依法行政。

二、在深化科技行政审批制度的改革上取得新进展

市科委原有审批、审核、核准事项38项,2000年精简了行政审批事项40%,精简后保留22项。按照市政府《关于进一步深化本市行政审批制度改革的通知》精神,本着进一步转变政府职能,完善和规范政府行政管理方式,提高办事效率,促进依法行政的原则,由市科委办公室和政策法规与体制改革处牵头,会同各业务处室,对现行的22项审批事项逐项研究,认真分析,重新作了调整,并研究制定进一步深化科技行政审批制度改革的措施,提出的精简意见,并将情况向市深化行政审批制度改革办公室做了报告。

三、对科技法规、规章、政策性措施进行了清理

为适应WTO规则,根据市委、市政府要求,市科委对已颁布的地方法规、政府规章和政策性措施以及市科委发布的规范性文件进行了全面的清理。对103项科技政策法规进行全面清理,提出了清理意见,其中由市委、市人大、市政府发布的科技法规、规章和政策性措施33项,保留6项、修改8项、废止18项、转出1项。对由科委发布或由市科委牵头与有关部门联合发布的70项政策性措施,提出了具体清理意见,对与WTO原则相冲突和不符合行政制度改革要求的政策性措施进行了清理。

(政策法规处)

实行零基预算，深化财务制度改革

2001年北京市科技条件财务工作贯彻市委市政府关于科技工作的一系列方针、政策，大胆开拓、努力进取，在支持科技事业的发展与改革上取得一定成就，其主要工作可概括为七个方面。

一、预算体制改革，科技投入的格局发生重大变化

2001年是实施"十五"计划的第一年，也是北京市科委实施部门预算的第一年。为了全面贯彻落实北京市科技"十五"发展计划，加快发展高科技、实现产业化的进程，市科委党组提出了"优化支出结构，确保发展重点，深化管理改革，提高资金效益"的资金使用原则。在科技经费的使用和管理中，市科委与市财政部门同步实施财政科技经费管理体制改革。

改革的指导思想：发挥首都科技优势，优化资源配置，调整支出结构，确保发展重点，全面提高资金的使用效益。

改革的目标：建立一个结构合理、管理规范、约束有力、讲求效益、适应社会主义市场经济和经济发展要求的科技经费支出管理新机制。

改革的思路：实行部门预算，加强领域衔接，推进科技计划管理的改革；调整支出结构，坚持"有所为，有所不为"的方针，紧紧围绕对首都经济社会科技发展有根本性影响的重大项目，集中财力，强化支持；加强管理，依法理财，提高科技经费的使用效率。

科技经费投入要点：按照科技经费改革的思路，市科委确定了科技经费投入要点：

(1) 改变科技经费的投向，不再沿袭性地支持某些特定的单位，而改为支持与首都经济社会发展密切相关的重大项目，坚持支持那些代表先进生产力、代表经济社会发展主导方向，有较好的技术先进性和实践先进性的重大项目。

(2) 提高科技经费的投入层面，重点支持足以构建首都区域创新体系和改善首都区域创新环境的重大项目，强化服务意识，打破条块分割，项目向不同隶属关系、不同所有制、不同技术特性的京区单位全面开放。

(3) 改变科技经费的投入领域，重点支持那些有一定的资金投入强度和资源组合强度、能在京区产业化的重大项目。

根据科委党组提出的资金使用原则、改革的思路和科技经费投入要点，条件财务处积极与财政协调，突破点为：科三费、事业费预算科目上的障碍，使二者统筹使用；科学事业费突破条块分割障碍，由过去只能支持市属院所改变为在保障公益型院所正常性支出外，其余经费面向北京地区开放；科技经费向民营科技企业开放；这些政策均走在其他省市前面。

二、严格执行2001年预算，顺利完成2002年预算编制

今年的经费使用严格遵循部门预算的要求，逐项落实，为保证预算的执行，条件财务处和发展计划处共同制定了一系列内部控制措施，做到每一项拨款都有预算，执行中发生调整的，逐笔有《预算调整申请表》，这样既保证了预算的严肃性，又保证项目调整有据可依。

2001年4月开始，在委党组直接领导下，市科委全面开展2002年预算的编制工作，项目预算由发展计划处牵头，事业单位正常性经费预算由条件财务处和政策法规处配合以及在市科委系统的共同努力下，市科委用5个月的时间完成了科技经费的预算，之后条件财务处用1个月的时间按财政要求完成了58个单位的预算汇总、总预算的编制和《2002年部门预算的编制说明》、《2002年预算编制工作报告》以及《2001年北京市科技经费使用和管理情况报告》，保证了市科委2002年的预算编制按质、按时、无差错地完成上报。预算的编制能顺利完成全靠科委党组的锐意改革以及各处对部门预算的高度重视和积极努力。

三、财政科技经费有大幅增加

单位：万元

科　目	2001年预算	2001年执行
科三费	26424	26424
事业费	57508	57508
市长基金	2000	2000
追　加	14653.71	14653.71　（信息办2511.3）

四、加强财务管理和审计监督

（一）财务管理工作

1. 审核了直属单位所属42家企业产权登记的申报材料，现已被财政局审核批准。

2. 开展对市科委直属单位《会计法》执行情况的检查，并进行了总结和整改。

3. 按市政府要求开展了对科委系统行政事业单位清理银行账户工作。共自查单位80个，已对130个账户进行了清理，取消11个不符合规定的账户。由于我们在自查阶段工作细致，顺利通过了市审计局、市财政局、市监察局、中国人民银行的重点抽查。

4. 为贯彻财政部关于《禁止用公款为个人购置商业保险的规定》，开展了对科委系统的清理工作，在清理范围内50个单位中，查出有问题16家，并进行了整改。

5. 为贯彻新《会计法》，根据近两年直属单位财务管理出现的问题，修订了《市科委直属单位财务制度》和《市科委直属单位国有资产管理实施细则》并下达，同时为科技系统举办财会人员继续教育培训班两期。

6. 为更好地加强科技经费管理，条件财务处在市科委系统内外充分调研的基础上，经反复修改，制定了《北京市科技项目（课题）经费管理办法》、《北京市科技合同项目（课题）经费会计核算规定》和解说稿。从而使财政性资金的使用管理规范化、合理化。

7. 为更好地宣传、贯彻科技经费财务管理规定，条件财务处对科技项目承担单位分三批共500多人进行了业务培训。

8. 完成了科委系统99个单位的清产核资工作。

9. 协助市公安局刑事科学研究所、海顺德公司等单位免进口税300多万元人民币。

10. 组织会计师事务所对500个验收项目及部分延续项目进行了审计。

五、为技术创新服务、科研条件建设取得成效

2001年，重点做好科技条件资源协作化、科技条件服务的市场化、科技条件信息的数字化、实验动物管理法制化和科技期刊优质化工作。

为推进首都创新服务体系建设，我们在做好北京科学仪器协作共用网的基础上，又建立了北京地区分析测试中心协作服务网络。协作服务网的作用是拓宽广大的中小型科技企业用户选择实验手段的范围，促进跨部门、跨行业的资源共享，为创业孵化和技术创新提供行之有效的服务。为了使广大的中小型科技企业能够更好地了解协作服务网，市科学仪器装备服务中心编写了《北京地区科技条件资源协作共用服务手册》，将北京地区分析测试机构的仪器、技术、专家的信息，汇集成册提供给园区、孵化器和广大的中小型科技企业。

北京生物医药分析测试中心和北京清华生命科学与材料科学分析测试研究中心自去年成立以来，以服务北京为宗旨，发挥条件资源、人才优势，积极地为北京地区高校、科研院所、企业提供服务达2万多小时，检测样品8000多个。服务领域涉及环境治理、新材料的研究开发、生物医药的分析检测、刑侦技术支持以及开展科普教育等。为支持北京市创新服务体系建设，北京生物医药分析测试中心为首都地区高校、科研院所和制药企业提供条件和人才资源，为"973"计划、"863"计划、自然科学基金、"九五"等国家科技创新、重大攻关项目、创新药物及生物工程产品的鉴定和质量检测服务，举办了生命医药发展现状与展望讲座和生命前沿领域关键技术培训等。为建成我国最大规模的生物医学分析中心，今年该中心投入1400多万元，在国内率先引进全套生物质谱仪，并吸引了一批国内和归国的博士，已成为首都地区科研创新和生物医药高技术发展重要条件支撑，首都经济创新服务体系的重要组成部分。

（一）科技条件市场各项工作稳步发展

目前，已有上百家国内外著名高新技术企业入驻科技条件市场，展示、销售科学仪器产品1000多种，化学试剂1万多种，2001年共完成销售收入230万元。为中小科技企业举办各类讲座、培训班50余场。组织开展科学仪器的维修维护和租赁调剂服务，积极为广大中小型科技企业提供科技条件咨询服务和实验室全套解决方案。

市科委与团市委、市青联在科技条件市场设立"青年科技人才创新条件窗口"为向优秀青年科技人才创新提供集成化的科研条件服务。北京科技条件市场充分发挥桥梁作用，将逐步成为社会资源整合共享的平台，技术创新实验条件的支撑。

（二）数字化共享实验条件体系的框架已形成

市科学仪器装备服务中心承接了"数字化共享实验条件"建设，经过1年的努力，开通了中国实验室网、中国实验室采购网、科技条件电子地图、科研条件网站也推出了新版。共享实验条件体系以专业的技术支持，全新的服务理念，为首都创业孵化体系和首都经济创新服务体系建设服务，更好地为广大中小型科技企业提供方便快捷的服务。

六、实验动物管理执法队伍在科技执法中积极发挥作用

为加强本市的实验动物法制化管理力度，在市政府法制办的支持下组建了"北京市实验动物质量监督员"队伍。共有11名工作在实验动物管理、科研和教学第一线的专家和科技人员，

经《中华人民共和国行政处罚法》等相关法律、法规的培训，考试合格受聘为北京市实验动物质量监督员。质量监督员在检查中发现的严重违反《北京市实验动物管理条例》的行为，按法律程序进行调查取证，科委首次对违反《条例》的单位给予警告处分。

(一)·加大实验动物及其相关产品的质量抽检

今年市实验动物管理办公室组织专家对8个实验动物生产单位的1274个动物和8种饲料的抽检。结果表明，饲养在屏障内的动物总体质量状况是好的。由此，市科委做出了两年后全市停止使用普通级实验动物大、小鼠，全部生产清洁级以上大、小鼠并推进其产业化的决定。

(二) 建立实验动物屏障设施运行管理与培训基地

为贯彻落实《北京市实验动物管理条例》，迅速使北京地区乃至全国实验动物屏障设施运行管理水平提高，充分发挥屏障设施的作用，在军事医学科学院实验动物中心和首都医科大学实验动物部建立的“实验动物屏障设施运行与管理培训基地”，经过两年的建设硬件条件(屏障设施、教务设备等)和软件条件(教材编写、教学大纲、教务管理、师资资格和后勤服务等)均已符合开展培训的要求，经专家验收已正式启动，两个培训基地的第一期培训班已开办。

七、科技期刊管理工作

为进一步推动我国期刊事业的繁荣发展，在中宣部的领导下，科技部组织了“中国期刊方阵”建设评选工作。我市有12种科技期刊进入“方阵”，其中“双高”期刊1种，“双奖”期刊1种，“双百”期刊1种，“双效”期刊9种，入选期刊占总数的16%。为促进北京市科技期刊全面质量的提高，制定了北京市优秀科技期刊的评审标准，开展期刊的质量评定和评优工作。

(条件财务处)

围绕科技主线，做好社团工作

世纪之交，世界经济一体化日趋明显，国际竞争日益激烈，综合国力和高新技术领域的竞争已成为其主要内涵和手段。国内体制改革的深入、政府职能的转变和市场经济的发展，促进了我国民间组织的孕育和发展，并提供了有利的国内外社会环境。

为充分发挥社会团体在各领域的积极作用，使其真正成为党和政府联系人民群众的桥梁和纽带，使其在宏观上真正纳入首都区域经济、社会和科技发展计划，更好地发挥其独特的促进作用，北京市科委按照中央有关社团管理的规定和北京市社团办的有关要求，主要作了以下工作和探索。

一、社团工作规范化、法制化、科学化

1. 请各社会团体认真学习中央有关文件精神和中央有关领导讲话，使各社会团体真正领会社会团体在社会主义市场经济体制下的作用和中央对社会团体的要求，提高认识、明确方向、增强使命感和责任感。

2．要求各社会团进一步建立健全各项规章制度，做到有章可循、有法可依，在法律规定的范围内开展工作。加强自我约束和自律精神。

3．认真调查研究、探索新的市场经济条件下的社团运行机制和管理办法。

针对目前社会团体存在的主要问题和倾向，深入开展调查研究，与有关社会团体共同探讨如何在宏观上加强对社会团体的管理。

在此基础上3月份开始着手起草北京市科委社团管理办法。到目前为止，北京市情报学会、北京市发明协会、工业设计促进会 、市科技咨询业协会和市科委办公室分别拿出了《北京市科委社会团体管理办法》（第一稿）。5月20日召开了上述单位参加的研讨会拟定了第二稿，现在拟在此基础上再经过几次认真的研讨，即可拿出一个可操作性的方案。从而可以使市科委的社团管理工作进一步步入规范化、法制化、科学化的轨道。

二、加强宏观指导，使社团管理工作纳入行业发展和科技发展规划之中，为全市的经济社会、科技服务

1．明确挂靠单位：北京市科委的各协会按其主要特点和职能分别进一步明确具体挂靠单位，即挂靠到处室一级。如创业投资协会挂靠在高新技术产业处，北京科技金融促进会挂靠在高新技术产业处，科技咨询业协会建议挂靠在软科学处，生物工程学会挂靠在生物医药新材料处，北京国际科学技术合作协会和北京对外科技交流协会挂靠在市科委国际合作处，北京发明协会拟挂靠在奖励办。6月19日委主任正式明确挂靠在市奖励办公室。

2．加强协会与各处室的联系，使其明确各处室目前中心工作的重点，了解各处室的战略意图和具体步骤和安排，使各协会的工作在明确政府中心工作、重点任务基础上，围绕中心工作开展工作，并积极争取各处室的指导，争取将协会工作纳入各处室的科技发展计划当中。

3．将各协会的工作纳入北京市科委的总体发展计划当中，使其为落实“首都二四八重大创新工程”服务，将其作为北京科技环境建设的一个重要内容。如生物工程学会举办各种学术研讨会，促进了国内外该领域的学术交流，为北京生物领域的规划、计划的完善和项目的筛选、研发提供了宝贵的信息；高新企业协会配合政府举办新技术项目推介会，银、科、企联谊会，为中关村科技园区发展搭建了全面交流沟通高新平台；科技咨询业协会为首都的发展献计献策，开展了专题研究，为市委、市政府战略决策提供了依据。

4．办公室加强了与高新处业务联系，共同把加强社团管理工作正式纳入技术创新服务体系建设之中，引导社团围绕科委中心工作开展活动。

三、利用年检，加强对各协会的整顿

1．利用这次年检，对有关协会的业务主管单位进行了调整。北京无线电协会转到北京无线电管理局，北京国际人才交流协会转到北京市人事局。

2．利用这次年检，促进了各协会、健全的领导班子，搞好换届工作。如科技金融促进会、发明协会等。

3．利用年检，对存在一定问题的单位进行整改。如北京发明协会存在领导班子、办公室人员、办公地点、办公经费等问题，通过年检协助其理顺了关系，解决了问题。

4. 促进了各项规章制度的建立。2001 年普遍建立了：①民主决策制度；②财务管理制度；③考核奖惩制度；④重大事项报告制度；⑤接受使用捐赠制度；⑥监事会的工作制度等。

5. 促进了各社团搞好规划和各项活动的开展。

6. 贯彻社团办要求，重点解决了领导干部多处兼职的问题。

7. 领导重视，北京市科委王主任、朱主任都非常重视社会团体工作，经常听取有关社团年检情况、制度建设，社团发展等情况汇报，并对许多具体问题给以指导。朱主任对发明协会的工作直接进行协调和指导。

8. 一手抓培育，一手抓监督管理。

在加强指导的基础上，加强了监督管理力度。①加强调研：从不同渠道和角度调研各协会的基本状况。②经常听取汇报：包括口头和书面的。③加强检查：定期或不定期的进行抽查和检查。④扩大交流：加强横向交流，取长补短，共同提高。⑤及时传达上级文件和领导讲话精神等。

四、今后工作重点

1. 加强规范化管理，尽快出台北京市科委社团管理办法。

2. 建立健全民间组织行政管理体系——双重负责、分级管理体制。

3. 加强规划，使协会工作纳入首都经济发展和“首都二四八重大创新工程”之中。

4. 推动各协会，根据自己的特点创造性地开展工作，真正起到桥梁和纽带的作用。

5. 加强组织建设，健全各协会的组织机构。

6. 加强政府对各协会的指导和监督。

7. 拟搞一个调查、建一个社团数据库、出一个不定期刊物、建一个独立网页。

（办公室）

新形势下北京市科技保密工作的新进展

随着国际竞争日趋激烈和我国加入 WTO 的新形势，特别是以社会信息化、通讯网络全球化为代表的科技新发展，使得科技创新能力日益成为综合国力竞争的决定性因素，从而凸显出科技保密在国家经济建设、社会发展和维护国家科技安全中不可或缺的重要作用，也使科技保密面临前所未有的严峻挑战。可以毫不夸张地说，离开了科技保密，我们将失去科技发展创新的屏障和保护，离开了科技保密，我们将丧失国际竞争中的主动权，甚而将严重损害我国的国家安全和利益。

新形势逼迫我们形成了新的认识，同时也促使我们确立了新的目标和任务，这就是加快科技保密三大体系（工作体系、法规体系、定秘体系）的建设，狠抓科技保密两个能力（技术能力、研究能力）的提高。将科技保密工作作为一项基础性、长期性的工作来规划安排。

一、更新观念、适应转变

因为受传统保密观念的主导，使我们科技保密人员甚至一些领导的思想不能适应新技术、新形势带来的冲击，或认为“保不住”，或停留在老手段、老方法上。针对这些思想，我们组织了全市各单位认真学习贯彻国家科技部、国家保密局《关于加强新形势下科技保密工作的若干意见》，着重对各级主管科技保密工作的领导和科技保密人员的观念更新，使他们认识到科技保密工作要从无密可保、保密无用向重视安全、确保重点的认识转变；在保密方针上，要从保密为主向保放结合、促进发展的方向转变；在保密体制上，要从行政体系为主向专兼结合的精干保密体系转变；在保密机制上，要从行政调控为主向依法治密的方向转变；在保密手段上，要从传统的保密手段向以高技术手段为主的方向转变。

二、定岗建网，打好基础

2001年，市科委提出各单位要在新形势下对科技保密员队伍的建设给予足够的重视和支持，不能因机构改革调整撤并科技保密的职能岗位并对北京市各局、总公司、高等院校、科研院所科技保密员的设置情况进行了调查，经调整补充，重新确认了北京市科技保密队伍，建立了正常的业务渠道和联系网络。调整后的科技保密队伍人员构成合理，文化素质较高且具有一定的专业知识。在此基础上，我们加强了科技保密人员的业务培训，主要内容有科技保密法规、规章制度，科技定密的标准，定密项目的审报，依法行政，依法管理新方法、新设备、新手段的业务交流等，从而大大提高了科技保密人员的专业知识、法规知识和专业技能，为强化北京市科技保密工作体系打下了良好的基础。

三、搞好试点，勇于实践

2001年，北京市作为科技部开展“国家秘密技术项目分级审查管理”试点单位，为改进国家科技定秘体系，承担了大量的先行实践试点工作，并向国家科技保密办公室提交了阶段性总结报告。这个报告在我们大量调研走访和布置相关工作的基础上，从加强保密观念，调整科技保密机构人员，组织项目上报，重点涉密单位的管理和检查，专家的组成和评审，立项定秘试点和“立项定密暂行规定”，以及存车的问题和建设等八个方面总结了北京市在开展“国家秘密技术项目分级审查管理”试点的经验，得到了国家科技部有关领导和国家科技保密办公室的肯定和好评。试点工作在取得经验的同时，也为北京市进一步推行国家秘密技术评价指标体系，改进并实施国家科技秘密定密体系提供了很好的工作平台。

四、目标管理，晋升一级

2001年，北京市科委机关档案工作圆满实现年初设定的工作目标，顺利通过北京市档案局升级考评小组的严格检查和评审，确认市科委机关档案工作达到北京市档案目标管理一级标准，验收合格并晋升为北京市档案目标管理工作一级先进单位。从而使市科委的档案目标管理工作成为北京市政府各委、办中第一个达到市一级标准的单位,起到了表率作用。

2001年,完成了大量的基础性工作。①调整并装修了档案办公、阅览、储存所需用房;②更新添置了必需的档案设施;③在过去残缺不全基础上,重新编目整理分类、装订成册大量原始档案资料,总计有2505卷;④建立起计算机档案检索调阅系统。与此同时,在认真宣传贯彻《中华人民共和国档案法》和严格执行北京市档案局有关规章制度的基础上,进一步建立健全了档案管理制度,形成了完整的档案管理体系。从而使得档案信息从"零散、分割、残缺"的状态转变成"系统、连续、完整"的资源,并已开始为北京市经济建设、科技发展提供有效服务。

正如北京市档案局局长在评价市科委档案工作时所说,市科委的档案科技含量高,档案管理现代化走在了前面。

市科委领导并未满足已取得的成果,面对新的形势提出了新的规划目标,即在已有的计算机档案管理系统的基础上加快网络化的步伐,以数字化带动档案管理现代化,使档案管理从档案生成、入库登记、卷目编写、卷目检索、查阅借阅、服务利用直到统计报表全部实现计算机网络数字化管理,从而把档案管理提高到一个新水平。努力实现市科委档案系统管理集约化,档案业务建设规范化,档案管理手段现代化,档案利用服务网络化,"建设与市科委相适应的先进的档案工作","优化市科委的档案信息资源","全面提高市科委系统的档案工作水平,更好地为首都科技进步和经济发展服务"。

为落实委领导的规划目标,进一步增强委系统全体工作人员的档案意识,全面贯彻国家和北京市关于档案工作的各项法规。我们要力争做到:每年向委领导汇报一次档案工作;开展一次档案法制宣传活动;编研印发一本《北京市科委文件汇编》,承担一项档案工作软课题研究;举办一次兼职档案员培训班;召开一次档案工作交流研讨会;组织一次档案业务观摩学习活动;为档案工作人员订阅一份《北京档案》。

我们相信,经过我们的努力,一定可以使委系统档案工作达到一个更高更新的水平。

（办公室）

做好新时期软科学研究工作

在新形势下,软科学研究更显示出其重要性。为了做好新时期软科学研究工作,软科学处将其工作做了相应的调整。这些调整包括:一是对软科学立项的原则和方式进行了调整;二是对软科学研究成果的应用方式进行了调整;三是对全处的管理方式进行了调整。

一、软科学研究的组织和管理

(一) 立项原则

按照科委领导的要求,对软科学课题的立项原则进行了调整,确立了四个立项原则:

(1) 紧紧围绕科委的中心工作开展软科学研究,要求直接、快速地切入科委工作主流;

(2) 和各处室联手开展软科学研究,强化服务意识,为各处室提供软科学服务;

(3) 围绕市长热点开展软科学研究,解决北京经济社会发展面临的实际问题;

(4) 对一些前瞻性、前沿性的问题进行研究，为科委工作和北京市科技工作提供有价值的咨询意见。

(二) 软科学课题研究状况

按照上述原则，在高新技术及产业化、园区建设、产业结构调整、科技奥运、入世应对等方面，确立了42项软科学研究课题，研究进展顺利，一些研究取得初步成果。

1. 个人信用制度和企业信用制度研究

立项基点是：认为在科技资本和金融资本结合的时期，必须建立个人信用制度和企业信用制度，在一个没有信用的社会里，难以实现高科技的高层次运作。这是围绕市长关注的问题开展的研究，有三个市长对课题进行了批示。课题已经完成，课题成果已经发布，并开始在中关村地区进行试点。

2. 技术跨越和技术预见研究

立项基点是：技术可以从较低层次，跨越中间层次，直接进入高端层次，实现技术的高速发展。这项研究可以判断出前景技术和非前景技术，为科委的大项目论证提供一定的参考依据。这是围绕科委的中心工作开展的研究。

3. 平谷绿都研究

这是与农村处联手做的课题。阐述了建立平谷绿都的目标、结构与途径。此项研究受到平谷县委、县政府的高度重视，课题成果经过县人大审定，已经作为制定平谷发展规划的蓝本。

4. 科技奥运

这是在北京开始申办奥运会时布置的课题，属前瞻性课题，课题研究与申奥同步进行。申奥成功后，本课题一些研究成果，在北京市与八部委联合制定"奥运科技(2008)行动计划"时部分地得到了应用，并出版了由林文漪副市长写序、范伯元主任主编的《科技奥运》一书，产生了一定的社会反响。

5. 服务业发展问题研究

这是一个前瞻性的课题，认为未来服务业很可能成为首都经济新的增长点。课题研究了商务服务业、综合物流业、金融服务业、通讯信息服务业、教育服务业、医疗卫生服务业等。为未来北京服务业的发展进行了设计和谋划。

今年确立的软科学研究课题，普遍提高了针对性和实用性，取得了较好的效果。

(三) 软科学课题应用状况

软科学研究应该在辅助领导者决策、丰富领导者决策思维、谋划组织大型项目、提高管理水平以及宣传现代科学意识等方面发挥作用。但这都要依赖于软科学的硬化。我们在软科学硬化方面做了这样一些工作。

1. 把有较好决策参考价值的软科学研究成果，通过各种渠道上报市领导。在全部上报成果和信息中，被《北京信息》、《昨日市情》采用的共40余条，其中6条信息得到市领导批示，有4条信息被评为优秀信息，为市领导提供了重要的决策依据。

2. 编发《软科学研究报告》，目前已编发3期，主要刊登软科学研究成果和观点。

3. 组织召开软科学的研讨会和报告会，今已组织各种研讨会、报告会十余次。

4. 在一些媒体上开辟专栏，宣传软科学的研究成果。

5. 在网上发布软科学成果，并组织软科学热点问题的研讨。

6. 出版一些专著，使软科学的一些观点在提高人们的科学意识上发挥作用，最近要出版5

年软科学成果汇编。

7. 将一些好的软科学研究成果，通过顾问团、咨询业协会的咨询工作传递到用户手中，满足用户的咨询需求。

8. 进行《北京科技年鉴》改版，使其包括更多的有用信息。

采取各种手段和方法，使软科学成果硬化，使它们在决策和管理中发挥更大的作用。

二、利用顾问力量，开展研究和咨询工作

2001 年是第八届市政府专家顾问团工作的第一年，在各方努力下工作进展顺利。主要做了如下几方面的工作。

（一）开展多层次、多领域的咨询工作

2001 年结合市政府的重点任务，开展了多层次顾问咨询工作，咨询题目十分广泛。包括政府审批制度改革、"十五"科技发展规划、义务教育暂行办法、入世后的人才资源开发、科技奥运等。

2001 年顾问咨询工作有如下特点：①能够结合北京经济社会发展的热点、难点、重点问题开展咨询。②实现了跨组联合咨询，例如，进行科技奥运咨询时，有 20 多个顾问组的顾问同时参与咨询，这种咨询规模在以前是没有的。③顾问咨询受到广泛重视，取得明显效果，例如，顾问建议，在北京电视台和北京有线电视合并时，应整合出台一个青少年频道，这个建议得到广电部批复，青少年频道于 2002 年 1 月开播；又如，顾问建议不能把潘家园改造为公园市场，该建议也得到领导批复，有关部门正在修改建设方案。

（二）开展顾问软科学研究

2001 年结合咨询工作，组织专家顾问开展软科学研究。例如，关于北京商务功能区的研究、关于发挥产权交易市场作用的研究、关于促进个体私营经济发展的研究、关于加强政府投资导向作用的研究等。由于顾问软科学研究工作的开展，专家顾问的咨询水平有了很大的提高。

（三）建立顾问团信息网站

2001 年开始筹建市政府顾问团专家网站。网站可提供党和政府的各项方针政策，领导有关顾问工作的指示、讲话和文件，顾问团工作的相关信息和资料，顾问组和顾问个人的相关资料，并可进行顾问思想、工作和意见的交流。顾问信息网站的建立，为顾问提供了信息化的工作平台，使顾问工作向现代化管理方向迈进了一步。

（四）开展培训工作，编发顾问简报

2001 年结合新的形势和任务开展培训工作。例如，结合入世后的机遇和挑战，为丰台区人大代表、海关中层管理干部、东城区委区政府组织了报告会和培训。帮助密云、大兴、朝阳等区县设立区县顾问团。全年共编发顾问简报 24 期，将有关建设和意见及时送到有关主管部门。

三、加强软科学宣传工作，提高软科学研究的社会效益

为了扩大软科学研究的影响，2001 年加强了宣传工作。

(1) 2001年组织大规模新闻发布会12次，并根据科委的重点工作，组织了科技专题宣传，包括“北京市高技术及其产业化巡礼”、“重大科技项目”、“创新北京”、“专家顾问团奥运建议”等，引起广泛的社会反响，使社会各界了解、关注和支持北京科技。

(2) 全年印发《首都科技》24期，介绍北京市科技工作的新政策、新精神、新举措。向上级部门及时报送《科委动态》、《北京市专家顾问团顾问建议》等。

(3) 开展“北京科教信息网”调整和完善工作，保证信息公开和及时更新，在政府网站评比中，获得第三名的好成绩。

明年要继续在全处的改革创新工作中进行探索。

（软科学处）

北京技术市场发展呈现勃勃生机

一、发展概况

2001年北京技术市场发展呈现以下主要特点。

(一) 落实各种政策，调动技术卖方的积极性，北京技术市场在全国继续保持强劲发展势头

2001年，北京技术市场在深化改革和入世大潮的推动下，通过深入贯彻《北京市技术市场管理条例》等法律法规，落实国家和北京市有关促进技术市场发展的优惠政策，特别是财政部、国家税务总局颁布的财税字[1999]273号文件，将技术合同优惠政策扩大到所有从事技术开发、技术转让的主体，极大地调动了技术卖方的积极性，促进技术交易的繁荣，使北京技术市场继续保持强劲、快速、健康的发展势头。2001年技术合同成交总额达191.01亿元，比上年增长36.15%，再创历史最高水平。

(二) 外资研发机构抢滩登陆

随着经济全球化进程，北京丰富的科技人才资源和良好投资环境，吸引外资研发机构纷纷落户京城。国家和北京市制定的鼓励政策，把外资研发机构纳入技术合同认定登记和统计的范围。与2000年仅有7项技术合同认定登记，合同成交额达12.62亿元相比，2001年共有55项技术合同认定登记，合同成交额达26.59亿元，占北京技术合同成交总额的13.92%，比上年增长4.92个百分点。外资研发机构大举进入北京技术市场的势头已十分明显。随着去年我国加入世贸组织，外资研发机构技术合同成交额占北京技术合同成交总额的比例，必将随之大幅度增长。这一趋势将对北京技术市场乃至首都经济发展产生重大而深远的影响。

(三) 进一步明确软件开发税收优惠政策，促进软件产业的发展

新出台的《北京市关于进一步促进高新技术产业发展的若干规定》，基本解决了从事软件开发企业和单位多年呼吁的问题，极大地调动他们的积极性，为首都信息产业的发展，实现“数字北京”的目标创造更加有利的环境。2001年软件技术合同成交2387项，成交额达26.34亿元，比上年有较大幅度增加。

（四）自主知识产权技术合同成交额增幅明显

随着去年加入世贸组织，我们要努力提高自主知识产权和有国际竞争力的技术开发水平，创造以知识产权保护为中心的法律制度环境，促进自主知识产权项目的实施和交易。2001年仅专利技术合同成交166项，成交额达1.44亿元，比上年有较大幅度增加。

（五）当年技术合同实现额大幅增长

2001年技术合同实现额达97.58亿元，与2000年同比，在合同成交总额中所占比例增长8.1个百分点，这表明技术交易的合同履约率和成果转化成功率有明显提高。

（六）发达地区积极引入北京技术成果

2001年山东省从北京引入技术合同额达7.85亿元，比上年增长78.41%，由上年的第五位跃居第一位。上海市从北京引入技术合同额达5.52亿元，比上年增长72.47%。深圳市从北京引入技术合同额达1.02亿元，比上年增长51.19%。

（七）高新技术企业成为技术市场最大卖方群体

近年来，高新技术企业在北京技术市场中的地位日益突出。以中关村科技园区为例，2000年园区高新技术企业技术合同成交额达到62.96亿元，占北京技术合同成交额的45%，首次超过科研院所、高等院校，成为北京技术市场新兴的最大卖方群体。2001年，高新技术企业合同成交额达89.98亿元，占北京技术合同成交总额47.11%，成为促进北京技术市场繁荣的主力军。

（八）高新技术成果转化成为北京技术市场主流

2001年，电子信息、生物工程与新医药、光机电一体化、新材料、环保与资源综合利用等五大高新技术领域技术合同成交额，继续保持快速增长势头。其成交额达108.39亿元，比上年增长32.51%，占北京技术合同成交总额的56.75%，成为北京技术交易的主流。

（九）落实外资研发机构技术合同税收优惠政策的工作初见成效

2001年，在市科委、市地税局等部门的共同努力下，摩托罗拉、宝洁、诺维信、西门子等几家外资研发机构落实了减免税。

（十）北京正在成为全国最大的技术商品集散地

2001年北京地区输出技术合同额达87.34亿元，比上年增长30.07%；合同数达12225项，比上年增长8.32%。北京技术商品流向全国所有省、市、自治区（包括港澳台地区），越来越多地应用于各地的经济建设，为解决经济建设中的难点、热点、重点问题发挥着越来越大的作用。

二、主要工作

（一）大力宣传贯彻技术市场政策法规

1. 加大宣传力度，促进技术市场持续健康发展。为广泛深入地开展技术市场的普法宣传，开展大量的组织推动工作：制作电视专题片《蓬勃发展的北京技术市场》；编印技术市场法规选编和折页；编制《2000北京技术市场年度工作报告》和《2000北京技术市场年度统计分析报告》；两次召开新闻发布会，并在中国技术市场报等报刊介绍北京技术市场的发展情况；为提高技术交易排头兵的社会知名度，创造北京技术市场品牌，发布了2000年度技术卖方技术合同成交额排行榜，引起首都新闻界的关注，《科技日报》等十几家报刊作了报道。

通过参加北京高新技术产业国际周等大型活动，发放宣传材料11000多份，接待咨询3000多人次，全面地介绍北京技术市场巨大成就，宣传北京技术市场管理办公室、北京技术交易市场的性质功能及提供服务的内容，发布委托推广的科技成果，收到较好效果。

2．积极参与修订《北京市技术市场管理条例》。《北京市技术市场管理条例》是1994年10月20日北京市人大颁布的，近8年来，为北京技术市场持续稳定健康发展提供了有力的法律保障。为适应新的形势和加入世贸组织的需要，2001年市政府、市人大将修订《条例》列为重点立法计划项目。

根据市人大教科委、市政府法制办要求和市科委的安排，积极参与《条例》修订起草小组工作。组织召开专家、管理部门、科研院所、高等院校、技术中介机构和合同登记处等参加的座谈会，广泛听取各方面意见，就修订《条例》整体思路、结构框架等深入研讨。收集全国有关省市制定或修订《条例》情况，对上海、天津、广东三省市制订或修订《条例》的情况进行研究分析。赴天津、南京、上海、成都等地进行调研。起草小组对《条例》进行逐章逐条、逐字逐句研究和修改。

在修订《条例》过程中，注意处理好几个关系：一是创新性与继承性的问题。修订稿继续坚持加强管理与促进发展相结合的立法宗旨，坚持管理就是服务的思想，把实践证明行之有效的规定，尽可能多的保留下来。二是前瞻性与实用性问题。修订稿坚持从实际出发，绝大部分内容都是针对实际需要和调研了解到的技术市场发展中存在主要问题做出的规定。同时，考虑到一些前瞻性问题，如通过互联网进行技术交易、技术产权交易等，也做了比较原则的规定。三是民事调整与行政管理、法律法规的关系。鉴于《条例》是一部行政关系和民事关系交织在一起的地方性法规，《条例》中许多内容都涉及到如何处理好民事、行政和法律的关系。因此，在修订过程中，坚持从深化行政管理体制改革，转变政府职能出发，本着能通过民事调整的，不采取行政管理；能通过约定解决的不设行政许可；能通过市场机制、行业自律调整的，不采取行政手段或法律解决的原则；使《条例》不再是一部单一的行政管理法规。目前，融会各方面意见的《条例》修订稿草案，已报请市领导讨论。

（二）努力创新，完成技术合同年成交额160亿元目标

1．调整技术商品交易的结构，提高拥有自主知识产权项目合同交易额在北京技术合同成交总额中所占比重，是新形势下技术市场工作的一个重点。为此，开展技术交易结构、自主创新能力状况的调查研究，将自主知识产权项日合同纳入统计范围，作为提升北京技术市场交易结构和水平的重要指标狠抓落实，取得了显著效果。同时，积极落实各级政府科技发展计划项目进入技术合同认定登记的范围，努力提高北京技术市场交易质量和水平。

2．为做好外资研发机构技术合同的认定服务工作，到诺基亚、西门子、摩托罗拉等外资研发机构调查研究。专门召开研讨会，就外资研发机构技术合同认定登记工作进行深入研讨，促进这项工作的开展。

3．尝试建立卖方登记、买方备案的技术合同双向统计制度。从下半年起，在西城、密云等区县开展了买方备案的试点工作。

（三）加强技术中介服务体系建设

1．完成北京技术市场协会换届工作。为进一步发挥北京技术市场协会在技术市场的特殊作用，活跃协会工作，进行协会领导机构换届工作，组成了新一届理事会。10月9日，协会第二届理事会召开第一次会议，选举产生新的常务理事会和理事长。协会将酝酿成立技术经纪人和技术中介机构分会，筹备召开全体会员大会，开展协会活动日活动等，把协会工作红红火火地开展起来。

2．坚持年检制度，培育和发展技术中介机构。根据《北京市技术市场管理条例》规定，开展2000年度北京地区技术中介机构年检工作，共有76个机构办理年检手续，取得技术中介资格。为提高具有技术中介资格的机构知名度，在《科技日报》、《中国技术市场报》和《北京科技报》上公告。

据统计，2000年度北京地区技术中介机构共开展技术中介服务项目6968项，收入6069.39万元。许多机构根据行业和社会经济发展的需要，组织开展多种多样的技术对接、洽谈、交流等活动，发挥技术中介服务的桥梁和纽带作用。但是，技术中介服务难做，得不到应有保障的呼声仍十分强烈。针对年检反映的问题，多次召开座谈会，就如何发挥技术中介机构的整体资源优势，合理开发和利用首都雄厚的科技、人才资源，争创技术中介服务优质品牌进行深入交流和探讨。

3．狠抓培训，加强技术市场人才队伍建设。为培养高素质的技术中介人才队伍，积极采取措施，与登记处和技术中介机构合作办班，提高培训效率，扩大培训面，培训质量明显提高。一年来共举办技术经纪人培训班9期，467人经考试考核合格取得《北京市技术经纪人资格证书》，远远多于去年。目前取得北京技术经纪人资格的达1125人。及时组织中介机构和中介服务人员，学习WTO服务贸易总协定中有关技术贸易的规定，推动技术中介服务与国际接轨。

4．市政协九届常委会第二十六次会议“关于发展和完善本市科技中介服务体系的建议案”发布后，结合发展现状和问题，及时制定《认真落实市政协发展科技中介服务体系建议案的设想及措施》。召开落实市政协建议案研讨会，国务院发展研究中心、科技部技术市场管理促进中心、市政协、市科委等专家领导参加研讨会，就北京技术中介机构发展的现状、问题和对策进行深入研讨。

按照科技部《关于对科技中介服务机构发展情况开展调研的通知》精神，对北京地区技术中介机构的状况进行了调查、整理和分析。在9月13日调研会上，向科技部调研组作了《北京技术市场技术中介体系发展情况》的汇报。

（四）狠抓管理规范，提高服务意识，树立优质服务品牌

1．坚持开展登记处年度工作检查制度。目前，北京地区共设立技术合同登记处28个，有100多位工作人员。为规范管理，加强监督和指导，坚持登记处年度工作检查的制度。检查组由北京技术市场管理工作联席会议成员单位组成。检查范围包括各登记处机构、人员、经费、办公条件档案财务管理等的落实情况；抽查合同、技术性收入核定表、奖酬金领取单和技基1表等各种票据。发现问题及时解决，并对有问题的登记处要求限期整改。通过检查和整改，有效地提高登记处的工作质量和水平。

2．实行登记处岗位责任制和季度例会制度。为加强管理，制定了登记处岗位责任考核办法等一系列规范化管理办法，并坚持每季度召开登记处工作例会的制度。对考核指标完成好的给予表彰和奖励，调动登记处落实岗位责任制的积极性，提高了整体工作水平。

3．按照“公开、透明”原则，实行政务公开。按统一要求将办事程序明示上墙，接受公众监督，是开展登记处管理规范化的一项重要工作。同时，大力开展“人人是投资环境”的服务意识教育，把树立优质服务形象，落实到登记处每个工作人员的一言一行中，收到较好效果。

4．狠抓统计工作规范，基本实现技术市场月统计报表的及时和准确。加强统计分析工作，使统计数据更好地为北京技术市场发展服务。

（五）精心组织北京技术市场科技项目，做好“三个服务”

1．坚持“三个服务”，即为技术中介机构和技术经纪人服务；为重大技术交流活动服务；为重点攻关项目技术合作服务。北京技术交易市场不断完善功能，提高服务质量和水平，为技术中介机构和技术经纪人搭建活动平台。搞好技术对接活动，提供信息服务。组织参加中国第八届专利技术博览会、深圳高交会和浙江台州经贸洽谈会等活动。

2．积极收集整理技术项目信息，增加服务内容。目前北京技术交易市场已收集整理具有推广价值的技术项目近300余项，委托上网、服务项目近30项，初步筛选30项有开发包装价值的技术项目。收集代表研究先进水平的在研项目近60项，为国内外有远见卓识的企业家提前介入技术商品开发提供选择机会。编辑《科技成果汇编》，收入近年来具有一定科技含量、经济适用性强的科技成果260多项。

3．认真组织市科委科技项目，启动北京技术市场科技发展专项计划。《西宁市信息化发展战略及建设规划研究》项目完成鉴定验收，受到专家高度评价。《“九五”期间北京地区技术合同跟踪调查及分析》项目基本完成。

4．重视与北京地区相关机构的合作。同市软件促进中心签订合作协议。加强与市科委人才交流中心、中关村技术交易中心合作，建立与北京创业投资协会及融资机构的联系。

5．加强同外省市有关机构的交流与合作。同上海等重点省市技术市场管理部门建立业务交流关系。发展同上海、武汉、沈阳及北方部分省区的技术交易机构等的合作。承办华北五省市技术市场管理工作交流会。

6．积极开展国际合作交流，为拓展服务空间和领域创造条件。通过考察和参加国际科技交流活动，先后与联合国亚太技术转移中心、俄罗斯、越南、德国、韩国、日本、美国以及中国台湾、香港地区的技术转移机构建立业务联系，并就一些项目开始进行合作。

（六）稳步推进北京技术市场体系建设

在市科委支持下，《北京技术交易市场网络应用系统》项目，通过立项评估方案论证，委托首创网络公司、中科软公司等共同开发。经过半年多紧张工作，于2001年8月1日开通试运行。这是“首都二四八重大创新工程”的重点项目，为北京技术市场发展，提供先进技术手段和全方位信息服务，改变传统落后的市场管理方式，使技术合同认定登记、技术中介资格认定等实现网络化服务。北京技术交易市场经过装修增加了功能，于5月9日重新开业运行。

（七）切实加强自身建设

在委机关党委领导下，全体职工积极参与，圆满完成“三讲”工作。在三讲基础上，党政领导班子以创新精神和注重实效的态度，进行整改和提高，使“三讲”成为推动各项工作进步的动力。

1．进行部门设置及其明确职责，是落实“三讲”整改措施，加强自身建设的重要步骤。在广泛征求职工意见的基础上，完成部门设置及职责方案制定工作。按照干部任用标准及其程序，采用“自我申报、群众推荐、综合考评”的方法，发动职工推荐干部人选。党政领导联席会议根据职工推荐和本人意愿，研究决定干部人选并正式任命。经过近一年运行证明，部门设置及职责是基本可行的，调动了各部门和全体干部职工的积极性。

2．制定和完善各项规章制度。先后制定了部门职责目标责任制、劳动工资、职工年度工作考核、财务管理、职工继续教育、科技项目管理等十几个内部制度,使自身建设迈上新台阶。

3. 围绕建党八十周年开展宣传教育活动。组织职工到革命圣地西柏坡参观学习,开展建党八十周年党的知识问答活动、组织为首都建设献计献策活动、深入学习“三个代表”思想和中共中央关于加强和改进党作风建设决定等,加强了职工队伍思想建设,增强了凝聚力。

(技术市场)

新世纪,市自然科学基金迈上新的台阶

2001年,北京市自然科学基金依托首都良好的社会经济条件,在工作中贯彻了市科技工作会议的精神,以制定并落实规划为起点,进行了“十五”期间基金发展部署。以预算改革为契机,进行了2001和2002两个年度基金项目评审工作。以信息技术为手段,提高了评审的效率。进而密切了与全市科技工作主体之间的关系,扩大了基金的规模,管理水平得到提高,影响力进一步扩大。

一、做好规划,开创新世纪基金工作的新局面

2001年,编制完成了《北京市自然科学基金“十五”专项规划》,明确了基金在新世纪前10年的发展思路。《规划》将基金工作目标定位在为首都经济建设和社会发展服务,为解决发展中存在的基础性、潜在性问题,特别是热点、难点、关键性问题服务;工作层次定位在应用基础研究、高新技术的技术基础研究以及部分基础研究;队伍建设定位于为北京培养优秀青年科技人才和支持归国留学人员。

发展战略概括为,围绕服务首都这个核心,部署一批重大、重点项目,有重点地集成一批面上项目,带动本市一批优势学科和优势研究群体的发展。为此,基金要加强对资助项目的引导,加强中央在京单位与市属单位的密切合作,加强对优秀青年人才的培养。通过10年努力,力争出一批基础性研究优秀成果,培养一批适应21世纪需要的科技人才,形成一批在国内外有一定影响力的优势学科和优势研究群体,为首都的社会经济发展和科技进步做出贡献。前五年的工作要点是:在优势领域及重点领域,部署5—10项重大项目、50—100项重点项目;有一批研究成果能对首都建设和发展起促进作用;通过持续支持,形成10个左右在国内有一定影响的优势基础性研究群体,培养一批优秀学术带头人;发表一批高水平学术论文。

二、以部门预算改革的契机,推进基金事业发展

2001年,基金事业得到市科委、财政局的强有力支持,基金规模实现同比增长40%,登上2000万元的新台阶。

市基金委抓住部门预算改革的机会,积极采用信息技术手段,一年内完成了两个年度资助项目的评审,跟上了全市科技主体工作前进步伐,进一步扩大了影响。

在这一年里,15170名科技人员提出项目申请,4000多名专家参加项目评审,直接参与基

金工作的人员达到20000人次。2001年进行的两次评审，不仅涉及人员多，而且知识层次高。在2068个申请项目的负责人中，具有高级技术职务的占83%，有博士1145人、硕士529人，两者合计占81%，并且有20多名两院院士参与其间。

2001年度基金共受理申请1000项，资助项目128项(表1)，资助总额为1569万元。

表1　　2001年度北京市自然科学基金资助项目分布表

分　类	合计	数理	化学材料	工程	信息	生物	农业	医药	环境	管理
重大项目	2	0	0	0	0	1	1	0	0	0
重点项目	18	0	2	2	3	1	2	5	3	0
面上项目	98	4	13	7	9	10	15	28	8	4
探索项目	10	2	0	1	2	2	0	2	1	0
合　计	128	6	15	10	14	14	18	35	12	4

2002年度基金共受理项目申请1068项，资助项目126项(表2)，资助总额1778万元。

表2　　2002年度北京市自然科学基金推荐资助项目分布表

分　类	合计	数理	化学材料	工程	信息	生物	农业	医药	环境	管理
重点项目	18	1	3	1	1	2	4	4	2	0
面上项目	103	3	14	8	9	10	13	33	10	3
探索项目	5	0	0	2	3	0	0	0	0	0
合　计	126	4	17	11	13	12	17	37	12	3

2001年，通过向全社会征集并发布《年度优先资助重大、重点项目选题》，加强了对支持方向的引导，两年度资助重大、重点项目的74%出自选题。其中，一批面向首都经济发展和城市管理的项目得到资助。例如，“北京地区物料流分析及其数据库的建立”、“首都行道树种的增选与苗木的培育”、“北京空间数据基础设施建设的理论及技术基础研究”等。特别是“城市地下管网检漏及其定位技术的基础研究”这一选题公布之后，得到积极地响应，北京工业大学、北京科技大学、北京石油大学、北京市燃气集团等单位采取不同的技术路线提出了多个研究方案。由于这个选题既是难题，又为首都建设所需要，基金采取了灵活的解决办法，使其中3个项目得到资助。

2001年，基金工作继续贯彻了“调动中央力量，重视地方力量，利用中央力量解决首都经济及社会发展中的难点、热点和关键问题，同时带动地方科技实力增长”的工作思路，继续实行了“四个倾斜”的政策，取得了成效。在两个年度的资助项目中，中央在京单位与市属单位合作的项目按资助金额统计超过了50%。

三、基金项目进展顺利

基金现有在研项目404项，其中已有部分项目取得了阶段性的成果。例如，重大项目“北京市土壤和蔬菜重金属污染的评价及治理对策研究”开展两年，已完成分析测定和数据库的框架设计，发现了北京市土壤重金属污染分布的特点和区县综合污染指数排序，在《生态学报》、《环境科学学报》等上发表论文4篇，指导1名博士生、1名硕士生完成论文，还吸纳7名中学生从事城市土壤考察等科技实践。

已结题的项目在服务首都方面也取得了成效。例如,重点项目“黄瓜西瓜低温弱光耐受性遗传和生理机制及其应用研究”,系统研究了低温弱光诱导下,黄瓜幼苗调控光合作用重要酶的变化规律,取得了四项理论研究成果。以此为基础,选育出2个黄瓜优良自交系和2个优良品种,已推广种植1万亩。面上项目“颅内恶性胶质瘤术后正常反应、残存及复发的影像学研究”,针对发病率占颅内肿瘤40%的脑胶质瘤,研究制定了手术后残存的诊断标准,在五个方面填补了国内外同类研究领域的空白。项目的成果不仅为天坛医院所采用,还在国内推广,造福于更多的患者。特别是项目主持人高培毅教授作为中央保健医,在首都为中央服务方面也做出了贡献。“应用分子标记法鉴别塞隆骨真伪研究”采用生物技术研究虎骨代用品,找到塞隆骨的位点特异性鉴定引物鉴定方法。同仁堂集团给予项目的评价是:“对同仁堂产品质量的提高和促进同仁堂的发展做出了贡献”。在这个项目基础上,北京同仁堂药酒厂提出了“塞隆骨新资源开发”课题,被列为市经委重点项目。

四、对外学术交流起步平稳,态势良好

2001年是对外合作交流基金执行的第一个年头,共资助了“智能化农业信息技术国际学术会议”等五项学术交流活动。以“首都环境与奥运会”为题举办了一期首都青年科学家论坛。

从基金资助的这几项学术活动来看,共有400多人出席,其中有50位国外专家、9位院士、1位副部长。活动的成功举办表明,对外合作交流活动基金已经平稳起步。

在财务管理方面,办公室拨出经费1542.2万元,为总经费的97%。接受上级主管部门和审计部门的三次审计监督,得到较好的评价。

2001年,市自然科学基金事业得到市科委、市财政局等政府部门的大力支持,得到首都广大科学家的倾心相助,在新世纪登上了新台阶。

(市自然科学基金会办公室)

第七章　科 技 统 计

北京地区2001年度科技活动情况

2001年度北京地区科技活动表比往年增加了高等院校(包括院校附属医院)、大中型工业企业以及其他科技活动单位统计数据,这部分数据来源于北京市统计局。其他科技活动单位包括列入大中型工业企业以外的中关村开发区科技企业、已转为科技企业的科研机构、县属科技服务机构(以前作为科研机构统计)、跨国公司研发机构及其他科技活动单位。国防科研单位数据只出现在北京地区科技活动综合汇总表中。

一、北京地区科技活动汇总表

表1　　**北京地区科技活动人员情况**

	单位数(个)	有科技活动单位数(个)	科技活动人员(个)	科学家和工程师	研究与实验发展人员
总　计	5519	3307	240609	190354	95255
一、按执行部门分组					
科研院所	370	359	78778	57387	43982
高等院校	69	69	39971	38738	18171
大中型工业企业	621	255	34975	22346	11957
其他	4459	2624	86885	71883	21145
二、按隶属关系分组					
中央	1344	942	149773	116232	67214
地方	4175	2365	90836	74122	28041

表2　　**北京地区科技活动经费情况**

	科技活动经费筹集额(万元)	政府资金	科技活动经费支出(万元)	研究与实验发展经费支出	基础研究	应用研究	实验发展
总　计	3991728.6	1748973.3	3649155.6	1711695.9	165922.1	409173.5	892877.9
一、按执行部门分组							
科研院所	2107811	1369292	1852154	910365	127819	206256	399479
高等院校	339386.2	205146.4	284768.54	208564.6	34622.1	104176.2	35434.9
大中型工业企业	423106.4	14335.9	436482.1	210983.2	50	5296.3	204183
其他	1121425	160199	1075751	381783	3431	93445	253781
二、按隶属关系分组							
中央	2964087.9	1635021.2	2664778.7	1283541.2			
地方	1027640.7	113952.1	984376.9	428154.7			
三、按资金来源							
政府资金				966179.1			
企业资金				309299.8			
国外资金				85543.3			
其他资金				350673.7			

表 3　　　　北京地区科技项目(课题)情况

	项目(课题)数(项)	项目参加人员折合全时当量(人年)		项目(课题)实际经费支出(万元)
			科学家和工程师	
总　　计	36196	99396.6	83897	1536576.8
一、按执行部门分组				
科研院所	13247	47655	40996	857620
高等院校	15113	18876.7	14979.8	208723.2
大中型工业企业	1349	9155	7674	195350.6
其他	6487	23709.9	20247.2	274883
二、按活动类型分组				
基础研究	6907	11692.5	10282.2	108563.4
应用研究	10837	24931.8	20625.6	373015.2
试验发展	8512	38674.6	32144.2	786215.9
研究与试验发展成果应用	4480	13702.6	11743	157490.7
科技服务	5460	10395.1	9102	111291.7
三、按国民经济行业分组				
农、林、牧、渔业	2212	4005	3335.2	37915.6
采掘业	942	1767.6	1564.1	35623
制造业	8791	29430.3	24771.1	495911.7
电力、煤气及水的生产和供应业	405	1032.2	885.7	9862.6
建筑业	867	1640	1381.5	9271.4
地质勘查业、水利管理业	668	1450.1	1350.6	15591.6
交通运输、仓储及邮电通信业	1725	2674.5	2532.6	38645.5
批发和零售贸易、餐饮业	81	100.7	92.8	337.8
金融、保险业	67	99.1	95.6	1072.7
房地产业	12	28.7	19.1	16820.3
社会服务业	1807	5136.4	4027	114913.7
卫生、体育和社会福利业	2261	7091.4	4825.6	25602.3
教育、文化艺术及广播电影电视业	448	480.7	391.6	3306.9
科学研究和综合技术服务业	13978	42154.8	36487.5	704932.2
国家机关、政党机关和社会团体	393	711	614.9	4776.5
其他行业	1539	1594.1	1522.1	21993

表 4　　　　北京地区科技成果情况

	专利申请数(件)		拥有发明专利数(件)	发表科技论文(篇)	出版科技著作(篇)
		发明专利申请数			
总　　计	3543	1755	3006	75910	6910
按执行部门分组					
科研院所	839	617	1080	26837	1384
高等院校	666	519		42160	4766
大中型工业企业	718	142	462		
其他	1320	477	1464	6913	760

二、科研机构汇总表

表 5　　　　　　　　科研机构科技活动人员情况

	单位数（个）	有科技活动单位数	科技活动人员（人）	科学家和工程师	研究与实验发展人员
总　　计	282	271	41649	32978	20267
一、按执行部门分组					
科研院所	282	271	41649	32978	20267
高等院校					
企业					
其他					
二、按隶属关系分组					
中央	234	225	37211	29729	18454
地方	48	46	4438	3249	1813
三、按国民经济行业分组					
农、林、牧、渔业	0	0	0	0	0
采掘业	0	0	0	0	0
制造业	0	0	0	0	0
电力、煤气及水的生产和供应	1	1	56	55	0
建筑业	0	0	0	0	0
地质勘查业、水利管理业	0	0	0	0	0
交通运输、仓储及邮电通信业	1	1	55	45	0
批发和零售贸易、餐饮业	0	0	0	0	0
金融、保险业	0	0	0	0	0
房地产业	0	0	0	0	0
社会服务业	1	1	16	12	0
卫生、体育和社会福利业	1	1	17	13	0
教育、文化艺术及广播电影电视	5	4	547	452	69
科学研究和综合技术服务业	264	254	40583	32060	20085
国家机关、政党机关和社会团体	8	8	317	293	110
其他行业	1	1	58	48	3

注：不包括国防科研机构。

表 6 科研机构科技活动经费情况

	科技活动经费筹集额（万元）	政府资金	科技活动经费支出（万元）	研究与实验发展经费支出	基础研究	应用研究	实验发展
总　　计	1091080	615415	1014918	352076	113092	141381	55271
一、按执行部门分组							
科研院所	1091080	615415	1014918	352076	113092	141381	55271
高等院校							
企业							
其他							
二、按隶属关系分组							
中央	1008290	575301	934156	338470	112315	136138	48458
地方	82791	40115	80762	13606	778	5243	6813
三、按国民经济行业分组							
农、林、牧、渔业	0	0	0	0	0	0	0
采掘业	0	0	0	0	0	0	0
制造业	0	0	0	0	0	0	0
电力、煤气及水的生产和供应业	1658	649	1656	0	0	0	0
建筑业	0	0	0	0	0	0	0
地质勘查业、水利管理业	0	0	0	0	0	0	0
交通运输、仓储及邮电通信业	840	249	837	0	0	0	0
批发和零售贸易、餐饮业	0	0	0	0	0	0	0
金融、保险业	0	0	0	0	0	0	0
房地产业	0	0	0	0	0	0	0
社会服务业	295	283	243	0	0	0	0
卫生、体育和社会福利业	146	120	130	0	0	0	0
教育、文化艺术及广播电影电视业	7538	4603	6147	350	62	44	244
科学研究和综合技术服务业	1076794	606116	1002222	350858	112946	140921	54660
国家机关、政党机关和社会团体	3412	3011	3285	843	72	404	367
其他行业	399	384	399	25	13	13	0

表 7　　科研机构科技项目(课题)情况

	项目(课题)数(项)	项目参加人员折合全时当量(人年)	科学家和工程师	项目(课题)实际经费支出(万元)
总　计	11961	23945.7	21271.9	248848
一、按执行部门分组				
科研院所	11961	23945.7	21271.9	248848
高等院校				
企业				
其他				
二、按活动类型分组				
基础研究	3108	5818.7	5403.8	64800
应用研究	3434	7664.3	6742.3	91568
试验发展	1723	4039.2	3544.9	32048
研究与试验发展成果应用	630	1565.2	1373.4	13394
科技服务	3066	4858.3	4207.5	47036
三、按隶属关系分组				
中央	10675	21600.3	19300.2	233627
地方	1286	2345.4	1971.7	15221
四、按服务的国民经济行业分组				
农、林、牧、渔业	1208	1825.1	1634.3	16642
采掘业	35	135.5	134.2	1743
制造业	720	2050	1935	35846
电力、煤气及水的生产和供应业	98	205.4	201.5	3277
建筑业	34	77.8	57.1	711
地质勘查业、水利管理业	303	340.3	331	4153
交通运输、仓储及邮电通信业	860	1407.5	1321	19107
批发和零售贸易、餐饮业	33	46.8	37.8	217
金融、保险业	28	62.5	59	633
房地产业	6	16.6	11.6	66
社会服务业	347	736.1	628.1	9746
卫生、体育和社会福利业	876	2477.4	1830.4	12679
教育、文化艺术及广播电影电视业	128	223.9	202.5	1443
科学研究和综合技术服务业	6892	13608.8	12215.2	137573
国家机关、政党机关和社会团体	276	466.6	421.5	3912
其他行业	117	265.4	251.7	1097

表 8　　科研机构科技成果情况

	专利申请数（件）	发明专利申请数	拥有发明专利数（件）	发表科技论文（篇）	出版科技著作（篇）
总　计	773	570	1032	24420	1291
一、按执行部门分组					
科研院所	773	570	1032	24420	1291
高等院校					
企业					
其他					
二、按隶属关系分组					
中央	746	553	998	22294	1135
地方	27	17	34	2126	156
三、按国民经济行业分组					
农、林、牧、渔业	0	0	0	0	0
采掘业	0	0	0	0	0
制造业	0	0	0	0	0
电力、煤气及水的生产和供应业	0	0	0	17	0
建筑业	0	0	0	0	0
地质勘查业、水利管理业	0	0	0	0	0
交通运输、仓储及邮电通信业	0	0	0	66	0
批发和零售贸易、餐饮业	0	0	0	0	0
金融、保险业	0	0	0	0	0
房地产业	0	0	0	0	0
社会服务业	0	0	0	40	0
卫生、体育和社会福利业	0	0	0	3	2
教育、文化艺术及广播电影电视业	0	0	0	707	131
科学研究和综合技术服务业	773	570	1032	22843	1098
国家机关、政党机关和社会团体	0	0	0	656	55
其他行业	0	0	0	88	5

三、高等院校汇总表

表 9　　高等院校科技活动人员情况

	单位数（个）	有科技活动单位数（个）	科技活动人员（人）	科学家和工程师	研究与实验发展人员
总　　计	69	69	39971	38738	18171
一、按执行部门分组					
科研院所					
高等院校	69	69	39971	38738	18171
企业					
其他					
二、按隶属关系分组					
中央	36	36	27457	26281	12966
地方	33	33	12514	12457	52005
三、按国民经济行业分组					
农、林、牧、渔业	0	0	0	0	0
采掘业	0	0	0	0	0
制造业	0	0	0	0	0
电力、煤气及水的生产和供应业	0	0	0	0	0
建筑业	0	0	0	0	0
地质勘查业、水利管理业	0	0	0	0	0
交通运输、仓储及邮电通信业	0	0	0	0	0
批发和零售贸易、餐饮业	0	0	0	0	0
金融、保险业	0	0	0	0	0
房地产业	0	0	0	0	0
社会服务业	0	0	0	0	0
卫生、体育和社会福利业	16	16	8226	7868	4269
教育、文化艺术及广播电影电视业	53	53	31745	30870	13902
科学研究和综合技术服务业	0	0	0	0	0
国家机关、政党机关和社会团体	0	0	0	0	0
其他行业	0	0	0	0	0

表 10　　高等院校科技活动经费情况

	科技活动经费筹集额（万元）	政府资金	科技活动经费支出（万元）	研究与实验发展经费支出	基础研究	应用研究	实验发展
总　　计	339386.2	205146.4	284768.54	208564.6	34622.1	104176.2	35434.9
一、按执行部门分组							
科研院所							
高等院校	339386.2	205146.4	284768.54	208564.6	34622.1	104176.2	35434.9
企业							
其他							
二、按隶属关系分组							
中央	308953	183461	256949	189761	–	–	–
地方	30433	21686	27820	18804	–	–	–
三、按国民经济行业分组	0	0	0	0	–	–	–
农、林、牧、渔业	0	0	0	0	–	–	–
采掘业	0	0	0	0	–	–	–
制造业	0	0	0	0	–	–	–
电力、煤气及水的生产和供应业	0	0	0	0	–	–	–
建筑业	0	0	0	0	–	–	–
地质勘查业、水利管理业	0	0	0	0	–	–	–
交通运输、仓储及邮电通信业	0	0	0	0	–	–	–
批发和零售贸易、餐饮业	0	0	0	0	–	–	–
金融、保险业	0	0	0	0	–	–	–
房地产业	0	0	0	0	–	–	–
社会服务业	0	0	0	0	–	–	–
卫生、体育和社会福利业	10398	7921	8697	3240	–	–	–
教育、文化艺术及广播电影电视业	328988	197225	276072	205325	–	–	–
科学研究和综合技术服务业	0	0	0	0	–	–	–
国家机关、政党机关和社会团体	0	0	0	0	–	–	–
其他行业	0	0	0	0	–	–	–

表 11 高等院校科技项目(课题)情况

	项目(课题)数(项)	项目参加人员折合全时当量		项目(课题)实际经费支出(万元)
		(人年)	科学家和工程师	
总　计	15113	18876.7	14979.8	208723.2
一、按执行部门分组				
科研院所				
高等院校	15113	18876.7	14979.8	208723.2
企业				
其他				
二、按活动类型分组				
基础研究	4104	5312	4262	30113
应用研究	7160	10377	7995	123212
试验发展	1598	1360	1230	18962
研究与试验发展成果应用	1075	786	682	14656
科技服务	1177	1042	811	21781
三、按隶属关系分组				
中央	10938	13247	10753	198091
地方	4175	5629	4226	10633
四、按国民经济行业分组				
农、林、牧、渔业	0	0	0	0
采掘业	0	0	0	0
制造业	0	0	0	0
电力、煤气及水的生产和供应业	0	0	0	0
建筑业	0	0	0	0
地质勘查业、水利管理业	0	0	0	0
交通运输、仓储及邮电通信业	0	0	0	0
批发和零售贸易、餐饮业	0	0	0	0
金融、保险业	0	0	0	0
房地产业	0	0	0	0
社会服务业	0	0	0	0
卫生、体育和社会福利业	799	3560	2826	3255
教育、文化艺术及广播电影电视业	14314	15317	12154	205469
科学研究和综合技术服务业	0	0	0	0
国家机关、政党机关和社会团体	0	0	0	0
其他行业	0	0	0	0

表 12　　高等院校科技成果情况

	专利申请数（件）	发明专利申请数	拥有发明专利数（件）	发表科技论文（篇）	出版科技著作（篇）
总　计	666	519	–	42160	4766
一、按执行部门分组					
科研院所					
高等院校	666	519	–	42160	4766
企业					
其他					
二、按隶属关系分组					
中央	643	504	–	34114	3764
地方	23	15	–	8046	1002
三、按国民经济行业分组					
农、林、牧、渔业	0	0	–	0	0
采掘业	0	0	–	0	0
制造业	0	0	–	0	0
电力、煤气及水的生产和供应业	0	0	–	0	0
建筑业	0	0	–	0	0
地质勘查业、水利管理业	0	0	–	0	0
交通运输、仓储及邮电通信业	0	0	–	0	0
批发和零售贸易、餐饮业	0	0	–	0	0
金融、保险业	0	0	–	0	0
房地产业	0	0	–	0	0
社会服务业	0	0	–	0	0
卫生、体育和社会福利业	0	0	–	4198	70
教育、文化艺术及广播电影电视业	666	519	–	37962	4696
科学研究和综合技术服务业	0	0	–	0	0
国家机关、政党机关和社会团体	0	0	–	0	0
其他行业	0	0	–	0	0

四、大中型工业企业汇总表

表 13 **大中型工业企业科技活动人员情况**

	单位数（个）	有科技活动单位数	科技活动人员（人）	科学家和工程师	研究与实验发展人员
总　计	621	255	34975	22346	11957
一、按执行部门分组					
科研院所					
高等院校					
企业	621	255	34975	22346	11957
其他					
二、按隶属关系分组					
中央	121	121	10797	5341	3550
地方	500	500	24178	17005	8407
三、按国民经济行业分组					
农、林、牧、渔业	0	0	0	0	0
采掘业	1	1	483	371	80
制造业	603	249	34414	21897	11829
电力、煤气及水的生产和供应业	17	5	78	78	48
建筑业	0	0	0	0	0
地质勘查业、水利管理业	0	0	0	0	0
交通运输、仓储及邮电通信业	0	0	0	0	0
批发和零售贸易、餐饮业	0	0	0	0	0
金融、保险业	0	0	0	0	0
房地产业	0	0	0	0	0
社会服务业	0	0	0	0	0
卫生、体育和社会福利业	0	0	0	0	0
教育、文化艺术及广播电影电视业	0	0	0	0	0
科学研究和综合技术服务业	0	0	0	0	0
国家机关、政党机关和社会团体	0	0	0	0	0
其他行业	0	0	0	0	0

表 14　　大中型工业企业科技活动经费情况

	科技活动经费筹集额（万元）	政府资金	科技活动经费支出（万元）	研究与实验发展经费支出	基础研究	应用研究	实验发展
总　计	423106.4	14335.9	436482.1	210983.2	50	5296.3	204183
一、按执行部门分组							
科研院所							
高等院校							
企业	423106.4	14335.9	436482.1	210983.2	50	5296.3	204183
其他							
二、按隶属关系分组							
中央	112601.2	5523.3	114924.1	83529.5	50	1509.9	81596.9
地方	310505.2	8812.6	321558	127453.7		3786.4	122586.1
三、按国民经济行业分组	423106.4	14335.9	436482.1	210983.2	50	5296.3	204183
农、林、牧、渔业	0	0	0	0	0	0	0
采掘业	1215		1600	332.3			332
制造业	420616.7	14335.9	434143.8	210353.8	50	5296.3	203555.4
电力、煤气及水的生产和供应业	1274.7	0	738.3	297.1	0	0	295.6
建筑业	0	0	0	0	0	0	0
地质勘查业、水利管理业	0	0	0	0	0	0	0
交通运输、仓储及邮电通信业	0	0	0	0	0	0	0
批发和零售贸易、餐饮业	0	0	0	0	0	0	0
金融、保险业	0	0	0	0	0	0	0
房地产业	0	0	0	0	0	0	0
社会服务业	0	0	0	0	0	0	0
卫生、体育和社会福利业	0	0	0	0	0	0	0
教育、文化艺术及广播电影电视业	0	0	0	0	0	0	0
科学研究和综合技术服务业	0	0	0	0	0	0	0
国家机关、政党机关和社会团体	0	0	0	0	0	0	0
其他行业	0	0	0	0	0	0	0

表 15　　大中型工业企业科技项目(课题)情况

	项目(课题)数(项)	项目参加人员折合全时当量(人年)		项目(课题)实际经费支出(万元)
			科学家和工程师	
总　　计	1349	9155	7674	195350.6
一、按执行部门分组				
科研院所				
高等院校				
企业	1349	9155	7674	195350.6
其他				
二、按活动类型分组				
基础研究	1	1	1	50
应用研究	61	234	207	5296.3
试验发展	924	6613	5496	150312.3
研究与试验发展成果应用	363	2307	1971	39692
科技服务	0	0	0	0
三、按隶属关系分组				
中央	428	2330	1876	65827.9
地方	921	6825	5798	129522.7
四、按国民经济行业分组				
农、林、牧、渔业	0	0	0	0
采掘业	3	22	20	101
制造业	1335	9097	7618	194904.9
电力、煤气及水的生产和供应业	11	36	36	344.7
建筑业	0	0	0	0
地质勘查业、水利管理业	0	0	0	0
交通运输、仓储及邮电通信业	0	0	0	0
批发和零售贸易、餐饮业	0	0	0	0
金融、保险业	0	0	0	0
房地产业	0	0	0	0
社会服务业	0	0	0	0
卫生、体育和社会福利业	0	0	0	0
教育、文化艺术及广播电影电视业	0	0	0	0
科学研究和综合技术服务业	0	0	0	0
国家机关、政党机关和社会团体	0	0	0	0
其他行业	0	0	0	0

表 16　　大中型工业企业科技成果情况

	专利申请数（件）	发明专利申请数	拥有发明专利数（件）	发表科技论文（篇）	出版科技著作（篇）
总　计	718	142	462	–	–
一、按执行部门分组					
科研院所					
高等院校					
企业	718	142	462	–	–
其他					
二、按隶属关系分组					
中央	167	31	229	–	–
地方	551	111	233	–	–
三、按国民经济行业分组					
农、林、牧、渔业	0	0	0	–	–
采掘业	2	1	14	–	–
制造业	714	141	445	–	–
电力、煤气及水的生产和供应业	2	0	3	–	–
建筑业	0	0	0	–	–
地质勘查业、水利管理业	0	0	0	–	–
交通运输、仓储及邮电通信业	0	0	0	–	–
批发和零售贸易、餐饮业	0	0	0	–	–
金融、保险业	0	0	0	–	–
房地产业	0	0	0	–	–
社会服务业	0	0	0	–	–
卫生、体育和社会福利业	0	0	0	–	–
教育、文化艺术及广播电影电视业	0	0	0	–	–
科学研究和综合技术服务业	0	0	0	–	–
国家机关、政党机关和社会团体	0	0	0	–	–
其他行业	0	0	0	–	–

2001年北京市科技奖励工作概况及分析

北京市2001年度科技奖励工作说明

2001年,北京市科技进步奖申报推荐项目共有585项,经过专家认真严格的三级评审(初评、复评、终评),已评选出本年度市科技奖励项目330项,其中一等奖16项,二等奖119项,三等奖195项。

本年度申报部门推荐项目的分类统计情况是:通过本市各区、县推荐的项目数为41项,占申报数的7%;市政府各委、办、局推荐的项目数为196项,占申报数的34%;总公司推荐的项目数为72项,占申报数的12%;高等院校、科研院所及中央和军队在京有关单位推荐的项目数为276项,占申报数的47%。

本年度获奖项目,按专业组统计情况是:医疗卫生组获奖项目最多,为75项,占获奖项目总数的22.7%;其次是工业技术组,获奖项目数为46项,占获奖项目总数的13.9%;排在第三的是农业林业组,获奖项目数为32项,占获奖项目总数的5.5%。

2001年,市科技进步奖的评审工作认真贯彻了国家新颁布的科技奖励条例和改革创新精神,奖励工作具有以下几个特点:

一是奖励工作着眼点从首都的大概念出发,奖励向中央在京单位完全开放,鼓励中央和军队在京单位的科技成果申报本市奖励。二是继续调整评审委员会专家比例结构,加大了中央和军队在京单位的专家,以及院士和国家科技奖励评委的数量。三是针对今年申报奖励的项目中国家级攻关项目较多的特点,广泛组织答辩或小组讨论。

总体看来,2001年科技进步奖评审工作较好地贯彻了改革创新精神,较好地保证了评审工作质量。

(奖励办)

表1　　2001年北京市科技进步奖获奖情况分组统计表

专业评审组名称	申报总数	获奖总数	一等奖	二等奖	三等奖	获奖比例
农业林业组	59	32	1	16	15	54.24%
医疗卫生组	127	75		21	54	59.06%
中医中药组	30	18		8	10	60.00%
药物生物组	25	15	3	4	8	60.00%
电子通讯组	47	27	2	8	17	57.45%
计算机组	42	22		11	11	52.38%
工业技术组	86	46	5	17	24	53.49%
城市建设组	51	27	1	9	17	52.94%

（续表）

专业评审组名称	申报总数	获奖总数	一等奖	二等奖	三等奖	获奖比例
环境保护组	29	15	1	6	8	51.72%
城管交通组	28	15		6	9	53.57%
材料科学组	18	10	1	5	4	55.56%
基础研究组	14	9	2	2	5	64.29%
软科学组	29	19		6	13	65.52%
总计	585	330	16	119	195	56.41%

表 2　　2001 年度北京市科技进步奖获奖情况统计表

单位类型	申报总数	一等奖	二等奖	三等奖	获奖总数	获奖比例
各区县	41		5	9	14	34.15%
市政府各局	196	3	37	62	102	52.04%
各总公司	72		12	25	37	51.39%
市属大专院校	17		1	4	5	29.41%
中央属院校	113	6	34	41	81	71.68%
中央属院所	138	6	30	51	87	63.04%
部　队	8	1		3	4	50.00%
总　计	585	16	119	195	330	56.41%
比　例	585	2.74	20.34	33.33		56.41%

表 3　　获 2001 年度国家科学技术奖励项目

序号	项目编号	奖项	等级	项目名称	主要完成单位	主要完成人员
1	Z-104-2-02	自然科学奖	二等	太阳风中磁流体湍流的本质	北京大学	涂传诒
2	F-219-2-01	发明技术奖	二等	气体摆式惯性器件系列	北京信息工程学院	张福学、夏　颂
3	J-220-1-01	科技进步奖	一等	汉王形变连笔的手识别方法与系统	北京汉王科技有限公司	刘迎建、戴汝为、李明敬 陈　勇、张学军、张立清 钮兴昱、马　梁、王红岗 李志峰、刘昌平、高　涛 肖志宏、秦建辉

（续表）

序号	项目编号	奖项	等级	项目名称	主要完成单位	主要完成人员
4	J-233-1-01	科技进步奖	一等	全国控制和基本消灭麻风病的策略、防治技术和措施的研究	中国医学科学院/中国协和医科大学皮肤病研究所（全国性病麻风病控制中心） 北京热带医学研究所 江苏省疾病预防控制中心 广东省皮肤病防治研究所 上海市皮肤病性病医院 四川省皮肤性病防治研究所 云南省皮肤病防治研究所 贵州省皮肤性病防治研究所 云南省文山州皮肤病防治研究所 云南省文西双版纳州勐腊县皮防站	李桓英、李文忠、陈祥生 翁小满、胡鹭芳、王荷英 袁联潮、江　澄、杨　军 叶干运、冉顺鹏、吴勤学 马金福、张国成、沈建平
5	J-201-2-13	科技进步奖	二等	甜（辣）椒花药培养单倍体育种技术的研究与应用	北京市海淀区植物组织培养技术实验室	李春玲、蒋钟仁、李春林 王振泉、邢永萍、刘兰英
6	J-214-2-03	科技进步奖	二等	新型结构层状及层柱型无机功能材料	北京化工大学	段　雪、李　峰、矫庆泽 何　静、郭灿雄、孙　鹏 任玲玲、李　蕾、张保国 孙秀英
7	J-221-2-01	科技进步奖	二等	城市松散含水地层中复杂洞群浅埋暗挖施工技术研究	中铁第十六工程局	胡万毅、汪昭富、王世平 李瑞华、赵玉奎、徐加民 王暖堂、朱永全、韩少光 路　刚
8	J-221-2-02	科技进步奖	二等	核电站安全壳结构检测技术及其应用	冶金工业部建筑研究总院	林松涛、陈增元、赵树明 汤国平、王永焕、张心斌 谢永金、魏福伟、刘　军 晁祥谦
9	J-233-2-09	科技进步奖	二等	慢性鼻窦炎、鼻息肉诊治研究	首都医科大学附属北京同仁医院 北京市耳鼻咽喉科研究所	韩德民、周　兵、刘华超 黄　谦、张　罗、刘湘燕 史秀英、范尔钟、王景礼 刘　铭

注：本表所列项目为北京市推荐，其中第4项“全国控制和基本消灭麻风病的策略、防治技术和措施的研究”由北京市与卫生部共同推荐。

表 4　　获 2001 年度北京市科学技术进步奖(一等奖)

序号	获奖编号	获奖等级	项目名称	主要完成单位	主要完成人员
1	2001 农-1-001	一等奖	桃、油桃系列品种育种与推广	北京市农林科学院	集体
2	2001 药-1-001	一等奖	基因工程 rBS-WC 霍乱疫苗	军事医学科学院生物工程研究所	马清钧、刘传暄、于秀琴 张艳红、方宏清、周建光 熊凌霜、石成华、曹　诚
3	2001 药-1-002	一等奖	抗-HCV 国家参考品及高质量丙肝诊断试剂的研究	中国药品生物制品检定所 军事医学科学院基础所 北京大学肝病研究所 预防医科院病毒研究所	祁自柏、凌世淦、陶其敏 毕胜利、李河民、张贺秋 冯百芳、江永珍、周　诚 宋晓国
4	2001 药-1-003	一等奖	重组人碱性成纤维细胞生长因子的研制和应用	北京双鹭药业股份有限公司	徐明波、王勇波、陈玉林 高光凯、黄向东、朴　宏 陈献华
5	2001 电-1-001	一等奖	半导体神经网络技术及其应用	中国科学院半导体研究所 中国华晶电子集团公司 浙江工业大学	王守觉、鲁华祥、石林初 石　寅、王向东、史静朴 王柏南、刘旭英、覃　鸿 洪一池
6	2001 电-1-002	一等奖	DTT4C01A 公用电话 IC 卡专用芯片	清华大学微电子学研究所 大唐电信科技股份有限公司微电子公司	葛元庆、高成云、于　赓 魏少军、羊性滋、赵　纶 高志强、代铁军、周润德 陈弘毅
7	2001 工-1-001	一等奖	储层露头精细描述与应用研究	石油勘探开发科学研究院	穆龙新、贾爱林、沈平平 闫存章、袁士义、王元基 罗志斌、赵　明、李松泉 黄石岩
8	2001 工-1-002	一等奖	煤层气勘探技术研究与试验	石油勘探开发科学研究院廊坊分院 华北石油管理局 长庆油田公司勘探开发研究院 大港油田集团钻采工艺研究院	赵庆波、吴国干、李景明 李五忠、张建博、王红岩 姚　超、李安启、尚尔杰 单文文
9	2001 工-1-003	一等奖	委内瑞拉卡拉高莱斯高成熟探区目标精细解释与复杂老油田开采技术研究与应用	石油勘探开发科学研究院	沈平平、赵文智、袁士义 穆龙新、叶先灯、张　研 郭　睿、郑晓东、周丽清 张建英

（续表）

序号	获奖编号	获奖等级	项目名称	主要完成单位	主要完成人员
10	2001 工-1-004	一等奖	生物塑料 PHBHHx 的产业化和应用研究	清华大学生物系 清华大学化工系	陈国强、陈金春、吴　琼 曹竹安、胡　平、张增民
11	2001 工-1-005	一等奖	多功能快速成形制造系统(M-RPMS)技术	清华大学机械工程系 北京殷华激光快速成形与模具技术有限公司	颜永年、卢清萍、张人佶 吴任东、林　峰、冯　伟 张　伟、郭永红、郭　戈 郭海滨
12	2001 城-1-001	一等奖	建筑场地孔隙水压力测试方法、分布规律及其对建筑地基影响的研究	北京市勘察设计研究院	张在明、孙保卫、徐宏声 徐耀德、魏海燕、贺学海 陈　雷、朱国祥、姚旭初 田建宇
13	2001 环-1-001	一等奖	含有重金属离子废水处理新技术及装置	北京化工大学	谭天伟、贺小进、陈　鹏 以　政
14	2001 材-1-001	一等奖	纳米碳酸钙粉体材料超重力法工业性制备新技术	北京化工大学	陈建峰、王玉红、郭　奋 宋云华、郭　锴、郑　冲 邹海魁、王国权、沈志刚 张鹏远
15	2001 基-1-001	一等奖	振动光谱的基础研究与学科交叉研究	中国科学院化学研究所 北京大学	吴瑾光、徐怡庄、翁诗静 徐端夫、胡先波、赵　莹 王笃金、李维红、周孝思 徐光宪
16	2001 基-1-002	一等奖	非线性抛物形复方程及其新发展	北京大学	闻国椿

表 5　　　　获 2001 年度北京市科技进步奖(二等奖)

序号	获奖编号	获奖等级	项目名称	主要完成单位	主要完成人员
1	2001 农-2-001	二等奖	促进小麦遗传改进的高效诱变技术及其基础	中国农业科学院原子能利用研究所	王琳清、施巾帼、李桂英 胡小元、张伯林、范庆霞 冯志杰
2	2001 农-2-002	二等奖	大豆耐盐性研究与应用	中国农科院作物育种栽培研究所 中国农科院作物品种资源研究所	邵桂花、常汝镇、邱丽娟 林汉明、陈一舞、闫淑荣 颜清上
3	2001 农-2-003	二等奖	肉牛主要生产性状的生化和分子遗传标记	中国农业科学院畜牧研究所	曹红鹤、陈幼春、王雅春 张之宣、李俊雅、李宏滨 许尚忠
4	2001 农-2-004	二等奖	无公害蔬菜诊断施肥技术体系研究与应用	北京市土肥工作站 中国农业大学资源与环境学院 大兴县农业科学研究所 顺义区农业科学研究所 通州区农业技术推广站 昌平区土肥站	吴建繁、黄玖勤、夏　江 陈　清、张晓晟、侯国风 张彩月
5	2001 农-2-005	二等奖	北京山区荒溪分类、山洪泥石流危险区制图及灾害实时预报系统研究	北京市林业局 中国气象科学院中尺度研究所 北京林业大学	于志民、王礼先、谢宝元 杜鹏志、李建军、汪西林 徐大海
6	2001 农-2-006	二等奖	西伯利亚鲟鱼人工繁殖及商品鱼养殖配套技术研究	北京市水产科学研究所	唐明德、朱　华、胡红霞 曲　莹、苏建通、田照辉 闫振林
7	2001 农-2-007	二等奖	大城市灾害天气数值预报及释用方法的研究	北京市气象科学研究所 国家气象中心	王迎春、王建捷、梁　丰 陈德辉、金之雁
8	2001 农-2-008	二等奖	北京地区干旱短期气候预测和服务系统	北京市气象局	谢　璞、王晓云、李　慧 崔继良、薄　莉、郭文利 窦以文
9	2001 农-2-009	二等奖	大型展览温室植物移栽、布展技术与设计的研究	北京市植物园 北京市园林古建设计研究院	张佐双、赵世伟、李炜民 张济和、霍　毅、白祖华 严　伟
10	2001 农-2-010	二等奖	水源保护林培育、经营、管理与效益监测评价综合配套技术	北京林业大学 北京市水源保护林试验工作站 北京市农林科学院林业果树研究所	余新晓、王礼先、于志民 王玉柱、谢宝元、马履一 蔡宝军

（续表）

序号	获奖编号	获奖等级	项目名称	主要完成单位	主要完成人员
11	2001农-2-011	二等奖	“三北”地区防护林植物材料抗逆性选育及栽培技术研究	北京林业大学	尹伟伦、申晓辉、蒋湘宁 李　悦、王沙生、夏新莉 魏彦波
12	2001农-2-012	二等奖	蔬菜生产信息技术的研究与应用	中国农业大学 北京市农业局 北京市植保站 北京市农林科学院植保环保所	沈佐锐、杨铭华、李志红 师迎春、于新文、陶志强 阎晓军
13	2001农-2-013	二等奖	马杜霉素和阿维菌素等15种兽药在动物组织中残留的研究	中国农业大学动物医学院	沈建忠、朱蓓蕾、肖希龙 张素霞、沈　川、江海洋 刘金凤
14	2001农-2-014	二等奖	京郊粮田高产高效施肥咨询系统与技术体系研究	北京市农林科学院植物营养与资源研究所 北京市农林科学院玉米研究中心 北京大学环境科学中心 北京市顺义区农业科学研究所	赵久然、姚　军、郭景伦 孙焱鑫、杨国航、李　红 李天宏
15	2001农-2-015	二等奖	白菜抗芜菁花叶病毒基因工程	北京市农林科学院蔬菜研究中心	曹鸣庆、刘　凡、姚　磊 李　岩、徐家炳、周桂珍 张月云
16	2001农-2-016	二等奖	北京顺义持续高效农业技术研究与示范	北京市农林科学院 北京市顺义区人民政府	陶铁男、孙政才、李云伏 王振江、文　化、闫志广 陈殿奎
17	2001医-2-001	二等奖	颅内动静脉畸形动物模型的建立和栓塞组织病理学研究与临床意义	卫生部北京医院	王大明、凌　锋、刘树山 刘冬戈、李　萌、缪中荣 张鸿祺
18	2001医-2-002	二等奖	1994年中国糖尿病患病率调查和糖耐量低减多中心前瞻性治疗的研究	中日友好医院	潘孝仁、杨文英、林丽香 邢小燕、齐今吾、于志清 朱禧星
19	2001医-2-003	二等奖	中国汉坦病毒基因组和分子流行病学研究	中国药品生物制品检定所	姚智慧、董关木、俞永新 刘文雪、祝晓春、杨立宏 安　祺
20	2001医-2-004	二等奖	结核病治疗用无细胞M.vaccae菌苗作用机制与临床应用研究	中国药品生物制品检定所 解放军第309医院 重庆医科大学附属第一医院	王国治、庄玉辉、赵桂芳 李国利、罗永艾、沈小兵 张晓刚

（续表）

序号	获奖编号	获奖等级	项目名称	主要完成单位	主要完成人员
21	2001 医-2-005	二等奖	先天性外中耳畸形的外科治疗	首都医科大学附属北京同仁医院	冷同嘉、戴海江、郑雅丽 赵守琴、郭继周、程继龙 李　霞
22	2001 医-2-006	二等奖	颅内巨大动脉瘤、巨大动静脉畸形外科治疗的深入研究	首都医科大学附属北京天坛医院 上海医科大学华山医院 中国医科大学第一临床医院 天津环湖医院	赵继宗、周良辅、杨国瑞 焦德让、王　硕、陈衔城 隋大立
23	2001 医-2-007	二等奖	旋毛虫病病原分子生物学、免疫诊断及流行病学调查综合系列研究	北京热带医学研究所	张月清、温　艳、王　虹 吴赵永、黄敏君、甘绍伯 何　妮
24	2001 医-2-008	二等奖	细胞黏附分子与肿瘤恶化及去恶化研究	北京市肿瘤防治研究所	张志谦、林仲翔、胡　颖
25	2001 医-2-009	二等奖	躯体内脏（经穴脏腑）相关的神经机制	首都医科大学	吕国蔚、李菁锦、孟　卓 高翠英、刘晓红
26	2001 医-2-010	二等奖	GDNF 和 TH 转基因细胞脑内联合移植治疗帕金森病大鼠模型的研究	首都医科大学北京神经科学研究所	徐群渊、杨　慧、张进禄 段德义、张京钟、赵春礼 刘玉军
27	2001 医-2-011	二等奖	细胞衰老过程中基因的结构与功能变化	北京大学基础医学院	童坦君、张宗玉、曾昭惠 毛泽斌、唐左琴、李江红
28	2001 医-2-012	二等奖	基质金属蛋白酶及其抑制剂与肿瘤侵袭转移作用机制研究	北京大学基础医学院	方伟岗、郑　杰、李红梅 吴秉铨、高　庆、李　燕
29	2001 医-2-013	二等奖	稀土对细胞结构和功能影响的化学基础	北京大学药学院	王　夔、李荣昌、刘湘陶 程　驿、杨晓达、卢景芬 孙洪业
30	2001 医-2-014	二等奖	原发性高血压的社区综合防治研究	北京大学公共卫生学院 上海市黄浦卫生局 北京市房山区卫生局	李立明、胡永华、周杏元 王砚英、曹卫华、詹思延 祝国英
31	2001 医-2-015	二等奖	膀胱癌、输尿管癌导向诊断与导向治疗的临床基础研究	北京大学第一医院	张春丽、俞莉章、王荣福 丁　义、朱绍莉、李宁忱
32	2001 医-2-016	二等奖	肾脏老化对钠代谢紊乱和急性缺血损伤的影响及其机制研究	北京大学第一医院	李晓玫、王海燕、张鸣和 刘玉春、章友康

（续表）

序号	获奖编号	获奖等级	项目名称	主要完成单位	主要完成人员
33	2001医-2-017	二等奖	颈椎病诊断与治疗系列研究	北京大学第三医院	蔡钦林、党耕町、娄思权 杨克勤、张之虎、刘忠军 陈仲强
34	2001医-2-018	二等奖	1110例冠状动脉搭桥术的临床研究	中国医学科学院阜外心血管病医院	吴清玉、胡盛寿、许建屏 朱晓东、宋云虎、黄志雄
35	2001医-2-019	二等奖	血管内介入性治疗后再狭窄机制及预防的实验研究	中国医学科学院阜外心血管病医院 北京大学心血管研究所	高润霖、唐朝枢、丁金凤 汤　健、袁晋青、陈光慧 孟宪敏
36	2001医-2-020	二等奖	全身感染与多器官功能障碍综合征临床与基础研究	中国医学科学院北京协和医院	陈德昌、刘大为、马　遂 杜　斌、潘家绮、邱海波 孙东旭
37	2001医-2-021	二等奖	DNA检验技术在法医学中的应用研究	北京市刑事科学技术研究所	刘雅诚、霍振义、唐　晖 杨　剑、马万山、贾淑琴 焦章平
38	2001中-2-001	二等奖	芎芍胶囊预防冠心病介入治疗后再狭窄的研究	中国中医研究院第一临床医学研究所 北京国际生物制品研究所	陈可冀、史大卓、徐　浩 马晓昌、徐凤芹、张　壮 王军辉
39	2001中-2-002	二等奖	骨碎补总黄酮防治原发性骨质疏松症的研究	中国中医研究院第一临床医学研究所 四川省中药研究所 中日友好医院 岐黄药业科技投资有限责任公司	谢雁鸣、邓文龙、秦林林 崔天红、吴懋芳、赵晋宁 寇秋爱
40	2001中-2-003	二等奖	敦煌古医籍辑校、图版及研究	中国中医研究院中国医史文献研究所	马继兴、王淑民、陶广正、樊正伦、李　琴
41	2001中-2-004	二等奖	小切口手法治疗拇外翻临床研究	中国中医研究院骨伤科研究所 广州中医药大学珠海中医院	温建民、张连仁、林新晓 张洪美、蒋科卫、刘庆生 钟红刚
42	2001中-2-005	二等奖	“糖微康”治疗糖尿病肾病的研究	中国中医研究院广安门医院（暨第二临床医药研究所） 北京师范大学	林　兰、倪　青、吴志奎 刘喜明、何忠效、高齐健 苏诚炼
43	2001中-2-006	二等奖	中医舌象分析仪的研制	北京工业大学信号与信息处理研究室 北京市中医研究所	沈兰荪、危北海、王爱民 孔令彪、赵忠旭、苑惠清 苏开娜

（续表）

序号	获奖编号	获奖等级	项目名称	主要完成单位	主要完成人员
44	2001 中-2-007	二等奖	参芪扶正注射液新药研究	北京中医药大学东直门医院 广东丽珠集团利民制药厂	李乃卿、谢伟宏、王　广 滕占庆、倪孝儒、余海洋 谢海燕
45	2001 中-2-008	二等奖	益肾化浊法治疗老年期血管性痴呆的研究	北京中医药大学 天津中医学院 山东中医药大学附属医院 长春中医学院附属医院 上海中医药大学附属龙华医院 北京大学第一医学院	王永炎、张伯礼、刘金生 唐启盛、张允岭、朱培纯 李云谷
46	2001 药-2-001	二等奖	β-内酰胺类抗生素过敏反应的研究	中国药品生物制品检定所 上海市药品检验所	金少鸿、胡昌勤、仇士林 杨亚莉、顾立素、成双红 王立新
47	2001 药-2-002	二等奖	基于内源性物质的寡肽活性物质研究	北京大学药学院	彭师奇、赵　明、王　超
48	2001 药-2-003	二等奖	生物技术Ⅰ类新药重组人表皮生长因子滴眼液的研制	中国医学科学院基础医学研究所 北京金科隆开发中心	黄秉仁、蔡良婉、向绪传 陈　虹、马晓郦、戴　军 张　兴
49	2001 药-2-004	二等奖	低剂量数字化医用诊断X射线机	北京航天中兴医疗系统有限公司	于红林、康庆宙、邹继文 王兴国、彭　勃、杨永利
50	2001 电-2-001	二等奖	EP-IA2000 开放式远动终端装置	中国电力科学研究院	余　英、李永亮、张　旗 李连更、申彦红
51	2001 电-2-002	二等奖	1kW 数字电视发射机	北京广播器材厂	卢江浩、匡　莹、李万柱 张建华、尤巩圻、张承悌 庄亚仁
52	2001 电-2-003	二等奖	数字信号处理算法的芯片设计关键技术	清华大学微电子学研究所	陈弘毅、李永明、孙义和 吴行军、舒清明、盖伟新 曾志强
53	2001 电-2-004	二等奖	光纤用户接入网网络管理系统	北京邮电大学计算机科学与技术学院 北京市天元网络技术有限公司	孟洛明、杨正球、亓　峰 陈兴渝、雷友珣、李文璟 雷　振
54	2001 电-2-005	二等奖	多卫星单站数字多通道接收系统	北京广播学院广播电视数字化工程中心	吕　锐、杨占昕、徐伟掌 侯亚辉、喻　明、李　江 曾志斌
55	2001 电-2-006	二等奖	六线张力机的研制	北京送变电公司	尚大伟、陈方东、陈其泽 卢永来、景汉玺、朱京京 张明辉

(续表)

序号	获奖编号	获奖等级	项目名称	主要完成单位	主要完成人员
56	2001电-2-007	二等奖	CSC2000分布式变电站自动化系统	北京四方继保自动化有限公司 华北电力大学(北京)	张振华、秦立军、刘建飞 赵瑞航、罗海云、葛　亮 陈钢杰
57	2001电-2-008	二等奖	SR-1327系列车辆定位调度监控系统	北京星赛尔电子通信科技有限公司	任　民、王红波、赵浏晨 张永建、李　钧、王智勇 张桂峰
58	2001计-2-001	二等奖	消息中间件	北京东方通科技发展有限责任公司	朱律玮、丁香荣、张齐春 牛合庆、许丽丽
59	2001计-2-002	二等奖	交易中间件	北京东方通科技发展有限责任公司	朱律玮、牛合庆、张齐春 许丽丽、刘　川、代卫兴
60	2001计-2-003	二等奖	电子表单自动生成系统及其可视化开发工具	清华大学计算机系	王克宏、徐　鹏、孙　元 朴英俊、张　民、王启新 许　斌
61	2001计-2-004	二等奖	加速铁路货车更新换代的信息集成与并行工程方法、技术	清华大学自动化系齐齐哈尔铁路车辆(集团)有限责任公司	熊光楞、徐国明、范文慧 李　福、曾庆良、钟佩思 谢金崇
62	2001计-2-005	二等奖	语音命令控制器	清华大学计算机科学与技术系	郑　方、吴文虎、方棣棠
63	2001计-2-006	二等奖	嵌入式数据库系统	中国人民大学 北京人大金仓信息技术有限公司	孟小峰、王　珊、张　孝 丁治明、王　静、陈　霞 曹会萍
64	2001计-2-007	二等奖	北京桑普电器有限公司CIMS应用示范工程	北京桑普电器有限公司 清华大学	何平山、柴跃廷、陈欣伟 刘　义、黎雄鹰、周永川
65	2001计-2-008	二等奖	北京城市道路交通指挥控制系统	北京市公安交通管理局交通科研所	丁春全、王耘非、贾胜文 邹　平、郑长青、王　宏 梁玉庆
66	2001计-2-009	二等奖	北京市交通管理综合信息系统	北京市公安交通管理局信息通讯处	于春全、隋亚刚、孙　丽 王建德、李　莉、王小娟 李宝森
67	2001计-2-010	二等奖	联想掌上电脑	联想(北京)有限公司	谢　耘、李晓光、刘晓炜 李建邺、颜洪涛、梁小霞 梁　超
68	2001计-2-011	二等奖	先进控制策略在大型火电机组DCS中的应用及控制软件包的开发	华北电力大学(北京)	田　涛、罗　毅、吕跃刚 张星高、陆会明、崔槐利 白　焰

（续表）

序号	获奖编号	获奖等级	项目名称	主要完成单位	主要完成人员
69	2001 工-2-001	二等奖	中华世纪坛旋转圆坛	中国航空工业总公司第三〇三研究所 北京歌华文化发展集团	柳　权、张　玮、赵祉江 谢启仁、战安本、吕　勇 葛立智
70	2001 工-2-002	二等奖	快速原型/零件制造技术在模具及零件制造中的应用研究	机械科学研究院 清华大学	单忠德、张人佶、颜永年 曾艺成、李晓蓓、卢清萍 冯晓苗
71	2001 工-2-003	二等奖	立体车库关键技术及系列设备研究	机械科学研究院	王　冰、魏　峰、陈志平 李雪雪、康保和、刘西堂 张　进
72	2001 工-2-004	二等奖	高亮反光织物的研究	中国纺织科学研究院	于范芹、皮德祥、钱福明 钱叶南、朱俊伟、沈增辉 吴本炜
73	2001 工-2-005	二等奖	OFA－Ⅰ型石油荧光分析仪	石油勘探开发科学研究院 北京市中石石油技术公司 上海三科仪器有限公司	赵菊英、杨　杰、赵龙华 陈丽华、张　宇、吕文海 张　芹
74	2001 工-2-006	二等奖	气源岩定量评价和气源对比新方法及其在天然气勘探中的应用	石油勘探开发科学研究院廊坊分院	蒋助生、李景明、李　剑 李志生、罗　霞、张　英 胡国艺
75	2001 工-2-007	二等奖	(PSZ75 型)深井超深井钻机盘式刹车装置	石油勘探开发科学研究院 新疆石油管理局钻井公司 四川石油管理局川东钻探公司	高向前、展恩强、田富林 谭刚强、苏　恒、余明建 程元旭
76	2001 工-2-008	二等奖	石油发展和安全战略研究	石油勘探开发科学研究院	沈平平、赵文智、陈永武 李小地、李华启、余绩庆 吴　枚
77	2001 工-2-009	二等奖	高温合金中痕量元素分析方法的建立和推广应用	钢铁研究总院 抚顺特殊钢(集团)有限责任公司 上海五钢特种冶金公司	王海舟、柯瑞华、刘庆斌 葛小鹏、沈　涛、何福伟 胡净宇
78	2001 工-2-010	二等奖	铝合金半固态铸锭连续制备技术	北京有色金属研究总院 北京市康普新材料公司	石力开、张　奎、刘国钧 徐　骏、张景新、张永忠 朱学新
79	2001 工-2-011	二等奖	高抗盐超高分子量聚丙烯酰胺工业化技术	北京市恒聚油田化学剂有限公司	郭文礼、罗建辉、袁洪海 李凤珠、郭晔恒、卜若颖 蒋立新

（续表）

序号	获奖编号	获奖等级	项 目 名 称	主 要 完 成 单 位	主 要 完 成 人 员
80	2001 工-2-012	二等奖	应用于“神舟号”飞船上的固体润滑谐波传动减速器	北京中技克美谐波传动有限责任公司 中国科学院兰州化学物理研究所	李克美、朱 青、于德洋 于树凡、翁立军、杨学良 孙立敏
81	2001 工-2-013	二等奖	大功率激光三维制造技术	北京工业大学	左铁钏、肖荣诗、王智勇 鲍 勇、陈 铠、陈 涛 施定远
82	2001 工-2-014	二等奖	高强超韧聚苯醚动态化学相容合金与大型多金属嵌件注塑制品的开发	北京化工大学	金日光、冯 威、武德珍 李齐方、夏正勤、刘晨宇 李庆智
83	2001 工-2-015	二等奖	软破矿体无底柱采场高槽切割技术的研究	北京科技大学 武钢金山店铁矿	明世祥、梅智学、宋卫东 夏金瑞、周江明、李利武 夏 鸿
84	2001 工-2-016	二等奖	高效紫外光固化引发剂 YL－PITPO	北京英力科技发展有限公司	闫庆金、赵文超、尹应武 马士新、钟振楼、郑祥斌 陈小平
85	2001 工-2-017	二等奖	钽经熔盐电化学反应直接生成钽酸锂膜及其在喷丝头等的应用	北京华宇创新科贸有限责任公司 华北光电技术研究所	刘寓中
86	2001 城-2-001	二等奖	“钻孔灌注桩桩端及桩侧压力注浆新工艺及承载力的评价”成套技术	北京市建筑工程研究院 武汉地质勘察基础工程(集团)总公司 温州铁龙基础工程有限公司 江阴深基础公司 辽宁省建设科学研究院 清华大学	沈保汉、陈少平、应 权 任自放、李国侠、吴礼生 沈 皓
87	2001 城-2-002	二等奖	北京植物园展览温室曲线钢管桁架结构综合施工技术	北京市机械施工公司	张 伟、高玉兰、李 东 胡鸿志、王久明
88	2001 城-2-003	二等奖	北京东方广场工程建筑施工综合成套技术研究	北京建工集团有限责任公司	陈衍南、徐湘生、张立元 关 庚、艾永祥、田振郁 徐祖元
89	2001 城-2-004	二等奖	北京市区地下断裂对地面工程影响的研究	北京市勘察设计研究院 南京水利科学研究院 中国地震局地质研究所	董津城、曹佑裕、刘守华 梁小华、蒋 溥、徐光明

（续表）

序号	获奖编号	获奖等级	项目名称	主要完成单位	主要完成人员
90	2001城-2-005	二等奖	中华世纪坛综合设计施工技术	北京城建五建设工程有限公司 中国建筑科学研究院建筑设计院	焦一夫、余　立、李宏阳 邹定元、杨海鸥、吴庆来 葛立智
91	2001城-2-006	二等奖	伊朗德黑兰地铁一、二号线综合技术研究与应用	北京市城建设计研究院 北京全路通信信号研究设计院 清华同方股份有限公司 中机中电设计研究院 北京市城建勘察测绘院 北京城建九建设安装工程有限公司	廖国才、于松伟、张　苑 赵晓波、张智斌、李湘久 万学红
92	2001城-2-007	二等奖	北京地铁天安门东站条形基础围护结构盖挖逆作法设计施工技术研究	北京市地下铁道建设公司 铁道部隧道工程局	范国文、刘昌用、郭建国 彭泽瑞、王福柱、罗富荣 刘　松
93	2001城-2-008	二等奖	新一代耐老化热塑性TPEP橡胶防水卷材	北京化工大学	张立群、田　明、孟志强 伍社毛、冯予星
94	2001城-2-009	二等奖	全数字摄影测量技术在城市数字地图生产中的应用研究	北京市测绘设计研究院	李兆平、张海涛、林书尧 马千里、李　静、韩文立 范文革
95	2001环-2-001	二等奖	污泥快速制肥成套设备及污泥制肥关键技术研究	机械科学研究院 唐山市西郊污水处理厂 秦皇岛市海港区东部污水处理厂	王　璠、刘长风、田秀敏 黎　琦、赵卫兵、霍跃文 裴　恕
96	2001环-2-002	二等奖	TW-6000水质连续自动监测系统	北京普析通用仪器有限责任公司	孙宏伟、王洪波、方志刚 侯春芳、王文忠、何乃文 郭　强
97	2001环-2-003	二等奖	燃气汽车及加气站技术	北京市公共交通研究所 北方交通大学	冯幸福、吴同起、张　欣 詹玉顺、陈侃默、张良琛 薛　明
98	2001环-2-004	二等奖	UASB反应器设备化及其配套产品开发	北京市环境保护科学研究院 清华大学环境科学与工程系 济南十方环保有限公司 北京联合环境工程技术公司	王凯军、左剑恶、贾立敏 甘海南、柯建明、陆正禹 李旭源
99	2001环-2-005	二等奖	密云水库水质保护管理技术研究	北京市环境保护监测中心 清华大学环境工程学院 北京市环境保护科学研究院 北京市水利局密云水库管理处 中国环境科学研究院	潘曙达、丁建华、谢凤君 贾海锋、王　建、蒋家文 海热提·涂尔逊

（续表）

序号	获奖编号	获奖等级	项目名称	主要完成单位	主要完成人员
100	2001 环-2-006	二等奖	国产天然气加气机的创新研制和开发	北京首科石化自动化设备有限公司	胡燕祝、吴宇宏、任鸿威 林振锋、吕沅津、程现西 张宇红
101	2001 市-2-001	二等奖	北京地铁 DK16A 型 DK11 型电动列车司机驾驶模拟器设备研制	北京市地下铁道总公司 上海铁道大学	谭喜堂、李广俊、赵小玲 王　青、申朝旭、王继增 郎诚廉
102	2001 市-2-002	二等奖	北京地铁环线超速防护(ATP)车载设备(LCF－100DT 型)	北京市地下铁道总公司 北方交通大学	郜春海、牛英明、张建明 刘　波、董　林、许艳华 张　方
103	2001 市-2-003	二等奖	北京地铁引进列车自动防护系统(ATP)车载设备的国产化研制	北京市地下铁道总公司 通信信号段 北京大成新技术产业股份有限公司	李洪春、刘会仙、董　林 李明章、赵荣平、马宝利 张希宁
104	2001 市-2-004	二等奖	北京地区化学毒物信息与泄漏仿真系统	北京市劳动保护科学研究所	夏玉亮、丁　辉、柯禅拓 马　琳、马冬冬、柳至和
105	2001 市-2-005	二等奖	交叉路口改善研究与示范工程	北京市交通工程科学研究所	贾胜文、林　莘、单海辉 何通民、孙大伟
106	2001 市-2-006	二等奖	高速电气化铁路接触网视觉检测系统	北京铁路局大同分局茶坞供电段 北京师范大学模糊技术国家专业实验室	袁　伟、赵　明、杨乃成 赵春波、张　易、于　濂 封维村
107	2001 材-2-001	二等奖	运七飞机新型驾驶员风挡玻璃研制	中国建筑材料科学研究院玻璃科学与特种玻璃纤维研究所	马眷荣、左　岩、周骥才 王启元、祖成奎、张保军 石新勇
108	2001 材-2-002	二等奖	非晶微晶合金在高频电源中的应用	钢铁研究总院	王立军、周少雄、全白云 卢志超、王红霞、孙学范 陈文智
109	2001 材-2-003	二等奖	合成金刚石用快速凝固气体雾化 Ni－Mn－Co 合金粉末触媒的研制	北京有色金属研究总院 北京市康普新材料公司	石力开、张曙光、张少明 徐　骏、郭　宏、马自力 王　磊
110	2001 材-2-004	二等奖	大面积高质量金刚石膜制备技术	北京科技大学 河北省科学院激光所	吕反修、唐伟忠、佟玉梅 于文秀、郭　辉、孙振路 王少言
111	2001 材-2-005	二等奖	铁基低稀土纳米晶稀土永磁的研究与开发	北京科技大学 新会宏强永磁材料有限公司	孙光飞、陈菊芳、周荣根 陆真冀、黎文安、张海波 张锦标

（续表）

序号	获奖编号	获奖等级	项目名称	主要完成单位	主要完成人员
112	2001 基-2-001	二等奖	基于神经网络和定性推理的智能化决策支持方法研究	清华大学经济管理学院	陈　剑、朱　岩、孙国卓 蔡连侨、林　嵩、柳克俊
113	2001 基-2-002	二等奖	一族马尔可夫链的亚稳态性	北京大学数学科学学院	钱敏平、陈大岳
114	2001 软-2-001	二等奖	高新技术改造传统农业的基础理论与模式的实证研究	中国农业科学院农业经济研究所 华南农业大学 北京农学院 中国农科院农业自然资源和农业区划研究所 中国农科院农业气象研究所	蒋和平、江　华、王有年、曾希柏、谢新南、孙炜琳、雷水玲
115	2001 软-2-002	二等奖	中国土地资源可持续利用的理论与实践	中国农业科学院农业自然资源和农业区划研究所 北京市房山区农业委员会	唐华俊、陈佑启、曾希柏 罗其友、陶　陶、朱文生 贺贞文
116	2001 软-2-003	二等奖	保护生态合理利用北京水资源	北京市环境保护科学研究院	汪光焘、王绍堂、李宪法 吴峙山、史捍民、王　恺 张　萍
117	2001 软-2-004	二等奖	持续首都——北京新世纪发展战略	北京大学首都发展研究院	杨开忠、李国平、沈体雁 窦文章、谭成文、徐春秀 王　滔
118	2001 软-2-005	二等奖	与世界“信息技术协议”有关的经济贸易战略研究	北京航空航天大学	陈昌柏、李洪军、高国柱 李筱光、张杜兰、赵新升
119	2001 软-2-006	二等奖	海淀园“数字园区”建设与政府管理模式转型	中关村科技园区海淀园管理委员会	马　林、张稷发、朱荣辉 柳进军、付首清、梁　捷 安　平

表 6　　　　　　　　　　获 2001 年度北京市科技进步奖(三等奖)

序号	获奖编号	获奖等级	项目名称	主要完成单位	主要完成人员
1	2001 农-3-001	三等奖	温室番茄高产稳产规范化栽培技术体系开发研究	中国农业科学院蔬菜花卉研究所	张志斌、蒋卫杰、刘　伟 贺超兴
2	2001 农-3-002	三等奖	规模化猪鸡场环境调控关键技术与设备	中国农业科学院农业气象研究所 农业部规划设计研究院 中国农业大学	董红敏、李长生、李保明 韩　捷
3	2001 农-3-003	三等奖	采用活体采集卵母细胞进行体外受精方法生产胚胎技术的研究和应用	中国农业科学院畜牧研究所 北京农学院	刘云海、敖　红、朱化彬 倪和民
4	2001 农-3-004	三等奖	西瓜抗病新品种海农六号的选育	北京市海淀区农业科学研究所	王淑琴、许　梅、郑　禾 周淑坤
5	2001 农-3-005	三等奖	苜蓿产业化技术开发与应用	北京市通州区农业局	张玉刚、贾建华、张文山 刘瑞芳
6	2001 农-3-006	三等奖	结球生菜品种国内繁育技术研究与应用	北京市农业技术推广站	蒋　涛、韩亚钦、杨　阳 赵　鹏
7	2001 农-3-007	三等奖	北京鸭南口新品系培育及配套组合建立	北京市农工商联合总公司 北京南口北京鸭育种中心	胡胜强、李国臣、闫　磊 郝金平
8	2001 农-3-008	三等奖	LW-4 型连栋日光温室	北京市农业机械研究所	白洪涛、卜云龙、何　峰 杨仁全
9	2001 农-3-009	三等奖	北京北部山区石匣小流域综合治理试验示范研究	北京市水利科学研究所 密云县水利局	段淑怀、侯旭峰、吴敬东 耿智慧
10	2001 农-3-010	三等奖	高档盆花规模化生产技术的研究	北京市园林科学研究所	衣彩洁、陈　延
11	2001 农-3-011	三等奖	"SPF 鸡微生物学质量控制"国家标准	中国农业大学实验动物研究所 中国兽药监察所 山东省农科院家禽研究所	陈德威、赵立红、张学琴 张秀美
12	2001 农-3-012	三等奖	丘陵山地大桃优质节水高效配套技术研究	北京农学院果树研究所 平谷县人民政府果品办公室	王有年、邢彦峰、周士龙 许跃东
13	2001 农-3-013	三等奖	新型节能日光温室与连栋塑料温室	中国农业大学 水利与土木工程学院 电子电力工程学院 北京市农业机械研究所 北京蔬菜研究中心	黄之栋、马承伟、卢朝义 徐刚毅

（续表）

序号	获奖编号	获奖等级	项目名称	主要完成单位	主要完成人员
14	2001农-3-014	三等奖	蔬菜采后处理工艺设计与实施	北京市农林科学院蔬菜研究中心 清华大学热能系空调教研室 中国农科院蔬菜花卉研究所	高丽朴、郑淑芳、曲凯阳 胡　鸿
15	2001农-3-015	三等奖	瘦肉型猪持续选育新技术的研究与应用	北京市农林科学院畜牧兽医研究所 北京市农业信息研究中心	季海峰、刘　彦、莫余忠
16	2001医-3-001	三等奖	冷冻异体骨膜引导骨组织再生的实验及临床研究	铁道部北京铁路总医院	刘希云、周丛豪、娄铁尘 李志华
17	2001医-3-002	三等奖	多功能计算机网络胎儿监护中央系统的研制和临床应用	铁道部北京铁路总医院 广州三瑞医疗器械有限公司	潘俊峰、陆尧胜、李红霞 叶美美
18	2001医-3-003	三等奖	血管内皮生长因子基因治疗外周血管再狭窄和心肌缺血的研究	铁道部北京铁路总医院	张　曼、张秀敏、张　敏 张海荣
19	2001医-3-004	三等奖	化妆品皮肤病7项强制性国家标准的编制研究	解放军空军总医院 南京医科大学第一附属医院 大连医科大学附属二院 中国协和医科大学 北京协和医院 中国预防医学科学院劳动卫生与职业病研究所	刘　玮、蔡瑞康、赵　辨 黄　畋
20	2001医-3-005	三等奖	小儿先天性心脏病的外科治疗	中国人民解放军第309医院 中国人民解放军济南军区总医院	张向华、张广福、都兴琅 姜冠华
21	2001医-3-006	三等奖	肌酸激酶肌型同工酶亚型在早期诊断肌营养不良中的价值的研究	卫生部北京医院	赵　昕、李凤歧、韩　冰 何美懿
22	2001医-3-007	三等奖	临床聚合酶链反应(PCR)测定室间质量评价方法的建立及应用	卫生部北京医院(卫生部临床检验中心)	李金明、王露楠、邓　巍 马　嵘
23	2001医-3-008	三等奖	电针治疗体表及肝脏海绵状血管瘤的原理和临床研究	中日友好医院 首都儿科研究所	辛育龄、赵洪昌、张　伟 刘德若
24	2001医-3-009	三等奖	酵母机能诊断法检测人体肿瘤细胞株P53机能状态及应用	中日友好医院	贾立群、李佩文 石冈千加、黄金昶

（续表）

序号	获奖编号	获奖等级	项目名称	主要完成单位	主要完成人员
25	2001医-3-010	三等奖	正常新生儿免疫学状态及围生期窒息缺氧对其影响的研究	北京燕山石油化工公司职工医院 北京天坛医院 河北省石家庄市妇产医院	刘 敬、郭秀霞、吴广琴 张 霞
26	2001医-3-011	三等奖	格林-巴利综合征和它的动物模型-实验性自身免疫性神经炎的免疫调节和治疗	首都医科大学附属北京儿童医院	邹丽萍、马涤辉、吴沪生 刘天慈
27	2001医-3-012	三等奖	牛磺酸干预不同类型白内障的分子机制	北京市眼科研究所 首都医科大学附属北京同仁医院	陈翠真、陈凤华、宋旭东 董 冰
28	2001医-3-013	三等奖	医用超薄钢片置入治疗创伤性尺桡骨融合	北京积水潭医院 北京市创伤骨科研究所	张贵林、贺 良、张力丹 荣国威
29	2001医-3-014	三等奖	光学相干断层成像在眼底病诊疗中的应用	首都医科大学附属北京同仁医院	王光璐、马 凯、张 风 马 彦
30	2001医-3-015	三等奖	下丘脑错构瘤所致单纯性早熟的显微外科治疗	首都医科大学附属北京天坛医院	罗世祺、李春德、马振宇 张玉琪
31	2001医-3-016	三等奖	扎鲁司特对低氧性肺动脉高压作用的实验与临床研究	首都医科大学附属北京朝阳医院 北京市呼吸病研究所	王 辰、庞宝森、卜小宁 周建群
32	2001医-3-017	三等奖	恶性梗阻性黄疸的介入治疗——临床和相关基础研究	首都医科大学附属北京朝阳医院 中国医学科学院肿瘤医院	翟仁友、高 黎、戴定可 于 平
33	2001医-3-018	三等奖	高苯丙氨酸血症大鼠基因疗法新途径的研究	首都医科大学附属北京朝阳医院	刘敬忠、向 华、贾兴元 胡 维
34	2001医-3-019	三等奖	右室流入道间隔部起搏的临床可行性	首都医科大学附属北京安贞医院	张英川、李海宴、陈慧敏 郭成军
35	2001医-3-020	三等奖	无保护左主干病变选择性支架术	首都医科大学附属北京安贞医院	吕树铮、陈韵岱、刘文娴 柳 弘
36	2001医-3-021	三等奖	激光心肌血运重建临床与实验研究	首都医科大学附属北京安贞医院	屈 正、张兆光、孙衍庆 于建波
37	2001医-3-022	三等奖	儿童系统性红斑狼疮与HLA基因的相关性研究	首都医科大学附属北京儿童医院	李彩凤、江载芳、何晓琥 滕 庆
38	2001医-3-023	三等奖	颅面部软组织数字化三维重建与测量系统的研制及其临床应用	首都医科大学附属北京口腔医院	白玉兴、王邦康、郭宏铭 刘凤德

（续表）

序号	获奖编号	获奖等级	项目名称	主要完成单位	主要完成人员
39	2001医-3-024	三等奖	结核病的快速基因诊断及耐药分子机制的研究	北京市结核病胸部肿瘤研究所	张宗德、黄海荣、李传友 陈效友
40	2001医-3-025	三等奖	肺癌的P53基因治疗实验研究和预后判断的基因标记	北京市结核病胸部肿瘤研究所 中科院生物物理所	汪　惠、赖百塘、李金照 岳文涛
41	2001医-3-026	三等奖	北京市职业病防治信息计算机管理系统研究	北京市预防医学研究中心 北京展华高技术公司	于永中、高　星、翟献民 曾红梅
42	2001医-3-027	三等奖	北京市大饭店空调冷却塔军团菌污染现况及人群感染水平、消毒效果评价研究	北京市预防医学研究中心	彭　晓、裴红生、黎新宇 贺　雄
43	2001医-3-028	三等奖	用AS-PCR方法对血小板1-5抗原系统等位基因分型的研究及应用	北京市红十字血液中心	单小燕、张志欣、李　伟 陈素媛
44	2001医-3-029	三等奖	吲哚青绿眼底血管造影在眼底病诊断中的应用	首都医科大学附属北京同仁医院	张　风、王光璐、卢　宁 李雪非
45	2001医-3-030	三等奖	麻醉与体温调节	首都医科大学附属北京天坛医院	康孝荣、陈新中、王保国 李晓强
46	2001医-3-031	三等奖	肝素对COPD患者治疗价值的临床与实践研究	首都医科大学附属北京朝阳医院	庞宝森、王　辰、张洪玉 翁心植
47	2001医-3-032	三等奖	区域性动脉灌注四联给药治疗重症急性胰腺炎的临床研究	首都医科大学附属北京朝阳医院	游凯涛、马凤藻、王克有 李　杰
48	2001医-3-033	三等奖	角膜干细胞体外培养的生物学特性和干细胞移植治疗角膜盲的研究	北京市眼科研究所	潘志强、张文华、孙葆忱 武宇影
49	2001医-3-034	三等奖	端粒酶基因表达与肿瘤生物学特性的研究	北京大学基础医学院	张　波、苑　昕、应建明 侯　琳
50	2001医-3-035	三等奖	阴道毛滴虫免疫学诊断和治疗的研究	北京大学基础医学院	高兴政、祝　虹、朱永红
51	2001医-3-036	三等奖	脑内众多控制情绪和应激的核团构成升压回路的研究及其意义	北京大学基础医学院	顾蕴辉、吴金胜、吕贻春 王益光
52	2001医-3-037	三等奖	砷的促癌活性及其机制的研究	北京大学公共卫生学院	郭新彪、刘君卓、姚碧云 邓芙蓉

（续表）

序号	获奖编号	获奖等级	项目名称	主要完成单位	主要完成人员
53	2001 医-3-038	三等奖	对小儿热性惊厥的家系调查和相关基因的研究	北京大学第一医院	戚豫、吴希如、吕建军、张健慧
54	2001 医-3-039	三等奖	抗真菌治疗的基础与临床研究	北京大学第一医院	李若瑜、王爱平、王端礼、王文莉
55	2001 医-3-040	三等奖	肺切除术前肺弥散功能和分侧肺功能的研究及其意义	北京大学第一医院	王俊、潘中允、李曰民、陈鸿义
56	2001 医-3-041	三等奖	腺苷和三磷酸腺苷的临床电生理研究	北京大学人民医院	郭继鸿、许原、张海澄、解基严
57	2001 医-3-042	三等奖	糖尿病患者的防盲系列研究	北京大学人民医院眼科	黎晓新、吕永顺、李立新、姜燕荣
58	2001 医-3-043	三等奖	原发性恶性骨肿瘤的细胞及分子生物学研究	北京大学人民医院	郭卫、冯传汉、徐万鹏、杨毅
59	2001 医-3-044	三等奖	中毒性肾病的实验及临床研究	北京大学第三医院	赵金垣、王世俊
60	2001 医-3-045	三等奖	口腔癌患者的临床营养研究	北京大学口腔医学院	郭传瑸、马大权、章魁华、胡晓宏
61	2001 医-3-046	三等奖	唇腭裂术后反殆的正畸及其与颅面形态口颌系统功能关系的研究	北京大学口腔医学院	李巍然、林久祥、周恒、傅民魁
62	2001 医-3-047	三等奖	错殆畸形与口颌功能关系的研究	北京大学口腔医学院	周彦恒、傅民魁、林久祥、胡炜
63	2001 医-3-048	三等奖	提高抗癌药物入脑浓度及脑瘤化疗效果的实验与临床研究	北京大学第三医院	王振宇、王毅、易声禹
64	2001 医-3-049	三等奖	搭桥术中静脉桥导入β-半乳糖苷酶和尿激酶原基因的实验研究	中国医学科学院阜外心血管病医院	黄志雄、郭加强、胡盛寿、郭少先
65	2001 医-3-050	三等奖	卧位型心绞痛发病机制和治疗的重新评价	中国医学科学院阜外心血管病医院	陈纪林、陈在嘉、高润霖、徐义枢
66	2001 医-3-051	三等奖	脑血管狭窄的诊断、病因及治疗系列研究	中国医学科学院北京协和医院 香港中文大学威尔斯亲王医院	黄一宁、高山、金征宇、黄家星
67	2001 医-3-052	三等奖	宫内营养不良与成年期冠心病危险因素关系的研究	中国医学科学院基础医学研究所	张孔来、米杰、曾宪嘉
68	2001 医-3-053	三等奖	肝癌的病因学及免疫预防	中国医学科学院肿瘤研究所 启东肝癌研究所	孙宗棠、明利华、王能进、陆培新

（续表）

序号	获奖编号	获奖等级	项目名称	主要完成单位	主要完成人员
69	2001 医-3-054	三等奖	黄曲霉毒素 B1 免疫检测法国家标准的研究	北京市营养源研究所	路　戈、王德斌、刘春霞 刘宝顺
70	2001 中-3-001	三等奖	中西医结合政策与管理研究	国家中医药管理局医政司 中国中医研究院西苑医院 北京中医药大学	许志仁、王　阶、赵慧卿 杨昆蓉
71	2001 中-3-002	三等奖	柴胡皂甙-d 防治大鼠系膜增生性肾小球肾炎的实验研究	中日友好医院 北京中医药大学基础医学院	李　平、王继峰 清水不二雄、陈志华
72	2001 中-3-003	三等奖	中药脊髓煎剂促进脊髓修复再生效应和机制的实验研究	中国中医研究院骨伤科研究所	韩凤岳、张　宁、张　平 刘卫东
73	2001 中-3-004	三等奖	川芎嗪大蒜素抑制剪切诱导血小板聚集及大蒜素抑制血小板聚集的机制研究	中国中医研究院中药研究所	廖福龙、齐若梅、焦立公 游　云
74	2001 中-3-005	三等奖	生姜地黄石斛保鲜技术及其鲜干活性对比研究	中国中医研究院中药研究所	郝近大、杨　桦、梁爱华 李计萍
75	2001 中-3-006	三等奖	养阴生血合剂（中药新药三类）	中国中医研究院广安门医院（暨第二临床研究所） 北京华神制药有限公司	吴振宇、黄志辉、高键生 朱天琪
76	2001 中-3-007	三等奖	克感利咽口服液的新药研究及其抗流感病毒的免疫-自由基机制	中国中医研究院广安门医院（暨第二临床医药研究所）	顾丽贞、段绍瑾、李多娇 张百舜
77	2001 中-3-008	三等奖	洁童阴洗液治疗幼女外阴阴道炎的临床与实验研究	首都医科大学附属北京儿童医院	刘慧丽、陈昭定、柳　静 邱乃英
78	2001 中-3-009	三等奖	提高古医籍阅读能力计算机综合系统	北京联合大学中医药学院	崔锡章、萧　萍、张宝文 韩　奕
79	2001 中-3-010	三等奖	肺肠同治法治疗病毒性下呼吸道感染的研究	北京中医药大学东直门医院	姜良铎、史利卿、杜怀棠 任天池
80	2001 药-3-001	三等奖	假肢接受腔计算机辅助设计与制造系统	民政部北京假肢科学研究所	王喜太、杨　鹏、陈　曦 闫和平
81	2001 药-3-002	三等奖	钛合金碳纤维组件式下肢假肢	民政部北京假肢科学研究所 北京百幕航材高科技股份有限公司 北京精博现代假肢矫形器技术开发公司	于布风、王喜太、程杏梅 闫渊林

（续表）

序号	获奖编号	获奖等级	项目名称	主要完成单位	主要完成人员
82	2001药-3-003	三等奖	生物技术药物临床前药效和安全性评价方法学的研究与应用	军事医学科学院放射医学研究所	吕秋军、丁林茂、郭绍明 徐兰平
83	2001药-3-00416	三等奖	元大环内酯类抗生素麦迪霉素质量鉴定与分析研究	中国药品生物制品检定所 北京市药品检验所	薛闻鹂、潘建英、吴　铨 张锦茹
84	2001药-3-005	三等奖	天普牌ZJY—A型三维正脊仪	北京中天普科技开发有限责任公司 中国水利电力医学科学技术学会 北京电力医院	肖世友、李月娜、韩国忠 管在杰
85	2001药-3-006	三等奖	人Ⅳ胶原蛋白酶联免疫定量测定试剂盒	北京化学试剂研究所	蒋盘宏、莫　畏、石　方 宋金华
86	2001药-3-007	三等奖	载药脂质体的构筑、稳定性及靶向性研究	北京大学药学院	齐宪荣、侯新朴、吕万良 魏树礼
87	2001药-3-008	三等奖	药用真菌蜜环菌有效成分的基础研究	中国医学科学院药物研究所	杨峻山、黄俊华、苏亚伦 陈先瑜
88	2001电-3-001	三等奖	用于俄歇电子能谱分析的自动加热装置的研制	钢铁研究总院	毕革平、林清英、朱衍勇 朱桂兰
89	2001电-3-002	三等奖	钢研－6型涡流探伤仪	钢铁研究总院	范　弘、董云涛、岳东平 王锡琴
90	2001电-3-003	三等奖	油管螺纹漏磁探伤机的研制	北京有色金属研究总院	廉　杰、冯玉萍、黄达才 王德喜
91	2001电-3-004	三等奖	LW36-126型瓷柱式六氟化硫高压断路器（自能式灭弧）	北京北开电气股份有限公司	刘春元、王朝辉、曹国良 李新宇
92	2001电-3-005	三等奖	SFZ9-50000/110有载调压电力变压器	北京变压器厂	王百升、李秋生、信桂荣 孙立增
93	2001电-3-006	三等奖	CR99型电容传声器	北京第七九七音响股份有限公司	马久龙、赵和平
94	2001电-3-007	三等奖	BY2083三相精密稳定电源	北京北研兴电力仪表有限责任公司	干承永、刘伶伶、李广南 王　晨
95	2001电-3-008	三等奖	WQF-410/310型傅立叶变换红外光谱仪	北京北分瑞利分析仪器（集团）有限责任公司	王百华、高学军、张弧弘 陈孟祥
96	2001电-3-009	三等奖	V5接口规程测试分析仪	北京邮电大学继续教育学院	钱宗珏、寿国础、毛　迈 郝益勇

（续表）

序号	获奖编号	获奖等级	项目名称	主要完成单位	主要完成人员
97	2001电-3-010	三等奖	WT30型移动通信基站天线	北京邮电通信设备厂	洪传礼、唐京雪、佟智勇 吴剑嵩
98	2001电-3-011	三等奖	HD2000电能参数采集及管理系统	华德公司	陈庭华、庄　竞、韩宗毅 张玉明
99	2001电-3-012	三等奖	RLS、RLP铅合金减震器的开发研究	北京国电华北电力工程有限公司	姚德康、李绍敬
100	2001电-3-013	三等奖	华北地区风能普查及风电建设分析研究报告	北京国电华北电力工程有限公司 华北电力集团公司	王有禄、孟庆和、武　健
101	2001电-3-014	三等奖	飞鸿98数字专用通信系统	北京佳讯飞鸿电气有限责任公司	冯　军、周军民
102	2001电-3-015	三等奖	48/600-50TBO智能通信开关电源系统	北京通力环电气股份有限公司	王　镇、杜中义、张建利 陈　龙
103	2001电-3-016	三等奖	HK-HART-CT系列HART智能卡	北京华控技术有限责任公司	张广川、曹正平、陈小枫 耿东汉
104	2001电-3-017	三等奖	热（汽）耗变换系数法及其电厂节能分析与能损诊断中的应用	华北电力大学（北京） 山西省神头第二发电厂 山东省潍坊发电厂	郭民臣、杨勇平、张建国 梁化忠
105	2001计-3-001	三等奖	飞天通用智能自动化系统	北京四季阳光智能自动化技术有限责任公司	白凤双、庄　斌、王耀南
106	2001计-3-002	三等奖	北京市排水泵站无线测控系统	北京市市政工程管理处 中国运载火箭研究院十八所	杨树丛、李云光、张爱文 穆　虹
107	2001计-3-003	三等奖	军用数据网信息检索分系统	清华大学计算机科学与技术系	史美林、郑元英、董永乐 向　勇
108	2001计-3-004	三等奖	变电站综合自动化系统（MPS－4000系列）	清华大学自动化系 北京清华华康电子技术发展公司	董登武、朱善君、吉吟东 孙新亚
109	2001计-3-005	三等奖	具有柔性部件和冗余自由度的机器人动力学综合	北京工业大学	余跃庆、张绪平、白师贤 邱银福
110	2001计-3-006	三等奖	活性炭生产过程微机自动控制系统	北京航空航天大学 北京市光华木材厂	朱定国、罗先和、郭晓毅 李行善

（续表）

序号	获奖编号	获奖等级	项目名称	主要完成单位	主要完成人员
111	2001 计-3-007	三等奖	北京市“九五”CAD 应用工程	北京航空航天大学 北京市科学技术委员会 北京仪器仪表工业总公司 北京机电工业控股(集团)公司 北京汽车工业集团总公司 北京电子控股有限责任公司 北京二轻有限责任公司	集体
112	2001 计-3-008	三等奖	网梯多媒体远程教育通用平台	北京网梯信息技术有限公司	张　震、张克强、王　军 韩珍丽
113	2001 计-3-009	三等奖	高性能混合式步进电动机及驱动器技术	北京四通电机技术有限责任公司	姚　宏、王　健、王　璐
114	2001 计-3-010	三等奖	铁路行包管理信息网络系统	北京铁路分局	吴景穆、冯昕晖、董玉东 滕雪鸥
115	2001 计-3-011	三等奖	金山毒霸	北京金山软件有限公司	陈飞舟、李宇雄、刘海峰 徐　飞
116	2001 工-3-001	三等奖	YJR－300 拉伸应力松弛试验机	冶金工业部建筑研究总院 天津市第二预应力钢丝有限公司	袁贞义、张立鸿、朱　龙 鲍建华
117	2001 工-3-002	三等奖	复杂形状三维精冲件复合成形工艺的研究	北京机电研究所	赵彦启、涂光祺、李荣洪 高　军
118	2001 工-3-003	三等奖	华北及江淮深层构造地质研究	石油大学(北京)	漆家福、周建勋、王子煜 王谦身
119	2001 工-3-004	三等奖	柴达木盆地天然气资源评价与有利勘探区选择	石油大学(北京) 青海石油管理局	庞雄奇、李建青、姜振学 周瑞年
120	2001 工-3-005	三等奖	塔里木盆地形成演化过程与复合含油气系统多旋回油气成藏动力学研究	石油大学(北京)	金之钧、张一伟、吕修祥 王　毅
121	2001 工-3-006	三等奖	复杂油气田非线性开发理论	石油大学(北京) 石油大学(华东) 中国石化股份有限公司 油田部开发处	葛家理、程林松、同登科 刘月田
122	2001 工-3-007	三等奖	民用核承压设备标准和材料现状的分析与对策研究	机械科学研究院	赵元龙、刘振领、孟　蕾 杜爱玲
123	2001 工-3-008	三等奖	信息技术的发展利用与传统产业改造	机械工业信息研究院文献中心	傅兰生、陈向东、姜义琴 孙　红
124	2001 工-3-009	三等奖	国家不鼓励引进的工业装备技术经济研究	机械工业信息研究院工业装备咨询服务中心	潘　奇、梁兴江、钱　涛 张安临

（续表）

序号	获奖编号	获奖等级	项目名称	主要完成单位	主要完成人员
125	2001 工-3-010	三等奖	CTB—1230 永磁中磁场磁选机的研究	北京矿冶研究总院	郑九令、陈　雷、赫荣安 刘永振
126	2001 工-3-011	三等奖	土工合成材料系列产品和实验方法国家标准 GB/T17630——17642	中国纺织科学研究院	王宝军、宋湛华、郑宇英 朱杏媛
127	2001 工-3-012	三等奖	高陡构造防斜打快技术研究与应用	石油勘探开发科学研究院 中国石油天然气股份公司 新疆塔里木石油管理局 四川石油管理局钻采研究院 江苏油田石油工程技术研究院 青海石油管理局钻井集团公司 华北石油管理局工程技术处	王珍应、苏义脑、孙振纯 王家进
128	2001 工-3-013	三等奖	牙哈凝析气田油藏地质与油藏工程研究方法	石油勘探开发科学研究院	王家宏、袁士义、方义生 宋文杰
129	2001 工-3-014	三等奖	渤海湾盆地深层石油地质综合研究与目标评价	石油勘探开发科学研究院	牛嘉玉、王明明、谯汉生 陈义贤
130	2001 工-3-015	三等奖	ZM99－01 自固化水基无机防腐涂料	北京泽马新技术有限公司	崔　悦、崔　焱、马钟媚 阚存一
131	2001 工-3-016	三等奖	现有设备生产花式线的新工艺及新装置的研究（繁星系列）	北京清河毛纺织厂	赵燕淑、孙玉霞、石尚谦 李佩环
132	2001 工-3-017	三等奖	SGBD/800—Ⅰ型棒材打捆机	北京首钢设计院 首钢烟台东星（集团）公司 首钢机电公司 首钢电子设备公司 首钢第二型材厂	郭天锡、吴惠生、于鹏鸣 魏加聪
133	2001 工-3-018	三等奖	连铸硬线研制	首钢技术中心 首钢第三炼钢厂 首钢第三线材厂	麻庆申、罗伯钢、艾沛龄 许晓东
134	2001 工-3-019	三等奖	北京首钢电力厂煤粉锅炉掺烧高炉煤气技术	北京首钢电力厂 首钢总公司总工程师室 首钢总公司能源部 首钢总公司总调度室	沈一平、顾顺波、王　毅 张继文
135	2001 工-3-020	三等奖	大容量切圆燃烧低挥发分煤粉锅炉燃烧新技术的研究与应用	清华大学工程力学系哈尔滨锅炉厂有限责任公司	傅维镳、李文健、何裕昆 高　飞

（续表）

序号	获奖编号	获奖等级	项目名称	主要完成单位	主要完成人员
136	2001 工-3-021	三等奖	玻璃熔窑模拟技术在新熔窑设计中的应用及纯氧—燃气烧嘴的研制	清华大学工程力学系 北京玻璃仪器厂	胡桅林、陈泽敬、郭印诚 滕建中
137	2001 工-3-022	三等奖	大型交流电弧炉炼钢优化供电技术	北京科技大学	刘士琦、李京社、季淑娟 刘润藻
138	2001 工-3-023	三等奖	新型高效灭火剂及相关产品	北京市消防科学研究所 北京六合安消防科技有限公司	高晓斌、李保恒、苏向明 崔荣华
139	2001 工-3-024	三等奖	数控系统抗干扰能力的检测及试验技术的研究	国家机床质量监督检验中心	邵光伟、张建国、黄祖广 纪大成
140	2001 城-3-001	三等奖	碳纤维材料加固修复混凝土结构技术研究开发与应用	冶金工业部建筑研究总院 国家工业建筑诊断与改造工程技术研究中心	岳清瑞、陈小兵、李 荣 牟宏远
141	2001 城-3-002	三等奖	JM 钢筋镦粗螺纹连接技术	冶金工业部建筑研究总院	钱冠龙、郝志强、郭铁刚 刘世民
142	2001 城-3-003	三等奖	薄壁大曲率管节点焊缝超声波探伤技术的研究	冶金工业部建筑研究总院	刘兴亚、申献辉、徐贝尔 刘福源
143	2001 城-3-004	三等奖	单组分沥青基聚氨酯防水涂料	北京市建筑工程研究院	方一平、李来全、徐文元 孙 威
144	2001 城-3-005	三等奖	京都 9 号商住楼复合预应力砼框架倒扁梁楼板工程技术研究	北京城建七建设工程有限公司 中国建筑科学研究院建筑结构研究所	李永贵、薛立红、徐金声 杨 涛
145	2001 城-3-006	三等奖	新型无熟料水泥混凝土的研究与应用	北京城建集团混凝土公司	朱效荣、路来军、李继忠 陈大鹏
146	2001 城-3-007	三等奖	RX-Ⅱ型传热系数检测仪	北京中建建筑科学技术研究院	全 冰、杨世浩、周小平 费慧慧
147	2001 城-3-008	三等奖	建筑工程施工质量管理创新的研究和实践	中国建筑第一工程局第四建筑公司	顾勇新、张玉平、季加铭 王海山
148	2001 城-3-009	三等奖	高层住宅现浇混凝土外墙外保温体系研究（补充研究项目—无网浇合外保温体）	北京市建筑设计研究院研究所 北京市建筑设计研究院技术发展中心 北京亿丰豪斯沃尔新型建材有限公司	顾同曾、何西令、夏祖宏 邸占英

（续表）

序号	获奖编号	获奖等级	项目名称	主要完成单位	主要完成人员
149	2001城-3-010	三等奖	亮马河北路污水隧道盾构法施工技术研究	北京市市政工程总公司第四工程处 北京市市政工程研究院 北京市瑞博水泥制品有限责任公司 北京市市政工程总公司	汪　挺、翟来生、乐贵平 杨思忠
150	2001城-3-011	三等奖	便携式、非金属声波综合测试仪的设备研制及方法研究	北京市市政工程研究院 北京市康科瑞工程检测技术有限责任公司	管　钧、陈卫红、濮存亭 王维刚
151	2001城-3-012	三等奖	二、三维桥梁结构计算分析通用系统 – ASBEST ‘98	北京市市政工程研究院	刘四田、胡达和、何宗华
152	2001城-3-013	三等奖	曙光小区分户供热方式的研究与分析	北京天鸿集团公司 北京天鸿宝业房地产股份有限公司	黄铁星、林　原、李文龙 王　强
153	2001城-3-014	三等奖	城市立交钢筋混凝土桥梁设计耐久性能研究	北京市政工程设计研究总院研究所 北京市政工程设计研究总院设计四所 北京公联公路联络线有限责任公司	包琦玮、张　恺、刘庆仁 陈川宁
154	2001城-3-015	三等奖	城市复杂环境下建构筑物控制爆破及综合拆除技术研究	北京理工大学	杨　军、黄风雷、钟冬望 高文学
155	2001城-3-016	三等奖	户式中央空调机组	清华同方人工环境有限公司	范　新、刘兴中、郑兴旺 姬政敏
156	2001城-3-017	三等奖	蓄冰空调系统设计、控制和产品成套技术研究与开发	清华同方股份有限公司清华大学	赵庆珠、李先庭、李吉生 徐齐越
157	2001环-3-001	三等奖	利用低压在线式脉冲喷吹技术改造分室反吹(吸)袋式除尘器的研究	冶金工业部建筑研究总院	姜凤有、王　欣、沈晓林 陈晰宇
158	2001环-3-002	三等奖	重钢七厂转炉浊环水系统带负荷非酸清洗除垢技术的研究与应用	冶金工业部建筑研究总院 重庆钢铁(集团)公司	段兴国、欧建军、余　沛 孙毅杰
159	2001环-3-003	三等奖	核电站安全壳密封试验测试技术	冶金工业部建筑研究总院 北京冶核技术发展有限责任公司	陈人仪、孟凡彬、蒋坚毅 易海涛

（续表）

序号	获奖编号	获奖等级	项目名称	主要完成单位	主要完成人员
160	2001 环-3-004	三等奖	中央液态冷热源	北京恒有源科技发展股份有限公司	徐生恒、贺平东、孙　骥 汪继东
161	2001 环-3-005	三等奖	天路全吸干式吸尘车	北京天路通科技有限责任公司	施天亮、陈守碧
162	2001 环-3-006	三等奖	一体式膜-生物反应器处理生活污水的试验研究	清华大学环境科学与工程系 北京市节约用水办公室	钱　易、黄　霞、何建平 文湘华
163	2001 环-3-007	三等奖	黄河三角洲环境系统研究	北京大学城市与环境学系	许学工、蔡运龙、贺　燕
164	2001 环-3-008	三等奖	湿式脱硫除尘工艺及设备的组合优化研究	北京市劳保所科技发展公司	韩国君、张文俊、薄以匀 齐金彦
165	2001 市-3-001	三等奖	中外城市交通基础信息大全	北京市公共交通研究所	李建国、董志卿、杨青山 吴同起
166	2001 市-3-002	三等奖	北京地铁电动客车风源系统综合技术改造	北京市地下铁道总公司太平湖车辆段 铁道部四方车辆研究所 北京市地下铁道总公司地铁车辆厂	程心平、初明玲、夏忠贵 马沂文
167	2001 市-3-003	三等奖	北京地铁环线地面 ATP 设备(移频)的研制	北京市地下铁道总公司通信信号段 北京大成新技术产业股份有限公司 北京市地下铁道总公司电务处	刘会仙、李洪春、马文勇 张仲渔
168	2001 市-3-004	三等奖	北京地铁行车闭路电视监视系统光端机研制	北京市地下铁道总公司通信信号段	安志强、戴新翰、王志强 朱鸿涛
169	2001 市-3-005	三等奖	城市快速轨道交通供电系统轨道电参数研究及仿真计算	北京市地下铁道设计研究所	曾晶晶、吴命利、赵书民 孙　静
170	2001 市-3-006	三等奖	安全防爆型高压干式电容器	北京市地下铁道设计研究所	平志刚、杨元中、王一力 王　龙
171	2001 市-3-007	三等奖	地铁供电数据采集及监控系统远程终端输入输出及电源板国产化研制	北京市地下铁道总公司供电段 北京市地下铁道设计研究所	史志宽、马力蓥、房金萍 吴铀铀
172	2001 市-3-008	三等奖	北京市交叉口交通系统评价及拥挤对策	北京建筑工程学院 北京城市交通综合研究所	吴海燕、张　蕊、戴冀峰 高　扬
173	2001 市-3-009	三等奖	北京公交优先研究与示范	北京市交通工程科学研究所	贾胜文、张春生、单海辉 林　莘
174	2001 材-3-001	三等奖	轿车用粘结稀土永磁材料的研究	钢铁研究总院	蒋　龙、邢京生、张振涛 潘　伟

（续表）

序号	获奖编号	获奖等级	项目名称	主要完成单位	主要完成人员
175	2001 材-3-002	三等奖	连续卷式泡沫镍的研制	北京有色金属研究总院	张景怀、惠志林、余福祥 方政秋
176	2001 材-3-003	三等奖	耐火氟金云母带	北京金安电工材料有限公司	黄宗义、王先田、戴为胜 刘殿华
177	2001 材-3-004	三等奖	电子应用引线框架材料的产业化技术攻关	北京金鹰铜业有限责任公司（原北京铜材厂） 北京市有色金属工业总公司	张德华、姚新君、王史杰 钟德华
178	2001 基-3-001	三等奖	滴流床反应器的性能和优化模拟研究	中国科学院化工冶金研究所	毛在砂、陈家镛、王　蓉 王跃发
179	2001 基-3-002	三等奖	结构优化与结构风险评估的理论及方法	清华大学土木系 北京航空航天大学 西北工业大学	董　聪、夏人伟、冯元生 杨庆雄
180	2001 基-3-003	三等奖	气液相际传质及分离与反应过程集成的基础研究	清华大学化工系	王金福、金　涌、杨卫国 汪展文
181	2001 基-3-004	三等奖	柔性结构的振动控制研究	北京大学 浙江大学	王大钧、徐博侯、刘中生 鲍荣浩
182	2001 基-3-005	三等奖	迭代序列的收敛性	北京航空航天大学	刘启厚
183	2001 软-3-001	三等奖	企业职工生育保险统筹项目及其支付标准研究	劳动保障部社会保险事业管理中心 劳动保障部医疗保险司卫生部基层卫生与妇幼保健司 卫生部医院管理研究所	韩　凤、王凤兰、迟宝兰 盖铭英
184	2001 软-3-002	三等奖	建立市场导向就业机制研究	劳动和社会保障部劳动科学研究所	于法鸣、张丽宾、郭　悦 郑东亮
185	2001 软-3-003	三等奖	基于比较优势的种植业区域结构优化战略	中国农业科学院农业自然资源和农业区划研究所	唐华俊、罗其友、尹昌斌 李建平
186	2001 软-3-004	三等奖	开拓农村市场的思路与对策研究	中国农业科学院农业经济研究所 中国农业机械化科学研究院	冯海发、方宪法、韩彦东 宣　鸿
187	2001 软-3-005	三等奖	提高企业快速反应能力的营销管理研究	机械科学研究院 西安交通大学 哈尔滨理工大学 北京工业大学 吉林大学	韩新民、李怀祖、宗　刚 侯　睿

（续表）

序号	获奖编号	获奖等级	项目名称	主要完成单位	主要完成人员
188	2001软-3-006	三等奖	西城区社区社会化服务体系的建立与示范	西城区民政局 北京凯迪信同科技发展有限公司	刘春城、鲁忠歧、贾　征 谭红梅
189	2001软-3-007	三等奖	北京市旅游发展总体规划	北京大学 北京市旅游局规划统计处	吴必虎、温子吉、康永莉 李明德
190	2001软-3-008	三等奖	科研院所综合评价指标体系和方法	北京联合大学机械工程学院 科学技术部条件财务司	李章华、廖文国、赵　飞 吴波尔
191	2001软-3-009	三等奖	中关村创新对首都经济发展影响的研究	北京科学学研究中心	彭树堂、张　彤、张如国 王善杰
192	2001软-3-010	三等奖	北京市农口信息化2000—2010年发展规划	北京市城乡经济信息中心	焦守田、曹四发、胡令涑 张　军
193	2001软-3-011	三等奖	北京发展都市型农业的对策研究	北京市城乡经济信息中心	韩会敏、胡令涑、钟永玲 李　征
194	2001软-3-012	三等奖	首都经济实施“走出去”战略研究	北京市国际经济贸易研究所 北京市科学技术委员会	邓洪波、梅新育、张吉福 张　信
195	2001软-3-013	三等奖	中小企业发展中的金融支持体系研究	北京市商业银行	严晓燕、刘子琪、宋文昌 刘　虹

第八章　科技规章制度

北京市人民政府办公厅
转发市劳动保障局等部门《关于
市属科研院所转制企业
参加养老保险社会统筹实施办法》的通知

京政办发[2001]1号

各区、县人民政府，市政府各委、办、局，各市属机构：

市劳动保障局、市科委、市财政局《关于市属科研院所转制企业参加养老保险社会统筹的实施办法》已经市政府原则同意，现转发给你们，请认真贯彻执行。

二〇〇一年一月四日

关于市属科研院所转制企业
参加养老保险社会统筹的实施办法

(2000年12月5日)

一、适用范围

本实施办法适用于经市政府批准的65家市属科研院所转制企业中的固定职工、劳动合同制职工(不含已参加企业统筹的劳动合同制工人)、临时工、已离退休(含退职)人员。

二、缴费基数和缴费比例

(一) 转制企业自2000年1月1日起，按全部职工缴费工资基数之和的19%缴纳基本养老保险费。

(二) 转制企业的职工，自2000年1月1日起，按本人上一年月平均工资的6%缴纳基本养老保险费。

职工月平均工资低于上一年本市职工最低工资标准的,以上一年本市职工最低工资标准为基数缴纳基本养老保险费。职工月平均工资高于上一年本市职工月平均工资300%以上部分,不缴纳基本养老保险费,也不作为计发基本养老金的基数。

(三) 基本养老保险费的补缴办法:职工自1992年10月1日至1999年12月31日,按照相应年度的规定补缴基本养老保险费;单位自1998年7月1日至1999年12月31日,按照规定比例补缴单位划入个人账户部分的基本养老保险费。

补建个人账户的费用原则上由转制企业负担。

三、个人账户

社会保险经办机构为在职职工建立个人账户,计账时间自1998年7月1日起,记账比例为11%。职工和单位补缴的基本养老保险费,全部记入个人账户。职工个人账户包括:

(一) 职工个人缴纳的基本养老保险费;

(二) 单位缴纳的基本养老保险费中按职工个人缴费工资基数一定比例划入的部分(2000年按5%划入);

(三) 个人账户储存额的利息。个人账户中个人缴费部分与单位划入部分分别计息。

四、享受基本养老保险的条件

(一) 符合国家规定的退休条件并办理退休手续;

(二) 1998年7月1日后参加工作,缴纳基本养老保险费累计满15年以上;

(三) 1998年7月1日前参加工作,缴纳基本养老保险费累计满10年以上。

转制前职工按国家和本市有关规定计算的连续工龄视同缴费年限。

五、基本养老金计发办法

(一) 转制前已离退休人员,按事业单位办法计发的退休费水平不变。其中,列入养老保险社会统筹支付的项目包括:

1. 按照国家和本市规定计发的基本离退休费;

2. 国家和本市规定发给离退休人员的物价补贴;

3. 按照国家和本市规定发给离退休人员的生活补贴;

4. 根据市委、市政府批准建立的机关事业单位养老金调整机制,1996、1997、1998、1999年给离退休人员增加的补贴;

5. 根据《关于适当解决机关事业单位1993年工资制度改革前退休人员收入偏低问题的通知》(京人退[1995]583号)的有关规定,给退休人员增加的补贴;

6. 根据《关于机关、事业单位工资制度改革后离退休的人员有关离退休待遇问题的通知》(京国工改[1994]10号)的有关规定,发给离退休人员的奖金(按50元标准纳入统筹列支)。

(二) 转制后办理离退休手续的人员,其基本养老金的计算原则上执行北京市人民政府1998年第2号令(以下简称2号令)规定的办法。为使事业单位计发办法与2号令规定的计发办法平稳衔接,基本养老金计发实行5年过渡。2000年至2004年之间退休的人员,如果按照事业单位办法计算的基本养老金水平高于按2号令办法计算的基本养老金水平,其差额部分,采取加发补贴的办法解决。其中由社会保险统筹基金拨付差额部分补贴的比例为:2000年90%、2001年70%、2002年50%、2003年30%、2004年10%。按事业单位办法计算基本养老金时,职工的职务(技术)等级工资和按国家规定比例计算的津贴水平,封定在1999年。2005年1月1日起,职工办理离退休手续时,基本养老金的计算,一律执行2号令规定的办法。

六、转制企业招用的农民合同制职工,依照市劳动保障局《关于印发〈农民合同制职工参加北京市养老、失业保险暂行办法〉的通知》(京劳险发[1999]99号)的有关规定缴纳养老保险费。农民合同制职工达到国家规定的养老年龄,或与用人单位终止、解除劳动关系时,享受一次性养老保险待遇。

七、《北京市人民政府办公厅转发市科委关于市属技术开发型科研院所转制意见的通知》(京政办发[1999]76号)中有关转制院所参加养老保险社会统筹的规定与本实施办法不一致的,以本实施办法为准。

八、本实施办法自2000年1月1日起执行。

北京市人民政府印发《关于贯彻国务院鼓励软件产业和集成电路产业发展若干政策实施意见》的通知

京政发[2001]4号

各区、县人民政府,市政府各委、办、局,各市属机构:

现将《关于贯彻国务院鼓励软件产业和集成电路产业发展若干政策的实施意见》印发给你们,请认真贯彻执行。

二〇〇一年二月六日

关于贯彻国务院鼓励软件产业和集成电路产业发展若干政策的实施意见

为贯彻国务院印发的《鼓励软件产业和集成电路产业发展的若干政策》(国发[2000]18号),进一步推动本市软件产业和集成电路产业的发展,结合本市实际情况,制定本实施意见。

第一部分　软件产业政策

第一条　软件产业是知识经济时代的主导产业，对推动首都经济发展具有极其重要的战略意义。运用市场机制，优化资源配置，鼓励自主创新，通过在政策、资金上予以特别支持，推动本市软件产业的跨越式发展，保持软件产业在全国的领先地位，并尽快达到或接近国际先进水平。

第二条　本市对软件企业和软件产品实行认定制度，经认定的软件企业享受国家及本市规定的各项优惠政策。软件企业和软件产品认定工作由市科委负责。

北京市软件行业协会受理企业的认定申请并组织初评。初选名单报市科委审核，经会签税务部门批准后正式公布，并颁发软件企业证书或软件产品证书。经认定的软件企业同时颁发高新技术企业证书。

软件企业实行年审制度。未经年审或年审不合格的企业，取消软件企业资格，不再享受有关优惠政策。

第三条　软件企业和软件产品的认定工作要严格执行国家有关部门制定的认定标准和收费标准。认定工作的完成时间不得超过 30 个工作日。市科委要加强对软件产业的行业管理和监督。

第四条　充分发挥北京市软件行业协会在市场调查、信息交流、咨询评估、行业自律、知识产权保护、资质认定、政策研究等方面的作用，按照公正、公开、公平的原则履行职能。

第五条　市政府建立软件产业创新创业资金，由市财政在每年核拨给市科委的科技经费中安排，主要用于支持企业、个人利用软件成果创业投资和软件孵化器建设。

第六条　市计委、市科委、市经委共同出资，设立软件产业发展专项资金，用于支持研究开发拥有自主知识产权的软件技术和产品；培养软件产业高级人才；鼓励软件出口型企业通过国际质量标准认证。软件产业发展专项资金的具体管理办法由市计委、市科委、市经委另行制定。

第七条　将软件产业基地的建设纳入本市国民经济和社会发展规划。市计委多渠道筹措资金，用于软件产业基地的基础设施建设。

鼓励高等院校、科研机构、国内外企业和个人在京投资兴办软件企业或兴建软件园，其建设项目所需用地，凡以出让方式取得土地使用权，可免交土地出让金。企业在转让土地使用权、改变土地使用性质或被取消软件企业资格时，应按规定补交全部土地出让金。政府有关部门在规划、立项、可行性研究等方面提前介入，主动提供服务。

第八条　为软件企业在国内外上市融资创造条件。有关部门积极帮助软件企业完成上市前的培育、改制等程序，推荐符合条件的软件企业上市，并提供便捷的服务。

第九条　依据《鼓励软件产业和集成电路产业发展若干政策》及国家有关部门制定的税收政策，对增值税一般纳税人销售其自行开发生产的软件产品，2010 年前按 17% 的法定生产税率征收增值税，对实际税负超过 3% 的部分实行即征即退政策。所退税款由企业用于研究开发软件产品和扩大再生产，不作为企业所得税应税收入，不予征收企业所得税。

第十条　依据《鼓励软件产业和集成电路产业发展若干政策》及国家有关部门制定的税收政策，新创办的软件企业经认定后，自获利年度起，第一年和第二年免征企业所得税，第三年至第五年减半征收企业所得税。在中关村科技园区内注册并经认定的软件企业，也可以选择享受园区内高新技术企业的企业所得税优惠政策。

软件企业人员工资和培训费用，可按实际发生额在计算应纳税所得额时扣除。

对国家规划布局内的重点软件企业，如当年未享受免税优惠的，减按10%的税率征收企业所得税。

第十一条 软件企业进口所需的自用设备，以及按照合同随设备进口的技术(含软件)及配套件、备件，除列入《外商投资项目不予免税的进口商品目录》和《国内投资项目不予免税的进口商品目录》的商品外，可免征关税和进口环节增值税。企业凭软件企业认定证书直接向海关申报，办理有关免税手续。

第十二条 积极鼓励高等院校、科研机构和国内企业在京从事操作系统、大型数据库管理系统、网络平台、开发平台、信息安全、嵌入式系统、大型应用软件系统等基础软件和共性软件的研究开发，支持研究开发单位参与国家项目的竞标。对取得国家科技经费支持的项目，在软件产业发展专项资金中予以一定比例的匹配。

第十三条 鼓励国内外企业、科研机构、高等院校在京设立各种类型的软件研究与开发中心。经市科委认定符合驻京研发机构条件的，可享受相应的优惠政策。

第十四条 市外经贸委会同有关部门积极向中国进出口银行和国家出口信用保险机构推介软件出口型企业和出口产品，为软件企业享受优惠利率的信贷支持、获取出口信用保险提供便捷的服务。

第十五条 鼓励软件出口型企业通过GB/T19000－ISO9000系列质量保证体系认证和CMM(能力成熟度模型)认证，其认证费用由软件产业发展专项资金予以一定支持。市外经贸委会同有关部门积极支持软件出口型企业开拓国际市场。

第十六条 软件产品年出口额超过100万美元或注册资本达到200万元人民币的软件企业，根据国家有关规定，可直接在市外经贸委登记取得自营进出口权，或经审批取得自营进出口权。

第十七条 支持软件企业建立智力、技术和管理要素参与分配的激励机制。软件企业可允许技术专利和科技成果作价入股，并将该股份给予发明者和贡献者。以软件成果作价出资占企业注册资本的比例，可以由出资各方协商约定，但以国有资产出资的，应当按照国家有关国有资产管理的规定办理。

国有及国有控股软件企业可从每年净资产增值部分中拿出总额不高于35%的比例，以股份期权形式奖励给经营管理者和技术骨干。

第十八条 市财政预算中安排专项资金，用于软件企业高级管理人员和技术人员兴办高新技术企业或增加本企业资本金投入以及个人第一次购买住房、轿车的资金补助，补助标准不超过个人上年已纳个人所得税的80%。市科委牵头制定有关专项资金的使用管理办法，并具体组织实施。

根据企业自愿的原则，软件企业从业人员住房公积金的缴存比例可提高到20%。

第十九条 凡受聘于本市软件基地或软件企业，具有本科及以上学历且取得高级专业技术职称的或在国内外获得硕士及以上学位的软件专业技术人员和管理人员，可由用人单位按照有关规定，直接办理调京手续，其配偶及未成年子女可随调、随迁。

软件系统分析员、系统工程师以及软件企业高级管理人员，年龄在35周岁以下，具有大学本科以上学历或取得中级以上专业技术职称的,可根据本市有关规定办理《北京市工作寄住证》。有关待遇按《北京市引进人才和办理〈北京市工作寄住证〉的暂行办法》(京人发[1999]38号)执行。

第二十条 实施全球化人才战略,国外留学生和外籍人员来京创办软件企业的,享受国家及本市对软件企业的各项优惠政策。

第二十一条 市教委根据发展软件产业的市场需求,适时调整计划,进一步扩大软件人才培养规模。依托高等院校,联合科研院所、成人教育机构、民办大学以及企业等其他社会办学力量,多渠道培养各级各类软件人才。有关部门积极聘请国内外软件专家来京讲学,支持高层次软件科研人员出国进修。

第二十二条 加快首都信息化进程和对本市传统工业的信息化改造,扩大市场需求,带动软件产业发展。

实施有利于软件产业发展的政府采购政策,本市各政府及其所属机构购买的软件,涉及国家主权和经济安全的软件,应按照国家有关规定,采用政府采购的方式进行。

第二十三条 企事业单位所购软件,凡购置成本达到固定资产标准或构成无形资产的,可以按固定资产或无形资产进行核算,报经税务部门审核批准后,其折旧或摊销年限可适当缩短,最短可为2年。

第二十四条 鼓励软件企业积极进行软件著作权登记,保护著作权人的合法权益;任何单位不得在计算机系统中使用未经授权许可的软件产品;严厉查处组织制作、生产、销售盗版软件的活动。具体办法由市知识产权局会同市版权局研究制定。

第二部分 集成电路产业政策

第二十五条 制订集成电路产业发展规划,引导、鼓励资金、人才和技术等资源投向集成电路产业,促进本市集成电路产业快速发展,建成北方微电子产业基地。

第二十六条 鼓励境内外企业在京设立合资和独资的集成电路生产企业,凡符合条件的,有关部门应按程序抓紧审批。

第二十七条 符合国家规定的集成电路产品和集成电路企业,享受《鼓励软件产业和集成电路产业发展的若干政策》及国家有关部门制定的各项优惠政策。

第二十八条 经本市认定的集成电路产品和集成电路企业,享受本市规定的各项优惠政策。

第二十九条 本市集成电路产品及集成电路企业认定工作由市经委负责。企业向市经委提出申请,市经委审核并会签税务部门批准后公布,向企业颁发认定证书,同时颁发高新技术企业证书。

第三十条 申请集成电路企业认定,应当符合下列条件:

(一)在京的以集成电路产品制造和集成电路专用设备、仪器、材料制造为主营业务,具有相应的生产经营条件,集成电路开发和生产加工的销售收入占企业全年销售收入50%以上的企业。

集成电路产品是指:集成电路芯片(未封装的集成电路),电路(集成电路成品),集成电路生产所用的专用设备、仪器及原辅材料,多芯片组件。

（二）上述企业还应具备下列条件之一：

1. 国家规划布局内的重点集成电路芯片制造企业。

2. 集成电路生产线月投片2万片以上的企业。

3. 集成电路产品的年销售收入达5亿元人民币以上（含自行开发的集成电路技术的转让收入）的企业。对于自产的集成电路产品直接为本市电子产品整机企业配套的企业，其为配套企业年提供的集成电路产品合同额在1亿元人民币以上的企业。

4. 专用设备及原辅材料研制生产年销售收入在5000万元人民币以上的企业。

第三十一条 经批准，由市政府发起，国内有关投资机构及大企业共同参与，设立北方微电子产业发展基金（以下简称发展基金），采用市场化运作，以支持集成电路产业的发展。发展基金主要用于对集成电路的工艺研发、产品设计、设备材料研制及产业化重点项目的投资。

第三十二条 对于批准建设的集成电路项目在建设期间所发生的贷款，市政府给予贷款利息补贴，按照建设期间实际发生的贷款利率补贴1.5个百分点，贴息时间不超过3年。在政府引导区域内建设的，贷款利息补贴可提高至2个百分点。

对于符合条件的集成电路项目，政府按企业注册资本的15%跟进投资，政府投资不行使表决权，不参与分红，但可议价转让撤出。

第三十三条 建立以社会资金为主，政府引导、参与的风险投资机制。各类投资公司所持有的集成电路企业股份，可按国家有关规定撤出。

第三十四条 将北方微电子产业基地建设纳入本市国民经济和社会发展规划，政府有关部门在规划、立项、可行性研究等方面提前介入，主动提供服务。“十五”计划期间，安排专项资金用于北方微电子产业基地的基础设施建设。鼓励国内外企业、科研机构、高等院校在北方微电子产业基地规划区域内设立集成电路企业。具体办法由市计委会同市经委、市外经贸委组织制定。

第三十五条 政府以划拨方式为集成电路企业提供“七通一平”（通路、上水、雨污水、电力、通讯、煤气、热力和平整）的土地，使用期限为30年。在使用期限内，企业不得改变土地使用性质，不得转让、抵押。企业以出让方式取得土地使用权，可免交土地出让金，企业在转让土地使用权、改变土地使用性质或被取消集成电路企业资格时，应按规定补交全部土地出让金。

第三十六条 对于符合外商投资知识密集和技术密集型企业条件或外商投资额3000万美元以上的集成电路项目，经项目审批部门与税务部门共同审核批准后，企业可享受从获利年度起，第一年和第二年免征企业所得税、第三年至第五年减半征收企业所得税、税率为15%的企业所得税优惠政策；能达到先进技术标准的，可再减半征收三年。

第三十七条 为集成电路企业在国内外上市融资创造条件。对符合上市条件的集成电路企业，市经委、市计委、市科委、市外经贸委、市政府体改办、中关村科技园区管委会等部门要积极向有关部门推荐、通报，并帮助集成电路企业完成上市前的培育、改制等程序。对符合境外上市的集成电路企业，市政府各有关部门要积极配合，为企业在境外上市提供便捷的服务。

第三十八条 经认定的集成电路生产企业的生产性设备的折旧年限最短可为3年。

第三十九条 鼓励集成电路出口型企业通过GB/T19000－ISO9000系列质量保证体系认证。

第四十条 集成电路生产工艺研发及集成电路设计业，视同软件产业，适用软件产业有关政策。具体认定标准和办法由市经委负责制定。

第四十一条 集成电路产业从业人员的收入分配、人才政策，比照本意见第一部分软件产业政策的第十七条、十八条、十九条、二十条执行。

第三部分 附 则

第四十二条 凡在京设立的软件企业和集成电路企业，不分所有制性质，均可享受本意见规定的各项政策。

第四十三条 本意见自《鼓励软件产业和集成电路产业发展的若干政策》颁布之日起实施。

北京市科学技术委员会 北京市教育委员会 关于印发《北京市大学科技园管理实施办法(试行)》的通知

京科高发[2001]78号

各有关普通高等学校：

现将《北京市大学科技园管理实施办法(试行)》印发给你们，请各申请单位于2月28日前，按要求将申报材料一式六份分别报市科委高新技术产业化处和市教委科学技术与研究生工作处。

二〇〇一年二月十六日

北京市大学科技园管理实施办法(试行)

第一条 为进一步推进北京地区高等学校科技成果转化和高新技术产业化，培育首都经济新的增长点，推动大学科技园持续健康快速发展，根据国家科技部、国家教育部《国家大学科技园管理试行办法》，特制定本办法。

第二条 本市范围内以研究型大学或大学群为依托建立的大学科技园均可申报认定为"北京市大学科技园"。

第三条 成立北京市大学科技园工作指导委员会(以下简称市指导委员会)，负责北京市大学科技园的宏观指导和"北京市大学科技园"的认定及考核工作，并负责组织"国家大学科技园"的申报、推荐工作。

市指导委员会下设办公室，办公室设在市科委高新技术产业化处、市教委科学技术与研究生工作处。

第四条 凡申请认定"北京市大学科技园"的单位，须认真写出《北京市大学科技园认定申请报告》(详见附件一),一式十二份报市指导委员会办公室。

第五条 市指导委员会办公室收到申请报告后,组织专家根据《北京市大学科技园评估指标》进行考核(详见附件二)。对符合条件的,颁发"北京市大学科技园"证书及标牌。

第六条 北京市大学科技园建立统计年报制度。各大学科技园应在每年1月底前将上年度科技园建设进展情况报告和统计报表报送市指导委员会办公室。

第七条 市指导委员会每两年对大学科技园进行一次考核,对成绩优秀的大学科技园予以表彰;对发展不良、管理不善的大学科技园,责令其限制整顿。经整顿无效者,取消其"北京市大学科技园"资格。

第八条 市指导委员会每年2月,在"北京市大学科技园"中,选择符合"国家大学科技园"条件的推荐申报"国家大学科技园"。

拟申报"国家大学科技园"的单位须于申报当年1月份将申报材料一式十六份报市指导委员会办公室。

第九条 本办法由市科委、市教委负责解释。

第十条 本办法自发布之日起执行。

附件一:

北京市大学科技园认定申请报告(封面样式)

×××大学科技园

申请单位:	负 责 人:
电　　话:	联 系 人:
联系电话:	传真电话:
电子信箱:	申请日期:

北京市大学科技园认定申请报告(编制大纲)

一、大学科技园基本概况,包括建设地点、建筑面积及服务功能。

二、大学科技园依托的大学或大学群体的科技实力,包括科技成果转化及科技产业发展情况。

三、大学科技园的依托单位对大学科技园建设工作的扶持政策、措施及落实效果。

四、大学科技园管理体制,包括机构设置、领导班子、运行机制。

五、大学科技园建设方向和发展规划。

六、国际合作及吸引海内外留学人员情况。

七、大学科技园的社会效益及经济效益,包括科技园内企业与研发机构的各项经济数据。

附件二：

北京市大学科技园评估指标

一、依托大学条件和政策措施

1. 学校资源对科技园开放度
2. 对师生兼职创业的激励政策措施
3. 科研开发基地、纵向科研项目及经费情况
4. 获省部级以上科技成果奖及专利数量
5. 科技产业规模及收益
6. 其他

二、科技园规划和建设

1. 发展规划的科学合理性
2. 园区建筑面积
3. 管理机构与运行机制
4. 信息、通讯、交通等基础设施建设程度
5. 其他

三、科技园创业环境

1. 现有孵化场地面积
2. 风险投融资能力
3. 工程类研究开发机构数
4. 商务、市场、会计、法律等中介服务能力
5. 其他

四、科技园发展绩效

1. 在孵科技企业数
2. 孵化育成企业数
3. 园内企业技工贸总收入
4. 自主知识产权产品和专利数
5. 科技园自身收益
6. 其他

指标编制的原则说明：①体现导向性。引导北京市大学科技园发展成为技术创新的基地、高新技术企业的孵化基地、创新企业人才的聚集和培育基地、高新技术产业的辐射基地和产学研结合示范基地。②突出重点，指标少而精。③定量指标和定性指标相结合。④动静结合。既评价发展现状，也评价建设和发展速度，并根据实际情况适时修改指标，以适应北京市大学科技园不同发展阶段的目标要求。⑤体现分类指导。用统一指标评价，根据需要分类公布评价结果。

北京市科学技术委员会关于印发《北京市软件企业认定和软件产品登记管理实施办法》(试行)的通知

京科发[2001]101号

各有关单位:

现将市科委制定的《北京市软件企业认定和软件产品登记管理实施办法》(试行)印发给你们,请认真贯彻执行。

二〇〇一年二月二十六日

北京市软件企业认定和软件产品登记管理实施办法(试行)

总　　则

第一条　为了加强对本市软件企业认定和软件产品登记工作的管理,保证国家和市政府软件优惠政策的落实,根据《国务院印发关于鼓励软件产业和集成电路产业发展若干政策的通知》(国发[2000]18号)、《软件企业认定标准及管理办法》(试行)(信部联产[2000]968号)、《软件产品管理办法》(中华人民共和国信息产业部令第5号)和《北京市关于贯彻国务院鼓励软件产业和集成电路产业发展若干政策的实施意见》(京政发[2001]4号),特制定本办法。

第二条　软件企业认定和软件产品登记要坚持统一政策、归口管理、服务企业、促进发展的方针,遵循公开、公正、公平、高效、准确的工作原则。

管理机构和认定机构

第三条　北京市科学技术委员会(以下简称市科委)负责管理本市行政区域内的软件企业认定和软件产品登记工作,其职责是:

1. 督检查本市行政区域内的软件企业认定和软件产品登记工作,确定本市软件企业认定机构;

2. 会同市税务部门审核批准本市行政区域内软件企业认定的结果,公布本市行政区域内软件企业认定名单,颁发软件企业认定证书;

3. 受理本市行政区域内对软件企业认定和年审结果的复审申请;

4. 负责本市行政区域内软件产品的管理工作。审查和批准本市行政区域内国产软件的登记，核发国产软件产品登记号和软件产品登记证书。

第四条 本市软件企业认定机构由市科委审查推荐，信息产业部授权。软件企业认定机构负责本市行政区域内软件企业的认定、年审和软件产品登记的组织工作。其职责是：

1. 受理本市行政区域内软件企业认定和软件产品登记申请；

2. 组织软件企业认定的评审与年审，提出软件企业认定和年审的初选名单，报市科委审核；

3. 对申请软件产品登记的产品进行审查，经审查合格的报市科委批准。

软件企业认定和年审

第五条 在本市行政区域内设立的从事计算机软件开发、软件产品生产、系统集成、应用服务及其他相应技术服务的企业，均可申请软件企业认定。获软件企业认定证书的企业凭证书享受有关优惠政策。

第六条 软件企业认定标准

1. 在本市行政区域内依法设立的企业法人；

2. 以计算机软件开发生产、系统集成、应用服务和其他相应技术服务为其经营业务和主要经营收入；

3. 具有一种以上由本企业开发或由本企业拥有知识产权的软件产品，或者提供通过资质等级认证的计算机信息系统集成等技术服务；

4. 从事软件产品开发和技术服务的技术人员占企业职工总数的比例不低于50%；

5. 具有从事软件开发和相应技术服务等业务所需的技术装备和经营场所；

6. 具有软件产品质量和技术服务质量保证的手段与能力；

7. 软件技术及产品的研究开发经费占企业年软件收入8%以上；

8. 年软件销售收入占企业年总收入的35%以上，其中自产软件收入占软件销售收入的50%以上；

9. 企业产权明晰，管理规范，遵纪守法。

第七条 申报材料

1. 软件企业认定申请表，包括资产负债表、损益表、现金流量表、人员配置及学历构成、软件开发环境和企业经营情况等有关内容；

2. 企业法人营业执照副本及复印件；

3. 企业开发、生产或经营的软件产品列表，包括本企业开发和代理销售的软件产品；

4. 本企业开发或拥有知识产权的软件产品的证明材料，包括软件产品登记证书、软件著作权登记证书或专利证书等；

5. 系统集成企业须提交由信息产业部颁发的资质等级证明材料；

6. 其他需要出具的材料。

第八条 认定程序

1. 申报企业填写认定申请表，准备申报材料；

2. 企业持申请表和相关材料到软件企业认定机构申请认定，认定机构在15个工作日内完成对申报材料的评审；

3. 软件认定机构提出初选名单，报市科委审核；

4. 市科委审核并会签市税务部门批准公布，并颁发软件企业认定证书，报信息产业部备案。

第九条 软件企业认定工作实行年审制度，年审标准和程序同软件企业认定标准和程序。年审时间为每年的第一季度。年审结果由市科委审核并会签市税务部门批准公布，并报信息产业部备案。年审合格的软件企业，由信息产业部和市科委公告。年审不合格的企业，不再享受国家和北京市规定的有关软件企业的鼓励政策。

第十条 经认定的软件企业因调整、分立、合并、重组等原因发生变更的，应在变更事实发生后三个月内，向认定机构办理变更手续或重新办理认定申请。

第十一条 企业对软件企业认定结果或年审结果有异议时，可在公告发布后一个月内，向市科委或信息产业部提出复审申请。提请复审的软件企业应当提交复审申请书及有关证明材料；受理机关在15日内答复是否受理该申请。受理机关对复审申请进行认真调查核实，并在受理后三个月内作出复审决定。

软件产品的登记和备案

第十二条 软件产品是指向用户提供的计算机软件、信息系统或设备中嵌入的软件或在提供计算机信息系统集成、应用服务等技术服务时提供的计算机软件。获软件产品登记证书的产品凭证书享受有关优惠政策。

第十三条 软件产品的登记由该软件产品的开发、生产单位提出申请。登记的有效期为五年，有效期满后可申请续延。

第十四条 申报材料

1. 软件产品登记申请表；

2. 企业法人营业执照副本和复印件；

3. 申请登记软件产品的样品；

4. 在我国境内开发并由申请单位合法拥有知识产权的有效证明。

5. 由信息产业部授权的软件检测机构出具的检测证明材料；

6. 其他需要出具的材料。

第十五条 登记程序

1. 申报企业填写软件产品登记申请表，准备申报材料；

2. 企业持申请表和相关材料到软件企业认定机构申请登记。认定机构在15个工作日内完成对产品样品及其申请材料的审查，经审查合格的软件产品报市科委批准；

3. 市科委批准后，核发国产软件产品登记号和软件产品登记证书，并报市税务部门和信息产业部电子信息产品管理司备案；

4. 软件产品在获得软件产品登记证书并经信息产业部通告后，其登记备案生效。

收费标准

第十六条 软件企业认定和软件产品登记收费应严格执行国家有关部门制定的收费标

准。收费标准另行颁布。

管理与监督

第十七条 企业在申请软件企业认定或年审和产品登记时，如提供虚假材料或虚假内容，一经查实，将撤销该企业享受鼓励政策的资格，并报信息产业部备案。

第十八条 对违反软件企业认定和软件产品登记管理有关规定的认定机构，市科委责令其限期整改，逾期不改正的，撤销其认定机构的资格。

第十九条 软件企业认定机构工作人员在认定和登记工作中，滥用职权，徇私舞弊，侵害企业合法权益的，由所在单位给予行政处分；情节严重，构成犯罪的，依法追究刑事责任。

附　则

第二十条 本实施办法由北京市科学技术委员会负责解释，自公布之日起执行。原京科新发[1999]第352号《关于下发〈北京软件开发生产企业和软件产品认证及管理办法（试行）〉的通知》同时废止。

北京市科学技术委员会　北京市财政局关于印发《北京市技术创新、创业资金管理办法》的通知

京科计发[2001]253号

市政府各委、办、局，各区、县科委，各市属机构：

为贯彻全国技术创新大会和《中共北京市委关于加强技术创新，发展高科技，实现产业化的决定》精神，按照科技部支持科技型中小企业的有关要求，支持北京地区的技术创新与创业活动，为首都经济发展培育新的经济增长点，特设立"北京市技术创新、创业资金"。为了实现资金的规范化管理，北京市科学技术委员会和北京市财政局共同制定了《北京市技术创新、创业资金管理办法》，现印发给你们，请认真组织实施。

二〇〇一年五月八日

北京市技术创新、创业资金管理办法

第一章　总　　则

第一条　为贯彻全国技术创新大会和《北京市委关于加强技术创新,发展高科技,实现产业化的决定》精神,按照科技部支持科技型中小企业的有关要求,支持北京地区的技术创新与创业活动,提高科技经费使用效率和效益,设立"北京市技术创新、创业资金"(以下简称"资金")。

第二条　"资金"的设立,旨在推动北京地区处于种子期和成长期的中小型高新技术企业进行技术创新活动,吸引各类科技人才在京创业;通过重点支持与市场紧密结合的技术和产品,促进北京地区科技成果产业化;发挥政府资金对全社会科技投入的引导作用,逐步建立适应北京地区高新技术产业发展的投融资机制和环境;完善首都区域创新体系建设,为首都经济发展培育新的经济增长点。

第三条　为了实现资金的规范化管理,特制定本管理办法。

第四条　资金的使用期限为国民经济和社会发展"十五"计划期(2001 年至 2005 年)。

第二章　资金来源

第五条　资金的来源为市财政拨款,同时鼓励各区县设立技术创新、创业资金,支持各区县中小型高新技术企业的发展。

第三章　支持对象与条件

第六条　支持对象为在京注册的处于种子期和成长期的各类中小型高新技术企业和各类型科技企业孵化器。

第七条　支持企业应具备的基本条件:

1. 申请企业的申请项目须符合国家及北京市科技发展政策,属于北京市优先鼓励发展的高新技术产业领域,技术含量高,技术创新性强,具有开创性或能解决重大技术难题,项目水平处于国内领先以上;产品具有高附加值、高成长性和高回报性,具有较强的市场潜力和市场竞争力,能够产生显著的经济、社会效益;无任何知识产权纠纷。优先支持孵化器中的在孵项目和国家科技型中小企业创新基金资助的项目。

2. 申请企业必须具有独立企业法人资格,具有经市科委认定的北京市高新技术企业资格,主要从事高新技术产品的研制、开发、生产和服务业务;具有健全的财务管理机构和严格的财务管理制度;资信条件较好,没有不良信誉记录。优先支持信息技术、生物新医药技术、新材料技术、光机电一体化技术及环保和资源综合利用技术等五大高新技术领域的科技型小企业。

3. 申请项目的负责人和主要科技人员应有合法身份的相关证明及学历、专业工作简历,且须具备创新项目的实施能力;申请企业的领导层成员应具有较强的市场开拓意识和经营管理水平。

第八条 支持孵化器应具备的基本条件：

申请资金的各类型孵化器应具有经市科委认定的高新技术产业孵化基地资格，具有独立法人资格和完善的内部管理制度和财务制度；70％以上管理人员具有大专以上学历；拥有3000平方米以上孵化场地且有一定面积的共享空间和公共服务设施；拥有不少于100万元的孵化资金并具有为在孵企业进行融资担保的能力；在孵企业超过10家，年度毕业企业数占在孵企业数的25％以上。

第四章 资金使用原则

第九条 资金的运作必须遵守国家有关法律、法规和财务管理制度，坚持"突出重点、科学规范、竞争择优、公开透明"的原则。

第十条 资金使用必须专款专用，不得挪作他用。

第十一条 资金的运作应积极引入评估评价、招投标等市场化运作机制，保证资金使用和管理的质量和效率。

第五章 支持方式

第十二条 根据企业创新、创业活动的不同特点，资金的支持方式可分为无偿拨款、融资担保、贷款贴息和匹配资金四种方式，探索项目投资方式，并通过各种方式的阶段性衔接，形成对处于种子期企业的完整、高效的资金支持链。

1．无偿拨款：支持中小型高新技术企业用于产品小试、中试的经费补助，为北京地区高新技术产业的发展培育持续的创新源。支持首都创业孵化体系建设，为中小型高新技术企业的创新、创业活动创造良好的发展环境。无偿拨款额度一般项目不超过50万元，重大项目不超过100万元。（管理细则另定）

2．融资担保：与银行或非银行金融机构合作，旨在利用政府资金缓解中小型高新技术企业在科技成果产业化过程中因资信问题遇到的贷款难的矛盾；担保资金用于企业一年期内的资金担保需求，最高担保额不超过1000万元(管理细则另定)。

3．贷款贴息：对于处于成长期或扩张期的企业或项目，采取贷款贴息的方式鼓励其通过银行信贷资金的支持进行技术创新活动，以扩大生产规模，促进产业化进程；贷款贴息按申请项目贷款额年利息的50％—100％给予补贴，贴息总额一般不超过50万元，个别重大项目不超过80万元(管理细则另定)。

4．匹配资金：对于列入国家中小企业创新基金或获得国家其他支持科技型中小企业发展资助的项目或企业，按国家资助资金的一定比例进行匹配资助(管理细则另定)。

第六章 组织方式与职能

第十三条 市财政局负责确定资金的使用原则和使用方向，市科委负责受理项目的申报，资金采取分领域、专业化、市场化运作，委托相应的专业服务机构进行资金项目的日常管理工作。

第十四条 市科委和市财政局共同负责制定和修订资金管理办法;对资金运作和使用进行监督、检查;审议资金管理过程中的重大事项。

第十五条 按专业领域成立专家委员会,对申请项目进行评审和决策咨询,并就项目提出资金使用建议。

第十六条 市科委和市财政局委托专业服务机构负责资金支持项目的监督,项目完成后由专业服务机构及时组织验收,市科委对重大项目进行绩效考评,并将考评结果报送市财政局。(科技专项资金项目绩效考评办法另定)

第十七条 资金的使用每年分批进行。

第七章 附 则

第十八条 本管理办法由市科委、市财政局负责解释。

第十九条 本管理办法自发布之日起施行。

北京市人民政府办公厅关于转发《首都经济创新服务体系建设纲要》和《首都创业孵化体系建设纲要》的通知

京政办发[2001]34号

各区、县人民政府,市政府各委、办、局,各市属机构:

由市科委制订的《首都经济创新服务体系建设纲要》和《首都创业孵化体系建设纲要》,已经市政府原则同意,现转发给你们,请认真组织实施。

二〇〇一年五月十四日

首都经济创新服务体系建设纲要

(市科委 2001年4月11日)

首都经济创新服务体系是"首都二四八重大创新工程"的主要内容之一,是首都区域创新体系的重要支撑系统。这一体系主要由行业协会、专业服务中心、科技中介机构等构成,通过建立信息交换平台,提供各种专业化服务,促进不同创新组织之间的联系与互动,推动首都经济的持续快速健康发展。

一、指导思想

首都经济创新服务体系建设的指导思想是:适应构建首都区域创新体系的需要,优化创新环境,培育创新文化,建立市场运作、行业管理、政府引导的运行机制,集成创新服务资源,推动首都经济创新服务体系的形成与完善。

二、发展目标

首都经济创新服务体系的发展目标是:到 2005 年,将创新服务体系建设成为功能健全、结构合理、信誉良好、运作规范,服务水平和手段与国际接轨的服务体系。建成功能完善的人才交流网络平台,使 70%—80%科技人员的供需关系在网上实现对接,80%的人才中介机构完善综合服务功能;形成重点从事科技风险投资的机构超百家、风险投资金额超百亿元、从业人员超千人的风险投资队伍;建成技术交易规模达 400 亿元的技术交易市场;建立共享实验室 20 家,集合高等院校、科研机构的近万台大型仪器和众多实验室资源,为中小企业提供全方位实验服务,形成全国规模最大的、网络化运作的科技条件市场;建立百家知识产权服务机构、3000 家创新服务机构;实现咨询服务主营业务收入超过 150 亿元;培育一批具有一定规模、与国际接轨的名牌科技服务型企业,使首都知识型服务业的发展规模和经济效益位居全国第一。

三、重点工作

(一) 建立人力资源服务系统。建设专业齐全、手段先进、水平一流、应用性强、与国际接轨的创新人才培训基地;建立统一开放的各类人才市场,提高人才市场社会化的服务水平,健全高级人才流动推荐体系;办好留学归国人员创业园,完善综合服务功能。

(二) 建立融资服务系统。通过政府引导,鼓励企业和社会力量进入风险投资业,形成多元化的风险投资主体;拓宽融资渠道,扩大融资规模,建立适应市场发展的融资担保机制。

(三) 建立技术服务系统。完善技术交易手段,加快建立技术中介经营体系,推动创新成果进入技术交易市场,重点建设中关村技术交易中心,努力使之成为项目丰富、中介活跃、交易手段先进、创新成果与创业资本直接连通的交易平台,加快建设为中小企业提供全方位实验服务的科技条件市场。

(四) 建立信息服务系统。扩大网上信息服务的规模,建成覆盖面广、容量大、信息更替快、针对性强的专业化创新服务信息网。

(五) 建立咨询服务系统。树立良好的品牌形象,与国际规范接轨,增强竞争力,促进咨询服务向产业化方向发展。

(六) 建立中介服务系统。建成完善的知识产权服务体系,规范与扩大现有会计、律师、评估、保险等科技中介机构,提高综合服务能力。

(七) 建立交流服务系统。开展各种类型的创新服务交流活动,资助研究开发以及成果转化的国际学术交流活动,拓宽交流渠道,建设信息平台,形成完善的服务体系。

四、保障措施

（一）营造有利于创新服务发展的政策环境，制定首都经济创新服务体系建设的战略规划和相关政策措施，鼓励和支持创新服务组织积极面向技术创新市场开展优质、高效的服务活动。

（二）积极推进中央和地方科技条件相互开放，充分挖掘首都科技资源潜力。有关部门各负其责，密切配合，在培育市场、规范创新服务组织行为等方面承担相应任务，使创新服务体系的运转协调高效。

（三）围绕创新服务体系的建立和发展，在条件成熟或亟待发展的领域实施创新服务示范工程，重点扶持一批服务能力强、特点突出、运作规范、信誉良好的创新服务机构和一支高素质的创新服务队伍。

（四）加强对行业协会的管理，规范行业协会的行为，增强行业协会在创新服务中的作用。

（五）规范创新服务机构的服务行为，树立创新服务行业的品牌形象，促进创新服务机构向规范、优质、高效服务的方向发展，强化服务能力，提高服务水平。

（六）加强专业服务中心的建设，鼓励引导社会力量创办技术创新亟须的各类专业服务中心，逐步形成多层次、多渠道、多元化的专业化服务队伍。

（七）吸收高级优秀专业人才，加强创新服务人才队伍建设。通过与国外中介机构的双向合作交流和人员互访、举办培训班等活动，重点培育一批业务能力强、服务水平高的优秀创新服务人才队伍。对亟需引进的外地高级专业人才，经有关部门审核批准，可办理工作寄住证或户口进京手续。

（八）吸引境外著名中介机构与本市共建创新服务机构或在京独立创建创新服务机构，使本市成为国际知名的创新服务机构集聚地，以增强创新服务体系的总体实力。

（九）加强工作网络和信息服务网络建设，构建行业协会、专业服务中心、科技中介服务机构的工作网络和以服务创新为主要内容的信息服务网络。

首都创业孵化体系建设纲要

（市科委　2001年4月11日）

首都创业孵化体系是“首都二四八重大创新工程”的主要内容之一。它由各类型科技企业孵化器和相关中介服务机构、投资机构组成，其目的是为创业者提供一个优化的局部环境，促进初创阶段的小企业快速增长。

一、指导思想

建设首都创业孵化体系的指导思想是：贯彻《中共中央、国务院关于加快技术创新，发展高科技,实现产业化的决定》、《中共北京市委关于加强技术创新,发展高科技,实现产业化的意见》等有关文件精神,结合"十五"期间产业结构调整,在政府的引导和支持下,运用市场经济规律,集成资源,把孵化服务机构、创业资本市场、中介服务机构以及其他资源有机组合成完整的体系。坚持增加数量与提高质量并重的原则,突出特色,注重实效。通过机制创新,增强孵化器自我发展的能力,完善服务职能,提高孵化效益。

二、发展目标

首都创业孵化体系的发展目标是:到 2005 年,初步建成以综合孵化器、专业技术孵化器、大学科技园为核心,其他类型孵化器共同发展的创业孵化体系。孵化器的总数达到 100 家,孵化场地总面积达 50 万平方米,在孵企业及项目不少于 5000 家(个),孵化出 800 家具有首都特点、能够参与国际竞争的高新技术企业,培育一批创新型企业家。建设孵化器信息平台,实现孵化体系资源共享。孵化器自身建立的种子基金总额达到 10 亿元,在孵企业吸引各种投资 50 亿元。孵化器的服务功能完善,可对在孵企业进行全过程服务。

三、重点工作

(一) 鼓励和支持新建、改建一批孵化器。重点支持国有企业、科研院所、民营科技企业、外资机构及其他社会力量创建各种类型的孵化器。重点支持建设留学人员创业园、大学科技园和软件、集成电路、生物医药、新材料等专业技术孵化器的建设。

(二) 完善孵化器的服务功能,为在孵企业提供经营管理,市场营销、技术、信息、人才、财务、金融、法律等全方位的服务。

(三) 加快孵化器管理体制创新,建立适应社会主义市场经济要求、符合创业孵化服务事业发展规律的孵化器管理体制。在以政府为主导的孵化器中,逐步建立理事会监管下的主任负责制,规范管理。在孵化器内部建立期权激励机制,增强其经营活力和持续发展能力。

(四) 鼓励民间资本、外国资本和各种风险投资机构投资孵化器建设。协助企业开辟多种形式的融资渠道、开展多种形式的融资服务,帮助企业取得各种专项资金支持。

(五) 加强创业孵化管理培训和创业服务人才队伍的建设。通过组织不同形式的培训班、到创业企业挂职锻炼等多种方式对孵化器管理人员进行培训,提高孵化器管理人员的管理水平和业务水平。同时选拔一批年富力强、综合能力强和素质较高的人员充实孵化器管理队伍。

(六) 加强国际交流与合作,通过人员互派互访、举办国际论坛、引进国际风险投资、国内外合作孵化等活动,推动孵化器的国际交流和国际合作。

四、保障措施

(一) 市政府主管部门要加强对孵化器的指导、考核,制定可行的评估指标,并通过资质认定和考核等方式,规范孵化器的建设和发展。

(二) 发挥北京创业孵育协会的作用,通过构建工作平台、举办各种论坛、办培训班等方式,充分发挥协会的行业管理和协调作用。

（三）加强孵化器运营机制和运营模式等方面的理论研究，建立孵化器绩效评价体系，为孵化器的发展提供理论指导。

北京市科学技术委员会　北京市财政局 关于印发《关于北京市软件企业高级人才专项奖励管理暂行办法》的通知

京科政发[2001]165号

各有关单位：

现将《关于北京市软件企业高级人才专项奖励管理暂行办法》印发给你们，请认真贯彻执行。

二〇〇一年五月十八日

关于北京市软件企业高级人才专项奖励管理暂行办法

为了落实北京市人民政府《关于贯彻国务院鼓励软件产业和集成电路产业发展若干政策实施意见》，激励北京市软件企业高级人才，促进北京市软件产业发展，特制定本办法。

第一条　本办法适用于经北京市科学技术委员会（以下简称市科委）认定的软件企业中的高级管理人员和技术人员。

第二条　本办法所称高级管理人员是指具有大学本科及以上学历，并担任企业部门经理以上职务，年薪在10万元以上（含10万元），连续任职时间一年以上（含一年）的管理人员；高级技术人员是指具有大学本科及以上学历或高级专业技术职称，年薪在10万元以上（含10万元），连续任职时间一年以上（含一年）的技术人员。

第三条　市科委每年将会同市财政局根据本市软件产业人才发展状况对高级管理人员和高级技术人员的认定标准做相应调整。

第四条　专项奖励用于高级管理人员和技术人员在本市第一次购买商品房、购买汽车和以现金出资在本市投资兴办高新技术企业，或给本企业增加资本金的投入。

第五条　专项奖励标准最高为高级管理人员和技术人员本人上年已缴纳个人工薪收入所得税的80%，可当年奖励，也可累计几年集中奖励。高级管理人员和技术人员离开本市软件企业即停止给予专项奖励。

第六条　办理专项奖励需填报《专项奖励申报表》，并同时提交如下材料：

1.《北京市软件企业证书》和企业营业执照副本；

2.高级管理人员或高级技术人员的最高学历毕业证书，职称证书或职务聘书；

3．高级管理人员或高级技术人员的有效身份证件(身份证或有效护照)；

4．企业所在地税务部门出具的上一年度缴纳个人工资薪金收入所得税完税证明，或企业财务部门出具的个人工资薪金收入所得税代扣代缴证明；

5．购房或购车发票原件和复印件，或工商管理机关出具的投资证明和高新技术企业认定证书。

第七条 专项奖励办理：市科委委托市软件行业协会负责受理。每年由软件企业向市软件行业协会报送符合条件的人员名单和《专项奖励申报表》及相关材料。初审合格后，由市科委审核批准。软件企业集中到指定的中介机构办理现金拨付。办理时间为每年的3月份和10月份。

第八条 专项奖励办理机构要建立软件企业高级管理人员和技术人员个人账户，实行动态管理，每年进行复核审查。专项奖励办理机构可从专项奖励经费中提取2%，作为管理费用。

第九条 软件企业要据实提供上报材料，如有弄虚作假，一经查实，追回奖励，并取消软件企业资格。市科委设立投诉电话，号码为66153424。

第十条 市财政局负责监督资金的管理和使用。

第十一条 本办法由市科委和市财政局负责解释。本办法自发布之日起执行。

北京市科学技术委员会
关于印发《北京市高新技术企业
认定条件及管理办法》的通知

京科高发[2001]364号

各有关单位：

为贯彻落实国家科学技术部《国家高新技术产业开发区高新技术企业认定条件和办法》(国科发火字[2000]324号)文件和《关于国家高新技术产业开发区外高新技术企业认定有关执行规定的通知》(国科火字[2000]120号)的文件精神，北京市制定了《北京市高新技术企业认定条件及管理办法》。现印发给你们，请各单位按照《办法》的有关规定，认真做好高新技术企业的认定和管理工作。

二〇〇一年七月二日

北京市高新技术
企业认定条件及管理办法

第一条 为促进北京市高新技术产业的发展，规范高新技术企业的认定工作，根据国家科学技术部《国家高新技术产业开发区高新技术企业认定条件和办法》(国科发火字[2000]324号)文件和《关于国家高新技术产业开发区外高新技术企业认定有关执行规定的通知》(国科火字[2000]120号)文件,特制定本办法。

第二条 本市行政区域内的高新技术企业认定工作,按照本办法进行。

第三条 北京市科学技术委员会(以下简称市科委)负责本办法的实施。

第四条 高新技术及其产品的范围:

(一) 电子与信息技术

(二) 生物工程和新医药技术

(三) 新材料及应用技术

(四) 先进制造技术

(五) 航空航天技术

(六) 现代农业技术

(七) 新能源与高效节能技术

(八) 环境保护新技术

(九) 海洋工程技术

(十) 核应用技术

(十一) 与上述十大领域配套的相关技术产品,以及适合首都经济发展特点的其他高新技术及其产品。

市科委根据国家科技部发布的高新技术范围和本市的具体情况,对高新技术范围和高新技术目录适时进行补充和修订并定期公布。

第五条 高新技术企业认定的条件:

(一) 从事本办法第四条规定范围内的一种或多种高新技术及其产品的研究开发、生产和技术服务。单纯的商业贸易除外。

(二) 具有企业法人资格。

(三) 具有大专以上学历的科技人员占企业职工总数的30%以上,其中从事高新技术产品研究开发的科技人员应占企业职工总数的10%以上。

从事高新技术产品生产或服务为主的劳动密集型高新技术企业,具有大专以上学历的科技人员应占企业职工总数的20%以上。

(四) 企业每年用于高新技术及其产品研究开发的经费应占本企业当年总销售额的5%以上。

(五) 高新技术企业的技术性收入与高新技术产品销售收入的总和应占本企业当年总收入的60%以上;新办企业在高新技术领域的投入占总投入60%以上。

(六) 企业的主要负责人应是熟悉本企业产品研究、开发、生产和经营,并重视技术创新的本企业专职人员。

第六条 申请认定高新技术企业需提交的材料:

(一)《北京市高新技术企业认定申请登记表》(含法人简历、职工登记表、高新技术及产品申请表);

(二) 企业营业执照副本复印件;

(三) 企业章程;

(四)企业科技人员学历或职称证明复印件;

(五)企业业务可行性分析报告;

(六)高新技术及产品有关证明文件。

申请认定的企业可通过指定网站填报《北京市高新技术企业认定申请书》及相关材料,也可到各园区管委会、区县科委领取填报材料。

第七条 市科委授权中关村科技园区管委会及丰台科技园管委会、昌平科技园管委会、电子城科技园管委会、亦庄科技园管委会,对各区内高新技术企业进行认定、复核。申请认定的企业,须向各园区管委会提出申请,经园区管委会审核认定后,由市科委颁发《高新技术企业认定证书》;中关村科技园区外高新技术企业的认定,须向企业工商注册所在地的区县科委提出申请,经区县科委审核后,报市科委批准并颁发《高新技术企业认定证书》。

第八条 市科委会同各园区管委会、区县科委对经认定的高新技术企业每两年进行资格复审,不合格者,取消其高新技术企业资格,合格者,颁发新的《高新技术企业认定证书》。

第九条 对企业集团(总公司)及其下属企业(公司)进行高新技术企业认定时,应分别审查、认定。

第十条 经认定的高新技术企业变更经营范围、合并、分立、转业、迁移的,需对其进行重新认定。

第十一条 经认定的高新技术企业享受国家及北京市政策规定的各项优惠待遇。

第十二条 本办法由市科委负责解释和修改。

第十三条 本办法自发布之日起实施。

北京市人民政府印发
北京市关于进一步促进高新
技术产业发展若干规定的通知

京政发[2001]38号

各区、县人民政府,市政府各委、办、局,各市属机构:

《北京市关于进一步促进高新技术产业发展的若干规定》已经第115次市长办公会议讨论通过,现印发给你们,请认真贯彻执行。

二〇〇一年十一月九日

北京市关于进一步促进
高新技术产业发展的若干规定

为大力推动并支持高新技术成果转化为现实生产力,加速本市科技发明、技术专利等科技成果的商品化，鼓励科技成果的拥有者将高新技术快速转移到产业应用，促进高新技术产业发展，推动传统产业的优化升级，根据《中华人民共和国促进科技成果转化法》及《国务院办公厅转发科技部等部门关于促进科技成果转化若干规定的通知》（国办发［1999］29 号）等有关法律、法规和规定，特制定本规定。

一、本市对高新技术企业、高新技术成果转化项目实行认定制度。市政府指定专门机构，对高新技术企业、高新技术成果转化项目进行认定，并为高新技术企业和高新技术成果转化项目提供“一站式”服务。

凡在本市登记注册并经认定的高新技术企业和经认定的高新技术成果转化项目，均可享受本规定的有关政策。

二、市政府设立专项资金，用于鼓励促进高新技术产业发展。

（一）市政府设立技术创新资金，用于支持高新技术成果转化。由市财政局、市科委、市计委、中关村科技园区管委会等部门以及政府出资引导设立的投资机构，多渠道筹资，以市场调研投入、项目开发、风险投资、贷款贴息、贷款担保等方式，促进高新技术成果转化。

（二）市政府设立知识产权发展和保护资金，用于鼓励本市组织和个人取得自主知识产权。对申请国内外专利的组织和个人，可给予一定的专利申请费和专利维持费补贴；对具有市场前景的专利技术实施项目，可一次性给予一定的专利实施资金支持。

（三）市政府建立中关村科技园区发展专项资金，重点用于中关村科技园区内基础设施建设和高新技术成果项目转化。

三、市政府及其有关部门继续加大对科技的投入。“十五”期间，本市科技经费年增长率不低于 20％，重点支持高新技术成果转化项目和产学研联合实施项目。

（一）市经委、市科委每年从技术改造资金、结构调整资金和科技三项费用中，安排不低于 50％的资金，对高新技术成果转化项目和产学研联合实施项目给予贴息、资本金注入及科研开发补助拨款等支持。

（二）市科委、市人事局每年安排一定资金，用于资助留学人员在本市从事高新技术项目的研究开发、携带高新技术成果来本市转化和创业。

四、本市高新技术企业和高新技术成果转化项目所需的外省市专业技术和管理人才，经市人事局批准，给予《工作居住证》，享受本市市民待遇。持《工作居住证》工作满三年的，经用人单位推荐、有关部门批准，办理调京手续。

受聘于中关村科技园区内高新技术企业的本市行政区域内高等学校、科研机构获得学士及学士以上学位的应届毕业生，可以直接办理本市常住户口。

五、鼓励留学人员携带科技成果来本市实施高新技术产品开发和生产。凡获得国外长期（永久）居留权的留学人员，为实施科技成果转化在本市设立企业（注册资本不低于 10 万元人民币），经市人事局认定和市外经贸委批准后，市工商局可按外商投资企业办理登记注册，并享受本市外商投资企业的优惠政策。

六、鼓励各类人员通过专职、兼职等形式在京创办科技企业或到企业从事高新技术成果转化工作。实行人员竞争上岗的科研机构、高等学校，应允许离岗人员在单位规定的期限内回原单位竞争上岗，保障重新上岗者享有与连续工作的人员同等的福利和待遇。

七、对在高新技术成果转化中做出重大贡献的专业技术人员和管理人员，市政府授予荣誉称号并给予奖励，所获奖金免征个人所得税。

八、以高新技术成果向有限责任公司或非公司制企业出资入股,高新技术成果的作价金额可达到公司或企业注册资本的35%,另有约定的除外。

九、科研机构、高等学校转化职务科技成果,应当依法对研究开发该项科技成果的职务科技成果完成人和为成果转化做出重要贡献的其他人员给予奖励。以技术转让方式将职务科技成果提供给他人实施的,可从技术转让所得的净收入中提取不低于20%的比例用于一次性奖励科技成果完成人和为成果转化做出重要贡献的人员;自行实施转化或与他人合作实施转化的,科研机构或高等院校可在项目成功投产后,连续在三至五年内,从实施该项成果转化的年净收入中提取不低于5%的比例用于奖励,或参照此比例,给予一次性奖励;采用股份形式的企业实施转化的,也可以用不低于科技成果入股时作价金额20%的股份给予奖励,该持股人依据其所持股份分享收益。在研究开发和成果转化中做出主要贡献的人员,所得奖励份额应不低于奖励总额的50%。

十、高新技术企业研制开发新技术、新产品、新工艺当年所发生的各项费用和为此所购置的单台价值在10万元以下的试制用关键设备、测试仪器的费用,可一次或分次摊入成本;购买国内外先进技术、专利所发生的费用,经税务部门批准,可在两年内摊销完毕。

十一、高新技术企业当年发生的技术开发费比上年实际增长10%(含10%)以上的,当年经主管税务机关批准,可再按技术开发费实际发生额的50%抵扣当年应纳税所得额。

十二、对单位和个人在本市从事技术转让、技术开发业务和与之相关的技术咨询、技术服务取得的收入,免征营业税;对从事软件著作权转让业务和软件研制开发业务,比照技术转让与技术开发业务免征营业税。

十三、经市政府批准转制为企业的科研院所,截至2004年底以前,免征企业所得税地方收入部分。

十四、经认定的高新技术成果转化项目,自认定之日起三年内,所缴纳营业税、企业所得税、增值税的地方收入部分,由财政安排专项资金支持;之后两年减半支持。经认定的重大高新技术成果转化项目,自认定之日起五年内上缴的营业税、企业所得税、增值税地方收入部分,由财政安排专项资金支持;之后三年减半支持。对上述财政安排的专项资金,80%用于相关企业的技术创新,20%纳入技术创新资金集中使用。

十五、鼓励各类企业建立高新技术研究开发机构。各类企业自办或与高等院校、研究机构联合组建的工程或技术研究中心以及企业技术中心,经认定后,可对其主要研究开发项目从科技经费中给予资助。

十六、经市科委认定的孵化基地和在孵企业,自认定之日起三年内所缴纳各项税收的地方收入部分,由财政安排专项资金予以支持。财政专项资金作为孵化器种子资金,用于孵化基地建设和在孵企业的项目贴息、投资和补助拨款等支持。

十七、对实施高新技术成果转化项目的企业,自2001年起五年内,其当年用于高新技术成果转化项目自建或购置的生产经营场地所缴纳的房产税,由财政安排专项资金支持。财政专项资金全部用于相关企业的技术创新。

十八、高新技术企业在工资总额增长幅度低于经济效益增长幅度、职工平均工资增长幅度低于劳动生产率增长幅度的,实际发放的工资在计算企业所得税应纳税所得额时允许据实扣除。

十九、对经认定在国家及市政府批准建立的开发区内直接以出让方式取得土地并用于高新技术成果转化项目的高新技术企业，其土地使用权出让金按75%征收，城市基础设施“四源费”和市政公用设施建设费减半征收。高新技术企业用于经认定的重大高新技术成果转化项目的新增用地，免征土地使用权出让金及该项目的城市基础设施“四源费”，减半征收市政公用设施建设费。但如改变土地使用性质或用于非高新技术成果转化项目，须全额补交减免费用。

二十、鼓励发展与高新技术企业和高新技术成果转化相关的科技中介服务机构，为高新技术企业提供多样化的科技成果转化服务。

对经认定的在本市注册的促进高新技术成果转化和发展高新技术企业有重大贡献的中介服务机构，当年缴纳所得税地方收入部分的50%，由财政安排专项资金支持。

二十一、对政府资助的高新技术成果转化项目，凡在规定期限内未有效开展转化工作的，将暂停对该项目的政府资助。对属应用性研究开发范畴而未进入实际应用阶段的科技成果，一般不予受理申报市级科学技术奖励。

二十二、在中关村科技园区建立社会化的专业技术职务评审制度。由高新技术企业中的科技开发、经营管理人员申报，经评审机构评审合格后，评定专业技术职务。对在高新技术成果转化中有突出贡献的人员，可破格评定专业技术职务。

二十三、在中关村科技园区高新技术企业中进行激励机制试点。经国有资产管理部门批准后，试点企业从近年来国有净资产增值部分中划出一定比例作为股份，奖励本企业在创业和科技成果转化过程中有突出贡献的科技人员和管理人员。试点企业要制定试点方案，按照其产权关系，根据现行国有资产管理权限报经有关部门批准后实施。

二十四、进一步发挥现有风险投资机构和担保机构的作用，鼓励民间资本建立创业投资机构和担保机构。本市注册的风险投资机构，对本市认定的高新技术成果转化项目投资超过当年投资总额70%的，其当年缴纳所得税地方收入部分的50%，由财政安排专项资金支持。

中关村科技园区内政府出资设立的信用担保机构发生贷款担保代偿损失时，可申请财政资金补偿，具体办法按有关规定执行。

二十五、市人事局、市科委、市经委、市教委和中关村科技园区管委会等部门要每年统一制定高新技术企业高级经营管理人员和技术骨干培训计划，委托国内外高等学校或机构组织实施。

二十六、发挥政府采购政策对高新技术企业的扶持作用。通过预算控制、招投标等形式，凡纳入本市市级预算管理的机关、事业单位和社会团体，对于同类产品，优先采购转化高新技术成果的产品。

二十七、本规定施行中的具体问题，由市科委、市财政局负责解释。

二十八、本规定自2002年1月1日起施行，1999年4月26日发布并执行的《北京市人民政府印发北京市关于进一步促进高新技术产业发展若干政策的通知》(京政发[1999]14号)同时废止。

北京市科学技术委员会
北京市发展计划委员会　北京市财政局
关于印发《北京市高新技术成果转化项目认定办法》的通知

京科政发[2001]657号

各区、县人民政府，市政府各委办局，各直属机构：

经市人民政府同意，现将《北京市高新技术成果转化项目认定办法》印发给你们，请遵照执行。

二〇〇一年十一月十九日

北京市高新技术成果转化项目认定办法

第一章　总　　则

第一条　根据北京市人民政府颁布的《北京市关于进一步促进高新技术产业发展的若干规定》，制订本办法。

第二条　本办法适用于所有在本市实施的高新技术成果转化项目，不受所有制和技术发源地的限制。

第三条　本办法所称高新技术成果转化项目是指在为提高生产力水平而研究与开发所产生的具有实用价值的科技成果所进行的后续试验、开发、应用、推广直至形成新产品、新工艺、新材料，实现产业化的项目。

第四条　北京市高新技术成果转化项目和重大高新技术成果转化项目的认定工作按照科学、公正、简便的原则。经认定的项目享受本市规定的有关优惠。

第五条　成立北京市高新技术成果转化项目认定小组（以下简称“认定小组”），由市科委、市计委牵头，负责高新技术成果转化项目和重大高新技术成果转化项目的认定工作。

认定小组下设北京市高新技术成果转化服务中心（以下简称“服务中心”），负责具体工作。包括：

1．受理项目认定申请，受认定小组委托组织专家评审；

2．受认定小组委托，定期公开发布北京市高新技术成果转化项目和重大高新技术成果转化项目名单，同时将名单报送市政府各有关部门；

3．受理企业享受财政专项资金支持的申请，计算、提出高新技术成果转化项目、重大高新技术成果转化项目、科技中介机构、孵化基地、风险投资机构应享受财政专项资金支持的数额，将汇总清算结果报市财政局；

4．办理财政专项资金转拨手续。

第二章　认定标准

第六条　高新技术成果转化项目的技术水平应属国内先进，重大高新技术成果转化项目的技术水平应属国内领先或国际先进。

申请认定的项目应为在本办法实施以后新建的项目。

第七条　高新技术成果转化项目应符合《北京市优先发展的高技术产业化重点领域指南》的范围。

重大高新技术成果转化项目应符合下列范畴：

1．网络设备与技术；

2．软件产品；

3．第三代数字移动通信系统；

4．高清晰度数字电视系统；

5．生物工程及新医药；

6．现代中药；

7．现代农业技术；

8．大规模集成电路；

9．新型半导体、膜等新材料；

10．纳米技术及纳米材料；

11．新型电池及清洁燃料车；

12．环保新技术；

13．航空航天技术；

14．先进装备技术。

第八条　高新技术成果转化项目的实际投资额应在300万元(软件产品50万元)以上，重大高新技术成果转化项目的实际投资额应在3000万元(软件产品500万元)以上。

第三章　认定程序

第九条　申报单位向服务中心提出申请，并提交所需材料，也可通过所在园区管委会或所在区县有关部门向服务中心提交申请及所需材料。

第十条　申报单位应提交以下材料：

1．项目申报表；

2．项目实施所应具备的固定资产证明；

3．企业营业执照副本或法人证书复印件；

4．医药类项目应出具新药证书或临床试验批准文件，其他项目应出具鉴定证书、专利证书、测试报告等其他相关材料。

第十一条　由服务中心组织专家对项目核心技术的先进性、适用性及项目经济的可行性进行评审，提出评审意见。

(一) 申报高新技术成果转化项目，有下列情形之一的，免予评审：

1. 已经省、部级以上科技或经济主管部门组织评审，并通过专家鉴定；

2. 已列入《北京市高技术产业发展重点项目计划》、《北京市重点技术创新项目计划》或《北京市科技发展计划》；

3. 获得发明专利。

(二) 申报重大高新技术成果转化项目，有下列情形之一的，免予评审：

1. 已经国家科技或经济主管部门组织评审，并通过专家鉴定；

2. 已列入《国家高技术产业发展项目计划》、《国家重点技术创新项目计划》或《国家高技术研究计划》。

第十二条 服务中心将评审意见报项目认定小组审定，认定小组在15个工作日内做出是否认定的决定。对未通过认定的项目，给予书面答复。对通过认定的项目，出具《北京市高新技术成果转化项目认定证书》或《北京市重大高新技术成果转化项目认定证书》。

第四章 附 则

第十三条 服务中心每年对已认定的项目进行考核，如发现项目实际进展情况与项目申报表有严重违背或申报材料虚假的，报认定小组审定后，取消其已被认定的资格，不再享受有关优惠政策。

第十四条 高新技术成果转化中心应当依据本办法规定，随时受理认定申请，及时组织专家评审。

第十五条 市科委、市计委设立投诉电话，接受社会对企业申报的真实性和管理机构审核认定的公正性的监督。电话号码为66153389/66410893。

北京市科学技术委员会
关于印发《北京市科技中介机构享受财政专项资金支持认定办法》的通知

京科政发[2001]658号

各区、县人民政府，市政府各委办局，各直属机构：

经市人民政府同意，现将《北京市科技中介机构享受财政专项资金支持认定办法》印发给你们，请遵照执行。

二〇〇一年十一月十九日

北京市科技中介机构
享受财政专项资金支持认定办法

根据北京市人民政府颁布的《北京市关于进一步促进高新技术产业发展若干规定》，制定本办法。

一、本办法适用于为高新技术企业和高新技术成果转化项目提供以下服务的科技中介服务机构：

1．利用科技知识和市场经验提供咨询服务的科技评估机构、科技招投标机构、情报信息咨询机构、专利事务所等（不含会计师事务所、律师事务所）；

2．直接参与服务对象转化过程的工程技术研究中心、生产力促进中心、科技创业服务中心等；

3．为科技资源有效流动、合理配置提供服务的技术产权交易机构、技术经纪机构、科技人才中介机构、科技条件市场等。

二、科技中介服务机构享受财政专项资金支持，应具备以下条件：

1．在本市有关管理机关登记、注册，独立核算；

2．年度总收入不低于 100 万元；

3．为本市认定的高新技术企业和高新技术成果转化项目提供服务所取得的年度业务收入应占其年度总收入的 70％以上；

4．有与其开展业务相适应的人员，其中专职人员应不少于 10 名，大学本科及以上学历的人员比例不低于 70％；有执业资格要求的，具有相应执业资格的人员应占机构人员总数的 30％以上。

三、申请享受财政专项资金支持的科技中介服务机构应于每年 5 月底以前到所在地区、县科委申报，区、县科委应当在接到申报之日起 5 个工作日内将相关材料报市科委，市科委在每年 6 月底前完成确认工作。同时将确认名单交“北京市高新技术成果转化服务中心”。

四、申请享受财政专项资金支持的科技中介服务机构应当提交以下材料：

1．确认申请表；

2．机构年度财务报表；

3．为本市认定的高新技术企业或高新技术成果转化项目服务的合同书及收入证明；

4．营业执照或法人证书复印件。

五、享受财政专项资金支持的科技中介服务机构每年确认一次。

六、由市科委对享受财政专项资金支持的科技中介机构实行不定期抽查，如发现有弄虚作假者，撤消其享受优惠政策的资格，并责令其退回所得支持资金。

七、本办法由市科委负责解释。

北京市财政局关于印发《北京市风险投资机构享受财政专项资金支持确认办法》的通知

京财经一[2001]2356号

各有关委办局(总公司)、各区县财政局、各风险投资机构:

根据京政发(2001)38号《北京市关于进一步促进高新技术产业发展的若干规定》精神,现将《北京市风险投资机构享受财政专项资金支持确认办法》印发给你们,请遵照执行。

二〇〇一年十二月六日

北京市风险投资机构享受财政专项资金支持确认办法

为贯彻落实《北京市关于进一步促进高新技术产业发展的若干规定》,经市政府同意,制定本实施办法。

第一条 本办法适用于为本市高新技术成果转化项目投资的风险投资机构。

第二条 风险投资机构享受财政专项资金支持,应具备以下条件:

1. 在本市注册、具有独立法人资格;
2. 对本市认定的高新技术成果转化项目投资超过当年投资总额的70%。

第三条 对符合第二条规定的风险投资机构当年缴纳所得税地方收入部分的50%,由财政安排专项资金支持。

第四条 风险投资机构应于每年5月底以前向“北京市高新技术成果转化服务中心”(以下简称服务中心)提出享受财政专项资金支持的申请。

申请享受财政专项资金支持的风险投资机构应当提交以下材料:

1. 确认申请表;
2. 机构年度财务报表;
3. 上年度企业所得税汇算清缴结果;
4. 高新技术成果转化项目认定证书;
5. 向认定项目投资的有关董事会文件和出资证明;
6. 营业执照或法人证书复印件。

第五条 服务中心负责对申请材料进行核准、确认,于每年7月底前将汇总清算结果报市财政局。市财政局按照北京市高新技术成果转化服务中心确认的税款数额安排资金并拨付到服务中心。服务中心在10个工作日内将资金转拨到风险投资机构。

第六条 享受财政专项资金支持的风险投资机构每年确认一次。

第七条 对享受财政专项资金支持的风险投资机构实行不定期抽查,如发现有弄虚作假者，撤消其享受优惠政策的资格，并责令其退回所得支持资金。

第八条 本办法由市财政局负责解释。

北京市财政局关于印发《北京市财政支持高新技术成果转化项目等专项资金实施办法》的通知

京财预[2001]2395号

各区县财政局、各有关单位：

经市政府同意，现将《北京市财政支持高新技术成果转化项目等专项资金实施办法》印发给你们，请遵照执行。

二〇〇一年十二月八日

北京市财政支持高新技术成果转化项目等专项资金实施办法

根据北京市人民政府印发的《北京市关于进一步促进高新技术产业发展若干规定的通知》（京政发[2001]38号），特制定本办法。

第一章 财政专项资金的内容及计算方法

第一条 对认定的高新技术成果转化项目，自认定之日起三年内，上缴的营业税、企业所得税、增值税地方收入部分由财政安排专项资金支持，之后二年减半支持。经认定的重大高新技术成果转化项目，自认定之日起五年内上缴的营业税、企业所得税、增值税地方收入部分由财政安排专项资金支持，之后三年减半支持。上述财政安排的专项资金，80%用于相关企业的技术创新，20%纳入技术创新资金集中使用。

计算公式为：前三年或前五年企业应得到的支持资金＝[（实际入库企业所得税－期初欠交额）×地方分享比例＋（实际入库营业税－期初欠交额）＋（实际入库增值税－期初欠交额）×25%]×（高新技术成果转化项目销售收入/全部收入）×80%；之后两年和三年企业应得到的支持资金＝[（实际入库企业所得税－期初欠交额）×地方分享比例＋（实际入库营业税－期初欠交额）＋（实际入库增值税－期初欠交额）×25%]×（高新技术成果转化项目销售收入/全部收入）×80%/2

第二条 经市科委认定的孵化基地和在孵企业，自认定之日起三年内所缴纳的各项税收的地方收入部分，由财政安排专项资金予以支持。

第三条 对实施高新技术成果转化项目的企业，自2001年起五年内，其当年用于高新技术成果转化项目自建或购置的生产经营场地所缴纳的房产税，由财政安排专项资金支持，用于相关企业的技术创新。

计算公式为：企业应得到的支持资金＝（当年自建或购置的生产经营场地固定资产原值/企业应税固定资产原值）×（本期实际缴纳的房产税－期初欠交额）

第四条 对经认定的在本市注册的促进高新技术成果转化和发展高新技术企业有重大贡献的中介服务机构，当年缴纳所得税地方收入部分的50%，由财政安排专项资金支持。

计算公式：中介服务机构企业应得到的支持资金＝（实际入库的企业所得税－期初欠交税）×地方分享比例×50%

第五条 本市注册的风险投资机构，对本市认定的高新技术成果转化项目投资超过当年投资总额70%的，其当年缴纳所得税地方收入部分的50%，由财政安排专项资金支持。

计算公式：企业应得到的支持资金＝（实际入库的企业所得税－期初欠交额）×地方分享比例×50%

第二章　专项资金的申请和拨付程序

第六条 每年5月份，实施高新技术成果转化项目的企业、孵化基地（含在孵企业）、科技中介服务机构、风险投资机构在上一年度所得税汇算清缴后向高新技术成果转化项目服务中心（简称服务中心）提出申请，并提供下列材料：

1. 实施高新技术成果转化项目的企业提供全年缴纳营业税、企业所得税、增值税、房产税税票复印件及所得税汇算清缴结果，全部收入、转化项目收入，当年自建或购置的生产经营场地固定资产原值、企业应税固定资产原值，年终财务决算；

2. 孵化基地（含在孵企业）提供全年缴纳营业税、企业所得税、增值税、房产税税票复印件及所得税汇算清缴结果，年终财务决算；

3. 中介服务机构、风险投资机构提供全年缴纳企业所得税税票复印件及汇算清缴结果，年终财务决算，认定办法中规定需提交的材料。

第七条 服务中心将实施高新技术成果转化项目的企业税票复印件及所得税汇算清缴结果送市国税局、市地税局分税种确认后于7月中旬前，将实施高新技术成果转化项目的企业、科技中介服务机构、孵化基地（含在孵企业）、风险投资机构按规定计算出应享受专项资金支持的数额报送市财政局。

第八条 市财政局按照确认的税款数额，7月底将资金拨到服务中心。服务中心在10个工作日内办理完毕资金转拨手续。

第三章　财务处理

第九条 服务中心按照财政部政府预算收支科目，将财政安排的专项资金列入“企业挖潜改造资金”预算科目。企业在收到上述资金后，作增加“资本公积金”处理。具体会计分录为：

借：银行存款

贷：资本公积（国有性质的高新技术企业计入国家资本金）

第四章　监督检查

第十条　对专项资金使用中违反财经法规的行为，依照《中华人民共和国预算法》、《中华人民共和国会计法》和国务院《关于违反财政法规处罚的暂行规定》有关条款予以处罚。

第十一条　本办法自2002年1月1日起施行。

北京市人民政府经济体制改革办公室 北京市财政局关于印发《中关村科技园区高新技术企业股权奖励试点办法》的通知

京政体改发[2001]30号

各区、县人民政府，市政府各委、办、局，各市属机构，各有关单位：

经市政府同意，现将《中关村科技园区高新技术企业股权奖励试点办法》印发给你们，请认真贯彻执行。

二〇〇一年十二月二十六日

中关村科技园区 高新技术企业股权奖励试点办法

根据《北京市关于进一步促进高新技术产业发展的若干规定》，特制定本办法。

第一条　试点企业坚持的基本原则：

（一）坚持激励机制与约束机制相结合的原则。企业要着眼于未来发展，不要着眼于解决历史遗留问题；

（二）坚持股权奖励的股份来源在净资产增值中解决的原则；

（三）坚持股权奖励按股权比例分摊的原则。企业在进行股权奖励时，各股东要按在企业中的所占股权比例分别划出相应的净资产增值部分予以奖励；

（四）坚持国有股权奖励资产比例限制原则。企业在进行股权奖励时，其中用于国有股权奖励的净资产增值部分不得超过企业前三年国有净资产增值部分的35%；

（五）坚持自愿试点、鼓励创新、规范操作、稳步推进的原则。

第二条　试点企业必须同时具备以下条件：

（一）经认定的市属高新技术企业，近年来其国有净资产增值较快，技术及管理等生产要素在资产增值中作用显著；

（二）依据《中华人民共和国公司法》已完成规范的公司制改造，且建立了规范的公司治理结构；

（三）企业内部财务考核与评价制度健全，并能以财务考核与评价结果作为制定股权奖励方案、监督检查股权奖励实施情况的基本依据；

（四）企业财务会计报告实行注册会计师审计制度，财务会计无虚假记载，无违反财政法律法规行为；

（五）企业制定了明确的企业发展战略目标和实施计划，各项规章制度健全，管理完善，经济效益良好，企业成长性较强。

第三条 实施股权奖励的对象是对企业发展有突出贡献的科技人员和经营管理人员。具体奖励对象范围由企业股东会决定。

（一）对企业发展有突出贡献的科技人员是指企业科技成果的主要完成人，开发项目的项目负责人，对企业主导产品或关键技术做出重大创新或改进的主要技术人员等；

（二）对企业发展有突出贡献的经营管理人员是指参与企业战略决策、领导企业某一主要业务领域、全面负责实施某一领域的业务工作等中、高级管理人员。

第四条 股权奖励的股份来源和采取的方式为：

（一）试点企业在实施股权奖励时，用于奖励的股份来源应从企业前三年净资产增值部分中划出一定的比例，其中用于国有股权奖励的净资产增值部分不得超过企业前三年国有净资产增值部分的35%。

本办法所称"用于奖励的净资产增值部分"特指企业用于生产经营活动的经营性净资产增值部分，无形资产不纳入用于奖励的经营性净资产。净资产增值部分要扣除评估增值因素。

（二）在对企业科技人员和经营管理人员实行股权奖励时，既可以采取无偿奖励的方式，也可以采取有偿购买的方式进行。

企业如采取有偿购买的方式进行，科技人员和经营管理人员的出资来源以现金出资为主。购股价格应由出资人或其代表机构根据评估确认的上年末每股净资产，同时参考企业的赢利能力及资产质量等因素，按照国家有关法律、法规和程序合理确定。

（三）企业确定科技人员和经营管理人员具体持股数量和比例，应综合考虑高新技术行业的特点、企业发展状况、科技人员和经营管理人员贡献大小等因素合理确定。

（四）企业科技人员和经营管理人员持有的股权在限制期内不能转让，限制期不得少于三年。限制期满，可以依法转让。

第五条 试点工作按以下程序进行：

（一）企业召开董事会，制订股权奖励方案，报经股东会通过，并向职工代表大会通报；

（二）企业委托有评估资格的资产评估机构进行资产评估，并将评估结果报市财政部门予以确认。市财政部门为企业办理国有股权变动、国有股产权登记等有关手续；

（三）企业组织实施试点方案；

（四）企业试点方案报北京市人民政府经济体制改革办公室备案。

第六条 成立中关村科技园区高新技术企业股权奖励试点工作协调小组，由北京市人民政府经济体制改革办公室、市财政局、市科委、市工商局、市民政局、市地税局、中关村科技园区管理委员会组成，负责试点的组织指导工作。协调小组办公室设在北京市人民政府经济体制改革办公室。

第七条 中关村科技园区内的中央企业参加试点要经财政部、科技部同意，试点方案要经财政部、科技部批准。

第八条 区县所属高新技术企业可向区县人民政府提出申请,各区县人民政府可参照本办法并结合实际情况组织试点。

第九条 本办法由北京市人民政府经济体制改革办公室负责解释。

第十条 本办法自2002年1月1日起施行。

北京市知识产权局关于印发《北京市专利实施资金管理办法》的通知

京知局[2001]44号

各有关单位:

《北京市人民政府印发北京市关于进一步促进高新技术产业发展若干规定的通知》(京政发[2001]38号)已经印发。

《北京市专利实施资金管理办法》作为京政发[2001]38号文件的配套办法,经市政府同意,现印发给你们,请遵照执行。

二〇〇一年十二月二十八日

北京市专利实施资金管理办法

第一条 为推动本市专利事业的发展,支持专利技术实施,加速专利技术转化为生产力,促进技术创新和首都经济发展,根据《北京市关于进一步促进高新技术产业发展的若干规定》的规定,特制定本办法。

第二条 本办法适用于本市行政区域内实施专利确有困难的企业、科研院所、高等学校及其他社会团体。

第三条 本办法所称的专利实施资金是指纳入市财政预算,用于支持专利实施的专项资金。

第四条 专利实施资金的使用范围包括:资助有市场前景的专利技术产业化;组织资助科技含量高、创新性强的专利技术产品开发;组织资助专利技术的推广应用;专利技术实施的管理。

第五条 专利实施资金的使用和管理应遵守国家的有关法律、法规,遵循诚实申请、公正受理、科学管理、专款专用的原则。

第六条 专利实施资金的管理与审批,由市知识产权局负责。

第七条 申请使用专利实施资金的应具备下列条件:

1. 具有独立法人资格;

2. 发明专利或实用新型专利的专利权合法持有者或合法使用者;

3. 有实施专利技术的研发人员；

4. 具备实施专利技术的基本物质条件（主要包括：在本市有实施场地，有必要的设备，一定的自有资金）。

第八条 专利实施资金的申请实行随时申请，集中审理。

申请单位应填写“北京市专利实施项目申报书”，并提供相关专利技术文件，出具市政府委、办、局，区、县、政府专利管理部门的意见书。

每年6月1日起审理上年6月1日至当年5月31日期间收到的申请。

一个专利项目只能资助一次。

第九条 市知识产权局进行初审后委托中介机构进行调查和专利检索，提出立项评估报告，报市知识产权局。市知识产权局再进行审批并给予答复。

从开始审理到最后答复应在40个工作日内完成。

第十条 市知识产权局与被批准使用专利实施资金的单位签订“北京市专利实施项目合同书”，并给予资金支持。支持的额度，除重大专利发明外，实用新型专利不超过20万元；发明专利不超过30万元。

第十一条 专利实施资金必须按项目独立核算，专款专用，在合同所规定的使用范围内列支，否则市知识产权局有权收回该项资金。

由于专利实施资金使用单位执行合同不力，致使合同无法正常履行，市知识产权局有权终止合同，并收回全部或部分专利实施资金。

第十二条 专利实施资金实行按项目进展情况分期拨付，年度管理的原则。合同执行期间，专利实施资金使用单位应每半年向市知识产权局报告项目进展情况，并填写“北京市专利实施项目合同执行情况报告书”。

第十三条 合同期满后，资金使用单位应填写“北京市专利实施项目验收申请书”，由市知识产权局组织检查、验收。项目验收合格后，合同双方签章。市知识产权局对所拨付的专利实施资金予以一次核销。

第十四条 专利项目实施资金的拨付与管理，应遵守国家有关财经纪律和资金管理办法，接受市财政、审计等部门监督检查。

第十五条 本办法由北京市知识产权局负责解释。

第十六条 本办法自2002年2月1日起施行。

北京市地方税务局 北京市国税局
转发北京市人民政府印发
北京市关于进一步促进高新技术
产业发展若干规定的通知

京地税企[2001]694号

各区、县地方税务局、国家税务局，市地税局各分局：

现将《北京市人民政府印发北京市关于进一步促进高新技术产业发展若干规定的通知》(以下简称通知)转发给你们,并根据《通知》有关规定制定《北京市支持高新技术成果转化项目等税收政策实施办法》,请一并贯彻执行。

二〇〇一年十二月三十日

北京市支持高新技术成果转化项目等税收政策实施办法

第一条 根据《北京市人民政府印发北京市关于进一步促进高新技术产业发展若干规定的通知》,特制定本办法。

第二条 对在高新技术成果转化中做出重大贡献的专业技术人员和管理人员,由市政府授予荣誉称号并安排专项资金给予奖励,对所获奖金免征个人所得税。

市地税局按照市政府确定的授予做出重大贡献的专业技术人员和管理人员的荣誉称号名称和具体奖励名单、奖励项目以及奖励额度等内容的文件执行税收相关优惠政策。

市地税局自接到市政府文件后十五日内,将文件转发至各有关区县分局执行。

纳税人持有关材料到当地主管税务机关申报免税,主管税务机关接到纳税人申报材料进行审核无误后十五日内办理完毕。

第三条 高新技术企业(含外商投资高新技术企业)当年发生的研制开发费用比上年增长10%(含10%)以上,可再按费用实际发生额的50%直接抵扣当年应纳税所得额的盈利企业,按照国家税务总局《关于促进企业技术进步有关税收问题的补充通知》(国税发[1996]152号)文件的规定,于年底以前,持高新技术企业认定证书(复印件)、年检复核证明等材料,并填写《抵扣应纳税所得额审批表》(附后)一式三份,报主管税务机关审批,逾期不再受理。

主管税务机关接到企业报送的《抵扣应纳税所得额审批表》三十日内,对表中有关内容计算审核,并将审批结果返给企业一份。企业在年终所得税汇算清缴时,据此调整当年应纳税所得额。

第四条 高新技术企业(含外商投资高新技术企业)购买国内外先进技术、专利所发生的费用,经税务部门批准,可在两年内摊销完毕。

高新技术企业购买的先进技术和专利,须经市级以上科技或知识产权部门对“先进技术和专利”进行认定,并出具相关证明。

企业购买先进技术和专利,在购买费用发生所属年度内,持高新技术企业认定证书(复印件)、年检复核证明、先进技术和专利认定证明、购置先进技术和专利发票等有关资料,并填写《高新技术企业购买先进技术和专利税前扣除审批表》(附后)一式三份,报当地主管税务机关审核。主管税务机关自接到申报材料后十五日内审核完毕报市税务部门审批。

市税务部门自接到区县局审核意见后三十日内审批完毕,并将审批结果返给企业纳税所在地主管税务机关和企业各一份。企业以审批表为依据,所发生的费用在购置当年及次年两年内摊销完毕。

企业不能完整提供上述资料或未在购买年度内申报的,税务部门不予受理。

第五条 对各类组织和个人（含外商投资设立的企业和科研机构、外籍人员），在本市从事技术转让、技术开发业务和与之相关的技术咨询、技术服务取得的收入，免征营业税；对经国家版权局注册登记，在销售时一并转让著作权、所有权的计算机软件，凡符合技术转让与技术开发税收优惠条件的，可按技术转让与技术开发业务免征营业税。

具体办法按照市财政局、市地税局转发财政部、国家税务总局《关于贯彻落实〈中共中央、国务院关于加强技术创新，发展高科技，实现产业化的决定〉有关税收问题的通知》（京财税[2000]866号）文件有关规定办理。

第六条 科研院所转制为企业的，在国家规定期限内享受免征属于地方收入部分的企业所得税。

具体程序按照市地税局《转发北京市人民政府办公厅转发市科委关于市属技术开发型科研院所转制意见的通知》（京地税企[2000]288号）文件办理。

第七条 本办法自2002年1月1日起施行，执行中的具体问题由市地税局、市国税局负责解释。

第九章　大事记

一　月

16 日

北京市政府在北京饭店举办驻华科技外交官新春招待会。来自 50 多个国家驻华使馆的科技使节与北京市人民政府有关委、办、局领导，部分大学校长，公司、企业及研究院所等单位负责人 250 余人参加了本次活动。出席活动的中方主要领导有：市人大主任张健民，副市长林文漪，中国联合国教科文组织协会全国联合会主席、市人大副主任陶西平，国家科技部副部长马颂德。会上，范伯元主任简要介绍了北京地区科技事业的现状与展望等有关情况。林文漪副市长代表北京市政府致词，希望各国在华科技外交官能够发挥好桥梁与纽带作用，加强北京同国际社会的交往与国际科技合作。

19 日

"北京·犹他软件产业国际化战略研讨会暨双边合作签字仪式"在北京人民大会堂举行。会议期间，中美双边的有关政府机构、企业就软件领域的技术、市场、资金等方面的合作事宜进行了讨论。基于以往良好的合作基础，市科委与美国犹他州政府国际贸易发展局签署了关于软件产业国际化交流合作的谅解备忘录，双方同意在政府、机构、企业三个层次有计划、有系统地推进软件培训、研发、企业孵化、质量标准与科技成果转化等领域的广泛合作。市政府副秘书长戴卫、范伯元主任、俞慈声副主任出席了活动。

1 月

工厂化高效农业示范工程项目通过国家科技部组织的验收。该项目是以市农科院为技术依托，联合中国农大、中国农科院等单位开展的重大攻关课题，项目瞄准 21 世纪农业发展的大趋势，集成国内外农业高新技术，在京郊建立了一批以科技为先导，以现代农业企业制度为保证，以产业化为目标的科技经济一体化农业科技示范园区。园区实行规模化种植，集约化经营，企业化管理，是具有 21 世纪国际先进水平、适合中国国情的新型农业科技产业示范基地。

二　月

6 日

北京市政府印发《关于贯彻国务院鼓励软件产业和集成电路产业发展若干政策的实施意见》的通知（京政发[2001]4 号）。

13 日

2001 年北京市科技工作会议召开。会上，市科委范伯元主任做了题为"加强技术创新，深化体制改革，全面提升世纪之初的北京科技工作"的工作报告，对 2000 年科技工作做了总结，对2001年及“十五”期间科技工作做出全面部署。林文漪副市长、科技部程津培副部长做了讲话，陶西平、毕群等市领导出席了会议。

23日

林文漪副市长主持召开了“北京软件产业基地建设2001年第一次协调会议”，市计委、市经委、市科委、市财政局、中关村管委会等25个有关委办局负责人出席了这次会议。会议根据2001年1月31日市长专题会的指示，把市科委提出的北京软件产业发展工作方案(2001—2002年)分解为折子工程，逐条讨论落实了工作重点、责任人和进度。

27日

由市科委与市农委联合召开北京市农村科技工作会议，目的是全面贯彻和落实全国农业科技大会精神，加强科技创新，推进新的农业科技革命，促进我市农业和农村经济结构调整与产业升级。林文漪副市长做了工作报告，国家科技部李学勇副部长、岳福洪副市长发表了讲话。会上，以两委名义联合表彰了陈殿奎等35名农业科技工作者，并授予他们“首都农业科技先进工作者”称号。

同日

刘淇、杜德印、林文漪、岳福洪等市领导，亲切接见了荣获“首都农业科技先进工作者”称号的科技人员，并与大家合影留念。

2月

市计委和市科委联合发布《北京市当前优先发展的高技术产业化重点领域指南》。该《指南》(2001—2002年度)对1999年发布的文件做了修订，是我市高技术产业发展的导向性文件，也是政府转变职能、加强宏观引导、发挥市场配置资源的基础性作用的一项新尝试。《指南》以北京市高新技术5大产业分类，选取、确定了北京地区有比较优势的91个领域，明确各重点领域的市场前景、北京地区的优势和近期产业化的主要任务。

三　月

2日

市科委召开“北京2001年软件产业工作会议”。会议主要目的是：为了进一步贯彻落实国家和市政府关于加快发展软件产业的政策精神，加强对全市软件产业工作的领导协调，部署2001年重点工作，推动软件产业基地建设。会议由范伯元主任主持，俞慈声副主任代表市科委做了工作报告。国家科技部马颂德副部长、国家信息产业部曲维枝副部长出席会议并发表讲话。会上，宣布了市科委对联想软件公司通过CMM二级认证予以奖励的决定，有关部门负责人介绍了软件企业享受税收优惠以及人才政策的落实等事项。市政府副秘书长戴卫出席会议。

9—10日

市科委召开“北京市科技新星计划交流大会”，刘振刚、俞慈声副主任以及入选新星计划的人员130余人参加会议。会上，市委组织部知识分子办公室主任张幼林、俞慈声副主任以及有关业务处做了工作介绍。

15日

市科委召开了直属机关工会第一次会员代表大会，共有来自市科委机关及直属单位的

126 名代表参加了会议。市科委领导和市直机关工会工委副主任陈桂荣等出席了会议。通过投票选举产生了市科委直属机关第一届工会委员会和经费审查委员会,同时推选出了女职工委员会。工会委员会由许焕岗、郭燕生、陈司红、张信、张平、刘军、张强等七位同志组成,经费审查委员会由孙小梅、徐宏、曾立坚等三位同志组成,张信、孙伟力、曾立坚等三位同志被推选为女职工委员会委员。

16 日

北京市生物工程和新医药产业领导小组第四次会议召开,参会人员有领导小组成员副市长林文漪、副市长刘海燕、市政府副秘书长戴卫以及市有关委办局等成员单位负责人。会议由林文漪副市长主持,会议听取并通过了 2000 年北京生物工程和新医药产业工作及近期工作要点的汇报,提出并讨论了《进一步推动生物工程和新医药产业快速发展的若干意见》和《北京生物工程和新医药产业政策(草案)》。

20 日

市科委直属机关工会的三个委员会召开第一次全体会议,选举许焕岗为工会主席,郭燕生为工会副主席,孙小梅为经费审查委员会主任,张信为女职工委员会主任。选举结果已上报市直机关工会工委并获得批准。

四　月

4—10 日

2001 年中国东西部合作与投资贸易洽谈会在西安举行。利用高科技人才、信息方面的优势,北京高新技术展团共签订技术合同 64 项,技术协议意向 37 项,表现出国内高新技术市场对北京科技的强烈需求。其中,北京中关村技术交易中心与上海技术产权交易所签订了 10 亿元项目代理意向。

16—20 日

由国家科技部、全国清洁汽车行动协调领导小组、北京市人民政府、中国石油化工集团公司共同主办的“第三届北京国际电动汽车、清洁燃料汽车环保技术交流、研讨会暨展览会”在全国农业展览馆举行。由市科委和市政管委共同承办、首都科技集团组织实施的北京展团,以突出宣传北京申奥和汽车环保节能两大主题为特色,集中了我市清洁汽车领域里的科研机构和企业以及一批水平高、技术含量高、产业化程度高、市场前景好的新技术、新产品在展会上亮相,备受关注。在组委会的总结评比中,北京展团以出色的表现获得大会的最佳组织奖和最佳设计奖。

20 日

市科委、市教委在清华大学联合召开“大学科技园建设经验交流会暨北京市大学科技园授牌仪式”,北京师范大学、北京中医药大学、中国协和医科大学三校联合科技园,北京航空航天大学科技园,北京理工大学科技园,北京科技大学科技园和北京工业大学科技园等 6 个大学科技园被确定为第一批北京市大学科技园。林文漪副市长到会并做讲话。

五　月

12 日

国际科学园协会(IASP)与国家科技部和北京市政府联合签署了《关于建立国际科学园协会北京办事机构的框架协议书》,并宣布成立北京办事处。IASP 是全球惟一一个主要由科学园区、企业孵化器参加的国际性民间组织,其使命是建立科学技术园区的全球网络,促进会员的发展,使其实现国际化和高效益。目前,IASP 已有来自 53 个国家和地区的 200 多个成员单位,且会员数量还在不断增加和扩大,中国北京、西安和深圳等 10 个科学园区是该组织的正式会员。IASP 北京办事处,是除其总部外的惟一一个常驻办事机构。签字仪式前,国家科技部徐冠华部长和林文漪副市长会见了国际科学园协会主席普拉特先生与协会总干事圣兹先生。

10—15 日

第四届“中国北京高新技术产业国际周暨中国北京国际科技博览会”在北京隆重举行。“国际周”围绕高新技术展览、论坛演讲、经贸投资洽谈、专项交流和网上活动五大内容展开,共组织了 140 多场反映中国和世界高科技发展趋势、促进科技经贸合作的活动,80 多万人次参加了活动,总人数比上届增加 3 倍。

16—22 日

第七届北京科技周在中华世纪坛举行,主题为“科学、文明、申奥”。全市共组织了 10 余项大型重点活动、1700 余项基层活动。

20 日

“北京青年科技人才创新条件窗口”举行成立仪式。“北京青年科技人才创新条件窗口”是北京市青年联合会与北京科技条件市场为向优秀青年科技人才创业提供集成化的科研环境、为推动首都科技创新工程的深入开展而共同设立的。通过这个窗口可为首都地区科学仪器设备的供需双方架设新的联系通道,特别是在一定程度上解决青年科技人才创新和中小科技企业创业中遇到缺少科学仪器设备和资金支持的问题。成立会上,条件窗口主办方与首批受到条件窗口资助的军事医学科学院分析测试中心、中科院化学所等 6 家的青年科技人才签约。

六　月

4 日

市教委、市科委联合发文(京教研[2001]5 号)认定了一批北京地区高等学校北京市重点实验室,计有北京大学等 28 所北京地区普通高等学校的 50 个实验室。这批实验室既是高等学校科学研究和技术创新的重要基地,又是首都区域创新体系特别是实施“首都二四八重大创新工程”的重要组成部分,不仅对于高等学校学科建设、科学研究、技术创新和高层次人才培养意义重大,而且对于首都经济建设、社会发展和高新技术产业化将发挥重要作用。

5 日

北京时代创新设计企业孵化器有限公司成立仪式举行,这是我市第一家设计企业孵化器。该孵化器由北京市工艺美术学校、北京工业设计促进中心、北京工业设计促进会、天启星装饰设计事务所 4 家联合组建的艺术设计企业专业孵化器,林文漪副市长到会祝贺并讲话。

10—13 日

国际科学园协会第十八届科技园世界会议在西班牙的毕尔巴鄂举行。北京、沈阳、深圳等地的高新区、孵化器及管理部门代表应邀参加了此次会议。在此次会议上，北京市科委朱炎副主任正式当选为国际科学园协会亚太分会主席，同时成为国际理事会理事，任期两年。这是中国内地人士首次担任这一职务。

15—17 日

同仁堂发展委员会第三届年会在香山饭店召开，周海钧、陈可冀、张礼和、季绍良等委员，市科委、市经委、市计委、市药品监督管理局有关领导，北京生物技术和新医药产业促进中心的有关同志，同仁堂集团公司殷顺海、田大方等主要领导，共计 50 余名代表出席了本次会议。与会代表围绕会议主题“依靠科技创新，振兴民族医药”展开了广泛、深层的研讨交流。

七　月

12 日

国家发展计划委员会与信息产业部在北京召开国家软件产业基地命名授牌大会。中共中央政治局委员、国务院副总理吴邦国出席会议并向 10 个国家软件产业基地代表授予了标牌。国家计委、信息产业部在强调以形成产业为条件的前提下，组织有关专家经过反复评审和实地考察，最终决定在北京、上海、大连、成都、西安、济南、杭州、广州、长沙、南京 10 个城市建设 10 个国家软件产业基地。林文漪副市长参加了命名授牌大会。

13 日

国家科技部高新司组织专家在京对“国家集成电路设计产业化北京基地建设方案”进行了论证。出席论证会的有中科院吴德馨院士和工程院许居衍院士，国家 863 等各方面专家、市科委和经委主要负责人。专家组经过认真讨论，一致认为北京市提出的“国家集成电路设计产业化北京基地建设方案”具有良好的可操作性，可报国家科学技术部审批。

24 日

北京市科技教育领导小组会议召开。市领导刘淇、徐锡安、林文漪、翟鸿祥出席会议，会议传达了全国基础教育工作会议精神，并就加强北京市基础教育工作做出部署；会议研究了依靠科技进步促进北京市能源结构调整的议题。

27 日

国家科技部、北京市政府、教育部、国防科工委、国家体育总局、中国科学院、中国工程院、中国科协、国家自然科学基金委，在京举行联席会议，决定联合推出“奥运科技（2008）行动计划”。“奥运科技（2008）行动计划”旨在围绕“绿色奥运、科技奥运、人文奥运”的理念，采取有效措施，集成全国最新科技成果，凝聚全国一流科技英才，为高水平办好北京市 2008 年奥运会提供强有力的科技支撑和智力支持，把北京市 2008 年奥运会办成一届科技含量最高的体育盛会，使北京奥运会成为展示中国高科技和创新实力的窗口和舞台。

八　月

17 日

中科院邓麦村副秘书长率有关厅局负责人一行 5 人到市政府就科技奥运合作事宜进行对话。市政府戴卫副秘书长、市科委范伯元主任和科委有关业务处处长参加了对话。邓麦村副秘书长介绍了中科院针对奥运准备的一些科技项目情况和中科院的优势，范伯元主任介绍了北京市科技奥运工作进展情况及近期考虑。双方认为，下一步要继续做好沟通、协调工作，根据奥运工作的进展，提出科技需求，制订统一的奥运科技规划，并希望中科院发挥优势，多做贡献。

29—31 日

“中美清洁能源技术论坛暨技术与设备展览会”在京召开。此会由我国科技部与美国能源部共同举办，国家科技部徐冠华部长与美国能源部克瑞普维茨副部长出席了会议。林文漪副市长出席高层论坛并发表题为《“绿色奥运”的初步设想与措施及与美国能源领域合作》的主题发言。31 日，由北京市政府举办了“关于绿色奥运与清洁能源技术”专门论坛。美国能源部副部长亲自率领 40 余名官员、专家、企业家出席。市科委组织了有 12 个清洁能源技术项目的北京市清洁能源展团参展。徐冠华部长、美国能源部副部长、林文漪副市长参观了北京展团。

九　月

9 月初

小汤山现代农业科技示范园被国家科技部、农业部批准为国家级科技园区。

21—22 日

市科委召开 2001 年度北京市科技外事工作会议。市科委范伯元主任以《加强国际合作，促进首都国际化科技创新城市建设》为题作了科技外事工作报告。林文漪副市长到会并讲话。市各委办局、总公司、区(县)、大学、研究院所、技术开发区等单位科教外事工作负责人约 160 余人参加会议。会上，还隆重举行了国际科技合作协会奖颁奖仪式，对推进北京市国际合作工作有突出贡献的获奖者颁发了荣誉证书和奖金。

25 日

占地约 70 亩的生物芯片北京国家工程研究中心建设项目在中关村生命科学园正式启动，成为中关村生命科学园第一家正式启动建设的研究中心。生物芯片北京国家工程研究中心是北京市 60 项重大建设项目之一，已纳入北京市“十五”规划。此举不仅标志着作为国家重大技术工程的生物芯片已经进入实施阶段，也标志着我国生物“芯”的培育初见成效。

十　月

10 日

市科委召开新闻发布会，公布 2001 年北京市科技进步奖评审结果。2001 年共受理本市各区、县、局、总公司，高等院校、科研院所及中央和军队在京有关单位等 200 余个推荐部门的

585 项推荐项目。经过专家们认真严格的三级评审(初评、复评、终评),已评选出 2001 年度市科技奖励项目 330 项,其中一等奖 16 项,二等奖 119 项,三等奖 195 项。

12—17 日

第三届“中国国际高新技术成果交易会”在深圳举行,北京派出 100 余人的代表团参展,副市长林文漪任团长。北京展团确定了高新技术、中关村科技园区和科技奥运等三大主题,共有 30 余家高新技术企业和科研机构加盟,携带项目近百项。北京展团共有 19 个项目签约,交易总额达到 9.7 亿元,超过上届的 8.3 亿元,被高交会组委会评为“优秀组织奖”和“优秀成交奖”。

18 日

北京市科学技术研究院与北京工业大学举行产学研合作签字仪式。双方合作的主要目的是通过产学研的合作方式,使北京工业大学的教学与科研优势和研究院的科技开发、科技咨询以及科普工作的特色优势相结合,力争在电子信息、生物与新医药、环境与安全、新能源与节能技术等首都经济重点发展领域中做出更大的贡献。

23 日

北京市机构编制委员会办公室发文(京编办[2001]133 号),同意成立北京生命科学研究所。北京生命科学研究所为实行企业化管理的事业单位,主要承担生命科学前沿领域的基础研究以及人类健康、医学保健、农业发展、生态保护密切相关的基础应用研究。

26 日

六所学园软件产业孵化器有限责任公司正式成立。该孵化器是北京第二个软件产业专业孵化器,以信息产业部电子第六研究所(华北计算机系统工程研究所)为依托。

10 月底

为了贯彻全国农业科技大会精神,推动《农业科技发展纲要》的落实,加强农业科技成果转化资金管理,促进农业科技成果尽快转变为现实生产力,科技部和财政部共同制定了《农业科技成果转化资金项目管理暂行办法》,并授权科技部中小企业技术创新基金管理中心组织项目申报。按照国家科技部要求,北京市科委组织北京市农业科研单位和有关农业公司共申报“农业科技成果转化项目”134 项。经专家评审,选出 122 项上报国家科技部。

十一月

9 日

北京市政府发文颁布《北京市关于进一步促进高新技术产业发展的若干规定》。

15 日

市科委、统计局、教委、计委、经贸委、财政局、工商局、科工办八单位联合发布了 2000 年“北京市全社会 R&D 资源清查”主要数据结果。实施“北京市全社会 R&D 资源清查”工作,是根据科技部、国家统计局、财政部、国家计委、国家经贸委、教育部、国防科工委七部委的联合部署,自 2000 年 9 月开始进行的,已基本完成调查阶段的任务。国家七部委已于 10 月 11 日发布了 2000 年全国 R&D 资源清查主要结果。

22 日

北京机床研究所与中国长城资产管理公司、中国华融资产管理公司签订了实施债转股的协议，实施债权转股权的总金额为2.17亿元。该所是我国机床行业中规模最大，实力较强，机、电、光、气、液等专业技术同步发展的综合性技术研究所，1999年7月由中央直属科研事业单位转制为科技型企业，隶属于北京市管理。

26日

荷兰副首相尤里茨玛女士与国家科技部徐冠华部长在北京签署了中荷两国关于车用LPG（液化石油气）科技合作项目的正式结束文件，林文漪副市长出席了签字仪式。根据1999年6月两国签署的协议，荷兰政府向北京市赠送了80套用于电喷型出租汽车的LPG改装件、10套用于公共汽车的LPG改装件和3座LPG加气站的主要设备。在历时两年的项目实施过程中，先后完成了国产捷达、桑塔纳、富康、夏利4种样车在荷兰的研发与测试，以及利用荷方所赠设备在北京市对出租车与公共汽车进行改装、检测试验等工作，3座LPG科技示范加气站也陆续建成开业。

十二月

12月初

北京英纳超导技术有限公司建立的我国第一条铋系高温超导线材生产线正式投入生产，成功生产出数根具有世界先进水平的千米级高温超导线材，实现了我国高温超导线材产业化的重大突破，使我国成为世界上为数不多具有高温超导线材生产技术及产业化生产能力的国家之一。

13日

首科花园奠基仪式举行，市领导张建民、林文漪出席活动。首科花园坐落在北京西站南端，占地10多公顷，建成后可居住2000余户，计划2002年底首期竣工。首科花园是继首都高校育新花园、望京花园教工住宅之后，北京市第一次专门为科技人员建设的住宅区，科技人员将享受到经济适用房的政策。

17—18日

国家科技部召开专题验收会，对清洁汽车行动的重要组成部分、“九五”科技攻关项目——清洁汽车行动试点示范工程（全国首批12个）进行验收。专家组认为北京市燃气汽车推广工作近年来取得显著进展，适应燃气汽车快速、健康发展的政策法规和管理体系软环境基本建立。在单一燃料CNG公交车的推广使用方面，积累了重要的运营管理等方面经验，为今后单一燃料燃气汽车的大规模推广使用打下了基础。

26日

北京天文馆新馆破土动工。北京天文馆新馆建设被列入今年拟办的60件实事，总投资2.4亿元人民币，建筑面积2万多平方米，2003年竣工。北京天文馆新馆在建筑风格上与老馆相互辉映，新馆大楼建有圆顶大众天文台、数字宇宙剧场和3D动感剧场等新式设备、展厅，将为北京增添丰富多彩的科普内容。